KB232822

창조와 타락

창세기 I

창조와 타락

창세기 I
1~11장

제임스 몽고메리 보이스

솔라
피데

창조와 타락 창세기 I (1-11장)

초판 1쇄 인쇄 : 2013년 5월 10일
초판 1쇄 발행 : 2013년 5월 30일

저자 : 제임스 몽고메리 보이스
역자 : 문원욱
발행인 : 이원우 / 발행처 : 솔라피데출판사
주소 : (413-756)경기도 파주시 문발로 123 파주출판문화정보산업단지
전화 : (031)992-8692 / 팩스 : (031)955-4433
Email : vsbook@hanmail.net
등록번호 : 제10-1452호
공급처 : 미스바출판유통
전화 : (031)992-8691 / 팩스 : (031)955-4433

Copyright ⓒ 2013 SolaFideBooks
Printed in Korea
값 25,000 원
ISBN 978-89-5750-062-0 04230(제1권)
ISBN 978-89-5750-061-8 04230(전3권)

❖ 잘못 만들어진 책은 바꾸어 드립니다.

❖ 본 도서의 내용을 일부 또는 전부를 허락없이 전재, 복사 또는 광전자 매체 수록 등을 할 수 없습니다.

Creation and Fall

GENESIS

Volume I

Genesis 1~11

JAMES

MONTGOMERY

BOICE

알파와 오메가요
처음과 마지막이요
시작과 끝이신
주님께 이 책을 드립니다.

◆ 차 례 ◆

머리말

수년 전에 트리니티복음주의신학교(Trinity Evangelical Divinity School)의 신약학 연구교수 칼슨(D. A. Carson) 박사가 「하나님께 재갈 물리기: 기독교, 다원주의에 직면하다」(Gagging of God: Christianity Confronts Pluralism)라고 하는 책을 썼습니다. 그 책은 우리가 처한 포스트모던 세계를 노련하게 분석했고, 그리스도인이 그리스도 안에 있는 하나님의 은혜를, 그런 종류의 이야기라면 바로 거부해버리는 세대에게 어떻게 전할 수 있는가에 대해 탐구를 했습니다.

현대인들에게는 성경이 진리라는 주장이 받아들여질 여지가 없습니다. 우리가 그들에게 하나님이 그들을 사랑하시고 그들의 생애를 위한 놀라운 계획을 가지고 계신다고 하는 당연한 이야기해 주어도 말입니다. 그들은 사랑받을 만한 가치가 있고, 실제로 그럴 권리도 있습니다. 그리고 그들은 또한 그들의 생애를 위한 어떤 놀라운 계획을 가지고 있기도 합니다. 예수님이 구주시라는 사실에 관해서는, 우리가 똑같은 효력을 가진 다른 구주들이 있다는 것을 부인하지 않고 또 예수님이 우리 삶에 어떤 의미심장한 요구를 할 수 있다고 우기지 않는 한, 그 사실을 수용합니다.

칼슨이 주장하는 것은 우리 세대에 효과적인 그리스도의 증인이 되기 위해서 우리는 성경으로 돌아가서 우리 입장을 성경 자체가 하는 것처럼 제시해야 한다는 것입니다. 우리는 창조주로서의 하나님이 누구신지 그리고 무슨 일을 하셨는지 설명하는 하나님 교리에서 시작할 필요가 있습니다. 그래서 어떻게 인간이 하나님의 형상대로 창조되었는지, 또 그렇기 때문에 그들이 하는 일을 두고 하나님께 어떻게 책임을 지는 것인지, 어떻게 우리가 하나님의 고귀한 부르심과 목적에서 떨어져나가게 되었는지, 그리고 지금 우리를 파멸에서 구해줄 누군가를 얼마나 필요로 하는지를 설명할 것입니다. 우리는 아브라함, 모세, 다윗, 기타 구약의 위대한 인물들을 거쳐 예수 그리스도의 나타나심과 역사(役事)의 절정에 이르는 성경 이야기의 궤도를 추적해야 합니다.

다시 말하면, 우리는 오늘의 세계가 구약 및 신약에 나타나 있는 하나님의 은혜의 복음이 처음 들어왔던 때의 세계와 같이 영적으로 무지하고 신앙심이 없는 세계라는 것을 인정해야만 합니다. 그래서 우리는 성경이 지금까지 그래왔던 것처럼 우리의 메시지를 제시해야만 합니다. 우리는 이에 대해 신약에서 사도 바울이 기독교의 입장을 아덴의 이방 철학자들 앞에서 변증했던 훌륭한 예를 가지고 있습니다(행 17:2-31).

이 모든 것은 창세기를 공부하기에 지금보다 더 좋고 필요한 때는 없다는 것을 말해줍니다. 근 20년 전, 내가 창세기를 처음 설교했을 때만 해도 창조와 고대(古代)인, 그리고 대홍수의 범위 같은 주제를 다루는 경쟁적인 다양한 이론들로 얼을 빼앗길 지경이었습니다. 그 당시 많은 그리스도인들이 그러한 문제들 속에서 허우적대고 있었습니다. 하지만 오늘 나는 창세기를 알고 그 메시지와 복음전도의 방법을 활용할 필요가 매우 깊어졌다는 사실을 통감하고 있습니다. 우리는 복음주의 교회에서 조차 그 실재를 찾아보기 힘든 하나님에 대해 생각해 볼 필요가 있으며, 타락했지만 구속받아야 할 존재로서의 우리 자신에 대해 알 필요가 있습니다.

그러므로 창세기를 공부합시다! 모든 것의 시작에서 출발합시다! 당신의 기독교 신앙에 대한 이해가 놀랄 만큼 깊이 있게 더해지고, 예수 그리스도와 복음에 대한 전달 능력이 현저하게 자라나는 것을 발견하게 될 것입니다.

나는 베이커출판사로부터 큰 은혜를 입었습니다. 그 출판사는 수 년 동안 품절되었던 이 책들을 재발행 하되, 내가 이미 저술한 주석인 시편, 사도행전, 로마서 및 에베소서의 개선된 형식에 맞춰 발행하고자 관심을 표해왔습니다. 나의 간절한 기도는, 내가 저술한 모든 책에서와 마찬가지로, 이 책에서의 가르침이 하나님의 영광으로만 나타나기를 간절

히 바라는 것입니다. 왜냐하면, 사도 바울이 로마서 11장 끝에서 그의 가르침을 요약한 바
와 같은 아래의 말씀 때문입니다.

이는 만물이 주에게서 나오고

주로 말미암고

주에게로 돌아감이라

그에게 영광이 세세에 있을지어다 아멘

바울은 창세기에 관해서도 훌륭한 저술을 할 수 있었을 것입니다.

펜실베이니아, 필라델피아

제임스 몽고메리 보이스

1

태초에

창세기 1 : 1

태초에 하나님이 천지를 창조하시니라

오늘날은 창세기를 흥미진진하게 연구할 수 있는 시대입니다. 특히 신학자들과 그 밖의 성경학도들에게 연구의 흥미를 더해 주고 있습니다. 왜냐하면, 최근 창세기에 관한 많은 저술이 나와 있고, 또 성경에 비추어 과학을 바라볼 뿐만 아니라, 과학적인 자료와 이론에 비추어 창세기를 바라보는 시각이 새롭게 열려 있기 때문입니다. 또한 최근의 과학의 발전, 특히 우주의 기원에 관한 지식의 발전이라는 관점에서 볼 때 창세기 연구가 더욱 흥미로워진 시대인 것입니다.

과학은 거의 혁명이라고 말할 수 있을 정도로 발전해 왔습니다. 여러 세대에 걸쳐 널리 인식되어 온 우주관은 안정적 상태론(steady state theory)이라고 알려진 이론이었습니다. 즉, 우주는 항상 존재해 왔고, 항상 존재할 것이라는 것입니다. 우주는 비생성(非生成, ungenerated)적이고 불소멸(不消滅, indestructible)적이라는 것입니다. 이러한 견해는 유물이 기원이 "창세기"란 말의 의미입니다. 창세기는 우리를 태초로 돌아가게 하는데, 이 사실은 우리가 인간으로서 가지고 있는 가치 의식이 어느 정도 우리의 기원에 기반하고 있는 것이기 때문에 매우 중요합니다.

규모는 작았지만 아주 극적인 방법으로 우리는 최근 미국 대중문화 속에서 이와 같은 일을 목격했습니다. 1977년 초, 알렉스 헤일리(Alex Haley)가 쓴 책인 「**뿌리**」(Roots)가 연속 드라마로 제작되어 미국 TV에 처음으로 방영 되었었습니다. 그 책의 내용은 이 유명한 흑인 작가가 옛날 미국 남부에서의 노예시절에서부터 거슬러 올라가 아프리카 조상에게 이르기까지 자기 가족의 역사적 기원을 추적한 이야기였습니다. 이 연속 드라마는 기획자들과 제작자들 모두를 깜짝 놀라게 할 정도로 성공적이었습니다. 총 7회 방영 가운데 최종회가 방영되던 날 저녁에는 1억 3천만 명이 **뿌리**를 시청함으로써 66%의 시청률을 올려 텔레비전 방송사상 가장 많은 사람들이 시청한 프로그램이 되었습니다. 그 프로그램은 미국 국내 및 해외에서 재방송이 되었고 수백여 개의 대학에서 **뿌리** 과목을 개설하게 만들었습니다. 그 해 1월, 역사적인 한 주간이 지난 후, 수천 명의 미국인들이 그들 가족의 기원을 찾아보려고 도서관으로 몰려들어 혼잡을 이루었으며, 워싱턴에 있는 국립문서보관소는 조상에 대한 정보를 요청하는 사람들로 홍수를 이루었습니다. 무엇이 이런 놀라운 현상을 만들었습니까? 어떤 사람들은 원작자 헤일리가 인종문제를 솔직하고 지혜롭게 다룬 때문이라고 보았습니다. 그러나 헤일리는 그렇게 생각하지 않았습니다. 다른 많은 사람들도 마찬가지였습니다.

뿌리가 그토록 큰 인기를 얻게 된 이유는 이 책이 과거와 연결된 고리를 추적하고, 또한 그렇게 해서 미래에 대한 방향을 제시해 줌으로써 한 흑인 가정으로 하여금 현재 누리고 있는 존엄성과 삶의 의미를 발견하게 해 주었기 때문입니다. 이점에서 **뿌리**는 우리 모두에게도 의미를 부여해 주었습니다.

지난날에는 이런 문제가 그토록 중요치 않았습니다. 왜냐하면, 많은 사람들이 적어도 역사의식은 아직 갖고 있었기 때문입니다. 그들은 어디서 왔는지를 알고 있었고, 그렇기 때문에 미래에 대한 낙관적 전망을 가지고 있었습니다. 그러나 현대문화 속에서 이러한 역사의식은 증발되고 말았습니다. 그 결과 상당수의 저술가들이 지적한 바와 같이 과거라는 것에 묶어 놓았던 든든한 닻은 잃어버린 채, 이 세대는 "지금 세대"(now generation)가 되고 말았습니다. 과거는 의미가 없다고 합니다. 모든 것이 현재에 초점이 맞추어져 있습니다. 광고주는 "우리 인생은 단 한 번일 뿐"이라고 말합니다. 우리는 과거에 관해 잊어야 하고, 미래는 염려하지 말아야 한다고 말합니다. 이 말은 광장히 훌륭한 철학처럼 들립니다. 그러나 철학이란 것이 주는 고독과 불안은 거의 감내하기가 힘든 수준입니다. 따라서 **뿌리**의 출현으로 많은 사람들은 헤일리가 인간의 과거와 그 존엄성을 추구하는 일에 동조를 했습니다.

리고니어밸리연구센터(Ligonier Valley Study Center)의 설립자인 스프라울(R. C. Sproul)은 세속주의라는 말로 이러한 현상을 분석하면서, 세속주의를 "현 세대의 경계 안에서의 삶"(라틴어 세큘럼[saeculum]에서 유래한 것으로서 세대를 의미함)이라고 정의했습니다. 그것은 우리의 시야를 오직 이 시대에 가두어 놓고 사는 삶을 말하는 것입니다. 그 삶에는 과거도 없고 미래도 없으며, 무엇보다 과거에도 계시고 미래에도 계시면서 그 양 시대를 통제하시는 하나님도 없습니다. 스프라울은 이러한 세속주의자들에 대해 다음과 같이 기술하고 있습니다.

20세기에 인간은 그의 존엄성을 열심히 추구해 왔다. 그것은 아주 진지한 추구다. 인권운동은 "우리는 인간이다. 즉, 우리는 존엄성을 가진 피조물이다. 그러므로 우리는 존엄성을 가진 존재로 대우받고 싶다."고 외치고 있다. 다른 사람들 역시 존엄성을 추구해 왔다. 그러나 실존주의자들은 인간의 뿌리란 애당초 존재하지 않았고, 동시에 미래 역시 없다고 말한다. 그리고 되묻기를 "인간아, 생각해 보라! 만일 당신의 기원은 어디에도 없고, 동시에 미래의 운명 역시 없다면, 그렇다면 지금 어떻게 당신이 존엄성을 가질 수 있단 말인가?"
만일에 우리의 과거 역사가 진흙에서 유래되었다면, 그래서 우리는 단지 성장한 세균체라고 한다면, 우리가 검은 세균체이건 흰 세균체이건, 그리고 자유로운 세균체이건, 예속된 세균체이건, 도대체 그 차이가 뭐란 말인가? 누가 시비를 한단 말인가? 우리는 인간의 존엄성을 노래할 수는 있겠지만, 그러나 그 존엄성이 실질적으로 어떤 내적가치가 있는 것에 근거를 두고 있지 않는 한, 우리가 인간으로서의 권리와 존엄성을 찬미하는 노래는 어둠 속에서 두렵지 않은 척 부는 휘파람 소리에 지나지 않는다. 너무 순진하고 단순하며 경솔한 노래인 것이다. 실존주의자는 이 사실을 이해하고 있다. 그래서 그는 말하기를 "당신이 스스로를 존엄성을 가진 피조물이라고 부른다면 당신은 장난을 치고 있는 것이다. 당신에게 있는 것이 현재뿐이라면 존엄성은 애당초 존재하지 않은 것이고, 오직 무(無, nothingness)만 존재하고 있는 것이다." [4]

이것이 바로 헤일리가 깨달은 것이고, 헤일리로부터 단초를 얻어 도서관에서 자신들의 역사를 찾기 시작한 수천 명의 미국인들이 깨달은 것입니다. 창세기가 중요한 것은 바로 이 점에 있습니다. 창세기는 우리 모두를 하나로 묶어주는 방식으로 우리의 기원, 즉 단순히 한 특정 가문만의 기원이 아니라, 물질, 생명, 가치, 악, 은혜, 가족, 국가, 그리고 기타 다른 것들의 기원을 알게 해 주기 때문에 중요합니다.

창세기의 가르침이 없으면 인생 자체가 무의미하게 됩니다. 성경의 여러 책도 의미를 잃고 말 것입니다. 창세기가 빠진 성경은 마치 1막이 없는 연극의 마지막 무대 같거나, 또는 안건이 없는 법인 이사회와 같을 것입니다. 헨리 모리스(Henry M. Morris)는 이렇게 기술하고 있습니다. "창세기 앞부분에서 전개되고 있는 전 인류를 위한 하나님의 목적이라는 큰 맥락에서 보지 못하면, 이스라엘 백성을 다스리시는 하나님을 서술한 구약은 지역성을 벗어나지 못하는 편협한 책이 되고 만다. 하나님의 인간 구속 계획의 실행과 성취를 기술하고 있는 신약은 오로지 창세기에만 기록되어 있는 인간의 원시 역사에서 명백하게 드러난 인간의 상태, 즉 구원이 절대적으로 필요한 인간이라는 관점에 비추어 바라보지 않으면, 중복적이고 시대착오적인 책이 될 뿐이다… 그러므로 하나님, 그리고 하나님과 사람의 관계가 갖는 의미를 이해하기 위해서는 창세기를 믿음으로 이해하는 것이 선행되어야 한다." [5]

지혜롭고 훌륭한 모든 것

앞으로 창세기를 공부하면서 연관된 주제를 자세히 살펴보게 되겠지만, 그중 몇 가지 주제를 먼저 짚어보면서 시작을 하려고 합니다. 그 주제들은 우리가 하나님 말씀 안에서 접하게 되는 "지혜롭고 훌륭한" 많은 것들 가운데 한 부분이기도 합니다.

1. 성경에서 맨 처음 만나는 큰 주제이며 우리의 기원과 가장 직접적으로 연관이 되는 주제는 바로 하나님입니다. 하나님은 전혀 시작이 없는 분입니다. "태초에 하나님이 천지를 창조하시니라"고 언급된 문장에서 하나님은 첫 번째 주제가 되고 있습니다.

이 문장이 지금까지의 인간의 기록 중에서 가장 심오한 내용의 진술이라는 사실은 우리가 그것을 더 자세히 연구하면 알 수 있게 됩니다. 그러나 여기서도 이 말씀은 이미 과학으로 판단할 수 있는 가장 멀리 있는 한계점 너머로 우리를 끌어들이고 있음을 알아야 합니다. 과학은 창조의 순간에 해당하는 대폭발인 빅뱅(Big Bang)에까지 우리를 데려갈 수 있습니다. 그러나 만일 그 원초적이고 거대한 폭발이 그 이전에 있었던 어떤 일도 모두 말살시켜 버렸다면, 그 폭발 이전에 일어난 일은 그 폭발의 원인을 포함하여 아무 것도 과학적으로 알 수 없게 됩니다. 바로 이 한계점에서 성경이 나서서 우리에게 단순히 "태초에 하나님이…" 라고 말씀해 줍니다. 우리는 하나님을 끌어내려 우리의 작은 현미경 안에 놓고 그분을 검사하고, 우리가 이해할 수 있는 사물의 법칙이나 원인결과의 법칙에 그분을 복속시키기를 원할지도 모릅니다. 그러나 우리가 아무리 조바심을 낼지라도 하나님은 우리가 바라는 대로 행하시지 않습니다. 하나님은 우리가 상상할 수 있는 그 어떤 것 이전에 존재하셨던 분으로, 그리고 우리가 상상할 수 있는 그 어떤 것 이후에도 존재하실 분으로서 우리와 마주 대하고 계신 것입니다. 궁극적으로 우리가 관계 속에서 살아야 할 분은 오직 하나님뿐입니다.

2. 창세기 처음 몇 장은 인간의 기원을 우리에게 설명해 줍니다. 이 기원은 이 장에서 아주 자세히 살펴보고 있는 주제이기도 합니다. 이 계시가 없었다면 우리는 지금 이 순간도 우리 자신을 보며 프랑스의 철학자 데카르트(Descartes)가 그랬듯이 "나는 생각한다. 고로 나는 존재한다." 라고 결론을 내고 있을지도 모릅니다. 그러나 그보다도 아주 단순한 철학적인 질문이 우리를 당황스럽게 합니다. 우리의 나이 어린 아들이나 딸이 "아빠, 나는 어디서 왔어요?" 라고 질문을 하면, 우리는 인간의 출산 과정을 설명해 주면서 질문에 대한

대답을 해 줍니다. "알아요. 그럼, 아빠와 엄마는 어디에서 왔어요? 그럼 할머니는 어디서 왔어요?" 신적(神的)인 계시의 도움이 없이는 이런 질문들은 우리를 무척 곤혹스럽게 만듭니다.

피츠버그신학교 교회사 교수 존 거스너(John H. Gerstner)는 19세기의 유명한 염세주의 철학자 쇼펜하우어(Schopenhauer)의 이야기를 들려줍니다. 쇼펜하우어는 본드(bond) 가(街)에서 만든 제품 같은 고급 신사복을 항상 입고 다닌 것은 아닙니다. 그는 종종 부랑자처럼 옷을 입곤 했습니다. 어느 날 그가 베를린의 한 공원에 앉아 있을 때, 그의 차림새가 한 경찰관의 의심을 불러일으키게 했습니다. 그 경찰관은 쇼펜하우어에게 자신이 누구라고 생각하느냐고 질문을 했습니다. 쇼펜하우어는 "내가 알고 있었던 하나님께 물어보고자 합니다." 라고 대답했습니다. 거스너가 지적하는 것처럼 과거에 그가 어떤 사람이었는가 알 수 있는 유일한 길은 창세기에서 이 점을 우리에게 계시해 주시는 하나님으로부터 해답을 찾는 길뿐입니다.

3. 창세기는 인간의 가족에 대한 기원을 우리에게 알려줍니다. 특별히 현대인들이 이 점을 유의해야 합니다. 이 가족은 타락한 남녀들이 꿈꾸는 그런 것이 아니라, 타락 이전에 이미 인류의 유익을 위하여 하나님이 제정해 놓으신 그런 가족을 말합니다. 사람들은 하나님이 제정해 놓으신 것에 덧붙여 온 것이 있는데, 가족 제도를 개선하려고 그렇게 한 것이 아니었습니다. 오히려 중혼, 매춘, 난잡한 성관계, 이혼, 동성애와 같은 것들을 덧붙여 왔습니다. 이런 것들은 하나님이 제정해 놓으신 원초적인 질서를 부패시켰고, 욕구불만과 불행을 초래하였으며, 이런 몹쓸 짓을 행하는 자들에게 종국적으로 내려지는 심판을 초래했습니다. 사람들은 가정, 남녀의 질서, 그리고 남편과 아내의 결혼 내에서의 책임에 대해 하나님이 정하신 본래의 계획으로 돌아올 때에만 복을 받게 됩니다.

4. 창세기는 최소한 인간이 관련되어 있는 악의 기원을 우리에게 말해줍니다. 나는 두 가지 이유로 이 주제를 다루고자 합니다. 첫째, 타락 이야기에는 뱀의 유혹이 포함되었음에도 불구하고, 창세기는 이 뱀이 어디서 왔는지 말해주지 않기 때문입니다(다른 곳에서 암시는 되고 있습니다). 둘째, 선하시고 거룩하신 하나님이 창조하신 세상에 어떻게 악이 들어 올 수 있겠느냐하는 철학적인 질문 때문입니다.

창세기는 이 점에 관해서 많은 것을 우리에게 말해 주고 있습니다. 인간을 감싸고 있는 악은 우리가 스스로 선택한 것으로서 하나님에 대한 반역으로 나타났습니다. 그리고 그 악은 우리에게 전적인 영향력을 행사하여 그 결과, 우리 자신을 회복하거나 또는 반역으로 잃어버린 특권과 책임의 자리를 다시 얻기 위해 우리가 할 수 있는 일은 아무 것도 없게 되었습니다. 이는 마치 우리가 구덩이 속으로 뛰어든 것과 같습니다. 뛰어들기 전에는 우리에게 스스로 결정할 수 있는 능력이 있었습니다. 뛰어들기 전까지는 우리는 그 능력으로 구덩이 언저리에 머물러 있을 것인지 아니면 구덩이 속으로 뛰어들 것인지를 결정할 수 있었습니다. 그러나 우리가 일단 선택의 자유를 행사해서 뛰어들었기 때문에 우리에게 또 다른 선택의 기회는 그 분야에서 사라져버렸습니다. 그래서 그 이후부터는 우리가 이전에 누렸던 복의 상태를 회복하기 위해 할 수 있는 일이 아무 것도 없게 되었습니다. 더구나 이 선택은 다른 사람이 해 준 것이 아닌, 우리 자신이 결정한 선택이었기 때문에 우리가 행한 일에 대하여 유죄하며, 그래서 이제는 불가피한 하나님의 심판 아래 똑바로 설 수 밖에 없게 되었습니다.

5. 우리는 아무 것도 할 수 없습니다. 그러나 하나님은 하실 수 있습니다. 하나님은 어떤 일도 하실 수 있습니다. 그래서 아담의 범죄로 야기된 결과를 원상태로 돌리기 위해 오실 분이 있다는 약속으로 복음의 경이로움이 나타나게 됩니다. 따라서 구원의 기원도 역시 창세기에서 발견할 수 있습니다.

이것은 두 가지 점에서 옳다고 하겠습니다. 첫째, 앞에서 이미 언급했던 것처럼 오실 구주에 관한 약속이 있는 것입니다. 아담과 하와가 죄를 범했을 때, 하나님은 에덴동산에 있는 그들을 찾아오셨고, 먼저 죄를 꾸짖으셨습니다. 그리고는 사탄의 머리를 상하게 할 분 안에 있는 소망에 관해 말씀하셨습니다. 하나님은 뱀을 향하여 "여자의 후손은 네 머리를 상하게 할 것이요 너는 그의 발꿈치를 상하게 할 것이니라"(창 3:15)고 말씀하셨습니다. 책장을 좀 더 넘기면 이 신비스러운 말씀은 더 자세히 설명됩니다. 하나님은 아브라함에게 열국에 대한 하나님의 복의 근원이 될 한 후손에 대해 말씀하셨습니다. "네 씨가 그 대적의 성문을 차지하리라 또 네 씨로(단수) 말미암아 천하 만민이 복을 받으리니"(창 22:17-18, 갈 3:8 참조). 더 나아가서 야곱은 그분이 유다지파의 자손임을 말씀했습니다. "규가 유다를 떠나지 아니하며 통치자의 지팡이가 그 발 사이에서 떠나지 아니하기를 실로가 오시기까지 이르리니 그에게 모든 백성이 복종하리로다"(창 49:10).

창세기가 그리스도의 오심을 예시한 두 번째 점은 희생제사 제도의 제정과 실행에 대한 기록인데, 그것은 그분만이 성취할 수 있는 것이었습니다.

6. 창세기에서 여섯 번째로 발견되는, 그리고 매우 중요한 기원은 이신칭의의 교리로서 이 교리는 우선 아브라함의 경험에 분명하게 나타나 있습니다. 성경은 "아브람이 여호와를 믿으니 여호와께서 이를 그의 의로 여기셨다"(창 15:6) 라고 말씀하고 있습니다. 하나님이 아브라함을 의로 "여기셨다" 면 아브라함은 그 자신의 의를 가지고 있지 않았던 것입니다. 그것은 하나님의 선물이었습니다. 더구나 그의 행위나 사랑이나 섬김이나 순종에 근거해서 의롭다고 여겨진 것이 아니라, 그의 믿음에 근거한 것, 다시 말해 구원에 대한 하나님의 말씀을 믿은 것에 근거한 것이었습니다. 후에 바울은 이 말씀에 관하여 이렇게 기록하고 있습니다. "그에게 의로 여겨졌다 기록된 것은 아브라함만 위한 것이 아니요 의로 여기심을 받을 우리도 위함이니 곧 예수 우리 주를 죽은 자 가운데서 살리신 이를 믿는 자니라 예수는 우리가 범죄한 것 때문에 내줌이 되고 또한 우리를 의롭다 하시기 위하여 살아나셨느니라"(롬 4:23-25).

7. 또한 창세기는 구원에 있어서 하나님의 주권적 선택을 성경에서 처음으로 가르친 책입니다. 아담과 하와가 범죄 했을 때, 이들은 하나님께 나아가지를 못하고 자신들의 몸을 숨겼습니다. 하나님은 솔선해서 그들을 찾아내시고, 중보자의 죽음을 통한 구원의 방법을 가르치기 시작하셨습니다. 이것은 아브라함의 경우에도 마찬가지였습니다. 아브라함이 하나님을 찾은 것이 아닙니다. 아브라함은 참 하나님이 누구신지 조차도 알지 못했습니다. 그러나 하나님이 아브라함을 부르시고 그를 통해 구속자가 와야 할 은혜 입은 나라의 조상으로 삼으신 것입니다. 하나님은 이스마엘이 아니라 이삭을 택하셨습니다. 에서가 아니라 야곱을 택하셨습니다. 신약에서 바울은 이것을 예로 들어 구원은 "그런즉 원하는 자로 말미암음도 아니요 달음박질하는 자로 말미암음도 아니요 오직 긍휼히 여기시는 하나님으로 말미암음이니라… 그런즉 하나님께서 하고자 하시는 자를 긍휼히 여기시고 하고자 하시는 자를 완악하게 하시느니라"(롬 9:16, 18)고 했습니다.

8. 마지막으로 창세기는 하나님의 심판에 대한 기원을 말해줍니다. 하나님이 타락한 아담과 하와를 만나시는 이야기에서 우리는 책임과 그에 따른 일정 수준의 심판을 봅니다. 그러나 대체로 심판은 무시되거나 연기됩니다. 하지만 노아 때의 홍수 심판에서는 그렇지 않았습니다. 노아와 그의 직계 가족들을 제외하고는 모든 사람들이 멸망을 당했습니다. 이 사건의 이야기는 신약에서 마지막 심판의 실제성과 불가피성을 분명하게 일깨워주고 있습니다(벧후 3:3-10).

과거와 미래

지난 19세기 중엽에 세속주의자들이 등장해서 그 당시의 사회를 역사의식으로부터 분리시켰을 때, 그들의 행위는 사람들에게 기쁨의 감사와 환희가 넘치는 환호성으로 환영을 받았습니다. 과거로부터 해방된다는 것, 특히 도덕적 기준을 가지고 계시는 하나님과 심판의 위협을 언급하는 성경적 과거로부터 해방되는 것이야말로 진정한 해방인 것처럼 보였습니다. 인간은 자유롭게 되었습니다! 만일 그가 자유롭게 되었다면, 그는 하나님이나 심판에 대한 두려움 없이 그가 처음부터 하고 싶었던 것을 마음대로 할 수 있어야 합니다! 그러나 불행히도 세속적 인간은 이 자유라는 유령을 얻기 위해서 얼마의 대가를 지불했는지를 몰랐습니다. 과거로부터의 해방? 그렇습니다! 그리고 또한 미래로부터도 해방! 그러나 인간은 거대한 무(無)의 바다에서 하나의 거품 방울처럼 무에서 와서 무의미의 해안으로 떠밀리며 표류하게 되었습니다. 현대인이 공허와 비참함과 욕구불만 속에 있는 것은 전혀 이상할 것이 없습니다. 그는 어처구니없는 파멸에 직면해 있습니다. 그는 소위 자유라는 것을 얻었지만 그 대신 가치와 의미와 참된 존엄성을 잃어버렸습니다. 헤일리가 쓴 TV 드라마 내용이 우리를 일깨워 주는 것처럼, 그가 그의 뿌리를 찾고 있는 것은 이상한 일이 아닙니다.

다행히 사람들 모두 뒤로 돌아갈 수도 있고, 또한 앞으로 나아갈 수도 있습니다. 그러나 그들의 과거와 미래는 헤일리의 드라마 안에는 없습니다. 그것들은 성경 안에 있습니다. 성경 안에서 우리는 전능하신 하나님의 형상으로 만들어진, 그래서 가치 있는 피조물들이고, 비참하게 타락했었지만 예수 그리스도 안에 있는 능력과 은혜를 통해 하나님의 구속함을 받을 수 있는 우리의 참된 존재를 발견합니다.

● 각주 ●

1. Lance Morrow, *"In the Beginning: God and Science,"* Time, 5 February 1979, 149.

2. Robert Jastrow, *God and Astronomers*(New York and London: W. W. Norton, 1978), 113-14, 116.

3. Jerome, "Letter to Palings," Epistle 53. Cited by Martin Luther, *Lectures on Genesis Chapter 1-5*, vol 1 of *Luther's Works*, ed. Jaroslav Pelican (St. Louis: Concordia, 1958), 3.

4. R. C. Sproul, "What is Man's Chief End?" *Tenth: An Evangelical Quarterly* (July 1977): 67.

5. Henry M. Morris, *The Genesis Records: A Scientific and Devotional Commentary on the Book of Beginnings*(Grand Rapids: Baker, 1976), 17-18. Used by permission.

2

사실인가 허구인가?

창세기 1 : 1

태초에 하나님이 천지를 창조하시니라

창세기는 많은 질문들을 제기합니다. 그 중에 하나는 창세기를 사실(fact)로 이해해야 할 것인가, 아니면 허구(虛構, fiction)로 이해해야 할 것인가 하는 질문입니다. 우리는 이 문제를 일찍 해결해야만 합니다. 왜냐하면 창세기의 특징 규정에 대한 우리의 견해가 그 책을 어떻게 해석할 것인가를 결정하기 때문입니다. 만일 아담과 하와가 죄 속으로 타락한 이야기가 허구라면 혹시 그것이 어떤 사람들이 말하는 것처럼 "신학적 허구"라면, 그 이야기는 우리 각자에게 근본적으로 잘못된 것이 무엇인가를 통찰 하도록 하기 위해 의도된 것일 수 있습니다. 어쩌면 그 이야기는 우리의 연약함, 죄, 그리고 하나님을 배반하는 태도까지 보여줄지도 모릅니다. 그러나 만일 그 이야기가 역사적인 사건이 아니라면, 만일 문자적인 타락이 없었다고 한다면 이전의 무죄 상태(state of innocence)가 없었다는 말이 되고, 따라서 거기서 타락하게 된 죄도 없었다는 말이 됩니다. 다시 말하면 우리 자신이 고의적으로 하나님을 반역하는 것 때문에 죄인이 되는 것이 아니라는 말이 됩니다. 그저 우리는 단순히 죄인이라는 말이 됩니다. 우리를 도와줄 구주가 필요하지만 우리의 죄를 고백하고 그것을 거부할 필요가 없다는 말이 됩니다. 비슷한 이야기로 노아 때의 홍수가 역사적인 사건이 아니고 어떤 영원한 진리를 가르치기 위해 꾸며진 신화라면 그 이야기가 하나님이 죄를 싫어하신다는 것을 가르칠 수는 있을 것입니다. 그러나 그렇게 되면 하나님이 죄를 심판하시기 위해 역사에 개입하시고 또 마지막 때에 죄를 모조리, 완전하게 심판하실 것이라는 두려운 진리는 잃어버리게 됩니다.

창세기는 사실입니까, 아니면 허구입니까? 문자적 사건을 하나하나 열거해 놓은 것으로 이해해도 됩니까? 아니면 "역사적인" 진리가 아닌 "영적인" 진리를 가르치는 영감 있는 시집(詩集) 같은 것입니까? 창세기를 허구라고 보는 사람들도 많습니다. 특히 자유주의 신학자들은 창세기를 "신화" 또는 "우화" 라고 부르면서 여러 해 전부터 허구라는 주장을 해 왔습니다. 최근에는 안타깝게 몇몇 유명한 복음주의자들 조차도 기꺼이 이런 입장을 취하고 있습니다.

하나님으로부터 온 모든 성경

창세기가 사실이냐 허구냐 하는 문제에 대한 대답(이 대답이 모든 문제를 해결해 주지는 않겠지만)을 얻는 출발점은 창세기가 성경의 한 부분이고, 따라서 하나님이 우리에게 주신 것이고, 하나님의 권위로 말씀하신 것이라는 사실입니다. 여기서 우리는 디모데후서 3:16절을 생각해 보게 됩니다. "모든 성경은 하나님의 감동으로 된 것으로 교훈과 책망과 바르게 함과 의로 교육하기에 유익하니" 라고 바울이 이 말씀을 기록할 때, 그는 성경의 다른 부분 못지않게 창세기를 염두에 두고 있었습니다. 그러므로 모든 그리스도인들이 그래야만 하듯이 우리가 그의 가르침을 받아들인다면 그 가르침이 우리가 창세기를 어떻게 볼 것인지의 방향을 제시해 줄 것입니다.

창세기의 영감(靈感)이 창세기가 사실인가, 아니면 허구인가에 관련된 모든 문제를 해결해 주지는 않습니다. 왜냐하면, 하나님은(그분의 거룩한 목적을 위해서) 역사적 이야기에 영감을 주실 수가 있을 뿐만 아니라, 허구까지에도 영감을 주실 수가 있기 때문입니다. 시(詩)가 항상 사실에 입각한 것은 아닙니다. 그러나 하나님은 시편의 시에 영감을 주셨습니다. 주님은 영적인 요점을 분명히 해 주시기 위해 비유를 말씀하셨습니다. 그럼에도 창세기의 영감은 적어도 창세기가 어느 개인 또는 복수의 사람들이 하나님 또는 창조의 의미를 더듬어 모색한 기록이 아닌(인간 저자를 매개자로 한), 하나님의 인간에 대한 계시임을 말해 주고 있다는 점에서 위의 문제와 관계가 없지 않은 것입니다. 자유주의 신학자들이 창세기를 신화, 우화, 또는 허구라고 말하는 것은 그들이 전자(前者)의 개념을 염두에 둔 것입니다. 그들은 창세기를 고대로부터 우리에게 전해져 내려 온 다른 문헌과 같은 수준에 둡니다. 그러나 창세기가 참으로 계시에 의해 우리에게 주어진 것이라면 결코 여타의 문헌과 같을 수가 없습니다.

웨스트민스터신학교에서 1968년에 작고할 때까지 구약학 교수를 지낸 에드워드영(Edward J. Young)은 그 문제를 간결하게 기술했습니다. "성경은 하나님의 계시이거나 아니면 단순히 히브리 민족이 하나님을 모색해서 그들이 발견한 최상의 것을 진술한 것이거나 둘 중의 하나다." 만일 성경이 하나님이 주신 계시라면 "하나님은 우리에게 창조에 대해서 말씀하신 것이고, 우리는 그것이 역사적이라는 것, 즉 그것이 실제로 일어난 것임을 믿어야(만) 한다. 왜냐하면, 하나님이 그렇게 말씀하셨기 때문이다." [1]

성경의 가정

우리의 질문과 관계되는 두 번째 점은 창세기가 역사적인 사건이라는 것에 대한 창세기 외의 성경의 가르침 또는 좀 더 정확히 말하면 가정(假定)입니다(그 문제가 공식적으로 다루어진 일이 없기 때문에 가정이라고 표현). 이 문제를 다음과 같이 질문으로 만들어 봅시다. 창세기 외의 성경이 창세기를 허구로 봅니까?아니면 사실로 봅니까?

이점을 두고서 프란시스 쉐퍼(Francis Schaeffer)는 그의 「창세기의 시공간성」(Genesis in Space and Time)이라는 짧은 연구를 시작합니다. 그의 확고한 입장은 성경 전체의 정신이 "유대인의 역사나 현재 우리의 시간이 실제인 것처럼, 창조도 역사적으로 실제라는 것이다. 구약과 신약은 창세기의 처음 몇 장에 든든하게 뿌리를 박고, 그 부분이 모두 역사적 사건의 기록임을 주장하고 있다는 것이다."[2] 적절한 예로 쉐퍼는 하나님의 영원하신 인자하심을 찬송하는 시편 136편을 인용합니다. 이 시편은 송영으로 시작하지만, 곧 이어 우리가 하나님을 찬송해야 하는 이유로 넘어갑니다. 그 첫 번째 이유는 하나님의 창조의 역사입니다.

"지혜로 하늘을 지으신 이에게 감사하라 그 인자하심이 영원함이로다 땅을 물 위에 펴신 이에게 감사하라 그 인자하심이 영원함이로다 큰 빛들을 지으신 이에게 감사하라 그 인자하심이 영원함이로다 해로 낮을 주관하게 하신 이에게 감사하라 그 인자하심이 영원함이로다 달과 별들로 밤을 주관하게 하신 이에게 감사하라 그 인자하심이 영원함이로다"(시편 136:5-9)

시편 기자는 시(詩)적인 맥락 또는 문자적이 아닌 맥락으로 보다는, 이제부터 역사적인 맥락으로 기록을 시작한다는 어떤 뚜렷한 분기점이나 징후도 확실히 없이 왜 하나님이 찬송을 받으셔야 하는지에 대한 두 번째 이유, 곧 이스라엘을 애굽에서 구출하신 하나님의 역사를 적어 내려갑니다.

"애굽의 장자를 치신 이에게 감사하라 그 인자하심이 영원함이로다 이스라엘을 그들 중에서 인도하여 내신 이에게 감사하라 그 인자하심이 영원함이로다 강한 손과 펴신 팔로 인도하여 내신 이에게 감사하라 그 인자하심이 영원함이로다"(시편 136:10-12)

시편 136편은 계속해서 홍해를 가른 사건, 하나님이 광야에서 자기 백성을 인도하신 일, 이스라엘이 들어오고자 하는 땅에 살고 있던 왕들을 쳐부순 일(아모리인의 왕 시혼과 바산 왕 옥 - 시편은 이들의 이름을 열거하고 있음), 가나안 땅의 선물, 그런 후에 마지막으로 이스라엘에 그때 이미 오늘이 있게 하신 하나님의 복을 말씀하고 있습니다.

"우리를 비천한 가운데에서도 기억해 주신 이에게 감사하라 그 인자하심이 영원함이로다 우리를 우리의 대적에게서 건지신 이에게 감사하라 그 인자하심이 영원함이로다 모든 육체에게 먹을 것을 주신 이에게 감사하라 그 인자하심이 영원함이로다"(시편 136:23-25)

여기에 포함되어 있는 것은 무엇입니까? 명백하게 역사의 개관과 역사 속에서 행하신 하나님의 구체적인 행동의 개관인데, 그 개관에 의하면 창조에 있어서 하나님의 행동과 오늘날의 결과물 사이에 자연스런 연속성이 있다는 것을 알 수 있습니다. 이것은 창세기 이야기가 역사로 취급되어야 함을 의미합니다.

그래도 어떤 사람이 "나는 창세기가 마치 역사인 것처럼 성경에 들어가 있다고 믿습니다. 하지만 나는 창세기의 이야기를 믿지 않습니다." 라고 말할지 모릅니다. 이런 사람은 확신을 가진 정직한 사람일 수 있습니다. 그러나 우리는 "나는 창세기 이야기가 심오하고 영적으로 진실된 것이고, 성경이 이점을 가르친다고 믿습니다. 창세기는 시가서입니다." 라고 말해서는 안 됩니다. 이렇게 말하는 사람은 부정직하거나, 아니면 성경의 가르침을 그릇되게 해석하는 사람입니다.

예수님의 가르침

창세기를 대하는 성경의 견해 가운데 특별히 고려해야 할 요소는 예수님의 가르침입니다. 그 가르침은 분명히 특별한 무게를 지닙니다. 만일 예수님이 창세기의 사건들과 인물들이 실제 사건들이고, 실제 인물들이라는 것을 구체적으로 가르치지 않으셨다고 해도, 우리는 그렇다고 해서 성경 다른 곳에서의 가르침이 포기되어야 한다고 생각하지 않습니다. 하지만 예수님을 주님으로 모시고 따른다는 고백을 하는 사람들에게 있어 그분의 말씀이 관심을 더 끌게 하는 것은 틀림없는 사실입니다. 예수님은 우리가 주님으로 높이 공경하는 분이라는 이유만으로도 그분의 가르침은 특별한 비중이 있게 됩니다.

예수님은 창세기의 이야기들을 역사적인 것으로 생각하셨습니다! 예수님은 바리새인들과의 논쟁 중인 여타의 사항들을 증명하시려고 창세기 이야기를 사실적인 것으로 인용하셨습니다. 바리새인들이 이혼에 대해서 질문하고자 예수님에게 왔습니다. "사람이 어떤 이유가 있으면 그 아내를 버리는 것이 옳으니이까" 라는 질문에 예수님은 창세기 1:27절과 2:24절을 인용하여 명확하게 대답하셨습니다. "사람을 지으신 이가 본래 그들을 남자와 여자로 지으시고 말씀하시기를 그러므로 사람이 그 부모를 떠나서 아내에게 합하여 그 둘이 한 몸이 될지니라 하신 것을 읽지 못하였느냐 그런즉 이제 둘이 아니요 한 몸이니 그러므로 하나님이 짝지어 주신 것을 사람이 나누지 못할지니라"(마 19:4-6).

예수님의 대답은 하나님이 결혼 제도를 세우신 분일뿐만 아니라, 인류 최초의 남자와 여자인 아담과 하와를 만드신 창조주시라는 그분의 입장을 나타내는 것입니다. 사실상 그 대답은 예수님이 창조에 대한 두 개의 병행하는 이야기(창세기 1장과 2장)의 양립성을 믿고 계신다는 것을 보여주는 것입니다. 왜냐하면, 예수님이 창세기 앞부분의 두 장을 서로 보완적으로 언급하시며 대답하셨기 때문입니다. 마가복음 13:19절에서 예수님은 "하나님께서 창조하신 시초" 라는 말씀을 하셨습니다.

고대의 우주관

창세기 이야기를 그 기록된 때를 전후하여 고대 동방에 퍼져있던 창조 신화들의 단순한 번안(飜案)에 지나지 않는 것이라고 생각하는 사람들에게 비중을 두는 사람은 아무도 없습니다. 바벨론 창조 서사시(Epic of Creation)와 애굽과 페니키아의 우주론(Cosmology)이란 것이 있습니다. 이것들은 창세기 이야기와 유사한 점들을 가지고 있습니다. 만일 창세기가 그런 것들 중 하나라면 우리는 예수님의 창조에 대한 관점이 틀렸거나, 또는 적어도(어떤 사람들이 말하는 것처럼) 예수님이 하나님으로서 더 잘 알고 계셨지만, 단순히 그 당시의 견해를 그대로 받아들여 가르치신 것이라고 생각해야만 하지 않겠습니까? 고고학자들 중에서 그 권위를 인정받고 있는 윌리엄 올브라이트(William F. Albright)의 견해는 이 점에서 도움이 되고 있습니다. 올브라이트는 복음주의자는 아니었습니다(그의 연구가 진전되어 감에 따라 점점 더 보수적이 되긴 했지만). 그러나 그는 창세기와 여타 고대 이야기들 간에 유사성이 없다는 것에 대해 공개적으로 발표했습니다. 그의 견해에 의하면 이스라엘은 "특별히 은사를 받은 백성" 으로서 "그들이 가지고 있는 종교적 문헌에서 가장 중요한 요소들"을 선별해서 그것들을 "새롭고 더 훌륭한 것"으로 취합하고, "모세의 유일신론"으로 순화시키고, "선지자들의 영감된 통찰력으로(그것들을) 영적인 것으로 만들었다." 라는 것입니다. 다시 말하면, 그것은 거의 순전하게 인간적인 공정이었던 것입니다. 그러나 이 기본적이고 인간적인 입장에도 불구하고, 올브라이트는 이러한 초기의 "신화적 구조가 어떻게 해서 성경적 이야기라고 하는 것에 직접적으로 연결될 수 있는지 아는 것은 어렵다."고 주장했습니다.[3]

올브라이트는 바벨론 창조 서사시가 창세기 이야기와 외견상의 유사점이 다소 있다고 주장했습니다. 바벨론 서사시는 일곱 개의 서판을 가지고 있지만, 유대인의 창조 이야기는 7일이라는 기간에 걸쳐 일어난 것으로 설명합니다. 어떤 점에서는 언어가 유사합니다. 그러나 그 외에는 같은 점이 거의 없습니다. 히브리인의 이야기는 일신론적이며, 그 언어는 간결합니다. 바벨론 이야기는 다신론적이며, 장황하고, 철저하게 신화적입니다.

태초에 용(龍)이라고 부르는 두 마리의 괴물이 있었습니다. 땅 밑의 담수바다인 압수(Apsu)와 땅을 에워싸고 있는 염수바다인 압수의 배우자 티아마트(Tiamat)였습니다. 이 두 괴물로부터 여러 신들이 나왔으며, 그 중 맨 마지막으로 나온 신이 아주 강해지게 되자, 압수와 티아마트는 여러 신들을 모두 멸하려는 음모를 꾸미게 됩니다. 그 결과 거대한 전투가 있었고, 티아마트는 이 전투에서 죽임을 당하게 됩니다. 티아마트의 몸은 둘로 나누어져 상반신은 하늘이 되었고, 하반신은 땅이 되었습니다. 남자와 여자는 티아마트의 첫째 신하인 킹구(Qingu)의 피로 만들어졌습니다. 바벨론 서사시의 원문은 "그들은 킹구를 징벌했다. 킹구의 혈관을 절개(切開)하고, 그 피로 인간을 창조했다."고 말합니다. 올브라이트는 이 분명한 신화적인 이야기를 진지하고 역사적인 창세기 이야기에서 분리시키는 거대한 간격을 거의 누구나 볼 수 있다는 주장을 옹호하고 있으며, 나도 이에 동의하고 있습니다.

아직도 학자들이 창세기 이야기가 신화라고 주장하지 않습니까? 맞습니다. 그렇게 주장하는 학자들이 더러 있습니다. 그럴 때는 루이스(C. S. Lewis)가 해 준 설명이 생각납니다. 그는 어떤 박식한 학자가 그에게 성경의 창조 이야기 부분이 신화라고 이야기 하면, 그는 그 학자가 성경적 학문 분야에서 무슨 자격증을 가지고 있는지 알려고 하지 않고 오히려 얼마나 많은 신화를 읽었는가를 알려고 합니다. 신화는 루이스의 관심 분야였고, 성경 이야기는 신화 가운데 없다는 것이 그의 증언이었습니다.

그래도 어떤 사람들은 우리가 핵심을 빗나가 있다고 주장할 것입니다. 왜냐하면, 창세기 1장의 언어가 신화적이든 아니든지 간에, 이 사람들은 아직도 창조 이야기를 정말 사실적인(그들의 의미로는 "과학적"인) 것으로 인정하는 것이 적절하지 않다고 생각할 것이기 때문입니다. 이점을 충분히 생각해 봅시다. 창조 이야기는 다음 세 가지 중 하나의 방법으로, 즉 1) 과학적 언어로, 2) 솔직한 역사적 산문체로, 3) 시가(詩歌)체로 기록될 수 있었을 것입니다. 그런데 시가체로는 사건 기록을 효과적으로 할 수 없기 때문에 여기서 시가체는 제외가 됩니다. 시어(詩語)는 우리가 가장 알기 원하는 것을 말해주지 못합니다. 이제 과학적 언어와 역사적 산문체만 남게 됩니다.

창조 이야기를 과학적 언어로 기록하려면 어떻게 해야 합니까? 이점에 있어 내 의견은 그리 가치가 없을 것입니다. 그래서 영국에서 여러해 동안 저명한 화학 교수를 지낸 프레드릭 필비(Frederick A. Filby)의 글을 인용하고자 합니다. 그는 그의 소신을 그의 저서인 「계시된 창조」(Creation Revealed)에서 아래와 같이 피력했습니다.

물질과 생명의 궁극적인 진상(眞相)을 가장 깊이 탐구하는 과학은 아마도 천문학과 핵물리학 및 생화학일 것이다. 그러나 이러한 학문 분야에서는 상징적인 언어를 사용하지 않는다. 수소 원자 한 개의 본질을 상징적 언어로 논하려면 많은 지면이 필요할 것이다. "분자 질량 3억"(molecular weight 300 million)인 한 개의 바이러스 안에 있는 집단(groups) 및 결합체(bonds)의 상태를 완벽히 설명하려면 200쪽 분량의 책이 되어야 한다고 추정 된다. 이처럼 수소 원자 한 개, 또는 너무 작아 현미경 없이는 볼 수 없는 한 개의 바이러스에 대해 과학적으로 서술하는데도 한 권의 책이 되어야 하는데, 인간과 우주 창조에 대한 이야기를 과학적으로 서술한다면 도대체 그것이 무슨 소망이 될 수 있단 말인가? 그런데 원문의 창세기 1장은 단지 76개의 각기 다른 기본적인 단어만을 사용했을 뿐이다. 만일 창세기 1장의 창조 이야기가 철저히 과학적 언어로 기록되었다면 그것을 살아서 다 읽을 사람도 없을 것이고, 또 그것을 이해할 수 있는 사람도 아예 없을 것이다. 만일 그것이 어떤 형태의 과학적 언어로 기록되었다면 오직 은혜 받은 소수의 사람만이 그것을 이해할 수 있을 것이다. 과학의 새로운 견해나 용어의 변화에 맞춰 각 세대마다 창세기 1장을 다시 써야만 할 것이다. 우리 이전의 어떤 세대도 그 의미를 이해할 수 없었을 것이기 때문에 우리가 처한 20세기 중반의 과학적 언어로도 쓸 수가 없을 것이다. 그리고 우리 자녀들에게 있어 그것은 이미 시대에 뒤떨어진 것이 되고 말 것이다. 그리하여 우주의 문제에 있어서 "어떻게"에 대한 것을 과학적으로 기술(記述)한다는 것은 인간의 두뇌에 의한 이해의 한계를 초월하는 것이다. 그러나 창세기 1장은 **모든** 독자 **누구나**를 위해서 기록되었다….

그렇다면 창조주가 (1) 그의 책을 시작하고, (2) 성경의 하나님, 곧 창조의 하나님이라는 것을 (모든 시대의 모든 사람이 이해할 수 있는 아주 단순한 언어로) 확고히 해 주기 위해 사용할 수 있는 가장 좋은 방법은 무엇일까?

그 답은… 모든 인간에게 기본이 되는 단 76개의 각기 다른 어형(語形, word-forms)을 사용해서 훌륭한 시적 형태로 정리했으면서도 어려운 수식어로 구성된 은유 표현은 없는, 전 세계의 문헌 중 가장 놀라운 작품인 창세기 1장이다. 이 창세기 1장은 하나님의 책의 완전한 서두가 되어 주고 있고, 인간이 창조의 **사실**에 관해 반드시 알 필요가 있는 모든 것을 확실히 제시해 주고 있다. 이것은 사람이 창작해 낼 수 있는 것이 아니다. 이것은 한 그루의 식물이나 한 마리의 새처럼 지극히 경이로운 것이다. 이것은 하나님이 직접 만드신 작품으로서 히브리 아이들이나 희랍의 사상가들이나 옛 로마 제국의 그리스도인들에게, 중세 기사(騎士)들이나 현대 과학자들이나 어린아이들에게, 오두막집에 사는 사람들이나 목축업자들이나 깊은 바다에서 물고기 잡는 어부들에게, 북 유럽의 라플랜드에 사는 사람들(Laplanders)이나 에티오피아인들이나, 동양인이거나 서양인이거나, 부유하거나 가난하거나, 늙었거나 젊었거나, 무식하거나 유식하거나… 모든 사람을 충족시켜 주는 것이다! 오직 하나님만이 이 장을 쓰실 수가 있으셨고… 그래서 하나님이 쓰신 것이다.[4]

　　나는 잘 훈련된 과학자의 확신 있는 이러한 진술에 감탄하지 않을 수 없습니다. 더욱이 그의 진술은 시의적절한 것이기도 합니다. 왜냐하면, 모든 문제들 중 가장 근본적인 것이 성경이 주장하듯 하나님이 정말로 성경에서 말씀 하셨는가, 아닌가의 문제이기 때문입니다. 지난 장에서 기원과 시작에 대해 언급한 바 있습니다. 그 중 많은 부분이 창세기 안에서 다루어지고 있습니다. 그러나 창세기는 또 다른 목적을 가지고 있습니다. 그리고 그것이 우리 자신의 사고 가치에 대한 문제를 두고 창세기의 기원으로 돌아가도록 우리를 떠미는 것입니다. 그것은 우리를 이 점으로 떠밀고 있습니다. 즉, 하나님이 말씀하셨는가? 그분이 여기서 말씀하셨는가? 이 질문에 부정적인 대답을 해 보십시오. 그러면 모든 것이 혼돈에 빠집니다. "예" 라고 대답해 보십시오. 그러면 그 다음에 따라오는 모든 문제들이 점점 명확해 질 것입니다.

● 각주 ●

1. E. J. Young, *In the Beginning: Genesis Chapters 1 to 3 and the Authority of Scripture* (Edinburgh: The Banner of Truth Trust, 1976), p. 35.

2. Francis A. Schaeffer, *Genesis in Space and Time: The Flow of Biblical History* (Downers Grove, Ill.: Inter Vasristy Press, 1972), p. 15.

3. William F. Albright, *"Recent Discoveries in the Bible Lands"* in *Young's Analytical Concordance to the Bible* (New York: Funk & Wagnalls Company, 1936, 1955), supplement, pp. 27, 28.

4. Frederick A. Filby, *Creation Revealed: A Study of Genesis Chapter One in the Light of Modern Science* (Westwood, N. J.: Fleming H. Revell, 1963), pp. 15, 16.

3

태초에 하나님이

창세기 1 : 1

태초에 하나님이 천지를 창조하시니라

우리가 창세기를 역사적으로(허구가 아닌 사실로) 이해해야 한다고 해서, 우리가 바로 역사적인 피조물이라는 것 때문에 그것을 완전히 이해할 수 있다는 의미는 아닙니다. 창세기는 역사입니다. 그러나 어떤 부분은 우리의 이해의 한계를 넘어섭니다. 창세기의 처음에 나오는 네 단어(영어성경에서는 창세기의 처음 네 단어가 "In the beginning God" 임 - 역주) 보다 이점을 더 명백하게 가르치는 곳은 없습니다.

내가 "네 단어" 라고 말했습니다. 그러나 "태초에 하나님이"(In the beginning God)이라는 문구에 상응하는 히브리어 단어는 버레시트, 엘로힘(Berasheth, Elohim)이라는 단지 2개의 단어입니다. 하지만, 지금은 작고한 유명한 물리학자 아더 컴턴(Arthur Compton)이 이전에 말한 바와 같이 이 단어들은 "일찍이 글로 표현된 것 중 가장 엄청난 것"[1] 입니다.

또 다른 학자인 피츠버그신학교의 교수 존 거스너(John Gerstner)는 성경의 영감설을 지지하는 다른 모든 증거들이 없다고 할지라도 "창세기의 첫 네 단어가 그 교리를 충분히 증명한다."[2] 라고 했습니다. 왜 그렇습니까? 그것은 그 진술의 심오함 때문입니다. 옛날 유대인들은 과학자들이 아니었습니다. 그들은 깊이 있는 신학자들이나 철학자들도 아니었습니다. 그러므로 지금에 비해 상대적으로 원시적인 사람들이 우리에게 가장 심오한 지혜를 담고 있는 한 권의 책(이렇듯 시작하는 단어들과 다른 구절들도 포함한)을 전해 주었다는 사실은 하나님이 그 책을 우리에게 주셨다는 것을 처음부터 확신시켜 줍니다.

거스너는 이 구절에 대한 그의 연구에서 어느 날 그의 고등학교 물리학 시간에 들었던 말을 회고합니다. 교수가 말했습니다. "지금까지 제기되었던 질문 중에 가장 위대한 질문은 왜 무(無, nothing)가 존재하지 않고 무엇인가(something)가 존재하는 것입니까? 하는 질문이었다." 그때 그 젊은 학생은 감명을 받았습니다. 그러나 그는 이것이 심오한 질문이 전혀 아니라는 것을 점차 깨닫게 되었습니다. 사실 그것은 참된 질문도 아닙니다. 왜냐하면 만일 무(無)가 정말로 무라면, 그러면 무는 그 개념을 잡을 수 없게 되고, 그 말을 선택하는 것은 불가능해지기 때문입니다. "무" 라는 것이 무엇입니까? 만일 당신이 그 질문에 대답할 수 있다고 생각하면 당신은 그것을 대답할 최소한의 자격도 없는 사람이 됩니다. 당신이 "무(無)라는 것은…"이라고 말하자마자 무는 무가 아닌 무엇인가가 되는 것입니다. "무(無)는 잠자는 돌이 꿈꾸는 것" 이라고 조나단 에드워즈(Jonathan Edwards)가 말했습니다. 그러므로 거스너가 관찰한 바와 같이 "누구든지 그가 무(無)가 무엇인지 안다고 생각하는 사람은 그 돌을 머릿속에 가지고 있는 사람임에 틀림없다."[3]

"태초에" 무엇이 있었습니까? 만일 하나님과 무(無) 중에 하나를 택하라고 한다면, 실제로 선택 할 수 없게 됩니다. 왜냐하면 무(無)는 무이고, 그래서 우리에게 "태초에 하나님"이란 말만 남게 되기 때문입니다.

반론

우리는 마땅히 반론을 다루고 넘어가야 합니다. 창세기의 최근 영어 번역본의 몇몇은

KJV(King James Version)나 **NIV**(New International Version)와는 다르게 시작합니다. 그렇기 때문에 전문적인 학자는 물론, 무덤덤한 일반 독자도 우리가 지금까지 말해 온 모든 것이 잘못된 것은 아닌 지 의문을 가질 지 모릅니다. 몇몇의 최근 번역본은 창세기의 시작하는 문장을 독립절이 아닌 종속절 또는 시간을 나타내는 절로 취급하고 있습니다. 그 번역은 하나님이 모든 것 이전의 태초에 계셨다고 주장하는 말을, 과거 어느 불명확한 시점에 하나님과 물질이 존재 했고, 그래서 하나님이 그 물질로 오늘날 우리가 아는 우주를 형성하기 시작하셨다는 말로 바꾸고 있습니다. 이 번역은 **RSV**(Revised Standard Version)의 각주에 "하나님이 창조하기 시작하셨을 때…" 라고 쓴 것에서 볼 수 있습니다. 또한 **NEB**(New English Bible)에서 "하나님이 하늘과 땅을 만드신 창조의 시작에…" 라고 번역한 것에서도 볼 수 있습니다. 더욱이 **TLB**(The Living Bible)는 "하나님이 하늘과 땅을 창조하기 시작하셨을 때, 땅은 처음에 형태가 없었고 혼돈의 덩어리였다…" 라고 번역하고 있습니다.

이러한 번역들이 내포하고 있는 의미는 분명합니다. 그런 번역들은 정확하든, 그렇지 아니하든(잠시 후에 그 문제를 다루고자 합니다) 절대 창조를 분명히 부인(또는 적어도 간과)하고 있는 것입니다. 그런 번역들은 물질을 선재(preexistent)하는 것으로 해 놓았기 때문에 절대 기원을 전혀 말하지 않는 것입니다.

이러한 해석을 어떻게 봐야 합니까? 그것은 가능한 번역입니다. 그렇지 않으면 우리가 가진 몇몇 성경 번역본들 중에 그런 번역본은 없을 것입니다. 히브리어 버레시트(bere' shith - 태초에) 라는 단어는 하나의 합성어로 볼 수 있습니다. 그러나 이것이 가능한 번역이라고 해서 옳은 번역이 되는 것은 아닙니다. 실제로 이 문제를 깊이 살펴보기 시작하면 왜 옛날 번역본을 선호해야 하는지 그 이유 몇 가지를 찾을 수가 있습니다.

첫째, 히브리 문자의 통상적인 단순성입니다. 만일 창세기 1장의 시작 절이 종속절이라면 그 문장은 실제로 하나님이 말씀하시자 빛이 존재하게 되는 3절에서 끝나게 됩니다. 이것은 그 문장이 하나가 아닌 두 개의 종속 부분을 가진(두 번째가 복합 종속절이 됨) 매우 긴 문장이 되는 것을 의미합니다. 그렇게 되면 그 문장의 실제 흐름은 이렇게 될 것입니다. "하나님이 하늘과 땅을 창조하기 시작 하실 때(그 당시 땅은 혼돈하고 공허하며, 흑암이 깊음 위에 있고, 하나님의 영은 수면 위에 운행하시는 땅이었을 때), 하나님이 이르시되

'빛이 있으라' 하시니 빛이 있었다." 이것은 올바른 히브리 문장, 특히 서언(introductory)에 어울리는 문장 같지가 않습니다. 이런 경우를 독일어에서 흔히 볼 수가 있는데, 독일어는 일련의 종속절들로 문장이 시작되어 20-30개의 단어가 지나간 뒤 맨 끝에 동사가 나옵니다. 이런 언어의 특징을 마크 트웨인(Mark Twain)은 "계단에서 굴러 떨어지기"(falling down stairs) 라고 묘사했습니다. 그러나 히브리어에서는 이런 경우가 없습니다. 종속절들이 있는 것은 분명합니다. 그러나 그것들은 복잡하지가 않습니다. 그래서 1장에 나오는 단순하고 정통적으로 솔직한 창조 이야기를 시작하기 위해 이 경우에 있어 특별히 의도적으로 첫 문장을 복잡하게 만든 것이라고 믿기가 어렵습니다. 율리우스 벨하우젠(Julius Wellhausen)은 보수주의자가 아니었지만(실제로 그는 모세 오경에 대한 문서설을 발전시킨 주요 인물 가운데 한 명임), 그는 우리가 반대하고 있는 번역을 두고 "절망적인 것"[4] 이라고 했습니다.

둘째, 종종 보아 온 것처럼 "창조하다"(create) 라는 단어(히브리어로 된 문장에서 두 번째 단어)는 하나님에게만 사용되는 단어이며, 하나님이 전적으로 새로운 어떤 것을 존재하게 하시는 것을 언급할 때 쓰이는 특징을 가지고 있습니다. 물론, 하나님은 이미 존재하는 물질을 가지고도 사물을 만드십니다. 그러나 그런 경우에는 다른 단어(보통 "만들다 - make" 또는 "만들어지다 - made")가 사용됩니다. "창조하다"(create) 라는 단어는 무(無)로부터 새로운 사물을 만들어내는 것을 언급하는 것입니다. 만일 이 절(節)들에서 언급된 창조의 의미가 단순히 선재하는 물질로부터 땅을 조성하는 것이라면 여기에서의 창조는 부적합한 단어가 됩니다.

셋째, 창세기는 시작의 책입니다. 그러나 이 시작에 대해 이야기하면서 만일, 실제로, 고작 할 수 있는 말이 최초에 물질이 그저 우연히 존재해 있었다는 말이라면 이는 가장 중요한 점에서 확실히 실패를 한 것입니다.

그렇게 많은 현대 학자들과 몇몇 번역가들조차도 첫 번째 절을 종속절로 보는 것을 선호하는 이유는 무엇입니까? 에드워드 영(Edward J. Young)은 그 진정한 이유가 지난 장에서 언급했던 바벨론 창조 서사시가 그런 식으로 시작하고 있고, 그래서 이 학자들이 창세기를 거기에 맞추려는 편견적 욕구를 가지고 있기 때문이라고 말하고 있습니다. 바벨론 창조 서사시는 이렇게 시작합니다. "높은 곳에는 하늘이라는 이름이 없고, 아래는 땅이 이름을 가지고 있지 않았을 때…" 이 서사시는 이런 맥락으로 일곱 줄을 계속하면서 또 다른 시간을 나타내는 종속절을 소개합니다. 그러고 나서야 주절이 나옵니다. 그 학자들은 창세기 1장의 시작 절들을 종속절화 함으로써 창세기를 바벨론 서사시와 어느 정도 병행을 이루게 하는 데에 성공합니다. 그러나 내가 이미 논했듯이 창세기는 그런 식으로 시작하지 않습니다. 창세기는 만물의 절대 기원이신 하나님을 말하는 것으로 시작합니다. 그런 후에 기원의 문제에 대해 가장 심오한 통찰을 우리에게 제공해 줍니다. 그것은 "태초에 하나님"이라는 아주 단순한 말로 우리를 압도합니다.

일련의 부정

그 구절은 또한 홀로 만물의 기원이신 하나님의 본성에 관하여 가르쳐 줍니다. 그것은 몇 가지 부정(否定)적인 설과 또 몇 가지 긍정(肯定)적인 설을 제시합니다.

가장 명백한 부정적인 설은 첫째, **무신론을** 부정하는 것입니다. 만일 하나님이 태초에 계셨다면 과거에도 하나님이 계셨고, 지금도 하나님이 계신다는 말이 됩니다. 그 외에 어떤 가능성이 있겠습니까? 그 이하로 말하는 것은 하나님이 창조에 의존하는 존재이고, 동일한 창조의 법칙에 종속되는 존재라고 말하는 것이고, 따라서 창세기에서 하나님이 태초에 계셨다고 말하는 것과는 달리, 창조의 시작점에 계실 수가 없었다는 말이 됩니다. 둘째, **유물론을** 부정합니다. 본문에서 하나님이 태초, 곧 창조 이전에 계셨다는 말은 하나님이 창조물이 아니라는 뜻이며, 따라서 만물이 만들어진 그런 물질도 아니라는 뜻입니다. 우리가 처한 세상은 전적으로 물질적인 우주가 아닙니다. 특히 하나님이 물질을 창조하셨으므로 물질은 항상 존재했던 것이 아닙니다. 물질이 항상 존재했다고 하는 것은 순수 유물론 철학이 가르치고 있는 것입니다. 셋째, 창세기를 시작하고 있는 말씀은 **범신론을** 부정합니다. 범신론이란 신(神)은 물질 안에 존재하거나 또는 물질 자체라고 하는 철학입니다. 범신론은 가장 우상숭배적이고 동물적인 종교에 기초합니다. 그러나 만일 하나님이 물질을 창조하셨다면 하나님은 물질이 아닌 것이고, 그 물질보다 우월하신 분입니다. 물질을 예배하는 어떤 종교도 우상숭배일 뿐입니다.

이러한 철학 또는 다른 많은 거짓 철학이 사람이나 물질에서 시작하여 하나님을 찾아 올라가기 때문에 실제로 그런 철학이 거기까지 간다고 해도 오류를 범하게 됩니다. 그러나 창세기는 하나님에게서 시작하고, 하나님을 만물의 창시자로 명시함으로써 그런 모든 철학에 맞서고 있습니다.

성경의 하나님

창세기 1:1절이 하나님에 관해 우리에게 가르치는 것은 단지 이러한 부정적인 제시를 통해서 뿐만이 아닙니다. 그것은 또한 몇몇의 매우 긍정적인 특성을 제시해 줍니다.

첫째, 창세기가 "태초에 하나님이" 라는 말씀으로 시작하는데 그 말씀은 하나님이 자존(自存)하는 분이심을 뜻하고 있는 것입니다. 자존한다는 말은 하나님 외의 어떤 것에도 해당되지 않는 말입니다. 하나님 외의 모든 사물의 존재는 다른 사물이나 인간, 그리고 궁극적으로 하나님께 달려있는 것입니다. 이러한 선행원인(prior causes)이 없이는 사물은 존재할 수가 없습니다. 이 진리는 "원인과 결과"(cause and effect)의 법칙으로서 이미 인정되고 있는 것입니다. 모든 결과는 그에 타당한 원인이 있어야만 합니다. 그러나 하나님은 궁극적 원인이시며, 그분 자신의 원인은 없습니다. 하나님은 기원이 없으십니다. 이 말은 첫째, 하나님은 본질적으로 알 수 없는 분이시며 둘째, 하나님은 아무에게도 책임이 없는 분이심을 의미하는 것입니다.

왜 하나님의 자존이 그분을 알 수 없다는 것을 의미하는 것이어야만 합니까? 그것은 우리가 보고, 냄새 맡고, 듣고, 맛보고, 만지는 모든 것이 기원을 가지고 있고, 결과적으로 어떤 것도 이 범주에서 예외가 된다는 것을 상상할 수 없기 때문입니다. 우리는 인지(認知)하는 어떤 것도 납득할 수 있는 타당한 원인이 있어야 한다고 주장합니다. 그래서 그러한 원인들을 찾습니다. 그러나 만일 하나님이 만물을 초월하는 원인이시라면, 그 하나님은 다른 사물들과는 달리 설명되거나 이해될 수가 없는 분이신 것입니다. 이 점이 하나님에 대한 개념에 있어 왜 철학과 과학이 항상 우호적인 것은 아니었던가에 대한 한 가지 이유가 된다고 1장에서 인용했던 로버트 재스트로우(Robert Jastrow) 같이 토저(A. W. Tozer)도 지적했습니다. 이런 학문 분야는 사물을 설명하는 일에 전념하고 있습니다. 그래서 스스로 설명을 거부하는 어떤 것도 용납하지를 못합니다. 과학자는 그가 모르는 것이 많다는 것을 시인할 것입니다. 그러나 우리가 결코 알 수 없고, 실제로 그것을 알아낼 기술조차도 없는 어떤 것이 있다는 것을 시인하는 것은 전혀 별개의 문제입니다. 이러한 문제점을 피하기 위해 과학자는 하나님을 "자연법", "진화론" 또는 그런 류의 원리 등으로 정의하면서 자기 수준으로 끌어내리려고 시도할지도 모릅니다.

어쩌면 바로 이 점이 왜 성경을 믿는 사람들조차도 하나님의 인격과 성품에 관해 생각하는 일에 시간을 아주 조금밖에 쓰지 않는가에 대한 이유가 될 것입니다. 토저는 그의 글에서 이렇게 기록하고 있습니다. "그 배후를 어떤 피조물도 상상할 수 없는, 스스로 존재하시는 자아(自我, the self‐existent Self)이신 자존자(I AM)를 우리 마음으로 하여금 경이롭게 응시하도록 하는 사람이 우리 가운데 거의 없다. 이러한 생각은 우리를 매우 고통스럽게 한다. 우리는 우리를 더 이롭게 해 주는 것, 예를 들어 어떻게 더 좋은 쥐덫을 만드나, 또는 잔디 풀의 잎이 하나로 자랐던 곳에서 어떻게 잎이 두 개인 잔디 풀이 자라게 할 수 있을까에 대해 생각하는 것을 더 좋아한다. 이로 인해서 지금 우리는 우리 신앙의 세속화와 내적인 삶의 부패라는 너무 무거운 대가를 치루고 있다."[5]

하나님이 자존하신다는 것은 또한 하나님이 우리에게 응답할 책임이 있으심을 의미하지 않습니다. 우리는 하나님의 책임이 없으시다는 것을 좋아하지 않습니다. 우리는 하나님이 자신을 설명해 주시고, 자신의 행동을 변론해 주시기를 원합니다. 그런데 때로는 우리에게 사물에 대해 설명을 하시기도 하지만, 꼭 그래야 하는 것이 아니고 또 흔히 그렇게 안 하십니다. 하나님은 자신을 누구에게도 설명할 필요가 없으십니다.

둘째, 하나님이 "태초에" 계셨다는 것은 하나님이 자족(自足, self-sufficient)하는 분이심을 의미합니다. 하나님이 자존(self-existence) 하신다는 것은 하나님의 기원이 없다는 의미입니다. 하나님이 자족하신다는 것은 하나님이 무엇을 필요로 하시는 분이 아니고 따라서 아무도 의지하실 필요가 없다는 것을 의미합니다. 그러나 우리는 그렇지 않습니다. 우리는 무수한 다른 것들 예를 들어 산소를 의지합니다. 만일 산소의 공급이 잠시라도 중단되면 우리는 죽습니다. 우리는 또한 빛과 열과 중력과 자연법칙에 의존하고 있습니다. 만일 이 법칙들 중 하나만이라도 작동이 멈춰지면, 우리는 즉시 죽게 됩니다. 그러나 하나님은 그렇지 않으십니다. 이런 것들은 사라질 수 있지만(실제로 모든 것이 사라질 수 있지만), 하나님은 여전히 존재하십니다.

여기서 우리는 반대로 하나님에 대해 널리 퍼져 있는 통속적인 견해로 옮겨보고자 합니다. 그 견해는 하나님은 인간과 협력하시고, 인간은 하나님과 협력함으로써 각각 상대방에게 없는 것을 제공해 준다는 견해입니다. 예를 들어 이런 상상을 할 수 있습니다. 하나님은 영광이 결핍되어 있으신데 그 결핍을 보충하시려고 우리를 창조하셨다는 것입니다. 또는 하나님은 사랑이 필요하셔서 그분을 사랑하게 하시려고 우리를 창조하셨다는 것입니다. 어떤 사람들은 마치 하나님이 외로우셔서 그분과 사귀도록 하시기 위해 우리를 창조하신 것처럼 말합니다. 그러나 하나님은 우리를 필요로 하지 않으십니다.

하나님은 예배하는 자들을 필요로 하지 않으십니다. 아더 핑크(Arthur W. Pink)는 그의 저서 「하나님의 속성」(The Attributes of God)에서 이 주제에 관해 이렇게 말하고 있습니다. "하나님은 창조를 위해 하등의 구속(拘束)을 받으셨거나, 하등의 책임을 지셨거나, 하등의 필요성을 가지고 계셨던 것이 아니었다. 하나님이 창조하시기로 결정하신 것은 순전히 그분 편에서의 주권적인 행위에 의한 것이었다. 그분 외의 아무 것도 원인이 되지 않았다. 단순히 그분 자신의 기쁘신 뜻에 따라 결정된 것이지, 그 외의 다른 어떤 것에 의한 것이 아니었다. 왜냐하면, 그분은 '모든 일을 그분 자신의 선하신 뜻대로… 그분의 계획을 따라' (엡 1:11) 일하시기 때문이다. 하나님이 창조하셨다는 것은 단순히 그분의 영광을 나타내기 위함이었다… 하나님은 우리의 예배를 통해서조차도 이득을 보시는 분이 아니시다. 하나님은 구속(救贖)받은 자에게서 나타나는 은혜의 외적인 영광을 필요로 하지 않으셨다. 왜냐하면, 하나님은 그런 것 없이도 원래 충분히 영광스러우시기 때문이다. 하나님의 은혜의 영광을 찬송케 하기 위해 선택받은 자를 예정하시도록 그분을 움직인 것은 무엇인가? 그것은 에베소서 1:5절에서 말씀하는 바와 같이 '그분의 기쁘신 뜻에 따른' 것이다… 이것이 강력하게 시사하는 것은 전능자를 피조물에 대한 책임 밑으로 끌어들일 수 없다는 것이다. 하나님은 우리로부터 아무 것도 얻을 것이 없으시다."[6]

누군가는 사람들의 가치가 이로 인해 작아진다고 결론을 맺을 것입니다. 그러나 그렇지 않습니다. 그 가치는 다만 그것이 유지되고 있는 곳에서 찾을 수 있을 뿐입니다. 우리의 사고방식에 의하면, 우리가 하나님을 위해 무엇인가 할 수 있다고 생각하기 때문에 가치가 있는 것입니다. 이것은 오만하고, 미련하고, 헛된 생각입니다. 성경적 관점으로 보면, 우리는 하나님이 우리에게 가치를 부여하셨기 때문에 가치가 있는 것입니다. 우리를 값지게 하는 것은 창조에 나타난 하나님의 은혜와 우리의 구원을 위한 하나님의 선택에 의한 것입니다.

하나님은 도우미를 필요로 하지 않으십니다. 아마도 이 진리는 다른 것보다 더 받아들이기가 어려울 것입니다. 왜냐하면, 우리는 하나님을 상상할 때 세상을 관리하고 세상의 종족을 구원하는 일을 도와줄 사람을 찾으려고 서두르고 있는, 다정하지만 애처로운 할아버지 상(像)으로 상상하기 때문입니다. 이러한 상상은 풍자에 지나지 않습니다. 물론 하나님이 관리하는 일을 우리에게 맡기신 것은 확실합니다. 하나님은 에덴에서 최초의 부부에게 "생육하고 번성하여 땅에 충만하라, 땅을 정복하라, 바다의 물고기와 하늘의 새와 땅에 움직이는 모든 생물을 다스리라"(창 1:28)고 말씀하셨습니다. 하나님은 그를 믿는 자들에게 "너희는 가서 모든 민족을 제자로 삼아 아버지와 아들과 성령의 이름으로 세례를 베풀고 내가 너희에게 분부한 모든 것을 가르쳐 지키게 하라"(마 28:19-20)는 사명을 주셨습니다. 그러나 창조물에 대한 하나님의 어떤 명령도 그분 안에 필요한 토대를 마련해 놓아야 하는 것은 아닙니다. 하나님은 그저 이런 방식으로 일들을 행하기로 결정하신 것입니다. 그러나 꼭 그렇게 하셔야만 할 필요는 없습니다. 정말이지 하나님은 백만 가지 다른 방법들 중 어느 하나로 일을 이루실 수 있었습니다. 그러나 하나님이 이와 같이 일하시기로 결정하신 것은 오로지 그분 자신의 자유의지에 의한 것이고, 그분에게 있는 고유한 가치는 어떤 것도 우리에게 주시지 않습니다.

하나님에게는 변호인이 필요 없습니다. 우리는 하나님의 이름을 더럽히거나 그분의 인격을 비방하는 자들 앞에서 그분 편에서 말해야 할 때가 있습니다. 이 경우 우리는 당연히 그렇게 해야 합니다. 그러나 우리가 하지 않는다고 해도 하나님이 그로 인해 손해를 입을 것이라고 생각하지 말아야 합니다. 하나님은 변호가 필요하지 않으십니다. 왜냐하면, 그분은 여전히 그분이시고, 악한 사람들의 죄스럽고 오만한 공격에 관계없이 여전히 그대로 남아 계실 것이기 때문입니다. 변호를 필요로 하는 하나님은 오직 누군가가 그분을 변호하고 있을 때에만 우리를 변호할 수 있는 하나님입니다. 그런 하나님은 전혀 쓸모가 없습니다. 성경의 하나님은 그분의 백성을 위한 진정한 변호사이신 자존하시는 분이십니다.

이 모든 논의는 대단한 중요성을 가지고 있습니다. 왜냐하면, 우리가 하나님은 유일하게 참으로 자족하시는 분임을 깨달을 때, 비로소 왜 성경이 하나님만을 믿는 신앙의 필요성에 대해 그토록 많은 말을 하고 있는지, 왜 하나님에 대한 불신이 그토록 죄인지 이해하기 시작하게 될 것이기 때문입니다. 토저(Tozer)는 "모든 피조물 중에 감히 자신을 신뢰할 수 있는 존재는 하나도 없다. 오직 하나님 한 분만이 자신을 신뢰하신다. 모든 다른 존재는 하나님을 신뢰해야 한다. 불신앙은 실제로 왜곡된 신앙이다. 왜냐하면, 불신앙은 살아 계신 하나님을 신뢰하지 않고, 죽어가는 사람을 신뢰하기 때문이다." 라고 했습니다.[7] 만일 우리가 하나님을 신뢰하기를 거부한다면, 우리는 실제로 우리 또는 어떤 다른 사람, 사물이 더 신뢰할만하다고 말하는 것이 됩니다. 이것은 하나님의 인격을 훼손시키는 것이고, 어리석은 짓입니다. 하나님 외의 어떤 존재도 모든 것에 충족하는 존재(all-sufficient)가 되지 못하기 때문입니다. 반면에 우리가 하나님을 신뢰하기(하나님을 믿기) 시작하면, 우리는 삶의 모든 면에서 견고한 토대를 마련하게 되는 것입니다.

하나님은 충분하시기 때문에, 우리는 그 충분 안에서 휴식을 취할 수가 있고, 그래서 하나님을 위해 효과적으로 일할 수가 있게 됩니다. 하나님은 우리를 필요로 하지 않으십니다. 그러나 하나님을 알게 되는 기쁨은, 그분이 그럼에도 불구하시고 몸을 굽혀 그분의 자녀들 안에서, 또 그들을 통해 역사하신다는 것을 아는 데 있습니다.

셋째, 하나님이 "태초에" 계셨다는 진리는 그분이 영원하시다는 것을 의미합니다. 그것은 하나님이 지금도 계시고, 과거에도 항상 계셔 왔고, 미래에도 항상 계실 것임을 의미하고, 또한 영원한 존재로서 항상 동일하심을 의미하는 것입니다. 우리는 하나님의 이러한 속성을 성경 여러 곳에서 발견합니다. 아브라함은 하나님을 "영원하신 여호와"(창 21:33)로 알았습니다. 모세는 "주여 주는 대대에 우리의 거처가 되셨나이다 산이 생기기 전, 땅과 세계도 주께서 조성하시기 전 곧 영원부터 영원까지 주는 하나님이시니이다"(시 90:1-

2)라고 기록했습니다. 요한계시록은 하나님을 "알파와 오메가요 처음과 마지막이라"(계 21:6, 참고 1:8, 22:13)고 묘사했습니다. 그리고 요한계시록은 하나님의 보좌를 둘러싼 네 생물이 "거룩하다 거룩하다 거룩하다 주 하나님 곧 전능하신 이여 전에도 계셨고 이제도 계시고 장차 오실 이시라"(계 4:8)고 밤낮으로 외친다고 이야기해 주고 있습니다.

하나님이 영원하시다는 것은 우리에게 두 가지의 중요한 결론을 제시합니다. 첫 번째, 하나님이 자신을 계시해 오신 것 그대로 그분은 **변함없이** 신뢰받으실 수 있다는 것입니다. 하나님의 속성은 불변합니다. 따라서 우리는 예를 들어 하나님이 일단 우리를 향한 사랑을 그리스도 안에서 보여주셨지만, 그래도 혹시 앞으로 그분의 마음을 바꾸어 우리를 사랑하는 것을 멈추시지 않을까 두려워할 필요가 없습니다. 하나님은 언제나 사랑이십니다. 마찬가지로 하나님은 자신을 거룩하신 분으로 나타내셨지만, 그럼에도 거룩하심을 중단하시고 우리 죄에 대한 그분의 속성을 바꾸실 수 있다고 생각해서는 안 됩니다. 죄는 언제나 죄입니다. 왜냐하면, 죄는 "하나님의 법을 순종함에 부족한 것이나 혹 어기는 것"(웨스트민스터 소요리 문답, 답 14)이기 때문입니다. 하나님은 불변하십니다. 우리는 이것을 하나님은 언제나 거룩하시고, 지혜로우시고, 은혜로우시고, 공정하시고, 그리고 자신을 계시하시는 기타 모든 속성 그대로이시라고 확대해서 말해도 좋습니다. 우리가 행하는 어떤 일도 하나님을 절대로 바꿀 수 없습니다. 다시 말해, 하나님은 자신의 영원한 계획 또는 뜻에 있어 불변하십니다. 하나님은 사전에 행하시기로 결정하신 것을 행하시며, 그분의 뜻은 절대로 바뀌지 않습니다. 이것은 하나님의 백성에게 큰 위로의 원천이 됩니다. 만일 하나님이 우리와 같으시다면 그분은 신뢰받으실 수 없습니다. 그분은 변하실 수 있을 것이고, 그 결과로 그분의 뜻이나 약속도 바뀌게 될 것입니다. 우리는 그분을 의지할 수가 없게 됩니다. 그러나 하나님은 우리와 같지 않으십니다. 그분은 변하지 않으십니다. 결론적으로, 하나님의 목적은 세세무궁토록 변하지 않고 남아있는 것입니다.

두 번째, 하나님의 영원하심이 우리에게 주는 중요한 결론은 하나님은 피할 수 없는 분이라는 것입니다. 만일 하나님이 단순한 사람일 뿐이고, 또 만일 우리가 그분이나 그분이 하시는 일을 좋아하지 않는다면, 우리는 그분이 마음을 바꾸거나, 우리를 떠나거나, 또는 죽으실 수 있다는 것을 알기 때문에 그분을 피하고 살 수도 있을 것입니다. 그러나 하나님은 그분의 마음을 바꾸지 않으십니다. 떠나지 않으십니다. 죽지도 않으실 것입니다. 결국, 우리는 하나님을 피할 수가 없게 됩니다. 만일 우리가 지금 하나님을 무시하면 내세에서 그분과 계산을 해야만 합니다. 만일 우리가 지금 하나님을 거절한다면, 우리는 결국 우리가 거절한 분을 반드시 만나게 되고, 그리고 그분이 우리를 영원히 거절하실 것임을 알게 될 것입니다.[8]

거기 계시는 하나님

이 점에 성경 맨 첫 절의 심오한 뜻이 있습니다. 뿐만 아니라, 우리는 더 나아가 이 구절이 어떤 의미에서는 성경에서 가장 중요한 절이라고 말할 수 있습니다. 왜냐하면, 이 구절이 초장부터 우리와 관계가 있는 하나님을 얼굴과 얼굴로 대면하게 해 주고 있기 때문입니다. 이 하나님은 가상(假想)의 신(神)이 아닙니다. 우리 자신이 고안해 낸 신도 아닙니다. 그분은 지금 계시는 하나님, "그의 존재하심과 지혜와 권능과 거룩하심과 공의와 인자하심과 진실하심이 무한하시며 무궁하시며 **불변 하신**"(웨스트민스터 소요리 문답, 답 4)분입니다.

우리는 때로 하나님을 바꾸어 보고 싶을 때가 있습니다. 그럴 때 우리는 가파른 산의 정상을 향해 오르다가 미끄러지기 시작한 사람과 같게 됩니다. 자신을 멈추게 하지 못하고 위험한 비탈에서 300m가 넘는 깊은 협곡 바닥으로 떨어뜨릴 낭떠러지를 향해 미끄러져 내립니다. 그는 틀림없이 죽게 될 것으로 생각했습니다. 그러나 그가 낭떠러지 끝에서 밑으로 떨어지는 순간, 그는 두 손을 내밀어 작은 나뭇가지 하나를 간신히 잡았습니다. 그는 거기에 매달려 있게 되었습니다. 그는 자신을 구출했습니다. 그러나 그는 위로 올라갈 수가 없었습니다. 그가 쥐고 있는 손에 힘이 풀려 절벽 아래로 떨어지는 것은 단지 시간문제라는 것을 알았습니다. 그는 그다지 신앙적인 사람이 아니었습니다. 그러나 그가 신앙적인 사람이 되어야 할 때가 있어야 했다면 분명히 지금이 그때였습니다. 그래서 그는 하늘을 쳐다보고 소리쳤습니다. "거기 위에 누군가 나를 도와줄 사람이 있습니까?" 그는 대답을 기대하지는 않았습니다. 그러나 "그래, 내가 여기 있다. 내가 너를 도와줄 수 있다. 그러나 먼저 잡고 있는 나뭇가지를 놓도록 해라." 하는 낮고 굵은 목소리가 들려왔을 때 그는 매우 놀랐습니다.

긴 침묵이 흘렀습니다. 그런 후 그 사람은 위를 쳐다보고 다시 외쳤습니다. "위에 나를 도와줄 다른 사람 없습니까?" 다른 사람은 없습니다. 오직 태초에 계셨고, 영원히 계실 분인 하나님만이 거기 계실 뿐입니다. 바로 그분이 도와 주실 수 있으십니다. 뿐만 아니라, 그분은 도와주시기를 기꺼워하시며 심지어 강권적으로 우리를 도우시기도 합니다. 우리가 그분을 시작점에서 만난다는 것은 얼마나 놀랄만한 일입니까! 창세기 1장은 우리가 마지막에 하나님을 분명히 만날 것을 아는 가운데 그분과 약속을 맺어 그분이 제공해 주시는 도움을 받을 기회를 우리에게 주고 있습니다.

● 각주 ●

1. Herschel H. Hobbs, *The Origin of All Things: Studies in Genesis* (Waco, Tex.: Word Books, 1975), 9에서 인용하였다.

2. John Gerstner, "Man As God Made Him," in *Our Savior: Man, Christ, and the Atonement*, ed. James M. Voice (Grand Rapids: Baker, 1980), 20.

3. Ibid.

4. Young, In the Beginning, p. 22. 영(Young)은 그의 책 20-25쪽에서 이 번역에 대하여 논의했다. 그는 *Studies in Genesis One*, "An International Library of Philosophy and Theology" (Philadelphia: Presbyterian and Reformed Publishing Co., 1976), 1-14에서 기술적 용법에 대하여 더 많은 설명을 하고 있다.

5. A. W. Tozer, *The Knowledge of the Holy* (New York: Harper & Row, 1961), 34

6. Arthur W. Pink, *The Attributes of God* (Grand Rapids: Baker, n.d.), 2, 3.

7. Tozer, *Knowledge of the Holy*, 42.

8. 나는 이 부분을 James Montgomery Boice의 *The Sovereign God* (Downers Grove, Ill.: InterVarsity Press, 1978), 126-32에 있는 유사한 논문에서 빌어 왔다.

4

창조주 하나님

창세기 1 : 1

태초에 하나님이 천지를 창조하시니라

앞 장에서 심오한 것으로 생각되어 왔지만 실제로는 그렇지 않은 질문인, 왜 무(無, nothing)가 존재하지 않고 무엇인가(something)가 존재하는 것인가?하는 질문에 대해 언급한 바 있습니다. 이것은 참된 질문조차 되지 못한다는 이유로 심오한 것이 아닙니다. 이 질문은 우리에게 무엇인가와 무(無) 중에서 하나를 선택할 것을 권하는 것처럼 보입니다. 그러나 무(無)가 무엇입니까? 우리가 "무라는 것은…"이라고 말을 하자마자 무는 무가 아닌 무엇인가가 되는 것입니다. 만일 무(無)가 정말로 무라면, 무는 그 개념을 잡을 수 없습니다. 실제로 그것은 어떤 종류의 이지(理智)적인 개념도 허용하지 않습니다. 따라서 그 질문은 결국 왜 무엇인가가 존재하는가의 질문으로 축소되고 맙니다.

이런 형태의 질문은 무의미한 것이 아닙니다. 도리어 그 질문은 정말로 중대한 철학적 질문들 중의 하나가 됩니다. 그 질문은 다른 형태로 표현될 수 있습니다. 우주는 어디서 생겨났는가? 누가 원자를 만들었는가? 어떻게 만물은 현 상태와 같이 만들어졌는가? 그러나 이 질문들은 본질에 있어서 기본적으로 똑같습니다. 무엇인가가 거기에 존재하고 있습니다. 광대하고, 난해하고, 정연한 것이 있습니다. 그것은 우리가 존재하기 이전에 존재했습니다. 왜냐하면, 그것 없이는 우리의 존재를 상상할 수조차 없기 때문입니다. 그런데 그것이 어떻게 거기에 존재하게 되었고, 어떻게 그것이 우리가 알아낸 바와 같은 존재가 되었는가에 대한 답이 창세기 1:1절입니다. 그것은 "태초에 하나님이 천지를 창조하시니라"고 말씀해 주고 있습니다.

기독교의 답

그러나 우주의 기원에 관한 질문에는 다른 답들도 있습니다. 그래서 우리는 지금 그러한 답들과 거기에 추가해 기독교적인 답을 고찰해 보고자 합니다. 참되고 중대한 모든 질문들의 경우에 있어 그러하듯이 답으로서의 가능성을 갖는 것은 그리 많지가 않습니다. 이 경우에 있어서는 단지 네 가지뿐입니다.

첫째, 우주는 기원이 없다고 하는 견해가 있습니다. 우주는 이런저런 형태로 항상 존재했기 때문에 기원이 없다는 것입니다. 물질이 항상 존재하고 있었습니다. 이 견해는 비교적 최근까지 고대 및 현대 과학이 유지해 온 지배적인 견해이고, 아직도 소수의 과학자들이 이 견해를 받들고 있습니다. 둘째, 만물에는 시작이 있고, 이 시작은 어떤 선한 인격적 존재의 역사로 된 것이라는 견해가 있습니다. 이것은 기독교의 견해입니다. 셋째, 만물은 악한 인격적 존재의 역사를 통해 존재하게 되었다는 견해입니다. 넷째, 지금도 있고, 과거에도 늘 있어온 이원론입니다. 이 마지막 견해는 인격적이냐 비인격적이냐에 따른 이원론, 도덕적이냐 비도덕적이냐에 따른 이원론 등 생각 기준에 따라 몇 가지 형태를 취하지만, 그 견해들은 서로 관련되어 있습니다. 이것은 앞에서 언급한 바 있는 고대 우주론의 견해였으며, 바벨론 서사시가 그 한 예입니다. 이것은 아직도 동방 종교나 신비주의의 특징적인 견해가 되고 있습니다.

이 네 가지 가능성 있는 답들에 관련해서 가장 쉽게 제외시킬 수 있는 것은 세 번째 답입니다. 그것은 우주 기원에 인격성을 부여했지만 그 기원을 악하게 보았습니다. 그것은 사실상 사탄이 창조자라고 말하는 것입니다. 이 견해는 선한 것의 기원을 적절히 설명해 주지 못하기 때문에 제외시키기가 가장 쉽습니다. 악은 선한 것이 부패해서 생길 수 있습니다(사탄은 기독교의 하나님에게 반항할 수 있습니다). 그러나 선(善)이 악으로부터 나온다고 생각하는 것은 실제로 가능하지 않습니다. 악이 선한 것의 부패에서 생긴다고 하는 경우, 악은 선한 특성이나 재능을 다르게 오용할 수 있습니다. 그러나 선이 악으로부터 나온다고 하는 경우, 선한 것이 나올 여지가 없는 것입니다. 우리는 그 문제를 조금 다르게 표현할 수 있습니다. 어떤 세력이 악하게 되려면 그 세력(또는 그 사람)은 지성과 의지의 속성을 반드시 가지고 있어야 합니다. 그러나 이러한 속성은 그 자체가 선한 것이므로 그는 이 속성을 선한 세력에서 얻어야만 합니다. 이것은 선한 세력이 악 이전부터 존재했으며, 따라서 악한 세력은 만물의 기원이 아니라는 것을 의미합니다.

네 번째의 가능성인 이원론은, 세 번째처럼 금방 명확하게 드러나지는 않지만, 역시 불만족합니다. 그 이유는 이원론에 대한 신앙이 종종 큰 인기를 얻기도 했고, 역사적으로 긴 기간에 걸쳐 지속되어 왔지만, 면밀한 분석 아래서 버티고 있지는 못한다는 것입니다. 왜냐하면, 우리가 이원론을 언급하고 나서 뒤로 돌아서서는 즉시 이원론을 포함한 어떤 조화된 유형으로 바꾸고 싶어 하기 때문입니다. 또는 그런 것이 아니라면, 이원론의 한 편을 선택하고 그 편을 다른 편에 비해 우월한 것으로 만듭니다. 이런 경우 이원론은 은근히 다른 가능성들 중의 하나로 자리 이동을 합니다.

루이스(C. S. Lewis)는 그가 말하는 이원론 체계에서의 "따라잡기"(catch)를 지적하며 이 문제에 대해 기술했습니다. 이원론에 의하면 하나는 선하고 하나는 악한 두 세력(두 영, 또는 두 신)이 서로 완전히 독립해 있고 영원하다고 가정합니다. 어떤 편도 다른 편에 대해 책임을 지지 않습니다. 그리고 각각 자기 자신을 하나님이라고 부를 수 있는 동일한 권리를 가지고 있습니다. 각각은 아마 자기는 선하고 상대방은 악하다고 생각할 것입니다. 그러나 루이스는 묻습니다. 우리가 이러한 이원론을 언급하면서 한 세력은 선하고 다른 세력은 악하다고 말할 때, 그 의미는 무엇인가? 그것은 단지 우리가 다른 편보다 이편을 좋아한다는 뜻인가? 만일 그것이 우리가 의미하는 전부라면, 우리는 선이나 악에 대한 어떠한 실질적인 이야기도 포기해야만 합니다. 그래서 만일 우리가 이런 이원론의 입장을 취하게 되면 우주의 도덕적인 차원은 완전히 사라지게 되고, 우리는 어떤 특정한 방식으로 작동하는 물질보다 더 못한 무(無, nothing)와 함께 남아있게 됩니다. 우리는 이런 의미로 여전히 이원론을 붙들고 있을 수가 없습니다. 그렇게 되면 우리는 첫 번째 가능성으로 다시 떨어지게 됩니다.

그러나 만일, 그와 반대로 우리가 의미하는 것이 한 세력은 정말로 선하고 다른 세력은 정말로 악하다고 하는 것이라면, 우리는 실제로 어떤 제3의 것, 즉 "한 세력은 그것을 따르고 다른 세력은 실패해서 따르지 못하는, 선에 대한 어떤 법규나 표준, 또는 규칙" 을 우주 안으로 들여오는 것이 됩니다. 그리고 다른 것이 아닌 이 표준이 진정한 하나님이 될 것입니다. 루이스는 "두 세력이 이 표준에 의해 판단을 받기 때문에 이 표준 또는 이 표준을 만든 존재는 그 두 세력보다 이전에, 그리고 더 높은 곳에 계신 분이고 따라서 그분은 실재(實在)하는 하나님이 되실 것이다. 사실상 우리가 선 또는 악이라고 부르는 것은 그들 중 하나는 실재적이고 궁극적인 하나님과 바른 관계를 맺고 있고, 다른 하나는 잘못된 관계 아래 있다는 것을 의미한다." [1]고 결론을 맺습니다.

따라서 우주가 악한 기원에 의해 존재하게 되었고, 거기서 선이 나왔다는 견해나 이원론은 우리가 알고 있는 대로의 사실을 적절하게 설명하지 못하고 있습니다. 진정한 대안은 물질의 영원성을 주장하는 견해와 만물이 영원하시고 도덕적이신 하나님의 인격적 의지를 통해 존재하게 되었다고 보는 견해 중 하나에 있게 됩니다.

기독교의 주 경쟁 상대인 유물론을 살펴봅시다. 이 견해의 기원은 과거에 잃어버리고 말았지만, 유물론은 분명히 매우 오래된 개념입니다. 그 개념은 그리스 철학자 에피쿠로스(Epicurus)의 "과학주의" 에서 발견됩니다. 그는 만물이 단단하고 파괴되지 않는 소립자라고 생각되는 작은 블록재(building blocks)로 구성되어 있다고 가르쳤습니다. 에피쿠로스는 그것들을 원자(atoms)라고 불렀는데, 우리가 쓰고 있는 말인 "원자"(atom)가 거기서 유래되었습니다. 필시 그는 그의 개념을 압데라(Abdera)의 데모크리토스(Democritus)에게서 끌어낸 것 같고, 데모크리토스도 또한 거의 알려지지 않은 철학자인 루시퍼스

(Leucippus)에게서 그 개념을 얻어온 것 같습니다. 루시퍼스는 그의 개념을 기원전 1,000년 이전에 살았던 페니키아 철학자 모스쿠스(Moschuc)로부터 얻었을지 모릅니다.[2]

오늘날 이 견해는 에피쿠로스가 제시했던 철학 형태는 아니지만, 서구문명의 주류를 이루는 철학이 되고 있습니다. 그 예로, 원자는 분할될 수 있다는 것을 우리는 알고 있습니다. 그리고 분할했습니다. 여기에 더해 우리는 에너지와 질량은 상호 교환이 가능하다는 깜짝 놀랄 지식을 아인슈타인(Einstein)에게서 배웠습니다. 이 지식이 그 자체로 유물론의 가설을 흔들었어야 했습니다. 그러나 대체적으로 심각하게 흔들지를 못했습니다. 그래서 서구세계는 지금도 여전히 철학적으로 유물론적인 것입니다.

오늘날의 유물론은 대체로 우주에 인격체가 있다는 것을 부정하지 않습니다. 그러나 그 인격체가 비인격적 물체로부터 생겨났다고 생각하고 있습니다. 복잡한 구조의 원자 같은 것들까지 포함하고 있는 우주의 복잡성은 부정하지 않고 있지만, 그 복잡성은 덜 복잡한 것에서 오고, 그것은 또 더 덜 복잡한 것에서 와서 결국은 궁극적으로 단순한 물질에 도달하게 된다고 가정하고 있습니다. 물질은 항상 존재했다고 가정합니다. 왜냐하면, 그 이상 달리 설명할 수가 없기 때문입니다. 진화에 관련된 대부분의 사조(思潮)의 근저에는 이 견해, 즉 유물론이 자리를 잡고 있습니다.

그러나 우주의 기원에 대한 이러한 설명은 이미 그 이론 자체를 해명할 방법이 없다는 문제를 제기하고 있습니다. 우선, 우리는 물질에 대한 하나의 형태(form)에 대해 말했고, 그 다음 더 복잡한 형태들에 대해 말한 바 있습니다. 그러나 형태는 어디서 오는 것입니까? 형태는 조직(organization)을 의미하고, 어쩌면 목적(purpose)도 의미합니다. 그러나 어떻게 조직이나 목적이 단순한 물질에서 오는 것입니까? 어떤 사람들은 조직이나 목적은 난자나 정자 안에 있는 유전자처럼 원래부터 물질 안에 내재해 있었다고 주장합니다. 그러나 그 이론은 일리가 없을 뿐만 아니라 이것은 단순히 물질의 문제가 아닙니다. 기본적인 질문은 아직 대답이 안 된 상태로 남아 있습니다. 왜냐하면, 문제는 어떻게 조직과 목적이 거기에 있는가 하는 것이기 때문입니다. 조만간에 어떤 단계에 이르면, 우리는 형태에 대해 설명을 해야만 합니다. 만일 그렇게 된다면 우리는, 곧 형태를 만드시는 분, 조직을 하시는 분, 또는 목적을 주시는 분을 찾는 우리 자신을 곧 발견하게 될 것입니다.

더구나 우리는 인격적인 존재에 대한 개념을 소개한 바 있는데 만일 우리가 비인격적인 우주에서 시작한다면, 인격적인 존재의 출현에 대해 설명할 수가 없게 됩니다. 프란시스 쉐퍼(Francis Schaeffer)는 기술하기를 "우주가 비인격적인 것에서 시작되었다는 가정은 우리 주변에서 보는 인격적 존재를 결코 적절하게 설명하지를 못한다. 본래의 비인격적 기초 위에서 사람을 설명하려고 시도하면 사람은 곧 사라지게 된다." 라고 했습니다.[3]

창세기는 정반대의 대답으로 시작합니다. 그 책은 우주가 형태와 인격성을 가지고 존재한다고 주장합니다. 왜냐하면, 우주는 질서정연하고 인격적인 하나님에 의해 존재하게 되었기 때문입니다. 하나님은 우주가 존재하기 전에 존재하셨습니다. 그리고 그분은 과거에도, 현재에도 인격적이십니다. 그분은 우리 자신을 포함하여 우리가 아는 모든 것을 창조하셨습니다. 그 결과, 우주는 그분의 인격성의 흔적을 자연히 지니게 되었습니다.[4]

하나님의 창조

그러나 우리는 이 시점에서 무엇인가를 놓치고 있을지 모릅니다. 우리는 우주의 기원에 대한 기독교의 견해를 논하고 있는데 이것은 매우 중요한 일입니다. 그러나 우리가 논하다 보면 우리는 하나님의 창조에 있어서 참된 경이로움을 자칫 놓치기(또는 뒤로 미루기) 쉽습니다. 이 주제들에 대한 지당한 숙고의 노력이 그 경이로움을 놓치게(뒤로 미루게) 하는 것입니다. 성경 저자들은 결코 이런 함정에 빠지지 않았습니다. 결과적으로 그들이 창조를 고찰할 때는 결국에는 필연적으로 하나님을 찬송하게 됩니다. 그리고 그들이 하나님을 찬송할 때는 찬송하는 제목 중의 하나가 창조입니다.

"우리 주 하나님이여 영광과 존귀와 권능을 받으시는 것이 합당하오니 주께서 만물을 지으신지라 만물이 주의 뜻대로 있었고 또 지으심을 받았나이다 하더라"(계 4:11)

성경 본문은 하나님이 "천지"를 창조하셨다라고 우리에게 말씀하고 있습니다. 하나님이 작업하신 광대한 화폭(canvases)을 깊이 생각해 보노라면, 우리도 그분을 찬송하게 될 수 밖에 없을 것입니다.

하늘은 얼마나 광대한지요! 맑은 밤에 하늘을 쳐다보면 아마도 1만개는 되는 빛의 점들을 봅니다. 그 중의 몇 개는 빛을 받아 반사하는 태양계의 행성들입니다. 무수한 별들이 은하(銀河)로 알려진 특정한 별무리에 속하는데 여기에 우리 태양이 속해 있습니다. 또 다른 무수한 별들이 전체의 은하계를 이루는데 그것들은 매우 멀리 떨어져 있어 마치 한 개의 별이 반짝이는 것처럼 보입니다. 1만개의 별빛이라고 했는데 그 이유는 우리 육안으로 볼 수 있는 것이 그 정도이기 때문입니다. 그러나 이 1만개는 실제로 존재하고 있는 별들의 극소량에 지나지 않습니다. 전형적인 하나의 은하계는 수십억 개의 별들을 포함하고 있고, 우리가 속한 은하계만도 2천억 개의 별이 있습니다. 그 은하계의 형태는 우주 공간을 장엄하게 회전하는 거대한 나선과 같고, 뒤로 끌려 따라가는 붉게 타는 별들의 주(主) 부분은 마치 불꽃 바람개비가 돌면서 팽창하는 것과 같습니다. 우리 태양은 나선의 일부분입니다. 그 은하계가 한 번 완전히 자전하는 데 2억 5천만년이 걸립니다. 이런 숫자들은 어마어마한 것입니다. 그런데 이것은 단지 우리가 속한 은하계일 뿐입니다. 육안으로 볼 수 있는 다른 은하계만도 수천 개가 되고, 캘리포니아의 팔로마(Palomar) 산에 있는 지름 5m 망원경으로 보면 수십억 개가 됩니다. 시간을 노출해서 찍은 사진에 드러난 것을 보면, 이렇게 멀리 떨어진 은하계들은 외견상 끝이 없는 미(美)의 행렬을 연출합니다. 어떤 것들은 우리 것과 같이 나선형의 모양을 합니다. 다른 것들은 둥근 성단(星團)을 이룹니다. 또 어떤 것들은 평평한 팬케이크 모양을 하고 있습니다. 아예 불규칙한 것들도 있습니다. 하늘에 있는 모든 별들은 이렇듯 서로 엉켜 집단별로 아름다운 무리를 이루고 있는 것입니다.

다른 한편, 은하계들은 불규칙한 모양으로 흩어져 있습니다. 그들 사이에는 광대한 공간이 있습니다. 평균 수준의 크기를 가진 한 은하계의 한 쪽 끝에서 다른 쪽 끝까지의 거리는 대략 96경km가 됩니다. 한 은하계에서 다른 은하계까지의 거리는 평균 3,200경km입니다. 이러한 숫자들을 아라비아 숫자로 표기한다면 그 숫자는 여러 줄을 이룰 것입니다. 그래서 그 큰 숫자를 피하기 위해 천문학자들은 일반적으로 광년(光年)이라고 하는 거리의 단위를 사용하는데, 그것은 1초당 30만km의 속도로 1년 동안 달린 거리입니다. 1광년은 약 9조 5,000억km입니다. 이 단위를 써서 말하면 은하계의 평균 크기는 10만 광년이고, 은

하계와 은하계 사이의 거리는 약 300만 광년이 됩니다. 안드로메다 은하계(Andromeda Galaxy)는 우리 은하계와 가장 가까이 있는 은하계입니다. 그것은 우리와 200만 광년 떨어져 있습니다. 이 말은 안드로메다에서 지금 발한 빛이 여기까지 오는데 200만 년이 걸린다는 뜻입니다. 바꾸어 말하면, 우리가 안드로메다를 볼 때 지금 보는 장면은 지금의 장면이 아니고 200만 년 전의 장면인 것입니다.

특히 은하계들은 일정한 공간에 고정되어 있는 것이 아니고 서로 대단한 속도로 멀어지고 있습니다. 이 사실을 처음 발견한 베스토 슬라이퍼는 은하계들을 관찰하면서 그것들이 시속 수백만km의 속도로 지구로부터 멀어져 가고 있는 것을 발견했습니다. 그의 후계 과학자들인 휴메이슨(Milton Humason)과 허블(Edwin Hubble)은 가장 멀리 떨어져 있는 은하계들이 시속 1억 6천만km의 속도로 지구에서 멀어져 가고 있음을 증명했습니다. 우주의 모든 것이 모든 것으로부터 멀어져가고 있습니다. 우리를 향해 오는 것은 아무 것도 없을 뿐만 아니라, 어떤 은하계도 다른 은하계로 접근을 하지 않습니다. 이것은 우주가 팽창한다는 것을 의미합니다. 천문학자들은 은하계들의 현재 위치와 알려져 있는 그들의 속도를 토대로 역산해서 우주의 기원이 약 150억 내지 200억 년 전 이라고 추정합니다.

별들 자체를 보면 다양성과 모양과 아름다움과 신비함에 있어 모두 한결같음을 발견합니다. 별들이 태어나고, 불에 타고, 늙어지고, 결국에는 소멸되는 과정은 비슷해 보이지만, 모든 별들이 다 똑같은 것은 아닙니다.

한 순간에도 수백만 개의 별이 우주 공간 안에 태어납니다. 새로운 별들은 별과 별 사이에 있는 성운(星雲)이 그것을 형성하고 있는 원자들 사이에서 작동하는 중력에 의해 응축되면서 태어나게 됩니다. 그렇게 응축될 때 온도가 올라갑니다. 마침내 임계온도인 화씨 2천만 도에 이르면 응축된 가스 덩어리 안에 있는 수소가 수소폭탄이 터질 때 일어나는 것과 비슷한 반응을 일으키며 점화됩니다. 이때 방출되는 에너지는 더 이상의 가스 응축을 중지시키고 별은 그런 방식으로 수십억 년 동안 계속 불타게 됩니다. 우리의 태양이 지금 이 단계에 있습니다.

결국 별 안에 있는 수소는 소모되기 시작합니다. 팽창하고 붉어지기 시작합니다. 이러한 별들을 붉은 거인이라고 부릅니다. 마지막 연료가 다 타버리면 그 별은 중력의 힘에 의해 마지막 붕괴를 시작합니다. 만일 그 별이 상대적으로 작으면 그것은 하얀 난쟁이라고 부르는 단단하게 압축된 구체(球體)로 응축됩니다. 이러한 죽은 별들에서는 몇 cm³에 지나지 않는 물질의 무게가 1,000kg이나 나갑니다. 만일 별이 크면 그 별의 운명은 달라집니다. 조용히 압축되는 대신에 스스로 폭발하여 그로 인해 함유하고 있던 원소들인 탄소, 산소, 철, 금, 기타의 원소들을 우주 도처에 방출하게 되고, 결국에는 다른 항성이나 행성이 그 원소들을 흡수하게 됩니다.[5]

"하늘이 하나님의 영광을 선포하고 궁창이 그의 손으로 하신 일을 나타내는도다 날은 날에게 말하고 밤은 밤에게 지식을 전하니 언어도 없고 말씀도 없으며 들리는 소리도 없으나 그의 소리가 온 땅에 통하고 그의 말씀이 세상 끝까지 이르도다 하나님이 해를 위하여 하늘에 장막을 베푸셨도다"(시편 19:1-4)

그러면 지구는 어떻습니까? 이 시점에서 지구와 그것의 경이로움에 대해 상세히 숙고할 필요는 없습니다. 우리는 이제껏 하늘을 주의 깊게 살펴보았습니다. 왜냐하면 여기가 창세기에서 하늘 자체를 두고 마지막으로 언급된 지점이기 때문입니다. 이 지점에서부터 창세기는 지구에서 행하신 하나님의 창조사역에 대한 고찰로 넘어갑니다(해, 달, 그리고 별들은 땅에 빛을 주는 것에 관해서만 언급되고 있습니다). 어떤 점에서는 이제부터 일어나는 모든 일은 지구에 대한 것입니다. 하지만 내친 김에 우리는 대우주(macrocosm 큰 물체를 기준으로 본 세계)의 경이로움이 소우주(microcosm 작은 물체를 기준으로 본 세계)에서도 반복된다는 것을 주목해 볼 수도 있습니다. 여기서 우리는 전자, 양자, 중성자, 중성미자 및 외견상 끝없는 다양한 미립자 등 거의 이해할 수 없는 것들과 직면하게 됩니다. 이 미립자들 사이의 거리는 그들의 크기에 비례하여 볼 때 태양계에서의 별들의 거리에 비교될 수 있습니다. 가장 단순한 수소 원자를 취해서 그것을 수십억 번씩 반복해서 확대시키면 그 중심에 있는 양자가 25cm 축구공의 크기만 하게 되고, 이 핵을 중심으로 도는 전자는 골프 공 만 한 크기가 되어 8km 거리를 두고 양자 둘레를 돌 것입니다. 그리고 그 둘레 안에는 아무 것도 없을 것입니다!

하나님께 영광을

창세기의 첫 절에 근거해서 우리는 하나님을 창조하시는 분이라고 정의할 수 있습니다. 우리는 창조할 수 없습니다. 우리는 흔히 인간적 시도라는 말을 사용하는데 그 말이 갖고 있는 의미에서 볼 때 인간은 창조적입니다. 그러나 좀 더 정확히 말한다면, 우리는 기껏해야 상상력을 가지고 사물을 만들거나 변형시킬 수 있을 뿐이라고 말해야 합니다. 그러나 그런 경우에도 그 상상력뿐만 아니라 다른 모든 육체적, 정신적, 영적 재능 등은 하나님으로부터 얻는 것입니다. 엄밀하게 말하자면 우리는 장인(匠人)일 뿐입니다. 우리는 이미 존재하고 있는 재료를 사용하는 것뿐입니다. 그러나 하나님은 창조하십니다. 창조하시되 우리에게 있어 광대하고 이해할 수 없는 규모로 창조하십니다. 우리는 하나님이 어떻게 그렇게 하셨는지 모릅니다. 그러나 하나님은 창조를 결심하셨고, 그 결과 우리가 알고 보는 모든 것, 그리고 우리 모두가 존재하게 된 것입니다.

만일 하나님이 창조주가 아니시라면 그분은 단지 오고 가고, 차고 이지러지는 이 땅의 세상사(世上事) 과정의 한 부분에 지나지 않을 것입니다. 그분은 우리를 도우실 수 없을 것입니다. 에드워드 영(Edward J. Young)은 "만일 하나님이 우리보다 조금 크신 분일뿐이라면, 그저 큰형(兄) 정도일 뿐이고 그 이상이 아니라면, 단지 전체의 한 부분에 지나지 않는다면, 하나님이나 당신이나 나나 모두 다함께 같은 전체 안에 있게 된다. 그렇게 되면 기준이란 것은 없게 된다. 절대자도 없게 된다. 만일 하나님이 오로지 세상사 과정의 한 부분이라면 모든 사람은 각자 스스로 존재하는 것이고, 우리 시대에 퍼지고 있는 모든 현대 철학이나 사상, 새로운 도덕률, 새로운 신학, 기타 등등은 모조리 수용될 수 있다. 만일 그렇게 되면 하나님이 죽으셨거나 살아 계시거나 아무 문제가 안 된다… 우선 살고 보자. 즐기며 살자. 절대자는 없다. 모든 것이 바뀌기 때문에 도덕의 기준도 없다. 오늘 옳은 것이 내일 틀린 것이 될 수 있다. 그러므로 될 수 있는 대로 제일 좋은 길을 택해 한평생 살아가자!" 라고 기술했습니다.

그러나 이것은 창세기의 하나님이 아닙니다. 에드워드 영은 계속해서 말합니다. "성경은 그렇게 말하지 않는다. 성경은 하나님이 만물을 창조하셨다고 말한다. 그러기 때문에 삶에 의미가 있는 것이고, 바뀌지 않는 절대 기준이 있는 것이다. 하나님은 우리에게 무엇이 옳고 무엇이 그른가를 말씀하신다. 그 때문에 삶에 의미가 있는 것이다. 그 때문에 이 하나님을 믿는 당신과 나는, 우리가 존재하는 주된 이유가 그분을 영화롭게 하고 그분을 영원토록 즐거워하는 것이라고 아주 당연하게 말할 수 있는 것이다."[6]

● 각주 ●

1. C. S. Lewis, *Mere Christianity* (New York: Macmillan, 1958), 34.

2. Filby, *Creation Revealed*, 43-44.

3. Schaeffer, *Genesis in Space and Time*, 21.

4. 앞에서 언급한 부분은 이미 *The Soveriegn God*, 206-9에 있다.

5. 전문적인 천문학 자료는 Robert Jastrow의 *Untill the Sun Dies* (New York: W. W. Norton, 1977), 22-25, 52-53에서 인용한 것이다.

6. E. J. Young, *In the Beginning*, 26-27.

5

창조에 대한 견해들: 진화론

창세기 1 : 1-2

태초에 하나님이 천지를 창조하시니라 땅이 혼돈하고 공허하며 흑암이 깊음 위에 있고
하나님의 영은 수면 위에 운행하시니라

진화론자인 찰스 다윈(Charles Darwin)이 1859년에 『종의 기원』(Origin of the Species)을 출판했을 때, 그는 아마도 현대 어떤 과학자보다 더 많은 공격을 받았을 것입니다. 아인슈타인조차도 처음엔 베스토 슬라이퍼(Vesto M. Slipher)의 우주팽창설에 반대했었습니다. 그는 "이런 이야기가 나를 분노케 한다." 라고 했습니다.[1] 다른 과학자들 역시 반대 입장이었습니다. 그러나 그들 중 누구도 슬라이퍼에게 인격적인 공격을 가하지는 않았습니다. 이와 대조적으로 다윈은 "썩은 공상(空想)의 구조물… 전적으로 틀린 것… 깊은 수렁에 빠진 어리석음(그리고)… 나는 허리가 아프도록 웃었다."와 같은 혹독한 공격을 받았습니다.[2] 그러나 주목할 만한 일은 19세기 후반에 그렇게 웃음거리가 되고 급기야는 논쟁의 전쟁터가 되었던 그의 이론이 지금은 과학자들뿐만 아니라 다양한 각계각층의 사람들에게 보편적으로 받아들여지고 있다는 것입니

다. 진화론이 현존하는 유일한 이론이라고 말하는 것이 아닙니다. 다만 그것이 오늘날 지배적인 견해이고, 그래서 기원 이론에 대한 어떠한 토론도 진화론에서 출발하고 있다는 것입니다. 실제로 이 장과 다음 장에서 벌이는 토론이 우리를 다섯 개의 경쟁적인 이론으로 안내할 것입니다. 1) 무신론적 진화론, 2) 유신론적 진화론, 3) 스코필드(C. I. Scofield)에 의해 널리 알려진 소위 "간격 이론"(The Gap Theory), 4) 6일 창조론, 5) 점진적 창조론의 다섯 가지입니다. 우리는 각 이론에 있어 칭찬할 만한 것은 무엇인지 살펴보고, 또한 각 이론의 약점들도 찾아보고자 합니다.

그 전에 먼저 이야기 하자면, 우주가 어떻게 존재하게 되었나 하는 것에 대한 최종 대답은 지금 얻을 수가 없을 지도 모른다는 점입니다. 우리는 그리스도인이면서 과학자로서 가능성이 있는 몇 가지 이론을 제외시킬 것입니다. 그리스도인으로서 우리는 더 많이 제외시켜야 할지도 모릅니다. 그러나 이렇게 해도 "어떻게"에 대한 완전한 대답은 얻지 못할 것입니다. 그뿐 아니라 우주 기원에 대한 설명을 위에서 제시한 순서대로 한다고 해도 그것이 나중 순서의 이론이 그 전 순서의 이론보다 더 낫다는 것을 반드시 의미하는 것은 아닙니다. 위와 같이 순서를 정한 것은 그 이론들이 역사적으로 이 순서대로 등장했기 때문입니다.

진화론

진화론이 찰스 다윈의 이름과 연관되어 있음에도 불구하고 진화론 자체는 전혀 새로운 것이 아니라는 것을 전제 하고 본론을 시작하겠습니다. 진화론은 고대 그리스 사람들 사이에 이미 존재하고 있었습니다. 예를 들어 탈레스(Thales), 아낙시만데르(Anaximander), 아낙시메네스(Anaximenes), 에피쿠로스(Epicurus), 루크레티우스(Lucretius)는 모두 진화론자들이었습니다. 아리스토텔레스(BC 384-322)도 역시 진화론자였는데 그는 자연에서 상위 단계로 갈수록 완전해진다는 완전 원리에 입각한 단계적 변화를 믿었습니다. 이 원리에 따라 불완전에서 완전으로 단계적 변화가 유발되는 것으로 생각했습니다. 물론 인간이 제일 높은 단계에 위치해 있습니다.

또 찰스 다윈 이전의 근대에도 진화론자들이 있었습니다. 당시에 그들 중 초기 선구자들은 프란시스 베이컨(Francis Bacon 1561-1626), 데카르트(Descartes 1596-1650), 칸트(Immanuel Kant 1724-1804) 등이었습니다. 진화론적 사고에 공헌을 한 첫 번째 생물학자는 프랑스의 박물학자 뷔퐁(George Louis Leclerc de Buffon 1707-1788)이었습니다. 또 다른 한 사람은 찰스 다윈의 조부인 에라스무스 다윈(Erasmus Darwin 1731-1802)이었습니다. 최초로 거의 완벽한 진화론을 완성한 사람은 라마르크(Chevalier de Lamarch 1744-1829)였는데, 그는 프랑스 파리에 소재한 자연사 박물관의 동물학 교수가 되었고, 나중에 그의 이론을 「동물학」(Philosophie Zoologique)지에 게재하여 대중화했습니다.

그러나 세상의 이목을 분명하게 사로잡은 사람은 찰스 다윈이었습니다. 그의 이론은 타의 추종을 불허할 수준으로 발전되었으며, 아마도 더욱 중요한 것은 그가 범선 비글호(HMS Beagle)를 타고 1831년부터 1836년까지 세계 일주를 하면서 처음으로 수집해서 인상적으로 배열한 관찰 자료가 그의 이론을 뒷받침 했다는 것입니다. 다윈의 이론은 다음과 같은 가정과 결론으로 정리해 볼 수 있을 것입니다.

가정 1: **변이**(變異, variation). 같은 종(種)의 개체들 내에는 변이가 존재한다.

가정 2: **과잉생산**(overproduction). 대개의 경우, 하나의 종(種)은 성체에 이르기까지 생존이 가능한 양보다 더 많은 개체들을 생산한다.

결론 1: **생존경쟁**(struggle for existence). 생존하기 위해서 개체들은 같은 종의 다른 개체들과 경쟁을 해야만 한다.

가정 3: **적자생존**(survival of the fittest). 생존 경쟁의 환경에서 생존에 가장 적합한 개체들만이 살아남을 것이다.

가정 4: **우성유전**(inheritence of favorable characteristics). 생존에 적합한 개체들은 그들의 "우량한" 특질을 후대에 물려준다.

최종 결론: 특정 환경에 가장 적합한 개체들의 지속적 생존과 재생산에 의해 새로운 종(種)이 생겨난다.[3]

다윈의 「종의 기원」이 출판된 지 약 150여 년이 지난 지금 그 이론에 무슨 일이 일어났습니까? 논쟁에서 결점으로 제기된 한 분야에 많은 손질을 했지만 그의 이론의 대부분은 아직도 그대로 유지되고 있습니다. 누구나 아는 바와 같이 다윈의 이론에 의하면 진화의 중심 구조는 "자연 선택"(natural selection)인데 그것은 어떤 종(種)에서 한 개체가 다른 개체를 제치고 생존하도록 하는 특정 변이에 주어지는 비인위적 선호를 뜻합니다. 이것은 우리가 아는 형태의 다양성이 어떻게 존재하게 되었는지를 설명할 수 있을 것으로 생각되었습니다. 그러나 전혀 그렇게 하지를 못하고 있습니다. 자연 선택은 어떻게 특정 개체들이 다른 개체들보다 번식을 더 많이 해서 존재하는가, 또는 덜 유리한 개체들은 그렇지 못한데 유리한 개체들이 어떻게 존재해서 번식을 하는가를 설명할 수 있을지는 모릅니다. 그러나 그것은 어떻게 다양한 유기체 또는 유기체의 "우량한" 특질이 맨 처음 생겼는지 말해주지 못하고 있습니다.

「월간 워싱턴」(Washington Monthly)의 편집자 토마스 베델(Thomas Bethell)은 이 문제에 대해 「하퍼 매거진」(Harper's Magazine)에 기사를 쓴 적이 있습니다. 그는 "그렇다면 자연에 의한 '선택'은 전혀 없는 것이다. 뿐만 아니라, 자연은 생물학 책에서 그렇게 한다고 자주 말하고 있는 '활동'도 하지 않는다. 진화론적 관점에서 볼 때 한 유기체는 다른 유기체보다 정말로 '더 적합'할 수 있을지 모른다. 그러나 이 적합성을 결정하는 유일한 사건은 죽음(또는 번식불능)이다. 물론, 이것은 유기체 창조를 돕는 것은 못 되지만, 그것을 종결시키는 것은 된다."[4]

이 문제를 다루기 위해 진화론자들은 변이의 제일 원인으로서 돌연변이를 말하게 되었습니다. 돌연변이는 처음으로 네덜란드의 식물학자 휴고 브리스(Hugo de Vries)가 「종과 변이: 돌연변이에 의한 기원」(1905년)이라고 칭하는 연구에서 제안했습니다. 그 이후 돌연변이는 우주 방사선이 원인인 것으로 밝혀져 왔는데 돌연변이설이 아마도 근대의 자연 선택설보다 훨씬 더 강력한 설이 되고 있는 것 같습니다.

화석 기록

우리는 다윈의 이론을 어떻게 보아야 합니까? 우리는 주어진 종(種) 내에서 변이가 일어난다는 것에 대해 어떤 박식한 사색가나 작가도 이의를 제기하지 않는다는 것에 주목을 하면서 본론을 시작해야 합니다. 이는 단순히 모든 개체들이 다 똑같은 것은 아니라는 말입니다. 어떤 것들은 키가 크고, 어떤 것들은 작으며, 어떤 것들은 강하고, 다른 것들은 약하고, 기타 등등 이렇게 다릅니다. 문제는 이렇게 인정된 변이가 전적으로 다른 종의 진화의 원인이 되는 충분한 설명이 되고 있는지의 여부 및 그러한 진화가 실제적으로 발생했는지의 여부입니다(이러한 방식으로 종의 진화가 일어날 가능성이 있다는 것이 이러한 방식으로 진화가 발생했다는 것을 증명하는 것은 아닙니다).

이 시점에서 우리는 진화의 증거 문제로 돌아올 필요가 있습니다. 그럴 때 우리가 인정해야 할 것은 유일한 참된 역사적 증거는 화석의 증거뿐이라는 것입니다. 진화론을 지지하는 것으로 보이는 것 같은 다른 요소들이 있습니다. 즉, 단순한 유기체로부터 복잡한 유기체까지 유기체들을 분류할 수 있는 가능성, "연관된" 종의 유사한 구조, 퇴화된 기관(器官)의 흔적(인간의 맹장 같이 현재 어떤 기능을 하고 있는지 알려지지 않은 기관), 어떤 종들 간의 유사한 혈액형 등이 그것입니다. 그러나 이런 것들은 모두 추정에 의한 논증일 뿐입니다. 그리고 어떤 경우들은 분명치 않은 것도 있습니다.[5] 유일한 참된 역사적 증거인 진화가 실제로 발생했다는 증거는 화석뿐입니다.

화석 유물이 진화의 증거가 될지는 모릅니다. 그러나 화석들이 진화를 증명하지 못한다는 것과 또 그것들을 진화론에 적용시킬 때 실제로 매우 문제가 많다는 것을 오늘날 적절하게 설명하지 못하고 있습니다. 긍정적인 설명에서부터 살펴봅시다. 첫째, 매우 단편적이긴 하지만 화석은 역사적인 순서 파악에 도움이 됩니다. 단순한 형태의 생명체일수록 오래 전에 존재했던 것으로 볼 수 있고(오래된 암석에서 발견되고 있고), 복잡한 형태의 생명체일수록 나중에 존재했던 것으로 볼 수 있습니다. 따라서 아주 오래 전으로 추정된 날짜가 틀릴 수는 있지만, 조류(algae, 뿌리나 잎이 없이 물에 사는 식물 - 역주), 원생동물류(protozoa), 해면류(sponges)가 먼저 있었던 것으로 보이고, 그 뒤에 어류, 파충류 및 양서류, 그리고 공룡을 포함한 육지 동물이 생겨난 것으로 보이며, 마지막으로 오늘날 우리가 아는 동물들 그리고 인간이 생겨난 것으로 보입니다. 둘째, 긍정적인 설명은 어떤 종들은 멸종이 되었다는 것입니다. 공룡이 가장 두드러진 예입니다. 이 두 가지 관찰을 종합해 볼 때 새로운 형태의 생명체는 진화하고, 다른 것들은 멸종한다는 것이 다윈의 주장입니다.

그러나 그것이 그리 간단한 것이 아닙니다. 화석의 기록을 진화론 체계에 맞추는 것에는 많은 문제가 있습니다. 특히 이 문제들은 진화론 전체를 의문 속으로 끌어들일 만큼의 큰 문제들입니다.

예를 들어 만일 진화론이 옳다면, 우리가 화석의 기록 속에서 발견할 것으로 기대하는 것은 정교하게 등급화 되고 일반적으로 가장 단순한 형태에서 고등한 형태로 지속적으로 진행되는 진화일 것입니다. 이것이 화석 기록을 두고 자주 주장되는 사항이지만, 우리가 그것을 자세히 연구해 보면 실제로 발견할 수가 없습니다. (추측하건데) 확실히 오래된 암석에서 더 단순한 형태가 나타납니다. 인간 같은 고등한 형태는 상대적으로 늦은 연대에 나타납니다. 그러나 단계적인 진화는 없습니다. 반대로, 다수 집단이 갑자기 나타나지만 전이(轉移)가 있었다는 증거는 거의 없거나 전무합니다. 이미 잘 알려진 진화론자 에버렛 올슨(Everett C. Olson)은 그 어려움을 이렇게 언급합니다. "그러나 더 중요한 것은 화석 기록에 의해 드러나는 자료들이다. 그 자료들은 크고 긴 공간적, 시간적 간격, 새로운 다수 집단의 갑작스런 출현, 이와 동일하게 오래된 집단의 갑작스런 출현, 그리고 오랜 기간 번창했던 집단의 매우 빠른 멸종을 드러내고 있다. 대량의 집단 멸종이 일어나면서 그 집단과 별 연관성이 없는 것이 분명한 몇몇 유기체 집단이 동시에 죽은 흔적을 남긴 자료들도 있다. 캄브리아기의 암반층에서 최초의 기록이 선명하게 나타나면서 문(門, phyla)의 분화(分化)가 실질적으로 완전히 이루어졌다. 다수 집단에 관한 한, 초기의 단순한 것에서부터 나중에 더 복잡한 것으로 분화되어 가는 시간적 연속성의 확실한 증거를 거의 찾아볼 수가 없다."[6]

이 시점에서 이런 주장이 나올 수 있습니다(실제로 진화론자들이 그렇게 주장함). 화석 기록은 단순히 불완전할 뿐, 만일 이전의 생명체의 형태를 보여주는 화석이 나타났다면 그러한 간격은 채워질 수 있었을 것이라는 주장입니다. 그러나 150년간의 연구를 거친 후의 추세는 그 주장과는 다른 방향이었고, 오늘날도 그런 일이 언젠가는 일어날 것이라고 확신하기가 어려운 실정입니다. 이것은 단지 몇 개의 잃어버린 연결고리의 문제가 아닙니다. 수백 개의 연결고리가 없습니다. 특히 지구 역사의 일정한 과거 기간에 존재했던 다수 종을 집단별로 보면 그 주장은 강하게 부정됩니다. 그리스도인들은 그들이 완전히 증명해 낼 수는 없을지라도, 특별한 창조론이 훨씬 더 훌륭한 설명이라고 주장할 수 있습니다.

화석을 이용해서 진화론을 입증할 때 부딪치는 큰 문제는 화석의 역사들을 배열할 때 그것을 주관적으로 한다는 것입니다. 앞에서 언급한 어려운 점을 본 사람이 비록 한 시대에서 다른 시대로 전이(轉移)는 아니더라도, 그럼에도 고대의 어느 동일한 시대 안에서 진화가 일어났다는 증거는 있다고 주장할 수 있습니다. 에오세(Eocene世, 지금으로부터 5,400만 년 전부터 3,800만 년 전까지의, 1600만 년간의 시대를 말함 - 역주)로부터 현 시대까지 추정되는 말(馬)의 진화는 종종 인용되는 그 예입니다. 지난 약 6천만 년 동안 말은 몸집이 커지고, 다리가 길어지고, 발가락은 축소되다가 결국은 폐기되고 초식동물이 되었다고 추정하고 있습니다. 많은 박물관이 이 진화를 설명하는 것으로 추정되는 말의 골격이나 그림들을 가지고 있습니다. 그러나 화석은 이 진화를 증명하지 못하고 있습니다. 화석이 진화를 암시할 수 있습니다. 그리고 화석이 암시하는 진화가 올바른 것일 수도 있습니다. 그러나 말이라고 추정되는 한 형태가 다른 형태로 바뀌어졌다는 증거는 여전히 없습니다. 현실적으로 그 골격들은 유사하지만 전혀 관련 없는 동물의 것일 수 있습니다. 특히 이 말 모양을 한 동물의 화석이 진화를 증명한다고 할지라도, 그래도 그것은 같은 종 내에서의 변화일 뿐이지 새로운 종(種)으로의 진화한 예가 되지 못합니다.

돌연변이

진화론에서 또 하나의 어려운 분야는 종 안에서 일어나는 흔히 돌연변이라고 하는 중요한 변이의 출현을 설명하는 데 사용되는 기법입니다(돌연변이는 유기체의 유전자 내에서 설명할 수 없는 개변(改變)에 의해서 초래되는 기대하지 않았던 갑작스런 변화를 의미함). 이것이 휴고 브리스(Hugo de Vries)에 의해 제창된 "새로운 것"의 문제에 대한 해결안이었습니다. 브리스는 감자 밭에서 발견한 잡초인 달맞이꽃을 가지고 연구를 했습니다. 그는 이 식물을 여러 대에 걸쳐 재배를 했는데, 그 과정에서 그는 다수의 돌연한 변화를 인지하고 그것을 돌연변이라고 불렀습니다. 그는 돌연변이가 그 현상 자체로 새로운 종의 출현을 설명할 수 있는 중요한 진화라는 결론을 내렸습니다.

불행히도 브리스의 새로운 "종"(種)은 새로운 종이 아니라 같은 종 내에서 일어난 단순한 변이였습니다. 특히, 그 새로운 종은 오늘날의 용어의 의미로 볼 때 돌연변이에 의해 생긴 것이 아니라, 오히려 열성형질로 퇴화해서 생긴 것입니다. 다시 말하면, 브리스는 애당초 식물에 없었던 것을 생기게 한 것이 아니었습니다.

그러나 브리스의 실패가 전적으로 그 이론을 불신하게 한 것은 아닙니다. 왜냐하면, 돌연변이는 실제로 일어나고, 또 대대로 전해 내려갈 수 있기 때문입니다. 문제는 이러한 돌연변이가 새로운 종에 대한 충분한 설명이 되느냐 하는 것입니다. 된다고 봅니까? 많은 진화론자들은 이 점에서 "예" 라고 대답할 것입니다. 그러나 아직까지 누구도 이것이 그렇다는 것을 증명하지 못하고 있음을 유의하는 것이 중요합니다. 사실은 그 반대가 되는 중요한 증거가 있습니다. 월터 래머르츠(Walter Lammerts)는 남 캘리포니아의 장미 품종 개량가이고, 「왜 창조가 아닌가?」(Why Not Creation?)와 「창조에 관한 과학적 연구」(Scientific Studies in Creation)의 저자입니다. 그는 방사선을 포함한 상상 가능한 모든 기술을 사용해서 더 많은 꽃잎을 가진 장미 또는 더 적은 꽃잎을 가진 장미를 재배하는 시도에 대해 이야기합니다. 그는 방사선을 이용해서 꽃잎이 현저히 증가된 장미를 만들어 낼 수 있다는 것을 인정합니다.

그러나 요점은 여기에 있습니다. 즉, 꽃잎의 증가가 확실히, 더 이상 이루어지지 않는 한계가 있다는 것입니다. 예를 들어 만일 한 송이의 장미가 44개의 꽃잎을 가지고 있다면, 그 꽃잎을 32개로 감소시키거나 56개로 증가시킬 수 있습니다. 그러나 그것이 전부입니다. 또한 잡종 장미를 다른 종류의 것들과 계속 섞여 있도록 놔두면 그 장미는 새로운 품질을 유지하지 못하고 오히려 곧 잃어버리게 됩니다. 실제로 우리가 기르는 모든 잡종 장미는 그대로 놔두면 머지않아 들장미가 될 것입니다. 그것은 애초에 들장미에서 개량된 것이기 때문입니다. 만일 이 현상 자체만으로 그 이론에 대한 의구심이 충분히 해소되지 않는다면 "개량된 장미"는 그 개량된 형태를 자연적으로 획득한 것이 아니고 오히려 그것은 래머르츠 및 다른 품종 개량가들에 의해 집중적이고 장기간에 걸친 노력에 의한 것이라는 사실을 생각해 볼 수 있습니다. 다시 말하면, 이처럼 매우 제한된 문제에서 조차도 설계와 설계자가 필요하고, 계획자와 계획이 필요하다는 것입니다.[7]

결정적인 분야

이 시험은 진화론이 제기하는 문제들 중 몇 개에 문제 제기를 시작할 수 있을 뿐입니다. 그러나 진화를 긍정하거나 부정하는 기본적인 과학적 증거에 집중한 그러한 짧은 연구에 있어서 조차도, 우리는 진화의 중요한 사항들이 관련되어 있는 훨씬 더 크고(성경적 관점에서), 해결될 수 없는 문제들을 간과할 수가 없게 됩니다. 여기에는 네 가지가 있습니다.

첫째, 우리가 현재 소개되어 있는 것과 같은 진화론적 체계의 진실성을 인정한다고 할지라도 우리는 여전히 후대의 형태가 나오는 물질의 기원에 대한 문제를 가지고 있게 됩니다. 진화는 그 용어의 의미대로 물질을 함축하고 있습니다. 왜냐하면, 무엇인가가 진화하기 위해서는 거기에 진화할 무엇인가가 맨 처음에 있어야 합니다. 그리고 맨 처음에 있어야 할 그 무엇인가는 진화할 수가 없는 것이고, 오히려 영존하는 것이거나 또는 창조된 것일 수밖에 없습니다. 이전 연구에서 보았듯이 오늘날 물질의 영원성은 점점 더 지지를 받지 못하고 있기 때문에 우리는 창조자로서 하나님을 인정해야만 합니다. 그리고 이것은 우리가 진화론에 대해 크거나 작거나 어떤 정도의 의견을 가지고 있든지 간에, 분명히 우리를 기독교적인 입장으로 밀어 넣게 됩니다.

둘째, 물질의 형태가 있습니다. 우리가 "단순한" 물질이라고 말할 때, 우리는 마치 그것이 더 이상 단순화 할 수 없는 단순한 실체인양 말할 수 있습니다. 그러나 우리는 그런 "단순한" 물질에 대해 실제로 알지를 못하고, 사실상 상상조차도 못합니다. 우리가 아는 모든 것은 아무리 단순하다고 할지라도, 이미 형태(일반적으로 매우 복잡한 형태)를 가지고 있습니다. 천체물리학에 따르면 모든 사물의 기본 구성재(材)인 수소만 해도 단순하지가 않습니다. 그것은 양자, 중성자 및 전자가 있어 불변하는 법칙에 따라 작동합니다. 이 불변하는 형태와 법칙은 어디서 온 것입니까? 그것들은 진화한 것이 아닙니다. 그것들은 애초에 물질 안에 존재합니다.

셋째, 생명의 출현이 있습니다. 이것은 복잡한 문제입니다. 지구의 초창기에 생명이 땅에 생겨날 수 있었던 것에 따른 실험실 모델을 개발하기 위해 많은 노력을 기울여 왔습니다. 가장 납득할 수 있을 만한 모델은 3단계 과정입니다. 즉, 1) 무기화합물(수소, 물, 암모니아, 이산화탄소, 메탄)에서 나온 생물 유기체(아미노산, 설탕)의 기원, 2) 생물 유기체로부터 나오는 생물 고분자 물질(단백질 같은 큰 분자)의 기원, 3) 생물 고분자 물질에서 나오는 원시 생명체(단순한 식물 또는 조류(藻類) 같은 세포)의 기원의 3단계 과정입니다. 그러나 생명이 이렇게 해서 나온 것이라고 추정한다고 해도, 이 과정은 지극히 복잡해서 그것이 맞을 확률은 지극히 낮습니다. 사실, 과학자들이 신중히 통제된 연구실 실험에서 위 3단계의 과정의 첫 두 과정은 완수를 했습니다. 그러나 중요한 제3단계는 파악하기가 어렵습니다. 그리고 제2단계에서 조차도 중합체가 자연환경에 근접한 것에서 정상적으로 만들어지는 것보다 더 빨리 나빠지는 것 같습니다. 또 이것은 성취 확률이 낮은 1회적인 실험 결과의 문제가 아닙니다. 긴 시간에 걸쳐 연속해서 실험한 결과의 문제인데, 매 번의 실험은 아주 적은 가능성을 가지고 있을 뿐이어서 도널드 잉글랜드는 "모든 실제적 목적을 위해 실시한 이 일련의 실험 결과에 의한 생명 출현의 가능성은 안전하게 말해서 영(0)으로 간주될 수 있다."고 말하고 있습니다.[8]

그런데도 생명의 자연발생을 믿는 두 과학자가 기술하기를 "고분자에서 세포로의 전이는 시험할 수 있는 가설의 범위를 초월하는 엄청난 수준의 도약이다. 이 영역에서는 모든 것이 추측이다. 활용할 수 있는 사실들은 이 지구상에 세포가 생겨 났다는 것을 인정하는 근거를 마련해 주지 않는다." 라고 했습니다.[9]

넷째, 무신론적 진화론에 대한 정말 큰 문제는 인간 안에 있는 인격의 출현, 또는 좀 더 구체적으로 말해서 혼, 영, 또는 하나님 의식의 출현입니다. 무엇이 비인간을 인간으로 되게 하는 것입니까? 에드워드 영이 묻습니다. "인간의 혼은 어디서 온 것인가? 가장 고등하고 훌륭한 동물들이 왜 기도하지 못하는가? 그들은 이성적인 방법으로 의사소통을 못한다. 그들은 인간이 할 수 있는 일을 하지 못한다. 이 지구상에서 가장 열등한 인간이라도 가장 우월한 동물보다 훨씬 우월하다. 왜냐하면, 그는 하나님을 예배할 능력이 있고, 하나님의 자녀가 될 수 있으며, 예수 그리스도를 통해 하나님의 영광 안에서 살 수가 있고, 그리고 이런 것은 어떤 동물에게도 적용되지 않는 것이기 때문이다." 영이 결론을 내립니다. "나는 창세기의 첫 장을 믿는다고 말하는 것을 부끄러워하지 않는다. 그러나 나는 어떤 형태의 진화론이건 그것을 신봉한다고 말하는 것을 부끄러워해야 한다."[10]

왜 진화론인가?

다음의 질문으로 진화론의 결론을 맺고자 합니다. 만일 진화론이 보이는 것처럼 그렇게 약한 이론이라면, 왜 그 이론이 이 장의 서두에서 인정한 것과 같은 대중적인 호소력을 지니고 있습니까? 왜 진화론이 오늘날의 지배적인 견해가 되어 있고, 이미 언급한 다른 견해들은 그렇지 않습니까? 네 가지 대답이 있다고 보는데, 그 중 세 개는 서술형으로 대답하고, 나머지 한 개는 질문형으로 대답하고자 합니다.

서술형의 대답은 이렇습니다. 첫째, 진화론에 의하면 모든 것(절대적으로 모든 것)은 알 수가 있는 것이고, 그래서 이 점이 명백한 호소력을 갖게 합니다. 모든 것이 어떤 다른 것에서 생깁니다. 그래서 우리는 진화를 역추적 할 수 있습니다. 이것은 폐쇄된 체계입니다. 외부의 어떤 것도 필요로 하지 않습니다. 무엇보다도 하나님에 대한 필요가 없습니다. 하나님은 바로 그 용어가 정의하는 바와 같이 알 수 없는 분, 그리고 그 자신을 설명할 필요가 없는 분이기 때문에 필요로 하지 않는 것입니다. 둘째, 진화론에 의하면 모든 것에 대한 한 가지 설명이 있을 뿐입니다. 모든 것이 진화합니다. 물질, 생명, 관념(idea), 종교조차도 진화합니다. 우리는 이 구조를 우리 자신의 작은 세계에서 우주 전체로 넓혀갈 수 있습니다. 셋째, 아마도 이것이 가장 중요한 이유일 것입니다. 만일(많은 사람들이 그렇게 되기를 원하는 것처럼) 하나님이 세상을 창조하셨다는 창조론이 배제된다면, 그때에 유일한 다른 선택은 진화론뿐이기 때문입니다.

이상의 세 가지 서술문에 기초하여 질문을 합니다. 마지막 서술문의 분석에서 그러면 진화론의 호소력이 하나님을 배제하고 인간을 높이는 것에 있다고 보는 것이 가능하지 않습니까? 이 체계에서는 인간이 단순히 피조물의 가장 높은 위치에 있게 되는 정도가 아닙니다. 그리스도인 자신은 인간이 피조물 중 가장 높은 위치에 있다는 것을 기꺼이 긍정할 것입니다. 그러나 진화론에서 인간은 창조의 신이 됩니다. 결과적으로 진화에 도전하는 것은 인간을 모독하는 것이 됩니다. 그리고 인간을 모독하는 것은 현재 용서받을 길이 없는 죄가 됩니다. 영국의 시인 스윈번(Algemon C. Swinburne)은 그의 「인간 찬가」(Hymn of Man)에서 이런 정신을 표현했습니다.

만일 하나님이 계시다면,
그 하나님은 인간의 본질을 가진 인간일 뿐.
당신은 강타를 당했습니다. 하나님 당신이여, 당신은 강타를 당했습니다.
죽음이 당신에게 이르렀습니다. 오 주여.
당신이 죽을 때 땅이 부르는 사랑의 노래는
바람의 날개를 타고 울려 퍼지고…
높은 곳에 있는 인간에게 영광을!
인간은 만물의 주인이기 때문에.[11]

인간이 주인입니까? 만일 그렇다면 그는 마음대로 그가 선택하는 기원에 대한 이론을 궁리해 낼 수 있을 것입니다. 그러나 만일 그가 주인이 아니라면(만일 하나님이 살아 계시다면), 그는 이 하나님의 피조물이고, 이 하나님께 충성을 해야 할 의무를 지니게 됩니다.

● 각주 ●

1. Jastrow, *God and the Astronomers*, 28.

2. Jastrow, *Until the Sun Dies*, 19.

3. 다윈의 이론을 요약한 것으로 John W. Klotz, *Genes, Genesis, and Evolution* (St. Louis: Concordia, 1970), 34-35에서 인용하였다.

4. *Harper's Magazine*, February 1976, 70-75.

5. See Klotz, *Genes, Genesis, and Evolution*, 120-73.

6. Everett C. Olson, "The Role of Paleontology in the Formation of Evolutionary Thought," *Bioscience* 16 (1966) :39. Quoted by L. Duane Thuman, *How to Think About Evolution & Other Bible Science Controversies* (Downers Grove, Ill.: InterVasity Press, 1978), 103. 튜먼은 화석자료가 제기하는 문제를 자세하게 논의하고 있다. J. Kerby Anderson and Harold G. Coffin 의 *Fossils in Focus* (Grand Rapids: Zondervan, 1977)에서도 마찬가지로 논의하고 있다.

7. 진화의 가능한 구조로서 돌연변이에 대한 더 많은 논의는 Klotz, *Genes, Genesis, and*

Evolution, 256-91을 보라.

8. Donald England, *A Christian View of Origins* (Grand Rapids: Baker, 1972), 97.

9. D. E. Green and R. F. Goldberg, *Molecular Insights into the Living Process* (New York: Academic Press, 1967), Quoted by England, Christian View, 94. 잉글랜드는 생명의 자연발생 이론에 내재된 문제를 pp.33-100에서 논의하고 있다.

10. E. J. Young, *In the Beginning*, 56-57.

11. Philip Edgecombe Hughes, *Christianity and the Problem of Origins* (Philadelphia: Presbyterian and Reformed Publishing Co., 1974), 11을 보라.

6

창조에 대한 견해들: 유신론적 진화론

창세기 1 : 1-2

태초에 하나님이 천지를 창조하시니라 땅이 혼돈하고 공허하며 흑암이 깊음 위에 있고
하나님의 영은 수면 위에 운행하시니라

무신론적 진화론은 그리스도인들을 위한 창조론이 될 수 없습니다. 왜냐하면 그것은 단순히 무신론적이기 때문에 불가능합니다. 그러나 이것이 어떤 진화론의 모델 자체가 그리스도인들에게 성립 불가능이라는 의미는 아닙니다. 자신을 그리스도인이라고 하면서도 진화론에 대한 믿음을 가지고 있는 사람은 유신론적 진화론자입니다.

유신론적 진화론은 진화론을 전적으로 찬동하고 받아들이되, 기독교 교리와 전혀 맞지 않는다고 보는 소수의 문제들을 제외시키는 사람들이 가지고 있는 견해입니다. 그들은 기독교의 하나님을 믿기 때문에 유신론자들입니다. 그들은 하나님이 성경에 자신을 계시하셨다는 것을 믿습니다. 그러나 또한 그들은 진화론이 옳다고 생각하기 때문에 진화론자들입니다. 그들은 모든 것이 오랜 기간에 걸쳐 원시 형태로부터 더 복잡한 형태로 진화되어

왔다고 믿습니다. 그들은 생명이 비생명에서 진화되었다고 믿습니다. 그들은 인간이 하등 동물로부터 진화했다고 믿습니다. 일반적으로 그들은 진화론의 지지를 주장하는 과학적 자료들을 용인합니다. 유신론적 진화론자와 무신론적 진화론자 간의 주요 차이점은 전자는 하나님, 구체적으로 성경의 하나님이 진화의 과정을 섭리적으로 진행시켜 왔다고 믿는 데 반해, 후자는 그러한 동일한 진화를 우연의 탓으로 돌리고 있는 것입니다.

다르게 설명하자면 유신론적 진화론자의 하나님은 간격(gap)의 하나님이라고 말할 수 있을 것입니다. 지난 장에서 우리는 무신론적 진화론이 갖는 네 가지 큰 문제점을 지적한 바 있습니다. 그것은 물질의 기원, 물질의 형태, 생명의 출현, 인간 안에 있는 인격 또는 하나님 의식을 설명하지 못합니다. 유신론적 진화론자는 이 시점에서 하나님을 개입시킬 수 있습니다. 하나님은 물질과 생명을 창조하십니다. 그러나 그런 점들을 제외하고는 유신론적 진화론자는 사물이 생겨난 것에 대해 그의 반대편에 있는 무신론적 진화론자가 주장하는 것과 똑같은 견해를 가지고 있습니다.

가능성

이런 견해에 대해 무엇이라고 말해야 합니까? 우선 말해야 할 것은 그것이 적어도 하나의 가능성을 가지고 있다는 것입니다. 이렇게 설명할 수 있을 것입니다. 그리스도인이 물고기의 한 형태가 다른 형태로부터 진화되었을 수 있다거나, 또는 육지 동물의 한 형태조차도 바다 동물의 형태에서 진화되었을 수 있다는 것을 부정할 이유는 없습니다. 우리는 지난 장에서 언급한 바에 의거해서 이런 진화가 실제로 일어났다고 믿을 수가 없을 것입니다. 그러나 창조에 대한 이 견해 자체는 성경적으로 불가능한 것은 아닙니다.

창조 이야기에 전반적으로 나오는 단어인 "~하라"(let)로 번역되는 히브리어 단어가 이런 가능성을 허용합니다. 하나님이 대부분의 사물을 존재하게 하신 방법은 자세히 기록되지 않았습니다. 그러나 창세기 이야기가 무엇인가 다른 것을 규정하고 있는 것처럼 보이는 세 가지 사항이 있습니다. 이 사항들은 "~하라"(let) 라는 말보다는 "창조하시니라"로 번역된 강력한 히브리 단어 바라(bara') 라는 말에 있습니다. 바라는 무(無)로부터의 창조를 의미합니다. 이 단어는 1절에서 사용되었는데 무(無)에서 우주의 물질을 처음으로 창조한 것을 말하고 있고, 21절에서는 의식을 가진 생명체(식물에 대비되는 동물)의 창조를 말하고 있으며, 그리고 27절에서는 하나님의 형상에 따른 인간의 창조를 말합니다. 이러한 세 가지 사항이 이전에 존재했던 사물로부터 진화하지도 않았고, 진화할 수도 없는 현저히 새로운 무엇인가의 창조를 소개하는 것이 분명합니다. 진화론자들이 기독교의 하나님을 이러한 새로운 요소들을 소개하신 분으로 말하고, 또한 다른 곳에서도 진화론적 발전을 인도한 분으로 말하는 한(그래서 그 결과가 단순한 우연의 산물이 아니라, 오히려 하나님 고유의 지혜롭고 온전한 뜻의 표명이라고 말하는 한), 대부분의 그리스도인들은 적어도 여기까지는 유신론적 진화론의 접근이 가능하다고 말할 것입니다.

몇몇 유력한 기독교 사상가들도 정확히 이 점을 이야기했습니다. 비중 있는 프린스턴 신학자인 벤저민 워필드(Benjamin. B. Warfield)는 "인류의 고대성과 불변성(On the Antiquity and the Unity of the Human Race)에 대하여" 라는 그의 평론에서 비록 진화론이 "창조론을 대체할 수는 없지만" 그것은 "신적 섭리의 방법론"을 제공할 수는 있다고 말했습니다.[1]

또 다른 예는 지난 세기의 고명한 스코틀랜드의 신학자 제임스 오르(James Orr)입니다. 1890-1891년에 걸쳐 오르는 잘 알려진 케르(Kerr) 강좌에서 "하나님과 세계에 대한 기독교적 관점"이라는 주제로 강의를 했습니다. 그 강의에서 그는 진화론을 옹호했습니다. "실제로 진화론이 주장하는 사실이(하나님의) 설계에 의한(창조의) 증명을 약화시키는 것이 아니라, 모든 만물이 전에 생각해 왔던 것보다 더 광대하고, 더 웅대한 계획에 묶여 있는 것을 보여줌으로써 오히려 그 증명을 거대하게 확대시켜 준다… 유기적 세계에 적용된 바와 같은 진화론의 일반적 가설에 대하여 내게는 그것이 일정한 제한 내에서 지극히 가능해 보이고, 또 많은 증거에 의해 뒷받침되고 있다는 것 말고는 할 말이 없다."[2] 20세기 초에 보수적인 신학자들의 글들을 모아 출판한 「근본주의」(The Fundamentals) - 여기서 "근본주의자"(fundamentalist) 라는 용어가 나왔음 - 라는 책에 오르가 발표한 평론은 더욱 깊은 의미를 갖습니다. 그 평론에서 오르는 독일의 신학자 루돌프 오토(Rudolf. Otto)가 「자연주의와 종교」(Naturalism and Religion)에서 제의한 바와 같은 유신론적 진화론을 옹호했습니다.

한 대목에서 그는 이렇게 말했습니다. "요컨대 '진화론' 은 외면적이고 인공적인 형식의 오래된 창조 개념이 아닌, 오직 창조의 능력이 내부에서만 작동하는 '창조론' 이라는 새로운 이름으로 인정되고 있다." [3]

이 사람들 중 누구도 그 자신이 유신론적 진화론자가 아니었습니다. 오르가 그 입장에 매우 가까이 가 있었지만 말입니다. 요점은 단순히 이 신중하고 탁월하게 성경적인 대변인들의 판단으로 볼 때, 유신론적 진화론은 가능한 이론이고 그러므로 그리스도인들로부터 거부되어서는 안 된다는 것입니다.

유리한 사항들

그러나 가능성이, 곧 확실성은 아닙니다. 그래서 그들이 매우 좋은 이유라고 생각하는 것에 대해 다른 그리스도인들이 이러한 접근을 전적으로 거부한다고 말하는 것은 정당합니다. 그들 중의 한 사람이 데이비스 영(Davis A. Young)인데 그 자신의 입장은 점진적 특수 창조론(progressive creationism)입니다(이 설의 견해에 대해서는 본서의 제9장에서 다루고자 합니다). 그는 유신론적 진화론에 반대하는 글에서 말하기를 그것은 "논리적으로 그리고 궁극적으로 진짜 성경적인 신앙을 죽음으로 인도한다." 라고 했습니다. 유신론적 진화론을 특별히 연구한 장(章)의 서두에서 그는 이 견해를 "모래 위에 지은 집" 이라고 했습니다. [4]

유신론적 진화론에 대해 어떻게 생각해야 합니까? 긍정적인 면에서 그것은 두 가지 중요한 점에서 유리한 것이라고 말할 수 있을 것입니다. 첫째, 진실은 어디에서 발견되든지 진실입니다. 그래서 만일 진화론자들이 확실히 믿는 것처럼 진화론이 진실하다면, 그리고 만일 성경도 또한 진실하다면, 그러면 유신론적 진화론자들의 견해 같은 것이 사실이어야만 합니다. 이것은 진화론이 진실하다는 것을 의미하는 것이 아닙니다. 적어도 그것이 진실한가, 아닌가를 물어야만 한다는 것을 의미합니다. 만일 그것이 진실하다면 우리는 그것으로부터 배워야만 합니다. 우리는 이 시점에서 많은 과학 이론들이 역사적으로 한 때 반기독교적이라고 알려졌었지만, 지금은 그것들이 기독교에 분명한 악영향을 주지 않고 있기 때문에 기독교인이나 비기독교인이나 모두 똑같이 신봉하고 있다는 것을 기억해야만 합니다.

그 한 예가 코페르니쿠스(Copernicus)의 천문학입니다. 코페르니쿠스는 지구가 우주의 실질적 중심이 아닌 것을 발견했습니다. 이 사실은 성경이 다르게 가르친다고 생각하는 사람들로부터 즉각적인 반박을 당했습니다. 오늘날 우리는 지구가 중심이라고 생각하게 한 성경의 언어는 단순히 현상적인 표현인 것으로 인정하고 있습니다. 즉, 행동 범위가 지구에 한정되어 천체를 관찰한 사람(정말로 성경은 그런 사람을 위해 쓰여졌습니다)이 본대로 묘사한 것이지, 실제 과학적 입장에서 쓴 것이 아닙니다. 그러나 코페르니쿠스 당시에는 그렇게 보지를 않았습니다. 그래서 코페르니쿠스의 천문학을 신봉한 갈릴레오(Galileo)는 급기야 성난 성직자들로부터 소신을 철회하도록 강요를 받았습니다. 비슷한 예로, 과거에 진통제나 마취제, 수술 같은 의술의 대부분을 하나님의 뜻을 적대하는 것으로 생각해서 반대해 온 기독교인들이 있었습니다. 또 다른 사람들은 피뢰침 같은 과학적 장치에 반대하기도 했습니다. 그들의 주장은 벼락은 하나님이 내리시는 것인데 만일 하나님이 어떤 건물에 벼락을 내리시려고 정하셨는데 우리가 그것을 방해하는 것은 죄라는 것이었습니다. 이 모든 경우에 있어서 "기독교인"의 입장을 옹호하기 위해 만들어진 가공할 경고들은 실현되지 않았고, 결국 진실이 이겼습니다.

둘째, 유신론적 진화론을 옹호하는 사람들의 주장은 하나님이 다른 분야에서도 이같은 형식을 따라 역사하시는 것처럼 보인다는 것입니다. 유신론적 진화론은 우주가 고정된 보편적 법칙에 따라 움직이지만 때로는 비생명에서 생명을 창조하시거나 하나님 의식을 인간 안에 심어 놓으시는 것 같이 하나님이 강권적으로 개입하신다고 가정을 합니다. "이것이 우리가 일반적으로 생명에서 보는 또는 그 일에 대해 성경이 우리를 위해 기록한 역사에서 보는 바로 그것이 아닌가?" 라고 유신론적 진화론자들은 말할 것입니다. "대부분의 경우 이스라엘의 역사와 교회는 자연스럽게 진행되고 있다. 지도자들이 세워져 그들의 일을 하다가 다른 지도자들에게 자리를 넘겨주고 죽는다. 하나님은 오직 특별한 경우에만 기적적으로 개입하신다. 진화에서 이와 같은 형식이 이루어지고 있는 것은 성경적이다. 이것이 우리가 아는 기독교 역사를 기초로 하여 당연히 기대해야 하는 것이다."

모래 위의 집

그렇다면 그리스도인들은 모두 유신론적 진화론자들이 되어야 합니까? 그럴 필요는 없습니다! 이 견해에도 역시 모두가 눈 감고 있으면 안 될 중요한 약점들이 있습니다.

첫째, 진화론 자체가 옳은 것이라고 가정한 것에 문제가 있습니다. 유신론적 진화론자는 우리가 본 바와 같이 진화론을 믿습니다. 그러나 진화론이 반드시 옳은 것은 아닙니다. 사실상 그것을 깎아 내리는 중요한 이유들이 있습니다. 진화론을 거부하는 중요한 이유의 하나는 화석 증거물의 부족입니다. 실제로 진화론자는 화석 기록을 다르게 해석합니다. 즉, 그들은 화석에서 개략적이지만 낮은 형태의 생명으로부터 높은 형태의 생명으로 진화하는 적절한 역사를 봅니다. 그러나 그 기록은 기껏 있다고 해도 불충분한 것입니다. 그래서 실제로는 창조론자들이 주장하는 것처럼 진화론자의 견해보다는 창조론자의 견해에 더 좋은 증거가 되어줄 수 있는 것입니다. 지난 장에서 언급한 바와 같이 그것은 단순히 몇 개의 연결고리를 잃어버린 문제가 아닙니다. 수백 개의 연결고리가 없습니다. 어느 한 종(種)이 낮은 종(種)에서 진화했다는 어떤 증거가 있는지 의심스러운 것입니다. 화석 증거가 실제로 보여주는 것은(지구의 연대가 오래 되었다는 주장을 인정하고, 화석과 암석층의 순서적 관련성을 인정한다고 할지라도) 다수 집단을 이루는 종(種)들의 갑작스런 출현뿐입니다. 만일 진화론이 옳다면 우리는 정교하게 등급화 되고 연속적인 진화의 발견을 기대하는 것이 당연합니다. 그러나 그렇지 않기 때문에 우리는 유신론적 진화론자가 그 이론을 지지하는 첫 논거, 즉 진화론은 옳고 그리스도인은 그것을 인정하는 것을 두려워하지 말아야 한다는 것에 솔직하게 반대할 수 있습니다.

둘째, 우리는 어떤 특정한 형태는 진화론에 따라 진화한 것이 옳을 수 있다는 사실을 강조해야만 합니다. 그러나 창조론자는 유신론적 진화론자에게 그의 이론을 지지해 주는 과학적 증거 때문이 아니라, 그의 연구 분야에서 단지 그것이 수용되는 이론이기 때문에(그리고 오직 수용될 수 있는 이론이기 때문에) 그의 입장을 고수하고 있는 것은 아닌지 여부를 물어볼 수 있습니다.

창조론자의 첫 번째 반대가 유신론자의 첫 번째 논거에 대응하는 것처럼, 두 번째 반대는 유신론자의 두 번째 논거에 대응합니다. 유신론적 진화론자는 하나님이 인류를 다루시는 방식을 제시하면서 그분 역시 진화론(특별한 경우에만 초자연적인 개입이 있는 불변 법칙에 따른 일반적 진화)을 인정하고 있다고 성경에 호소하여 주장할지 모릅니다. 그러나 우리는 그것이 정말로 성경적인 그림인가 하는 것을 묻지 않을 수 없습니다. 진화론에 의하면 지구상에서의 생명의 진화는 수십억 년에 걸쳐 진행되어 온 것으로 그동안 하나님의 개입은 고작해야 두 세 차례에 불과했다고 합니다. 이것이 우리가 성경에서 발견하는 모습입니까? 성경의 역사에서 매일 기적이 일어난 것은 아니었다는 것은 진실입니다. 그러나 기적이 아주 희귀했던 것도 아닙니다. 하나님의 초자연적 개입이 수백 개나 기록되어 있습니다. 그리고 나머지 역사의 진화도 자연 법칙에 따른다고 하는 것에 대하여는 모든 역사는 하나님의 장중에 있는 것이고, 그래서 그분에 의해서 그분의 완벽한 계획에 따라 세밀하게 주관되고 있다고 말하는 것이 더 정확하지 않겠습니까?

유신론적 진화론자는 그의 견해로서 하나님이 이스라엘의 역사를 주관하신 것과 꼭같이 진화를 주관하신다고 말하고자 할 것입니다. 그러나 만일 하나님이 진화를 그런 방식으로 주관해 오셨다면, 그것은 실질적인 진화론자들이 이야기해 온 것과 같은 종류의 진화가 아닙니다. 그들에 의하면 진화는 긴 시간이 걸리고, 느리고, 비경제적이고, 조잡하고, 비효율적이고, 오류투성이의 과정입니다. 성경의 하나님은 그런 범주에 어울리는 분이 아닙니다. 만일 진화가 하나님의 특성(효율적이고, 지혜롭고, 선하고, 그리고 오류가 없는)에 따라서 이루어진 것이라면 그것은 진화라고 보기가 어렵습니다. 따라서 정말로 성경적인 유신론자인 유신론적 진화론자는 그가 실질적으로 자신을 그렇게 표현하지 않는다고 할지라도 창조론자가 되는 것입니다.

셋째, 우리는 유신론적 진화론자의 견해에 의한 창조의 방법이 성경적 기록에 타당한지의 여부를 물어볼 수 있습니다. 동물들과 새들과 물고기 창조에 대한 하나님의 방법이 창세기 1장에 기록되지 않았기 때문에 하나님이 창조하심에 있어 진화론의 모델에 따라 이 부분의 창조를 실행하셨을 수도 있습니다. 그러나 인간 창조의 경우에 있어서는 적어도 창세기 2장에서 보면 어떤 방법이 사용된 것으로 보입니다. 즉, "여호와 하나님이 땅의 흙으로 사람을 지으시고 생기를 그 코에 불어넣으시니 사람이 생령이 되니라"(창 2:7) 이것은 인간의 창조에 있어서 하나님이 **새로이**(de novo) 시작하셨음을 말해 줍니다. 즉, 하나님이 무생물에서 시작해서 그 다음 생명을 불어넣어 주신 것입니다. 이것은 인간이 열등 동물들에서 진화해 온 것이 아님을 말해주는 것입니다.

하나님의 인간 창조의 실제 과정이 열등한 종(種)들을 통해 오랜 기간에 걸쳐 이루어진 것이라고 할지라도, 우리는 언제나 인간은 흙으로 만들어진 것이라고 말할 수 있습니다. 그러나 하와의 경우를 보면 더 큰 곤란에 빠집니다. 왜냐하면, 하와는 아담에게서 창조되었다고 이야기되고 있기 때문입니다. 이 사실은 어떤 진화론에도 맞지가 않는 것입니다.

다른 한편, 아담의 단수(單數)성의 문제도 있습니다. 로마서 5:12-21절 및 고린도전서 15:22-23, 45절에서 아담과 주 예수 그리스도가 비교되고 있습니다. 이 비교에 있어 주안점은 아담은 그의 행동이 후손에게 영향을 준 개인이었다는 것입니다. 이것이 진화론에 맞는 것입니까? 진화론에서 기본적인 단위는 개인이 아닌 집단입니다. 아담은 어느 시점에서 이 세상에 나타났습니까? 또 그는 과연 나타난 것입니까? 만일 하나님이 인간과 비슷한 존재의 선행(先行) 인류의 한 집단에서 한 개체를 선택해서 인간으로 만드셨다면, 그 나머지는 어떻게 되었겠습니까? 이와 같은 문제들이 유신론적 진화론자로 하여금 성경적 바탕에서 그의 입장을 변호할 수 있게 할지 의문이 들게 하는 것입니다.

성경적인 신앙의 죽음

이 문제는 우리를 마지막 비판으로 인도합니다. 그 중 하나의 비판은 데이비스 영(Davis A. Young)의 언급인데, 그는 유신론적 진화론이 "논리적으로 그리고 궁극적으로 성경적인 신앙의 죽음"으로 인도한다고 말했습니다. 데이비스 영은 유신론적 진화론자들의 특징이 성경을 비성경적 관점으로 보는 것이라고 생각합니다.

피에르 샤르댕(Pierre Teilhard de Chardin)은 유신론적 진화론자들 중에서 가장 잘 알려져 있고, 가장 많이 읽혀진 사람일 것입니다. 그는 프랑스인으로서 로마 가톨릭 사제인데 이러한 배경은 그의 기독교적 헌신을 잘 말해주고 있습니다. 그는 물질 뿐만 아니라 비물질 또는 영적인 것에 관심을 가지고 있습니다. 그는 과학까지도 비난할 수 있습니다. 즉,

"과학이 세상을 보는 데 있어 표면적으로 보는 것 외에 달리 수고한 적이 있는가?"[5] 그러나 그는 가장 확신하는 부류의 진화론자이기도 한데 이것이 결국 그의 신학을 결정짓고 있습니다. 샤르댕에게 있어 진화가 가장 광대한 규모로 일어났다는 것은 의문의 여지가 없습니다. 그렇기 때문에 우리의 성경 이해가 진화론적 견해와 충돌되는 것처럼 보이면 성경에 대한 우리의 견해 또는 성경 자체조차도 과학 앞에서 물러나야만 한다고 합니다. 그는 이렇게 기술하고 있습니다. "변종설(變種說, transformism)의 문제는 더 이상 존재하지 않는다고 말할 수 있다. 그 문제는 일단 완전히 해결되었다. 속생설(續生說, biogenesis)의 현실 속에서 지금 우리의 신앙을 흔들어 놓기 위해 생명나무를 뿌리 채 뽑고 세상의 전 구조의 토대를 무너뜨릴 필요가 있을 것이다… 하나의 진리가 일단 한 개인에게라도 발견되면 그 진리는 언제나 전 인류 양심에 강제적으로라도 머무르는 것으로 귀결된다는 것을 전 역사가 증언해 왔다. 만일 그렇지 않았다면(평범한 사람들도 아닌) 무척 많은 사람들이 오늘날도 계속 진화의 개념에 폐쇄적으로 남아있는 것을 보고 당연히 안타까워하거나 낙담하게 될 것이다… 진화론은 하나의 이론인가, 체계(system)인가, 아니면 가설인가? 실은 그 이상이다. 즉, 진화론은 그것에 모든 이론, 모든 가설, 모든 체계가 절을 올려야 하는, 그리고 만일 그것들이 믿을 만하고 진실한 것이 되려고 한다면 궁극적으로 만족해야 하는 일반적 조건이다. 진화론은 모든 사실을 밝혀주는 빛이고, 모든 선(線)들이 따라야만 하는 곡선이다."[6]

그의 생각은 물론 그 자신의 것입니다. 모든 유신론적 진화론자들이 공유하는 것임을 시사하는 것이 아닙니다. 그러나 이 인용문을 보아 왜 데이비스 영이 이 견해를 궁극적으로 파괴적인 것이라고 했는지 분명해 집니다. 성경적 신앙은 바로 그 말의 정의(定意)대로 성경에서 시작해야 하고, 다른 모든 이론들은 성경에 종속적이어야 합니다. 샤르댕의 경우에는 모든 것이 진화론에 종속되고 있고, 성경 안의 교정하고 바로잡아 주는 하나님의 말씀을 듣는 능력은 상실해 버렸습니다. 우리는 이러한 경향이 모든 유신론적 진화론에 나타나고 있지 않은지 질문해 보아야만 합니다.

그리스도인으로서 합당한 입장은 무엇이어야 합니까? 물론 모든 진리에 개방적이어야 합니다. 그러나 과학적 이론이나 기타의 다른 이론이 하나님의 기록된 말씀의 진실성을 심판하도록 허용하는 류(類)의 개방은 아니어야 합니다. 실제로 그리스도인의 임무는 그 반대입니다. 즉, 모든 견해를 기록된 말씀 안으로 가져오는 것입니다. 바울은 이것을 알았습니다. 그는 당시의 사람들에게 이렇게 쓰고 있습니다. "우리의 싸우는 무기는 육신에 속한 것이 아니요 오직 어떤 견고한 진도 무너뜨리는 하나님의 능력이라 모든 이론을 무너뜨리며 하나님 아는 것을 대적하여 높아진 것을 다 무너뜨리고 모든 생각을 사로잡아 그리스도에게 복종하게 하니"(고후 10:4-5).

우리는 어떤 주어진 분야에 대한 진리는 모를 수 있습니다. 그러나 진리의 궁극적 기준(그것이 무엇이든지 간에)은 기록된 하나님의 말씀이라는 것을 우리는 반드시 알아야만 합니다.

● 각주 ●

1. B. B. Warfield, *Biblical and Theological Studies* (Philadelphia: Presbyterian and Reformed Publishing Co. 1968), 238. 이 논문은 원래 프린스톤 신학교에서 발행하는 학술지 *The Princeton Theological Review IX* (1911)에 게재되었던 글이다.

2. James Orr, *The Christian View of God and the World as Centering in the Incarnation* (Grand Rapids: Eerdmans, 1960), 99.

3. Orr, "Science and Christian Faith", *The Fundmentals*, vol. 1, ed. R. A. Torrey, A. C. Dixon, and Others (Grand Rapids: Baker, 1972), 346. Original edition 1917.

4. Davis A. Young, *Creation and the Flood: An Alternative to Flood Geology and Theistic Evolution* (Grand Rapids: Baker, 1977), 18, 23ff.

5. Peirre Teilhard de Chardin, *The Phenomenon of Man* (New York: Harper & Row, 1959), 52. Cited by D. Young, Creation and the Flood , 36.

6. De Chardin, *The Phenomenon of Man*, 140, 218-219. Cited by D Young, Creation and Flood, 36-37.

7

창조에 대한 견해들: 간격 이론

창세기 1 : 1-2

태초에 하나님이 천지를 창조하시니라 땅이 혼돈하고 공허하며 흑암이 깊음 위에 있고
하나님의 영은 수면 위에 운행하시니라

탁월한 강해설교가였던 도널드 반하우스
는 그가 저술한 「보이지 않는 전쟁」(The Invisible War)에서 간격 이론(The Gap Theory)으로
잘 알려진 진화론을 예로 들고 있습니다. 한 운전자가 미국의 남서부를 자동차로 지나고
있었습니다. 그는 남쪽으로부터 올라가 콜로라도 주의 그랜드 캐니언에 도착하고, 그 협곡
을 지나 곧장 북쪽으로 진행하여 유타 주로 들어갈 계획을 세웠습니다. 그는 그 지역을 잘
알고 있는 친구에게 그의 계획을 이야기했습니다. 그러나 그의 친구는 즉각 그가 하고자
하는 일이 실현 불가능한 것임을 지적했습니다. 지도상으로는 협곡을 지나 북쪽으로 운전
할 수 있을 것처럼 보였습니다. 그러나 지도에서 간신히 보이는 가느다란 약 24km의 간격
이 실제로는 거대하고 통행할 수 없는 깊은 구렁이었습니다. 북쪽으로 가려면 뜨거운 사막
길을 수백 km를 넘게 돌아서 가야 가능했습니다.

간격 이론에 의하면 창세기의 첫 두 절이 그와 같다는 것입니다. 그 두 절은 연속해서 나타납니다. 그러나 실제로는 그 두 절 사이에 최초의 세계가 파멸되고 지질시대가 전개되는 긴 중간 기간이 들어가 있다는 것입니다.

널리 알려진 견해

이 이론을 복구 이론(The Restitution Theory) 또는 재창조 이론(The Recreation Theory)이라고 부르기도 합니다. 이 이론을 변호하기 위해 훌륭한 책을 저술한 아더 쿠스탄스(Arthur C. Custance)는 어떤 초대 유대인 저술가들, 몇몇 교부(敎父)들, 심지어 몇몇 고대 수메르와 바벨론 문서까지 추적합니다. 이 이론은 중세에도 나타납니다. 그 개념은 지난 세기 초 스코틀랜드의 유능한 목사이며 저술가인 토마스 찰머스(Thomas Chalmers)의 연구에 의해 실질적인 일관성을 갖추게 되었고, 가시적인 것이 되었습니다.

찰머스는 지질 연대에 관한 새로운 연구 자료가 정통적인 성경의 설명에 모순되는 것이 아니라는 것을 보여주려고 노력했습니다. 그에 의하면 창세기 1:1절은 모든 것이 선했던 최초의 세상에 대한 하나님의 창조를 말하는 것입니다. 왜냐하면, 하나님은 악한 것을 창조하실 수 없기 때문입니다. 루시퍼가 하나님을 대신해서 이 세상을 다스렸습니다. 루시퍼가 범죄 했습니다. 하나님이 루시퍼와 세상을 함께 심판하셨습니다. 그 결과로 땅은 창세기 1:2절(땅이 혼돈하고 공허하며 흑암이 깊음 위에 있고)에서 발견하는 바와 같은 형태가 없고 황량한 덩어리가 되었습니다. 땅이 이러한 상태로 불확정한 기간을 지속해 오는 가운데 여러 암반층을 형성하게 되었습니다. 이 기간 끝에 와서야 하나님이 개입하셔서 땅에 만연(蔓延)된 혼돈 상태에 창세기 1:3-31절에 기술된 새로운 질서를 부여하신 것입니다. 이 구절들은 실제로 재창조를 기술하고 있는 것입니다.

찰머스는 1800년대 초에 이 글을 썼지만, 그의 견해는 그 19세기 말에 가서야 초기 근본주의자들 중에서 몇 사람의 저술가들이 그의 견해를 채택하면서 널리 알려지게 되었습니다. 그 중에 가장 잘 알려진 사람은 펨버(G. H. Pember)였습니다. 이 이론에 관한 그의 책 「지구의 초기 연대」(Earth's Earliest Ages 1876)는 많은 판(版)을 거듭하며 출판되었습니다.

펨버는 이렇게 기술했습니다. "창세기의 두 번째 절이 황폐한 땅을 묘사하고 있는 것은 이렇듯 자명하다. 그러나 창조와 이 황폐 사이에 얼마의 시간이 경과했는지에 대한 암시는 없다. 연대와 연대가 거듭 흘러가는 과정에서 아마도 지각 층이 서서히 형성되었을 것이다. 따라서 우리는 성경에 대한 지질학적 공격이 모두 엉뚱한 것이며 그저 공중에 주먹질 하는 것이라고 본다. 성경의 첫째 절과 둘째 절 사이에 어느 만큼의 긴 시간의 여지가 존재한다. 그리고 한편, 지층에 관한 영감(靈感)된 설명이 없기 때문에 우리는 발견하는 그 순서대로 지층이 형성되었다고 자유롭게 믿는 것이다. 그 전(全) 과정은 아담 이전 시대, 아마도 다른 류(類)의 인종과 관련된 시대에 발생했을 것이다. 그래서 결과적으로 현재 우리에게 관심거리가 되고 있지 않은 것이다."[1] 계속 이어지는 이야기에서 펨버는 사탄의 타락 이론, 노아 이전 세상에서의 귀신의 영향, 그리고 이와 관련하여 그가 살던 시대에 관찰했던 강신술(降神術)의 재 유행에 관한 그의 이론을 발전시켜 나갔습니다.

아더 핑크는 찰머스의 견해를 지지했고, 또한 의심할 바 없이 펨버에게서 배우기도 했습니다. 그는 이렇게 기술했습니다. "창세기 1장의 첫 두 절 사이의 알 수 없는 간격은 이미 경과했을 모든 선사(先史) 연대들을 포함하기에 충분히 넓다. 그러나 창세기 1:3절 이후에 일어난 모든 것은 6천 년도 안 된 기간에 발생한 것이다."[2]

해리 리머(Harry Rimmer)는 또 한 사람의 영향력 있는 저술가였습니다. 1941년에 그는 「현대 과학과 창세기 기록」(Modern Science and Genesis Record)이라고 제목을 붙인 책을 저술했습니다. 그 책에서 그는 이렇게 말했습니다. "하늘과 땅의 최초의 창조는 창세기의 첫 절에 드러나 있다. 루시퍼로 인해 땅이 황폐해 지기 이전에 얼마나 많은 연대들이 지나갔는지는 오직 하나님만이 아시지만, 아마도 계산할 수 없는 긴 시간의 간격이 있었을 것이다. 어떤 학자도 혼돈이 얼마나 긴 기간 동안 지속되었는지 말할 수 없다. 어떤 암시도 주어지지 않고 있다. 그러나 이 연구에서 분명하게 확인하고 지나가고자 하는 것은 모세가 창조의 첫 주간의 기록에서 최초 창조(original creation)의 이야기를 하는 것이 아니라 하나님의 재창조(reconstruction) 이야기를 하고 있다는 것이다."[3]

이 견해에 관하여 개인으로서 가장 유력한 스승은 스코필드(C. I. Scofield)였는데, 그는 그의 견해를 대단한 인기를 얻은 「스코필드 주석 성경」(Scofield Reference Bible)의 창세기

주해(註解)에 포함시켰습니다. 내가 이미 지적했던 바와 같이 근본(The Fundamentals, 근본주의의 교리책 - 역주)에 거의 진화론을 용인하는 제임스 오르의 논문을 싣기도 했지만, 스코필드에서부터 간격이론은 거의 의문의 여지가 없는 근본주의의 견해가 되었습니다. 더 근래에 와서 이 이론은 루이스(C. S. Lewis), 드한(M. R. DeHann), 반하우스(Donald G. Barnhouse)와 다른 학자들에 의해 여러 형태로 나누어져 신봉되어 왔습니다. 프란시스 쉐퍼(Francis Schaeffer)는 그 이론의 부분적인 가능성을 인정했습니다.[4]

해석의 힘

오늘날 간격 이론에 대한 광범한 반대가 있습니다. 심지어 매우 보수적인 학자들 편에서도 반대를 합니다. 그러나 이들은 종종 간격이론가들이 확립해 놓은 성경적 자료에 대한 적절한 고려도 없이 너무 쉽게 배제 시킵니다. 이 이론은 틀릴지 모릅니다. 그러나 대범하게 배제 시키는 것은 적절하지 않습니다.

이 이론을 뒷받침하는 증거는 무엇입니까? 우선적이고 단연 가장 중요한 증거는 해석적 또는 성경적 근거입니다. 실제로 이것이 없었다면 찰머스, 펨버 및 기타 학자들이 전혀 아무런 주장도 못했을 것입니다. 해석적 주장은 몇 가지로 나누어집니다.

첫째, 창세기의 마소라 사본(Masoretic text) 1절 다음에 레비아(rebia)로 알려진 작은 부호가 있습니다. 마소라 사본은 옛날 유대인 학자들이 독자에게 올바른 발음과 원문 해석의 길잡이가 되어주기 위해 시도한 많은 수의 "지시표"를 원문에 삽입 시킨 성경입니다. 창세기 1절 끝의 레비아는 분리를 표시하는 악센트 부호입니다. 그것은 독자에게 다음 절로 넘어가기 전에 이 지점에서 잠시 중단을 해야 한다는 것을 알려주는 역할을 합니다. 그 레비아는 또한 2절에서 시작하는 접속사 바브(waw)가 흔히 해석되는 "그리고"보다는 "그러나"로 번역되도록 지시하는 것일 수도 있습니다(이것은 2절이 어떻게 번역되어야 하는가의 문제와 관련이 됩니다. 2절은 "그러나 땅이 혼돈하고"로 번역될 수 있기 때문입니다). 물론 그 레비아는 창세기 원문에는 없는 것이고 단지 마소라인(Masorets, 7~11세기 사이에 예루살렘과 바빌로니아에서 활동하던 성서 필사자와 학자들 - 역주)들의 신중한 판단을 표현하는 것이지만, 그들의 의견은 우리에게 정확한 해석의 길잡이가 될 수 있는 것입니다.

둘째, 창조 이야기 자체의 체계가 있습니다. 창조한 날들 중 어느 한 날에 하나님이 활동하신 이야기는 모두 "저녁이 되고 아침이 되니 이는 첫째(둘째, 셋째, 넷째, 다섯째 또는 여섯째) 날이니라"로 끝나고 있습니다. 다시 말하면, 매우 명료한 병행구(parallelism)를 이루고 있는 것입니다. 더욱이 둘째, 셋째, 넷째, 다섯째 그리고 여섯째 날의 단락들은 모두 "하나님이 이르시되…"로 시작하고 있습니다. 그러므로 첫째 날의 창조 이야기는 1절에서가 아니라 병행구절이 일어나는 3절(하나님이 이르시되 "빛이 있으라")에서 시작한다고 추정하는 것이 가장 자연스럽습니다. 만일 그렇다면 첫 두 절은 나머지 이야기에서 독립해 있는 것이고, 첫째 날 하나님의 역사(役事) 이전의 창조를 설명하는 것이 됩니다.

셋째, 2절에 나오는 히브리 동사 "하야"(hayah, to be)는 "was"가 아니라 "became"으로 번역 가능성(어떤 학자들은 필연성이라고 말할 것임)이 있습니다. 그러면 2절은 이렇게 읽게 됩니다. "그러나 땅은 혼돈(황폐한 덩어리)의 상태가 되었고, 공허한(생명체가 없는) 상태가 되었으며…" 이는 또한 동사를 과거완료로 보아 "땅은 공허하게 되었었으며…"로 번역할 수도 있습니다.

이 기본적인 히브리 동사의 의미에 관련된 논쟁들은 긴 세월 동안 비꼬여 있어서 대부분의 사람들은 그 주장들을 쉽사리 또는 기꺼이 따르려고 하지를 않고 있습니다. 그러나 그것들을 간추려보면 적어도 이 주장은 가능성이 있다, 아마도 강력한 가능성을 가지고 있다고 할 수준으로 요약됩니다. 이 견해에 반대하는 학자들 - 「과학과 성경에 대한 기독교적 견해」(The Christian View of Science and Scripture)의 저자 버나드 램(Bernard Ramm)이 그 중 하나임 - 은 2절의 동사를 그렇게 번역하는 사람들은 소설을 쓰는 것이며, 동사로서 사용 빈도가 낮고 부차적인 의미에 기초를 둔 매우 의문스런 해석이라고 주장합니다. 그러나 그것이 그렇게 사용 빈도가 낮고 부차적인 것인지는 전혀 명확하지가 않습니다. 먼저 "became"이란 단어가 부차적인 의미인지의 문제를 봅시다. 간격 이론의 해석적 기초에 대한 아더 쿠스탄스(Arthur Custance)의 변호에서 그는 히브리어 동사인 하야(hayah)는 "became"이라는 뜻보다는 "was"라는 뜻으로 자주 번역되는 것은 사실이지만, 원래는 히브리 언어가 실제로 "be" 동사를 필요로 하지 않는다는 단순한 이유 때문에 "became"을 의미하는 것으로 보아야 한다는 점을 지적했습니다. 만일 히브리어를 말하는 사람이 "그 사람은 좋다"(The man is good)를 말하고자 할 때, 그는 동사를 전혀 사용하지 않고 단순히 "그 사람 좋다"(The man good) 라고 말할 것입니다. 동사는 문장 내에서 암시되는 것입니다. 이 문장은 "좋은 사람"(The good man)이라는 묘사적 표현의 구(句)와는 다릅니다. 왜냐하면, 히브리어에서 그렇게 말하려면 "그 사람 좋은 사람"(The man the good)이라고 해야 하기 때문입니다.

램은 그의 비평에서 "히브리인들에게는 bacame 이라는 단어가 없었지만, 동사 to be 가 to be 와 bacome 이라는 두 가지 의미의 역할을 해 주었다." 라고 밝히고 있습니다.[5] 그러나 쿠스탄스가 지적하는 바와 같이 그 반대로 말하는 것이 거의 더 정확할 것 같습니다. 즉, "단순한 의미에서 'to be' 라는 단어가 필요하지 않았다. 그래서 그들은 bacome 이라는 말을 to be와 become이라는 의미로 만들었다."[6] 쿠스탄스의 판단에 의하면 그 단어는 반대가 없는 한 "became" 으로 번역해야 한다는 것입니다.

또 다른 문제는 사용 빈도입니다. 존 휘트콤(John Whitcomb)은 모세 오경 전체에서 하야(hayah)라는 동사가 "became" 으로 번역되고 있는 곳은 단지 6곳의 예밖에 없다고 기술했습니다. 그런데 그 기술은 틀린 것 같습니다. 쿠스탄스는 창세기에만도 적어도 17번이나 나온다고 주장합니다. 그러나 그것은 KJV에서 그렇다는 것입니다. 다른 번역본들은 다른 사례를 제공합니다. 라틴어 성경(The Latin Vulgate)에는 1장에서만 동등한 의미의 경우가 13번이나 나옵니다. 몇 가지 예를 들어 봅니다.

창세기 3:1 - "그런데 뱀은 여호와 하나님이 지으신 들짐승 중에 가장 간교하니라"(Now the serpent had become more subtle than any beast of the field.) 대부분의 번역본은 "was" 로 번역하고 있습니다. 그러나 이 절(節)은 아마도 사탄이 하와를 유혹할 목적으로 뱀을 이용해서 뱀이 교활하게 또는 간교하게 되었음(became)을 나타내는 말일 것입니다.

창세기 3:20 - "그(하와)는 모든 산 자의 어머니가 됨이더라"(Eve became the mother of all living.) KJV는 "was" 로 말하고 있습니다. 그러나 이 말은 이상하게 들립니다. 왜냐하면, 이때까지 하와는 아기를 낳아본 적이 없기 때문입니다. NIV는 그 문제를 인식하고 이렇게 번역했습니다. "아담이 그의 아내의 이름을 하와라고 불렀다. 왜냐하면, 그녀는 모든 산 자의 어미가 될(become) 것이기 때문이었다."

창세기 21:20 - "하나님이 그 아이[이스마엘]와 함께 계시매 그가 장성하여 광야에서 거주하며 활 쏘는 자가 **되었더니**"(And God was with the lad [Ishmael]; and he grew, and dwelt in the wilderness, and became an archer.)

창세기 37:20 - "그[요셉]의 꿈이 어떻게 **되는지**를 우리가 볼 것이니라"(We shall see what will become of his [Joseph's] dream.)

이러한 번역들은 도전을 벗어나지는 못합니다. 그러나 그런 번역들이 이 동사의 가능한 번역의 빈도를 보여주고 있는 것은 사실입니다. 쿠스탄스 자신의 결론은 이렇습니다. "그러므로 전반적으로 보아 나는 '땅이 혼돈하게 되었고 공허하게 되었다.'라고 번역하는 것이 원어에 더 타당하고, 이 번역이 근년에 관례적으로 용납되어 온 것에 그치지 않고, 하나의 대안으로 더 진지하게 고려해 볼 만하다고 생각한다."[7]

넷째, "혼돈하고 공허"(formless and empty, tohu wa bohu)라는 말은 우리 지구에 대해 하나님이 아담 이전에 내리신 심판의 단서가 되는 말일 수도 있습니다. 실상, 그 말은 미묘한 차이를 가진 여러 가지 의미를 담고 있으며, 반드시 이전에 아름다웠던 어떤 것의 파괴를 지칭하는 의미의 말일 필요는 없습니다. 그러나 어떤 경우에는 그런 의미로도 쓰입니다. 게다가 이사야 45:18절에는 창세기 1:2절의 말을 사용해서 하나님이 세상을 혼돈하게 창조하시지 않았다고 하는 중요한 구절이 있습니다. 만일 이것이 창세기에 직접 연관된 것이라면, 아마도 그럴 것인데 그것은 하나님이 세상을 창세기 1:2절에 그려진 세상으로 창조하지 않으셨다는 것을 말하는 것입니다(이와는 반대로 그것은 하나님이 세상을 황폐하도록 창조하신 것이 아니라, NIV 번역처럼 단순히 사람이 살 수 있도록 창조하셨다는 의미도 될 수 있음).

사탄은 언제 타락 했는가?

이 장에서는 대체로 간격 이론을 지지하는 해석을 다루어 왔습니다. 왜냐하면, 이 해석에서부터 지지자들이 이론을 펼치고 있기 때문입니다. 이 이론을 반대하는 자들은 이러한 주장을 아주 심각한 것으로 받아들이지 않고 있습니다. 그러나 이것은 재창조(reconstruction)의 견해를 지지하는 다른 증명이 없다는 말이 아닙니다. 그것을 지지하는 두 번째 증명은 신학적 증명입니다.

이것은 사탄의 타락과 관계가 있습니다. 창세기 3장에서 우리는 아담과 하와를 창조할 당시 이미 악이 존재해 있었다는 것을 배웁니다. 왜냐하면, 사탄이 하와를 유혹하려고 거기에 있었기 때문입니다. 그밖에도 언제나 명료한 것은 아니지만 그보다 일찍 사탄의 타락이 있었고, 사탄과 그와 함께 범죄한 천사들(현재 귀신들)에 대한 심판이 따랐다는 것을 시사하는 구절들이 있습니다. 물론 사탄의 타락은 땅과 아무런 관계없이 일어났을 수 있습니다.

그러나 그는 "이 세상 임금"이라고 불리어지고 있어서 땅과 특별한 관계가 있어 보입니다. 그가 땅의 역사의 초기(만일 그런 기간이 있었다면)에 하나님을 대신해서 이 세상을 다스렸을지도 모른다고 보는 것은 가능하기도 하고 또한 합리적이기도 하지 않겠습니까? 만일 그렇다면, 사탄의 타락과 심판은 창세기 1:1절과 창세기 1:2절 사이에 들어가는 것이 맞지 않겠습니까? 거기가 아니라면, 그 타락은 어디에 들어가야 합니까? 오직 다른 선택은 창조 이전 밖에는 없습니다. 그렇다면 사탄의 창조가 우리가 아는 어떤 것의 창조보다 먼저 일어났다는 말이 됩니다.

또한 첫 번째로 나타난 죽음에 대한 문제도 있습니다. 만일 화석들이 무엇인가를 가리켜주고 있는 것이라고 본다면, 그것들은 인간이 나타나기 이전에 투쟁, 질병, 죽음의 기간을 가리켜 줍니다.

그러나 만일 죽음이 아담의 죄를 통해서 왔다면, 어떻게 죽음이 화석 기록에 나타날 수 있겠습니까? 그 죽음이 아담 이전에 존재했던 세상과 인류의 죄에 대한 하나님의 심판의 결과가 아니고서는 설명이 불가능합니다. 이에 대해 창조학파가 제시하는 또 다른 설명이 있습니다. 즉, 화석들은 대홍수에 의해 만들어졌고 따라서 아담 이후에 생긴 것이라는 설명입니다. 그러나 이 시점에서 간격 이론의 주장은(창조론자들에게 흥밋거리가 되지 않겠지만) 대부분의 다른 학파들에게 흥미를 끌 것입니다.

몇 가지 해결되지 않는 난제들

이 이론에 대해 어떻게 생각해야 합니까? 이 이론은 최근 세대의 많은 사람들에게 호응을 받아왔습니다. 이 이론은 성경적으로 설명하려는 진지한 시도의 산물입니다. 이것은 오랜 기간의 지질 연대들에 대한 문제를 해결하는 듯 보입니다. 이 이론을 우리가 받아들여야 합니까? 우리는 방금 말한 이유들을 하나하나 심각하게 숙고해 봐야 합니다. 그러나 이 이론을 수용하기 전에 우리는 또한 그에 따른 난제들도 고려해 봐야 합니다.

첫째, 간격 이론에 대한 한 가지 중대한 비판은 성경에서 가장 광대하고 주요한 구절들 중 하나에 부자연스럽고 어쩌면 별나기 조차한 해석을 하고 있다는 것입니다. 이 이론이 결정적인 논증이 되는 것은 결코 아니고, 오히려 그것은 아마도 대부분의 다른 성경학도들이나 학자들이 망설이기 시작하는 지점이 될 것입니다. 램(Ramm)은 이렇게 기술하고 있습니다. "성경 해석의 가장 초창기부터 이 구절은 유대인, 천주교 및 개신교 학자들에 의해 우주의 최초 창조로 해석되어 왔다. 장엄한 7일간에 걸쳐 우주와 모든 생명체가 존재하게 되었다. 그러나 리머(Rimmer)의 견해에 의하면, 이 창세기의 위대한 첫 장은 첫 절을 제외하고는 전혀 최초 창조에 관한 것이 아니고, 재창조에 관한 장이라는 것이다. 아울러 우주 본래의 첫 창조는 오직 한 절에 서술되어 있다는 것이다. 이 견해가 창조론을 아주 효과적으로 타격하는 것은 아니지만, 그것은 6일간의 창조를 용두사미로 만들려고 몰두하고 있음을 분명히 보여주고 있다."[8]

이와 똑같은 주장을 성경적으로도 설명할 수 있는데 그것은 램이 주장한 것은 아니지만, 아마도 간격 이론의 옹호론자들에게 더 중요할 것입니다. 단 한 가지의 예를 들자면, 출애굽기 20:11절은 "이는 엿새 동안에 나 여호와가 하늘과 땅과 바다와 그 가운데 모든 것을 만들고 일곱째 날에 쉬었음이라"고 했습니다. 여기서 사용된 동사는 강력한 히브리 동사 "창조했다"(bara', created)가 아닌, "만들었다"(made)이며, 이 동사는 재창조(recreation) 또는 재형성(reforming)의 의미를 허용한다고 지적할 것입니다. 그러나 그것을 제쳐 놓고 보면, 이 구절은 첫 창조를 서술하는 것처럼 들립니다. "그것은 대부분의 사람들에게 재창조를 말하거나 암시하는 것이 아니다."[9]

둘째, 해석적 자료는 인상적이지만 그럼에도 불구하고 확실성에서 멀리 떨어져 있습니다. 우리가 그러한 색다른 이론을 수용하기를 기대하려면 그 이론이 확실해야만 합니다. 나는 위에서 간격 이론의 비평자들이 그 지지자들의 해석적 논증을 처리하는 데 있어 지나치게 오만했다고 주장했습니다만, 그 논증들은 아직도 분명하게 옳은 것이 되고 있지를 못합니다. 히브리 동사 하야(hayah)는 "bacame"을 의미할 수가 있습니다. 그러나 그것은 더욱 빈번히 나오는 "was"로 번역하는 것도 옳다는 것에 의심의 여지가 없습니다. 다른 한편, 히브리 접속사 바브(waw)는 통상적으로 "and"를 의미하지만, 그것은 "but"를 의미할 수도 있습니다. 그리고 **혼돈하고 공허하며**(tohu wa bohu)에 관하여는 단순히 문제의 땅이 생명체가 살지 않는 것을 의미할 수 있습니다. 그런 상태가 땅에 대한 하나님의 심판의 결과인지 또는 다른 요인에 의한 것인지는 단어들 자체가 아니라 문맥에 의해서 결정되어야 합니다(참조 - 사 24:1과 45:15, 렘 4:23-26). 이 점에 관해서는 NIV가 창세기 1:2절의 각주에서 히브리 동사 하야(hayah)를 "become"으로 번역할 가능성이 있음을 지지하고 있긴 하지만 이사야 45:18절을 간격 이론을 지지하는 식으로 번역하고 있지는 않다는 데 의미가 깊습니다.

셋째, 간격 이론은 지질에서 제기되는 문제를 정말로 해결하지는 못하고 있습니다. 지질은 이전의 생명체의 화석을 포함한 지각(地殼)의 연속적인 층을 보여줍니다. 간격 이론의 주장자들은 이 지층들을 창세기 1:1절과 1:2절 사이의 추측되는 간격으로 설명하고 싶어 합니다. 그러나 이 간격의 어느 시점에 하나님의 심판이 들어왔습니까? 만일 그 심판이 화석 흔적이 생긴 다음에 들어왔다면, 죽음은 심판 전에 세상에 있었다는 말이 됩니다. 만일 심판이 먼저 왔다면, 그 심판이 일어나는 상황은 창세기의 두 번째 절이 묘사하는 상황(어둠 속에 잠긴 혼돈의 세상)이 될 수가 없습니다. 왜냐하면, 그런 세상에서는 식물이나 동물의 어떤 생명체도 살아남을 수가 없기 때문입니다. 이 궁지에서 벗어나는 유일한 길은 여러 형태의 생명체들이 점진적으로 소멸되어 가는, 점점 약화되는 심판이나 점점 강화되는 심판을 상상해 보는 것입니다. 그러나 이것은 지층이 보여주는 것과 정확히 반대입니다. 지층은 생명체가 단순한 것에서 더 복잡한 형태로 점진적으로 진화한 것을 보여주고 있습니다.

　일부 간격 이론가들은 이 문제를 깨닫고 지질 흔적이 만들어진 것에 대해 대홍수에 원인을 돌려왔습니다. 리머(Rimmer)는 이전의 연대와 대홍수에 돌리고 있습니다. 그러나 만일 그렇다면 간격은 필요가 없는 것입니다. 이 이론은 충분히 완성된 것이 아니어서 우리에게 확실하게 받아들일 수 있는 모델이 되지 못하고 있다는 것이 아직 남아있는 생각입니다. 그것은 가능할 수도 있습니다. 그러나 우리는 이에 관해 유일한 기독교적 가능성이라고 굳히기 전에 창조에 대한 다른 견해들을 살펴보고자 합니다.

● 각주 ●

1. G. H. Pember, *Earth's Earliest Ages and Their Connection with Modern Spiritualism and Theosophy* (London & Glasgow: Pickering and Inglis, n. d.),28.

2. Arthur W. Pink, *Gleanings in Genesis* (Chicago: Moody Press, 1950), 11. Original edition 1922. Used by permission.

3. Harry Rimmer, *Modern Science and Genesis Record* (Grand Rapids: Eerdmans, 1941), 28.

4. Schaeffer, *Genesis in Time and Space*, 62.

5. Bernard Ramm, *The Christian View of Science and Scripture*(Grand Rapids: Eerdmans, 1941), 202.

6. Arthur C. Custance, *Without Form and Void: A Study of the Meaning of Genesis 1:2* (Brockville, Ont: Doorway Papers, 1970), 104.

7. Ibid., 116

8. Ramm, *Christian View*, 201.

9. L. Duane Thuman, *How to Think about Evolution & Other Bible Science Controversies* (Downers Grove, ILL. : InterVarsity Press, 1978),121.

8

창조에 대한 견해들: 6일 창조론

창세기 1 : 1-2

태초에 하나님이 천지를 창조하시니라 땅이 혼돈하고 공허하며 흑암이 깊음 위에 있고 하나님의 영은 수면 위에 운행하시니라

근년에 들어와서 초기 근본주의자들에게 매우 인기가 높았던 간격이론은 6일 창조론(six-day creationism) 또는 홍수 지질학(flood geology)으로 알려진 학설로 대치되어 왔습니다. 이 이론은 창세기의 이야기를 문자적으로 6일간의 창조로 보고, 상대적으로 젊은 지구(최대 연령이 1만 2천년)로 가정하며, 화석 기록을 지구 전체에 걸쳐 굉장히 파괴적인 규모로 발생한 창세기 6장의 대홍수에 의해 형성된 것으로 설명합니다. 이 이론은 성경적입니다. 그럼에도 이 이론은 창세기의 해석을 간격이론자들처럼 유별난 안(案)에 기초하고 있지를 않습니다. 사실 이 이론이 주장하는 지질학은 유별난 것일 수 있습니다(아마도 어떤 사람들의 주장처럼 무리한 것일 수도 있음). 그러나 그것은 성경적일 뿐만 아니라, 과학적이기 때문에 창조론은 그리스도인들에게 가장 진지한 고려의 대상이 될 만합니다.

창조론자의 견해를 효과적으로 촉진시켜온 기독교 단체가 두 곳이 있습니다. 미시간 주 앤아버에 소재한 창조연구회(Creation Research Society)와 캘리포니아 주 샌디에이고에 소재한 창조연구소(Institute for Creation Research)가 바로 그곳입니다. 그 첫 번째 단체는 1963년에 월터 래머르츠(Walter E. Lammerts) 박사가 설립하여 초대 회장을 지냈습니다. 현재 회원 수는 의결권을 가진 과학자 회원 500명과, 의결권이 없는 비과학자 회원 1,600명이 됩니다. 그 연구회는 계간으로 정기 간행물을 발행하고 있고, 1970년에는 「생물학: 복잡성 안에 있는 질서의 탐색」(Biology: A Search for Order in Complexity)이라는 제목의 학교 교과서를 출판했습니다. 그 외에 다른 몇 권의 책들도 만들었습니다. 그 이름이 가리키는 것처럼 창조연구회의 회원들은 대체적으로 창조 문제와 관련한 연구에 종사하고 있습니다.

두 번째 단체는 더 활동적이어서 잘 알려져 있습니다. 같은 샌디에이고에 있는 기독교 헤리티지대학(Christian Heritage College)의 한 부서이며 이 단체를 이끄는 지도자는 기독 연구회(Christian Research Society) 이사회를 섬기는 기쉬(Duane T. Gish) 박사와 창조연구소의 이사인 모리스(Henry M. Morris) 박사입니다. 이 단체는 진화론에 대한 토론회를 자주 개최합니다. 어떤 때는 수천 명이 토론회에 참석하는데, 이런 토론들의 결과는 과학적 창조론을 지지하는 다른 기사나 논설과 함께 「활동과 사실」(Acts & Facts)이라는 월간지로 간행되고 있습니다.

지난 10년간에 이 연구소는 창조론에 관련된 책을 30권 이상 출판하였는데 그 중 가장 잘 알려진 저작인 「창세기의 홍수」(The Genesis Flood)는 모리스와 존 휘트콤(John C. Whitcomb) 박사가 공동으로 저술했지만, 대부분의 다른 책들은 기쉬와 모리스가 썼습니다. 휘트콤 박사는 인디아나 주의 위노나 레이크(Winona Lake) 시에 있는 그레이스신학대학원(Grace Theological Seminary) 구약학 교수를 지낸 바 있습니다.

이러한 창조론과 관련된 기독교 단체들은 우리 사회에 널리 보급되어 있는 진화론에 강력한 도전을 시도해 왔고, 1969년 11월에 시작된 캘리포니아 생물학 교과서 논쟁과, 최근의 법정 소송에서 보이고 있는 것처럼 그들의 도전을 공공(公共) 영역에서 수행해 오고 있습니다.

창조론자들의 메시지

토론이나 출판물에서 주장하는 창조론자들의 메시지는 진화는 불가능한 것이고(우리가 알고 있는 것과 같이), 사실이 창조론자의 모델에 가장 잘 맞는다는 것입니다.

여기에 휘트콤과 모리스 책에서 요약한 창조론자들의 입장에 대한, 길지만 가치 있는 내용이 있습니다. "세부적인 내용에 대해서는 의견의 폭이 상당히 넓을 수 있지만, 성경적 기록이 지구 역사에 대한 기본적인 개요를 마련해 주고 있어 그 안에서 모든 과학적 자료들이 해석되어야 한다. 성경은 현재의 물리적 또는 생물학적 기법으로는 더 이상 효과가 없는, 그래서 이해할 수 없는 과정에 의해 이루어진 최초의 창조를 기록하고 있다. 성경은 최초 창조에 뒤이어 등장한 부패와 타락에 대한 원칙을 기록하고 있다. 즉, 지구를 효율적으로 관리하는 지배자가 되도록 작정되었던 인간이 하나님께 범죄하고 그분을 배반한 결과로 야기된 '전 피조물'에 내려진 하나님의 '저주'를 기록하고 있는 것이다."

"성경 기록은 대홍수가 그 원인과 범위와 결과에 있어 전 지구적으로 일어난 대 격변이어서 지구 역사에 깊은 틈을 남겼다는 것을 명백하게 보여주고 있다. 따라서 창조, 타락, 그리고 홍수는 정말로 기본적인 사실로 구성된 것이며, 이 사실에 다른 모든 초기 역사 자료들의 세부적인 사항들이 연관되어야 한다…"

"지층 하부의 결정성(結晶性) 암석의 형성과, 아마도 캄브리아기 이전에 생겼다고 하는 얼마간의 비화석퇴적층의 형성은 사실상 그보다 훨씬 후인 대홍수 기간에 발생한 지질 구조 변화로 인한 융기에 의해 변경된 것으로 보아서 창조시대에 형성된 것으로 보는 것이 가장 합리적이다. 화석을 포함하고 있는 단층들은 분명히 대홍수 기간 중에 명확한 순서를 가지고 대량으로 형성되었는데, 이 순서는 진화에 의한 것이 아니고, 유체역학적인 분리, 생태학적인 서식처, 그리고 다양한 생물들의 서로 다른 가동성과 내구력 등에 의한 것으로 추정되고 있다."

진화론에 관해서 휘트콤과 모리스는 이와 같이 기술하고 있습니다. "진화론은 현대인에게 훌륭한 '도피 장치'이다. 그것은 널리 퍼져있는 철학 원리인데, 이 원리에 의해 인간은 의식적으로나 잠재의식적으로나 창조주에 대한 개인적 책임으로부터의 도피와 개인

적 구속의 필요 충분 수단인 '십자가의 도' 로 부터의 도피를 위한 지적인 정당성을 추구
한다… 그러므로 두 이론 사이에서의 선택은 과학적 자료에만 의존해서 결정되는 것이 아
니라 궁극적으로 도덕적 및 감정적 결정에 의존하는 것이다… 따라서 우리는 독자에게 지
질학의 실질 자료는 성경적 기록의 문자적 해석과 매우 효과적으로 조화되는 방식으로,
또한 이 사실의 영적 의미와 결과를 인정하는 방식으로 해석될 수 있다는 사실을 직시할
것을 강력히 권한다." [1]

상세한 메시지

위의 요약에는 우리가 그 이론을 평가하는 데 있어 확실한 길잡이가 되어 줄 몇 가지 사
항이 있습니다.

첫째, 성경적 가르침에 대한 관심입니다. 실제 그 이상으로 창조론자들은 성경적 가르
침을 확정적인 것으로 만들기를 원합니다. 바로 이 점이 요약이 시작되는 지점입니다. 왜
냐하면, 그것은 최초 창조, 타락, 그리고 홍수를 3대 요지로 삼아 그것들을 중심으로 기타
모든 것을 해석하려고 하기 때문입니다.

우리는 여기서 창조론자들의 해석적 기초는 튼튼하다는 것을 인정해야만 합니다. 그들
은 창세기의 창조 이야기가 문자적으로 가능한 것으로 봅니다. 그들은 히브리 단어 "욤"
(yom, 날)은 문맥이 분명하게 다른 의미를 가리키지 않는 한, 실제 24시간의 날을 언급하
는 것이라고 주장합니다. 그들은 욤이 무한정한 기간을 가리킬 수 있다는 것을 부정하지
않습니다. 이런 경우에는 "시대" 라고 번역을 해야 하지만, 그들은 이런 용법의 경우는 상
대적으로 드물다고 생각합니다. 특히, 그들은 무한정한 기간을 의미하는 곳에서 조차도
(지질의 변화는 부단한 균일적인 작용력에 의한다는) 지질학의 균일설(uniformitarian)이
창세기의 "날들" 을 수 십 억년의 기간으로 보는 것을 받아들이지 못합니다. 그밖에도 창
세기 1장에서 각각 저녁과 아침이 있었음을 말하고 있습니다. 위트콤과 모리스는 말합니
다. "하나님의 계시된 말씀이 6 '일' 간 일어난 창조를 묘사하는 것이기 때문에, 그리고 이
날들을 상징적 의미로 이해할 명백한 문맥적 근거가 없기 때문에 그 날들을 문자적으로,

실제적인 날로 받아들이는 것은 믿음과 이성(理性)의 행위이다."[2]

여기에 성경의 명료성이 관련됩니다. 사실 모든 성경이 모두 똑같이 분명한 것은 아닙니다. 그러나 창조론자는 이 점에 있어 매우 분명하다고 주장할 것입니다. 그는 이렇게 말할 것입니다. "창조가 24시간을 1일로 한 6일간에 이루어졌다는 것을 생각해 보라. 어떻게 하나님이 우리가 창세기에서 보는 언어보다 더 분명하게 또는 직접적으로 말씀하실 수 있겠는가?"

둘째, 위의 요약은 현대인의 "훌륭한 도피 장치"인 진화론의 약점 내지 어쩌면 궁극적인 진화론의 실패를 보여줍니다. 어디서 진화론이 실패하고 있습니까? 내가 이미 언급한 바와 같이 진화론이 화석 기록에서 적절한 지원 자료를 마련하는 일에 실패했는데, 이에 더해 위트콤과 모리스는 열역학 제1법칙과 제2법칙으로써 진화론이 가진 문제점을 특별히 강조하고 있습니다. 열역학 제1법칙은 에너지 보존법칙입니다. 에너지는 만들어지는 것도 아니고, 잃어버리는 것도 아니라는 것입니다. 단순히 한 형태에서 다른 형태로 바뀌는 것입니다. 열역학 제2법칙은 이러한 에너지 보존에도 불구하고 유용한 일에 쓸 수 있는 에너지는 감소되고 그래서 우주는 "쇠약해지고 있다."고 하는 것이 정당하다고 말하고 있습니다. 한 가지만 예를 들어 보면, 태양 에너지는 그 표면에서 진행되는 연소(태양 물질에 잠재해 있는 에너지가 열로 바뀌고 있는 것임)에 의해 소멸되지 않지만, 그 열은 대부분 우주 공간으로 흩어져 버려 쓸모가 없게 됩니다.

이 제2법칙에서 얻는 하나의 결론은 어떠한 폐쇄계(closed system)에서도 질서가 무질서 또는 혼란으로 이동하는 경향이 있다는 것입니다. 로버트 코팔(Robert Kofahl)과 켈리 세그레이브즈(Kelly Segraves)가 그들의 책인 「창조의 해설」(The Creation Explanation)에서 들고 있는 예를 봅시다. 그들은 일련의 계단 꼭대기에 놓여있는 정연한 탁구공 더미를 상상해 보라고 합니다. 탁구공들의 되튀는 탄력성이 완전해서 최초 에너지를 잃지 않고 영원히 되튈 수 있다고 상상해 보라고 합니다. 어떤 사람이 정연히 쌓인 탁구공 더미에 충격을 주어 그 더미가 무너져 공들이 첫 번째 계단으로 튀어 내리고 그리고는 계단 바닥까지 그리고 방 사방에 흩어져 튀고 있는 것을 상상해 보라고 합니다. 무슨 일이 일어납니까? 공들은 계속 튀면서 무질서를 더해갈 것입니다. 그것들은 수십억 년 동안 계속 튄다고 할지라도 다시 처음의 위치로 튀어 올라가 꼭대기 층에 모이지 못할 것입니다. 그런 일이 일어날 수 있는 수학적 가능성은 있겠지만 현실적으로는 불가능한 일입니다. 말하자면, 그런 일은 일어나지 않습니다. 그럼에도 진화론은 우리에게 우주의 복잡한 질서는 그러한 무작위의 사건으로부터 일어난다고 믿게 할 것입니다.[3]

휘트콤과 모리스는 결론을 맺습니다. "그러므로 이 상황에서 보는 명백한 사실은 진화론이 이 이론을 지지하는 실험적 증거가 없다는 사실에도 불구하고, 더구나 보편적인 경험 및 실험이 이 변화의 원리가 정반대로 일어나고 있다는, 즉 퇴화하고 있다는 더욱 놀라운 사실에도 불구하고 자연에서 변화의 보편적 원리로 단순히 가정되어 왔다는 것이다."[4]

그러나 만일 지구가 젊다면(단지 1만 2천년이나 그 정도로), 그리고 만일 단지 1일 24시간으로 하는 문자적 6일간의 짧은 기간에 일어난 하나님의 특별한 창조 활동의 결과라면, 지각(地殼)의 여러 단층들은 어떻게 해서 생겨난 것이며, 더욱 중요한 의문은 화석을 가진 여러 단층들은 어떻게 만들어진 것이며, 이런 것들이 형성되기 위해서는 수십억 년은 아닐지 몰라도 수십만 년의 긴 시간을 요하는 것인데 창조론자의 대답은 단층들이 여러 시대(절대 명령에 의해 최초 창조의 때에, 문자적으로 6일간의 창조 활동 기간 중에) 또는 상대적으로 현대인 우리의 시대에 걸쳐 형성된 것이라 할지라도, 화석을 가진 의미 있는 단층들은 대부분 대홍수의 결과라는 것입니다.

여기서 갖게 되는 생각은 전세계적인 규모의 홍수가 막대한 파괴력을 가졌을 것이라는 점입니다. 그런 힘을 내려면 거대한 양의 물을 필요로 했을 것인데, 그 물이 땅 밑에서 솟아오르고, 아마 수증기 또는 지구를 덮고 있는 구름의 응축에 의한 물이 위에서 쏟아지고 해서 지각 변동의 효과를 가져 왔을 것입니다. 지면을 덮는데 필요했던 물의 양은 실제로 모든 흙을 침식시켜 바다로 옮겼을 것이고, 거기서 단층들이 형성되었을 것입니다. 그러한 단층들에 여러 생물들이 단순하고 작은 것은 밑의 단층에, 크고 더 강한 것은 위의 단층에 매장되었을 것입니다. 그렇게 해서 생명체가 단순한 것에서 더 복잡한 형태로 진화한 여러 세대의 출현처럼 된 것입니다. 홍수 후에 새로운 땅 덩어리가 나타나고, 새롭게 형성된 단층들 일부가 드러났을 것입니다.

창조론자들은 그들의 견해를 강화시킬 다음의 추가 고려 사항이 있다고 믿습니다.

1. 현재의 상황에서는 잠재적 화석 퇴적층이 거의 형성되지 않고 있다. 형성한 것이 있다고 해도 그 대부분은 색다른 것이다. 옛날 화석층으로 알려진 것과 비교할 수 있는 어떤 것도 오늘날 형성되고 있지 않다. 이 사실은 우리로 고대의 화석층이 형성되기 위해 어느 과거의 대 격변이 필요했다는 생각을 갖게 한다.

2. 지질학은 더 오래 된 것이 밑의 단층에 있고 최근의 것이 위의 단층에 있어, 단층들이 본질적으로 조화를 이루고 있다는 견해를 지지하지 않는다. 이러한 방향으로 생각하는 추세가 있어왔지만, 실제의 사실들은 훨씬 심한 제멋대로의 상황을 보여주고 있다. 보편적 홍수 이론이 긴 지질학적 세대에 걸친 느린 진화 이론보다 이러한 사실들에 대한 더 적절한 설명이라고 생각한다.

3. 시베리아의 맘모스 퇴적층 같은, 수천 개의 크고 복잡한 종(種)들을 포함하는 거대한 화석 퇴적층은 홍수나 홍수 뒤에 반드시 따라왔을 비정상적 기후 조건에 의해 존재하게 되었다는 것이 최선의 설명이다.

이 사실 및 다른 증거를 제시한 후에 코팔과 세그레이브즈는 결론을 맺습니다. "앞에서 언급한 화석과 지질학적 기록의 특징들은 모두 과거의 지질 변화 과정을 설명하는 균일설 개념보다는 대격변 개념에 일치하는 것으로 보인다. 이런 점에서 화석들은 이전에 주어진 지질 구조의 자료들을 확인해 주고, 성경적 대격변설의 뼈대를 쉽게 제공해 주고 있다.[5]

지구의 나이는 얼마인가?

창조론자들의 견해를 지지하는 신중한 성경적 및 과학적 연구의 축적에도 불구하고(많은 복음주의 과학자들을 포함한) 대부분의 과학자들이 이 이론을 받아들이지 못하는 문제들이 있습니다. 가장 중요한 문제들을 나열하는 것으로 마치려고 합니다.

여러 학문 분야에서 얻는 자료들은 매우 늙은 지구와 심지어 더 늙은 우주를 가리키고 있습니다. 그 자료들 자체뿐만 아니라 그 자료들로부터 얻는 결론의 일부는 이전 장(章)들에서 언급한 바 있습니다. 천문학 자료들이 있습니다.

첫째, 빛의 속도와 관련됩니다. 빛은 진공 상태에서 초속 30만km의 속도로 이동합니다.

그러므로 1) 만일 그 속도가 일정하다면 2) 별들에서부터 오는 것으로 관찰되는 빛이 실제로 그 별들에서 오는 것이라면 3) 이러한 별들의 거리 측정이 실제로 정확한 것이라면, 우주는 최소한도 가장 먼 물체들에서부터 온 빛이 이동한 시간만큼 나이가 들었을 것입니다. 우리가 관찰할 수 있는 가장 먼 물체들은 준성(quasars)입니다. 이 물체에서 빛이 오는 시간은 100억년 이상입니다. 그러므로 우주의 나이는 이러한 방식으로 계산해서 최소한 그 이상이 됩니다. 천문학 자료의 두 번째 분야는 분명한 우주 팽창설에 기초합니다. 우주의 모든 별들이 대단한 속력으로 우리에게서, 그리고 서로 간에 멀어져가고 있습니다. 관찰할 수 있는 가장 먼 은하계는 시속 1억 6천만km 이상의 속도로 멀어지고 있습니다. 그 은하계의 현재 위치와 속도를 가지고 역산을 해서 최초의 "대폭발"(big bang)까지 오게 되면 우주의 기원은 150억 년 내지 200억 년 전으로 설정될 수 있습니다. 천문학 자료의 세 번째 분야는 별들의 본질과 통상적인 생존 기간에 관련됩니다. 별들은 150억년 내지 200억 년 전부터 오늘까지 전 우주 역사 기간에 걸쳐 생성되어 옴으로써 다양한 나이들을 가지고 있습니다. 우리가 처해 있는 은하계는 우주의 나이만큼 오래 되었습니다. 태양은 50억 내지 100억 살로 매우 젊습니다.

이러한 분야의 자료를 결합해 볼 때 첫 번째의 문제점은 어떤 면에서 연결되어 있긴 하지만, 나이 문제에 대해 다른 접근 방식과 다른 가정들에 기초하고 있다는 것입니다. 그럼에도 대체적으로 일관성 있는 그림을 보여주고 있습니다. 이러한 방식에 따르면 우주는 약 150억 내지 200억 살이 되고, 태양은 50억 내지 100억 살이 되며, 태양계는 50억 살이 되는 것입니다.

둘째, 지구(또는 달)의 바위의 나이에 대한 방사능 측정 방법에 의한 증거가 있습니다. 이 방법은 어떤 종류의 불안정한 또는 방사성의 원소는 불안정한 형태에서 안정된 형태로 측정 가능한 비율로 붕괴한다는 것을 관찰한 것에 기초를 두고 있습니다. 어떤 주어진 표본에서 최초 원소의 양과 파생적인 또는 "소산"(daughter) 원소의 양을 측정하면 그 표본의 대략적인 나이를 얻을 수 있습니다. 그러나 이것은 불확실한 방법으로 인정되어 많은 비판을 받아 왔습니다.[6] 그러나 유효하건 안 하건, 거기서 얻는 자료는 지구의 나이가 45억 5천만 살이라고 설명하고 있는데, 그것은 천문학상의 증거와 일치하는 것입니다. 오류의 비율을 높게 허용한다고 해도, 수천 살밖에 안 된다는 지구와는 그래도 멀리 떨어져 있는 것입니다.

셋째, 방사선을 사용하지 않고 나이를 입증하는 방법이 있습니다. 이 범주에 속하는 가용 자료의 유형은 탄화 침전물, 퇴적물, 증발암(岩) 침전물, 산호 암초의 조성지, 해저 방사물과 및 기타 물질들입니다. 이 모든 것들은 지구가 창조론자의 모델이 허용하는 것보다 더 늙었음을 말해 주고 있습니다.

우리는 창조론자의 견해를 가지고 이 첫 번째 문제를 요약함에 있어, 창조론자들은 오래된 지구 및 더 오래된 우주에 대한 모든 부류의 증거 각각에 대답을 주어 왔다는 것을 말해야만 합니다. 그들은 과거 시대에 있어 과학적 법칙의 일치가 결여되었었다는 것에 대해, 그리고 우주가 말하자면 먼 지점에서부터 이미 진행 중인 빛과 함께 "활동의 상태"에서 창조되었다는 것에 대해, 그리고 방사능으로 나이를 측정하는 방법이 신뢰할 수 없다는 것에 대해, 때로는 심하게 모순되는 자료를 제시하는 등으로 말해 왔습니다. 그러나 모든 요소를 감안할 때, 많은 사람들에게(나도 포함해서) 창조론자들은 젊은 지구를 옹호하는 그들의 입장에 반하는 많고 적은 독립적인 증거의 너무 많은 부문과 충돌하고 있는 것으로 보입니다. 그러므로 그들의 견해에 대해 무슨 옳은 것이 있다고 해도, 지구와 우주의 창조가 근래에 이루어진 것이라고 믿기가 어려운 것입니다.

남아있는 문제들

두 번째 문제는 대부분의 지질학자들과 일부 다른 사람들을 괴롭히는 것인데, 그것은 홍수를 이용해서 지구의 지각으로 이루어진 여러 단층들, 특히 화석을 포함하는 단층들을 설명하는 것입니다. 홍수가 전(全) 지구적이고 대단히 파괴적이었다고 가정해 봅시다. 또 홍수가 땅 대부분의 흙과 수백만의 사체 또는 곧 익사할 유기체를 휩쓸어 갔다고 가정해 봅시다. 더욱이, 단순하고 덜 유동적인 유기체들이 먼저 묻히고(그래서 퇴적암 밑의 층에서 발견되는 것임), 더 오래 생존했던 크고 더 유동적인 피조물들이 결국은 죽어 높은 암석층에 묻히게 되었다고 가정해 봅시다. 모두 그렇게 가정해 볼 경우 몇 가지 의문이 일어납니다. 유동성이 없는 식물들이 어떻게 덜 복잡한 형태에서 더 복잡한 형태로 일반적인 동일한 분포를 보이고 있으며, 물고기(성경이 죽었다고 말하지 않는, 그리고 죽을 필요가 없었던 물고기)는 그럼에도 불구하고 일반 화석에 동일하게 분포되어 있습니까?

서먼(L. Duane Thuman)은 이 문제들을 제기하고 질문합니다. "그런 파괴적인 홍수에서 식물들은 어떻게 견뎌냈고, 어떻게 그렇게 빨리 회복되어 비둘기가 올리브 잎을 가져올 수 있었는가? 때로는 수천m 깊이의 퇴적층 아래로 식물과 동물 모두를 묻어버린 전 지구적인 홍수는 이 점을 매우 있을 법하지 않은 것으로 만든다."[7]

세 번째 문제는 우리가 지금까지 논하지 않은 것이지만 창세기 1장에 대한 창조론자의 견해에 매우 중요한 것인데, 그것은 나이의 나타남이라는 것입니다. 우주가 지극히 복잡한 것이기 때문에 오랜 시간에 걸쳐 일어나는 변화를 통해 현재의 형태를 얻게 되었다는 생각을 갖게 합니다. 예를 들면, 수백 개의 나이테를 가진 나무는 여러 햇수에 걸쳐 조금씩 자라고 굵어져서 그런 형태를 가지게 되었다는 생각을 갖게 하는 것입니다. 그러나 창조론자들에 의하면(최초의 나무를 포함해서) 우리가 보는 모든 것은 문자적으로 6일 이내에 존재하게 되었다는 것입니다. 그러므로 그것은 수 분 내에 또는 수 시간 내에 아주 빨리 성숙한 상태가 되었거나, 아니면 마치 길고 복잡한 역사를 통한 것처럼 보이도록 창조되었다는 것입니다. 새로 창조된 아담에게 에덴동산은 여러 해 거기에 있어 왔던 것처럼 보였을 것입니다. 그러나 실상 그것은 그를 위해서 성숙한 형태로 창조되었거나 3일 전에 빨리 성숙한 형태가 되었어야 합니다. 같은 맥락으로, 창조론자들은 우주가 정말 150억 내지 200억 년 전에 시작된 것처럼 나타나지만, 활동의 상태로 창조된 것이어서 실제 나이는 1만 내지 1만 5천살이라고 말합니다. 같은 맥락의 접근이 바위, 산호초, 기타 늙은 지구와 늙은 우주를 증명하는 명백한 증거에도 적용될 수 있습니다.

이 점에 있어서 6일 창조론에 대한 조롱이 가능합니다. 어떤 사람들은 조롱해 왔습니다! 그러나 너무 성급하게 그렇게 해서는 안 됩니다. 특히 아담의 창조를 믿는 사람들이 그래서는 안 됩니다. 아담이 창조되었을 때 그가 몇 살이었겠습니까? 그를 아기라고 생각할 필요는 없습니다. 그가 누구에게서 태어났겠습니까? 아마도 그는 완전한 성인으로 창조되었을 것입니다. 만일 그렇다면 하나님이 같은 방식으로 나머지 우주도 "완전히 성숙한 상태"로 창조하실 수 있다고 생각하는 것이 불가능하지 않습니다.

그러나 이에 반대 주장을 하는 사람들이 있습니다. "그것은 하나님이 우리를 속이고 계신다는 의미가 된다. 하나님은 그렇게 하시면 안 되고, 그래서는 선한 분이 될 수 없다." 휘트콤과 모리스는 어떻게 사물들이 실제로 창조되었는지에 대해 하나님이 성경에 계시해 주셨으므로 하나님을 속이는 분이라고 비난할 수 없다고 주장하면서 그 반대를 정면으로 반박하고 있습니다. "만일 하나님이 어떻게, 언제 우주와 그 안에 거주하는 존재들을 창조하셨는지 계시하고 계신다면, 그러면 '명확한 나이'의 창조에 관련하여 하나님을 기만자로 비난하는 것은 극도로 어리석은, 심지어 모독적인 것이다. 거짓말하는 자는 하나님이 아니라 하나님을 거짓말쟁이라고 부르는 사람이 창세기에 나와 있고, 예수 그리스도께서 그 진실성을 확인하신 창조 계시를 거부하는 것으로 인해 거짓말하는 자가 되는 것이다."[8]

이들의 견해는 빈틈없어 보입니다. 그러나 전적으로 납득이 가지는 않습니다. 하나님이 아담을 성숙한 개인으로 창조하셨을 수는 있지만, 그리고 아마도 그렇게 하셨겠지만, 그렇기 때문에 그런 근거에서 다른 분야에서도 그렇게 하실 필요가 있었다고 생각해야 할 이유가 없습니다. 왜 하나님은 나무를 자라서 늙게 되도록 시간을 주시지 않고 늙어 보이게 만드셨는지, 하나님이 우리가 아는 장엄한 우주를 단지 수천 년 전에 창조하셨다고 할지라도 왜 늙은 것처럼 보이게 만드셨는지, 왜 준성(quasars)이 100억 살처럼 보이게 만드셨는지 우리는 그것들을 볼 수조차 없는 데도 말입니다. 그러한 창조가 갖는 가능한 목적이 무엇입니까?

이 중 아무 것도 하나님이 그렇게 하시려고 했지만 이런 방식으로 밖에 하실 수가 없었다는 것을 시사하는 것은 아닙니다. 또한 창조론자들이 그들의 입장을 옹호하는 아주 좋은 사례를 만들지 않았다는 것을 말하는 것도 아닙니다. 그러나 믿는 과학자들이 설명을 위해서 탐구를 계속하고 있기 때문에 여러 가지 문제와 질문이 일어납니다.

과학은 어떠한가?

마지막 한 가지 논점이 남았습니다. 우리 시대에나 다른 시대에 과학을 하는 것은 과거에 작동을 해서 미래에까지 작동을 계속하는 어떤 정해진 자연법칙의 가정에 의해 뒷받침 될 때 가능해 집니다. 그러나 창조론자들에 의하면 그러한 법칙들은 창조시대 동안에는 작동하지 않았거나, 아니면 전혀 달랐다고 합니다. 그래서 창조에 관한 어떤 과학적 조사도 불가능하고 불합리하다고 합니다. 이것이 하나님의 방법에 대한 우리의 지식이 우리로 하여금 기대하게 만드는 것일까요? 창조에 대한 논점에서 그들이 인식하고, 그들이 논하는 근거가 착각이라는 말을 단지 들으려고 하나님은 우리에게 논할 수 있는 마음을 주신 것일까요? 그렇다면 과학은 적어도 이 분야에서 끝장입니다. 그리고 다른 견해 역시 끝장이 될지 모릅니다.

지구와 우주가 실제로는 늙지 않았는데 늙어 보인다면, 우리가 관찰하는 것들을 어떻게 신뢰할 수 있겠습니까? 실제로 성경은 우리에게 많은 것을 말씀해 줍니다. 그리고 그것들은 신뢰할 수 있습니다. 그러나 성경이 우리에게 모든 것을 말씀해 주지는 않습니다. 심지어 내가 존재하고 있다는 것도 말씀해 주지 않습니다. 어쩌면 나는 존재하지 않는지도 모릅니다. 어쩌면 이 분야에서도 역시 보이는 것은 기만일지 모릅니다. 극단적으로 말하면, "명확한 나이"(또는 "명확한" 어떤 것)에 관한 생각은 회의론으로 이끌려 갑니다. 그렇다고 우리가 회의론자가 되어서는 안 됩니다. 우리는 하나님의 말씀에 의해서, 그리고 제한적이지만 그럼에도 이성으로 인식하고 이해하는 광대하고 지극히 경이로운 자연을 통한 하나님의 계시에 의해서 알 수 있다는 것을 알아야만 합니다.

● 각주 ●

1. John C. Whitcomb and Henry M. Morris, *The Genesis Flood: The Biblical Records and It's Scientific Application* (Philadelphia: Presbyterian and Reformed Publishing Co., 1961), 327-30. Used by permission.

2. Ibid., 228.

3. Robert E. Kofahl and Kelly L. Segraves, *The Creation Explanation: A Scientific Alternative to Evolution* (Wheaton: Harold Shaw Publishers, 1975), 33-35.

4. Whitcomb and Morris, *The Genesis Flood*, 227.

5. Kofahl and Segraves, *The Creation Explanation*, 52.

6. Harold S. Slusher, *Critique of Radiometric Dating*(San Diego: Creation-Life Publisher, 1973); George Howe, "Carbon-14 and Other Radioactive Dating Methods" (Caldwell, Idaho: Bible-Science Association, 1970); C. S. Noble and J. J. Naughton, "Deep-Ocean Basalts: Inert Gas Content and Uncertainties in Age Dating," *Science* 162 (October 11, 1968): 265-67; 이미 인용한 책에서 필요한 부분도 참고하라.

7. Thuman, *How to Think about Evolution*, 122.

8. Whitcomb and Morris, *The Genesis Flood*, 238.

9

창조에 대한 견해들: 점진적 창조론

창세기 1 : 1-2

태초에 하나님이 천지를 창조하시니라 땅이 혼돈하고 공허하며 흑암이 깊음 위에 있고 하나님의 영은 수면 위에 운행하시니라

지금까지 네 장에 걸쳐 창조에 관해 서로 맞서는 네 가지 견해들, 즉 무신론적 진화론, 유신론적 진화론, 간격이론, 그리고 6일 창조론을 살펴보았습니다. 각각의 견해는 유능한 옹호자들에 의해 잘 설명되고, 잘 지켜져 왔습니다. 그러나 각각의 견해에는 우리가 본 것처럼 문제들도 있습니다. 결과적으로 근년에 창조 과정의 다섯 번째 견해가 등장했습니다. 점진적 창조론(progressive creationism)이 그것입니다. 간단히 말하면, 하나님이 세상을 직접 그리고 신중하게 창조하셨다는 것입니다. 즉, 어느 것도 "우연"(chance)으로 생긴 것이 아니라, 하나님이 대략 지질학적 시대와 일치하는 긴 기간에 걸쳐 직접 창조하셨다는 것입니다. 더욱이 이 창조는 아직도 계속되고 있다고 합니다. 점진적 창조론은 우주의 기원에 대한 현재의 과학 이론과 지구의 형성이 어떻게 창세기의 계시와 조화되는 가를 보여주려고 시도합니다.

이 견해는 전적으로 새로운 것은 아닙니다. 예를 들면, 지구의 초기 형성에 대해 점진적 창조론자들이 설명하는 일부 요소들은 간격이론가들이 20세기 초에 말하던 것들과 매우 흡사합니다. 그 이론은 부분적으로 진화론자들도 지지할 것입니다.

이 입장을 취하고 있는 책이 로버트 뉴만(Robert C. Newman)과 허만 에켈만(Herman J. Eckelmann)이 저술한 「창세기 1장과 지구의 기원」(Genesis One & Origin of the Earth)입니다. 코넬대학교(Cornell University)에서 천체물리학 박사 학위를 취득한 뉴만은 펜실베이니아 주 하트필드 시에 있는 성경신학대학원(Biblical Theological Seminary)의 신약학 교수입니다. 에켈만은 코넬대학교의 방사물리학 및 우주 연구 센터(Center for Radiophysics and Space Research)의 부교수로 있다가 지금은 뉴욕 주 이타카(Ithaca) 시의 한 교회의 목사로 있습니다. 점진적 창조론을 지지하는 두 번째 책은 유명한 웨스트민스터신학교의 구약학 교수였던 에드워드 영(Edward J. Young)의 아들인 데이비스 영(Davis A. Young)이 저술한 「창조와 홍수: 홍수 지질학 및 유신론적 진화론에 대한 대안」(Creation and the Flood: An Alternative to Flood Geology and Theistic Evolution)입니다. 그들 각각의 견해에서 중요한 점은 초기에 시작된 창조 작업이 훗날에도 어떤 형태로 지속해서 벌어진다는 의미에서 창세기의 최초 창조의 날들은 창조 시대의 시작점이 된다는 생각입니다. 단 한 가지 예를 든다면, 점진적 창조론자들은 창세기 이야기가 풀과 나무를 창조한 것을 셋째 날로 말하고 있긴 하지만, 지질 시대 말기에 일부 새로운 식물 형태가 나타나는 것도 창조로 간주하려고 하는 것입니다. 과학 분야에 있는 많은 그리스도인들이 그들의 입장을 책으로 출판하고 있지는 않지만, 이 견해를 지지하고 있습니다. 성경학자와 신학자들은 아주 소수만이 이 견해를 지지하고 있습니다.

가능한 해석

과학자들조차도 정확히 어떻게 지구가 형성되었는지 확신하지 못하기 때문에 지구와 우주의 초기 역사를 말하는 것은 심사숙고의 과제가 되고 있습니다. 그럼에도 불구하고 그 역사의 대요(大要)가 창세기의 첫 장에 설명되어 있기 때문에 요즈음의 지질학적 이론의 관점에서 그 역사를 보는 것이 부적절한 것은 아닌데 점진적 창조론자들이 본질상 그렇게 보고 있습니다.

그 결과는 발전 단계를 묘사한 다음의 복합적인 상황과 같을 것입니다.

최초 창조. 창세기의 첫 절은 "하나님이 천지를 창조하시니라"고 말씀해 주고 있습니다. 그 첫 절은 하나님이 하늘 또는 땅을 어떻게 창조하셨는지, 또 언제 창조하셨는지 우리에게 말하고 있지 않습니다. 그래서 이 1절의 말씀을 널리 알려져 있는 "대폭발(big bang)" 이론의 관점에서 보는 것이 허용됩니다. 우주는 150억 내지 200억 년 전 쯤 뚜렷한 시작이 있었습니다. 그 시점에 우주 안의 모든 물질이 함께 있었습니다. 그러나 갑작스런 빠른 팽창에 의해 바깥쪽으로 움직이기 시작했습니다. 과학자들은 거의 모든 요소들이 첫 30분 내에 다 형성되었을 것으로 추정합니다. 물질이 팽창함에 따라 은하계, 태양계, 그리고 위성 집단이 형성되었습니다. 이 초기에 지구는 매우 뜨거웠을 것입니다. 물의 대부분은 대기 중에 있었을 것입니다. 결과적으로 두꺼운 구름층이 꿰뚫을 수 없는 어두움 속에서 지구를 둘러싸고 있었을 것입니다. 지구가 식으면서 구름 중 얼마는 응축해서 비가 되어 내렸을 것이고, 그렇게 해서 해양(海洋)이 형성되었을 것입니다. 점진적 창조론자들은 이러한 상태가 창세기 1:2절을 잘 반영해 준다고 생각하고 있습니다. "땅이 혼돈하고 공허하며 흑암이 깊음 위에 있고 하나님의 영은 수면 위에 운행하시니라."

첫째 날, 창세기 첫 절 이후의 창조 이야기의 초점은 지구입니다. 그러므로 3절에서의 하나님의 말씀("빛이 있으라")은 빛이 지구에 나타난 것과 관련됩니다. 이것은 지구를 덮고 있던 구름층이 태양 빛이 들어올 수 있도록 충분히 얇아졌음을 의미할 것입니다. 그 태양은 구름을 뚫고 지구 표면까지 들어오려고 처음부터 내내 비추고 있었을 것입니다. 태양 및 다른 하늘의 물체들 자체가 보이지는 않았지만 지구가 돌면서 밤과 낮의 기간이 생겼을 것입니다. 이것을 창조의 첫째 날이라고 부릅니다. 왜냐하면, 지구에 생명체가 살 수 있도록 준비되는 첫 번째의 중요한 사건이기 때문입니다.

둘째 날, 이날에도 지구가 식는 과정이 계속되어 구름층은 더 얇아졌고 구름과 땅위의 물이 서로 나뉘어졌습니다. 이 구절(6-8절)은 궁창(정확하게 번역하면 NIV에서 번역한 "광활한 공간")과 궁창 아래의 물, 궁창 위의 물에 대해 말하고 있습니다. 이 날의 특별한 점은 지구를 덮고 있는 구름도 아니고, 땅을 덮고 있는 물도 아닙니다. 이것들은 앞서 존재해 있던 것들입니다. 새로운 요소는 우리가 하늘이라고 부르는 궁창 또는 대기권입니다. 이것이 이전에 함께 밀접해 있던 두 가지 물을 나누어 놓은 것입니다. 흥미 있는 것은 현대 과학의 생각도 대기권과 해양의 조성이 지구 역사에 있어 꽤 근래에 이루어진 사건으로 본다는 것입니다.[1]

셋째 날, 이날의 특징은 해양으로부터 큰 땅덩어리들이 분리되고, 땅위에 식물이 출현하는 것입니다. 아마도 땅은 화산 폭발과 지각 굴곡의 결과로 드러났을 것입니다. 시편 104편은 이 현상을 묘사합니다. "옷으로 덮음 같이 주께서 땅을 깊은 바다로 덮으시매 물이 산들 위로 솟아올랐으나 주께서 꾸짖으시니 물은 도망하며 주의 우렛소리로 말미암아 빨리 가며 주께서 그들을 위하여 정하여 주신 곳으로 흘러갔고 산은 오르고 골짜기는 내려갔나이다 주께서 물의 경계를 정하여 넘치지 못하게 하시며 다시 돌아와 땅을 덮지 못하게 하셨나이다"(시 104:6-9). 이 구절은 덮고 있던 물이 빠지면서 땅이 점차로 드러나는 것을 암시해 주고 있습니다.

식물들, 특히 "씨 맺는 채소와 나무들"에 대한 언급은 고(古)식물학상의 문제를 야기하고 있습니다. 우리가 지금까지 아는 바로는 창조 초기에는 매우 단순한 식물들인 해초류, 조류(藻類), 세균류 등만 존재했었는데 이것들은 땅보다는 바다와 관계되는 식물들입니다. 더 복잡한 식물들은 늦게 나타났습니다. 창세기에 언급된 씨 맺는 식물들은 최초로 데본기(Devorian period 약 4억 년 전)에 발견되었습니다. 첫 번째 나무들은 펜실베이니아기(Pennsylvania period 약 3억 2천만 년 전)에 나타납니다. 다른 한편, 창세기 이야기는 식물이 동물에 앞서 출현했다고 말하는 것으로 보입니다. 그러나 화석 기록은 이것들이 동시에 나타났음을 보이고 있습니다. 이러한 난제들은 어떻게 풀어야 합니까? 현 단계에서 결정적인 답을 주는 것은 불가능할 것입니다만, 다음 두 가지 점을 주목해 볼 수 있습니다. 첫째, 창세기 1:11절에 압축된 창조 활동은 모두 단번에 일어난 것이라고 볼 필요는 없습니다. 그것들은 풀이 먼저 나오고, 목초가 그 다음에 나오고, 열매 맺는 나무가 그 다음에 나오는 등 상당히 긴 기간에 걸쳐 일어났을 수 있습니다. 둘째, 지질학적 기록의 대부분은 해저 암석에서 얻는다는 점입니다. 따라서 그 기록은 반드시 땅에 무엇이 존재했고 무엇이 존재하지 않았는지 정확한 정보를 준다고 볼 필요는 없습니다. 해저 암반에서 큰 육지 식물의 화석을 발견하기를 기대하는 사람은 실제로 없습니다. 시간이 가면서 이 특별한 지구 조성 기간에 대한 추가적인 진실이 밝혀질 것입니다.

넷째 날, 빛이 첫째 날 창조 이후 지구에 도착해 있었습니다. 이 빛의 영향으로 셋째 날 창조된 식물들이 출현하고 번식할 수 있었습니다. 그러나 이제는 하늘이 충분히 맑아져서 하늘에 있는 물체들이 보이게 되었습니다. 그것들이 넷째 날 창조되었다는 말은 아닙니다. 그것들은 창세기 1:1절에 언급된 하나님의 최초 창조 작업에서 창조된 것들입니다. 그러나 이제 그것들은 "계절과 날과 해를 정하는 표"(창 1:14)로서 낮과 밤의 조절 기능을 시작하게 되었습니다.

다섯째 날, 다섯째 날에 하나님이 생물들을 창조하기 시작하셨습니다. "창조"(bara') 라는 단어가 1절 이후 이곳에서 처음으로 사용되고 있는데, 이것은 아마도 이전에 이루었던 어떤 행위와도 관련이 없는 하나님의 새로운(de novo) 행위를 지칭하는 것 같습니다. 앞에서 하나님이 "나누셨다", "만드셨다" 그리고 여러 가지를 "지으셨다" 라고 언급되고 있습니다. 땅 자체는 식물을 "내었다"고 일컬어집니다. 그러나 조류(鳥類)나 바다 생물에 대해서는 그런 말이 없습니다. 이것들은 하나님에 의해 창조되어 이제 조류와 바다 생물을 받아들일 준비가 된 땅에 충만해지기 시작했습니다. 데이비스 영(Davis A. Young)과 다른 학자들이 인정하고 있는 것처럼, 오늘날에도 역시 우리는 화석 기록에 대해 문제들을 가지고 있습니다. 그러나 해결 불가능한 문제들은 아닙니다. 데이비스 영은 기술합니다. "화석 기록에 육지 식물 이전에 산호와 삼엽충 같은 많은 해양 무척추 동물들이 나타난다는 사실은 창세기와 지질학이 상충하고 있음을 의미한다. 하지만 우리는 식물 기록의 불완전성과, 20-22절에 기록된 종류의 정확한 범위에 관해 우리가 가진 지식이 부족하다는 것을 유념해야만 한다. 여기서 보는 주요 집단, 즉 조류, 대부분의 어류, 악어나 사멸한 바다 도마뱀(mosasaurs) 같은 헤엄치는 파충류, 공룡(pterodactyls) 같은 날아다니는 파충류, 바다 표범과 고래 등은 대부분의 육지 식물보다 화석 기록에 늦게 나타난다는 것을 지적해 두는 것이 중요하는데 이것이 일반적인 사례다. 조류는 쥐라기(Jurassic period)에 처음으로 나타나고, 물고기는 오르도비스기(Ordovician) 이후 잘 나타나지만 신생대 3기(Tertiary period)에서 급격히 번식하고, 바다에서 헤엄치고 공중을 나는 복합체는 중생대(Mesozoic)에서 나타나고, 그리고 헤엄치는 큰 포유동물들은 신생대 3기에 나타난다."[2]

데이비스 영은 대부분의 다른 점진적 창조론자들처럼 창조의 날들이 부분적으로 겹치고 있음을 인정하고 있습니다.

여섯째 날, 창세기 1장의 날들(days)이 긴 기간이라고 하는 주장 중에 가장 뛰어난 주장의 하나는 여섯째 날 일어난 것으로 기록된 창조 활동의 분량에 관련된 주장입니다. 하나님은 육지 동물들을 세 가지 일반적인 범주로 나누어 창조하셨습니다. 가축(집에서 길들일 수 있는 동물), 기는 것(다람쥐, 얼룩다람쥐, 그리고 파충류도 포함될 수 있음), 땅의 짐승(야생동물 - 집에서 길들일 수 없는 동물)의 세 가지입니다. 각 범주에는 많은 종류의 동물들이 포함됩니다. 왜냐하면 각 범주의 동물들은 "그 종류대로(복수형임)" 번식하라고 하는 말이 있기 때문입니다. 이 날 또한 하나님은 마지막이지만 창조 질서의 절정에서 사람을 창조하셨습니다. 하나님이 세 가지 범주의 동물들과 사람을 각각 독립적으로 특정 종류에 따라 창조하셨다고 언급되어 있기 때문에 일반적 진화의 가능성은 감소되는 것처럼 보입니다. 그렇지만 추정되는 말(馬)의 진화처럼 종(種) 안에서 발생하는 일부 종류의 진화(microevolution, 소진화)는 제외시킬 이유가 없습니다. 그 구절들의 언어는 동물들을 만드는 일과 사람을 창조하는 일 사이에 휴지(休止)가 있음을 암시합니다. 그리고 또 다른 휴지들이 있을 수 있습니다.

하나님의 창조에 대한 점진적 창조론자의 견해는 모호합니다. 그 안에 모든 과학적 증거가 있는 것도 아니고, 창세기의 이야기조차 우리가 훗날 그것을 이해하게 될지는 몰라도 현재 이해되지 않을 수도 있기 때문입니다. 그러나 개괄적으로 말해서 이것이 점진적 창조론이 견지하고 있는 견해입니다. 이 이론의 신봉자들은 이것을 창세기 기록과 지질학 및 여타 과학 분야의 사실 간에 합리적인 조화를 이루는 것이라고 봅니다.

문제는 무엇인가?

이 견해가 가지고 있는 몇 가지 문제점은 이미 언급된 바 있습니다. 첫째, 가장 명백한 문제는 화석 기록과 식물, 어류, 그리고 육지 동물들에 대한 창세기에 언급된 창조 순서 사이에 존재하는 뚜렷한 차이입니다. 이것은 심각한 문제입니다. 그렇다고 해서 이 문제가 그 이론을 즉각적으로 실격시킬만한 비중을 가진 것은 아닙니다. 과학은 생명체가 바다나 또는 물기가 많은 곳에서 처음 생겼다고 추측합니다. 그러나 이것은 알 수 없는 일이고, 생명체가 물에서 생기기 전에 육지에서 생길 가능성도 있는 것입니다. 특히, 식물학자들에게는 상당한 의미를 주지만 아마도 창세기에서는 전혀 언급되고 있지 않는 조류(藻類), 세균류, 해초류 같은 최초 생명체 형태를 고려하지 않는다면, 생명체가 나타나는 순서는 창세기에서와 화석 기록이 매우 비슷합니다.

둘째, 창세기의 날들을 6일 창조론자들이 불가능한 것으로 여기는 긴 기간으로 보는 것에는 언어학적인 문제가 있습니다. 이것은 창조론자들의 견해를 제시할 때 이미 논의된 바 있습니다. 여기서는 단순히 그 주장에 대해 적어도 두 가지 면이 있다는 것을 주목하고자 합니다. 표면적으로는 창세기 1장의 "날"이란 단어를 문자적인 24시간으로 보는 것이 당연합니다. 그러나 이렇게 보는 것에 문제가 없는 것은 아닙니다. 왜냐하면, 창세기 이야기는 하나님이 넷째 날이 될 때까지는 태양이나 다른 하늘에 있는 물체들을 "계절과 날과 해"를 정하는 도구로 확립하지 않으셨음을 분명히 보여주고 있기 때문입니다. 어거스틴이 1500년 전에 이 문제를 지적했고 또 다른 학자들도 그렇게 해 왔습니다. 제임스 오르(James Orr)는 이렇게 기술했습니다. "(창세기의 날들이) 오직 통상의 24시간의 날들을 의미하는 것으로 상정하는 것은, 그러한 날들이 창조의 네 번째 단계에 이를 때까지 시작되지 않았다는 저자의 명백한 설명의 관점으로 보아 그 날들을 상징적인 것으로 믿는 것만큼 어려운 일이다."[3] 심지어 모세의 책의 다른 곳에도 "날"이 분명히 "기간"을 의미하는 것으로 쓰인 경우가 있습니다(창 2:4, 시 90:4 참조).

셋째, 내 판단으로 점진적 창조론이 부딪치는 가장 심각한 반대는, 그 이론이 세상에 죽음이 들어온 것을 타락(또는 아담의 창조) 이전으로 소개하고 있다는 것입니다. 만일 죽음이 범죄에 대한 벌(罰)이었다면, 그리고 이 벌이 아담의 범죄의 결과로 인해(동물들을 포함한) 온 세상에 내려진 것이라면, 아담 이전에는 세상에 죽음이 없어야 합니다. 그리고 홍수 지질학자들이 주장하는 것처럼(죽음에 대한) 화석 기록은 아담 이후의 것이어야 합니다. 모리스가 이 문제를 간추렸습니다. "날 - 시대 이론(날을 시대로 보는 이론)은… 범죄 이전의 죽음을 실제적인 것으로 받아들이고 있다. 죽음이 인간의 범죄로 인해 인간의 지배권에 내려진 하나님의 심판이라는 성경적 가르침을 정면으로 거스르고 있는 것이다(롬 5:12). 이렇듯 이 이론은 고통과 죽음을 하나님의 창조 역사와 인간을 위해 세상을 준비하는 역사에 구성되는 필수 요소로 가정한다. 그런데 이것은 사실상 하나님을 은혜와 사랑의 성경적 하나님이 아닌, 가학적인 괴물로 그리는 것이다."[4]

반론은 이처럼 심각합니다. 그러나 아래 사항들이 고려되어야만 합니다.

1. 창세기 3장에 기록된 인간의 범죄의 결과로 일어난 하나님의 실제 저주에는 동물들에 대한 언급이 없습니다. 오직 네 가지인 남자, 여자, 뱀, 그리고 남자로 인해 땅에 저주가 내립니다. 지구나 우주가 격렬한 변환을 경험했다거나 심지어 뱀조차도 동물이긴 하지만, 유혹하는 일에서 맡은 역할로 인한 벌로 죽어야 한다는 것을 성경 어디서도 말씀하고 있지 않습니다. 그 저주는 단지 배로 다니라는 것뿐이었으며 따라서 "모든 가축과 들의 모든 짐승보다 더욱"(창 3:14) 저주를 받는 것이었습니다.

2. 아담과 하와에 대한 저주는 단지 육신적 죽음에 머문 것이 아니었습니다. 인간이 영원한 하나님과 교통할 수 있도록 창조되었다는 점에서 육신적 죽음 자체가 끔찍한 것이었지만, 영적 죽음도 수반되었던 것입니다. 그러나 이러한 영적 죽음은 동물들이 무엇보다 하나님 의식이 없다는 점에서 동물계와는 실제 관계가 없었습니다. 동물들은 규정된 삶의 연한을 즐기고 나서 인간의 죽음 같은 어떠한 심판 같은 것이 없이 죽도록 창조되었다고 생각할 수 있습니다.

3. 인간의 범죄로 인해 죽음이 동물의 세계에 들어왔다는 견해를 입증하려고 종종 인용되는 신약 본문은 이 점을 해결해 주지 않습니다. 로마서 8:19-21절은 현재의 불완전한 세상을 더 영광스러웠던 과거의 상태와 대조시키고 있는 것이 아니라, 하나님의 자녀들의 마지막 구속과 함께 "썩어짐의 종 노릇"에서 해방될 미래의 상태와 대조시키고 있습니다. 마찬가지로 로마서 5:12절은 아담의 범죄를 통해 죽음이 이 세상에 들어왔음을 말하고 있지만, 이 구절이 반드시 사람 외의 다른 피조물에 대해서 형벌을 가하는 것을 말하는 것은 아닙니다.

4. 생물은 다른 생물을 먹고 산다는 이유만으로도 어떤 형태로든 죽음이 일어나지 않는 생물의 세상을 상상하는 것은 쉽지가 않습니다. 육식동물들이 아담의 타락 이전에는 초식동물들이었다고 가정을 해도 그것들이 식물을 먹어야 했고, 그로 인해 식물은 죽었습니다. 새는 벌레를 먹고, 물고기는 다른 물고기를 먹고 삽니다. 설령 새들이 모두 낟알들을 먹고 살았다고 상상할 수 있고, 물고기가 플랑크톤을 먹고 살았다고 해도 그로 인해 플랑크톤은 죽었습니다.

이러한 점들을 보면 점진적 창조론자들은 아담 이전의 세상에 죽음이 이미 존재해 있었다고 주장할 것입니다. 그렇지 않았다면 그가 죽음의 위협이 무엇을 의미하는지 어떻게 알았겠습니까("선악을 알게 하는 나무의 열매는 먹지 말라 네가 먹는 날에는 반드시 죽으리라 하시니라")? 그러나 동물들에게는 아담에게 있었던 것과 같은, 그리고 오늘 우리에게 있는 것과 같은 공포는 없었습니다. 데이비스 영은 이렇게 기술합니다. "지질학적 현상에서 본 타락의 효과에 대해 가장 확신을 가지고 말할 수 있는 것은 죽음과 고통이 인류에 처음으로 들어왔다는 것이다… 저주가 고통, 슬픔, 괴로운 산고(産苦), 그리고 인간의 죽음과 뱀의 강등 외의 다른 어떤 것을 결과했다는 것을 성경으로는 증명할 수가 없다. 동물들에게 있어 구조적 변화, 동물들 중에서의 죽음, 열역학의 법칙 같은 자연법칙의 격렬한 변경에 대한 생각은 성경적 시각에서 순수한 이론으로 영원히 남아있어야 한다."[5]

이론의 한 골격

우리는 창조에 관한 여러 가지 주요 견해의 검토를 마감할 단계에 이르렀습니다. 그 어느 견해도 결정적인 것으로 보이지 않습니다. 많은 사람에게 그럴 것입니다. 그리고 거의 누구나(어떤 견해를 견지하든 어려움을 볼 수 있는 사람은 누구나) 문제에 직면하게 됩니다. 그렇다고 모든 것이 결정되지 않았다고 하는 것은 옳은 말이 아닙니다. 우리가 문제를 모두 해결한 것은 아니지만, 창조에 관한 우리의 생각이 전진할 수 있는 하나의 골격을 세워 놓았습니다.

첫째, 우리는 무신론적 진화론을 퇴출시켰고, 유신론적 진화론 역시 퇴출시킬 지점에 가까이 와 있습니다. 이것은 인간과 사물의 세상이 진화의 역사에 걸쳐 우연히 실현된 것이 아니라, 하나님의 직접적인 창조 활동의 결과로 실현된 것임을 의미합니다.

둘째, 우리는 지구가 비교적 어리다고(대략 1만 2천 년 내지 2만 년) 보는 견해는 너무 많고 다양한 독립적인 증거에 정면으로 부딪치고 있어 방어하기가 어렵다는 것을 언급했습니다. 물론, 반론을 제기하는 사람들도 있을 것입니다. 그러나 나의 판단으로는 지구와 우주는 실제로 수십억 년이 되었다고 봅니다.

셋째, 우리는 하나님이 지구와 그 생명체를 긴 기간을 의미하는 연속적인 창조의 날에 형성하셨을 가능성을 설명해 왔습니다. 지구의 분명한 나이에 비추어 이것은 가능할 뿐만 아니라, 틀림없어 보입니다. 하나님이 24시간을 하루로 하는 6일 간에 모든 것을 창조하셨다고 주장해서 얻을 것은 아무 것도 없습니다.

그러나 이것은 진화론자들이 지구와 그 생명체가 만들어진 것으로 가정하는 수백만 년에 대해서 말한 모든 것이 사실적이라는 의미는 아닙니다. 그 기간은 현대의 진화론이나 지질학 이론이 제시하는 것보다는 상당히 짧을 수도 있습니다. 왜냐하면, 그렇게 끝없는 나이를 주장하는 주요한 이유가 생명이 우연히 생겨나기에 필요하다고 생각되는 시간의 양을 확보하기 위한 것이기 때문입니다. 특별히, 인간이 아주 오래 전에 나타났다고 주장할 필요는 없습니다. 인간은 얼마나 근래인지는 확실치 않으나 비교적 근래에 나타났습니다(인간의 고대성에 대한 화석의 증거는 본서 11장에서 인간 자체의 창조를 논의할 때 고찰해 볼 것임).

마지막으로, 우리는 이러한 "영적인" 적용을 이끌어낼 수 있습니다. 우리는 우리가 아는 모든 것이 단순한 우연으로 진화한 것이라고 가정하는 진화론에 대해 이야기했습니다. 우리는 진화론을 퇴출시켰습니다. 그러나 그것은 하나님을 아는 사람들로 하여금 하나님이 원하시는 모습으로 더욱더 진화할 수 있도록 해 준 의미가 있고, 그런 점에서 우리는 기뻐하고 있습니다. 또 한편 우리는 간격이론을 이야기했습니다. 우리는 창세기의 역사적인 부문에서 이야기된 내용에 간격이 있을 수 있다는 것을 보았습니다. 우리의 지식에도 간격이 있을 수 있습니다. 그러나 하나님의 지혜, 지식, 또는 사랑에는 간격이 없습니다. 우리는 이 점에서 기뻐하고 있습니다. 우리는 창세기 1장의 하루가 24시간이란 이론을 이야기했습니다. 우리는 그 이론을 지지하는 증거와 반대하는 증거를 살펴보았습니다. 그러나 창세기의 날이 24시간의 날이건 또는 무척 긴 시간이건, 모든 시간은 하나님의 시간이고, 하나님이 사용하시는 시간입니다. 우리의 날들은 또한 하나님의 날이기도 합니다. 마지막으로 우리는 점진적 창조론을 생각해 보았습니다. 이것이 참된 그림에 가까울 수 있습니다. 그러나 우리는 하나님이 역사하시지 않는 어떤 참되거나 지속적인 진보는 결코 없다는 것과, 하나님이 역사하시는 것에는 언제나 진보가 있다는 것을 기억할 필요가 있습니다. 우리가 하나님의 뜻과 방법을 아는 지식 안에서 자라가려고 분투하는 가운데 진보를 이루어 가도록 그분께 요청하십시다.

● 각주 ●

1. See P. Brancazio and A. G. W. Cameron, *The Origin and Evaluation of Atmospheres and Oceans* (New York: John Wiley and Sons, 1964). Cited by D. A. Young, Creation and the Flood, 130.

2. D. A. Young, *Creation and the Flood*, 130.

3. Orr, *Christian View*, 421.

4. Morris, *The Genesis Records*, 54.

5. D. A. Young, *Creation and the Flood*, 168.

10

첫 5일

창세기 1 : 3-23

하나님이 이르시되 빛이 있으라 하시니 빛이 있었고 빛이 하나님이 보시기에 좋았더라 하나님이 빛과 어둠을 나누사 하나님이 빛을 낮이라 부르시고 어둠을 밤이라 부르시니라 저녁이 되고 아침이 되니 이는 첫째 날이니라 하나님이 이르시되 물 가운데에 궁창이 있어 물과 물로 나뉘라 하시고 하나님이 궁창을 만드사 궁창 아래의 물과 궁창 위의 물로 나뉘게 하시니 그대로 되니라 하나님이 궁창을 하늘이라 부르시니라 저녁이 되고 아침이 되니 이는 둘째 날이니라 하나님이 이르시되 천하의 물이 한 곳으로 모이고 뭍이 드러나라 하시니 그대로 되니라 하나님이 뭍을 땅이라 부르시고 모인 물을 바다라 부르시니 하나님이 보시기에 좋았더라 하나님이 이르시되 땅은 풀과 씨 맺는 채소와 각기 종류대로 씨 가진 열매 맺는 나무를 내라 하시니 그대로 되어 땅이 풀과 각기 종류대로 씨 맺는 채소와 각기 종류대로 씨 가진 열매 맺는 나무를 내니 하나님이 보시기에 좋았더라 저녁이 되고 아침이 되니 이는 셋째 날이니라 하나님이 이르시되 하늘의 궁창에 광명체들이 있어 낮과 밤을 나뉘게 하고 그것들로 징조와 계절과 날과 해를 이루게 하라 또 광명체들이 하늘의 궁창에 있어 땅을 비추라 하시니 그대로 되니라 하나님이 두 큰 광명체를 만드사 큰 광명체로 낮을 주관하게 하시고 작은 광명체로 밤을 주관하게 하시며 또 별들을 만드시고 하나님이 그것들을 하늘의 궁창에 두어 땅을 비추게 하시며 낮과 밤을 주관하게 하시고 빛과 어둠을 나뉘게 하시니 하나님이 보시기에 좋앉더라 저녁이 되고 아침이 되니 이는 넷째 날이니라 하나님이 이르시되 물들은 생물을 번성하게 하라 땅 위 하늘의 궁창에는 새가 날으라 하시고 하나님이 큰 바다 짐승들과 물에서 번성하여 움직이는 모든 생물을 그 종류대로, 날개 있는 모든 새를 그 종류대로 창조하시니 하나님이 보시기에 좋았더라 하나님이 그들에게 복을 주시며 이르시되 생육하고 번성하여 여러 바닷물에 충만하라 새들도 땅에 번성하라 하시니라 저녁이 되고 아침이 되니 이는 다섯째 날이니라

창조는 하나님의 자기 계시의 한 형태입니다. 따라서 그 계시를 통해 우리는 하나님을 알 수 있게 됩니다. 그러나 존 칼빈(John Calvin)이 그의 창세기 주석 서론에서 지적한 것처럼 우리의 눈은 "하늘과 땅의 구조가 표현하는 것을 분별할 수 있을 만큼 충분한 시력을 갖고 있지 못하기" 때문에 창조를 올바르게 이해하기 위해 성경이 필요합니다. "만일 하늘과 땅의 무언의 가르침이 충분한 것이라면, 모세의 가르침은 불필요할 것이다."[1] 지금까지 다양한 현대적인 해석 방법을 통해 창조 이야기를 검토해 보았으므로, 우리는 이제 하나님 자신이 창조 활동을 하신다는 것을 강조하는 이야기로 돌아가고자 합니다.

세 가지 주요한 가르침이 있습니다. 첫째, 하나님 자신, 즉 진실하시고, 절대 주권적이시며, 지혜로우시고, 인격적이신 하나님이 창조의 배후에 계신다는 것입니다. 둘째, 이렇듯 진실하시고, 절대 주권적이시며, 지혜로우시고, 인격적이신 하나님의 역사(役事)는 질서정연한 역사였다는 것입니다. 셋째, 하나님의 창조는 과거에도 선했고, 지금도 선하다는 것입니다. 왜냐하면, 그것은 진실하시고, 절대 주권적이시며, 지혜로우시고, 인격적이실 뿐만 아니라 도덕적으로 완전하신 하나님의 역사이기 때문입니다. 이 세 가지 사항은

각각 우리가 하나님과 그분의 창조 역사 모두에 연관되어 있다는 점에서 밀접한 관계가 있습니다.

태초에

가장 명확한 사실은 모든 것의 시작에 하나님이 계신다는 것이고, 그분을 통해서 모든 것이 존재하게 되었다는 것입니다. 우리는 이 사실을 창세기 1장 첫 문장을 공부하면서 분명히 알게 되었습니다. 성경이 "태초에 하나님이 천지를 창조하시니라" 라는 말씀을 시작할 때, 우리는 분명히 최우선적으로 모든 것의 배후에 계시는 하나님께 주의를 돌리게 됩니다.

창조의 첫 5일간의 이야기에서도 하나님이 강조되고 있습니다. 문법적으로 말하면 이 모든 구절의 주어는 단 하나인데 그것은, 곧 하나님 자신입니다. 그 외의 모든 것은 모두 목적어입니다. 목적어는 행동을 받는 것입니다. 빛, 공기, 물, 마른 땅, 식물, 해, 달, 별, 물고기, 새, 육지 동물, 이 모든 것은 하나님 홀로 주어이신 곳에서 창조 과정의 목적어들입니다. 이 모든 구절에서 우리에게 하나님이 "보셨다"(4, 10, 12, 18, 21, 25절), "나누셨다"(4, 7절), "부르셨다"(5, 8, 10절), "만드셨다"(7, 16, 25절), "두셨다"(17절), "창조하셨다"(21, 27절)고 말씀하고 있고, 아담과 하와에게 하나님이 무엇을 하셨는지를 설명해 주고 있습니다(28-30절). 더욱이 그 전에 하나님이 말씀하셨고(3, 6, 9, 14, 20절), 그렇게 말씀하신 결과로 그 밖의 모든 것이 드러나게 된 것입니다.

몇 가지 사항에 주목하고자 합니다. 첫째, 창세기 1장에서 하나님의 이름이 히브리어로 엘로힘(Elohim)입니다. 이 단어는 복수형 단어입니다. 오직 유일하신 하나님만이 계신다는 것을 나타내기 위해 마치 단수인 것처럼 사용됩니다. 즉, 단수 동사 및 (보통) 단수 대명사가 그 단어를 받습니다. 그러나 그 단어가 복수형이라는 사실은 또한 하나님의 존재에 복수적인 특징이 있음을 시사하기도 합니다. 우리는 이 말 자체가 삼위일체의 교리를 가르치는 것이 아님을 인정해야 합니다. 히브리어에는 위대한 것을 표현할 때 복수형을 쓰는 경우가 있습니다. 그럼에도 불구하고, 그 이후의 계시에 근거해서 특히 신약에 비추어 여기서 온전한 계시를 준비하는 것으로 보는 것은 옳습니다. 요한복음 1장에 창세기의 시작과 연관되는 구절이 있습니다. "태초에 말씀이 계시니라 이 말씀이 하나님과 함께 계셨으니 이 말씀은 곧 하나님이시니라 그가 태초에 하나님과 함께 계셨고"(요 1:1-2). 여기서의 말씀은 요한복음 1:14에서 보여주는 것과 같이 예수님입니다. 따라서 요한은 예수님이 아버지와 함께 계셨고, 최초 창조 사역에서 아버지와 함께 활동하셨다고 말하고 있는 것입니다. 3절에서 요한은 명확하게 말합니다. "만물이 그로 말미암아 지은 바 되었으니 지은 것이 하나도 그가 없이는 된 것이 없느니라"(요 1:3).

창세기 1:26절에서 하나님이 "우리의 형상을 따라 우리의 모양대로 우리가 사람을 만들자" 라고 말씀하신 것을 봅니다. 이것은 단수 대명사가 쓰이지 않는 곳 중의 하나입니다. 창세기 3:22절에서는 "이 사람이 선악을 아는 일에 우리 중 하나 같이 되었으니" 라고 하신 말씀을 봅니다.

이 모든 것은 매우 중요합니다. 왜냐하면, 삼위의 하나님이 다른 모든 것이 존재하기 이전 창조의 시작에 거기 계셨던 것을 인정할 때 우리가 삼위의 하나님과 연합시키는 요소들, 즉 사랑, 인격, 그리고 교통(communication) 등은 영원히 존재하고 영원한 가치를 갖는 것으로 볼 수 있기 때문입니다. 이것이 비인격적이고 사랑이 없는 우주에서 잃어버린 존재가 된 것에 대한 인간의 두려움에 대한 성경적 대답입니다.

둘째, 하나님에 관한 성경의 첫 서술에서 우리가 주목해야 할 사항은 하나님이 우주를 말씀으로 존재하게 하셨다는 것입니다(하나님이 이르시되). 이것은 구두(口頭) 또는 명제적 계시(verbal or propositional revelation)에 대한 중요성을 보여줍니다. 일부 현대 신학계에서는 정말로 중요한 것은 행동, 특히 역사 속에서의 하나님의 행동이라는 근거에서 단어의 중요성을 부정하는 경향을 보여 왔습니다. 이러한 경향은 성경관에 지대한 영향을 줍니다. 그러한 도식(圖式) 속에는 성경의 말씀 자체는 중요성을 잃고, 성경은 단지 하나님이 역사적으로 이루신 일에 대한 대체적인 정확성을 평가하는 지침서가 될 뿐이기 때문입니다.

이것은 그리스도인으로서의 삶에도 지대한 영향을 줍니다. 하나님이 무엇을 명령하셨나 하는 것보다는 하나님이 무엇을 하고 계신가 하는 것에 강조점을 두기 때문입니다. 그것은 심지어 역사를 이해하는 데에도 지대한 영향을 줍니다. 하나님은 그분의 본성과 방법에 대해 기록된 성경과 조화를 이루는지, 안 이루는지 상관없이 일이 벌어지는 곳이면 어디든지 나타나시는 분으로 보이기 때문입니다.

창조 이야기는 이러한 비성경적이고 궁극적으로 파괴적인 접근법에 대한 경고입니다. 하나님이 말씀하신 것을 이해하지 못하도록 실제로 방해하는, 말씀에 대한 선입견 같은 것이 있을 수 있다는 것은 사실입니다. 그러나 이것은 오늘날 기록된 계시를 마음대로 재단하는 것보다 훨씬 빈도가 낮은 오류입니다. 어느 것이 먼저 왔습니까? 말씀입니까, 아니면 행동입니까? 오늘날 많은 사람들이 "행동"이라고 말합니다. 그러나 이것은 창세기가 보여주는 것과 다른 왜곡입니다. 하나님의 행동은 대단히 중요합니다. 창조 이야기에는 행동이 많이 들어 있습니다. 그러나 행동이 먼저 왔다고 말하는 것은 잘못된 것입니다. 오히려 말씀이 먼저 왔고, 행동이 뒤따랐습니다. 그리고 그 다음에 그 행동을 영적으로 설명하는 추가 계시가 말씀으로 주어졌습니다. 이것은 만일 성경에서 예언되고 기록되고 설명된 하나님의 행동을 평가하려고 한다면, 하나님의 말씀에 대한 진정한 강조가 성경적이고 필수적이라는 것을 의미하는 것입니다.

셋째, 하나님이 창조의 배후에 계신다는 강조에 대한 사항은 우리가 창조를 기뻐할 때, 마땅히 그래야 하는 것이지만, 우리의 찬양은 피조물 자체가 아니라 모든 것을 만드신 하나님께 드려져야만 한다는 것입니다. 이것이 성경의 종교와 대부분의 이방 종교 사이를 나누는 첫 번째 큰 구분점입니다. 이방 종교는 사물을 숭배합니다. 때로는 그 사물 안에서 인식하는 것이나 또는 사물 자체를 "영" 또는 "신"으로 숭배합니다. 그러나 그리스도인은 사물을 넘어 그것을 만드신 하나님을 보고 그분을 찬양합니다. 이것이 그로 하여금 막상 사물에 전적으로 헌신하는 이방 종교인이 이해하지 못하는 사물에 대한 것을 이해하게 해 주는 것입니다. 그리스도인은 왜 그 사물이 거기 있는지 이해합니다. 왜 그것이 지금 보이고 있는 형태를 가지게 되었는지, 그리고 (어느 정도) 그 사물에 대한 자신의 책임이 무엇인지 이해합니다. 그는 한편으로 사물에 대한 두려움이나 지나친 존경심에서 해방되고, 다른 한편으로 그 사물로부터 효험이 없는 모욕을 당하는 것이나 무시당하는 것에서 해방됩니다.

하나님은 구세주로서 찬양받으시기 이전에라도 창조주로서 찬양을 받으셔야 한다는 것이 요한계시록 4장과 5장에 흥미 있게 연속적으로 기록된 찬송에서 볼 수 있습니다. 요한계시록 5장에는 그리스도의 구속사역을 찬양하는 세 편의 찬송이 있습니다. 그러나 요한계시록 4장에도 위대한 찬송이 있습니다.

"우리 주 하나님이여 영광과 존귀와 권능을 받으시는 것이 합당하오니 주께서 만물을 지으신지라 만물이 주의 뜻대로 있었고 또 지으심을 받았나이다 하더라"(계 4:11)

이 찬송에서 하나님은 창조주로서 찬양되고 있습니다. 요한계시록 4:8절에서 조차 단순히 계신 것을 인해 찬양되고 있습니다.

"네 생물은 각각 여섯 날개를 가졌고 그 안과 주위에는 눈들이 가득하더라 그들이 밤낮 쉬지 않고 이르기를 거룩하다 거룩하다 거룩하다 주 하나님 곧 전능하신 이여 전에도 계셨고 이제도 계시고 장차 오실 이시라 하고"(계 4:8)

프란시스 쉐퍼(Francis Schaeffer)는 이렇게 말했습니다. "우리의 하나님에 대한 찬양은 구원론의 분야에 우선적으로 있는 것이 아니다. 우리가 만일 온전히 성경적이라면, 우리는 우선 하나님이 우리를 구원하셨기 때문에 찬양하는 것이 아니라, 거기 계시기 때문에 그리고 항상 거기 계셔왔기 때문에 찬양하는 것이다. 그리고 우리는 하나님이 인간을 포함한 모든 것들을 존재하도록 의도하셨기 때문에 그분을 찬양하는 것이다." [2]

쉐퍼가 "인간을 포함한 모든 것들을 존재하도록 의도하셨다."고 말함으로써 그는 하나님이 모든 창조의 배후에 계신다는 것에 대하여 특별히 주목을 해야 한다는 네 번째 사항을 소개하고 있는 것입니다. 즉, 우리는 하나님의 창조의 한 부분이고, 하나님이 우리를 만드셨으며, 그래서 우리는 그분에게 전적인 그리고 꾸밈없는 순종과 헌신을 다할 의무를 지고 있는 것입니다. 칼빈은 이렇게 말했습니다. "세상이 창조된 후에 인간은 극장 무대에 세워진 것처럼 세상에 놓여졌다. 그래서 인간이 위로는 하나님을 보면서, 아래로는 하나님의 놀라운 역사(役事)를 보면서 그들의 창조주를 경건하게 찬미하도록 했다." 더욱이 "모든 것을 인간이 사용하도록 제정함으로써 인간으로 하여금 더 깊은 책임아래 하나님께 대한 순종에 그 자신을 전적으로 바치도록 했다."[3] 물론 이 일을 우리가 이루어 놓은 것은 아닙니다. 우리는 하나님을 배반했고, 그래서 구세주를 필요로 하게 되었습니다. 그러나 구속되고 새로운 본성을 받아 그리스도 안에서 "새로운 피조물"이 된 우리는 하나님을 적절하게 예배하고 섬길 수 있게 되었습니다.

질서 있는 전개

모든 사물의 배후에 하나님이 계신다는 것이 창조 이야기의 유일한 사항으로 그치는 것은 아닙니다. 이 구절은 또한 창조가 하나님의 생각과 목적에 따라 질서 있게 전개되고 있음을 가르쳐 주고 있습니다. 창조는 의미 깊은 연속적인 6일에 걸쳐 단계적으로 진행된 것입니다.

우리는 이 날들이 갖는 시간의 길이가 얼마나 되는가 하는 것이 공개된 의문이라는 것을 이미 살펴보았습니다. 창조론자들은 그 날들은 문자적인 24시간의 날을 의미한다고 주장합니다. 그러나 반드시 그렇지 않을 수도 있습니다. 때로 "날"이란 말은 넓은 의미로 사용됩니다. 모세조차도 그렇게 사용한 경우가 있습니다. "날"이 불확정적인 기간을 의미할 수도 있습니다. 지질학적인 증거는 대부분의 사람들에게 창세기의 날들에 상응하는 기간은 길다는 것을 시사하고 있습니다.

그러나 이와 같은 의문은 흥미 있고 필요한 것이기는 하지만, 하나님의 창조가 얼마나 오랜 시간이 걸렸든지 간에, 오히려 그것이 하나님이 목적하신 계획적이고 질서 있는 전개라는 확실하고 더욱 가치 있는 점을 흐리게 하는 것입니다. 하나님은 혼돈의 하나님이 아니라 질서의 하나님이십니다. 그분은 우연의 하나님이 아니라 목적을 가지신 하나님이십니다. 따라서 우리도 질서와 목적을 가진 피조물이 되어야 합니다. 사탄이 잘 하는 헐어내리려는 시도 대신에 우리는 하나님이 성경에서 주신 방식에 따라 세워주는 시도를 해야 합니다.

도덕적 선언

창세기의 창조 이야기에 세 번째 사항이 있습니다. 이것은 하나님이 이룩하신 일에 대한 도덕적 선언입니다. "하나님이 보시기에 좋았더라" 라는 말씀이 반복해서 나타납니다 (10, 12, 18, 21, 25절, 3, 31절 비교). 이 선언은 인간이 어떤 사물을 가리키며 실용적으로 "그것은 내게 유용하고 그래서 내게 좋다." 라고 말할 수 있기 때문에 한 말이 아닙니다. 창조가 좋았다고 하는 하나님의 선언은 인간이 지음을 받기 이전에 나온 말입니다. 그 선언은 사물이 그 자체로서 좋기 때문에 이루어진 것입니다. 쉐퍼가 말하는 것처럼 이것은 우리가 나무를 베어 그것으로 집을 만들거나 또는 열을 얻기 위한 땔감으로 쓸 수 있기 때문에 나무가 좋은 것만은 아님을 의미합니다. 하나님이 만드셨고, 좋다고 선언하셨기 때문에 좋은 것입니다. 다른 모든 창조물처럼 하나님의 본성에 순응하기 때문에 좋은 것입니다.

프란시스 쉐퍼는 이 하나님의 축복에 대해 이렇게 기술하고 있습니다. "이것은 상대적인 판단이 아니고, 인격을 가지고 계시고, 그 인격이 우주의 법칙인 거룩하신 하나님의 판단이다. 그분의 결론은 창조의 모든 단계 및 모든 영역, 그리고 모든 것을 다 합쳐서(인간 자신과 그가 처해진 전 환경, 하늘과 땅) 나 자신에게 순응하고 있다."[4]

땅과 그 안의 내용물이 좋았다고 하는 선언은 인간 타락 이전, 곧 무흠한 상태에서만 이루어진 것이 아닙니다. 창세기 1장에 기록된 하나님의 최초 축복은 타락 이후에도 반복됩니다. 예를 들면, 노아의 때에 인류에게 주신 하나님의 언약에서 반복됩니다. 그 일방적인 언약에서 하나님이 말씀하십니다. "내가 내 언약을 너희와 너희 후손과 너희와 함께 한 모든 생물 곧 너희와 함께 한 새와 가축과 땅의 모든 생물에게 세우리니 방주에서 나온 모든 것 곧 땅의 모든 짐승에게니라… 내가 내 무지개를 구름 속에 두었나니 이것이 나와 세상 사이의 언약의 증거니라" (창 9:9-10, 13).

여기에서 하나님의 관심이 드러나는데 그 관심은 단지 노아 및 그와 함께 구출된 가족들뿐만 아니라, 새와 가축과 심지어 땅 자체까지 미치고 있습니다. 비슷하게 로마서 8장에는 하나님이 피조물을 장래의 구원의 약속에 포함시키심으로써 피조물의 가치가 표현되고 있습니다. 그 구원을 남녀 모든 인류뿐만 아니라 다른 피조물도 기다리고 있습니다. "그 바라는 것은 피조물도 썩어짐의 종 노릇 한 데서 해방되어 하나님의 자녀들의 영광의 자유에 이르는 것이니라"(롬 8:21).

하나님이 좋다고 선언하신 피조물의 가치는 우리에게 자연스러운 결론을 가져다줍니다. 만일 하나님이 우주를 부분적으로나 전체적으로나 좋다고 보시면, 우리 또한 그것을 좋다고 보아야 합니다. 이것은 자연이 죄로 손상되었다는 것을 부정하는 것을 의미하는 것은 아닙니다. 창세기 9장과 로마서 8장의 구절들은 자연이 인간 타락의 결과로 어떤 방식으로든 괴로움을 당해 왔다는 것을 깨닫지 않으면 설명할 수 없는 구절입니다. 자연은 가시와 잡초와 병으로 손상을 입었습니다. 그러나 그렇게 손상된 상태에서 조차도 자연은 마치 타락한 인간 역시 가치를 가지고 있듯이 가치를 가지고 있는 것입니다.

첫째, 우리는 하나님이 만드신 세상을 **감사**해야 하고, 그것을 인해 그분을 찬양해야 합니다. 기독교적 사고(思考)의 어떤 표현에서는 오직 영혼(soul)만이 가치를 가진다고 봅니다. 그러나 그것은 옳지 않고, 기독교적이지도 않습니다. 실제로 영혼의 가치 상승과 육신과 기타 다른 물질의 가치 저하는 헬라적인 것이며, 하나님의 창조에 대한 잘못된 이해에 근거하고 있는 이교도적 생각입니다. 만일 하나님이 혼(또는 영)만을 만드셨다면, 그리고 물질의 세계가 어떤 낮거나 심지어 악한 근원에서 왔다면 그런 생각이 옳을 수 있습니다. 하지만 기독교적 관점은 존재하는 모든 것은 하나님이 만드셨고, 그렇기 때문에 그 모든 것이 가치가 있고, 이 근원을 바탕으로 우리는 가치 측정을 해야 한다는 것입니다.

둘째, 우리는 피조물 안에서 **즐거워**해야 합니다. 이것은 감사의 마음을 갖는 것과 가까운 개념이지만 그것을 뛰어 넘는 단계입니다. 많은 그리스도인들이 그 단계에 결코 오르지를 못하고 있습니다. 그리스도인들은 종종 자연을 하나님의 존재를 입증하는 전형적인 증거의 하나로 보고 있습니다. 그 대신에 그리스도인은 자기가 보는 것을 정말로 즐길 수 있어야 합니다. 그 아름다움을 감상할 줄 알아야 합니다. 그리스도인은 비기독교인보다 창조 세계를 더욱 기뻐해야 합니다. 이것은 창조의 배후에 계시는 하나님에 대한 지식이 있기 때문입니다.

셋째, 우리는 자연에 대한 **책임**을 보여주어야 합니다. 이것은 우리가 자연을 단순히 파괴를 위해 파괴해서는 안 되고, 자연의 잠재력을 최대한 높이도록 노력해야 한다는 것을 의미합니다. 피조물에 대한 모든 사람들의 책임과 결혼에 있어 아내에 대한 남편의 책임 사이에 유사성이 있습니다. 두 경우 모두 책임은 (그 둘이 똑같은 것은 아니지만) 하나님이 주신 주권에 근거합니다. 결혼에 있어서는 이렇게 말씀합니다. "남편들아 아내 사랑하기를 그리스도께서 교회를 사랑하시고 그 교회를 위하여 자신을 주심 같이 하라 이는 곧 물로 씻어 말씀으로 깨끗하게 하사 거룩하게 하시고 자기 앞에 영광스러운 교회로 세우사 티나 주름 잡힌 것이나 이런 것들이 없이 거룩하고 흠이 없게 하려 하심이라"(엡 5:25-27).

같은 방식으로 모든 사람들은 함께 이 땅의 궁극적인 구속을 기대하면서 하나님이 창조하신 모습에 더욱 가까워지도록 이 땅을 성별하고 깨끗하게 하는 일에 힘써야 합니다. 이것은 인간이 우주를 적절한 방법으로 이용할 수 없다는 의미가 아닙니다. 집을 짓는 재목을 얻기 위해 나무를 벨 수 있습니다. 그러나 단순히 베어내는 즐거움을 위해 베거나 또는 땅의 가치를 높이기 위한 가장 쉬운 방법이기 때문에 베어서는 안 될 것입니다. 이러한 영역에서는 그 사물의 가치와 목적에 관해 주의 깊게 생각을 해봐야 합니다. 그리고 순전히 실리적인 접근보다는 그리스도인으로서의 접근을 해야만 합니다.

마지막으로, 그리스도인이 자연에 대해 잘 생각해 보고 난 후에 그것의 가치를 알게 되면, 그는 그 자연을 만드시고 순간순간 보존하고 계시는 하나님께 다시 한 번 돌아서야 합니다. 그리고 그분을 신뢰하는 것을 배워야 합니다. 하나님은 인간의 죄를 통해서 자연이 남용되고 있음에도 불구하고 그 자연을 돌보십니다. 하나님이 자연을 돌보신다면, 우리도 돌보시는 것이 명백합니다. 우리는 하나님이 그렇게 하신다는 것을 신뢰할 수 있습니다. 이 요지는 예수 그리스도의 산상설교 중간에 나타납니다. 거기서 예수님은 하나님이 새(동물의 삶)와 백합화(식물의 삶)를 돌보신다는 것에 우리의 주의를 환기시키시면서 묻습니다. "너희는 이것들보다 귀하지 아니하냐… 오늘 있다가 내일 아궁이에 던져지는 들풀도 하나님이 이렇게 입히시거든 하물며 너희일까보냐 믿음이 작은 자들아"(마 6:26, 30)[5]

● 각주 ●

1. John Calvin, *Commentaries on the First Book of Moses Called Genesis*, trans. John King (Grand Rapids: Eerdmans, 1948), 62.

2. Schaeffer, *Genesis in Space and Time*, 27.

3. Calvin, *Genesis*, 64-65.

4. Schaeffer, *Genesis in Space and Time*, 55.

5. Parts of this chapter are drawn from a section of Boice, *The Sovereign God*, 205-15.

11

여섯째 날

창세기 1 : 24-27

하나님이 이르시되 땅은 생물을 그 종류대로 내되 가축과 기는 것과 땅의 짐승을 종류대로 내라 하시니 그대로 되니라 하나님이 땅의 짐승을 그 종류대로, 가축을 그 종류대로, 땅에 기는 모든 것을 그 종류대로 만드시니 하나님이 보시기에 좋았더라 하나님이 이르시되 우리의 형상을 따라 우리의 모양대로 우리가 사람을 만들고 그들로 바다의 물고기와 하늘의 새와 가축과 온 땅과 땅에 기는 모든 것을 다스리게 하자 하시고 하나님이 자기 형상 곧 하나님의 형상대로 사람을 창조하시되 남자와 여자를 창조하시고

창조의 날들을 공부하면서 나는 여섯째 날을 다른 다섯 날로부터 떼어놓았습니다. 왜냐하면, 여섯째 날 사람이 창조되었으며 그 사람의 창조에는 특별한 점이 있기 때문입니다. 그는 창조의 절정입니다. 특히 여기서부터 창세기의 이야기는 사람(하나님을 배반하는, 그러나 하나님의 특별한 사랑과 구속의 대상으로의 사람) 이야기로 진행됩니다. 사람이 창조물 중에서 가장 중요한 부분이라고 말하는 것은 마치 우리가 만일 물고기라면, 물고기가 가장 중요하다고 쉽게 말하는 것처럼 극단적인 말로 생각됩니다. 그러나 그런 것이 아닙니다. 실제로 사람은 그들 주위의 어떤

피조물의 종류보다 더 고귀합니다. 그 한 예로 사람은 피조물을 다스립니다. 단지 완력으로 다스리는 것이 아닙니다. 많은 동물들이 사람보다 더 힘이 강하지만 사람의 의지와 인격의 힘으로 다스리는 것입니다. 또한 사람은 동물들에게는 없는 "하나님 의식"을 가지고 있습니다. 어떤 동물도 도덕적 죄나 영적 죄의식이 없습니다. 뿐만 아니라 동물들은 의식적으로 "하나님을 찬양하고, 그분을 영원히 즐거워"하지 못합니다. 성경은 창조 이야기의 끝 부분에서 사람의 높은 위치를 본문에서 이렇게 강조하고 있습니다. "하나님이 이르시되 우리의 형상을 따라 우리의 모양대로 우리가 사람을 만들고 그들로 바다의 물고기와 하늘의 새와 가축과 온 땅과 땅에 기는 모든 것을 다스리게 하자 하시고 하나님이 자기 형상 곧 하나님의 형상대로 사람을 창조하시되 남자와 여자를 창조하시고"(창 1:26-27).

이 구절에서 다른 피조물들에 대한 사람의 독특성과 탁월성이 세 가지로 표현되고 있습니다. 첫째, 사람이 "하나님의 형상"대로 만들어졌다고 했습니다. 사물이나 동물에게는 이런 말이 없습니다. 둘째, 사람에게는 물고기, 새, 동물, 그리고 땅 자체의 지배권이 주어졌습니다. 셋째, "창조하다"라는 말씀이 반복되고 있습니다. 이 말씀은 창조 이야기에서 오직 세 가지 경우에만 사용되고 있습니다. 첫째, 하나님이 무(無)에서 물질을 창조하셨을 때(1절), 둘째, 하나님이 의식을 가진 생명체를 창조하셨을 때(21절), 셋째, 인간을 창조하셨을 때(27절)에만 창조라는 말이 사용된 것입니다. 이것은 몸(물질)에서 혼(인격)으로, 그리고 영(하나님을 의식하는 삶)에 이르는 점진적인 현상을 보입니다. 우리는 "창조하다"라는 말씀이 아담과 하와에 관련해서 세 번이나 반복되고 있다는 점을 간과하지 말아야 합니다. 쉐퍼가 이렇게 기술한 것과 같습니다. "이것은 마치 인간 창조에 대해서는 어떤 특별한 것이 있다는 것을 보여주기 위해 여기에 하나님이 감탄 부호를 찍으신 것과 같다."[1]

인류의 나이는 얼마인가?

인류의 나이는 얼마입니까? 이것은 다루기 힘든 질문입니다. 왜냐하면, 이 점에 있어서 창세기의 이야기와 과학의 명백한 증거와의 사이에 충돌이 있기 때문입니다. 여러 가지 성경의 족보들(창세기 5장이 가장 일찍된 실례임)은 인류의 나이가 대략 수천 년, 아마도

1만 내지 2만년임을 시사합니다. 그러나 인류학자들은 사람 또는 사람처럼 보이는 피조물의 나이는 대략 350만 년 내지 400만 년이라고 합니다. 케냐와 탄자니아에 사는 리키(Leakey) 일가의 연구가 가장 잘 알려진 예들을 제공했습니다.

이 충돌을 어떻게 보아야 합니까? 이 단계에서 우리의 지식으로 이 문제를 최종적으로 해결하는 것은 불가능할 것입니다. 그러나 어느 정도 논쟁으로 다루어보는 것은 가능합니다. 첫째, 우리는 이 문제를 단지 같은 증거를 두 가지 다른 관점에서 본다는 문제로 다루어서는 안 되고, 실제 충돌로 보인다고 말을 해야만 합니다. 성경학자들은 성경에 기록된 족보들이 자손들의 명단을 모두 포함할 필요가 없다고 하는 점을 지적해 왔는데, 그 학자들 중에는 프린스턴신학자 벤자민 워필드(Benjamin B. Warfield)[2]가 있습니다. 그는 성경의 족보들은 세대 간에 간격이 있을 수 있다는 것입니다(그리고 실제로 그렇습니다). 그래서 어떤 사람의 "아들"이라고 인지된 사람이 반드시 그 사람의 실질적 아들일 필요는 없고, 손자이거나 증손자일 수가 있는 것입니다. 특히, 그 간격이 어떤 경우에는 매우 클 수가 있습니다. 예를 들어 마태복음 1:1절(아브라함과 다윗의 자손 예수 그리스도의 계보)에 나오는 예수 그리스도의 족보의 요약이 그렇습니다. 이 때문에 창세기의 족보의 시간적 계산으로는 그리스도 이전 약 4000년 경에 아담이 창조되었음을 시사하지만(어셔 Ussher, 주교의 계산으로는 BC 4004년), 실제로는 훨씬 더 긴 기간의 요약이라고 보는 것이 가능할 뿐만 아니라, 사실일 수 있습니다. 그러나 우리가 4000년에 3배, 4배, 아니 5배를 곱한다 해도 대부분의 인류학자들이 주장하는 연대와는 시간차가 너무 큽니다. 인류의 나이를 1만 2천 년 내지 2만 년 정도라고 해도 350만 년 내지 400만 년과는 매우 다른 것입니다.

그러나 화석 증거를 통해 살펴보는 것도 도움이 될 것입니다. 이것은 인간의 화석이라고 주장되는 모든 화석이 인류의 나이가 반드시 그렇지는 않음을 보여주기 때문입니다. 역사시대에 여러 곳에서 발견된 해골물(骸骨物)들은 본질적으로 호모 **사피엔스**(Homo sapiens, 생각하는 또는 분별하는 사람)라고 부르는 현대인의 것과 같습니다. 그러나 역사시대를 넘어 선사시대로 가면 차이가 벌어지기 시작합니다. 선사시대 사람으로서 그들의 유물이 서유럽 전역에 걸쳐서 발견되는 크로마뇽인(Cro-Magnon man)은 오늘날 존재하는 사람과 비슷합니다. 그들은 뼈와 돌로 만든 도구를 사용했고, 동물들과 그 당시 세계의 특징들을 동굴 벽화로 남겨놓았습니다. 시간을 좀 더 거슬러 올라가면(약 10만 년 정도) 소위 네안데르탈인(Neanderthal man)이 있습니다. 그들 역시 도구를 사용했고, 죽으면 장사를 지냈습니다. 그러나 움푹 들어간 이마와 두드러진 턱을 가진 그들의 모습은 인간을 덜 닮았습니다. 그들은 유인원을 더 닮았습니다. 이 "사람"들의 유골이 유럽, 이스라엘, 잠비아, 그리고 로데시아에서 발견되었습니다. 연대를 더 거슬러 올라가면 다르지만 본질적으로 "근대인"의 형(型)을 가진 존재가 프랑스, 독일, 그리고 영국에서 발견되는데 가장 받아들일 만한 계산에 의하면 이들은 약 25만 년 전부터 존재했던 것으로 보입니다.

소위 북경원인(Peking man)과 자바인(Java man)은 약 50만 년 내지 100만 년 전의 존재로 봅니다. 때로 다듬지 않은 도구들이 그들의 유골과 함께 발견되어 왔습니다. 그러나 그들이 인간으로 간주되고 있는 주된 이유는 그들이 분명히 직립 보행을 했다는 것입니다. 이 사실에서 그들은 직립원인(Homo erectus)으로 명명 되었습니다. 많은 인류학자들은 직립원인을 첫 번째 참 현대인이라고 불렀습니다. 아프리카의 리차드(Richard)와 메리 리키(Mary Leakey)의 발견물은 세상 신문에서는 종종 고대인들의 증거로 언급되지만, 기껏해야 선행인류(先行人類)로 볼 수 있으며 리키 자신의 판단으로도 그렇게 보고 있습니다. 그 선행인류는 분명히 직립 보행을 했습니다. 그러나 그들은 키가 약 120cm로 매우 작았습니다. 그리고 선행인류의 뇌 용적은 현대인의 약 1/3 정도였습니다. 그들의 두개골을 보고 갖게 되는 일반적 느낌은 그들이 사람 같은 형태보다는 멸종한 유인원의 표본이라는 것입니다.[3]

이 문제, 즉 이러한 명백한 고대 인간 조상에 대한 연대 측정의 불확실성에 대해 한 가지 다른 시각으로 접근해 볼 필요가 있습니다. 한 사례는 특별히 주목할 가치가 있습니다. 텍사스 주 중부의 글렌 로즈(Glen Rose) 시 근처에 있는 펄럭시 강(Paluxy River) 유역에서 인간과 공룡의 화석화된 발자국이 분명하게 함께 나타나고 있습니다.[4] 이것은 인간이나 또는 공룡이 상대적으로 근대 역사에 속한다는 것을 의미하는 것은 아닙니다. 둘 다 매우 오래 되었을 것입니다. 그러나 이것은 요즈음 받아들여지고 있는 진화론자가 내놓은 시간 체계에 무엇인가 잘못이 있다는 것을 의미하는 것입니다. 왜냐하면, 그 시간 체계에 의하면 마지막 공룡과 사람 사이에는 6,000만 년의 간격이 있어야 하기 때문입니다. 분명히 인류학자들과 다른 과학자들이 제안하는 것에 대(大) 수정이 있어야 할 것입니다.

이런 와중에서 창세기의 진실성을 견지하고, 그러면서도 과학 자료에 관해서는 정직하기를 원하는 그리스도인들은 어떤 결론을 내기를 바라는데 펜실베이니아 주 밸리 포지(Valley Forge) 시의 로버트 어브(Robert A. Erb)라는 한 과학자는 화석 "사람"은 반드시 사람인 것은 아니며, 그리스도인들이 그 모두를 이를테면 아담의 후손으로 여기는 것은 결국 그들 자신에게 해를 끼치는 것이라고 결론짓고 있습니다. 그는 이렇게 기술하고 있습니다. "나는 아담이 역사적인 존재라는 것을 믿으며, 그를 근동 지역의 신석기 시대가 시작될 무렵(약 BC 8000)의 인물로 보고자 한다. 실제로 하나님의 창조 역사에서 이 단계는 식물을 재배하고, 가축을 기르고, 도시를 세우고, 도기(陶器)를 발명하고, 글을 쓰기 시작하는 등 신석기 혁명(Neolithic Revolution)으로 알려진 사건의 원인이 될 수도 있다. 가인과 아벨의 이야기에 식물을 재배하고 가축을 키우고(창 4:2), 가인이 도시를 세우는(창 4:17) 것으로 보아 아담은 3만 년 전인 구석기 시대 후기에 속하는 인물이 아니라고 여겨진다 (족보상의 가능한 간격은 무시하고). 약 여섯 세대가 지나서 두발 가인이 금속을 사용했고 (창 4:22), 유발은 음악을 만들었다(창 4:21)."[5]

결론은, 지구와 우주는 사실상 매우 오래되었지만(대략 10억 년), 사람이 수백만 년의 나이를 가졌다고 주장할 필요는 없다는 것입니다. 하나님의 사람 창조는 창세기의 족보가 보여주는 것처럼 근래의 일이 될 수 있는 것입니다.

하나님의 형상대로

창세기 1장이 사람의 창조를 몇 차례 되풀이 하면서 말할 때, 그 관심은 그가 창조된 시간에 있지 않았습니다. 창세기 저자가 관심을 둔 것은 사람이 "하나님의 형상대로" 지음을 받았다는 것입니다. 이 말씀이 몇 차례 되풀이 됩니다. 즉, "하나님이 이르시되 우리의 형상을 따라 우리의 모양대로 우리가 사람을 만들고… 하나님이 자기 형상 곧 하나님의 형상대로 사람을 창조" 하셨습니다. 하나님의 형상대로 지음을 받았다는 것이 무엇을 의미합니까?

그것이 의미하는 첫 번째 요소는 사람들 모두가 동물이나 식물이나 물질에게는 없는 인격의 속성을 소유하고 있다는 것입니다. 인격을 소유하려면 지식, 감정(종교적 감정을 포함), 그리고 의지를 소유해야만 합니다. 이것을 하나님이 가지고 계시고, 우리도 가지고 있습니다. 동물들도 어떤 종류의 인격 같은 것을 가지고 있다고 말할 수 있습니다. 그러나 동물은 사람들이 하는 것처럼 논리적인 판단을 하지 못하고 단지 어떤 문제나 자극에 반응을 할 뿐입니다. 동물은 창조를 못합니다. 새 둥지나 벌집이나 둑을 만드는 것 같은 한 가지 모형을 만드는 것조차도 단지 일정한 행동 양식을 따를 뿐입니다. 번식만 할 뿐이지 사랑을 못합니다. 예배를 드리지 못합니다. 여기서 말하는 의미의 인격은 사람을 하나님에게만 연결시키는 그 어떤 것이지, 사람이나 하나님을 기타의 피조물에 연결시키는 그 어떤 것이 아닙니다.

사람이 하나님의 형상대로 지음을 받았다는 것이 내포하는 두 번째 요소는 도덕성입니다. 이것은 자유와 책임이라는 두 가지 요소를 포함합니다. 정말로 사람들이 소유하고 있는 자유는 절대적인 것은 아닙니다. 심지어 첫 번째 사람인 아담과 첫 번째 여자 하와에게조차도 자치권이 없었습니다. 그들은 피조물이었고, 선과 악을 알게 하는 나무와 관련된 명령을 순종함으로써 자신들이 피조물임을 인식하고 살아갈 책임이 있었습니다. 타락 이후에 그 자유는 더욱 제한되어 그 결과로 어거스틴이 말한 바와 같이 본래 죄를 안 범하는 것이 가능한 존재(posse non peccare, 포세 논 페까레)가 죄를 안 범하는 것이 불가능한 존재(non posse non peccare, 논 포세 논 페까레)로 되었습니다. 그래도 아직 사람에게 비록 타락한 상태에서도 제한된 자유가 있습니다. 그리고 이와 함께 또한 도덕적 책임도 있습니다. 즉, 우리는 반드시 죄를 범할 필요가 없는데도 죄를 범하거나 그것도 자주 범하는 경우가 있습니다. 그리고 우리가 (때로 그런 경우가 있듯이) 부득이 죄를 범할 때조차도 우리는 그것이 잘못이란 것을 압니다. 그래서 이런 식으로 다른 영역에서와 마찬가지로 이 경우에서도 우리는 우리가 하나님의 형상을 닮은 것을 무심코 인정하게 되는 것입니다.

믿는 자의 성화를 "(그를) 창조하신 이의 형상을 따라 지식에까지 새롭게 하심을 입은"(골 3:10) 것으로, 또는 "그 아들의 형상을 본받는"(롬 8:29) 것으로 볼 때, (성화가) 가장 기대하는 것이 개인의 도덕적 의(義)라는 것은 도덕성 문제에 어울리는 것입니다. 물론 이것

(성화)은 어떤 면에서 우리가 아직 완전히 이해하지 못하는 인격의 완성에 관련되는 것이기도 합니다.

사람이 하나님의 형상으로 지음을 받았다는 사실이 내포하는 세 번째 요소는 영성(靈性)입니다. 이것은 사람이 영(靈)이신 하나님(요 4:24)과 교제하기 위해 지음을 받았다는 것을 의미하고, 하나님이 영원하신 것처럼 이 교제도 영원히 지속되도록 의도되었음을 의미합니다. 사람은 식물이나 꽃 같은 생명 형태를 지닌 몸을 가지고 있고, 동물 같은 혼을 가지고 있으며, 유일하게 영(靈)을 소유하고 있습니다. 하나님을 인식하고 그분과 교제 하는 것은 영적 수준에서 하는 것입니다.

여기에 우리의 참 가치가 있는 것입니다. 우리는 하나님의 형상대로 지음을 받았습니다. 그렇기 때문에 우리는 하나님과 다른 사람들에게 가치가 있습니다. 하나님은 사람들을 사랑하십니다. 동물이나 식물이나 생명이 없는 것들은 사랑하시지도 않고 사랑하실 수도 없습니다. 하나님은 사람들을 동정하시고, 그리스도 안에서 사람들과 함께하시며, 사람들로 인해 슬퍼하시고, 각 개인 모두를 하나님이 정하신 대로의 사람들이 되게 하시려고 역사에 개입하시기조차 합니다. 우리는 이 관계에 대한 특성을 여자인 하와가 비슷한 방법으로 남자의 형상으로 만들어졌다는 것을 기억할 때 어느 정도 이해하게 됩니다. 그러므로 다르긴 하지만 아담은 그 자신을 하와에게서 보았고 그의 동반자로서, 그리고 우주 안에서 같은 지체로서 하와를 사랑했습니다. 사람들의 하나님과의 관계가 어느 정도 여자와 남자와의 관계와 같다고 말하는 것은 틀린 것이 아닙니다. 그들은 하나님의 독특하고 가치 있는 동반자들입니다. 이 사실을 옹호하기 위해 우리는 오직 그리스도가 신랑이시고, 교회는 오직 그의 신부라는 성경의 가르침을 생각할 필요가 있습니다.

부서진 형상

이 장에서 우리는 하나님이 만드시고 어떤 존재가 되도록 의도하셨던 사람, 즉 타락 이전의 상태의 사람 또는 그리스도 안에서 다시 그렇게 될 사람을 살펴보았습니다. 사람이 하나님의 형상으로 만들어졌지만 이 형상은 죄로 인해 크게 손상되었습니다. 남아 있는 형상의 흔적은 있지만 오늘날 사람은 하나님이 의도하신 사람이 아닙니다. 그는 타락한 존재입니다. 이 타락의 결과는 그의 존재의 모든 면, 즉 몸과 혼과 영에 나타나고 있습니다.

하나님이 아담에게 금지된 나무로 시험을 하신 것은 그를 창조하신 분에게 대한 순종과 책임을 측정하기 위한 것이었습니다. 하나님이 말씀하셨습니다. "동산 각종 나무의 열매는 네가 임의로 먹되 선악을 알게 하는 나무의 열매는 먹지 말라 네가 먹는 날에는 반드시 죽으리라 하시니라"(창 2:16-17). 그러나 하와가 뱀에게 미혹을 당해 그것을 먹었습니다. 그것을 먹은 하와는 아담에게 왔고, 아담은 미혹을 당하지 않았음에도 역시 그것을 먹었습니다. 그러면서 하나님께 말합니다. "나는 당신이 주신 모든 나무에 대해 관심이 없습니다. 그리고 여기 동산 중앙에 선악을 알게 하는 나무가 서 있는 한, 이것은 내가 당신을 의지해야 한다는 것을 생각나게 했습니다. 그래서 나는 이것이 싫었습니다. 그러나 결과가 어떻든 나는 이것을 먹었고 그리고 죽을 것입니다."

하나님과 교제를 나누게 하는 역할을 했던 아담의 영은 즉각 죽었습니다. 이것은 하나님이 동산으로 그를 찾아오셨을 때 그가 도망했던 사실로 보아 분명합니다. 그 이후로 사람들은 하나님으로부터 도망하고 숨어 왔습니다. 사람의 지성과 감정과 정체성의 거처인 혼은 죽어가기 시작했습니다. 그래서 사람들은 자신들이 누구인지에 대한 의식을 잃기 시작했고, 악한 감정을 드러내며, 지성의 부패를 경험했습니다. 이것이 바울이 로마서 1장에서 묘사한 부패의 유형입니다. 로마서 1장에서 바울은 사람들이 하나님을 거절한 결과로 그들은 불가피하게 "그 생각이 허망하여지며 미련한 마음이 어두워졌나니 스스로 지혜 있다 하나 어리석게 되어 썩어지지 아니하는 하나님의 영광을 썩어질 사람과 새와 짐승과 기어다니는 동물 모양의 우상으로 바꾸었느니라"(롬 1:21-23)라는 것이 되었습니다. 결국에는 몸조차도 죽었습니다. 그래서 우리에게 말씀합니다. "너는 흙이니 흙으로 돌아갈 것이니라"(창 3:19).

도널드 반하우스(Donald G. Barnhouse)는 아담의 타락으로 일어난 일을 전쟁 때 폭탄을 맞은 3층 집의 모습으로 그렸습니다. 폭탄은 꼭대기 층을 완전히 파괴했습니다. 그 파편 조각들이 2층에 떨어져 심각한 손상을 입혔습니다. 파괴된 위의 두 층의 무게가 1층 벽을 금이 가게 만들어 결국에는 무너질 운명에 처하게 되었습니다. 아담의 경우도 이와 같습니다. 그의 몸은 혼의 거처였습니다. 그리고 그의 영은 그 위에 있었습니다. 그가 타락했을 때, 그의 영이 완전히 파괴되었습니다. 혼은 손상을 입었습니다. 그리고 몸은 마지막으로 붕괴될 운명에 처했습니다.[6]

그러나 바로 이 시점에 복음의 영광이 나타납니다. 왜냐하면, 하나님이 사람을 구원하실 때는 영(靈)에서 시작해서 혼을 거쳐 몸에서 끝이 나는 전인(全人)을 구원하시는 것으로 첫째, 영의 구원이 먼저 옵니다. 하나님은 자신을 배반한 자와의 접촉할 곳을 우선 확립하시기 때문입니다. 둘째, 하나님은 혼에 역사를 하셔서 완전한 인간이신 그리스도의 형상을 따라 새롭게 하십니다. 셋째, 몸조차도 그 파괴로부터 구속되는 부활이 있습니다.

더욱이 하나님은 **새로운 피조물**을 만드십니다. 마치 무너져 가는 집에 버팀목을 세우고 새로 페인트칠을 하는 것처럼 단순히 이전의 낡은 영과 혼과 몸을 수선하는 정도가 아니라 전혀 새로운 피조물로 만드시는 것입니다. 하나님은 그분 자신의 영으로 개인 안에 새 영을 창조하십니다. 그분은 새 사람으로 알려진 새로운 혼을 창조하십니다. 마지막으로 그분은 새로운 몸을 만드십니다. 이 몸은 예수 그리스도의 부활하신 몸과 같습니다. 우리는 오직 예수님을 통해서만 이 구원을 얻게 됩니다.[7]

● 각주 ●

1. Schaeffer, *Genesis in Space and Time*, 33.   2. B. B. Warfield, "On the Antiquity and the Unity of the Human Race," *Biblical and Theological Studies*, ed. Samuel G. Craig (Philadelphia: Presbyterian and Reformed Publishing Co., 1968), 238-61.

3. See D. A. Young, *Creation and the Flood*, 146-51, for a summation of the fossil evidence.

4. John D. Morris, "The Paluxy River Tracks", *Impact Series* 35, (May 1976). A Publication of the Institute for Creation Reserrch.   5. Robert A. Erb, Unpublished paper on "Miscellaneous Thoughts on Science and the Early Chapter of Genesis," 3.

6. Donald Grey Barnhouse, *Let Me Illustrate* (Westwood, N. J. Revell, 1967), 32; *Teaching the Words of Truth* (Grand Rapids: Eerdmans, 1966), 36-37.

7. Boice, *The Sovereign God*, 193-204쪽에서 부분적으로 발췌했다.

12

인간, 하나님의 대리 통치자

창세기 1 : 28-31

하나님이 그들에게 복을 주시며 하나님이 그들에게 이르시되 생육하고 번성하여 땅에 충만하라, 땅을 정복하라, 바다의 물고기와 하늘의 새와 땅에 움직이는 모든 생물을 다스리라 하시니라 하나님이 이르시되 내가 온 지면의 씨 맺는 모든 채소와 씨 가진 열매 맺는 모든 나무를 너희에게 주노니 너희의 먹을 거리가 되리라 또 땅의 모든 짐승과 하늘의 모든 새와 생명이 있어 땅에 기는 모든 것에게는 내가 모든 푸른 풀을 먹을 거리로 주노라 하시니 그대로 되니라 하나님이 지으신 그 모든 것을 보시니 보시기에 심히 좋았더라 저녁이 되고 아침이 되니 이는 여섯째 날이니라

창세기 1장에서 하나님의 사람 창조 이야기를 살펴보면서 우리는 이미 두 가지 강조점을 보았습니다. 첫째, 사람은 창조되었다는 것입니다. 이것은 27절에서 세 번이나 반복되고 있는데 이는 분명히 강조를 하고 있는 것입니다. 둘째, 사람은 하나님의 형상으로 창조되었다는 것입니다. 이것은 창세기 1:26-27절에 네 번이나 반복되고 있습니다. 이 단서를 따라 가장 중요한 개념을 추적하게 되면, 우리는 사람이 하나님의 대리 통치자로서 창조 세계를 다스리게 되었다는 교훈에 이르게 됩니다. 이것은 창세기 1:26, 28절에서 두 번 언급되어 있습니다.

하나님의 창조물을 다스리는 자는 누구이며, 그는 어떻게 생겼으며, 그의 은사는 무엇이며, 그는 누구에게 책임을 집니까? 이에 대한 연구를 하기 위해 나는 전 피츠버그신학교의 교회역사학 교수였던 존 거스너(John H. Gerstner) 박사가 1977년 필라델피아개혁신학협의회(Philadelphia Conference on Reformed Theology)에서 실시한 강연의 요지를 살펴보고자 합니다. 그의 강연은 하나님이 만드신 사람에 대한 다섯 가지 사항을 이렇게 고찰했습니다.

첫째, 사람은 창조되었고, 지금도 여전히 그렇다. 둘째, 사람은 **남자와 여자**로 창조되었고, 지금도 여전히 그렇다. 셋째, 사람은 **몸과 혼**으로 창조되었고, 지금도 여전히 그렇다. 넷째, 사람은 동물보다 우월하게 창조되었고, 지금도 여전히 그렇다. 다섯째, 사람은 거룩하게 창조되었다. 그런데 지금은 그렇지 않다.[1]

하나님에 의해 창조되다

첫째, 사람이 하나님의 형상으로 창조되었다는 의미에는 그가 인격과 도덕성, 그리고 영성을 가지고 있다는 의미를 포함한다는 것을 우리는 이미 살펴보았습니다. 그러나 우리가 지금 다루고자 하는 주제인 사람이 동물을 다스리는 것과 관련해서 사람의 창조는 책임도 또한 포함한다는 것입니다. 만일 사람이 자신을 창조한 자라면 그는 아무에게도 책임을 지지 않을 것입니다. 그러나 그는 자신을 창조한 자가 아닙니다. 그는 하나님에 의해 창조되었으며, 이것은 그의 삶의 전 영역에서 그가 하는 일, 특히 피조물을 다스리라는 명령을 어떻게 수행하는가에 대해 하나님께 책임이 있다는 것을 의미합니다. 창세기 1장의 구절들은 하나님이 하신 말씀을 이렇게 기록하고 있습니다. "하나님이 이르시되 우리의 형상을 따라 우리의 모양대로 우리가 사람을 만들고 그들로 바다의 물고기와 하늘의 새와 가축과 온 땅과 땅에 기는 모든 것을 다스리게 하자 하시고"(창 1:26). 사람에게 하나님은 이렇게 말씀하십니다. "하나님이 그들에게 복을 주시며 하나님이 그들에게 이르시되 생육하고 번성하여 땅에 충만하라, 땅을 정복하라, 바다의 물고기와 하늘의 새와 땅에 움직이는 모든 생물을 다스리라 하시니라"(창 1:28).

어떤 종류의 지배권이나 마찬가지지만, 특히 이 영역에서의 지배권은 책임을 의미합니다. 오늘날 서구 세계에서는 어떤 결정론 같은 것에 근거해서 사람의 도덕적 책임을 거부하는 경향이 있습니다. 그것은 두 가지 중 하나의 형태를 취합니다. 물리적, 기계적 결정론(인간은 그의 유전자와 몸의 화학적 작용의 산물이다)을 취할 수가 있고, 또는 심리학적 결정론(사람은 그가 처한 환경의 산물이고, 이전에 그에게 일어났던 일의 산물이다)을 취할 수가 있습니다. 이 두 가지 중 어떤 경우이건 개인은 그가 하는 일에 대한 책임에서 면제됩니다. 이런 식으로 우리는 범죄 행위를 병(病)이라고 칭하고, 범죄자를 가해자보다는 그가 처한 환경의 피해자로 간주하는 시대를 지냈습니다(최근에 적어도 이러한 문제를 재고해 보려는 경향이 있습니다). 덜 뻔뻔스러워지긴 했지만, 그럼에도 도덕적으로 비난할 만한 행위들이 "나는 그가 어쩔 수 없었다고 생각한다." 라는 것으로 용서되고 있습니다.

사람에 대한 성경적 견해는 거의 일관되고 있습니다. 프란시스 쉐퍼(Francis Schaeffer)가 이렇게 정확하게 기술한 바와 같습니다. "하나님이 사람을 그분의 형상대로 만드셨기 때문에 사람은 결정론의 바퀴에 묶이지 않는다. 오히려 사람은 매우 위대해서 자신을 위한 역사와 다른 사람들을 위한 역사에, 현생(現生)이나 오는 미래의 생(生)에 영향을 줄 수 있다." [2] 사람은 타락했습니다. 그러나 타락한 상태에서도 책임은 있습니다. 그는 위대한 일을 할 수도 있고, 무서운 일을 할 수도 있습니다.

하나님은 아담과 하와를 창조하시고 그들에게 피조물 집단에 대한 지배권을 주셨습니다. 결과적으로 그들은 그들이 한 일에 대해 하나님께 책임을 지게 되었습니다. 창세기 이야기가 계속 진행되면서 아담이 하는 일을 보여주듯이 사람이 범죄 할 때, 계산을 요구하시는 분은 하나님이십니다. '네가 어디 있느냐… 누가 너의 벗었음을 네게 알렸느냐… 네가 어찌하여 이렇게 하였느냐' (창 3:9, 11, 13). 에덴 이후, 수천 년이 지나 많은 사람들은 책임이 없다고 스스로 확신해 왔습니다. 그러나 성경이 증거 하는 것은 이 면에서의 책임은 아직 유효하고, 모든 사람은 하나님의 심판대 앞에서 하나님께 대답을 하게 될 것이라는 것입니다. "죽은 자들이 자기 행위를 따라 책들에 기록된 대로 심판을 받으니" (계 20:12).

사람들은 또한 다른 사람들에게 행한 행위에 대해 책임을 져야 합니다. 이것이 성경 말씀이 살인에 대한 적절한 대응으로서 극형을 제정하고 있는 이유입니다. 예를 들어 봅시다. "다른 사람의 피를 흘리면 그 사람의 피도 흘릴 것이니"(창 9:6). 이러한 구절들은 훨씬 미개했던 시대의 유물로서, 또는 성경적 견해로 보건대 사람이 가치가 없기 때문에 성경에 있는 것이 아닙니다. 이것들은 그 반대되는 이유 때문에 거기에 있는 것입니다. 사람은 너무 가치가 있어서 터무니없이 죽임을 당할 수가 없습니다. 그런 까닭에 가장 가혹한 처벌은 그러한 멸망용으로 유보해 두는 것입니다.

어느 정도 관련이 있는 것으로 야고보서 3:9-10절은 혀를 다른 사람을 저주하는 데 사용하는 것을 금합니다. 왜냐하면, 그 다른 사람들 역시 하나님의 형상으로 지음을 받았기 때문입니다. "이것으로(혀로) 우리가 주 아버지를 찬송하고 또 이것으로 하나님의 형상대로 지음을 받은 사람을 저주하나니…이것이 마땅하지 아니하니라." 이러한 본문들에서 다른 사람을 죽이거나 저주하는 것을 금했습니다. 그 이유는 그 다른 사람도(심지어 타락 이후에도) 하나님의 형상을 얼마간 보유하고 있고, 그래서 하나님이 그를 소중히 여기시듯이 우리도 소중히 여겨야 하기 때문입니다.

남자와 여자

둘째, 사람은 남자와 여자로 창조되었습니다. 그리고 지금도 여전히 그렇습니다. 오늘날 많은 사람들이 말하기를 남자와 여자 사이에는 본질적인 차이가 없다고 하거나, 혹 어떠한 차이가 있다고 하더라도 그것은 우발적인 것이라고 합니다. 이 말은 분별없는 진화에 의해 우리가 지금의 우리가 되었다고 생각하는 사람들에게는 이해가 되는 말일 것입니다. 그러나 그것은 성경의 입장에서는 전혀 이해할 수 없는 것입니다. 성경은 그 어떤 것도 우연히 생긴 것이 아니고, 특별히 남녀 성별은 하나님의 창조적 행위의 결과라는 것을 말해 주고 있습니다. 그러므로 남성과 여성의 구별은 하나님의 여타의 창조가 좋은 것이고 의미 있는 것과 꼭 같이 좋은 것이고 의미 있는 것입니다. 남자는 여자가 아니고, 여자는 남자가 아닙니다. 우주에서 가장 슬픈 일 중의 하나는 남자가 여자가 되려고 하는 것이나, 또는 여자가 남자가 되려고 하는 것입니다. 어떤 사람이 "누가 우월합니까?" 라고 물으면 나는 이렇게 대답합니다. 남자가 남자로 있는 곳에서는 여자보다 절대적으로 우월하고,

여자가 여자로 있는 곳에서는 남자보다 절대적으로 우월합니다. 그러나 여자가 남자가 되려고 한다거나, 남자가 여자가 되려고 한다면, 그 사람은 괴물이 되는 것입니다.

이는 마치 동등성이 무차별성을 의미하는 것인 양, 하나님 앞에서 동등성을 부정하는 것으로 생각되기도 합니다. 그러나 그런 생각은 성경적이지도 않고, 합리적이지도 않습니다. 남자와 여자는 하나님 앞에서 동등합니다. 그러나 무차별적인 것은 아닙니다. 가정(그리고 교회) 제도에서 남자는 인도하고, 보호하고, 돌보고, 소중히 여기며, 행동하며, 주도합니다. 여자는 응답하고, 받아들이고, 수동적이고, 출산하고, 양육하고, 따릅니다. 이 점에서 하나님이 세우신 인간의 가정은 삼위일체론과 깊은 유사성이 있습니다. 우리는 신학의 삼위일체론에서 삼위는 "한 분의 하나님이시고, 속성이 같고, 능력과 영광이 동등하시다." 라고 말합니다.

그러나 거기에는 또한 구별성도 있습니다. 제2위의 하나님이신 아들은 사람의 구속을 위한 아버지의 소원을 수행하시려고 자발적으로 자신을 아버지께 종속시키시고, 제3위이신 성령님은 아버지와 아들의 연합된 뜻에 자신을 종속시키십니다. 결혼에 있어서 남자에 대한 여자의 종속은 자발적인 복종입니다. 존 거스너는 이렇게 기술하고 있습니다. "어떤 여자도 아무 남자의 청혼을 받아들여야만 할 필요는 없다. 그러나 그 여자가 자발적으로 한 남자와 거룩한 결혼을 하게 되면 그 여자는 베드로전서 3장에서 요구하는 바와 같이 그녀의 남편에게 '복종' 하고 '순종' 해야 한다. 마찬가지로 자녀들은 하나님의 명령 하에 부모에게 '순종' 하고 '존경' 해야 한다. 유감스럽게도 우리는 경험을 통해서 많은 사람들이 그렇게 하지 않고 있는 것을 알고 있다. 그러나 만일 그들이 그렇게 한다면(그들이 하나님의 명령 아래 있는 것처럼), 자발적으로 해야만 한다. 이렇듯 하나님이 자신의 형상으로 만드신 인간의 가정 제도에는 적절하고 자발적인 종속이 있는 삼위일체의 하나님 자신과 닮은 점이 있는 것이다."[3]

몸과 혼

셋째, 하나님은 몸과 혼을 가진 사람을 만드셨습니다. 그리고 지금도 여전히 그렇게 하십니다. 이 점에서 사람의 존재가 세 부분의 구조로 되어있다고 믿는 사람들과 두 부분의 구조로 되어있다고 믿는 사람들 사이에 논쟁이 있습니다(거스너가 그의 강연에서 취한 입장을 나는 따르고 있습니다). 그러나 그 논쟁은 때때로 보는 것처럼 그리 중요한 것이 아닙니다. 양 당사자 모두 인간은 적어도 죽게 되고 그리고 부활을 필요로 하는 물질적인 부분과 죽음 이후에도 존재하는 비물질적인 부분으로 구성되어 있다는 것을 인정합니다. 유일한 질문은 이 비물질의 부분이 한편으로는 혼 또는 인격과, 다른 한편으로는 홀로 우리를 하나님과 관계를 갖게 하는 영을 포함하고 있는 것으로 더 구별 될 수 있는가 하는 것입니다. 이런 경우 언어적 자료가 결정력을 가질 것입니다.

그러나 불행히도 그런 자료가 바라는 만큼 분명하지 못합니다. 어떤 때는, 특히 구약의 초기 부분에서는 혼(네페쉬, nephesh)과 영(루아흐, ruach)이 서로 교체 사용되고 있습니다. 그러나 다른 곳에서는 특히 구약의 후기에는 루아흐(ruach, 영)가 사람들이 하나님과 관계를 갖는 요소로 사용되는 빈도가 점점 높아집니다. 이때에 네페쉬(nephesh)는 루아흐(ruach)와 구별되어 단순히 생명 원리를 의미하게 됩니다. 이 견해에 따르면 "혼"(soul)은 동물과 관련해서 사용되고 있고, "영"(spirit)은 그렇지 않습니다. 반대로, 하나님의 음성을 듣고 하나님과 특별한 의미에서 교제를 가졌던 선지자들은 하나님의(혼이 아니라) "영"에 의해 생기를 얻었다고 언급되고 있습니다. 신약에서도 언어적 자료는 비슷합니다. 혼(프쉬케, psyche)과 영(프뉴마, pneuma)은 구약에서처럼 때로 자유롭게 서로 교체 사용되지만, 그럼에도 프뉴마(pneuma)는 또한 구원받지 못한 사람도 소유하는 단순한 프쉬케(Psyche)와는 반대로 구속된 사람의 영광인 하나님과 관계를 갖는 특별한 능력을 표현하기도 합니다(고전 2:9-16).

이 부분에서 특정의 단어들은 그것들이 전달하는 진리보다 덜 중요할 가능성이 있습니다. 사람의 단일성을 주장하는 사람은 그럼에도 불구하고 사람이 단순한 물질 이상의 존재라고 믿습니다. 만일 그들이 사람의 두 부분 구조설(이분설)을 지지한다면, 그들은 사람에게는 동물로부터 구별되게 하는 것이 있다는 것을 인정하는 것입니다.

몸은 우리가 눈으로 보는 부분이고, 육신적 생명을 소유하고 있는 부분입니다. 우리는 다른 생명체들과 공통적으로 몸을 가지고 있습니다.

혼은 성격 또는 자기 동일성이라고 부르는 인격의 한 부분입니다. 이것은 그리 단순하게 이야기할 문제가 아닙니다. 혼은 몸의 한 부분인 뇌를 통해 몸과 관계를 가집니다. 그것은 또한 우리가 영과 교제하는 특성에도 관계를 합니다. 그럼에도 개괄적으로 말해 혼은 개인을 유일무이한 사람으로 만드는 것에 관련됩니다. 우리는 혼이 정신 중심에 있다는 것과, 좋아하고 싫어하는 모든 것, 특별한 재능 또는 약점, 정서, 열망, 그리고 그 개인을 모든 다른 사람들과 상이하게 만드는 기타 모든 것들을 포함한다고 말할 수 있습니다. 왜냐하면, 우리는 혼을 가지고 있어서 다른 사람들과 교제와 사랑과 의사소통을 할 수 있기 때문입니다.

그러나 인간은 단지 다른 사람들과 교제하고 사랑하고 의사소통하는 것에 그치는 것은 아닙니다. 그는 또한 하나님과 사랑을 나누고 교제를 갖는데, 이 일을 위하여 그에게는 영이 필요합니다. 영은 하나님과 교제를 나누고, 하나님의 본질에 참여하는 인간 본질의 한 부분입니다. 어디서도 하나님은 몸이나 혼이라고 언급되지 않습니다. 그러나 하나님은 영이라고 정의되고 있습니다. "하나님은 영이시니 예배하는 자가 영과 진리로 예배할지니라"(요 4:24). 인간은 영이기 때문에(또는 거듭남으로 인해 영을 소유하기 때문에) 그는 하나님과 교제를 할 수 있고, 그분을 예배할 수 있는 것입니다.

혼과 몸에 관해 말하면서 존 거스너는 훌륭한 통찰을 하고 있습니다. 그는 이렇게 기술합니다. "인간 최초의 상태와는 달리, 현 상태에서의 인간 본성의 특색은 다른 사람은 의지적이고 이성적이고 도덕적인 혼을 가지고 있는 존재로 인정하면서도, 자기 자신에 대하여는 마치 자기는 단지 화학적 작용과 반작용의 결합체인 것처럼 타협하고 있는 것이다. 예를 들어 한 어린아이가 어머니에게 말했다. '엄마, 내가 나쁜 짓을 할 때는 그것은 내가 나쁜 아이이기 때문에 그러는 것이고, 엄마가 나쁜 짓을 할 때면 언제나 그것은 엄마가 흥분하기 때문에 그러는 것은 왜 그렇죠?' 여기서 원리를 발견한다. 그 아이가 어떤 나쁜 짓을 할 때는 그 어머니는 그 아들이 영을 소유한 존재라는 것을 인정한다. 그 아이는 그의 나쁜 행실에 대해 당연하게 꾸지람 들을 수 있는 도덕적으로 책임을 지는 개인이다. 그러나 어머니가 같은 행실을 할 때는… 그녀는 자기 아들에게 자기는 신경을 가진 몸이고 그래서 어쨌든 책임이 없다는 것을 상기시킨다."[4]

그러나 우리에게는 책임이 있습니다. 혼은 몸에 대한 지배권을 가지고 있습니다. 결과적으로 우리의 약점이 무엇이건, 우리는 육신적인 욕구를 종속시키고 하나님을 위해 살아야만 할 책임이 있습니다.

동물에 대한 우월성

넷째, 사람은 동물보다 우월하게 창조되었습니다. 이 점이 이 구절들에서 특별히 강조되고 있습니다. 마르틴 루터(Martin Luther)는 그의 창세기 강해에서 그의 의견으로는 최초 상태에서의 아담은 동물들이 가졌던 강한 힘보다도 더 탁월한 힘을 가졌었다고 기술했습니다. 그는 이렇게 말했습니다. "나는 아담의 범죄 이전에 그의 눈은 아주 예리하고 맑아서 스라소니나 독수리를 능가했다고 전적으로 확신한다. 그는 매우 강했던 사자나 곰보다 더 강해서 그 동물들을 마치 우리가 강아지를 다루듯이 했다." 나중에 아담의 지적인 힘을 생각하기 시작하면서 그는 이렇게 말했습니다. "만일… 우리가 걸출한 철학자를 찾고 있다면 범죄하기 이전의 우리의 최초의 조상을 간과하지 말자."[5] 사람은 이와 같은 능력을 가지고 피조물을 다스렸던 것입니다.

오늘날 우리는 무서운 상황에 처해 있습니다. 죄로 말미암아 사람은 자신의 이기적인 목적에 복종해서 피조물을 지배하고 폭압하려는 경향을 보이거나, 아니면 자신의 타락이 진행되고 있다는 것을 깨닫지 못하고 엎드려 피조물을 숭배하려는 경향을 보입니다. 성경이 기술하는 바와 같이 사람은 "천사보다 조금 못하게"(시 8:5: 개역성경 - 역주) 창조되었습니다. 즉, 그들은 가장 높은 존재와 가장 낮은 존재 사이인 천사와 짐승 사이에 위치하게 되었습니다.[6]

그러나 사람이 짐승보다 조금 높다는 표현보다는 천사보다 조금 못하다고 기술되고 있는 것이 중요한 의미를 갖습니다. 그것은 사람이 중재자가 되는 특권을 가진다는 의미이기도 하지만, 그는 또한 아래를 내려다보는 것보다는 위를 쳐다보는 존재라는 의미를 갖기도 하는 것입니다. 그러나 불행한 일은 사람이 하나님에게 묶여있는 끈을 끊고 하나님의 통치에서 벗어나려고 시도할 때, 그는 자신이 원하는 것처럼 하나님의 자리를 차지하려고 위로 올라가는 것이 아니라, 오히려 짐승의 수준으로 내려앉는다는 것입니다. 실제로, 그는 자신을 짐승(벌거벗은 원숭이), 또는 더 나쁘게 보아 기계라고 생각하게 됩니다.

거룩한, 그럼에도 거룩하지 않은

다섯째, 이것이 우리를 마지막 사항에 이르게 합니다. 하나님은 사람을 거룩하게 창조하셨습니다. 그런데 지금은 거룩하지 않습니다. 우리가 고찰해 본 위의 네 가지 사항은 모두 죄로 말미암아 일그러지긴 했지만 그래도 남아있습니다. 사람은 약해지고 죽을 운명에 처해졌지만 여전히 창조된 존재입니다. 그는 여전히 남자와 여자로 되어 있습니다. 그는 여전히 몸과 혼을 지니고 있습니다. 그는 여전히 동물보다 우월합니다. 사람은 또한 하나님이 거룩하신 것처럼 거룩하게 창조되었습니다. 그런데 최초의 의(義)에 대해서는 아무 흔적도 남아있지 않습니다. 오히려 성경이 말씀하는 것처럼 "그의 마음으로 생각하는 모든 계획이 항상 악할 뿐"(창 6:5)입니다.

사람이 구세주를 필요로 하는 이유가 여기에 있습니다. 하나님은 사람을 올바르게 만드셨지만, 사람은 자기 자신의 계획을 추구했습니다. 각자가 자기 길로 돌아서면서 사람은 인류를 망쳐놓게 되었습니다. 지금은 아무도 거룩하지 않을 뿐만 아니라, 그 누구도 그 거룩함을 되찾을 능력조차 없습니다.

어거스틴의 말을 빌리자면 타락 이전에 사람은 죄를 안 범하는 것이 가능한 존재(posse non peccare, 포세 논 페까레)였습니다. 그러나 어거스틴이 성경의 가르침에 따라 정확하게 밝혔듯이 그는 또한 죄를 범하는 것이 가능한 존재(posse peccare, 포세 페까레)였는데, 사람은 이쪽을 선택했습니다. 지금 사람은 죄를 안 범하는 것이 불가능한 존재(non posse non peccare, 논 포세 논 페까레)가 되었습니다. 그것은 마치 그가 구덩이 속으로 뛰어 들어가 지금 거기 갇혀있는 것과 같습니다. 사람은 하나님이 은혜로, 예수 그리스도의 구속 사역을 통해서, 그리고 성령님의 능력으로 끌어내 줄 때까지 그 구덩이에서 계속 기다려야만 합니다.

● 각주 ●

1. Gerstner, "Man as God Made Him," 19-26

2. Francis A. Schaeffer, *Death in the City* (Downers Grove, Ill.: InterVasty Press, 1969), 80.

3. Gerstner, "Man as God Made Him," 22.

4. Ibid., 23.

5. Martin Luther, *Lectures on Genesis Chapters 1-5*, vol. 1 of *Luther's Works*, ed. Jaroslav Pelican (St. Louis: Concordia, 1958), 62, 66.

6. 여기서 언급되고 있는 "천사보다 조금 못하게 만들어진 존재" 라는 말은 오실 메시아인 예수 그리스도에게 제일 먼저 적용이 된다. 그러나 이 말이 그리스도의 성육신만을 언급하고 있는 것은 아니다. 따라서 이 구절과 본 시편 전체는 일반 사람에게 관련되는 것으로 바르게 이해해야 한다. 이는 특히 다음 절인 창세기에서 아담과 하와에게 주신 지배권의 역할을 언급하고 있는 "주의 손으로 만드신 것을 다스리게 하시고 만물을 그의 발 아래 두셨으니"(시 8:6) 라는 절에서 더욱 분명해 진다.

13

일곱째 날

창세기 2 : 1-3

천지와 만물이 다 이루어지니라 하나님이 그가 하시던 일을 일곱째 날에 마치시니 그가 하시던 모든 일을 그치고 일곱째 날에 안식하시니라 하나님이 그 일곱째 날을 복되게 하사 거룩하게 하셨으니 이는 하나님이 그 창조하시며 만드시던 모든 일을 마치시고 그 날에 안식하셨음이니라

하나님이 일곱째 날에 안식하셨다는 것은 하나님이 눈을 감으시고 주무셨다는 것을 의미하는 것이 아닙니다. 하나님은 낮잠을 주무시지 않으십니다. 이는 하나님이 아담과 하와가 하고 있는 일에 무관심하게 되셨다는 뜻에서 하나님이 쉬셨다는 것을 의미하지 않습니다. 우리는 아담이 범죄 했을 때, 하나님이 그 죄를 결산하시려고 즉시 동산에 오셔서 그들을 부르신 것을 보아 그분이 무관심하지 않으신 것을 알고 있습니다. 그분은 심판을 선고하시고 오실 구속자에 대한 소망을 약속하셨습니다. 안식이란 말은 이러한 개념들 중 어떤 것으로도 이해될 수가 없습니다.

어거스틴(Augustine)이 자신의 유려한 표현의 말들을 사용해서 하나님의 안식(rest)과 우리의 불안식(restlessness)을 대조시켰을 때, 그가 가졌던 생각이 여기서 말하고 있는 안식의 개념입니다. 그는 이와 같이 말했습니다. "당신은 당신을 위해 우리를 만드셨습니다.

그래서 우리의 마음은 당신 안에서 안식할 때까지 안식을 누리지 못합니다." 어거스틴은 마음의 불안에 대해 생각하고 있었습니다. 그는 우리에게 베푸신 하나님의 진정한 섭리는 하나님 안에서만 찾을 수 있는 안식을 발견하는 것이라고 말하고 있습니다.

본문에서 말씀하는 것이 이런 종류의 안식을 의미하는 것이 아닐까 생각됩니다. 하나님은 창조의 일을 마치시고 안식하십니다. 그리고 마치 이렇게 말씀하시는 것과 같습니다. "내가 안식하는 것처럼 안식하는 것, 내 안에서 안식하는 것이 내 백성에게 베푼 나의 섭리이다."

안식과 불안식

우리의 삶에 안식이 없도록 만드는 것 중의 하나는 변화의 속도입니다. 얼마나 많은 사람들이 인구 시계를 본 경험을 했을지 모르겠습니다. 나는 1966년 베를린에서 개최된 제1차 세계전도회의에서 경험을 했는데, 그것은 마음을 매우 어지럽게 만든 경험이었다고 말할 수 있습니다. 회의가 열렸던 베를린에 있는 의원회관에 인구 시계가 전시되어 있었습니다. 그 시계는 이 지구의 인구 증가율에 따라 계속 증가하는 숫자를 표시했습니다. 그 숫자는 매우 빠르게 올라갔습니다. 숫자들은 우리 눈앞에서 문자 그대로 휙휙 움직였습니다. 열, 스물, 서른, 마흔, 쉰, 백, 이백, 삼백, 천, 이천, 삼천… 이렇게 숫자는 증가해 갔습니다. 나는 이 시계를 보면서 빠른 변화의 속도에 압도당하고 말았습니다. 바로 이때, 그 시계조차도 압도되었습니다. 왜냐하면 그 기계 장치가 인구의 증가를 따라갈 수가 없어서 가엾게도 그 시계는 속도가 느려지기 시작했기 때문입니다. 그 회의가 끝나갈 무렵, 어떤 사람이 연단에서 그 시계가 인구를 따라가지 못했기 때문에 만일 여러분이 인구 숫자를 알기를 원한다면, 특정 양만큼씩 숫자를 증가시켜야 한다고 고지해야만 했습니다.

만일 이것이 얼마나 우리를 불안케 하는 것인지 깨닫지 못한다면, 이 추가적인 사실을 생각해 볼 필요가 있습니다. 즉, 시간이 빠르게 흐르면서 인구 숫자만 증가하는 것뿐 아니라, 그 증가율조차 증가한다는 것입니다. 인구 증가가 가속화되고 있는 것입니다. 그 시계는 지금까지 속도를 늦추는 대신 더 냈을 것입니다. 세계전도회의가 있었던 1966년의 인구 시계의 속도는(만일 그 시계가 오늘날 세계 인구의 증가 속도를 따라올 수 있었다고 가정할 경우) 지금보다 매우 느렸을 것입니다.

무엇보다도, 문제는 단지 인구의 증가뿐만이 아닙니다. 그 자체는 그리 나쁜 것이 아닙니다. 문제는 모든 것이 바뀐다는 것입니다. 이것이 앨빈 토플러(Alvin Toffler)가 그의 책 「미래의 충격」(Future Shock)에서 산업화된 땅에서 사는 사람들에게 다가오는 대대적인 몰락에 대해 말하고 있는 이유입니다. 일부 학자들이 말하는 것처럼 우리의 선택이 점점 무시되고 산업이 우리를 더욱 심하게 획일화 속으로 몰아넣고 있는 것이 문제가 아닙니다. 오히려 우리의 선택권은 매우 빠른 속도로 증가하고 있습니다. 사람들은 자신에게 하도록 강요된 선택을 일일이 따라갈 수가 없습니다. 이러한 현상을 보며 우리는 이 시대가 재난과 불안식의 시대라는 옳고 불가피한 결론을 내리게 됩니다.

그러나 우리는 아직 불안식의 진정한 원인을 살펴보지 않았습니다. 만일 우리가 역사를 거슬러 현대라고 생각하는 때 이전, 현대적 삶의 가속도가 붙기 이전의 과거로 가 본다면, 우리는 어거스틴이 기술한 것처럼 그때에도 사람들은 여전히 불안식 속에서 살고 있었음을 보게 됩니다.

어거스틴은 시대가 바뀌는 시기에 살았습니다. 그러나 우리가 만일 그에게 질문할 수 있다면 이런 질문을 할 수 있을 것입니다. "어거스틴이여, 당신은 서구 역사의 초기로 간주되는 시대에 살았으면서 어떻게 불안식을 이야기할 수 있습니까? 우리의 문제는 현대생활의 빠른 속도와 관련되는 것인데요." 어거스틴은 이렇게 대답할 것입니다. "당신들의 문제는 현대생활의 빠른 속도도 아니고 늦은 속도도 아니오. 근본적인 문제는 마음을 불안하게 하는 죄라오!" 아마도 그는 우리에게 쉬지 않고 요동하는 바다 같은 삶을 사는 악인에 대해 이야기하는 성경말씀을 가리켜 주었을지도 모릅니다. 문제의 원인은 "죄"인 것입니다.

처음 죄를 범한 존재는 악마였습니다. 그가 가진 이름 중에는 "혼란케 하는 자"(disrupter)라는 의미의 **디아볼로**(Diabolos)가 있습니다. 디아볼로는 두 개의 헬라어인 "통하여"(through) 또는 "~ 가운데"(among)라는 의미의 **디아**(dia)와 "던지다"(to throw)라는 의미의 **발로**(ball o)의 합성어입니다. 우리가 쓰는 "볼링"(bowling)이란 말이 여기서 나왔습니다. 두개의 단어를 합치면 항상 무엇인가를 물체 가운데 던지는 자를 의미하는 말이 됩니다. 그는 방해자요, 파괴자입니다. 그는 그렇게 죄를 범합니다. 만일 우리에게 죄가 없다고 하면 우리는 우리 안에 주 예수 그리스도의 평안을 가질 수 있을 것입니다. 그러나 우리가 그렇지 못하기 때문에 (우리의 적이 되어버린) 하나님과, (우리가 부단히 투쟁하는) 다른 사람들과, 그리고 우리 자신과 불화합니다. 혼자 가만히 있어도 평안을 누릴 수가 없습니다. 한 저자가 이렇게 말한 적이 있습니다. "사람들에게 있어 가장 큰 문제는 그들이 동요하지 않고 가만히 있는 방법을 모른다는 것이다."

안식할 때

불안식을 어떻게 치료해야 합니까? 창세기의 구절을 인용하여 히브리서 저자가 한 장 전체에 이 주제를 다룬 것은 흥미 있는 일입니다. 그는 3장에서 시작하지만, 그가 "안식할 때"(4:9) 라고 부르는 것에 관해서 말하는 것은 4장에 들어와서 입니다. 그는 하나님이 그분의 백성을 위해 안식을 창조하셨지만 우리는 안식하지를 못한다는 사실에 주의를 환기시키고 있습니다. 그는 하나님이 이스라엘을 애굽에서 광야로 인도하셔서 그들이 광야에서 방황할 때, 하나님은 그들을 약속의 땅으로 들여보낼 목표를 가지고 계셨음을 강조하고 있습니다. 그 땅은 그들이 방황을 끝내고 안식을 찾을 곳이었습니다. 그 땅은 하늘나라의 상징이었습니다.

그러나 백성은 우리가 그렇게 하듯이 하나님을 배반했습니다. 그래서 하나님은 그 세대를 심판하셨습니다. 히브리서 저자는 하나님이 "내가 노하여 맹세하기를 '그들은 내 안식에 들어오지 못하리라' 하였도다" 라고 말씀하시는 시편 95:11절을 인용합니다. 저자는 어떻게 그럴 수가 있는가라고 묻습니다. 여기에 하나님이 계십니다. 그분은 안식의 날을 창조하시고, 안식을 약속하시지만 그분의 백성은 그 안식에 결코 들어갈 수 없다고 맹세하십니다. 그분은 우리가 안식을 찾을 수 있는 곳인 하나님, 즉 예수 그리스도에게 오지 않기 때문에 안식에 들어가지 못한다고 대답하십니다.

저자는 그 당시의 사람들에게 권고합니다. 그의 요지는 이렇습니다. "광야에서 멸망당한 사람들이 한 것처럼 하지 말아라. 그들에 관해서 이런 일들이 언급되었다. 오히려 하나님의 안식에 들어가도록 애써라. 죄와 상관 말아라. 그리스도에게서 떨어지게 하는 모든 것을 버려라. 그리스도 안에서 안식하기 위해 온전한 믿음으로 나아오라."

예수님 자신이 그런 권고를 하셨습니다. 십자가에 달리시기 전에 제자들과 함께 다락방에 계셨을 때 예수님은 제자들이 당시 일어나고 있는 일들로 인해 근심하고 있는 것을 인식하셨습니다. 그들은 예수님에게서 당신의 죽음에 대한 예언을 들었습니다. 그들은 그 뜻을 완전하게 이해하지를 못했지만, 그들은 사태가 바뀌고 있다는 것을 알았습니다. 그들은 근심했습니다. 그러나 예수님은 이렇게 말씀하셨습니다. "너희는 마음에 근심하지 말라 하나님을 믿으니 또 나를 믿으라"(요 14:1). 예수님은 계속해서 하늘의 거처에 대해서, 성령님을 보내주시는 것에 대해서, 그리고 기도의 특권에 대해서 말씀하시고 끝으로 예수님은 제자들에게 그분의 적절한 유산으로 간주되는 평안을 주셨습니다. 예수님은 이렇게 말씀하셨습니다. "평안을 너희에게 끼치노니 곧 나의 평안을 너희에게 주노라 내가 너희에게 주는 것은 세상이 주는 것과 같지 아니하니라 너희는 마음에 근심하지도 말고 두려워하지도 말라"(요 14:27).

그것이 어떻게 실현될 수 있습니까? 우리의 필요를 이룩하신 그리스도를 발견함으로써 실현될 수 있습니다. 죄는 불안식의 근본적인 원인입니다. 그래서 죄는 우리가 반드시 처리해야 할 문제입니다. 우리는 그것을 처리할 수 없습니다. 우리는 죄인입니다. 그러나 주 예수 그리스도는 처리 하실 수 있을 뿐만 아니라, 처리 하십니다. 그분은 오셔서 죽으시고 우리 죄를 위해 벌금을 지불하셨습니다. 그분은 당신을 믿는 모든 자를 위해 하나님 앞으로 들어가는 문을 열어놓으셨습니다. 그 위에, 하나님은 예수 그리스도의 죽음에 근거해서 믿는 자를 의롭다고 선언하셨습니다. 믿는 자는 이제 하나님 앞에서 그리스도의 의로 옷 입은 새 사람이 되었습니다.

우리가 사는 동안 우리는 죄로 인하여 괴로움을 당하게 될 것입니다. 그러나 우리는 이제 하나님의 안식에 들어갈 수 있게 되었고, 우리가 예수님을 닮게 되고, 하나님 앞에 거룩하게 서게 되는 그날을 바라볼 수 있게 되었습니다.

거룩과 죄

이 사실이 두 번째 사항으로 인도합니다. 하나님은 이 구절에서 안식을 약속하실 뿐만 아니라, 거룩까지도 약속하십니다. 거룩은 구별해 놓은 것을 의미합니다. 따라서 하나님은 우리로 하여금 안식으로 들어갈 뿐만 아니라 거룩으로 들어가야 하는 것을 가르치시기 위해 안식일을 구별해 놓으셨습니다.

그 두 가지는 함께 가는 것입니다. 왜냐하면, 거룩은 죄의 반대이고, 죄는 우리를 불안식하게 하는 것이기 때문입니다. 우리가 복음을 들고 세상에 나아갈 때, 세상이 그리스도의 가르침에 응답하기를 즐거하지 않고, 우리가 안식에 대해 이야기할 때, 세상은 불안식 속에 있으면서도 힘차게 팔을 벌려 복음을 환영하지 않는 것은 안식이 거룩과 연결되어 있고, 세상은 거룩을 원하지 않기 때문입니다.

하나님의 속성은 언제나 사람의 기분을 상하게 합니다. 하나님은 주권적이십니다. 우리는 우리 자신의 주권을 누리기를 원하기 때문에 기분이 상하는 것입니다. 우리는 우리 자신의 삶의 주(主)가 되기를 원합니다. 우리는 어느 시인이 말한 것처럼 이렇게 말하기를 원합니다. "나는 내 운명의 주인이다. 나는 내 영혼의 통치자이다."

하나님은 또한 전지자이십니다. 그분은 모든 것을 아십니다. 이것 역시 하나님이 우리를 알고 계신다는 의미이기 때문에 골치 아픈 일입니다. 우리는 우리 자신이 정말로 잘 알려지는 것을 원하지 않습니다. 우리는 주목 받기를 원합니다. 우리는 칭찬 듣고, 높임 받기를 원합니다. 그러나 우리는 우리 정체성에 대해 부끄러워하기 때문에 우리의 현실 그대로 알려지는 것을 원하지 않습니다. 그러나 어떤 사람도 우리를 그렇게 잘 알지 못하는데 하나님은 우리를 아십니다. 거룩하신 하나님 앞에 노출되는 것은 두려운 일인 것입니다.

하나님의 모든 속성 중에서 가장 거리끼는 것은 거룩입니다. 하나님은 절대적으로 거룩하십니다. 그분에게는 죄의 여지가 없습니다. 하나님 안에는 죄스러운 생각도, 죄스러운 소원도, 죄된 행동이나 감정도 없습니다. 그러나 우리가 하는 모든 것은 죄로 손상된 것들입니다. 창세기에서 조금 더 나아가면 사람의 생각이 "항상 악할 뿐"(창 6:5)이라고 말씀했습니다. 우리는 하나님의 판단에 저항하면서 그것이 옳지 않다고 말할지 모릅니다. 그러나 그것이 하나님이 보시는 상태입니다. 우리는 죄를 과소평가하는 경향이 있습니다. 우리는 이렇게 말합니다. "물론, 모든 것을 내가 해야만 하는 대로 하지 못하는 때가 있지요. 그러나 대체적으로 보면 나는 꽤 잘하는 편입니다." 그러나 하나님은 이렇게 말씀하십니다. "그 잘하는 때조차도 죄로 물들어 있어서 만일 네가 내가 보는 대로 볼 수 있다면, 너는 죄 속에서 네 자신을 혐오할 것이다."

사람들은 하나님의 거룩하심을 싫어합니다. 이 점이 복음 전도를 매우 어렵게 하고 있는 것입니다. 사람들은 안식을 필요로 합니다. 그렇습니다. 그러나 그들은 그것을 찾는 방법을 알 필요가 있습니다. 즉, 예수 그리스도의 역사를 통해 죄의 형벌이 제거되고, 성령님의 권능으로 죄의 능력이 깨어지고, 그리스도의 재림으로 죄의 실재가 박멸됨으로써 안식을 찾을 수 있는 것입니다. 그때에는 그분을 믿는 자들이 그분의 모든 온전함 속에서 그분과 같이 될 것입니다.

믿는 자들은 일곱째 날이 지금 우리 안에서 성취되었다고 이해하고 있습니다. 우리는 어느 정도 그리스도가 예비하신 안식과 거룩함에 들어와 있습니다. 그러나 안식일의 궁극적 실현은 예수 그리스도의 재림에서 완성될 것입니다. 그때에 우리는 그분과 함께 행하며 거룩함 속에서 그분과 함께 영원히 거할 것입니다.

일에 대하여

일곱째 날의 약속에도 불구하고, 일곱째 날 다음에는 우리에게 역시 중요한 첫째 날이 잇따르고 있는 것이 사실입니다. 도널드 반하우스(Donald G. Barnhouse)는 경건을 위한 창세기 공부에서 이점에 대해서 흥미로운 말을 했습니다. 창세기 각 부분 뒤에 경건을 위한 해설을 했는데 바로 이 지점에서 "그가 하시던 모든 일을 그치고 일곱째 날에 안식하시니라"(창 2:2) 라는 말씀 다음에 반하우스는 "그러나 오랫동안은 아니었다."고 언급했습니다. 죄가 들어왔습니다. 그래서 하나님은 구속(救贖)을 이루시기 위해 그리스도 안에서 곧 다시 일에 임하셨습니다. 예수님은 "아버지께서 이제까지 일하시니 나도 일한다." 라고 말씀하셨습니다. 그 일은 아직도 계속되고 있습니다. 그러므로 만일 아버지 하나님, 예수 그리스도, 그리고 성령님이 일하고 계신다면, 우리도 또한 일하는 것이 좋습니다. 왜냐하면 해야 할 일이 많기 때문입니다.

그리스도인의 예배의 날이 (구약시대의 특색을 이루었던) 쉬는 안식일이 아닌, 기쁨과 활동과 기대의 날인 한 주간의 첫 날인 일요일인 것은 그 의의가 깊습니다. 왜 그날이 기쁨의 날입니까? 예수 그리스도 안에 있는 복음의 최고점을 보기 때문입니다. 이전에 하나님의 백성은 기대 속에서 살았습니다. 그들은 메시아의 오심을 기다렸습니다. 지금은 메시아가 이미 오신 상태입니다. 그래서 우리는 그분 안에서 기뻐합니다. 부활하신 후에 여인들에게 하신 예수 그리스도의 첫 말씀이 "기뻐하라"는 것이었습니다. 그들은 기뻐할 일이 많았기 때문에 기뻐해야 했습니다.

그렇다면 주일에 종종 하나님의 백성의 특징처럼 되고 있는 우울한 얼굴이나 근엄한 태도를 버립시다. 그리고 오직 집에 가기 위해 교회에 오는 예배자의 유형에서도 벗어납시다. 만일 당신이 하나님을 예배하는 것과 하나님의 백성과 교제하는 것을 기뻐하지 않는다면, 만일 당신이 말씀 설교와 회중이 말과 노래로 화답하는 것을 기뻐하지 않는다면, 집에 그냥 머무십시오! 초대교회에서는 사도들이 사람들을 예배에 나오게 하려고 초인종을 누르며 돌아다니지 않았습니다. 그들은 교인을 유인할 흥밋거리를 새롭게 하려고 매 교인마다 심방 계획을 만들어 놓을 필요가 없었습니다. 실상은 그 반대였습니다. 사도행전 2장에서 그리스도인들이 "사도의 가르침을 받아 서로 교제하고 떡을 떼며 오로지 기도하기를 힘쓰니라… 날마다 마음을 같이하여 성전에 모이기를 힘쓰고 집에서 떡을 떼며 기쁨과 순전한 마음으로 음식을 먹고 하나님을 찬미하며 또 온 백성에게 칭송을 받으니 주께서 구원 받는 사람을 날마다 더하게 하시니라"(행 2:42, 46-47)고 했습니다.

이들은 행복한 그리스도인들이었습니다. 다른 사람들이 그들, 아마도 그들 거의 모두와 함께 하기를 좋아했을 것입니다. 그들은 행복했기 때문입니다. 우정이 솟아났습니다. 그러자 이 우정에 근거해서 주님은 교회에 역사하셔서 날마다 구원받는 자들을 더해주셨습니다.

주일의 두 번째 특징은 **활동**입니다. 첫 번째 주일은 활동의 날이었습니다. 즉, 무덤으로 가고 있던 여인들, 예수님의 나타나심, 엠마오로 향하던 제자들의 예루살렘 귀환, 경험들을 나눔, 성도의 교제, 주님의 명령 등의 활동이 있던 날이었습니다. 만일 당신이 나머지 6일 동안 열심히 일한다면 일요일은 당신에게 "안식의 날"이 될 수 있습니다. 그러나 그것이 주일의 필수 요소는 아닙니다. 안식일은 휴식의 날입니다. 당신이 휴식을 필요로 한다면 토요일에 휴식하도록 노력하십시오. 주일은 활동의 날입니다.

이것이 예전에 하던 모든 활동이 다 주일에 해야 할 일로서의 충분한 의미를 갖는다는 것은 아닙니다. 만일 당신이 원하면 잔디를 깎을 수도 있습니다. 당신은 율법 아래 있지 않습니다. 그러나 그것은 그리스도와 그리 관계가 없는 일이며, 당신이 그분의 부활의 기쁨을 표현하는 일에 도움이 되지 않을 것입니다.

예배는 중요합니다. 예배를 활동이라고 말하는 것으로 어떤 사람들은 충격을 받을지 모릅니다. 많은 사람들의 마음에 예배는 수동적인 의미로 자리 잡고 있기 때문입니다. 즉, 자리에 앉아 그날의 말씀이 물처럼 머릿속을 흘러가게 하는 것이 예배라고 생각합니다. 그러나 그것은 진정한 예배의 변장입니다. 주님은 진정한 예배는 "영과 진리"(요 4:24)로 해야 한다고 말씀하셨습니다. 진리는 내용을 수반합니다. 따라서 예배는 그 무엇보다도 능동적이고 이성적인 활동인 것입니다.

왜 우리는 히브리어나 헬라어나 라틴어가 아닌, 일반인의 언어로 성경을 읽습니까? 왜 찬송가 가사가 보통의 언어로 되어 있습니까? 왜 설교가 예배의 중심이 되고 있습니까? 그 대답은 우리의 마음을 끌어들이기 위해서라는 것입니다.

런던의 제령교회(All Souls Church)에서 은퇴한 교구목사인 존 스토트(John R. W. Stott)는 이렇게 기술하고 있습니다. "그러므로 우리는 감정적이거나 심미적이거나 또는 황홀경으로 빠지는 모든 형식의 예배를 조심해야 한다. 그런 예배는 예배자의 마음, 특히 그런 예배를 우수한 형식의 예배라고 주장하는 사람들의 마음을 충분히 끌어들이지 못한다. 하나님을 기쁘게 해 드리는 유일한 예배는 마음의 예배이고, 마음의 예배는 이성적 예배이다. 그것이 우리로 하여금 하나님을 이성적으로, 곧 '우리의 전심으로' 예배하게 하기 위해서 우리를 이성적 존재로 만드시고 이성적 계시를 주신 이성적 하나님을 예배하는 것이다."[1]

주일을 특징짓는 또 하나의 활동은 증거하는 것입니다. 예수님은 여인들에게 "가서 내

형제들에게 말하라"고 지시하실 때 이 특징을 계시하셨습니다. 그리고 그 후에 제자들에게 예수님의 삶, 죽음, 그리고 부활의 복음을 온 세상에 전하라고 가르치셨습니다. 물론 당신은 그 일을 어느 날이고 할 수 있습니다. 일요일에 하는 모든 일은 다른 날에도 마찬가지로 할 수 있다는 것(어쩌면 해야 한다는 것)이 오늘날의 핵심입니다. 그러나 당신은 최소한 일요일만이라도 하나님의 말씀을 듣기 위해 함께 가자고 당신의 친구들을 초청해야 합니다. 적어도 이날은 예수 그리스도에 관해 당신이 아는 것을 당신의 자녀에게 가르쳐야 하는 날입니다.

한 가지 일이 더 있습니다. 첫째 날은 기대라는 것으로 특징되고 있습니다. 나는 일요일을 좋아합니다. 내가 일요일을 좋아하는 한 가지 이유는 이날, 무슨 일이 일어날지 미리 알 수 없기 때문입니다. 집을 떠나 교회로 가면서 나는 내가 누구를 만나게 될지 정확하게 알지 못합니다. 누가 교회에 출석할지 또는 누가 설교에 반응을 보일지 알 수 없습니다. 나는 교인들 중에 있다고 생각되는 문제를 두고 설교 메시지를 계획하지 않습니다. 하지만 종종 내가 한 설교를 주님이 사용하셔서 특정 문제에 대해 정확하게 언급하는 설교를 하는 경우가 있습니다. 삶이 변화됩니다. 드물지 않게 그날은 어떤 사람들의 전(全) 영적 경험의 전환점이 되는 날이 되기도 합니다.

하나님의 안식과 거룩하심의 실재를 아는 우리는 우리가 복음의 영광스러운 메시지를 안식이나 거룩을 모르는, 그러나 그것들을 몹시 필요로 하는 세상에 전하면서 모든 사람들 중에서 가장 기뻐하고, 활동적이고, 기대하는 자들이 되어야 합니다.

● 각주 ●

1. John R. W. Stott, *Christ the Controversialist* (Downers Grove, Ill.: InterVarsity Press, 1978), 165.

14

두 번의 창조인가?

창세기 2 : 4-6

이것이 천지가 창조될 때에 하늘과 땅의 내력이니 여호와 하나님이 땅과 하늘을 만드시던 날에 여호와 하나님이 땅에 비를 내리지 아니하셨고 땅을 갈 사람도 없었으므로 들에는 초목이 아직 없었고 밭에는 채소가 나지 아니하였으며 안개만 땅에서 올라와 온 지면을 적셨더라

바리새인들이 예수님에게 이혼에 대해 물었을 때 예수님은 마태복음 19장에서 창세기의 첫 두 장을 인용하여 하나님이 사람을 남자와 여자로 만드셨다는 말씀을 주지시키셨습니다. "사람을 지으신 이가 본래 그들을 남자와 여자로 지으시고… 하신 것을 읽지 못하였느냐" 그런 다음 예수님은 결혼에 대한 구체적인 언급을 하셨습니다. "그러므로 사람이 그 부모를 떠나서 아내에게 합하여 그 둘이 한 몸이 될지니라"(마 19:4-5). 이 인용의 하나는 창세기 1장에서 나온 것이고, 다른 하나는 창세기 2장에서 나왔기 때문에 (각각 창 1:27, 2:24) 예수님은 그 두 장이 서로 조화를 이루는 하나의 이야기에 속한다고 생각하신 것으로 보입니다.

여러 해 동안 자유주의 신학자들은 창세기 1장과 2장이 서로 다른 창조 이야기로 서로 상충하는 창조 이야기라고 주장해 왔습니다. 이 자유주의 신학자들의 견해가 어디에서 연

유된 것인지 말하기는 어렵습니다. 그러나 1753년 장 아스트룩(Jean Astruc)의 기념비적인 저작인 「창세기 문서설」이 발행되었을 때는 그 주장이 이미 퍼지고 있었습니다. 그는 "창세기의 히브리어 본문에는 하나님이 두 개의 다른 이름으로 나타나고 있다. 그 첫째는 엘로힘이다… 다른 하나는 여호와다."[1] 그리고 그는 이 이름들을 포함하고 있는 자료가 두 개(또는 그 이상)의 출처에서 왔다는 주장으로 이를 설명했습니다. 창세기 1장에서 사용된 하나님의 이름은 엘로힘이고, 여호와라는 이름은 2장에서 소개되고 있기 때문에 이 두 장이 다른 기원을 가지고 있다고 주장하며 다른 견해를 피력하고 있는 것입니다.

오늘날 창세기 문서설은 훨씬 더 정교해졌습니다. 그러나 그 개념은 똑같습니다. 학자들은 네 가지 문서 형태, 규정, 또는 현행 원본 배후에 있는 학파에 대하여 말합니다. 여호와 또는 엘로힘이란 이름을 담고 있는 문서들이 있습니다. 그것들을 각각 J문서 및 E문서라고 부릅니다. P문서라고 부르는 제사장 문서 또는 규정이 있습니다. 그리고 신명기 학파 또는 D문서를 출처로 하는 문서가 있습니다. 창세기 1장은 제사장 문서로 그 학파의 견해를 반영하고 있습니다. 반면에 창세기 2장은 여호와와 엘로힘 문서의 결합으로서 당연히 그 두 문서의 견해를 반영합니다. 그러면 창조에 관해서 두 가지 이야기가 있는 것입니까? 예수 그리스도는 잘 속는 순진한 분이셨습니까? 아니면, 우리가 그분이 단일 저자 입장을 견지한 것으로 오해하고 있는 것입니까?

비판적인 문제들

그 비판적인 학설이 가진 한 가지 명백한 문제는 간접적으로나마 이미 드러났습니다. 아스트룩의 글을 읽을 때 우리는 창세기에서 사용된 하나님의 이름들이 확실한 것이라고 받아들일지 모릅니다. 그러나 실제는 그렇지 않습니다. 그리고 창세기 2장의 여호와라는 이름의 사용에 대한 우리의 언급은 이미 문제로 제기된 것입니다. 거기에 등장한 하나님이란 말은 실제로 여호와만이 아닌 여호와 엘로힘입니다. 달리 말하면, 이름들의 사용은 일부 학자들이 말하는 것처럼 그렇게 간단한 문제가 아닙니다. 사실 창세기 1장에서 하나님 이름은 모든 이름 중에 가장 일반적이며, 그래서 창세기의 일반적 이야기에 가장 적합한 이름인 엘로힘입니다. 그러나 2장에서 하나님 이름을 여호와(엘로힘 4절)로 언급하면서 창조 이야기를 소개했다고 해서 그 소개가 창세기 2장이 1장에서 이미 한 이야기를 추가 설명하는 하나의 독립된 문서라고 볼 충분한 증거는 없습니다. 1장에서 이미 언급된 엘로힘은 다름 아닌 그 이후의 창세기에서 부를 여호와라고 말하고 있는 것입니다. 여호와는 하나님의 개인적 이름이기 때문에 인간과 하나님 사이에 인격적 관계가 시작될 시점에서 소개되는 것이 적절합니다. 하나님이 여러 가지 이름을 사용하신 이유는(여호와 및 엘로힘 외에도 다른 이름들이 있음) 창세기 1장과 2장에서 보는 경우와 유사한 상이점이 다른 곳에서도 일어나기 때문인 것으로 이야기할 수 있습니다.

이 비판적인 학설, 특히 창세기 첫 두 장에 관한 학설에 또 다른 문제가 있습니다. 에드워드 영은 이것을 "심리적 난제" 라고 부릅니다. 그는 그의 생각을 이렇게 전개합니다. "모세 오경은 여러 문서로 구성된 것인데 어떤 편집자에 의해 그 문서들을 최종적으로 결합한 것이 맞는다면(편집자는 오늘날 우리가 보는 것과 같은 모양의 책으로 만든 사람 또는 사람들임) 모세 오경은 매우 놀랄만한 작품이라고 인정해야 한다. 그것은 아무나 쓸 수 있는 문서가 아니다. 의심의 여지없이 그것은 존재하는 것 중 가장 위대한 작품의 하나다. 그래서 그것을 누가 편집했건 그 사람은 예술가요 천재다… 그러나 만일 그것이 그렇다면, 그는 왜 맨 처음에 두 개의 상충되는 창조 이야기를 하나로 결합하는 그런 실수를 했을까? 만일 그가 그러한 천재였다면 두 개의 상충되는 이야기를 하나로 결합한 것이 매우 사리에 맞지 않는 일이란 것을 알지 못했을까?"[2]

이 문제는 왜 두 이야기가 우리가 지금 보는 형태대로 존재하는지에 대한 합당한 이유(아마도 몇 가지 이유)가 없는지를 알기 위해서 그 두 가지 이야기를 자세히 관찰 하도록 고무하고 있습니다. 정말로 우리는 현대의 비판적인 학문이 일어날 때까지 아무도 이 두 가지 이야기가 "상충한다" 라는 것을 알아채지 못했던 것을 깨달은 일로 고무되어야 합니다.

창조 이야기

좀 더 자세히 살펴봅시다. 우리는 창세기 1장과 2장에 있는 창조 이야기에 대해 말해 왔습니다. 그러나 엄밀히 말하자면 창세기 2장의 창조 이야기는 4절에 와서야 시작됩니다. 창세기 2:1-3절은 창조의 일곱째 날을 말하는 것이므로 당연히 여러 날 동안의 하나님의 활동이 순차적으로 기록된 창세기 1장에 속하게 됩니다. 둘째 이야기는(상충되건 안 되건) "이것이 천지가 창조될 때에 하늘과 땅의 내력이니" 라고 말씀하는 4절부터 시작됩니다.

이 구절은 단순하고 그리 중요해 보이지 않습니다. 그러나 그 구절은 실제로 창세기를 이해하는 요절입니다. 그러나 불행히도 이 구절에 대한 최소한 두 개의 상충하는 의견이 대립되어 논쟁의 원인이 되어 왔습니다. 한편으로 어떤 학자들은 그 구절이 그 이전 이야기의 결론이라고 생각합니다. 기술적 용어로는 이것을 서명(subscription, 아래 under를 의미하는 sub와 기록된 written을 의미하는 scriptus에서 나온 말임)이라고 합니다. 다른 한편으로 그것을 그 다음에 나오는 이야기의 소개라고 생각하는 사람들이 있습니다. 기술적 용어로는 서언(superscription, 위에 over를 의미하는 super와 기록된 written을 의미하는 scriptus에서 나온 말)이라고 합니다. 달리 말하면, 그 구절은 창세기 1:1-2:3절에 대한 요약문이든지, 아니면 창세기 2:4-4:26절의 설명적인 표제라는 것입니다. 이것이 창세기를 이해하는 요절이 되는 이유는 창세기 전반에 걸쳐 그러한 구절들이 열한 개나 있고(2:4, 5:1, 6:9, 10:1, 11:10, 27, 25:12, 19, 36:1, 9, 37:2), 이 구절들은 모두 앞에 있는 문단을 요약하거나, 아니면 시작되는 문단을 소개하는 데 쓰이는 것으로 의도된 구절들이기 때문입니다.

전자의 견해를 가진 학자는 헨리 모리스(Henry M. Morris)입니다. 그는 첫째 예(우리가 현재 고찰하고 있는 창 2:4)를 제외한 열한 개의 구절들은 각각 아담 이야기, 노아 이야기, 셈과 함과 야벳 이야기, 기타 등등을 포함하고 있고, 이 사람들 각각의 이야기는 이 구절 앞의 구절들에 나타나고 있다고 기술하고 있습니다. 그는 그 구절들이 앞의 문단들의 요약임이 자명하다고 생각하며, 심지어 그것들은 앞의 문단을 확인하는 서명과 같은 것, 더욱이 그 거명된 이름의 인물에 의해 기록된 것일 수도 있다고 말합니다.

이 견해의 난점은 NIV가 "이야기"(account) 라고 번역하고, 더 오래된 번역본인 KJV(흠정역, King James Version)이 "세대들"(generations)이라고 번역하는 단어의 정확한 의미를 무시하고 있다는 것입니다. NIV 번역자들은 "세대들" 이라는 말이 너무 구시대적인 것이어서 아마도 대부분의 현대 독자들에게 의미가 없는 말일 것이라고 느꼈을 것은 의심의 여지가 없습니다. 그러나 그 히브리어 단어는 **톨레도트**(toledoth)인데, 그 단어는 "낳다"(to bear 또는 to beget) 라는 어원에서 나왔습니다. 이것은 "족보"란 말이 사실상 더 정확하다는 것을 의미합니다. 그 단어가 수반하고 있는 것은 거명된 사람의 후손들입니다. 그러므로 엄밀히 말하자면 이 단어가 쓰이는 문장은 후손들을 소개합니다. 창세기 5:1절에 있는 그 단어는 아담의 후손들을 소개합니다. 창세기 6:9절에 있는 그 단어는 노아와 그의 후손들을 소개합니다(그들의 이야기가 홍수와 연결되어 있기 때문에 둘이 함께 등장합니다). 창세기 10:1절에 있는 그 단어는 셈과 함과 야벳의 후손들을 소개합니다. 이러한 특징에 의거해서 우리는 창세기 책이 두 부분으로 나누어져 있다고 말할 수 있습니다. 첫째는, 창세기 1:1절에서 창세기 2:3절까지 진행되는 매우 짧은 부분입니다. 이것은 창조 이야기입니다. 둘째는, 창세기 2:4절에서 창세기 50:26절까지 진행되는 훨씬 긴 부분입니다. 이것은 "족보" 이야기인데 주요 인물들을 중심으로 종족의 이야기가 각각에게서 이루어진 것을 보여주고 있습니다.

이 점을 의식하면 창조 이야기가 두 개인지 아닌지 하는 문제는 본문 4절의 "이것이 천지가 창조될 때에 하늘과 땅의 내력이니(account, 세대들)" 라는 문장이 해결을 해 줍니다. 그 단어들은 나중에 나오는 다른 유사 구절들에서처럼 서언입니다. 그것들은 다음에 이어지는 구절이 창조의 두 번째 이야기가 아니라, 하늘과 땅의 창조에서 오는 어떤 것, 즉 사람의 이야기임을 말해줍니다. 여기서부터 방향은 인류와 첫 번째 남자와 여자의 죄로 야기된 문제로 향하게 됩니다(NIV가 그 단어를 가망성 있는 이유를 들어 "이야기" 라고 번역 했지만, 그럼에도 불구하고 **톨레도트**[toledoth]가 나오는 문장이나 구절을 앞에 나온 문단의 끝에 놓지 않고, 뒤이어 나오는 문단의 처음에 놓았다는 것은 흥미 있는 주목거리입니다).

하나님과 사람

이것을 단서로 하여 우리는 창세기 2장으로 돌아올 수 있습니다. 돌아오면 우리는 곧바로 강조 되는 것이 정말로 사람에게 있지 창조의 다른 면에 있지 않음을 발견합니다. 우리는 이것을 두 가지 면에서 볼 수 있습니다.

첫째, 사람의 창조에 관해서 더 상세한 설명이 있는 것입니다. 둘째, 사람을 위한 하나님의 특별한 필요 충족에 강조점이 있는 것입니다. 여기서 창조의 다른 부분에 대한 언급이 시작됩니다.

사람에 대한 강조는 여러 면으로 나타납니다. 우리는 거의 즉시 창세기 1장에서 중요한 7일이 아주 명확하게 이어져 갔던 연대적인 연속성이 중단되고, 더 주제적인 연속성이 채택되고 있음을 알아챕니다. 물론 일부 비판적인 학자들은 두 창조 "이야기"가 상충된다는 것, 즉 첫 장이 사건의 순서를 이야기하고, 둘째 장이 다른 순서를 이야기한다는 것을 증거로 삼아 창세기 2장의 사건의 순서를 지적해 왔습니다. 그러나 이 말은 터무니없는 말입니다. 만일 창세기 2장을 연대적인 순서를 가르치는 것이라고 본다면, 우선 사람의 창조를 볼 것이고, 다음으로 동산의 창설, 그 다음 하나님이 사람을 그 동산에 두심, 하나님이 동산에 나무가 나게 하심을 볼 것입니다. 이 이후 동산에서 흘러나오는 강들에 대한 서술이 있습니다. 그 다음 하나님은 사람을 다시 동산에 두십니다. 이와 같은 문제는 그러한 접근 방식에 무언가가 잘못 되었음을 말해 줍니다. 그것들은 여기에서는 연대적인 것이 전혀 보이지 않음을 말해 주고 있는 것입니다. 이 장에서 주제가 되고 있는 것은 "사람"입니다. 그 외의 모든 것은 사람과의 관계성에 대해 소개하는 것입니다.

창세기 2장에서 특별히 강조할 또 하나의 사항은 사람의 모습에 대한 더 자세한 내용입니다. 중요한 사항들은 이미 1장에서 언급되었습니다. 그는 하나님의 형상대로 창조되었고, 땅을 다스리는 일이 주어졌다고 했습니다. 이 이야기는 수차에 걸쳐 반복되고 있습니다. 그러나 2장 7절에서는 거기에 더해 "여호와 하나님이 땅의 흙으로 사람을 지으시고 생기를 그 코에 불어넣으시니 사람이 생령이 되니라"라는 말씀이 있습니다. 여기서 우리는 하나님의 형상대로 창조되었다는 것이 무엇을 의미하는 것인지 배우기 시작합니다.

거기에는 사람에 대한 하나님의 특별한 관심과 보살핌도 시사되고 있습니다. 하나님은 모든 피조물에 관심을 가지셨고, 그래서 심지어 각각의 창조의 단계가 완성될 때마다 축복의 선언(하나님이 보시기에 좋았더라)까지 하셨습니다. 그러나 1장에서는 하나님이 허리를 굽혀 땅의 흙으로 아담을 지으시고 아담에게 생기를 불어 넣으시고자 그분의 입을 아담의 얼굴 곁으로 부드럽게 가져가신 그림과 비교되는 어떤 것도 나타나있지 않습니다. 비판적인 학자들이 어떻게 이 점에서 길을 잃고 있는지 놀랍습니다. 그들은 그 그림을 보고 "의인화"(擬人化) 라고 부릅니다. 그 뜻은 하나님의 위대성과 초월성에 대해 아주 제한적인 이해밖에 못하는 사람이 하나님을 사람의 본질을 가지신 사람처럼 상상하는 것입니다. 그들은 이러한 개념을 거부합니다. 그들은 창세기 1장의 멀리 계시고 형태가 없는 하나님을 선호합니다. 그들의 거부가 그들에게 얼마나 많은 것을 잃게 하는지! 하나님이 초월적이신 것은 확실합니다. 그분은 인간의 몸을 가지고 계시지 않습니다. 그러나 이것이 그분이 인격적이고 친밀한 방법으로 사람과 관계하지 않으시고 돌보지 않으신다는 의미는 아닙니다. 그분은 돌보십니다. 그분은 친밀하십니다. 만일 창세기의 저자가 우리에게 서술해 주고 있는 그런 형식이 아니었다면 그가(초월적인 하나님을 표현하는 것에 더해서) 어떻게 2장의 하나님을 말해야 합니까? 특히 창세기 3장에서 배우겠지만, 하나님은 실제로 평화로웠던 그 당시(아마도 3위 중 제 2위의 하나님의 성육신 전의 나타나심을 통해) 사람과 마주 대하며 의사소통을 하셨습니다. 하나님이 문자 그대로 땅의 흙으로 사람을 지으시고 문자 그대로 그의 코에 생기를 불어넣으시지 않았다고 말하는 사람은 누굽니까?

이 각각의 사항들인 사건의 순서, 사람의 본질에 대한 추가적 정보, 그리고 하나님의 피조물에 대한 각별한 배려 등은 우리가 단지 두 번째 창조 이야기를 다루는 것이 아니라 피조물에 관해서, 그리고 피조물을 위해서 이 책이 기록되었음을 보여줍니다.

창세기 2장에서 우리가 보는 특별한 강조점의 두 번째 면은 사람을 위한 하나님의 특별한 필요 충족입니다. 여기에는 다시 세 가지 요소가 있습니다. 첫째, 사람이 거주할 하나님의 특별한 동산의 준비입니다. 이 장이 나무들과 네 개의 큰 강의 물과 동물들에 관해서 이야기할 때 1장의 경우에서처럼 이것이 창조의 여러 단계를 말하는 것이 아니라는 것은 아무리 강조해도 충분하지가 않습니다. 이 창조물들은 하나님이 이미 만드셨다는 뜻에서 과거형으로 되어 있습니다. 더욱이 여기서 고려되고 있는 것은 지구의 물이나 식물이나 동물들이 아니라, 오직 에덴에서의 아담의 삶과 관계가 있는 물과 식물과 동물들입니다. 요점은 이런 것들이 사람의 특별한 즐거움과 유익을 위해 만들어졌다는 것입니다.

우리가 즐거움이라고 말할 때, 우리는 동산에 대해 특별한 주목을 하게 됩니다. 푸른 풀이 우거지고 관개가 잘된 땅에 사는 사람들에게 동산의 존재는 놀랄만한 것이 아닙니다.

그러나 창세기는 애당초 좋은 환경 속에 사는 사람들을 위해 쓴 것이 아니라, 아주 건조한 땅인 광야 혹은 사막에 살았던 사람들에게 쓴 것이어서 동산은 그들에게 있어 최상의 즐거움으로 사실상 천국의 상징이었던 것입니다. 하나님이 아담에게 단순한 관목이 아닌 나무들과, 단순한 시내가 아닌 강들이 완비된 특별한 동산을 준비해 주셨다고 말하는 것은 근동에 사는 독자에게, 가능한 그 어떤 말보다도 분명하게 아담이 하나님의 사랑을 받았고 그분의 특혜를 받은 자였음을 말하는 것이었습니다.

둘째, 사람을 위한 하나님의 특별한 필요 충족을 보여주는 요소는 하나님이 아담에게 해야 될 특별한 일을 주신 것입니다. 즉, 동물들에게 이름을 짓는 일 또는 분류하는 일이었습니다. 이것은 작은 복이 아닐 뿐만 아니라, 많은 사람들이 그렇게 보아 왔고 지금도 그렇게 보듯이 가볍게 보아서도 안 되는 것입니다. 우리는 마크 트웨인(Mark Twain)이 말한 것 같은 아담에 대한 농담을 알고 있습니다. 아담이 어느 날 집으로 돌아오자 캐묻기를 다소 좋아하는 하와가 "저 밖에 있는 큰 동물을 뭐라고 불렀어요?" 하고 물었습니다. "코끼리라고 불렀소.", "왜 코끼리라고 불렀어요?", "코끼리처럼 생겼기 때문이요." 아담이 퉁명스럽게 대답했습니다.

사실상 동물들에게 그리고 다른 모든 피조물들에게 이름을 붙이는 것이 작은 일이 아닙니다. 어떤 것에 이름을 붙인다는 것은 어떤 점에서는 그것을 알고 있다는 것입니다. 따라서 만일 아담이 동물들의 이름을 지혜롭게 지으려면(우리는 그가 틀림없이 그렇게 짓도록 요구받았다고 생각하는데) 그는 그것들을 위해 일할 준비를 해야만 합니다. 그는 최초로 위대한 생물학자요, 식물학자가 되어야 했습니다. 그는 창조물들을 조사해야 했고, 그가 발견한 모든 것을 속(屬), 아속(亞屬), 종(種), 아종(亞種), 그리고 변종(變種)으로 구분해야 했습니다.

존 거스너(John Gerstner)는 네덜란드의 개혁신학자 코넬리우스 반틸(Cornelius Van Til)이 그의 제자들에게 아담이 동물들의 이름을 지으려고 했을 때 가졌을 문제를 설명하기 위해 사용했던 독일 민요에 대해 이야기합니다. 바룸 하이스트 데어 뢰베, 뢰베?(Warum heisst der Loewe, Loewe?, 왜 사자는 사자라고 이름부르나?) 바일 에어 두르흐 덴 발데 라우프트. (Weil er durch den Walde lauft, 왜냐하면 그가 숲속을 뚫고 달리기 때문이지.) 뢰베

(Loewe)와 라우프트(lauft) 간의 동음이의(同音異義)의 익살에서 나온 생각입니다. 사자(뢰베)가 달리기(라우프트) 때문에 사자라고 부르는 것입니다. 그것은 타당하게 보입니다. 그러나 민요는 계속됩니다. **바룸 하이스트 데어 티게르, 티게르?**(Warum heisst der Tiger, Tiger?, 왜 호랑이는 호랑이라고 부르나?) **도네르 베테르! 지 칸테 야 니히트 알레 뢰베 하이쎈.**(Donner wetter! Sie kannte ja nicht alle Loewe heissen, 그것들을 모두 사자라고 부를 수는 없지!) 존 거스너는 계속해서 "분류는 별 볼일 없는 문제가 아니라는 것"과 "인류의 가장 근본적인 지식은 궁극적으로 사전 속에 있다는 것"을 관찰합니다. "우리가 어떤 것의 정의를 가지고 있을 때, 우리가 그것의 본질을 정말로 연구해서 그것은 저것이 아니라 이것이라고 말할 수 있는 정도가 되었을 때, 우리는 지식을 습득하는 것이다."[3]

이것이 아담에게 주어진 일의 본질입니다. 오늘날 우리는 일을 바람직하지 못하고 귀찮은 것으로 생각하여 거부하는 경향이 있습니다. 타락 이후의 일은 무거운 짐이라는 부대적 의미를 얻게 된 것이 사실입니다(네가 흙으로 돌아갈 때까지 얼굴에 땀을 흘려야 먹을 것을 먹으리니 창 3:19). 그러나 지금도 일은 좋은 것입니다. 그리고 에덴 안에서 일은 아담을 위한 하나님의 또 다른 지혜롭고, 은혜로운 필요 충족으로서의 완전한 요소였습니다.

셋째, 하나님의 필요 충족의 요소는 하와였는데 여기서 장이 끝납니다. 이미 우리는 사람은 남자와 여자로 창조되었고, 남자에게 주어진 피조물에 대한 지배권은 여자에게도 역시 주어졌다는 것(창 1:28)을 이야기했습니다. 이제 우리는 여자의 창조가 어떻게 이루어졌는지 보게 됩니다.

우리는 1장에서 잘못 추측할지는 모르지만 남자와 여자 둘이 동시에 만들어지지 않았습니다. 남자가 먼저 만들어지고, 다음에 여자가 만들어졌습니다. 특히 남자가 혼자 살고 있었을 때, 긴 시간인지 짧은 시간인지 모르지만 하나님이 "사람이 혼자 사는 것이 좋지 아니하니 내가 그를 위하여 돕는 배필을 지으리라 하시니라"(창 2:18)고 말씀하셨습니다. 이때까지 하나님은 그분의 창조물을 바라보시면서 모든 것이 좋았다고 선언하셨습니다. 그러나 이제 처음으로 하나님은 좋지 않은 무엇인가를 보십니다. 즉, "사람이 혼자 사는 것이 좋지 아니하니" 라는 것을 보셨습니다. 그래서 하나님은 남자에게서 여자를 만드시고 그녀를 가장 위대하고, 가장 귀중한 선물로서 그에게 데려오셨습니다.

에덴을 덮은 그늘

창세기 2장은 남자를 창조의 정점으로 하나님의 선택의 자리에 올려놓으면서 끝을 맺습니다. 그는 하나님의 눈동자 같은 존재입니다. 그는 하나님과의 특별한 관계 속에서 존재합니다. 그는 살아갈 거처를 가지고 있고, 할 일을 가지고 있습니다. 그리고 이상적인 동반자가 있습니다. 모든 것이 잘 되고 있습니다. 그렇긴 한데, 불길한 예감이 듭니다. 2장은 1장에서부터 발전되고 있는 장일뿐만 아니라, 또한 3장을 준비하는 장이기도 합니다.

이 장의 모든 것은 3장에 비추어 전조(前兆)처럼 보입니다. 남자는 땅의 흙으로 지음을 받고 하나님의 생기를 받습니다. 그러나 그는 생명을 잃게 되고 그가 왔던 흙으로 다시 돌아가게 됩니다. 그는 천국의 상징인 동산에 있었습니다. 그러나 그는 거기서 쫓겨나게 됩니다. 동산은 나무들로 풍성했습니다. 그러나 많은 나무들의 열매들은 그가 먹을 수 있도록 허용 되었으나, 선악을 알게 하는 나무의 열매는 먹어서는 안 됩니다. 먹으면 죽게 됩니다. 그런데 그는 먹습니다! 아마도 가장 비극적인 것은 영적인 일은 물론, 동산의 단순한 운영에서 돕는 배필이 되었어야 할 여자가 유혹의 통로가 되고, 그래서 타락의 도구가 되었다는 사실입니다. 여자의 머리가 되고 후견인이 되었어야 할 남자도 배반을 하고 그렇게 해서 여자는 물론, 그들의 모든 후손들을 죄와 죽음의 고통 속으로 끌어 내렸습니다.

유일하게 밝은 곳은 언제나 동일하신 하나님이십니다(나 여호와는 변하지 아니하나니 말 3:6). 그분은 남자와 여자를 계속 사랑하셔서 그들의 죄와 부패에도 불구하고 그들을 위한 필요를 채워주셨습니다. 하나님은 또한 우리를 위해서도 제2의 아담인 그리스도를 통해 그렇게 필요를 채워주십니다. 예수 그리스도는 타락하지 않으시고 승리하셔서 그분의 모든 백성에게 "은혜와 의의 선물을 넘치게 받는 하나님의 풍성함"(롬 5:17)을 주십니다.

● 각주 ●

1. *Encyclopedia of Religion and Ethics*, vol. 4 ed. James Hastings (1912), 315.

2. E. J. Young, *In the Beginning*, 59.

3. Gerstner, *"Man As God Made Him"*, 24.

15

흙과 영광

창세기 2 : 7

여호와 하나님이 땅의 흙으로 사람을 지으시고 생기를 그 코에 불어넣으시니 사람이
생령이 되니라

영국 시인 알렉산더 포프(Alexander Pope)는 "인류 최고의 연구 대상은 사람이다"(The chief study of mankind is man) 라는 글을 쓸 때 그는 특별히 성경적이지 않았습니다. 심지어 그는 이 말을 처음으로 한 사람도 아니었습니다. 왜냐하면, "너 자신을 알라" 라는 책무는 포프 이전에 수천 년 동안 전해 온 헬라 사상의 원리였기 때문입니다. 그래도 포프는 역사적으로 거의 매 세대마다 대부분의 사람들이 느끼는 하나의 책무를 표현하고 있었던 것입니다. 우리는 우리가 누구인지, 무엇을 하는 자인지, 왜 우리가 여기 있는지, 그리고 어디로 가고 있는지 알기를 원합니다.

불행히도 성경적 계시를 떠나서 우리가 이 질문들에 답을 하는 것은 불가능합니다. 그 이유는 우리가 그 답을 부분적으로 알지만, 그것은 오직 단편적일 뿐이어서 항상 그림을 일그러뜨리기 때문입니다. 사람을 "벌거벗은 원숭이"로 부른 모리스(Desmond Morris) 같

은 동물학자들은 사람은 본질상 동물이라고 말합니다. 칼 막스(Karl Marx)는 사람의 본질은 그가 하는 노동에 있다고 말합니다. 실존주의자들은 사람이 본질적으로 의지를 가진 존재로서 사람의 독특성은 그의 의지에서 발견된다는 것입니다. 휴 헤프너(Hugh Hefner)는 우리가 감각적인 피조물이어서 대체로 우리의 열정이나 성적인 행위의 관점에서 이해할 수 있다고 말합니다. 오늘날 공통적인 견해는 사람이 근본적으로 하나의 기계인 큰 컴퓨터라는 것입니다. 피츠버그에 있는 카네기멜론연구소(Carnegie Mellon Institute)에는 과학자들이 인간과 컴퓨터 사이에 어떤 본질적인 차이가 있는지를 묻는 한 연구 프로젝트가 있습니다. 사람을 정의하기 위한 이러한 각각의 시도는 진리의 요소들을 가지고 있습니다. 그러나 최종적 분석에서 각 시도는 지나친 단순화로 인해 실패하고 있습니다. 그것은 그림의 부분은 보지만 전체를 포괄적으로 보지를 못하고 있습니다. 결과적으로 인간 역사의 이전 세대들에서와 마찬가지로 이 세대에서도 사람은 신학자 라인홀드 니버(Reinhold Niebuhr)가 일깨워 주듯이 "그 자신의 매우 귀찮은 문제거리" 입니다. [1]

그러면 어떻게 해야 합니까? 유일하고 지혜로운 방법은 하나님에게 우리가 누구냐고 묻는 것입니다. 그렇게 할 때 우리는 우리가 누구인가에 대해 창세기 2:7절보다 더 심오한 진술은 없다는 것을 깨닫게 됩니다.

흙으로 지음받다

이 구절의 심오함은 사람을 낮은 것과 높은 것의 결합으로 설명하고 있는 것입니다. 한 편으로, 그는 땅의 흙으로 지음을 받았다고 설명되고 있습니다. 흙으로 지음 받았다는 것은 낮은 모습임을 말하는 것이기는 하지만 헬라 사상에서처럼 악한 것은 아닙니다. 흙조차도 하나님이 만드신 것이고, 그분이 만드셨기 때문에 좋은 것입니다. 다른 한 편으로, 하나님이 사람에게 생기를 불어넣으셨는데, 이것은 영광스런 모습입니다. 흙과 영광이라는 두 요소를 결합하는 것이 사람의 독특한 역할입니다.

흙은 가장 매혹적인 성경의 형상들 중의 하나입니다. 그래서 그것을 연구하는 것에 투자한 시간은 충분한 보상을 받습니다. 첫째, 그것은 낮거나 천한 태생과 같은 하찮은 가치의 상징입니다. 이 사실을 여러 구절에서 봅니다. 예를 들어 아브라함이 소돔을 위하여 하나님과 변론하면서 그 자신이 감히 그런 변론을 하기에는 하찮은 자임을 강조하고자 할 때 그는 말합니다. "나는 티끌이나 재와 같사오나 감히 주께 아뢰나이다 오십 의인 중에 오 명이 부족하다면 그 오 명이 부족함으로 말미암아 온 성읍을 멸하시리이까 이르시되 내가 거기서 사십오 명을 찾으면 멸하지 아니하리라"(창 18:27-28). 다른 예로 아들을 주십사하는 간청을 하나님이 들으신 것을 찬양하면서 한나는 이렇게 말합니다. "가난한 자를 진토에서 일으키시며 빈궁한 자를 거름더미에서 올리사"(삼상 2:8, 참조 시 113:7). 어느 날 하나님이 이스라엘의 바아사 왕에게 "너를 티끌에서 들어 내 백성 이스라엘 위에 주권자가 되게 하였다"(왕상 16:2)는 것을 일깨워 주십니다. 그러나 그가 하나님께 순종하거나 영화롭게 하지 않았기 때문에 하나님은 그를 옮기셔서 티끌로 다시 끌어 내리셨습니다. 흙은 적으로부터의 완전한 패배를 상징하는 것에 사용되기도 합니다(아람 왕이 여호아하스의 백성을 멸절하여 타작 마당의 티끌 같이 되게 하고… 왕하 13:7, 시 18:42, 72:9 참조). 그것은 슬픔의 표시이기도 합니다(여호수아가 옷을 찢고 이스라엘 장로들과 함께 여호와의 궤 앞에서 땅에 엎드려 머리에 티끌을 뒤집어쓰고 저물도록 있다가… 수 7:6 참조, 욥 2:12, 16:15, 애 2:10, 3:29, 겔 27:30, 미 1:10, 계 18:19). 욥은 그의 비참함 속에서 인간의 하찮음을 말하는데 이 단어를 스물 두 번이나 쓰고 있습니다. 그 책의 거의 끝 부분의 유서 깊은 구절에서 이 고통 받는 성도는 이렇게 선언합니다.

"내가 주께 대하여 귀로 듣기만 하였사오나 이제는 눈으로 주를 뵈옵나이다 그러므로 내가 스스로 거두어들이고 티끌과 재 가운데에서 회개하나이다"(욥 42:5-6)

반복해서 말하지만 흙은 악한 것이 아니며, 그리 무가치한 것도 아닙니다. 하지만 그것은 신학자 매튜 헨리(Matthew Henry)가 주석에서 말한 대로 "거의 무가치한 것" 입니다. 그는 사람이 "금가루, 진주 가루, 또는 다이아몬드 가루로 만들어진 것이 아니라, 땅의 흙인 보통의 흙으로 만들어졌다." 라고 했습니다.[2] 사람이 흙으로 만들어졌다는 것을 설명함에 있어 모세는 의심할 바 없이 사람의 비천한 태생을 강조하기를 원했고, 오직 그를 만드신 하나님의 은혜에 의해 영광을 열망할 수 있다는 것을 보여주고 싶어 했습니다.

둘째, 흙에 대해 주목할 만한 또 다른 것이 있습니다. 그것은 좌절의 상징이기도 합니다. 그 가장 좋은 예가 사탄의 좌절입니다. 창세기 3:14절과 관련된 부분적인 그의 저주가 "살아 있는 동안 흙을 먹을지니라"였습니다. 이 구절은 뱀이 문자 그대로 흙을 먹는다는 것을 의미하는 것이 아니며, 그 구절을 쓴 저자가 그렇게 생각했다는 것을 암시하는 것도 아닙니다. 입 안의 흙은 패배와 굴욕의 비유입니다.

타락 이전에 사탄은 지적이고 매우 강한 존재로서 천사들의 우두머리였습니다. 그러던 어느 때(우리는 그것이 언제, 어떻게 일어났는지 모릅니다), 이 최고로 지적인 피조물은 가장 무지한 생각, 곧 하나님 없이도 성공할 수 있다는 생각을 품었습니다. 그는 이렇게 말했습니다.

"네가 네 마음에 이르기를 내가 하늘에 올라 하나님의 뭇 별 위에 내 자리를 높이리라 내가 북극 집회의 산 위에 앉으리라 가장 높은 구름에 올라가 지극히 높은 이와 같아지리라 하는도다" (사 14:13-14)

그는 배반을 했습니다. 그래서 하나님은 그의 죄된 마음의 높은 자리에서 그를 끌어내리셨습니다. 결국 그는 하나님을 대체하여 하늘에 앉으려고 하다가 하나님의 우주에서 망명자가 되어버렸습니다. 사탄에게 내려진 하나님의 첫 심판으로 그 타락한 천사는 흙을 처음 맛보게 되었습니다.

그는 다른 하나의 에덴을 가지고 있었습니다. 의심할 여지없이 그의 죄에 대해 즉각적인 심판을 받은 후에 사탄은 아담과 하와를 자기처럼 그들의 창조주를 배반하게 하면 자기와 같은 경험을 할 것으로 생각했습니다. 그래서 사탄은 하와를 먼저 유혹하고, 그녀를 통해 아담을 유혹했습니다. 사탄은 그들로 하여금 죄를 범하게 했습니다. 그러나 그가 예상했던 즉각적인 심판 대신에 그는 하나님이 은혜롭게 오셔서 최초의 짐승을 희생시켜 얻은 가죽으로 최초의 남자와 여자에게 옷 입히시는 것을 보았고, 사탄의 머리를 상하게 하실 이에 의한 궁극적인 완전한 구원을 약속하시는 것을 들었습니다(창 3:15).

사탄이 한 입 가득 가장 쓴 흙을 맛본 것은 그리스도의 십자가에서였습니다. 하나님에게 복수하려는 생각으로 틀림없이 그리스도의 죽음을 획책했던 그가 하나님의 위대한 구속 계획을 촉진시키는 무의식적인 도구로 쓰인 것에 낙담을 했습니다. "너는 살아 있는 동안 흙을 먹을 것"이라고 하신 하나님의 말씀은 확실히 옳았습니다. 그래서 사탄은 흙을 먹었습니다. 그는 평생 흙을 먹을 것입니다. 이 땅의 황금시대에 대한 이사야의 훌륭한 서술에서 조차 이렇게 이야기 되고 있습니다. "이리와 어린 양이 함께 먹을 것이며 사자가 소처럼 짚을 먹을 것이며 뱀은 흙을 양식으로 삼을 것이니"(사 65:25).

사탄(그리고 그의 배반의 길을 따라가는 자들)의 좌절에 대한 논문에서 도널드 반하우스는 제2차 세계대전 중 런던에서 발행된 별(Star)이란 만평에 대해 언급합니다. 독일 군대는 아주 멀리까지 진격을 했습니다. 그 군대가 카프카스 산맥의 산기슭의 작은 언덕에 있었고, 롬멜의 군대가 이집트 국경 안에 진을 치고 있었습니다. 롬멜은 2주 후면 카이로를 점령할 것이라고 큰소리를 쳤습니다. 그러나 그때 러시아의 군대가 움직이기 시작했고, 영국 몽고메리 휘하의 군대가 이집트를 가로질러 승리의 행진을 시작함으로써 독일 군대는 북 아프리카에서 완전한 패배를 결과했습니다. 이 만평은 히틀러가 해골더미 위에 발끝으로 서서 잡힐 듯 말 듯한 "승리"(Victory)라는 단어 모양의 구름을 그의 손가락으로 잡으려고 공중에 팔을 뻗치고 있는 모습을 보여주었습니다. 표제는 "그것은 항상 아슬아슬하게 잡히지 않는다." 라고 했습니다. 사탄과 참되신 하나님을 배반해서 성공할 수 있다고 생각하는 모든 자들의 경우도 그와 같습니다.[3]

셋째, 흙으로 상징되는 또 다른 진리는 죽음인데, 이는 안 믿는 자들에게 궁극적인 좌절이 되는 것입니다(전 3:19-21 참조). 그것(죽음으로 상징되는 흙 이야기)은 창세기에 나타납니다. 사탄에 대하여 "살아 있는 동안 흙을 먹을지니라" 라는 언도가 내려진 같은 심판에서 사람에 대하여는 "네가 흙으로 돌아갈 때까지 얼굴에 땀을 흘려야 먹을 것을 먹으리니 네가 그것에서 취함을 입었음이라 너는 흙이니 흙으로 돌아갈 것이니라" 라는 언도가 내려집니다. 이러한 생각은 종종 욥의 마음에도 있었습니다. 그는 그의 비참함 속에서 이렇게 말합니다. "내가 이제 흙에 누우리니 주께서 나를 애써 찾으실지라도 내가 남아 있지 아니하리이다"(욥 7:21, 참조 17:16, 20:11, 21:26). 그리스도에 대해 예언적으로 말한 것이 있습니다. "내 힘이 말라 질그릇 조각 같고 내 혀가 입천장에 붙었나이다 주께서 또 나를 죽음의 진토 속에 두셨나이다"(시 22:15, 참조 29절).

이러한 모습은 작은 것에서 좌절로, 좌절에서 죽음으로 점증하는 절망을 말하고 있습니다. 그러나 믿는 자에게는 그렇지 않습니다. 우리가 흙으로 만들어졌을지라도 우리는 우리를 만드시고, "우리가 단지 먼지(흙)뿐임을 기억하시는"(시 103:14) 이가 하나님이심을 기억합니다. 시편이 계속 말씀하는 것처럼 그것은 옳은 말입니다. "인생은 그 날이 풀과 같으며 그 영화가 들의 꽃과 같도다 그것은 바람이 지나가면 없어지나니…"(시 103:15-16). 그러나 시편 말씀이 더해 주고 있는 것처럼 이것도 역시 옳은 말입니다. "여호와의 인자하심은 자기를 경외하는 자에게 영원부터 영원까지 이르며 그의 의는 자손의 자손에게 이르리니 곧 그의 언약을 지키고 그의 법도를 기억하여 행하는 자에게로다"(시 103:17-18). 시편 119편의 저자는 "내 영혼이 진토에 붙었다." 라고 선언합니다. 그러나 그 뒤에 이런 말을 덧붙입니다. "주의 말씀대로 나를 살아나게 하소서"(시 119:25).

생기

사람들이 영적 회복을 위해 하나님을 부르거나 또는 하나님이 그들의 태생을 기억하시는 것까지 기억하는 것이 가능한 이유는 그들이 흙 이상의 존재들이기 때문입니다. 그들은 영(靈)이기도 합니다. 창세기 2:7절은 하나님이 사람을 땅의 흙으로 지으신 다음에 계속해서 "그의 코에 생기"를 불어넣으셨다고 말함으로써 사람이 영적 존재임을 보여줍니다. 이것이 사람의 영광입니다.

이 구절을 충분히 음미하기 위해 우리는 하나님의 영과 "숨"이란 단어 간의 가까운 관계를 확인해야만 합니다. 영(spirit)과 숨(breath)이 동일한 말인 것은 거의 모든 고대 언어, 특히 라틴어, 헬라어, 히브리어에서 보는 사실입니다. 라틴어에서 영 또는 숨이라는 말은 스피리투스(spiritus)인데, 이 말에서 우리가 지금 쓰는 말인 "영"이 나왔을 것은 자명합니다. 그러나 스피리투스는 많은 라틴어 파생어에서 확인하는 것처럼 숨을 의미하기도 합니다. 스피리투스는 열망하다(aspire), 협력하다(conspire), 불어넣다(inspire), 땀을 흘리다

(perspire), 숨을 거두다(expire) 등의 의미도 가지고 있습니다. 이것들은 사람의 숨을 여러 가지 다른 방법으로 사용하고 있는 것과 관련된 말들입니다. 사람들이 열망할(aspire) 때는 그들은 깊은 숨을 쉬며 열심히 노력합니다. 그들이 협력할(conspire) 때는 머리를 서로 맞대고 서로 숨을 들이쉬고 내쉽니다. 어떤 사람(또는 하나님)이 숨을 어느 한 사람에게 불어넣으면 그 사람에게 숨이 들어옵니다(inspire). 사람은 피부를 통해 숨을 내쉬면서 땀을 흘립니다(perspire). 우리가 숨을 거둘(expire) 때는 마지막으로 숨을 내쉽니다. 우리가 죽는 것입니다.

신약을 기록한 언어인 헬라어에서는 영(靈)에 해당되는 단어가 프뉴마(pneuma)입니다. 이 단어 역시 숨쉰다는 것을 지칭합니다. 이 단어는 영어를 말하는 사람들에게는 라틴어 단어 스피리투스보다 첫 두 자음인 pn 때문에 발음하기가 어렵습니다. 그래서 그 두 글자를 사용한 단어들은 그리 많지 않습니다. 그럼에도 영어에는 뉴마틱(pneumatic, 공기 작용에 의한)과 뉴모니아(pneumonia, 폐렴)란 단어가 있습니다. 첫 번째 단어는 공기 드릴 같이 공기로 작동되는 도구를 말합니다. 두 번째 단어는 숨 쉬는 주머니 또는 폐에 대한 질병을 말합니다.

끝으로 영이란 말의 라틴어 및 헬라어 단어들이 숨, 바람, 또는 공기를 말하는 것처럼 히브리 단어도 역시 그렇습니다. 그 단어는 루아흐(ruach) 인데 숨을 내쉬지 않고는 제대로 발음조차 할 수 없는 것입니다. 루아흐(Ruach)! 이것은 숨을 쉬는 소리입니다. 우리가 이것을 이해하면 창조하시는 하나님의 영이 파도를 일으키는 바람처럼 물 위를 불어 대신 성경 첫 구절들의 시(詩)적 감각을 느낄 수 있습니다. 어떤 영어 번역본도 두 가지 개념인 바람의 개념과 영의 개념을 잡지 못하고 있습니다. 그러나 NEB(New English Bible)는 적어도 바람의 개념을 하나님의 영이 간직하신 것과 관계하여 각주에서 암시하고 있습니다. NEB는 선언합니다. "창조의 태초에 하나님이 하늘과 땅을 만드셨을 때 깊음 위에 있는 흑암과 수면 위를 휩쓴 강한 바람과 함께 땅은 혼돈하고 공허하였다"(창 1:1-2).

창세기 2:7절에 나오는 단어가 바로 이 의미를 가진 것입니다. 이 의미의 단어는 하나님이 자신의 숨을 사람에게 불어 넣으심으로써 그가 특별하게 창조되었다는 것을 어떤 히브리 독자라도 쉽사리 알 수 있게 해 줍니다. 사람은 하나님의 영에 의해 하나님과 특별한 관계를 가집니다. 따라서 어떤 면에서 사람은 동물들과 같은 점이 있지만, 그는 또한 그들 위에 있고, 창조주를 사랑하고 순종하는 것에서 그들보다 뛰어납니다.

우리는 유감스럽게도 사람이 이 높은 뜻을 성취하는 데 있어 동물들보다 뛰어나지 못했던 것을 압니다. 그는 하나님을 배반했고, 그로 말미암아 받아 가지고 있었던 하나님의 형상을 비참하게도 소멸시켰습니다. 이제 이전의 영광의 흔적을 보유하고 있긴 하지만, 그럼에도 그는 하나님이 받으실만한 선을 행할 수 없고, 성령님의 도우심 없이는 영적인 진리를 더 이상 이해할 수 없으며, 그가 배반했던 참된 하나님을 찾을 수가 없다는 뜻에서 전적 부패했습니다. 그런 이유로 바울은 타락해 있는 사람에 대해 로마서에서 이렇게 말하고 있습니다.

"의인은 없나니 하나도 없으며 깨닫는 자도 없고 하나님을 찾는 자도 없고 다 치우쳐 함께 무익하게 되고 선을 행하는 자는 없나니 하나도 없도다"(롬 3:10-12)

다행히 이것이 이야기의 전부는 아닙니다. 사람은 하나님을 찾을 수 없지만, 하나님이 사람을 찾으시고, 그를 창세기에서 처음에 하셨던 방식대로 재창조까지 하십니다. 예수님이 니고데모에게 "네가 거듭나야만 한다"(요 3:3)고 말씀하실 때, 니고데모는 예수님의 말씀의 의미를 이해하지 못했습니다. 그래서 예수님은 그분이 언급하신 태어난다는 말이 하나님의 영에 의해서 위로부터 나는 것임을 설명하셨습니다. "예수께서 대답하시되 진실로 진실로 네게 이르노니 사람이 물과 성령으로 나지 아니하면 하나님의 나라에 들어갈 수 없느니라 육으로 난 것은 육이요 영으로 난 것은 영이니"(요 3:5-6). 예수님이 말씀하시는 것은 그의 어머니에게서 다시 난다는 것이 아니라(이것이 니고데모가 처음에 생각했던 것임), 하나님에게서 다시 나야만 한다는 것이었습니다. 이것은 마치 아담이 처음에 하나님에게서 태어난 것처럼 말입니다(눅 3:38 참조). 육신은 육신을 낳고, 타락한 인간은 타락한 인간을 낳습니다. 그러나 하나님은 이제 그분의 성령님을 통해서 전에 아담에게 불어 넣으셨던 숨(생기)을 우리에게 불어 넣으심으로써 새 생명을 주십니다. 이렇듯 필요한 거듭남 또는 재창조가 없이는 사람은 결코 "하나님의 나라를 볼 수가 없습니다."

생령

창세기 2:7절은 마지막 생각을 한 가지 더해 줍니다. 하나님이 땅의 흙으로 사람을 지으시고, 그분 자신의 숨(생기)의 일부를 그에게 불어넣어 주신 결과로 사람은 "생령"(a living being)이 되었습니다. 창세기 2:7절에서 "생령"(실제로는 생혼, 살아있는 혼)이라고 번역된 말은 창세기 1:24절에서 동물들에게도 사용되고 있습니다. 그러나 창세기 2장에 나타난 사람 창조의 특수성의 결과로 의심할 바 없이 차별성이 수반되고 있습니다. 사람은 단지 살아있는 존재만은 아닙니다. 그는 그가 살아있다는 것을 압니다. 더욱 중요한 것은, 그는 그 생명이 누구에게서 온 것인지 알며, 그에게 숨(생기)을 불어넣어 주신 하나님께 대한 그의 의무를 알고 있습니다.

사람은 또한 육신적 생명이 하나님께 달렸다는 것을 알고, 영적 생명을 위해서는 예수님이 말씀하신 바와 같이 그분께 와야 한다는 것을 압니다. 이사야는 사람이 육신적으로 하나님을 의지해야 한다는 것을 매혹적인 구절로 가르치고 있습니다. 그 구절은 사람의 숨(호흡)의 개념을 이용해서 이렇게 말씀하고 있습니다. "너희는 인생을 의지하지 말라 그의 호흡은 코에 있나니 셈할 가치가 어디 있느냐"(사 2:22). 이사야의 명령을 이렇게 의역할 수 있습니다. "왜 한 번에 겨우 한 숨(호흡)밖에 쉬지 못하는 사람을 의지하느냐? 숨(호흡)이 무진장하신 하나님을 의지하라!' 우리 안에 있는 하나님의 숨(생기)은 우리의 영광일 수가 있습니다. 그러나 아직도 우리는 한 번에 한 숨(호흡)밖에 받지를 못합니다. 우리는 숨을 들이마십니다. 숨을 잠시 붙들고 있습니다. 그리고는 숨을 내쉽니다. 그 다음에는 다시 숨을 들이마셔야 합니다. 그렇지 않으면 죽습니다. 우리가 전적으로 하나님을 의지해야 한다는 특성을 이보다 더 잘 보여주는 예는 없습니다.

만일 하나님이 숨을 멈추고 계신다면 어떻게 되겠습니까? 욥이 이렇게 대답합니다. "그가 만일 뜻을 정하시고 그의 영과 목숨을 거두실진대 모든 육체가 다 함께 죽으며 사람은 흙으로 돌아가리라"(욥 34:14-15).

시편 기자도 이렇게 말합니다. "주께서 낯을 숨기신즉 그들이 떨고 주께서 그들의 호흡을 거두신즉 그들은 죽어 먼지로 돌아가나이다"(시 104:29).

　　두 개의 끝맺는 구절을 드립니다. 고린도전서에서 첫째 아담의 하찮음과 그리스도의 위대함을 대조시킴으로써 이 연구에서 말해 온 대부분의 내용을 요약한 구절이 있습니다. 바울이 이렇게 기록했습니다. "기록된 바 첫 사람 아담은 생령이 되었다 함과 같이(창세기 내용과 분명한 연관성이 있음) 마지막 아담은 살려 주는 영이 되었나니"(고전 15:45).

　　바울이 의미하는 것은 무엇입니까? 단순히 이것입니다. 아담은 숨을 쉼으로써 존재했습니다. 그리고 그가 들이마신 숨은 하나님에게서 온 것이었습니다. 그는 스스로를 부양할 수 없었습니다. 반면에 그리스도는 숨을 내 쉬신 분입니다. 왜냐하면 그분은 "생명을 주는 영"이시기 때문입니다. 우리는 그분에게 돌아서서 그분과 연합할 때에만이 육신적으로, 그리고 영적으로 살 수 있습니다. 마지막 구절은 아직 그리스도의 것이 아닌, 사람에게 최종적인 도전의 형식으로 되어 있습니다. 그 구절은 거의 알려지지 않은 책인 전도서에 있습니다.

"은 줄이 풀리고 금 그릇이 깨지고 항아리가 샘 곁에서 깨지고 바퀴가 우물 위에서 깨지고 흙은 여전히 땅으로 돌아가고 영은 그것을 주신 하나님께로 돌아가기 전에 (하나님을) 기억하라"(전 12:6-7)

　　설교자가 말하는 점은 이것입니다.

"이르시되 내가 은혜 베풀 때에 너에게 듣고 구원의 날에 너를 도왔다 하셨으니 보라 지금은 은혜 받을 만한 때요 보라 지금은 구원의 날이로다"(고후 6:2)

　　죽음이 올 때는 이미 늦습니다. 지금, 당신이 아직 생명을 가지고 있을 때, 영원한 생명을 주실 수 있는 그분에게로 오십시오. 그리고 구세주 안에 받아들여진 당신 자신을 발견하십시오.

● 각주 ●

1. Reinhold Niebuhr, *The Nature and Destiny of Man*, One volume edition of the Gifford Lectures on "Human Nature" and "Human Destiny" (New York: Charles Scribner and Sons, 1949), part 1, 1.

2. Matthew Henry, *Commentary on the Whole Bible*, vol 1, Genesis to Deuteronomy (New York: Revell, n.d.) 14.

3. Donald Grey Barnhouse, *The Invisible War* (Grand Rapids: Zondervan, 1965), 60. Used by permission.

16

동방의 에덴에

창세기 2 : 8-17

여호와 하나님이 동방의 에덴에 동산을 창설하시고 그 지으신 사람을 거기 두시니라 여호와 하나님이 그 땅에서 보기에 아름답고 먹기에 좋은 나무가 나게 하시니 동산 가운데에는 생명 나무와 선악을 알게 하는 나무도 있더라 강이 에덴에서 흘러 나와 동산을 적시고 거기서부터 갈라져 네 근원이 되었으니 첫째의 이름은 비손이라 금이 있는 하윌라 온 땅을 둘렀으며 그 땅의 금은 순금이요 그 곳에는 베델리엄과 호마노도 있으며 둘째 강의 이름은 기혼이라 구스 온 땅을 둘렀고 셋째 강의 이름은 힛데겔이라 앗수르 동쪽으로 흘렀으며 넷째 강은 유브라데더라 여호와 하나님이 그 사람을 이끌어 에덴 동산에 두어 그것을 경작하며 지키게 하시고 여호와 하나님이 그 사람에게 명하여 이르시되 동산 각종 나무의 열매는 네가 임의로 먹되 선악을 알게 하는 나무의 열매는 먹지 말라 네가 먹는 날에는 반드시 죽으리라 하시니라

무미건조한 이 시대에 에덴이란 말은 신혼여행을 위한 유흥지나 작은 별장에 붙은 이름을 제외하고는 우리의 어휘에서 거의 사라져 버렸으나 그 이름은 부활해야 할 필요가 있습니다. 왜냐하면, 그것은 기독교에 기본이 되는 두 가지 진리를 올바르고 부단하게 일깨워 주는 것이기 때문입니다. 첫째, 기독교는 역

사적인 종교입니다. 이 종교는 기독교가 아닌 많은 종교들이 그런 것처럼 단순한 형이상학적 개념이나 사상에 기초한 종교가 아닙니다. 이 종교는 실제 장소에서 살았던 실제 인물들, 그리고 역사 속에서 하나님의 현실적인 구속사역을 경험한 사람들을 다루고 있습니다. 둘째, 기독교는 사람이 완전한 상태에서 타락하고, 뒤이어 하나님이 어떤 정해진 사람들을 그들의 행복과 하나님의 영광을 찬양하기 위해 구속하는 이야기의 종교입니다.

본 강해와 같은 연구를 준비함에 있어서 이따금 에덴 같은 단어에 대한 다양한 문학적 용례를 기록한 책들을 참고합니다. 이번의 경우 영국의 언어학자 피터 로짓(Peter M. Roget)의 「국제 어휘 분류 사전」(Roget's International Thesaurus)에서 "에덴"을 찾아보고는 그 단어가 역사적 이름과 장소를 다루는 항목 아래 있지 않고, "상상"(imagination)을 다루는 항목 아래 있는 것을 발견하고는 놀랐습니다. 그 단어는 "유토피아", "낙원", "천국", "아틀란티스", "행복한 계곡", "요정의 나라", 그리고 "왕국이 임하소서" 같은 용어들의 목록에 함께 올라 있었습니다. 피터 로짓의 사전의 각 단어에 수반된 인용문들에는 "상상이 세계를 지배한다."(나폴레옹, Napoleon), "모든 사람의 실존의 중심은 꿈이다."(체스터턴, Chesterton) 그리고 "모든 꿈은 거짓말이다."(프랑스 격언) 등 주옥같은 말들이 있습니다. 분명히 그 사전의 편집자에게 에덴은 더 이상 요정의 나라 이상의 현실적인 것이 아니었습니다.

이것이 기독교적 견해입니까? 많은 사람들이 그러기를 바랄 것입니다. 왜냐하면, 만일 에덴이 실제가 아니라면, 타락도 실제가 아닌 것입니다. 그러면 우리 모두는 사실상 인류에게 있어 큰 잘못은 없고, 불완전한 것은 무엇이든지 모두 시간이 지나면 반드시 지워져 버리고 만다는 안이한 세상적 생각을 즐길 수 있기 때문입니다. 세상적인 사람들에게는 불행히도 성경은 그러한 낙관주의를 반대하고, 그 대신에 하나님을 떠난 인간의 상태는 절망적이라고 선언을 합니다.

이름들과 장소들

창세기의 첫 장을 연구하는 내내 우리는 그 본문의 이야기가 역사적인 것임을 주장해

왔습니다. 우리는 "창세기는 사실인가, 허구인가"를 물었습니다. 우리는 그것이 분명한 사실이라고 대답했습니다. 그리고 그 사실을 자료 자체의 특징은 물론, 예수 그리스도를 포함한 여타 성경적 인물의 창세기에 대한 의견을 가지고 변호했습니다. 그러나 만일 창세기 1:1-2:3절이 사실이라면(그 구절은 창조 이야기를 가능한 가장 단순한 언어로 표현한 구절들인데), 창세기 2:8-17절이 사실이란 것은 여러 갑절이나 더 분명한 것입니다. 왜냐하면, 이 구절들에서 모세는 유대인 독자들 앞에 에덴을 그들이 확인할 장소로 설정하고 있기 때문입니다. 이것은 두 가지 특징이 두드러집니다.

첫째, 에덴이 "동쪽"에 위치해 있다고 말하는 것은 방향적 개념입니다. 우리는 모세 오경의 첫 번째 책인 창세기가 이스라엘 백성이 시내 광야에서 방황할 때 그들에게 처음으로 기록한 것임을 기억해야 합니다. 그러므로 모세가 "여호와 하나님이 동방의 에덴에 동산을 창설하시고"(창 2:8) 라고 말할 때, 그는 시내 광야 지점에서 바라 본 지역을 제시하고 있는 것입니다. 그 언급이 아주 구체적이지는 않지만, 그래도 에덴이 아라비아 사막 건너 우리가 아는 티그리스 강과 유브라데 강 골짜기 쪽 어딘가에 있었다는 것을 의미합니다.

둘째, 특징은 본문 10-14절에서 보는 바와 같이 언급한 강 이름들을 포함한 장소 이름들의 놀라운 수집입니다. "강이 에덴에서 흘러 나와 동산을 적시고 거기서부터 갈라져 네 근원이 되었으니 첫째의 이름은 비손이라 금이 있는 하윌라 온 땅을 둘렀으며 그 땅의 금은 순금이요 그 곳에는 베델리엄과 호마노도 있으며 둘째 강의 이름은 기혼이라 구스 온 땅을 둘렀고 셋째 강의 이름은 힛데겔이라 앗수르 동쪽으로 흘렀으며 넷째 강은 유브라데더라" 이것을 연구하면서 우리는 이 장소들의 극히 소수만이 오늘날 알려지지 않는 장소임을 인정해야 합니다. 어쩌면 일부 학자들의 주장처럼 에덴 지역의 지리가 홍수로 인해 변해서 오늘날 2개의 강인 티그리스 강과 유브라데 강만이 애초에 4개의 강이 있던 장소에서 발견되는 것일 수도 있습니다. 또는 칼빈이 믿었던 것처럼 "알 수 없는" 강들의 이름은 단순히 시간이 지나며 바뀌었으며, 따라서 강줄기는 의심할 것 없이 많이 바뀌었을 것이지만, 오늘날 실제로 존재하는 것일 수도 있습니다. 칼빈은 비손과 기혼을 티그리스와 유브라데의 지류의 고대 이름으로 간주했고, 창세기 이야기에 근거해서 그 강들 모두가 하나의 강으로 흘러들었다가 다시 갈라져 에덴에서 홍해로 흐르면서 삼각주를 형성했다고 믿었습니다.

이 특별한 지리적 문제점에 대한 해결이 무엇이건 모세가 적어도 그 당시 사람들에게 부분적으로 알려진 이름과 장소들을 사용했다는 것은 의심의 여지가 없습니다. 티그리스와 유브라데는 그때에도 알려졌고, 오늘날까지도 알려져 있습니다. 모세는 하윌라를 금과 베델리엄과 호마노가 있는 땅으로 말하고 있습니다. 그는 구스에 대해서도 말했는데, 구스는 일반적으로 아라비아와 에디오피아 사이의 한 지역으로 생각되고 있습니다. 앗수르는 아시리아의 땅입니다. 모세는 이스라엘 백성에게 그들에게 잘 알려진 특정한 과거 역사와 장소에 하나님이 최초의 남자와 여자를 두셨다는 것과, 그 둘의 타락이 그 뒤에 일어나는 모든 일에 극적인 영향을 주었다는 것이 전혀 관련이 없는 다른 환경에서 그들 자신이 관련되고 저지른 것과 같이 실제적인 것이었음을 이야기하고 있는 것입니다.

창세기가 이제 막 타락에 대해 이야기하려고 함에 있어 이러한 비교는 양면성을 보여줍니다. 한편으로 아담과 하와의 불순종은 이스라엘 백성이 저지르고 있던 죄처럼 실제적이고, 이해 가능하고, 악한 것이었음을 의미합니다. 반면에, 이스라엘 백성의 죄는 우리의 최초 조상의 죄처럼 실제적이고, 이해가 가능하고, 악한 것이었음을 의미합니다.

인간은 언제나 죄를 가볍게 취급하려고 합니다. 이렇게 하는 한 가지 방법은 그것을 불가사의한 영역으로 밀어 넣어버리는 것입니다. 거기서 죄는 단순히 인간 딜레마의 한 부분이 되거나, 또는 때로 이야기되는 것처럼 사물은 선해야 하지만, 가능한 만큼 선하지가 않다는 사실의 상징이 되어버리고 맙니다. 이런 관점에서 볼 때 죄는 내가 저지르는 특별한 것이 아닙니다. 그것은 단지 보편적인 그리고 비난할 수 없는 불완전이라는 오래된 격언인 것입니다. 이것은 창세기가 가르치는 것이 아닙니다. 그리고 이 점에서 기독교는 비기독교적인 관점에 철저히 반대하는 입장에 섭니다. 죄는 하나님을 배반하는 것입니다. 그것은 웨스트민스터 소요리 문답(제 14문의 답)에서 말하는 것처럼 "죄는 하나님의 법을 순종함에 부족한 것이나 혹 어기는 것" 입니다. 이것은 아담의 첫 죄에서 결과한 인간 구성체의 결함이긴 하지만, 그것은 역사 속에서 특정 지점과 장소에서 특정한 사람들에 의해 수행된 구체적인 행위 이하의 것이 아니라는 것을 의미합니다. 그러므로 죄에 대한 해결 역시 역사 속에서 특정 지점과 장소에서 특정 인물에 의해 수행되는 구체적 행위여야 합니다. 즉, 본디오 빌라도 시대에 이스라엘에서 예수 그리스도에 의해 이루어진 속죄입니다.

하나님의 동산

어떤 사람이 에덴의 단순한 역사성이 그 자체 사람의 타락의 역사적 본질을 증명하는 것은 아니라고 주장할 수 있습니다. 옳은 말입니다. 그러나 이것이 우리가 듣는 에덴의 모든 것이 아니라는 것입니다. 에덴은 실제 장소로 설명되고 있습니다. 그러나 이에 더해 그곳은 타락하지 않은 상태의 사람에게 완전히 적합한 목가적인 장소로 묘사되어 있습니다. 창세기 2:7절이 사람의 본질이나 초상을 완전한 것으로 묘사하는 것처럼 창세기 2:8-17절도 타락 이전의 사람의 환경과 초상을 완전한 것으로 그리고 있습니다.

이 두 사항은 같은 방향의 이야기로서 타락을 두려운 것으로 만들고 있습니다. 사람이 불완전하게 만들어졌거나, 또는 완전하게 만들어졌다 해도 그가 불완전하거나 죄가 있는 또는 타락한 환경에 놓였다면, 그는 그의 죄에 대해 어떤 변명을 할 수 있었을 것입니다. 그러나 상황은 그렇지 않았습니다. 그의 본질은 완전했고, 그의 환경도 완전했습니다. 그렇기 때문에 우리가 아는 바와 같이 그가 범죄한 것은 본질이나 환경의 결함 때문이 아니었습니다. 만일 결함이 있었다면 하나님의 책임이라고 생각될 수도 있었을 것입니다.

에덴에 관해서 세 가지 두드러진 점이 있습니다. 첫째, 그곳은 아름다운 장소였습니다. 이것은 에덴 이야기 전반을 통해 분명하게 알 수 있지만, 본문이 "보기에 아름답고"(9절)라고 말한 나무들 이야기에서 뚜렷해집니다. 이는 물론 대략적인 말입니다. 우리는 창조 이야기 전반을 통해 하나님이 아름다운 것을 만드시는 분으로, 그리고 창조하신 날에 각 창조 행위를 두고 "좋았다" 라고 선언하신 분으로 묘사되고 있는 것을 기억합니다(창 1:4, 10, 12, 18, 21, 25, 31). 에덴 밖에는 풍성하고 지극히 아름다운 세상이 있었습니다. 그러나 아담과 하와가 거주할 장소인 에덴에는 하나님이 특별한 분량의 아름다움을 부어주셨습니다. 존 칼빈은 이렇게 말합니다. "그때는 땅의 어떤 구석도 불모지가 없었고, 어떤 땅도 지극히 비옥하고 기름지지 않은 땅이 없었다. 그러나 다른 곳에서 상대적으로 적당했던 그러한 하나님의 축복은 이 장소에서는 놀랄만하게 부어졌다. 왜냐하면, 그곳은 양식의 공급이 풍성했을 뿐만 아니라, 그 양식에 입맛을 만족시키는 달콤함과 눈을 즐겁게 해 주는 아름다움이 더해졌기 때문이었다. 그러므로 이러한 하나님의 자비로운 특혜의 상황에서 사람의 탐욕이 얼마나 납득할 수 없는 것인지 극명하게 드러난다."[1]

하나님은 사람의 환경을 대단히 아름다운 것으로 의도하고 만드셨습니다. 그래서 사람이 하나님으로부터 받은 환경의 아름다움은 아직도 여러 면에서 명백합니다. 반면에, 우리는 이것을 거의 이해하지 못하고 비탄함도 없이 사람들이 자신들을 위해 만든 일그러지고 추한 여러 환경에 관심을 돌립니다. 하나님은 동산을 만드셨습니다. 그런데 우리는 그 동산을 흩뜨렸습니다. 도시들은 종종 동산을 완전히 제거해 버립니다. 아름다움은 없어지고 그 자리에 폐기물과 쓰레기, 그리고 어떤 때는 그 자리를 몹시 엉망으로 만드는 남녀들의 삶이 자리를 잡습니다. 죄가 얼마나 무서운지, 오늘날 우리가 보듯이 환경이 얼마나 비정상적인지 모릅니다!

둘째, 에덴은 쓸모 있는 장소였다는 것입니다. 에덴은 실용적인 가치가 있었습니다. 거기에 있는 나무들은 보기에 아름다웠을 뿐만 아니라 "먹기에 좋은"(창 2:9) 것들이었습니다.

여기서 잠깐 멈추어야만 하겠습니다. 하나님이 만드신 것의 가치를 인정함에 있어서 우리는 마치 하나님이 만드신 것은 오로지 실용적이기 때문에 아름답다는 말이라도 하듯이 가치를 아름다운 것에 결부시키는 실수를 해서는 안 됩니다. 타락한 상태에서 우리는 때때로 그런 식으로 생각하거나, 또는 거의 같은 이야기지만 어떤 것이 단지 우리에게 당장 쓸모가 없기 때문에 그 자체가 아름답다는 것을 인정하는 데 종종 실패하는 것입니다. 그러나 창세기의 첫 두 장에서만도 그러한 생각에 대해 경고를 합니다. 지금 우리는 창세기 2장에 있습니다. 그러나 우리는 아담과 하와 창조 이전에도 하나님이 아름답고 다채로운 세상을 만드시고 그 만드신 모든 것이 좋았다고 선언하신 것을 기억합니다. 그것은 무엇보다도 하나님이 만드셨기 때문에 좋았습니다. 그것은 그 자체 가치를 가지고 있었습니다. 그러나 그것에 더해서 하나님의 창조는 또한 아름다웠고, 그것의 어떤 부분들은 (아담과 하와의 시각에서) 쓸모가 있기도 했습니다.

셋째, 에덴은 아담의 본질과 책임에 완전히 적합했다는 것입니다. 이 부분 바로 전의 구절에서 "여호와 하나님이 땅의 흙으로 사람을 지으시고 생기를 그 코에 불어넣으시니 사람이 생령이 되니라"(창 2:7)고 말씀합니다. 본질상 사람은 양쪽, 즉 그가 만들어진 땅과, 그에게 생명과 하나님을 의식하는 능력을 주신 하나님에 관련되어 있었습니다. 이제 그는 그의 임무가 "그것(그 땅)을 경작하며 지켜야" 하는 환경에 놓였습니다. 따라서 아담은 그의 삶에서 매일 그의 태생과 그의 책임이 되새겨질 것입니다. 왜냐하면, 그는 하나님의 지시에 따라 그리고 하나님의 영광을 위해 땅을 경작하고 있음을 알 것이기 때문입니다.

하나님은 또한 이러한 일들을 다른 하나의 장치에 의해 유지하고 계셨습니다. 즉, 선악을 알게 하는 나무에 관한 명령입니다. 하나님은 본문 16-17절에서 이렇게 말씀하셨습니다. "여호와 하나님이 그 사람에게 명하여 이르시되 동산 각종 나무의 열매는 네가 임의로 먹되 선악을 알게 하는 나무의 열매는 먹지 말라 네가 먹는 날에는 반드시 죽으리라 하시니라." 이 나무의 존재는 아담에게 그가 그 자신의 신(神)이 아니고, 그는 언제나 그를 만드신 분 앞에 책임이 있다는 것을 기억나게 했을 것입니다.

그러나 불행히도 아담은 그 자신의 신이 되기로 결정을 했고, 그는 하나님이 그렇게 하지 말라고 하신 명령을 불순종함으로써 배반을 했던 것입니다.

두 개의 동산

우리는 곧 사람의 타락에 대해 상세히 연구하고자 합니다. 그러나 여기서 우리는 이 동산에서의 아담의 상황과 행동 및 예수 그리스도의 체포와 십자가 처형 전에 겟세마네 동산에서의 둘째 아담이신 그분의 상황과 행동 간의 명확한 대조를 간과해서는 안 됩니다.

첫 번째 대조는 에덴에 있는 최초의 조상 앞에 주어진 좋은 것(선, 善)과 그리스도 앞에 놓인 악(惡)의 대조입니다. 아담과 하와는 하나님의 창조 활동의 절정에 에덴으로 들어갔습니다. 그들에게 주어진 것은 하나님이 확실하게 좋은 것이라고 선언하신 세상이었습니다. 하나님은 우리의 최초 조상에게 '바다의 물고기와 하늘의 새와 가축과 온 땅과 땅에 기는 모든 것을 다스리게'(창 1:26) 하심으로써 그들을 세상에 대한 부(副)통치자로 만드셨습니다. 특히, 하나님은 그들을 이런 말씀으로 축복하셨습니다.

"하나님이 그들에게 복을 주시며 하나님이 그들에게 이르시되 생육하고 번성하여 땅에 충만하라, 땅을 정복하라, 바다의 물고기와 하늘의 새와 땅에 움직이는 모든 생물을 다스리라 하시니라 하나님이 이르시되 내가 온 지면의 씨 맺는 모든 채소와 씨 가진 열매 맺는 모든 나무를 너희에게 주노니 너희의 먹을 거리가 되리라 또 땅의 모든 짐승과 하늘의 모든 새와 생명이 있어 땅에 기는 모든 것에게는 내가 모든 푸른 풀을 먹을 거리로 주노라 하시니 그대로 되니라"(창 1:28-30)

아담과 하와는 하나님의 크신 은총이 조금도 감해지는 기색조차 없는 가운데 그 모든 것을 그들 앞에 가지게 되었습니다. 그러나 그들은 이렇듯 감격스럽고 매우 기쁜 전망에서 돌아서서 죄를 범했습니다.

대조적으로 예수님은 아담과 하와가 상상조차 할 수 없는 일에 직면하셨습니다. 아마도 사람에게 알려진 것으로서는 가장 오래 끌고 고통스러운 형식을 통한 육신적 죽음과, 그분의 고도로 훈련된 그리고 신적으로 동기부여가 된 혼(魂)조차도 깊은 공포 속에서 위축되게 한 영적인 죽음에 직면하신 것입니다. 그리스도 앞에 있었던 가득한 고난의 크기는 그분의 큰 고민, 피땀, 그리고 애끊는 기도에서 볼 수 있습니다(내 아버지여 만일 할 만하시거든 이 잔을 내게서 지나가게 하옵소서 마 26:39, 참조 막 14:36, 눅 22:42). 그럼에도 불구하고 예수님은 이 고통에서 돌아서지 않으시고 오히려 우리의 구원을 위해 그것을 기꺼이 받아들이셨습니다.

두 번째 대조는 에덴에서의 아담과 하와의 행동과 겟세마네에서의 예수님의 행동 간의 대조인데 우리의 최초 조상은 사탄과 대화하는 데 그들의 시간을 보낸 것에 반해, 예수님은 하나님과 대화하시는 일에 시간을 쓰셨습니다. 기도의 필요는 그리스도의 마음속에 크게 자리 잡고 있었습니다. 왜냐하면, 그분의 모든 행동이 그것에 연결된 것 같았기 때문입니다. 그분은 기도하시려고 예루살렘을 떠나셨습니다(요 18:2). 그분은 제자들에게 기도할 것을 지시하시면서 그들로부터 자신을 격리시키시고(눅 22:40) 진지하게 기도하셨습니다. 두 번씩이나 기도를 멈추시고 제자들에게 가서서 철야기도를 독려하신 후 다시 돌아와 기도하셨습니다. 예수님은 분명히 기도의 필요성을 느끼고 계셨습니다. 그러나 아담과 하와는 인류를 저주 속으로 몰아넣을 죄의 목전에서도 기도하지 않았습니다. 오히려 그들은 사탄과 경솔하게 교제하면서 그 위험을 알아차리지도 못했던 것 같습니다.

세 번째 대조는 예수님은 승리하셨는데, 그에 반해 그들은 패배했습니다. 패배하는데 걸린 시간은 거의 즉시 드러났을 것입니다. 사탄은 자기 주장을 말했습니다. 그리고 그들은 금지된 열매를 재빨리 먹었습니다. 반대로 예수님은 기도로 싸우시고 궁극적으로 승리하셨습니다.

네 번째 대조는 우리는 아담과 하와가 그들의 죄로 인류를 불행 속으로 몰아넣었다는 것을 압니다. 그들은 패배했고 그들의 후손을 파멸로 떨어뜨릴 죄의 절벽 위로 이끌어 갔습니다. 반면에, 예수님은 굳건히 서 계셨습니다. 그분은 죄를 범하지 않으셨고 그분 앞에 있는 일로 인해서 위축되지 않으셨습니다. 그 결과로 그분은 아버지께서 그분에게 주신 모든 사람을 구원하셨습니다. 아담 안에서 모든 사람이 멸망당했습니다. 그러나 예수님은 이렇게 말씀하실 수가 있었습니다. "아무도 멸망당하지 않았다"(요 17:12). 사도 바울은 장대한 로마서 5장에서 이런 대조를 합니다.

"그러므로 한 사람으로 말미암아 죄가 세상에 들어오고 죄로 말미암아 사망이 들어왔나니 이와 같이 모든 사람이 죄를 지었으므로 사망이 모든 사람에게 이르렀느니라 죄가 율법 있기 전에도 세상에 있었으나 율법이 없었을 때에는 죄를 죄로 여기지 아니하였느니라 그러나 아담으로부터 모세까지 아담의 범죄와 같은 죄를 짓지 아니한 자들까지도 사망이 왕 노릇 하였나니 아담은 오실 자의 모형이라 그러나 이 은사는 그 범죄와 같지 아니하니 곧 한 사람의 범죄를 인하여 많은 사람이 죽었은즉 더욱 하나님의 은혜와 또한 한 사람 예수 그리스도의 은혜로 말미암은 선물은 많은 사람에게 넘쳤느니라 또 이 선물은 범죄한 한 사람으로 말미암은 것과 같지 아니하니 심판은 한 사람으로 말미암아 정죄에 이르렀으나 은사는 많은 범죄로 말미암아 의롭다 하심에 이름이니라 한 사람의 범죄로 말미암아 사망이 그 한 사람을 통하여 왕 노릇 하였은즉 더욱 은혜와 의의 선물을 넘치게 받는 자들은 한 분 예수 그리스도를 통하여 생명 안에서 왕 노릇 하리로다 그런즉 한 범죄로 많은 사람이 정죄에 이른 것 같이 한 의로운 행위로 말미암아 많은 사람이 의롭다 하심을 받아 생명에 이르렀느니라 한 사람이 순종하지 아니함으로 많은 사람이 죄인 된 것 같이 한 사람이 순종하심으로 많은 사람이 의인이 되리라 율법이 들어온 것은 범죄를 더하게 하려 함이라 그러나 죄가 더한 곳에 은혜가 더욱 넘쳤나니 이는 죄가 사망 안에서 왕 노릇 한 것 같이 은혜도 또한 의로 말미암아 왕 노릇 하여 우리 주 예수 그리스도로 말미암아 영생에 이르게 하려 함이라"(롬 5:12-21)

이것이 정확한 대조입니다. 도널드 반하우스는 이렇게 선언했습니다. "죄, 죽음, 그리고 심판은 아담의 행동에서 흘러나온 것이다. 그러나 의, 생명, 왕권은 그리스도의 십자가에서 흘러나온 것이다. 아담의 죄는 물웅덩이에 던져져서 사방에 잔물결을 보내는 하나의 돌덩이였다. 그러나 그리스도의 십자가는 하나님의 사랑의 바다에 던져진 모든 시대의 바윗덩이였다. 그리고 그리스도 안에 있는 모든 사람이 지금부터 영원토록 그분의 웅대한 사랑과 생명, 그리고 권능의 파도를 타는 것은 숙명적인 것이다." [2]

● 각주 ●

1. Calvin, *Genesis*, 116.

2. Donald Grey Barnhouse, *God's Grace*, vol. 5 of *Romans* (Grand Rapids: Eerdmans, 1959), 14. Used by permission.

17

아담을 위한 아내

창세기 2 : 18-22

여호와 하나님이 이르시되 사람이 혼자 사는 것이 좋지 아니하니 내가 그를 위하여 돕는 배필을 지으리라 하시니라 여호와 하나님이 흙으로 각종 들짐승과 공중의 각종 새를 지으시고 아담이 무엇이라고 부르나 보시려고 그것들을 그에게로 이끌어 가시니 아담이 각 생물을 부르는 것이 곧 그 이름이 되었더라 아담이 모든 가축과 공중의 새와 들의 모든 짐승에게 이름을 주니라 아담이 돕는 배필이 없으므로 여호와 하나님이 아담을 깊이 잠들게 하시니 잠들매 그가 그 갈빗대 하나를 취하고 살로 대신 채우시고 여호와 하나님이 아담에게서 취하신 그 갈빗대로 여자를 만드시고 그를 아담에게로 이끌어 오시니

위의 본문은 그동안 창세기를 주의 깊게 공부해 온 창세기 연구자에게 지금쯤 충격이 될 문장으로 시작합니다. 지금까지 하나님이 이루신 것은 모두 좋았습니다. 그리고 하나님도 그 이루신 것에 자신의 복을 선언하셨습니다. 그런데 여기서 처음으로 우리는 무엇인가 좋지 않은 부정적인 말을 봅니다. 하나님

은 아담을 보시고 말씀하셨습니다. "사람이 혼자 사는 것이 좋지 아니하니"(창 2:18). 이러한 판단에서 아담의 아내이며 반려자가 될 존재를 창조하시게 됩니다. 그리고 결론을 맺습니다. "여호와 하나님이 아담을 깊이 잠들게 하시니 잠들매 그가 그 갈빗대 하나를 취하고 살로 대신 채우시고 여호와 하나님이 아담에게서 취하신 그 갈빗대로 여자를 만드시고 그를 아담에게로 이끌어 오시니"(창 2:21-22).

이 구절에서 우리는 여자가 남자를 위해서 만들어졌음을 배웁니다. 그녀는 남자에게서 만들어졌습니다. 그리고 그녀는 남자에게 주어졌습니다. 하나님이 주신 모든 선물 중에서 가장 위대한 선물이었습니다. 그 다음 단락에서는 그녀가 남자에 의해 이름이 지어짐을 봅니다. 이러한 창조 질서에 근거해서 나중에 결혼 안에서의 여자와 남자의 관계, 그리고 교회 안에서의 남자와 여자의 역할을 위한 신약의 교훈이 세워집니다.

아담의 준비

하나님의 하와 창조는 이야기 형식으로 되어 있습니다. 그리고 그 이야기의 첫 부분은 하와의 출현을 위한 아담의 준비입니다. 아담은 하나님의 형상으로 지음을 받았습니다. 그의 본래의 영광스런 상태에서 그는 틀림없이 아리스토텔레스를 능가하는 두뇌를 가졌을 것입니다. 그럼에도 불구하고, 하나님은 아담에게 각기 다양한 모든 피조물 안에 아직 이때까지 아담의 반려자로 적합한 피조물이 없다는 것을 보여주실 필요를 느끼셨습니다. 아담의 첫 번째 교훈은 그의 아내의 진가를 인정하는 것을 배우는 것이었습니다.

그 일을 추진하시기 위해 하나님은 얼마나 흥미로운 방법을 택하셨는지! 하나님이 많은 다양한 종류의 동물들과 새들을 아담 앞으로 지나가게 하셨을 때 하나님은 분명히 아담과 어깨를 나란히 하고 서 계셨을 것입니다. 그들이 지나갈 때 땅돼지(aardvark)에서 얼룩말(zebra)까지(이름이 a로 시작하는 동물에서 z로 끝나는 동물까지, 즉 모든 동물을 일컫는 표현 - 역주) 아담은 그 동물들을 연구하고 이름을 붙여야 했습니다. 우리는 이미 그 이름이 마치 아담이 그저 그의 마음 한 구석에서 이름들을 꺼내어 지나가는 동물들에게 철석 붙여 준 것처럼 제멋대로 지은 것이 아님을 살펴본 바 있습니다. 아담은 그 동물들을 연구해서 그들의 본질과 관계를 알고, 그런 다음 그에 따라 이름을 붙여야 했습니다. 다시 말하면, 그는 오늘날조차도 생물학자가 하는 일의 한 면을 수행해야 했던 것입니다. 그는 연구하고 분류하면서 이 굉장한 동물들의 행렬 중에 혹 그를 돕는 자로 적합한 동물이 있는가를 살펴보았습니다. 그 결과는 하나님이 그러리라고 아셨던 것처럼 부정적이었습니다. 즉, "아담에게 돕는 배필이 보이지 않았다"(20절 NIV).

이 부정적인 결과의 이유는, 틀림없이 아담이 재빨리 보았겠지만, 어떤 동물도 그가 창조된 것처럼 하나님의 형상으로 창조되지 않았기 때문이었습니다. 그들은 몸은 가졌고, 어떤 점에서 그들은 혼을 가지고 있다고 말할 수도 있습니다. 동물들도 성격(personality)을 가지고 있고, 그들의 개성을 알고 있기 때문입니다. 그러나 동물들은 영(靈)을 가지고 있지 않았습니다. 따라서 아담과 영적인 수준에서의 교제가 불가능했습니다.

걸작인 「역사의 연구」(A Study of History) 제10권에서 아놀드 토인비(Arnold Toynbee)는 사람과 개 사이에 존재하는 교제의 본질에 대해 언급을 했습니다. 그는 사람과 개가 훌륭한 교제를 하는 것은 가능하다고 말합니다. 그들은 오랜 시간을 함께 즐겁게 보낼 수 있습니다. 그들은 게임을 할 수도 있습니다. 그들은 애정을 보이고 나눌 수도 있습니다. 그러나 그 교제는 개의 수준에서 이루어질 수밖에 없다고 토인비는 말합니다. 그것은 개가 그 수준에서 의사소통할 수밖에 없기 때문이라는 것입니다. 의심할 것 없이 아담은 동물들의 행렬에서 이 점을 보았고, 만일 그가 반려자를 갖는다면 그 반려자는 하나님이 특별하게 창조하신 자여야 하고, 그가 그렇듯이 하나님의 형상으로 창조된 자여야 한다는 것을 깨달았습니다.

아담과 동물의 왕국 사이에 존재하는 근본적인 단절이 순수한 진화론에 대한 추가적인 반박 자료라는 것은 우리가 다루는 주제에 다소 지엽적인 것이긴 합니다. 그러나 주목할 가치가 있습니다. 우리는 아담과 동물들이 여러 점에서 유사성이 있다는 것에 의문을 제기하지 않습니다. 모두 공기로 숨을 쉬며 일정한 기본적인 삶의 과정을 거치고 있습니다. 모두 움직이고, 행동하고, 관계를 맺고, 특정 자극에 대해 반응을 합니다. 그러나 본문의 요점은 그러한 유사성보다 더 큰 상위성(相違性)이 있다는 것입니다. 어떤 점에서는 유사하지만, 어떤 동물도 아담과 같지 않습니다. 헨리 모리스(Henry Morris)는 이렇게 말합니다. "아담이 동물들로부터 나중에 진화한 것이 아니라는 것은 아주 분명하고 확실한 것이다! 만일 진화가 사실이고, 그의 몸이 본질적으로 여전히 원숭이의 몸이라면(또는 어떤 형태건 사람과 비슷한 몸을 가진 존재가 그의 직계 조상이었다면), 그가 부모 또는 형제들과 공통되는 무엇인가가 있었어야 하는데 그 아무 것도 발견할 수 없었다는 것은 이상하게 보인다. 이점에 있어서 다른 많은 점에서와 같이 인간 진화의 개념은 성경의 명백한 가르침을 거스르는 모순이 되는 것이다." [1]

모리스가 지적한 것처럼 여자의 창조에 있어서도 진화에 대한 추가적인 문제점이 있으나 그것은 더욱 동떨어진 문제입니다. 이 구절들에서 분명한 것은 아담은 진화론자가 아니었다는 것입니다. 적어도 그가 동물들을 자세히 조사하고 난 후에는 아니었습니다.

멋진 여자!

이렇게 아담은 하와를 위해 준비되었습니다. 그리고 하와는 이제 아담을 위해 준비될 차례였습니다. 그녀는 이 세상에서 그의 이상적인 짝으로 그를 위해 지음을 받게 되었습니다.

아이들 단계에서는 흔히 수수께끼에 대단한 흥미를 갖습니다. 그들을 흥미 있게 하는 수수께끼의 하나는 이것입니다. 달의 반쪽과 가장 닮은 것은 무엇인가? 만일 당신에게 보통의 어린 시절이 있었다면 아마도 당신은 세 살 때 그 이야기를 들었을 것입니다. 그렇지만, 한 아이가 그 수수께끼를 내면 당신이 해야 할 일은 답을 즉각 알아맞히지 않고 당신이 생각할 수 있는 가능한 모든 것을 추측해 보는 것입니다. 달의 반쪽과 가장 닮은 것은 무엇인가? "오렌지 반쪽?" 아니야! "농구 공 반쪽?" 아니야! "에담 치즈(네덜란드의 둥근 치즈)의 반쪽?" 아니야! 당신은 당신이 생각할 수 있는 둥글고 오렌지 색깔을 가진 모든 것을 말해야 합니다. 적어도 당신은 이렇게 말해야 합니다. '나는 기권이다. 달의 반쪽과 가장 닮은 것은 무엇이지?' 그러면 대답이 돌아옵니다. '달의 다른 반쪽!'

참으로 맞는 말입니다. 달의 반쪽과 가장 닮은 것은 그 달의 다른 반쪽입니다. 그래서 우리는 이렇게 묻습니다. "남자와 가장 닮은 것은 무엇입니까?" 대답은 "여자"입니다. "그러면 여자와 가장 닮은 것은 무엇입니까?" 그 대답은 "남자"입니다. 그러나 남자와 여자는 다릅니다. 그리고 (프랑스 사람들이 말하듯이) "그 다른 점 만세!" 입니다. 그러나 그들은 피조물 중 다른 그 어떤 것보다도 더 닮았습니다.

나는 그 첫 여자를 보기 위해 거기에 있었다면 좋았겠다고 생각합니다. 그녀는 얼마나 여인다웠을지! 우리가 창세기 1:28-31절의 연구에서 남자의 창조를 다룰 때, 최초 상태에서의 남자는 틀림없이 대단히 비상한 존재였을 것임을 지적했습니다. 마르틴 루터는 아담이 사자 또는 곰보다 더 큰 힘, 스라소니 또는 독수리보다 더 날카로운 시력을 갖는 등 동물들이 강했던 부문에서조차 그들을 능가했을 것이라고 생각했습니다. 그러나 만일 그것이 아담에게 사실이었다면 하나님이 이제 그를 위해서 창조하신 반려자에 대해서는 어떤 말을 할 수 있겠습니까? 루터는 하와도 남자처럼 강하고, 빠르고, 시력이 날카롭고, 두뇌가 좋았을 것이라고 생각했습니다.[2] 그것에 더해 그녀는 틀림없이 남자를 능가하는 아름다움과 우아함을 가지고 있었을 것입니다. 얼마나 멋진 여자인지! 그녀의 애초의 영광 속에서 하와는 원더우먼(Wonder Woman)이나 바이오닉 우먼(Bionic Woman)을 비약한 사람처럼 보이게 했을 것입니다(원더우먼과 바이오닉 우먼은 각각 1970년대 미국 TV 드라마의 주인공들로 초인적인 힘을 가진 여인들이었음 - 역주).

아담을 위하여 지음 받다

그러나 이러한 육신적, 정신적, 그리고 도덕적 탁월성(오늘날의 그 어떤 여인의 그것보다 훨씬 뛰어난)에도 불구하고 하와는 아담을 위하여 "그를 돕는 배필"로서 지음을 받은 것입니다. 다른 여러 가지 사항 가운데 이 점에서 여인이 결혼에 있어서 자신의 독특한 위치에 대한 단서를 얻게 됩니다.

이것이 오늘날의 급진적인 여성주의자들을 몹시 격앙시키고, 때로는 다른 여인들에게조차 걱정의 원인이 되고 있는 점입니다. 여자가 남자를 위하여 만들어졌다고 말하는 것은, 더구나 결혼 내에서 남자에게 순종할 필요가 있다고 말하는 것은, 그런 사람들에게는 야비한 편견이나 부동등(不同等) 및 불공평의 낌새로 보이는 것입니다. 이러한 구시대적이고 불쾌한 생각은 벗어 던져버릴 필요가 있고, 여자는(남자처럼) 독립적이 되어야 한다고 사람들은 생각합니다. 여기서 우리는 잘 생각해 볼 필요가 있는데, 분명히 생각하고 넘어갈 필요가 있는 것들 중의 한 가지는 "동등"(equality)이라는 단어의 의미입니다. 여러분은 이 단어에 대해 그저 개략적으로 말하고 지나가서는 안 됩니다. 구체적일 필요가 있습니다. 이 주제와 유사한 논문에서 엘리자베스 엘리엇(Elisabeth Elliot)은 이렇게 묻습니다. "어떤 점에서 빨강은 파랑과 동등한가? 그것들은 오직 스펙트럼 안에서 둘 다 색깔이란 점에서만 동등하다. 그 점을 떠나면 그것들은 서로 다르다. 어떤 점에서 뜨거운 것은 차가운 것과 동등한가? 그것들은 둘 다 온도를 나타내는 것이다. 그 점을 넘어서 동등을 말하는 것은 거의 의미가 없다."[3]

남자와 여자는 동등합니까? 이것은 여러분이 무엇에 대해 이야기하고 있는가에 달렸습니다. 남자와 여자가 동등한 중요한 점들이 있습니다. 첫째, 그들은 하나님의 형상으로 창조되었습니다. 이 점이 여자를 남자에게(남자를 여자에게) 어울리는 반려자로 만듭니다. 그리고 이 점이 왜 동물들은 어울리는 반려자가 아닌가를 설명해 줍니다. 둘째, 그들은 하나님의 도덕적 명령 아래 있었고, 따라서 도덕적 책임을 지고 있었습니다. 셋째, 그들은 하나님의 명령 불순종에 대한 죄가 있었고, 그래서 그들의 불순종에 대해 하나님의 심판을 받았습니다. 넷째, 남자나 여자나 똑같이 예수 그리스도 안에서 하나님의 은혜의 대상입니다.

엘리자베스 엘리엇은 이 점에서 이렇게 진술합니다. "자신들을 성경적 여성주의자라고 부르는 사람들의 대헌장인 갈라디아서 3:28절에서 바울은 세례 받을 자격과 관련하여 '유대인이나 헬라인이나 종이나 자유인이나 남자나 여자나' 같다고 말하는 것이다. 사회적 신분, 국적, 그리고 성별은 모두 예수 그리스도의 몸의 지체가 되는 자격과 아무 관계가 없다."[4] 이러한 사항들을 넘어서서 동등이란 것은 거의 부적절한 개념입니다.

성경에서 인간 가정은 하나님의 삼위와 숙고(熟考)된 대응 관계로 소개되고 있습니다. 남편과 아내, 그리고 자녀들의 관계가 하나님의 삼위 관계와 유사합니다. 신학자들은 삼위의 본질에 대해 말합니다. 그것을 웨스트민스터 신앙고백은 "신성에서 동일하고, 능력과 영광에서 동등한… 하나님 안의 세 분"으로 정의합니다. 그들은 또한 실용적 삼위에 대해서도 말합니다. "신성에서 동일하고, 능력과 영광에서 동등"하지만, 구속사역에 있어서는 하나님의 각 지체가 숙고해서 그리고 자발적으로 서로 복종하는 것입니다. 아들은 아버지께 복종합니다. 성령님은 아버지와 아들에게 복종합니다. 이 관계는 결혼 안에서 남자와 여자의 경우에 대응되는 것입니다. 왜냐하면, 바울이 말하기를 "각 남자의 머리는 그리스도요 여자의 머리는 남자요 그리스도의 머리는 하나님이시라"(고전 11:3)고 했기 때문입니다. 그는 에베소서에서도 같은 말을 했습니다.

"아내들이여 자기 남편에게 복종하기를 주께 하듯 하라 이는 남편이 아내의 머리 됨이 그리스도께서 교회의 머리 됨과 같음이니 그가 바로 몸의 구주시니라 그러므로 교회가 그리스도에게 하듯 아내들도 범사에 자기 남편에게 복종할지니라"(엡 5:22-24)

이러한 구절들의 관점에서 볼 때, 소위 "성경적" 여성주의자가 이러한 관계는 폐지되었다고 어떻게 그리 주장할 수 있는지 이해하기가 어렵습니다. 그들은 복종이 지금은 그리스도의 속죄로 폐지된 저주의 일부라고 주장합니다. 그러나 아내의 남편에 대한 종속 관계는 이미 지적했듯이 타락 후가 아닌, 그 이전인 창세기 2장에서 이미 발견된다는 사실은 그 의의가 깊습니다.

우리는 이 관계가 결혼 안에서의 남자와 여자 간의 관계임을 강조해야 하고, 또한 숙고된 하나님 관계의 대응성 때문에 하나님의 가족인 교회 안에서의 남자와 여자의 관계임을 강조해야만 합니다. 창세기 어디에서도 모든 여자는 순종하는 것보다는 약한 표현이라 하더라도, 모든 남자를 위하여 존재한다고 암시하는 곳이 없습니다. 특히 결혼의 경우에 있어서 조차도 복종은 자발적인 범위에서 하는 것입니다. 여자 누구도 어떤 제안을 무조건 받아들여야 할 의무가 있는 것은 아닙니다. 그러나 만일 그녀가 그렇게 하고 있고, 또 그녀가 그리스도인이라면 그녀는 그녀의 남자에 대한 관계의 모형이 하나님이 아담을 위한 "돕는 배필"을 만드실 것을 말씀하신 창세기 2장에서 발견된다는 것을 알아야 합니다. 만일 그녀가 그녀의 남자에게 돕는 자가 될 수 없다면, 그 여인은 그 남자와 결혼하면 안 됩니다.

내 살 중의 살

그러나 여자는 오직 남자만을 위하여 지음을 받은 것은 아닙니다. 그녀는 또한 성경이 말씀하는 것처럼 남자로부터 지음을 받았습니다. "여호와 하나님이 아담을 깊이 잠들게 하시니 잠들매 그가 그 갈빗대 하나를 취하고 살로 대신 채우시고 여호와 하나님이 아담에 게서 취하신 그 갈빗대로 여자를 만드시고 그를 아담에게로 이끌어 오시니"(창 2:21-22). 분명히 아담은 무슨 일이 일어났는지 즉시 확인하고 선언했습니다.

"아담이 이르되 이는 내 뼈 중의 뼈요 살 중의 살이라 이것을 남자에게서 취하였은즉 여자라 부르리라 하니라"(창 2:23)

이 창조에 관하여는 무언가 특별히 통쾌하고 시적인 면이 있습니다. 그 여자는 남자를 위하여 지음을 받았고, 그래서 (오늘날 타락한 죄의 상태에 있는 우리의 생각으로) 남자의 하인으로 생각될 수도 있습니다. 그러나 창세기는 전혀 그렇지 않습니다. 오히려 아담은 하와가 그의 반려자(달의 다른 반쪽)임을 즉시로 알아차립니다. 그래서 그들의 본질적인 닮음과 연합을 축하해서 갑자기 시(詩) 속으로 뛰어 든 것입니다.

대부분의 성직자처럼 나는 빈번히 결혼 주례와 혼전 상담을 합니다. 그런데 내가 상담에서 항상 강조하는 사항의 하나는 하나님이 남편과 아내가 그들의 존재의 각 부분에서 하나가 되도록 의도하신다는 것입니다. 만일 사람이 내가 그렇게 믿듯이 몸과 혼과 영의 세 부분으로 창조되었다면, 남편과 아내는 그러한 몸과 혼과 영의 각 부분에서 연합되어야 합니다. 만일 그 결혼이 하나님이 전적으로 그들을 위해 의도하신 대로 되어야 한다면 그래야 합니다. 몸과 몸의 연합은 성적(性的)인 연합입니다. 이것은 중요합니다. 만일 몸의 연합이 일어나지 않거나 일어나지 못한다면 그 결혼은 참 결혼이 아니고, 그것은 정당하게 무효가 될 수 있습니다.

다른 한편, 만일 그 관계가 다른 것엔 없고 성적(性的)인 것에만 근거해 있다면, 만일 혼과 혼 또는 영과 영의 결혼이 아닌 몸과 몸만의 결혼이라면, 그 결혼은 약해지고 이혼 법정을 향하게 될 것입니다. 매력이 사라지고 항상 그러는 것처럼 그것을 더 이상 유지시킬 수가 없게 되면 그 관계는 끝이 나고, 전적인 무관심이나 이혼 또는 성적(性的)인 부정을 저지르게 됩니다. 이것은 전적으로 육신적 매력에 근거한 결혼의 결과입니다.

더 나은 결혼은 혼과 혼의 연합이 있는 결혼입니다. 이것은 사람이 본질적으로 가지고 있는 지적(知的), 감정적인 면과 관련이 되는데 이러한 면은 통상적으로 정신의 기능과 결합시키는 특성을 수반합니다. 혼의 연합이 수반되는 결혼은 부부가 같은 것들 즉, 같은 책, 같은 영화, 같은 취미에 대한 관심을 나누고 지적, 감정적 양면으로 정신의 교류를 확립해 가는 결혼입니다.

이 시점에서 결혼한 그리스도인들에게 특별한 단어 하나를 말씀드리려고 합니다. 성직자가 이와 같은 말을 할 때마다 많은 사람들이 벌써 그를 앞서서 세 번째 사항으로 가서 결론을 냅니다. 왜냐하면, 그들의 결혼은 영과 영의 연합이기 때문이므로 그들은 정신 또는 혼의 연합에 대해 크게 걱정할 필요가 없다고 봅니다. 이것은 옳지 않습니다. 그들은 그것에 대해 걱정해야 할 필요가 있을 뿐만 아니라, 그것을 위해 노력해야 할 필요도 있습니다. 감정적인 그리고 지적인 연합은 그 자체가 자연적으로 오는 것이 아니기 때문입니다.

한 여인이 남자와 결혼할 때, 그녀의 마음속에는 어떤 생각을 가지고 있으며, 그녀가 결혼 할 남편에 대해 그녀는 어떤 상상을 하겠습니까? 그것은 그녀의 아버지와 관계가 있습니다. 그녀가 아버지를 좋아했는지, 아니면 그에게 반항하고 살았는지 하는 것과 관계가 있는 것입니다. 그 상상 속엔 미남 배우인 캐리 그랜트(Cary Grant)가 다소 섞여 있을 수 있고, 007 영화 속의 제임스 본드(James Bond)나 투나잇 쇼의 진행자인 자니 칼슨(Johnny Carson)이 조금 들어 있을지 모릅니다. 그러면 그 남편 될 사람은 어떤 상상을 하겠습니까? 베스트셀러인 「새 포도주의 맛」(The Taste of New Wine)의 저자인 케이트 밀러(Keith Miller)는 그 남편의 이상형은 아마도 테레사(Theresa) 수녀와 미녀 배우인 엘리자베스 테일러(Elizabeth Taylor), 그리고 제과업계가 만든 상징적 가공인물인 베티 크로커(Betty Crocker)가 합쳐진 인물일 것이라고 말했습니다.

캐리 그랜트를 이상형으로 하는 여인과 엘리자베스 테일러를 이상형으로 하는 남자가 결혼해서 상대방이 그 이상형과 그다지 닮지 않았다는 것을 알게 되면 어떤 일이 일어나겠습니까? 둘 중의 하나입니다. 그들이 상상했던 이상형과 점점 발견되는 상대방의 모습 사이의 차이점에 생각을 집중하고 상대방을 공공연히 또는 비밀스럽게 그 이상적 모습으로 몰아가려고 애쓰거나, 그렇지 않으면 하나님의 은혜로 그들이 되고자 하는 각자의 목표를 포함해서 상대방을 현실 그대로 점점 더 받아들이게 되고, 그래서 하나님 아래서 그 목표의 기준을 최고도로 향상시키는 길을 모색하게 됩니다. 우리가 결혼에 있어서 후자의 경우가 되려고 한다면 우리는 상대방의 관심과 향상심을 계발함으로써 그 목표를 향해 노력해야만 합니다.

마지막으로, 참된 결혼은 영과 영의 연합이어야 합니다. 이것은 남편과 아내가 모두 그리스도인이어야 함을 의미합니다. 당신이 그리스도인이라면 당신은 다른 그리스도인과 결혼하거나, 아니면 결혼하지 말아야 합니다. 당신이 만일 그리스도인이 아닌 자와 결혼하게 되면, 당신은 고의로 큰 불행을 선택하는 것입니다. 하나님은 그 결혼을 축복하지 않으시며, 당신은 당신에게 가장 귀중한 것을 나눌 수가 없기 때문입니다.

당신에게 어떤 일이 일어날 것인가 하는 것은 솔로몬의 경우에서 그 예를 여실히 볼 수 있습니다. 솔로몬은 무엇보다 하나님이 그의 아버지 다윗에게 하신 약속 때문에, 그리고 솔로몬이 스스로 하나님의 길을 따르기로 작정했기 때문에 하나님으로부터 많은 복을 받은 사람이었습니다. 그러나 성전이 완공되고, 솔로몬이 예루살렘에서 편안해진 후에 그는 외국 여인들과 결혼하기 시작했습니다. 그 중의 한 여인이 애굽의 바로 왕의 딸이었습니다. 이것은 그에 대한 하나님의 뜻이 아니었습니다. 왜냐하면, 애굽 공주는 하나님께 예배하지 않았기 때문입니다. 솔로몬도 이것을 알았습니다! 역대하 8장은 이렇게 말씀합니다. "솔로몬이 바로의 딸을 데리고 다윗 성에서부터 그를 위하여 건축한 왕궁에 이르러 이르되 내 아내가 이스라엘 왕 다윗의 왕궁에 살지 못하리니 이는 여호와의 궤가 이른 곳은 다 거룩함이니라 하였더라"(대하 8:11).

솔로몬은 이렇게 말하고 있는 것입니다. "나는 이 여인이 내가 알고 있는 하나님에 대한 진실된 것들과는 맞지 않는다는 것을 인정한다. 그리고 내가 그녀를 다윗 궁이나 성전 주변에 데리고 올 때마다 죄책감이 들고 양심의 가책을 받는다. 유일한 해결안은 그녀에게 다른 집을 지어주고 지금부터 나는 가능한대로 거의 격리된 구획에서 사는 것이다."

만일 당신이 그리스도인이 아닌 사람과 결혼하게 되면 당신에게도 그런 일이 일어날 것입니다. 당신이 그리스도인이 아닌 사람을 그리스도인이 될 것이라고 치켜 올릴 생각을 하지 마십시오. 그런 일은 하나님의 크신 은혜로 인해서 언젠가는 일어날 수 있을지 모릅니다. 그러나 그런 일이 일어난다 할지라도, 수 년에서 수십 년 동안은 비통과 슬픔을 맛보아야만 합니다. 만일 당신이 하나님께 순종한다면, 결혼식 전에 배우자가 그리스도인이 되었는지 확인해야 합니다. 그렇지 않으면 결혼하지 마십시오. 만일 상대방이 그리스도인이 아니거나 또는 약혼 전에 그리스도인이 되지 않았다면, 하나님의 말씀의 권위에 의해 말씀드리건대 그 상대방은 당신을 위한 배우자가 아닙니다.

성경은 말씀합니다. "너희는 믿지 않는 자와 멍에를 함께 메지 말라 의와 불법이 어찌 함께 하며 빛과 어둠이 어찌 사귀며"(고후 6:14). 당신의 결혼은 몸과 몸의 결혼은 됩니다. 그리고 아마도 혼과 혼의 결혼도 될 것입니다. 그러나 당신은 영과 영의 결혼은 결코 될 수가 없고, 따라서 참된 연합에 이르지 못할 것입니다.[5]

● 각주 ●

1. Morris, *The Genesis Record*, 98.

2. Luther, *Luther's Works*, vol. 1, 115.

3. Elisabeth Elliot, "Masculinity and Feminity under God," in *Our Savior God: Studies on Man Christ and the Atonement*, ed. James Boyce (Grand Rapids: Bakers, 1980), 41.

4. Ibid., 41.

5. 이 논의의 일부를 James Montgomery Boice, *The Sermon on the Mount* (Grand Rapids: Zondervan, 1972), 121-24에서 빌려 왔다.

18

최초의 결혼식

창세기 2 : 22-24

여호와 하나님이 아담에게서 취하신 그 갈빗대로 여자를 만드시고 그를 아담에게로 이끌어 오시니 아담이 이르되 이는 내 뼈 중의 뼈요 살 중의 살이라 이것을 남자에게서 취하였은즉 여자라 부르리라 하니라 이러므로 남자가 부모를 떠나 그의 아내와 합하여 둘이 한 몸을 이룰지로다

창세기 2장에서 이야기했듯이 하나님이 최초의 여자를 최초의 남자에게 데려오셨을 때, 하나님은 단순히 아담에게 돕는 배필과 반려자를 예비해 주신 것만은 아닙니다. 하나님은 모든 인간 제도의 가장 처음이며, 가장 기초가 되는 결혼을 제정하신 것입니다. 정부나 교회나 학교나 기타 다른 사회적 기관이 있기 오래 전에 하나님은 남편과 아내의 상호 존중과 사랑을 기초로 하는 가정을 설립하셨습니다. 그리고 다른 모든 인간 제도가 거기서부터 나왔습니다. 아버지의 권위로부터 인간 통치 형태인 족장제도가 발생되었고 후에 부족제도로 발전했습니다. 이런 것들이 군주제도를 일으켰고, 다음에 민주제를 일으켰습니다. 자녀에 대한 부모의 양육과 교육 책임으로부터 더 공식적인 교육제도, 즉 학교나 전문학교, 대학 및 고등교육 센터 등이 나왔습니다. 가족들의 건강을 보살피는 필요에서 병원이 생겼습니다. 자녀들에게 하나님에 대한

지식과 하나님을 예배하는 법을 교육해야 하는 부모의 의무로부터 회당과 그 후에 교회가 생겼습니다. 가정 및 결혼과 파생 관계를 갖지 아니한 현대 사회 및 문화 체제는 생각할 수 없습니다.

그런데 그것이 문제입니다! 오늘날 결혼이 공격을 당하고 있습니다. 결혼이 파괴되고 있습니다. 결혼이 무너지게 되면 다른 모든 제도들(교회, 학교, 기업, 병원 그리고 정부 등)도 함께 무너질 것입니다.

사방에서 오는 공격

오늘날 결혼을 공격해 오는 방향을 식별하는 것은 어렵지가 않습니다. 그것은 네 방향에서 옵니다.

첫째, 우리 시대에 만연하는 쾌락주의가 결혼을 공격합니다. 이것을 "새로운"(new) 쾌락주의라고 부르거나 또는 "플레이보이"(Playboy) 철학이라고 불러 왔습니다. 그러나 그것은 과거에는 결코 수용되지 않던 것이 수용되고 있다는 의미에서 새로운(new) 것일 뿐이고, 아이가 성냥을 가지고 놀(play)수 있고, 이교도가 신성한 물건 주위에서 놀(play)수 있다는 의미에서 "놀다"(play)일 뿐입니다.

쾌락주의는 인생의 주요 목표가 쾌락이고, 이 쾌락은 어떤 장기간에 걸친 해로운 결과가 있더라도 추구되어야 한다고 말합니다. 일반적으로 쾌락주의는 해로운 결과를 부정합니다. 쾌락주의는 성행위가 재미를 위한 것이고, 더 많은 다양한 상대방들과 성행위를 가질수록 더 좋다고 말합니다. 성적(性的) 관계를 즐기기 위해 반드시 결혼해야 할 필요는 없다고 합니다. 이상하게도 이 새로운 쾌락주의는 실제로 옛 쾌락주의보다 더 새로운 것이 없음에도 "신 도덕"이라는 이름으로 이른바 기독교 신학자라고 부르는 자들의 지지를 받아왔습니다.

신 도덕은 영국의 존 로빈슨(John A. T. Robinson) 주교, 조세프 플레쳐(Joseph Fletcher), 하비 콕스(Harvey Cox) 및 기타 학자들 같은 잘 알려진 교회 지도자들에 의해 보급되었습니다. 신 도덕은 사랑이라고 하는 좀 애매한 기준 외에는 윤리의 기준이 없다고 말합니다.

무엇이든 괜찮다고 합니다. "다른 사람을 해하지 않는 한" 무엇이건 허용된다고 합니다. 허용 여부는 오로지 상황에 따라 결정되는 것이라고 합니다.

그러나 어려운 점은 상황을 정의하기가 그리 쉽지 않다는 것입니다. 은밀한 거실 또는 침실에서 한 쌍의 남녀가 그들의 혼외정사가 그들에게 상처가 되지 않을 것이며, 다른 사람은 알 필요가 없는 일이라고 결의할 수 있습니다. 그러나 그들은 그것이 그들에게 상처가 되지 않을 것이라는 확신을 할 수가 없고, 그들 자신의 관계를 넘어서 일어나는 결과를 예측할 수 없습니다. 그것 외에는 아무 문제가 없다고 하더라도, 그들의 결정은 그들의 결혼에 대한 태도를 바꿀 것이고, 그래서 그것이 내가 지적하는 것처럼 온 사회 전반에 영향을 주게 되는 것입니다.

둘째, 널리 퍼져 있는 불륜의 용인(容認) 현상입니다. 정말이지 이것은 불륜하는 것보다 더 나쁩니다. 불륜은 종종 활기 잃은 결혼에 활력제가 되고, 그 결혼을 훌륭하게 회복시킬 수 있다는 논리로 그 자체를 교묘하게 정당화(正當化)시킵니다. 그러나 나는 이에 관해 이상한 일 한 가지를 알게 되었습니다. 불륜을 저지르고 있는 사람들은 그들 자신의 행위를 변호하기 위해 이 논리에 기꺼이 찬성합니다. 그들은 그들이 사랑을 더 잘해주거나 아니면 적어도 더 행복하게 해 주고, 더 재미있는 상대자라고 생각합니다. 그러나 그들의 배우자가 똑같은 불륜을 저지르는 것을 알게 되면 그들은 충격을 받고, 격분하고, 상처받고, 종종 급하게 이혼 법정으로 향합니다.

이 문제에 대한 생각을 분명하게 정리하기 위해 큰 노력을 들일 필요가 없습니다. 무엇이 잘못 된 것인지 알려면 올라가기 시작한 이혼 통계를 정당화 시키고 있는 불륜 옆에 단순히 놓아보기만 하면 됩니다. 만일 불륜이 좋은 것이라면, 만일 그것이 비틀거리는 결혼의 활력제라면, 만일 그것이 가정을 함께 유지하는 것을 도와주는 것이라면(종종 그렇게 주장하는 것처럼), 그것이 흔히 있는 일이라면(우리가 알기로 그런 것처럼), 왜 이혼이 그리 많겠습니까? 이혼율은 지난 수십 년 동안 증가해 왔습니다. 미국의 일부 지역들에서는 결혼의 절반 이상이 실패로 끝나고 있습니다. 그 이론에 결함이 있는지 알기 위해 머리가 좋을 필요가 없습니다. 불륜이 실패하고 있는 결혼을 돕는다는 것은 거짓입니다. 불륜은 실제로 결혼을 파괴합니다. 이와 같은 죄를 때때로 범하는 그리스도인의 경우에는 특별히 하나님의 은혜로 반드시 그렇게 되지 않을 수도 있지만 말입니다. 불륜이 좋은 것이라는 이론은 매우 거짓말입니다. 이와 같은 죄를 범하고 싶어 하고 그들의 행위를 정당화 시키려고 하는 사람들은 지속적으로 그 거짓말을 믿을 것입니다. 하와는 선악을 알게 하는 나무의 열매를 먹고 싶었을 때 마귀의 거짓말을 믿었습니다("너희가 결코 죽지 아니하리라" 창 3:4). 그러나 적어도 그리스도인들은 그것을 믿지 말아야 합니다. 진리를 지킵시다. 그리고 비록 비그리스도인들이라고 할지라도 그들이 그런 죄에 끌려가려고 하면 경고를 해 줍시다.

셋째, 이혼 자체의 용이성입니다. 이에 대해서는 변화하고 있는 우리의 사회적 관습과 법률에 책임이 있습니다. 한 세대 전, 아직 이혼이 불명예스러운 것으로 생각되던 때에는 이혼이 그리 쉽지가 않았고, 가정을 함께 지켜가도록 하는 사회적 압박이 매우 컸습니다. 그러한 가정들이 행복해졌다고 말하는 바보는 아무도 없을 것입니다. 매우 불행한 가정도 많았습니다. 그러나 가정은 함께 지켜졌고, 자녀들은 양(兩) 부모의 혜택 속에서 자라났습니다. 그밖에도 그들이 결혼 초에 바랐던 것이 무엇이었든지 간에 함께 살면서 일을 성취해야 한다는 필요가 많은 부부들로 하여금 바로 그 일을 하게 했고, 그 결과로 그들의 가정은 더욱 튼튼해졌습니다.

두 가지 방법 중에 어느 것이 더 좋습니까? 함께 사는 것이 때로는 힘들다는 것과 그래서 결혼을 활기 있게 만들기 위해서 열심히 노력해야 한다는 것을 인정하는 결혼 접근 방식입니까? 아니면 안이한 완전성을 요구하고 그 완전성이 즉각적으로 보이지 않으면 결혼을 취소해버릴 준비가 되어 있는 접근 방식입니까? 두 번째 것이 점점 일반적인 것이 되고 있지만, 그러나 이것은 부부를 위해서나 사회를 위해서 좋지 않은 것입니다.

넷째, 결혼에 대한 공격은 더 최근의 것이 더 교활합니다. 그것은 낙태를 전적으로 여자와 그녀의 의사 간의 사적(私的)인 일로 만드는 요구에 의한 낙태의 합법화입니다. 왜 이것이 결혼에 해롭습니까? 그것이 해로운 이유는 그녀의 자식이기도 하지만 아버지의 자식이기도 한 아이에게 영향을 주는 일을 결정하는 데에 아버지를 제외시키기 때문이고, 더욱 심각한 것은 그의 자녀를 지키기 위한 전통적인 의무와 권리에서 그를 제외시키기 때문입니다.

얼마 전에 아마도 미국에서 누구보다 더 많이 낙태 수술을 했을 뉴욕의 한 의사인 버나드 네이선슨(Bernard Nathanson)이 책을 한 권 발행했는데, 그 책에서 그는 그의 과거에서 돌아서서 요청에 따라 낙태를 허용하는 1973년의 연방대법원 결정을 취소할 것을 요구했습니다. 그는 그 법에 근거해 일해 왔습니다. 그가 돌아선 이유의 첫 번째는 그가 해온 일에 대해 차차 분명하게 깨닫기 시작했기 때문이었습니다. 그는 자신이 "최대 다수의 최대 행복"을 위한 공리(公利)주의자로서 일을 한다고 생각했었습니다. 그러나 그는, 그런 일을 무엇으로 정당화시키든지 간에, 실제로는 7만 5천명의 직접 낙태, 그리고 셀 수도 없는 수의 간접 낙태라는 대량 살인을 관장하고 있다는 것을 깨닫게 되었습니다. 그는 지금 인간의 생명은 아무리 작더라도 귀중한 것이라고 주장합니다. 그가 생각을 바꾸고 돌아선 두 번째 이유는 가족 때문입니다. 그는 가족이 해체되고 있다고 계속해서 말합니다. 고등법원의 명령으로 그의 자녀를 지킬 아버지의 당연한 권리가 거부되기도 합니다. 그래서 만일 거부되면, 그 아버지에게는 자녀를 지키는 것에 대한 어떤 다른 책임도 합리적으로 부과될 수가 없습니다. 사회적 손실입니다.

결론은 분명합니다. 한 가정에서 새로 태어나는 가족을 죽이는 권리를 지지함으로써 법원은 정부를 가정의 적으로 만들고 있습니다. 결혼, 임신, 출산은 가족을 하나로 유지시키는 접착제의 역할을 합니다. 가정에서 이탈되고, 임신 가능성을 떠난 성행위는 가정을 해체하고 그 밖의 사회제도를 파괴합니다.[1]

보스턴대학교 의료센터의 일반 외과의사로서 낙태 반대자인 밀드레드 제퍼슨(Mildred Jefferson)은 네이선슨에게 동의합니다. 그녀가 출연한 영상 세미나인 "인류에게 도대체 무슨 일이 일어났는가?"(Whatever Happened to the Human Race?)와 관련한 인터뷰에서 그녀는 이렇게 말했습니다. "1973년 연방대법원 결정에서 아버지가 빠진 것은 그 문제에 있어서 아버지는 아무런 권리가 없다고 판단되었음을 시사한 것이다. 그 후 1976년에 연방대법원이 미조리 법(Missouri laws)에 대한 무력화 조치를 취하자 법원들은 한 걸음 더 나아가 아이가 출생 이전에 그의 생명을 보호할 아버지의 어떤 권리도 인정하지 않았다."[2]

이것은 아버지의 문제만은 아닙니다. 이 문제는 결혼하지 않은 미성년자인 딸의 임신이 개입되는 경우의 어머니에게도 연관이 됩니다. 많은 주법에 의하면 미성년자인 딸은 부모에게 통보할 필요조차 없이 혼자만의 동의로 낙태할 권리를 가집니다. 이런 경우 부모는 심지어 낙태시술자보다도 낮은 위치에 있게 됩니다. 제퍼슨은 이렇게 말합니다. "낙태시술자는 10대 소녀들의 진료실을 들락날락하며 마음대로 직접 접근한다. 반면에 부모들은 자기 딸에게 무슨 일이 일어나고 있는지 알아 볼 기회조차 거부를 당한다."[3] 우리는 아직 이러한 결정들이 가져올 결과를 알지 못합니다. 그러나 이러한 비극을 중단시키고 국가가 참된 영적 회복을 이루어내지 않는 한, 가족 관계와 기타 사회적 관계를 크게 약화시키는 결과들을 볼 것은 결코 의심할 바가 없습니다.

우리는 회복할 수 있는가?

회복이 가능합니까? 나는 모르겠습니다. 하나님에게는 모든 것이 가능합니다. 그러나 주어지고 고정된 역사적 상황에서는 변화가 있지 않는 한, 모든 것이 가능한 것은 아니었습니다. 내가 아는 것은 그리스도인들이 먼저 하나님이 의도하시는 결혼에 대한 의미를 되찾고, 그들 자신의 삶에서, 그리고 그들의 공동 사회에서 그 의미를 성취하려고 꾀하지 않는 한, 회복은 없을 것입니다.

내가 그리스도인들이 회복의 열쇠라고 말하는 이유는 오직 그들만이 이루어질 필요가 있는 일을 이루는데 적절한 복음을 가지고 있기 때문입니다. 무엇보다도 인간 마음의 선천적인 이기심이 깨져야만 합니다. 그것은 뿌리를 뽑아 죽여 버려야 할 독초입니다. 이런 일은 저절로 되지 않습니다. 그것은 초자연적인 구원 안에서 오직 하나님께 자신을 항복시킴으로써만 됩니다.

내 의견으로 오늘날 결혼에 있어서 가장 잘못된 것은 우리의 문화가 조장하고 있는 "자기 사랑"입니다. 우리는 우리 자신을 먼저 내세웁니다. 따라서 만일 다른 사람이 내가 의미하는 복지에 기여하는 바가 없고, 내 목표를 위해 봉사하지 않고, 내 자존심을 북돋아 주지 않으면, 나는 관계를 끊어버릴 각오가 되어 있습니다. 「뉴스위크지」(Newsweek)에 "내가, 내가, 내가 잘못한 것이 무엇인가?"(What's Wrong with Me, Me, Me?)의 제목으로 실린 마거릿 홀시(Margaret Halsey)의 논설은 통찰력이 매우 뛰어난 글입니다. 그 글은 우리 세대를 "나(me) 세대" 라고 밝히면서 시작합니다. 그리고 "아무리 호감이 없는 사람이라고 할지라도 각 사람의 내면에는 영광스럽고, 재주 있고, 굉장히 매력적인 개성이 있는데 비록 그 사람이 다른 사람들에 대한 예의나 협조나 배려에는 아랑곳없이 자기가 하고 싶어 하는 것만 계속 한다고 해도 그 개성은 찬란하게 드러날 것" 이라는 믿음이 그 토대가 된다고 분석합니다.[4]

마거릿 홀시는 대부분의 사람들이 그저 보통의 인간들이라는 것을 근거로 이 가정(假定)을 인정하지 않습니다. 그래서 그들에게 찾기 어려운 훌륭한 인물, 즉 다른 모든 사람들이 그에게 경의를 표해야 할 인물을 찾는데 몰두하지 말고, 오히려 바람직한 인격을 세우는 다소 어렵고 힘든 일에 스스로 착수하라고 요구합니다.

대체로 마거릿 홀시의 분석은 매우 훌륭합니다. 그러나 그것은 해결점에는 충분히 미치지 못하고 있습니다. 우리가 우리 자신을 우선시키는 한, 결혼을 포함해서 모든 관계는 상처를 입는다는 것은 옳은 말입니다. 그러나 자신을 우선시 하려는 분명한 본능적인 인간 욕구를 어떻게 극복해야 합니까? 인간적으로 말해서 우리는 할 수 없습니다. 그러나 자기 사랑이 그리스도의 십자가에서 깨어질 때, 즉 우리 자신이 하나님을 배반한 죄인임을 깨닫고 그분 앞에 경배할 때에 필연적으로 다른 사람들과의 관계에 넘쳐 흘러 들어가는 어떤 일이 일어납니다. 우리는 덜 자기중심적이 됩니다.

그리스도인들에게만 있고 다른 사람들에게는 없는 또 다른 것은, 섬김에 대한 올바른 개념을 최소한 같은 정도로 가지고 있는 것입니다. 우리는 섬김을 받기 위해 사는 것이 아니라 섬기기 위해 삽니다. 그렇기 때문에 우리는 우리 자신을 결혼 안에서 서로 상대방에게 기꺼이 복종하는 것입니다.

바울이 그 심오한 에베소서 5장에서 결혼에 대해 쓸 때, 그는 아내들에게 그들의 남편에게 순종하라고 가르쳤습니다.

"아내들이여 자기 남편에게 복종하기를 주께 하듯 하라 이는 남편이 아내의 머리 됨이 그리스도께서 교회의 머리 됨과 같음이니 그가 바로 몸의 구주시니라 그러므로 교회가 그리스도에게 하듯 아내들도 범사에 자기 남편에게 복종할지니라"(엡 5:22-24)

그리고 바울은 남편들에게 그들의 아내를 사랑해야 한다고 말합니다.

"남편들아 아내 사랑하기를 그리스도께서 교회를 사랑하시고 그 교회를 위하여 자신을 주심 같이 하라 이는 곧 물로 씻어 말씀으로 깨끗하게 하사 거룩하게 하시고 자기 앞에 영광스러운 교회로 세우사 티나 주름 잡힌 것이나 이런 것들이 없이 거룩하고 흠이 없게 하려 하심이라 이와 같이 남편들도 자기 아내 사랑하기를 자기 자신과 같이 할지니 자기 아내를 사랑하는 자는 자기를 사랑하는 것이라"(엡 5:25-28)

분명히 이 관계는 남편들로 하여금 그들의 아내들을 사랑하고, 그들 가정의 참된 머리가 되며, 아내들은 이런 관계 속에서 잘 지내도록 하는 관계입니다. "그리스도께서 교회의 머리되심과 같이" 참된 머리됨이 있고, "교회가 그리스도에게 복종하듯" 참된 복종이 있습니다. 아무 것도 이것을 부정하지 못합니다. 그러나 바로 그 전에 있는 구절이 그리스도인들에게 "그리스도를 경외함으로 피차 복종하라"(엡 5:21)고 요구하는 것은 의미 있는 것입니다.

이것은 서로 모순입니까? 우리는 하나를 택하고 다른 것을 버려야 하는 둘 중의 하나를 선택해야 할 두 가지 모델에 부딪쳐 있습니까? 전혀 그렇지 않습니다. 그것은 단순히 남편과 아내가 다른 방식으로 서로 복종하고 섬기는 것을 의미하는 것입니다. 남편은 그리스도가 교회를 사랑하시는 것처럼 그의 아내를 사랑하고, 그녀를 세워주고, 그녀와 살기 위해 부모를 떠나는 것으로써 아내를 섬깁니다. 그리고 아내는 가정의 머리로서의 남편에게 복종함으로써 남편을 섬깁니다. 남편과 아내가 이렇게 섬기는 것을 배우는 곳은 그리스도와의 교제 안입니다. 그리스도는 종의 형체를 가지시고 사람들과 같이 되셨고, 자기를 낮추시고 "죽기까지 복종하셨으니 곧 십자가에 죽으셨습니다"(빌 2:7-8). 이것이 바울이 "이 비밀이 크도다 나는 그리스도와 교회에 대하여 말하노라"(엡 5:32)고 말할 수 있었던 이유입니다.

예수님 때문에 그리스도인들은 섬김의 개념을 비그리스도인들과 다르게 이해합니다. 대부분의 비그리스도인들에게 있어 섬김은 굴종입니다. 섬기는 자는 가치가 없거나 덜한 자입니다. 그러나 그리스도인들은 절대로 그렇게 생각하지 않습니다. 예수님은 전 우주에서 가장 가치가 크신 분이시며(하나님이 그를 지극히 높여 모든 이름 위에 뛰어난 이름을 주사), 동시에 섬기시는 분이십니다. 다락방에서 그분의 제자들에게 마지막 교훈을 주시던 바로 그 시간에, 예수님은 그분의 겉옷을 벗으시고 수건을 허리에 두르시고 물을 대야에 부어 무릎을 꿇고 제자들의 발을 씻어주신 것을 우리는 기억합니다. 그리고 말씀하셨습니다.

"내가 주와 또는 선생이 되어 너희 발을 씻었으니 너희도 서로 발을 씻어 주는 것이 옳으니라 내가 너희에게 행한 것 같이 너희도 행하게 하려 하여 본을 보였노라"(요 13:14-15)

우리가 이처럼 다른 사람을 섬길 때, 우리는 가장 그리스도를 닮은 사람이 되는 것입니다.

한 문장으로 요약하면 결혼은 나를 위해 존재하는 것이 아니라, 우리를 위해, 즉 자녀들과 사회와 하나님의 영광을 위해 존재하는 것입니다.

하나님의 영광

이것이 나를 마지막 항목, 곧 결혼은 하나님의 영광을 위해 존재한다는 항목으로 이끌어 옵니다. 이것이 하나님이 결혼을 제정하신 이유입니다. 내가 이 메시지를 준비하던 주간에 제십장로교회의 새 신자반에 참석했었습니다. 거기서 우리 교회 장로인 성경교사가 하나님이 그리스도인들로 하여금 그들이 어떻게 행동해야 하고, 그들이 누구인지 이해하도록 해 주시기 위해 양을 창조하셨다고 말했습니다. 나도 그렇게 생각을 해 보았어야 했음에도 한 번도 그렇게 해 본 적이 없었습니다. 나는 하나님이 양을 창조하셨는데 예수님이 지나가시다가 그 양들이 좋은 예증임을 발견하신 것이라고 좀 다르게 생각했었습니다. 그 장로가 의미한 것은 예수님의 가르침이 이러한 중요한 대목에 이를 때 예증으로 쓰이도록 하실 목적으로 양을 창조하셨다는 것입니다. 요점은 이렇습니다. 만일 이것이 양에게 있어 진실이라면 결혼에 있어서는 더욱 진실이라는 것입니다. 왜냐하면 성경은 명백하게 하나님이 우리로 하여금 결혼에 의해서 영적 관계의 가장 중요한 것을 이해하도록 하시기 위해 결혼을 제정하셨다고 말씀하기 때문입니다.

그 때문에 성경은 우리에게 예수님을 위대한 신랑이요, 교회의 남편으로 묘사하고 있는 것입니다. 그 때문에 예수님을 믿는 우리가 그분의 신부로 묘사되고 있는 것입니다. 만일 그리스도인들인 우리가 결혼에서 이러한 관계를 나타내 보이지 않는다면, 모든 관계 중에서 가장 위대한 이 관계를 어떻게 세상에 전달하겠습니까? 다른 한편, 만일 우리가 그 관계를 결혼에서 나타내 보인다면 온 세상은 하나님이 우리를 믿음으로 인도하시고 우리 죄에서 우리를 구원하시려고 어떻게 그리스도 안에서 우리에게 역사하시는지에 대한 실재하는 예증을 보게 될 것입니다.

● 각주 ●

1. Bernard Nathanson with Richard Ostling, *Aborting America* (New York: Doubleday, 1979).

2. "A Look at Life with Dr. Mildred Jefferson," *In Life Times* (Los Gatos, Calif.: Franky Schaeffer V Production, 1979), 7.

3. Ibid.

4. *Newsweek*, 17 April 1978, 25.

19

캐멀롯, 오 캐멀롯!

창세기 2 : 25

아담과 그의 아내 두 사람이 벌거벗었으나 부끄러워하지 아니하니라

아더 왕 이야기를 연극화한 캐멀롯에는 연로한 왕이 한 때 완벽했던 그의 캐멀롯(Camelot)의 영광을 노래하는 애처로운 장면이 있습니다. 캐멀롯은 낙원이었고, "가장 안락한 곳"이었다고 그는 말합니다. 그러나 캐멀롯은 왕비 귀네비어(Guinevere)와 최고의 기사 랜슬롯(Lancelot)의 불륜과 뒤이어 일어난 내란으로 훼손되고, 그 왕국은 멸망되었습니다. 슬픔에 잠긴 군주가 노래하는 것처럼 캐밀롯은 오직 기억으로만 존재하게 되었습니다.

창세기 2장의 마지막 절을 읽으면서 그 장면을 생각해 봅니다. 왜냐하면 창세기 2:25절은 타락 이전에 아담과 하와가 낙원에서 누린 영광을 찬미한 것이기 때문입니다. 본문은 말합니다. "아담과 그의 아내 두 사람이 벌거벗었으나 부끄러워하지 아니하니라" 이것은 처음 읽으면 점강법(漸降法)의 표현처럼 보입니다(점강법은 엄숙한 말을 한 직후에 가벼

운 말을 하여 강조하는 표현 방식 - 역주). 그 이전의 구절들은 아담을 위해 하와를 준비하신 하나님이 이 영광스러운 최초의 신부를 그에게 데려와 최초의 결혼식을 행했을 때 보인 아담의 반응을 기술하고 있습니다. 만일 이것이 할리우드 이야기라면 바로 이 지점에서 음악이 울려 퍼지면서 연기가 끝날 것입니다. 모든 사람이 그 원기 왕성한 청년과 매혹적인 젊은 여인이 이제부터 영원히 행복하게 살 것이라고 이해할 것입니다. 그러나 이것은 할리우드 이야기가 아닙니다. 이것은 하나님의 말씀, 곧 사실입니다. 그러므로 본문은 앞으로 있을 실낙원을 예상하면서 이 장면을 기술하고 있는 것입니다.

이 구절은 창세기 3장을 잇는 다리 역할을 합니다. 아담과 하와는 벌거벗었습니다. 우리는 모두 벌거벗은 상태로 태어납니다. 욥이 이렇게 말했습니다. "내가 모태에서 알몸으로 나왔사온즉 또한 알몸이 그리로 돌아가올지라"(욥 1:21). 그러나 우리는 벌거벗음을 부끄러운 것으로 여깁니다. 아담과 하와는 타락을 통해 곧 부끄러움을 알게 되겠지만 아직은 부끄러움이 없었습니다.

죄와 벌거벗음

아담과 하와의 벌거벗음이 사실적인 벌거벗음임을 단 1분도 의심해 본 바가 없습니다. 정말로 벌거벗은 것이 아니었다면 그 후에 그들이 무화과나무 잎으로 옷을 해 입는 시도나 하나님이 동물의 가죽으로 옷을 마련하시는 것을 이해할 수가 없게 됩니다. 그럼에도 불구하고 우리가 이 구절과 뒤이어 나오는 구절들을 이해하려면 우리는 우리의 최초 조상의 벌거벗음이 육체적인 벌거벗음 이상의 것이었다는 것과, 그들이 타락 후에 벌거벗은 것을 두려워한 것은 단지 노출에 의한 두려움 이상의 것이었다는 것을 알아야만 합니다.

그들의 벌거벗음의 의미는 다음 장에 나오는데, 거기에는 벌거벗음의 부끄러움이 명백하게 죄와 연결되어 있습니다. 그들의 타락 이야기에서 사탄은 하와를 속였고, 하와는 금단의 열매를 아담에게 주었고, 아담은 그것을 먹었습니다. 그러자 즉시로 "그들의 눈이 밝아져 자기들이 벗은 줄을 알게"(창 3:7) 되었습니다. 여기에 무슨 의미가 들어있습니까? 이것은 육체적 시력의 문제가 아닙니다. 아담과 하와는 타락 이전에 맹인이 아니었습니다.

아담의 눈이 전에는 안 열렸었는데 하와의 벌거벗음을 보도록 육체적으로 처음 열린 것이 아니고, 또한 자신의 벌거벗음을 알게 된 것도 아닙니다. 여기에 들어있는 의미는 영적 벌거벗음입니다. 즉, 그들이 죄를 범하고 난 이후에 그 거룩하신 하나님의 눈앞에서의 벌거벗음입니다. 그들이 범죄하여 알고 있는 자신들의 죄의 상태가 벌거벗음으로 상징된 것이었습니다.

리고니어밸리연구센터(Ligonier Valley Study Center)의 스프라울(R. C. Sproul)은 그의 여러 저작에서 벌거벗음을 우리 문화의 시각에서 분석하고 우리도 역시 얼마나 노출을 두려워하는지를 설명합니다. 그는 "빤히 쳐다보는 것"을 분석하고, 다른 사람들이 우리를 쳐다보고 있을 때에 우리가 취하는 애매한 태도를 설명합니다. 우리는 한편으로 주목받기를 원합니다. 그래서 만일 어떤 사람이 우리가 앉아있는 방에 들어와 우리에게 눈길 한 번 주지 않고 우리 앞을 그냥 지나가면 우리는 기분이 상합니다. "이봐요, 내가 여기 있는 것을 보지 못했소?" 하고 물어보고 싶어질 것입니다. 그러나 만일 같은 사람이 방에 들어와 앉아서 우리를 빤히 쳐다보면 우리는 마찬가지로 기분이 상합니다. 이번에 보이는 우리의 반응은 이럴 것입니다. "왜 빤히 쳐다봅니까? 뭘 원하는 거요? 당신 일에나 신경 쓰시지요!"

우리는 왜 이렇게 반응합니까? 우리가 주목 받기를 원하는 이유는 우리가 인격적인 하나님의 형상으로 만들어진 인격체이기 때문입니다. 우리가 주목 받기를 원하는 것은 깊이 뿌리박힌 인간의 특성입니다. 그러나 남이 우리를 빤히 쳐다보는 것을 싫어하는 이유는 그렇게 빤히 쳐다보는 행동을, 동정을 살피는 행동과 관련시키기 때문이고, 또 누군가가 실제로 우리가 어떤 사람인지 동정을 살피는 것이 부끄럽기 때문입니다. 그래서 우리는 우리 자신을 숨깁니다. 우리는 다른 사람들의 존경을 받고 칭찬을 받는 존재인척 가면을 씁니다. 심리적인 반응으로 우리가 이러한 거짓 형상을 꾸미지만, 우리가 옷을 선택하고 입는 것을 통해 우리의 정신적, 즉 영적 벌거벗음의 참 모습을 드러내는 것입니다. 아담과 하와도 그랬습니다. 그들은 무화과나무 잎으로 옷을 만들었습니다. 그리고 그들은 하나님이 에덴에서 그들을 향해 오시는 소리를 듣자 그들의 옷이 자신의 참된 자아를 위장하는 데 부적합하다는 것을 알고 숨었습니다.

하나님과 사람 앞에서

이것이 본문을 이해하는 단서가 됩니다. 왜냐하면, 본문은 타락 이전인 지금, 아담이나 하와는 죄가 없고 따라서 부끄러움이란 것을 알지 못하고 있다는 것을 말해주고 있기 때문입니다. 그들은 하나님과 자신들 앞에 벌거벗은 채로 서 있었습니다만 당혹해야 할 이유가 없었습니다. 그들은 잘못한 것이 없었습니다. 따라서 그들을 부끄러워하게 하거나 당혹하게 할 아무 것도 없었습니다.

이 순간의 아름다움을 오늘날 당혹스런 상태에 있는 우리의 경험과 대조시켜보지 않고는 이해할 길이 없습니다. 가장 크게 대조되는 점은 하나님과의 관계에 있습니다. 아담과 하와는 하나님 앞에 완전히 노출된 채 서 있었지만 부끄러움이 없었습니다. 그들은 자유롭게 하나님과 대화를 했습니다. 우리는 하나님 앞에 서 있을 수도 없고, 그것을 원하지도 않습니다. 오히려 우리는 노출을 두려워하며 하나님으로부터 도망해 숨어버립니다.

이것이 유명한 프랑스의 실존주의 철학자 장 폴 사르트르(Jean Paul Sartre)같은 일부 인사가 하나님의 존재를 부인하는 이유입니다. 사르트르는 이것을 공개적으로 표명합니다. 「존재와 무」(Being and Nothingness)에서 사르트르는 그의 글의 한 부분을 "바라봄"(The Look)이라고 부르는 제목에 할당했습니다. 그는 마치 열쇠 구멍을 통해 누군가를 들여다보다가 다른 사람에게 들킨 것 같은 자신을 그립니다. 그가 그럴만한 권력의 자리에 있거나, 그가 보이지는 않고 보기는 하는 자(unseen seer)라면 들여다보는 것을 개의치 않을 것입니다. 그러나 그는 들키자마자 그의 전 존재가 영향을 받습니다. 그는 공포심, 자존심, 또는 수치심에 휩싸입니다. 그는 허리를 펴고 돌아서서 들여다보지 않은 척합니다. 사르트르가 느끼는 것은 하나님의 존재에 대한 생각이 이와 같다는 것입니다. 나는 볼 수 있고, 남의 눈에 내가 보일 수도 있습니다. 그러나 하나님은 보이지 않습니다. 오직 그분만이 볼 수 있습니다. 그러므로 만일 하나님이 존재한다면, 나는 다른 사람과 동등하게 교류할 수 있는 인간의 수준에서 하나님의 단순한 주시의 대상이 되는 존재로 전락합니다. 나는 인간보다 못한 존재가 되는 것입니다. 따라서 내가 정말 인간이 되려면 (사르트르가 말함) 하나님이 존재하지 않아야만 하는 것입니다.

사르트르의 노출에 대한 해석이 성경 말씀에서 빗나가 있다는 것은 흥미로운 일입니다. 성경에는 우리가 죄인이기 때문에 하나님 앞에 서는 것을 두려워한다고 했습니다. 사르트르에 있어서 객관적인 죄는 부인됩니다. 그리고 그 문제는 하나의 존재가 되거나 하나의 대상이 됩니다. 사르트르는 진정한 죄와 진정한 노출을 인정하지 않고 오히려 하나님의 존재를 부인하는 것입니다.

그리스도인들도 대부분의 경우 철학적인 수준에서 그러는 것은 아니지만, 역시 이런 행동을 합니다. 그들은 실생활에서 합니다. 도널드 반하우스(Donald G. Barnhouse)는 이러한 개인적인 이야기를 합니다. 그는 대학교에서 설교를 해 왔었습니다. 그는 이른 저녁에 다른 곳에서 집회를 가진 후에 여자 기숙사에서 말씀을 해 달라는 초청을 받았습니다. 그는 간단히 말씀을 전하고 질의응답의 시간을 가졌습니다. 그가 모임을 마쳤을 때, 뒷자리에 남아있던 여학생 하나가 그가 전한 말에 기분이 매우 상했던 것 같습니다. 그 여학생은 얼굴을 찌푸리고 말했습니다.

"나도 그렇게 믿어왔습니다. 그러나 지금은 더 이상 그렇게 믿지를 않습니다."

반하우스는 물었습니다.

"학생은 몇 학년이지요?"

"일학년입니다."

"학생의 가정은 어떠한가요?"

그 학생은 자신이 기독교 가정에서 자라났다고 말했습니다.

"성경을 가지고 있습니까?"

"예!"

"성경을 읽습니까?"

그 여학생은 대답했습니다.

"과거에는 읽었죠. 그러나 지금은 더 이상 읽지 않습니다. 나는 더 이상 그런 것들을 믿지 않는다고 말했잖아요."

반하우스가 물었습니다.

"학생은 언제부터 성경 읽는 것을 중단했는지 기억할 수 있나요?"

그 여학생은 추수감사절 무렵부터 성경 읽는 것을 그만 두었다고 말했습니다.

그러자 반하우스가 다시 물었습니다.

"11월 10일(추수감사절) 경에 학생에게 무슨 일이 일어났는지 내게 말해 줄 수 있나요?"

그 여학생은 울기 시작했습니다. 그리고 이내 그 학생이 그때부터 한 청년과 함께 죄의 삶을 살기 시작했다는 것이 드러났습니다. 그런 일로 말미암아 그녀가 성경을 읽으려고 할 때마다 직면하게 되는 하나님의 응시를 더 이상 견뎌낼 수가 없었다는 것입니다. 존 웨슬리(John Wesley)가 이것을 잘 말했습니다. "성경은 당신에게 죄를 짓지 못하게 하거나, 아니면 죄가 당신에게 성경을 읽지 못하도록 합니다." 죄를 범한 우리를 성경을 통해 대면하시는 하나님은 거룩하신 하나님입니다. 하나님은 모든 죄의 마음을 여시고 모든 비열한 욕망을 알아내시는 분입니다. 우리가 죄로부터 도망하지 않으면, 하나님으로부터 도망하게 되고, 우리 주변의 무엇이건 무화과나무 잎 역할을 하는 것으로 우리의 영적 벌거벗음을 가리려고 할 것입니다.

아담과 하와는 불순종 이전의 영광스러운 시간 속에 있을 때는 이런 것에 대해 전혀 몰랐습니다. 그때에는 그들은 공공연히, 그리고 두려움 없이 하나님께 나아갔습니다. 죄가 없었으므로 부끄러움을 몰랐기 때문입니다.

그들이 부끄러움이 없었던 또 다른 분야는 서로 간의 관계입니다. 그들은 서로의 앞에서 벌거벗은 상태였지만 부끄러움을 몰랐습니다. 여기서 우리는 또 다시 그러한 바람직한 상태의 아름다움을 대조를 통해서만 이해할 수 있습니다. 그리스도인의 결혼에서 대단히 놀랄만한 일의 하나는 남녀가 상대방에게 자신을 알도록 허용할 수 있다는 것과, 자신의 죄와 불완전에도 불구하고 상대방에게 받아들여지고 있음을 알 수 있다는 것입니다. 남편과 아내가 상대방의 벌거벗음에 대해 가지고 있는 지식은 이 진리의 상징입니다. 앞에서 언급한 것처럼 자기의 남편 또는 아내 앞에서 벌거벗고 있는 것과 그것이 받아들여진다는 것은 아름다운 것입니다. 그러나 우리는 이러한 결혼의 최고의 상태에서 조차도 부부 중 어떤 쪽은 그래도 노출을 두려워할 수 있다는 것을 알아야만 합니다.

우리는 젊은 남녀가 방금 사귀기를 시작할 때 쓰는 유머 수준의 원리를 압니다. 첫 번째 데이트를 할 때 각각은 좋은 인상을 주려는 데에 아주 많은 관심을 씁니다. 그녀는 머리를 감고, 화장을 하고, 옷의 먼지를 털고, 가능한 한 아름답고, 세련되고, 매력적으로 보이도록 노력합니다. 남자 쪽에서는 머리를 빗고, 폰지(Fonzi, 미국 시트콤에 나오는 주인공의 이름)처럼 "근사"(cool)해 보이려고 노력을 합니다. 본 예화를 위해 이 첫 번째 데이트가 잘 이루어졌다고 가정합니다. 이 젊은 남녀는 각각 집으로 돌아가 그 다음 번 데이트에 대해 생각하기 시작합니다. 그는 자신에게 물어봅니다. "내가 오늘 밤 보여주었던 것처럼 내가 그렇게 근사한 남자가 아니라는 것을 그녀가 알게 되면 어떻게 될까?" 그녀도 자신에게 물어봅니다. "만일 그 남자가 내가 실상 세련되지도 않고, 항상 매력적인 것도 아닌 것을 알게 되면 나에 대해 어떻게 생각할까?"

그래서 그들은 아주 천천히, 참된 자신들을 나타내 보이기 시작합니다. 두 번째 데이트에서 그는 이 비슷한 내용의 말을 할 것입니다. "저기, 당신은 아마도 나를 아주 근사한 사람이라고 생각할지 모르지만 항상 그런 것은 아닙니다. 약 10년 전 내가 초등학교 어린아이 때는 수줍음을 많이 타서 여자들 앞에서는 불안하기조차 했답니다." 그리고는 말을 멈춥니다. 그 외의 다른 고백은 하지 않습니다. 왜냐하면 그는 그녀가 "재미있네요. 나도 고등학교 때 그렇게 세련되지를 못했어요. 나는 치열교정기까지 하고 있었어요. 그래서 남학생들과 함께 다니는 것이 겁이 났었죠." 그는 그 말을 기다렸습니다. 만일 그녀가 그의 고백에 걸 맞는 고백을 한다면 그가 지금까지 드러낸 것을 그녀가 받아들인다는 것임을 알 수 있고, 그러면 좀 더 자신을 드러낼 수 있기 때문입니다.

그 다음 번 데이트에 그 남녀는 그들이 5년 전에는 어떤 사람과 같았는지 고백할지 모르고, 그 다음 데이트에서는 "지금"의 고백으로 근접할지 모릅니다. 아마도 관계가 계속 잘 이어지면 그들은 정말로 경계심 없이 그들의 속 깊은 곳에 있는 생각까지도 거의 다 나눌 수 있을 것입니다. 그것은 아름다운 일입니다. 하지만 가장 좋은 관계 속에서 조차도, 가장 훌륭한 결혼에서 조차도, 상대방에게 나타내지 않은 내적 감정과 과거 행동들이 많이 있는 것입니다. 가장 좋은 관계 속에서 조차도 우리는 우리 자신을 완전히 노출시킬 수가 없습니다. 그러나 아담과 하와는 이런 것을 하나도 몰랐습니다. 그들은 완전히 공개되어 있었고 서로에게 부끄러움이 없었습니다. 그들에게는 죄가 없었습니다. 누구에게도 숨길 것이 없었습니다.

아담과 하와가 벌거벗었음에도 부끄러워하지 않았던 것은 그들 자신과의 관계에 있었습니다. 아담은 당시 자신을 살펴 볼 수 있었는데, 그가 그렇게 했어도 그는 부끄러워할 아무 것도 없었습니다. 하와도 자신을 살펴 볼 수 있었는데, 그녀도 부끄러워 할 아무 것도 없었습니다. 오늘날 우리는 감히 우리의 긴 인생을 줄곧 달리는 미친 질주를 정지시키고 우리가 누구인지 숙고해 볼 엄두조차 내지 못하고 있습니다. 정신적인 면에서 가장 깊고, 가장 사적(私的)인 우리 자신을 숙고하지 못하게 하는 죄의식의 실마리는 우리 삶의 열띤 속도입니다. 몇 세대 전만 해도 사람들은 느린 속도의 삶을 살았습니다. 그러나 삶이 점점 격렬해 졌습니다. 오늘날 사람들은 방에 들어와 앉기도 전에 TV를 켜서 그들의 머릿속에 이것저것 채워 넣느라 어떤 생각을 해 볼 겨를조차 없습니다. 만일 그들이 TV를 볼 수 없는 바깥 거리에 나가 있다면 그들은 라디오에 이어폰을 끼고 다닙니다. 그들은 그들의 머리를 지속적으로 방송을 통해 들려오는 허튼소리로 채웁니다. "계속해서 뉴스만을!" 그것은 우리로 생각하는 것을 방해합니다.

우리가 이것을 묵인하고, 들으며, 일하는 습관으로 조장하기까지 하는 이유는 우리가 생각하기를 싫어하기 때문입니다. 그리고 우리가 생각하기를 싫어하는 이유는 (비록 공개적으로 그것을 고백하지 않는다 해도) 우리 마음을 지으신 하나님이 우리가 어떤 사람인지를 보여주시기 위해 우리 마음을 통해 우리에게 오실 수 있다는 사실을 어렴풋이 알아채고 있는데, 우리가 그것을 받아들일 수가 없기 때문입니다. 아, 우리가 그럴 수 있어야 하는데! 만일 거룩하신 하나님 앞에서 영적으로 벌거벗은 상태에서 우리가 누구인지를 알 수 있다면, 우리는 바로 멈춰서 하나님이 마련하신 해결책을 숙고하고 받아들일 수 있게 됩니다.

벌거벗었지만 옷 입혀지다

이것이 우리가 탄 사색의 기차가 움직여온 방향으로 우리를 절정에 이르게 합니다. 즉, 하나님은 구제책을 마련하십니다. 아담과 하와가 "둘 다 벌거벗었다." 그리고 "부끄러워하지 않았다."고 했을 때, 우리가 그것이 무엇을 의미하는지 이해하게 되면 깊은 향수의 고통을 경험합니다. 우리는 이것이 이미 과거지사인 것을 압니다. 그런 날은 다시 돌아오지 않을 것입니다. 당신과 나는 결코 "우리는 하나님과 사람 앞에서 벌거벗고 서 있습니다. 그래도 우리는 부끄러움을 모릅니다." 라고 말할 수 없을 것입니다. 우리는 부끄러움을 압니다. 우리는 최초의 무죄했던 세월로 돌아갈 수 없습니다.

그러나 하나님의 은혜로 우리는 앞으로 나아갈 수가 있습니다. 우리가 앞으로 나아갈 수가 있는 이유는 우리의 현재와 과거의 하나님이실 뿐만 아니라, 미래의 하나님이신 그 하나님이 우리가 앞으로 나아가서 그분과 서로의 앞에 다시 한 번 설 수 있는 길을 마련해 주셨기 때문입니다. 우리는 계속되는 창세기 이야기에서 그 길을 발견합니다. 다음 장에서 타락 이야기와 아담과 하와의 하나님과의 대면 이야기에서 우리는 하나님이 지금은 사라진 무죄함을 마련하시는 것이 아니라, 죄를 덮어주는 옷을 마련하시는 것을 봅니다. 우리는 하나님이 동물들을 취하셔서 죄를 위한 첫 번째 희생 제물로 죽이시고, 그 가죽으로 아담과 하와를 옷 입히시는 것을 봅니다. "여호와 하나님이 아담과 그의 아내를 위하여 가죽옷을 지어 입히시니라"(창 3:21)

이것은 우리에게서도 이루어져야만 할 모형입니다. 죄가 존재하기 때문에 우리는 죄를 부인할 수 없습니다. 우리는 그것을 부인하려고 노력할 수 있습니다. 그러나 우리 삶의 방식, 문화, 심리적 구조에서 모든 것이 부인을 부정합니다. 대문, 블라인드, 샤워 커튼, 의류산업, 그리고 서로에게서 우리가 누구인지 숨기려는 시도는 결국 우리의 죄를 보여주고 있는 것입니다. 이러한 행동 모형은 우리에게 좋건 싫건, 하나님 말씀의 진실성을 증거하는 것입니다. "사람은 다 거짓되되 오직 하나님은 참되시다 할지어다"(롬 3:4). 그러나 영광의 복음은 하나님이 죄를 다루신다는 것입니다. 그분은 예수 그리스도 안에서 죄를 다루십니다. 예수 그리스도는 우리 죄를 위해 죽으셨습니다. 동물을 죽여 그 가죽으로 아담과 하와에게 옷을 지어 입히신 것이 그리스도의 죽음을 예표하고 있는 것입니다. 죄는 실제적입니다. 그러나 속죄 또한 실제적입니다. 참된 회복이 이루어졌습니다. 죄로부터 발생한 벌과금은 지불되었습니다. 이제 하나님은 예수님을 믿는 자들에게 예수 그리스도의 의로 옷 입혀 주십니다.

이것은 하나님이 우리의 모든 죄와 죄책감을 아신다는 것을 의미합니다. 그러나 우리는 또한 은혜로 사랑받고, 영접 받고, 보호를 받습니다. 우리는 그것에 대해 많은 훌륭한 찬송으로 노래합니다.

내 손에 가지고 있는 아무 것 없어,
그저 당신의 십자가를 붙잡고
벌거벗은 몸, 옷 입으러 당신께 나아옵니다.

또는 그밖에도 있습니다.

예수여, 당신의 피와 의
이들은 나의 아름다움, 나의 영광스러운 옷,
불타는 세상 한 가운데서, 이들로 차려입고,
기쁨으로 내 머리를 들리라.

당신의 심판 날에 내가 담대하게 설 것이니
누가 감히 나를 고소할 것인가?
이들로 인해 내가 온전히 용서 되었네,
죄와 두려움에서, 죄책감과 부끄러움에서.

오, 이제 죽은 자들이 당신의 목소리를 듣게 하소서,
이제 당신에게서 쫓겨났던 자들이 기뻐하게 하소서,
이것은 그들의 아름다움, 그들의 영광스러운 옷,
예수여, 당신의 피와 의.

아담의 후손이여, 당신이 누구이건, 어느 날 당신은 하나님의 심판대 앞에 설 것임을 아십시오. 당신은 그곳에 두 가지 중 하나의 형태로 설 것입니다. 예수님이 당신을 위해 죽으신 당사자로 예수 그리스도의 의로 옷 입고 서게 되거나, 아니면 당신은 영적, 도덕적 벌거숭이로 공포 속에 서서 당신의 죄에 대해 유죄 판결을 받을 것입니다. 요한계시록은 그 날과 그러한 진노들을 이렇게 말씀하고 있습니다.

"땅의 임금들과 왕족들과 장군들과 부자들과 강한 자들과 모든 종과 자유인이 굴과 산들의 바위 틈에 숨어 산들과 바위에게 말하되 우리 위에 떨어져 보좌에 앉으신 이의 얼굴에서와 그 어린 양의 진노에서 우리를 가리라 그들의 진노의 큰 날이 이르렀으니 누가 능히 서리요 하더라"(계 6:15-17)

　하나님의 진노가 당신을 덮쳐서 당신이 헛되이 하나님에게서 피하려는 시도를 할 그 날까지 기다리지 마십시오. 지금 예수 그리스도에게 피하십시오. 성경은 말씀합니다.

"보라 지금은 은혜 받을 만한 때요 보라 지금은 구원의 날이로다"(고후 6:2)

20

동산 안의 뱀

창세기 3 : 1

그런데 뱀은 여호와 하나님이 지으신 들짐승 중에 가장 간교하니라 뱀이 여자에게 물어 이르되 하나님이 참으로 너희에게 동산 모든 나무의 열매를 먹지 말라 하시더냐

창세기 2장은 독자로 하여금 3장으로 들어가도록 착착 준비를 해 왔습니다. 그러나 처음으로 3장에 들어와 보니 아직 준비가 안 되어 있는 것을 봅니다. 우리는 지금까지 하나님이 모든 것을 좋게 만드셨다고 들었습니다. 우주는 질서가 잡혔습니다. 그러나 우리는 이제껏 그 존재가 암시조차 되지 않았던 한 피조물을 갑자기 만나게 되고, 그 피조물에 대해 읽어가면서 우리는 그 피조물이 선한 것과는 거리가 먼, 실제로 아담과 하와를 유혹해서 전 인류에게 악을 가져다 준 악한 존재임을 발견하게 됩니다.

그는 "뱀"(창 3:1)이라고 기술되어 있습니다. 요한계시록 12:9절이 "옛 뱀 곧 마귀라고도 하고 사탄이라고도 하며 온 천하를 꾀는 자" 라고 말씀하고 있기 때문에 창세기 3장의 뱀이 하나님의 옛 대적자 사탄이라는 것에 의심의 여지가 없습니다. 그런데 그 사탄은 어디

서 온 것입니까? 하나님이 악을 창조하셨습니까? 하나님이 악을 창조하실 수 있었다거나, 창조하셨다고 주장하는 사람은 거의 없을 것입니다. 그렇다면 악은 어디에서 온 것입니까? 어떤 사람들은 하나님이 자유 선택권을 가진 존재를 창조하셨으며, 따라서 악을 선택할 수 있는 선천적인 가능성을 가지고 창조되었다고 말합니다. 하나님이 자유 선택권을 가진 존재를 창조하셨다는 것은 맞는 말입니다. 그러나 그것이 문제를 해결하지는 못합니다. 하나님이 천사들을 창조하시고 후에 아담과 하와를 창조하셨는데, 만일 이들 모두가 완전한 미덕을 가지고 창조되고, 모든 가능한 동기유발이 미덕으로 지속되도록 창조되었다면(틀림없이 그렇게 창조되었는데), 어떻게 그러한 존재가 하나님께 대한 불순종 또는 하나님을 반대하는 것에 마음이 끌렸는가에 대해 내가 아는 한, 아무도 어떻게 그런 일이 가능했는지 만족하게 설명하지를 못했습니다. 그러나 사탄이 먼저 타락하고, 그 다음 아담과 하와가 타락한 것을 보면, 설명이 있건 없건 그것은 분명히 가능했습니다.

창세기 3장과 다른 구절들을 통해서 우리가 알 수 있는 것은 완전하게 창조되었지만 교만으로 인해 미덕을 저버린 사탄과 같은 존재가 있다는 것, 그 사탄이 하나님을 배반하면서 다른 많은 천사들을 데리고 나갔다는 것, 그리고 인류 역사의 시작점에 아담과 하와를 유혹하기 위해 여기 동산에 나타났다는 것입니다.

사탄은 누구인가?

사탄과 인간의 타락과 연관해서 크고, 외견상 이해할 수 없는 불가사의한 일들이 있지만, 그럼에도 성경에는 사탄의 타락에 연관될 것 같은 몇 개의 구절들이 있어 이 타락과 죄에 대한 일반적인 이해를 도와주고 있습니다. 나는 그 구절들이 반드시 사탄과 연관되는 것은 아닐 수 있다는 것을 인정합니다. 우리가 그 구절들을 살펴보는 것은 시험적인 것임에 틀림없습니다. 그럼에도 그 구절들은 사탄에 연관된 것으로 보이고, 우리가 사탄에 대해 알고 있거나 추측할 수 있는 것과 일관성을 가지고 있습니다.

그 구절들의 첫 번째는 에스겔 28:12-15절입니다. 이 28장 초반에는 지중해 연안의 중요한 옛 도시인 두로의 왕 또는 통치자에 대한 예언이 있습니다. 여기에 나오는 인물은 분명히 인간 통치자입니다. 그는 자기가 신이라고 자랑을 했지만, 실제로 하나님은 그에 대해 이렇게 말씀하십니다. "너는 사람이요 신이 아니거늘"(겔 28:2) 그러나 이 예언 후에 두로 왕에 대해 더 강화 내지 확대된 예언이 주어지는데, 이 예언은 죽음을 면할 수 없는 단순한 인간을 전혀 다루지 않고 있습니다. 그 예언은 세상 왕권 배후에 있는 사탄 또는 사탄의 세력을 다루는 것처럼 보입니다. 마치, 대조적으로 하나님 자신이 경건한 통치자 배후에 계시는 것과 같습니다. 에스겔 28장의 말씀이 이 단락에 속하고 있습니다. "인자야 두로 왕을 위하여 슬픈 노래를 지어 그에게 이르기를 주 여호와의 말씀에 너는 완전한 도장이었고 지혜가 충족하며 온전히 아름다웠도다 네가 옛적에 하나님의 동산 에덴에 있어서 각종 보석 곧 홍보석과 황보석과 금강석과 황옥과 홍마노와 창옥과 청보석과 남보석과 홍옥과 황금으로 단장하였음이여 네가 지음을 받던 날에 너를 위하여 소고와 비파가 준비되었도다 너는 기름 부음을 받고 지키는 그룹임이여 내가 너를 세우매 네가 하나님의 성산에 있어서 불타는 돌들 사이에 왕래하였도다 네가 지음을 받던 날로부터 네 모든 길에 완전하더니 마침내 네게서 불의가 드러났도다"(겔 28:12-15).

아마도 우리가 천국에 가기까지는 이 구절에서 이해하지 못하는 것도 분명히 많이 있을 것입니다. 그러나 이 구절들이 묘사하는 것이, 우리가 그럴 것이라고 가정하는 것처럼(전적으로 확신하는 것은 아니지만), 창조의 최초 상태와 그 후에 일어난 사탄의 타락을 묘사하는 것이라면, 이 구절들은 사탄에 관해 어떤 중요한 것들을 말해 주고 있는 것입니다. 첫째, 이 구절들은 사탄을 하나님의 피조물 중에서 가장 지혜로운 존재라고 묘사하고 있습니다. 그는 "완전한 도장"(model)이었고 지혜가 "충족"했습니다. 추측컨대 그는 이 지혜를 우주를 통치하는 데 있어서 가장 높고 중요한 자리를 차지하는 데 사용했을 것 같습니다. 둘째, 그는 하나님의 피조물 중 가장 아름다웠다고 언급되고 있습니다. 그는 "온전히 아름다웠도다." 정성들여 만들어진 이 아름다움의 상(像, imagery)은 홍보석, 황보석, 금강석 등의 보석과 같았을 것입니다. 보석은 가치가 있고, 오래 가고, 찬란하게 빛이 나고, 그리고 빛을 반사한다는 것입니다. 어두운 방에서 보석은 아무 것도 아닙니다. 보석은 스스로 빛을 내지 못합니다. 그러나 태양 빛이 비춰면 보석은 찬란한 빛을 냅니다. 이 보석이 가지고 있는 상(像)에 의거하여 저자인 선지자가 사탄에 대해 우리가 옳게 알고 있는 것을 다른 방향으로 제시하고 있다고 추측하는데 아마도 이 추측이 맞을 것입니다. 사탄은 다른 피조물과 같이 하나님의 영광을 반사하도록 지음을 받았으나, 그 일에 실패함으로써 그는 도덕적, 영적 어두움에 빠지고 말았다는 것입니다.

사탄을 인간적으로 유추해 본다면 아마도 우리가 말하는 하나님의 국무총리였을 것입니다. 그는 하나님을 대변해야 했고, 하나님의 이름으로 우주를 통치해야 했습니다. 그는 모든 피조물들로 하여금 하나님께로 돌아와 예배하고 순종할 것을 지시해야 했습니다. 이 것은 매우 높은 직책입니다. 정말로 하나님을 제외하고는 가장 높은 지위입니다. 그러나 그럴지라도 그는 창조자가 아니라 피조물일 뿐이었습니다. 그래서 그가 피조물 이상이 되려고 열망했을 때 그는 죄를 범했습니다. 본문은 다른 추가적인 설명 없이 간결하게 이렇게 말씀하고 있습니다. "네가 지음을 받던 날로부터 네 모든 길에 완전하더니 마침내 네게서 불의가 드러났도다" (겔 28:15).

지극히 높은 이 같이

사탄의 본질과 타락에 대해 밝히고 있는 두 번째 구절은 이사야 14:12-15절입니다. 이 것 또한 확신하기가 어려운 구절입니다. 에스겔 28:12-15절과 같이 14장의 중간에서 세상 왕(이 경우에서는 바벨론 왕)의 악함을 다루고 있습니다. 그러나 이 특정 구절의 언어는 바벨론 왕의 악함보다 더 큰 악에 연관되어 있는 것처럼 보입니다. 그리고 예수님이 누가복음 10:18절에서 사탄에 관련해서 이사야 14장을 인용하신 것은 이 구절 전체를 사탄과 연결시키신 것으로 보입니다. 그 구절은 이렇게 말씀합니다. "너 아침의 아들 계명성이여 어찌 그리 하늘에서 떨어졌으며 너 열국을 엎은 자여 어찌 그리 땅에 찍혔는고 네가 네 마음에 이르기를 내가 하늘에 올라 하나님의 뭇 별 위에 내 자리를 높이리라 내가 북극 집회의 산 위에 앉으리라 가장 높은 구름에 올라가 지극히 높은 이와 같아지리라 하는도다 그러나 이 제 네가 스올 곧 구덩이 맨 밑에 떨어짐을 당하리로다" (사 14:12-15).

이 구절에서 두 가지 특징이 우리에게 일격을 가합니다. 첫째, 낮은 하늘에서 뭇 별을 통하고 집회의 산으로, 뭇 별 위의 산의 가장 높은 곳으로, 바로 하나님의 보좌에까지 점점 올라가는 야망이 사슬처럼 연결되어 있습니다. 사탄은 하나님을 쫓아내려고 시도하고 있는 것입니다. 둘째, "내가… 하리라" 하는 표현이 5회나 반복됩니다. 이 일 전에는 우주 안에서 모든 것이 조화로웠습니다. 한 마음 또는 한 뜻이 있었습니다. 이제는 또 다른 조화를 이루지 못하는 뜻이 존재하게 되었고, 그 이래로 뜻은 다수로 되어 불협화음을 이루어 왔습니다.

성경에서 "하늘" 이란 말은 세 가지 다른 영역과 연관되어 있습니다. 첫째, 하늘은 공중 또는 대기권이라고 부르는 곳입니다. 새들이 날아다니는 곳입니다. 둘째, 하늘은 우주 공간이라고 부르는 곳입니다. 창조된 우주가 자리 잡고 있는 곳입니다. 셋째, 하늘은 우주 만물 모든 것을 감싸고 있으면서도 우리가 보거나 알 수 있는 모든 것 이상의 곳입니다. 하나님 자신이 계신 곳이며, 우리가 완전히 이해할 수 없는 곳입니다. 사탄은 둘째 하늘에 거했습니다. 그렇지만 그는 셋째 하늘에도 접근할 수가 있었습니다(참조 욥 1:6, 2:1). 그가 "하늘에" 오르겠다는 욕망을 읽으면서 알 수 있는 것은 아마도 하나님의 거처를 그분에게서 옮겨버리려고 한 그의 죄스럽고 비열한 욕망일 것입니다.

사탄이 "내가 하늘에 올라 하나님의 뭇 별 위에 내 자리를 높이리라"(사 14:13)고 한 말은 아마도 다른 천사들과 연관된 것으로 이해해야 할 것입니다. 욥기 38:7절은 그 구절을 이렇게 사용합니다. "그 때에 새벽 별들이 기뻐 노래하며 하나님의 아들들이 다 기뻐 소리를 질렀느니라." 사탄은 아마도 나머지 천사들에 대한 권위를 빼앗겠다는 것을 말하고 있는 것 같습니다.

이사야 2:2절과 시편 48:2절이 "집회의 산" 의 의미를 밝혀줍니다. 이것은 하나님의 백성이 예배하러 모이는 땅위의 예루살렘과 연관됩니다. 그것은 또한 명백하게 하늘에서 모이는 하나님의 백성과도 연관됩니다. 사탄이 이 산 위에 앉기를 원한다는 말은 그들의 예배를 받기 원한다는 말입니다.

끝으로 하나님의 "구름" 이라는 언급이 있습니다. 만일 이것이 단지 공중의 구름을 가리키는 것이라면 이 구절의 맥락이 깨지고 맙니다. 이 구름은 이스라엘이 광야에서 방황하던 시절에 이스라엘 백성에게 친히 나타나서 함께 했던 특별한 "영광의 구름" 인 쉐키나(Shekinah, 하나님의 임재)와 연관될 수 있습니다. 그 구름은 백성이 가야 할 방향을 보여주기 위해 그들 앞에서 움직였고, 낮에는 그늘이 되어주기 위해, 그리고 밤에는 따뜻하게 해 주기 위해 그들 위를 덮고 있었습니다. 그 구름은 그 백성과 함께 하신 하나님의 임재를 상징했습니다. 내 판단으로 이사야 14:14절의 "가장 높은 구름"은 이 구름으로 하나님을 상징하는 것입니다.

이 말 후에 사탄은 곧바로 "지극히 높은 이와 같아지리라"고 강조해서 선언했습니다. 하나님은 여러 개의 이름을 가지고 계십니다. 사탄이 그의 야심을 표현하기 위해 이 특별한 이름을 선택한 것에 대해 도널드 반하우스가 대답합니다. "아브라함의 이야기에 '지극히 높으신 이'라는 이름의 참뜻을 알려주는 사건의 기록이 있다. 아브라함이 가나안 왕들과 전쟁을 하고 롯을 구해서 집으로 돌아오고 있었다. 그때의 일을 성경은 이렇게 기록하고 있다. '살렘 왕 멜기세덱이 떡과 포도주(성찬물)를 가지고 나왔으니 그는 지극히 높으신 하나님의 제사장이었더라 그가 아브람에게 축복하여 이르되 천지의 주재이시요 지극히 높으신 하나님이여 아브람에게 복을 주옵소서'(창 14:18-19). 여기에 사탄이 가진 교만의 요소가 있다. 하나님은 엘 엘룐(El Elyon 지극히 높으신 하나님)으로 계시되어 있고, 이 특성에서 하나님은 '하늘과 땅의 소유자'이신 것이다. 루시퍼(Lucifer)는 그런 존재가 되고 싶었던 것이다. 그의 배반은 그가 하나님의 보좌를 공유하기 위해 좀 비켜 달라는 요청이 아니었다. 그것은 하나님 자신에 대한 공격이었다. 그것은 사탄이 하늘과 땅의 소유자로서의 자리를 차지하기 위해 하나님을 내어 쫓으려는 시도였다."[1]

분명히, 아담과 하와를 유혹하려고 뱀의 모양으로 에덴에 나타난 것은 사탄의 야심을 더 확장하려는 새로운 시도입니다. 하늘을 차지하는 데 실패했지만, 그는 땅의 거주자를 통해 땅의 장악력을 강화할 결심을 합니다.

이사야 14:12-15절의 두드러진 특징의 두 번째는 사탄이 "내가… 하리라"는 말을 5회나 반복하고 있는 것입니다. 그는 말했습니다. "내가… 올라(오르리라), (내가)…높이리라, 내가… 앉으리라, (내가)… 올라가(오르리라), (내가)… 같아지리라(개정개역성경에서는 괄호 안의 "내가"가 생략되어 있음 - 역주). 이 특징은 죄의 본질과 그리고 어쩌면 왜 하나님이 죄와 그 죄가 수반하는 악을 그분의 우주 안에 허용하셨는지 그 이유를 통찰하게 해 줍니다.

어떤 이유로 해서 "죄"라는 말이 영어 어휘에서 갑자기 없어졌다고 상상해 보십시오. 그래도 우리는 사람들에게 그들이 하나님을 필요로 하고, 그리스도를 통한 하나님의 회복의 역사를 필요로 한다는 것을 말해 줄 임무를 가졌다고 상상해 보십시오. 우리가 할 수 있는 일의 한 가지는 "죄"에 대해 말할 때 하나님의 우주 안의 뜻과 반대되는 "뜻"으로 존재하는 것으로서 말해야 할 것입니다. 사탄의 타락 이전에는 오직 하나의 뜻만이 있었습니다. 그것은 하나님의 뜻이었습니다. 그리고 그 뜻은 완전했습니다.

그러나 사탄의 배반 이후로 두 개의 뜻이 있게 되었지만 오직 하나님의 뜻만이 완전했습니다. 아담과 하와가 창조되었을 때 그들이 두 개의 뜻 중 어느 것을 따라야 할지 즉각적인 문제에 부딪쳤습니다. 사탄은 아담과 하와로 하여금 자기를 따르도록 하겠다고 생각했습니다. 그가 그들로 하여금 하나님을 배반하게는 했지만, 그의 뜻을 따르도록 하는 데는 성공하지 못했습니다. 그래서 이제 네 개의 뜻이 있게 되었고, 각 뜻은 제각각 자기 길로 나가게 되었는데, 그것들 중에서 오직 하나의 뜻(하나님의 뜻)만이 완전한 것이었습니다. 시간이 지나 아벨과 가인의 뜻이 더해져서 여섯 개의 뜻이 되었습니다. 그렇게 해서 16개의 뜻, 32개의 뜻, 64개의 뜻이 있게 되었습니다. 오늘날에는 수십억 개의 뜻이 있는데, 이것이 인류 안에서 일어나는 지속적인 충돌을 설명해 주는 것입니다. 그렇지만 그 중의 오직 하나, 전능하신 하나님의 뜻만이 완전하고 전적으로 바람직한 것입니다.

사탄은 이 배반적이고 서로 적대적인 뜻들을 왕국 안에 형성하려고 노력해 왔습니다. 그러나 극히 소수의 경우를 제외하고는 어처구니없게도 대부분 성공적이지를 못했습니다. 하나님이 잠시 잠깐 악을 허용하시는 것은 이 진리가 더욱 명확해 지는 것을 인정하는 것입니다.

그러나 사탄이 할 수 없는 것을 하나님은 하십니다. 그리스도 안에서 하나님은 그분의 백성의 뜻을 자신에게로 이끄셔서 전에 혼돈이 있었던 곳에 조화를 이루어 주십니다. 그런 이유로 바울은 우리에게 마음을 "새롭게 함으로 변화를 받아 하나님의 선하시고 기뻐하시고 온전하신 뜻이 무엇인지 분별"(롬 12:2)할 수 있도록 하라고 권고했습니다. 그런 이유로 그는 "하나님 아는 것을 대적하여 높아진 것을 다 무너뜨리고 모든 생각을 사로잡아 그리스도에게 복종하게 하니"(고후 10:5)라고 말하고 있습니다.

오직 하나님만이 조화를 이루실 수 있습니다. 사탄은 할 수 없습니다. 사탄은 무너뜨리는 능력은 있지만, 세우는 능력은 없습니다. 그는 쪼갤 수는 있지만, 그것을 다시 결합시키지는 못합니다. 실제로 사탄의 이름이 이것을 증명합니다. 타락 이전의 그의 이름인 "루시퍼"는 "빛을 가져오는 자(또는 나르는 자)"를 의미하는 말로 하나님의 영광을 반사하는 그의 역할과 연관이 되어 있습니다. 그러나 "사탄"(Satan)은 "적대자"를 의미하고, "악마"(devil)는 "파괴자"를 의미합니다. 악마라는 이름은 두 개의 헬라어인 "통하여" 또는 "가운데"를 의미하는 디아(dia)와 "던지다"를 의미하는 발로우(ballō)에 기초하고 있습니다. 악마는 처음부터 우주라는 기계장치를 파괴하려고 시도해 왔습니다.

성경책 읽기

사탄은 "실패"해 왔습니다. 그러나 이 말은 그의 궁극적 목표에만 해당되는 말입니다. 아담과 하와의 유혹에서처럼, 많은 경우에 있어서 사탄은 성공을 했습니다. 사탄은 위험한 적입니다 "우는 사자 같이 두루 다니며 삼킬 자를 찾고"(벧전 5:8) 있습니다. 그리스도인은 사탄을 경계해야 합니다.

우리가 사탄을 경계하며 해야 할 한 가지는 사탄에 관해 아는 것입니다. "패튼"(Patton)이란 영화에 미국 장군이 처음으로 독일의 천재적인 전쟁 전략가인 롬멜(Rommel) 지휘 하에 있는 "사막의 여우"(The Desert Fox)라는 북 아프리카 주둔 독일군 전차 군단과 맞서는 장면이 나옵니다. 롬멜의 전차 군단은 서방 군대를 격파해 왔습니다. 그러나 조지 패튼은 그의 의표를 찔러 매복을 하고 롬멜을 기다립니다. "사막의 여우"는 대패를 하고, 롬멜의 전술을 연구해서 승리를 거둔 패튼은 환호를 합니다. 그는 웃으면서 말합니다. "롬멜, 너 개자식아, 내가 네 책을 읽었지!" 패튼은 그의 적을 알았기 때문에 롬멜을 이겼습니다. 같은 맥락으로 사탄이 우리에게 전쟁 교범을 주지 않았지만, 하나님이 주셨습니다. 그렇기 때문에 우리는 사탄과 그의 전략에 대해 미리 알 수가 있습니다.

사탄의 전략은 아담과 하와의 타락을 연구할 때, 부분적으로 나타날 것입니다. 여기서 우리가 주목해야 할 것은 사탄은 에스겔 28:15절에서 아주 명확하게 밝혔듯이 피조물이라는 것입니다. 그러므로 그는 신적인 속성을 소유하고 있지 않습니다. 그는 능력이 있지만, 제한적입니다.

사탄의 제한성은 자세히 이야기할 가치가 있습니다. 우선 사탄은 전지(全知)하지 못합니다. 하나님은 모든 것을 아십니다. 그러나 사탄은 그렇지 않습니다. 무엇보다도 그는 미래를 모릅니다. 다분히 그는 약삭빠른 추측은 할 수 있을 것입니다. 왜냐하면, 그는 사람의 본질을 알고 있고, 역사를 관찰해 왔기 때문입니다. 이른바 무당이나 점쟁이들의 계시가 공공연한 속임이 아니라면 이 범주에 속할 것입니다.

그러나 이것은 장래 일에 대한 참된 지식이 아닙니다. 하나님은 모든 거짓 신들에게 이렇게 도전하셨습니다. "나 여호와가 말하노니 너희 우상들은 소송하라 야곱의 왕이 말하노니 너희는 확실한 증거를 보이라 장차 당할 일을 우리에게 진술하라 또 이전 일이 어떠한 것도 알게 하라 우리가 마음에 두고 그 결말을 알아보리라 혹 앞으로 올 일을 듣게 하며 뒤에 올 일을 알게 하라 그리하면 너희가 신들인 줄 우리가 알리라 또 복을 내리든지 재난을 내리든지 하라 우리가 함께 보고 놀라리라 보라 너희는 아무것도 아니며 너희 일은 허망하며 너희를 택한 자는 가증하니라"(사 41:21-24).

사탄은 전능하지 않습니다. 그는 그가 하고 싶은 모든 일을 다 할 수 없습니다. 그리고 믿는 자에 대해서는 하나님이 허용하시는 것만 할 수 있을 뿐입니다. 그 좋은 예가 욥입니다. 그는 하나님이 그를 둘러싸고 있는 울타리를 낮추실 때까지는 안전했습니다. 하나님이 낮추셨지만, 그렇다 해도 하나님은 그럴만한 자신의 목적을 가지고 하신 일이고, 욥을 죄로부터 보호하셨습니다.

사탄은 무소부재하지 않습니다. 그는 동시에 모든 사람을 유혹하려고 모든 곳에 있을 수가 없습니다. 하나님은 무소부재하십니다. 그분은 자기를 찾는 모든 사람들을 모두 단번에 도와주실 수 있으십니다. 그러나 사탄은 한 번에 한 사람만 유혹해야 합니다. 아니면 그와 함께 타락한, 지금 귀신인 천사를 하나 또는 그 이상 움직여서 유혹해야 합니다.

이것은 그리스도인이 사탄과 그의 술책을 절대로 무시하거나 과소평가하지도 말아야 하지만, 그를 과대평가 하지도 말아야 함을 의미합니다. 무엇보다도 그리스도인은 하나님에게서 눈을 떼는 정도까지는 절대로 가지 말아야 합니다. 하나님은 우리의 힘이시며, 요새이십니다. 그분은 사탄을 제어하십니다. 그분은 그리스도인이 결코 감당치 못할 유혹을 받도록 허용하지 않으실 것입니다. 혹 유혹을 받게 되더라도 그것을 감당할 수 있도록 피할 길을 항상 예비해 주실 것입니다(고전 10:13).

우리는 구세주를 통해 하나님과 연합하고 그분을 가까이 할 때에만 사탄의 유혹을 이겨낼 수 있습니다. 분명히 아담이나 하와는 그러한 연합을 추구하지 않았습니다. 그래서 그들은 타락했습니다. 그러나 우리는 그들보다 훨씬 약하지만, 십자가에서 승리하심으로써 사탄을 이기신 분, 그리고 어느 날 사탄을 심판하시고 예비된 영원한 불에 영원히 가두시러 반드시 다시 오실 분의 능력 안에 서 있기 때문에 이겨낼 수 있습니다(마 25:41).

● 각주 ●

1. Barnhouse, *The Invisible War*, 50.

21

타락은 사실인가?

창세기 3 : 1-6

그런데 뱀은 여호와 하나님이 지으신 들짐승 중에 가장 간교하니라 뱀이 여자에게 물어 이르되 하나님이 참으로 너희에게 동산 모든 나무의 열매를 먹지 말라 하시더냐 여자가 뱀에게 말하되 동산 나무의 열매를 우리가 먹을 수 있으나 동산 중앙에 있는 나무의 열매는 하나님의 말씀에 너희는 먹지도 말고 만지지도 말라 너희가 죽을까 하노라 하셨느니라 뱀이 여자에게 이르되 너희가 결코 죽지 아니하리라 너희가 그것을 먹는 날에는 너희 눈이 밝아져 하나님과 같이 되어 선악을 알 줄 하나님이 아심이니라 여자가 그 나무를 본즉 먹음직도 하고 보암직도 하고 지혜롭게 할 만큼 탐스럽기도 한 나무인지라 여자가 그 열매를 따먹고 자기와 함께 있는 남편에게도 주매 그도 먹은지라

창세기 연구에서 첫 번째는 창세기 자체의 성격 고찰에서(사실인가 허위인가?), 두 번째는 에덴을 연구하면서(동방의 에덴에), 그리고 세 번째로 우리가 다루고 있는 자료가 역사적인 것인지 또는 단순히 소설 같은 어떤 특별한 문학 양식에 속하는 것인지 물어봐야 합니다. 자료 자체의 성격이 이 질문을 요구하

는 것이 아닙니다. 지금까지 보아 왔듯이 창조 이야기들은 역사임을 뜻합니다. 사람들이 이 창조를 꾸민 이야기라고 공격해 온 것은 내가 믿는 바에 의하면 그들이 그 창조가 가르치는 진리를 대면하는 것을 원하지 않기 때문입니다. 창세기의 처음 두 장을 제거하려는 일련의 단합된 노력이 있어 왔습니다. 그 두 장에 대한 진실이 반대자들의 심기를 건드리는 것이었기 때문입니다. 그런데 3장은 육에 속한 사람들의 마음을 더 심하게 건드리고 있습니다. 이 점에서 3장에 대한 진실성은 앞의 두 장보다 몇 배 더한 것이 됩니다. 전에 내가 창세기 연구를 시작할 때, 어떤 사람이 "아주 길면서 실제적인 교리는 거의 없는" 책의 연구를 시작한다고 나를 비난했습니다. 그러나 내가 그 사람에게 설명해 주려고 노력하다 보니, 그리고 그 사람처럼 생각하는 누구에게라도 설명해 주려고 노력하겠지만, 어떤 설명도 멀리 있지 않았습니다. 창세기는 문자 그대로 교리, 즉 하나님 말씀의 깊은 교리들로 꽉 차 있습니다. 그리고 창세기 3장은 이 점에서 특별히 주목할 만한 것입니다. 그래서 많은 사람들이 이에 대해 강하게 공격을 하는 것입니다. 아더 핑크(Arthur W. Pink)가 이 주제에 대해 통찰력 있는 말을 했습니다.

"창세기 3장은 모든 하나님 말씀 중에서 가장 중요한 말씀의 하나다. 창세기에 대해 전반적으로 종종 이야기되는 것은 특별히 이 장에 대해 맞는 말씀이다. 즉, 창세기 3장은 "성경의 모판"이다. 이 모판에 우리의 믿음에 대한 기본적인 많은 교리들이 있다… 여기서 우리는 현재의 타락과 우리 인류의 파괴된 상태에 대한 하나님의 설명을 발견한다. 여기서 우리는 우리의 대적 마귀의 교활한 책략을 알게 된다. 여기서 우리는 하나님의 은혜가 그에게서 떠나 있을 때 의의 길을 걷는 사람의 전적인 무기력함을 본다. 여기서 우리는 죄에 대한 영적 결과(사람이 하나님으로부터의 도피를 추구하는)를 발견한다. 여기서 우리는 범죄한 죄인에 대한 하나님의 태도를 인식한다. 여기서 우리는 사람 자신의 재주로 만든 장치로 그 자신의 도덕적 부끄러움을 가리려고 하는 인간 본성의 보편적 경향을 주목하게 된다. 여기서 우리는 우리의 중대한 필요를 충족시키기 위해 하나님이 마련하신 은혜로운 대책을 배운다. 여기서 성경 전체를 통해 흐르는 예언의 놀라운 흐름이 시작된다. 여기서 우리는 사람이 중보자를 통하지 않고는 하나님께 접근할 수가 없다는 것을 배운다." [1]

이 광범위한 목록을 더 연장할 수도 있지만, 요점은 이미 잘 지적되었습니다. 창세기 3장은 중요하기도 하고, 걸림이 되기도 하는 교리들을 다루고 있습니다. 그래서 이러한 가르침을 싫어하는 사람들의 격렬하고 지속적인 공격의 대상이 되어온 것입니다.

우화, 전설, 신화, 비유

전에 웨스트민스터신학교에서 구약학 교수를 지낸 에드워드 영은 창세기 3장을 우화, 전설, 신화, 또는 비유라고 생각하는 사람들의 견해를 검토하고, 이러한 견해들 중 어느 하나도 신뢰할 만한 것이 못 된다는 결론을 내렸습니다.

표면적으로는 창세기 3장을 우화라고 생각할 근거가 있는 것처럼 보입니다. 그 장을 읽기 시작하자마자 곧 말하는 뱀을 만나게 됩니다. 그러나 모든 사람이 뱀이 실제로 말하지 않는다는 것을 알기 때문에, 그리고 말하는 것으로 나타나는 곳은 오직 우화에서이기 때문에 자연스럽지만 매우 피상적인 결론은 창세기 3장이 우화라는 것입니다. 과연 그렇습니까? 그 장이 이 특별한 문학 형식에 속합니까? 영이 조심스럽게 지적하는 바에 의하면, 우화에 관해 흥미 있는 것은 그들 모두가 교훈을 가지고 있다는 것입니다. 이솝 우화는 가장 잘 알려져 있는 우화로서 분명한 교훈을 얻습니다. 영은 그 우화 중에서 한 어린 양은 냇물 아래에서 물을 마시고, 이리 하나는 냇물 위쪽에서 물을 마시고 있는 이야기를 예로 듭니다. 이리가 어린 양에게 달려들어 잡아먹을 구실을 만들려고 어린 양에게 물을 흐리게 한다고 비난합니다. 그 이야기의 교훈은 악인은 항상 나쁜 짓을 하려는 구실을 찾는다는 것입니다. 이리와 어린 양의 이야기는 그 교훈을 얻기 위해 만든 이야기입니다. 창세기 3장이 그와 같은 것이겠습니까? 영은 이렇게 대답합니다. "우리는 그렇지 않은 것임을 즉시로 깨닫는다. 구약에서 동물들은 말을 하지 않는다. 발람의 특별한 경우가 있지만, 그 외에는 그런 경우가 없고, 창세기에서 뱀이 말하는 일도 다시는 일어나지 않는다. 더욱이, 만일 당신이 이것을 우화라고 결말을 내리려고 한다면 당신은 어떤 교훈을 얻어야만 할 것이다. 우화는 교훈을 가지고 있다. 그러나 여기에는 어떤 교훈도 첨부되어 있지 않다. 그러므로 창세기 3장을 우화라고 말하는 것은 그것을 전혀 바르게 평가하는 것이 아니다."[2]

또한 추가적인 문제가 있습니다. 창세기 3장이 말하는 뱀을 제시하고 있다는 견해는 그 구절을 부정확하게 읽고 있는 것에 근거하고 있습니다. 일반적으로 그 구절을 그렇게 받아들이고 있습니다. 우리 모두는 하와가 수풀 사이에 얌전히 서 있고 그 머리 위로 뱀이 그녀를 유혹해서 금지된 "사과"를 먹게 하려고 나무에서 미끄러지듯 내려오는 그림을 보아왔습니다. 그러나 창세기는 하와가 말하는 뱀에 의해 유혹되었다고 말하지 않습니다. 하와를 유혹했던 뱀은, 하나님의 심판의 결과로, 아담과 하와를 뒤로하고 수풀 속으로 미끄러져 사라졌습니다. 아담과 하와는 뱀에 대한 하나님의 공의의 심판이 그들 자신에게도 내려지지 않을까 하는 심한 공포에 사로잡혔습니다. 그러나 그 피조물이 하와에게 말을 하는 것을 보면 아담이나 하와와 전혀 다르지 않은 곧바로 선 피조물이 아니라고 생각할 이유가 없습니다. 물론 이것을 너무 강조할 필요는 없습니다. 왜냐하면, 2장에서 아담은 하나님이 하와를 만드실 때까지 그에게 적합한 돕는 배필을 찾지 못했음을 보았습니다. 그렇지만, 하와를 유혹한 것은 뱀은 아니었고 틀림없이 뛰어난 아름다운 피조물이었습니다.

창세기 3장이 우화가 아니라 전설이라고 말하는 사람들이 있습니다. 전설은 우화와 다릅니다. 전설은 말하는 동물들이 관련된 이야기가 아니라 영웅적인 일을 하는 영웅적인 개인들이 관련된 이야기입니다. 영문학에서 가장 잘 알려진 전설은 아더 왕(King Arthur)이라는 인물과 그의 원탁의 기사단(Round Table)을 둘러싼 사람들의 이야기입니다. 누구나 이런 이야기들에 어느 정도 역사적 근거가 있을 것이라고 인정하고 싶어 합니다. 영국에 아더라는 이름의 왕이 있을 수는 있습니다. 그러나 이런 이야기들은 명백히 인간적 균형을 전혀 상실하고 있습니다. 그런 이야기 속의 사람들은 반드시 현대적인 초인(超人)들이 아닐지 모릅니다. 그러나 그들은 그 당시의 초인들이었습니다. 창세기 3장이 이와 같은 것입니까? 만일 어떤 기록이 있다면, 그 기록을 근거로 타락 이전의 아담과 하와의 행동에서 전설적인 자료를 찾을 수 있을지도 모릅니다. 그때 그들은 의심할 것 없이 우리 자신을 능가하는 정신력과 육체의 힘을 가지고 있었습니다. 문학 전체에 등장하는 인물 중 전설적인 자격을 갖춘 존재가 있다고 한다면 그 존재는 확실히 타락 이전의 아담과 하와입니다. 그러나 우리는 창세기에서 그런 요소들을 찾지 못합니다. 아담이 용을 죽이는 것을 보지 못합니다. 하와가 성배(聖杯)를 찾으려고 떠나는 것을(그와 같은 종류의 행동을) 보지 못합니다. 우리는 분명히 정상적인 동산 환경에서 정상적인 남자와 여자가 불행하게도 너무나 정상적인 방법으로 죄를 범하는 것을 봅니다.

최근에 들어와 성경의 많은 부분을 **신화**로 간주하는 것이 인기를 얻어왔습니다. 신화는 우화나 전설보다 정의하기가 다소 어렵습니다. 아마도 이것이 몇몇 자유주의 신학자들에게 그토록 인기를 얻게 된 한 이유일 것입니다. 광범위하게 이야기해서 신화는 종교적 진리의 전달을 목적으로 하는 이야기입니다. 신화가 반드시 신들이나 여신들, 또는 영웅들이나 여걸들의 이야기일 필요는 없습니다. 간혹 그럴 수는 있습니다. 이교도적인 신화가 그러했습니다. 그러나 이것은 본질적인 것이 아닙니다. 본질적인 것은 신화는 문자적으로 받아들이지 않는다는 것입니다. 그것이 자유주의 학자들의 요점입니다.

그런데 나는 그와 같은 것을 판단할 때는 언제든지 신화 분야에서 명성이 높은 루이스(C. S. Lewis)가 내린 판단을 생각합니다. 그는 이렇게 기술했습니다. "그의 청년기와 성년기를 신약 본문을 자세히 연구하고, 또 그 본문에 대해 다른 사람이 연구한 것을 자세히 연구하며 보낸 사람이라도, 그런 사람의 본문에 대한 문학적 경험이, 일반적으로 그 수준이 광범위하고 깊고 진지한 문학 경험에서 올라가는 것만은 아니지만, 비교적으로 어떤 수준에 못 미치게 되면, 그런 사람은 내가 생각하건대 그 본문에 있어 뻔한 점들을 놓치기가 아주 쉽다. 만일 그가 복음서의 어떤 것이 전설이나 꾸며낸 이야기라고 말하면, 나는 그가 얼마나 많은 전설과 꾸며낸 이야기를 읽었는지, 어떻게 맛을 보고 그것들을 알아내는 미각이 잘 훈련되었는지 알기를 원하지, 그가 몇 년이나 복음서로 시간을 보냈는지 알기를 원하지 않는다." 그리고 루이스는 종종 신화로 생각되는 성경 자료의 예로 요한복음을 소개하면서 결론을 맺습니다. "나는 내 온 생애 기간 동안 많은 시, 꾸며낸 이야기, 환상 문학(vision-literature), 전설, 신화들을 읽어왔다. 나는 그런 것들이 어떤 것인지 알고 있다. 나는 그것들 중 어떤 것도 이것과 같지 않다는 것을 알고 있다."[3]

그것들은 창세기와도 같지 않습니다. 만일 창세기가 "신화"라면, 그러면 우리는 신화 대신에 다른 단어를 찾아야 합니다. 왜냐하면, 그것들이 다르기 때문입니다.

마지막으로, 우리는 **비유**라는 부문으로 들어와 묻습니다. "타락이 우리 주님의 비유 같습니까?" 우리 주님이 불의한 재판관에 대한 이야기를 하신 일이 있으십니다. 억울한 일을 당한 과부가 있었습니다. 그는 원한을 풀어달라고 재판관에게 왔습니다. 그러나 그는 그 여인으로 인해 괴로움을 당하고 싶지 않았습니다. 그 여인은 뇌물을 줄 돈도 없었습니다. 그는 그 여인의 부르짖음을 못 들은 척 했습니다. 그러나 여인은 계속 오고, 또 오고, 다시 왔습니다. 그러자 드디어 재판관이 말했습니다. "그가 얼마 동안 듣지 아니하다가 후에 속으로 생각하되 내가 하나님을 두려워하지 않고 사람을 무시하나 이 과부가 나를 번거롭게 하니 내가 그 원한을 풀어 주리라 그렇지 않으면 늘 와서 나를 괴롭게 하리라"(눅 18:4-5). 이 비유의 요점은 하나님이 불의한 재판관이란 것이 아닙니다. 하나님은 공정하십니다. 이 비유는 단순히, 불의한 재판관에게 조차도 이와 같이 끈덕지게 조를 수 있다면, 분명히 하나님은 그분의 백성의 부르짖음을 들으시려고 열망하는 분이신데 그분을 부르는 자들에게 공의를 행하실 것이라는 점을 말하고 있는 것입니다. 이것이 비유입니다. 따라서 묻습니다. "창세기 3장이 비유입니까?" 만일 그렇다면, 그 요점은 무엇입니까? 결론은 무엇입니까? 우리가 배워야 할 교훈은 무엇입니까?

대조적으로 우리는 인류 역사의 초창기의 사건들과 그리고 그것들로부터 온 결과들이 단순히 명백하게 드러난 것을 봅니다. 성경적 가르침은 남자와 여자가 그 자신이 곧으신 하나님에 의해서 곧게 지음을 받았다는 것입니다. 그러나 그들은 인류의 대표자로서 죄 속으로 떨어졌습니다. 특별히 아담이 그 대표자로 지명되고 있습니다. 그 타락의 결과로 하나님의 심판은 죽음의 형태로 모든 사람에게 내려졌습니다.

하나님의 말씀이 다른 곳에서는 이렇게 표현하고 있습니다. "한 사람의 범죄를 인하여 많은 사람이 죽었은즉"(롬 5:15), "한 사람의 범죄로 말미암아 사망이 그 한 사람을 통하여 왕 노릇 하였은즉"(롬 5:17). 이렇게도 기록하고 있습니다. "사망이 한 사람으로 말미암았으니… 아담 안에서 모든 사람이 죽은 것 같이"(고전 15:21-22). 이 구절들은 죄와 죄의 결과가 아담의 행동으로 거슬러 올라간다는 것을 가르칩니다.

전가에 의한 범죄

이러한 구절들이 들어 있는 본문들을 주의해서 읽어보면, 여기에는 모든 인간이 죄를 범한다는 단순한 묘사 이상의 무언가가 포함되어 있음을 보게 됩니다. 우리가 죄를 범하는 것은 사실입니다. 그러나 또 한편 이야기 되는 것은 이 모든 개인들이 범하는 죄 사이에 필연적인 관계가 있다는 것입니다. 다시 말하면, 단순히 모든 사람이 죄를 범해서 죄인들이 되는 것이 아닙니다. 사람들이 죄인들이기 때문에 죄를 범한다는 것입니다. 이것은 아담의 원죄가 피할 수 없는 방법으로 전 인류에게 넘어간다는 것을 말합니다. 특히, 이것은 죄가 인류에게 넘어가서 누구도 죄를 안 범할 수 없다는, 어거스틴이 표현한 대로 죄를 안 범하는 것이 불가능한(non posse non pecare) 존재의 사실에만 그치는 것이 아닙니다. 이것은 또한 죄의식이기도 합니다. 성경적 견해는 하나님이 아담의 범죄로 인하여 전 인류가 유죄하다고 판정하신다는 것입니다.

자연인이 이것보다 더 받아들이기 어려운 것이 무엇이 있겠습니까? 전가에 의한 범죄가 정당성이나 페어플레이(fair play) 개념에 비추어 이것보다 더 모욕을 주는 것은 상상하기 어렵습니다. 이 교리로 사람들은 하나님을 존경할 가치가 없는 분으로 생각하여 이 교리를 터무니없고, 혐오스런 것으로 생각하며, 만일 이것이 하나님이 취하시는 방법이라고 밝혀진다면 그런 하나님을 영원히 멸시할 확실한 이유가 된다고 생각합니다. 이 교리는 너무 부당해서 변호가 불가능하다고 생각됩니다. 그러나 과연 그렇습니까? 원죄의 교리를 당장 거절하기 전에 그 교리가 실제로 진정한 사태를 표현하고 있지 않은지(우리가 그 사태에 대해 무슨 생각을 하든지), 또한 구원의 유일하고 가능한 소망을 제시하고 있지 않는지(잃어버린 자들에게는 이것이 이상하게 보이겠지만) 알기 위해 그 교리를 충분하게 잘 생각해 보는 것이 좋을 것입니다.

원죄가 진실인가 허위인가의 문제는 다음의 간단한 질문에 대한 대답으로 해결될 수 있습니다. 즉, 죄가 성경에서 언명한 대로 오는 것이 아니라면 어디서 오는 것입니까? 우리는 여러 가지 형태의 인간의 불행과 죽음에서 죄의 결과를 봅니다. 많은 경우에 이런 것들은 우리 자신의 죄와 결점의 직접적인 결과로 초래된 것임에 동의할 수 있습니다. 줄담배를 피우는 사람은 그의 폐암에 대해 자기 자신 말고는 정말 아무도 비난할 수 없습니다. 과식하는 사람은 그의 심장의 상태가 약화된 것에 대해 비난해야 합니다. 그러나 죄의 결과는 암을 키우고 있는 줄담배 피우는 사람이나 약한 심장을 가진 과식하는 사람에게만 영향을 주는 것이 아닙니다. 자기 자신들에 대해 비난할 아무 것도 없는 사람들도 마찬가지로 영향을 받습니다. 갓난아기가 병에 걸려 죽거나 신생아의 결함 분만, 결장(結腸), 암, 또는 순진한 사람들에게서 보는 다른 형태의 고통은 성경의 가르침에 의하지 않고 어떻게 설명될 수 있겠습니까?

인류 전(全) 역사를 통틀어 이 문제를 이해하는 데에 있어 오직 두 가지 다른 대답이 주어졌는데, 그 중 하나는 실제로 대답이 되지 못하고, 다른 하나는 부적합합니다. 첫 번째 대답은 악의 영원성입니다. 악(惡)은 선(善)이 태초부터 존재해 온 것처럼, 만물의 태초부터 존재해 왔다는 것입니다. 그래서 모든 인생은 이것들의 혼합으로 특징 지워지는 것이라고 합니다. 그러나 이것은 실제로 대답이 되지 못합니다. 왜냐하면, 우리가 쉽게 이해할 수 있는 것처럼 그것은 단순히 문제를 부인하는 것이기 때문입니다. 그것은 죄 또는 악의 시작이 있었다는 것을 부인하는 것입니다.

두 번째 대답은 일반적으로 잘 알려진 윤회설(reincarnation)이라는 것입니다. 이것은 우리 각자가 전생(前生)을 가지고 있고 추측컨대 그 전생 전에 또 한 생을 그리고 그 전에 또 한 생을 가지고 있었으며, 그래서 지금 현 생에서 물려받고 있는 악은 우리가 이전 생의 상태에서 행한 일 때문이라는 개념입니다. 이 견해를 옹호하려면 적어도 윤회설이 개인의 구체적인 행위를 근거로 해서 현재 상태를 설명하려는, 그래서 그것으로 우리 모두가 공유하는 정의(正義)에 대한 기본 개념, 즉 각 개인은 다른 사람이 아닌 자기 자신의 죄로 인해 고통을 받아야 한다는 개념을 만족시키려는 진지한 시도라는 것을 말해야 합니다. 그러나 이것은 분명히 궁극적인 해결안으로서 만족스럽지 못한 것입니다. 왜냐하면, 우리는 곧바로 다음과 같은 질문을 해보고 싶기 때문입니다. 즉, 각 개인들이 어떻게 전생에서 잘못된 행위를 한 사람이 되었습니까? 이러한 접근은 단순히 그런 질문이 어려움을 해결하지 못한 채 꼬리를 물고 일어나도록 밀고 갈 것입니다.

그렇다면 또 다른 대답이 있습니까? 성경의 대답 외에는 없습니다. 성경은 아담의 범법으로 인한 하나님의 심판의 결과로서 죄의 보편성을 설명합니다. 아담은 인류의 대표였습니다. 그는 우리를 대표해서 하나님 앞에 서 있었습니다. 그래서 바울이 말하는 것처럼 그가 타락했을 때 우리가 타락했고, 그가 행한 배반의 결과에 필히 우리가 끼어들게 된 것입니다.

하나님의 은혜

이런 사태에 대하여 우리가 하나님께 화를 내서는 안 됩니다. 때로 우리는 한 사람의 범법으로 인해 모든 사람에게 죄의 심판을 내리시는 너무 전횡적인 하나님께 화를 내야 한다고 생각하기도 합니다. 그러나 그러한 판단은 그것이 무엇을 의미하는지 우리가 올바로 이해하지 못하고 있음을 나타내는 것입니다. 실제로, 그 상황은 반대입니다. 아담이 인류의 대표자로 지음을 받았다는 사실은 하나님의 은혜를 증명하는 것입니다.

그것은 아담에 대한 하나님의 은혜의 본보기였습니다. 아담이 그의 책임과 순종에 대한 숭고한 의식을 갖기 위해 하나님의 명령에 관련해서 그가 해야 할 일이 그의 무수한 수십억 후손들에게 영향을 줄 것이라는 지식보다 더 적절한 것이 무엇입니까? 우리는 한 인간, 가정(家庭)이라는 더욱 제한된 영역에서 조차 이것을 알고 있습니다. 한 가정의 아버지 또는 어머니가 선을 행하거나 악을 행하는 것이 필연적으로 후손들에게 영향을 준다는 생각으로 인해 선한 영향을 받지 않을 부모가 어디 있습니까? 술 마시고 싶어 하는 사람은 만일 그의 술 마심이 그의 자녀들에게 상처가 될 것이라는 것을 알게 되면 적어도 어느 정도 자제할 것입니다. 도둑질할 기회가 있는 사람은 만일 그가 잡히게 되면 불가피하게 그의 행위가 가정에 상처를 입히게 된다는 것을 곰곰이 생각해 보면 도둑질을 안 할 것입니다. 어떤 주어진 상황에서 가정에 대한 그의 행동의 결과에 대한 생각은 우리가 잘 아는 바와 같이 덕행 있는 삶을 보증하는 데 충분하지 않을 수도 있다는 것은 당연합니다. 그러나 그것은 그로 하여금 어떤 선한 효과를 가져 오게 할 수밖에 없습니다. 따라서 전 인류에게 불가피하게 영향을 줄 그의 죄의 효과에 대한 지식이 아담의 행동을 억제시키는 것은 불가능할 수밖에 없었습니다. 이것이 선을 위한 가장 강력한 동기가 되어 온 것임에 틀림없습니다. 그러므로 그가 타락한 것은 전횡적인 행위에 대한 정당한 반응으로서가 아닌, 그에 대한 하나님의 은혜에도 불구하고 일어난 일이었던 것입니다.

더욱 중요한 것은, 아담의 죄에 대한 대표자적인 성격은 또한 우리를 향한 하나님의 은혜의 본보기인 것입니다. 왜냐하면, 대표성에 근거해서 하나님이 우리를 구원하실 수가 있으시기 때문입니다. 바울은 이렇게 말합니다.

"한 사람이 순종하지 아니함으로 많은 사람이 죄인 된 것 같이 한 사람이 순종하심으로 많은 사람이 의인이 되리라"(롬 5:19)

만일 당신과 나 그리고 모든 인간이 가족 관계나 대표자적 관계가 없는 천사와 같다면, 그리고 만일 천사들이 타락했을 때 심판 받은 것처럼, 즉 즉각적이며 개별적으로 각각 자신의 죄에 대해(이것이 대부분의 남녀들이 받고 싶어 하는 심판의 방법인데) 우리도 그렇게 심판받는다면, 타락한 천사들에게 소망이 전혀 없었던 것과 똑같이 우리에게 구원의 소망이 없을 것입니다. 그러나 우리는 관계 속에서 살고 있는 존재들이기 때문에, 그리고 하나님이 우리를 아담과 그의 죄와 예수님과 그분의 의에 관련하는 그런 방법으로 다루실 것을 선택하셨기 때문에, 우리에게 구원이 있을 수 있는 것입니다. 아담 안에서 우리는 죄인이 되었습니다. 예수님 안에서 죄인인 우리는 의롭게 될 수 있게 되었습니다. "범죄로…죽은" 우리는 영적으로 살아날 수가 있습니다.

구원의 복은 하나님의 방법에 대항하여 싸워서, 또는 우리가 불의하다고 생각하는 것으로 인해 하나님을 미워해서 오는 것이 아니라, 타락한 존재로서의 우리의 참된 본질에 대한 그분의 평결을 받아들이고, 하나님만이 예비하시는 구원을 위해 믿음 안에서 예수 그리스도에게 돌아서는 것에 의해 오는 것입니다.

● 각주 ●

1. Pink, *Gleanings in Genesis*, 33.

2. E. J. Young, *In The Beginning*, 82.

3. C. S. Lewis, "Faulting the Bible Critics," *Christianity Today*, 9 June 1967, 895. 이 논설은 후에 *Christian Reflections* (Grand Rapids: Eerdmans, 1967)에 재개되었다.

22

타락

창세기 3 : 1-6

그런데 뱀은 여호와 하나님이 지으신 들짐승 중에 가장 간교하니라 뱀이 여자에게 물어 이르되 하나님이 참으로 너희에게 동산 모든 나무의 열매를 먹지 말라 하시더냐 여자가 뱀에게 말하되 동산 나무의 열매를 우리가 먹을 수 있으나 동산 중앙에 있는 나무의 열매는 하나님의 말씀에 너희는 먹지도 말고 만지지도 말라 너희가 죽을까 하노라 하셨느니라 뱀이 여자에게 이르되 너희가 결코 죽지 아니하리라 너희가 그것을 먹는 날에는 너희 눈이 밝아져 하나님과 같이 되어 선악을 알 줄 하나님이 아심이니라 여자가 그 나무를 본즉 먹음직도 하고 보암직도 하고 지혜롭게 할 만큼 탐스럽기도 한 나무인지라 여자가 그 열매를 따먹고 자기와 함께 있는 남편에게도 주매 그도 먹은지라

하나님은 아담과 하와를 지구의 부(副) 통치자로 에덴에 두시면서 그들에게 최대한의 자유와 주권을 주셨습니다. 그들은 지구를 다스려야 했습니다. 그들은 먹지 말아야 할 선악을 알게 하는 나무의 열매를 제외하고는 그들이 하는 일에 아무런 제한이 없었습니다.

이 나무에 대해 많은 어리석은 이야기들이 전해져 오고 있습니다. 정당성도 없고 명백한 이유도 없이 그것을 사과나무라고 불렀으며, 금지된 열매는 사과라고 불렀습니다. 어떤 작가는 그 열매는 포도였고, 죄는 그것으로 포도주를 만드는 것이라고 추측했습니다. 오늘날 많은 사람들이 그 열매는 성(性, sex)이라고 인식합니다. 이는 현대인들이 이 주제를 생각하면서 가까스로 억누르고 있는 죄에 빛을 던져줍니다. 그러나 그 빛이 창세기를 밝혀주는 빛은 아닙니다. 우리는 이것이 나무의 바른 의미가 아니라는 것을 압니다. 왜냐하면, 하나님이 그 최초 부부에게 선악을 알게 하는 나무의 열매에 대한 경고를 주시기 이전에 이미 생육하고 번성하라고 명령하셨기 때문입니다(창 1:28). 그 열매는 아담과 하와가 지구에서 최대한의 자유와 주권을 가지고 있었지만, 그럼에도 불구하고 그들은 하나님의 피조물이고, 하나님이 주신 선물의 결과로 그들이 자유를 즐기고 주권을 행사하는 것을 상징하는 것입니다. 그것은 그들에 대한 억제 수단이었습니다. 그것은 그들로 하여금 그들이 하나님이 아니라는 것과 그들이 그분께 책임을 지고 있다는 것을 깨닫게 해 주는 것이었습니다.

하나님이 말씀하셨나?

우리는 아담과 하와가 타락하지 않은 상태로 에덴동산에서 얼마나 오래 살았는지 모릅니다. 그러나 창세기를 읽어보면 그들이 순종에 대한 좋은 본보기의 틀을 갖추기 이전에 그들에 대한 사탄의 공격이 매우 일찍 있었다는 인상을 받습니다. 분명히 사탄은 하나님이 아담에게 주신 이 경고를 들었을 것입니다. "여호와 하나님이 그 사람에게 명하여 이르시되 동산 각종 나무의 열매는 네가 임의로 먹되 선악을 알게 하는 나무의 열매는 먹지 말라 네가 먹는 날에는 반드시 죽으리라 하시니라"(창 2:16-17). 이제 그 사탄이 오는데 즉시 온 것 같습니다. 사탄은 하나님은 인정이 없으시고 그분의 말씀은 신뢰할 수 없다는 것을 넌지시 말해주려고 옵니다.

하나님 말씀에 대한 타당성이 사탄의 유혹에 있어서의 논쟁점이었습니다. 왜냐하면 사탄의 첫마디가 하나님의 진실성을 의심하도록 의도된 의문 부호로 이렇게 끝나기 때문입니다. "하나님이 참으로…(말씀)하시더냐?" 이것이 성경에 나오는 첫 번째 의문 부호입니다. 물론, 우리는 성경 원본에는 어떤 종류의 구두점도 없다는 것을 압니다. 그러나 생각 속에서 질문을 하고 있기 때문에 영어 성경에서는 그것을 잘 적용해서 의문 부호를 붙였습니다. "하나님이 참으로…(말씀)하시더냐? 하나님이…말씀하셨느냐?" 그 고찰 속에 원죄가 들어 있는 것입니다.

사탄이 쓰고 있는 말들의 하나하나는 특별한 흥미를 주고 있습니다. "하나님이 참으로…(말씀)하시더냐?"로 시작되는 문장은 사탄이 질문하고 있는 문제를 상술하기 위해 계속되고 있기 때문입니다. 이렇게 기록되고 있습니다. "하나님이 참으로 너희에게 동산 모든 나무의 열매를 먹지 말라 하시더냐?" 그러나 이것은 하나님이 말씀하신 그대로가 결코 아닙니다. 하나님은 이렇게 말씀하셨습니다. "동산 각종 나무의 열매는 네가 임의로 먹되 (여기에 예외가 있는데) 선악을 알게 하는 나무의 열매는 먹지 말라 네가 먹는 날에는 반드시 죽으리라"(창 2:16-17). 사탄은 하나님의(오직 하나만을 제외하고) 모든 나무의 열매를 먹으라는 긍정적인 초청을 하나님의 선하심을 의심케 하도록 의도된 부정적인 금지로 바꾸고 있습니다. 여기에 숨어있는 뜻이 무엇인지 알 수 있겠습니까? 하나님은 아담과 하와에게 단 하나를 제외한 모든 창조물을 즐기도록 주셨습니다. 그들이 가지고 있고, 보고 있는 모든 것이 그분에게서 온 것입니다. 그 한 가지 금지조차도 그것을 어겼을 때 받을 형벌 사항이 설명되어 있습니다. 그러나 사탄은 하나님을 본질적으로 금지를 잘하는 분이시고, 선하지 않으시며, 그분의 피조물을 위해 세상에서 가장 좋은 것을 주기를 원하지 않으시는 분으로 암시하고 있는 것입니다.

하와가 처음에는 이와 같은 사탄의 기세에 동의하지 않았습니다. 그러나 사탄의 노련한 질문은 그녀를 수세로 몰아넣었습니다. 그래서 그녀는 하나님이 하셨던 경고로 끝나는 말씀을 옳게(또는 적어도 거의 옳게) 되풀이 하였습니다. "동산 중앙에 있는 나무의 열매는 하나님의 말씀에 너희는 먹지도 말고 만지지도 말라 너희가 죽을까 하노라 하셨느니라"(창 3:3). 이 시점에서 사탄은 즉각적으로 부인하며 대답했습니다. "너희가 결코 죽지 아니하리라 너희가 그것을 먹는 날에는 너희 눈이 밝아져 하나님과 같이 되어 선악을 알 줄 하나님이 아심이니라"(창 3:4-5). 이 부인(否認)에 문제가 걸려 있다면 무엇이겠습니까?

양식(糧食)? 사과? 술 취함? 성(性, sex)? 자유? 이것들에 문제가 있는 것이 아닙니다. 이 유혹의 첫 번째 부분에 걸려있는 문제는 하나님 말씀에 대한 무결성(無缺性)입니다. 사탄이 접근해서 한 첫 마디는 의심할 이유가 없었습니다. 그러나 이제부터 본질적인 하나님의 선행에 의심을 불어넣기 시작하는데 사탄은 뻔뻔스럽게 하나님의 증거를 부정합니다. 논쟁점은 단순합니다. 즉, 하나님은 진실을 말씀하시는가? 우주의 의로우신 심판자는 신뢰할 수 있는 분인가? 딱하게도 그녀는 그 열매를 바라보았고, 그래서 그것이 "먹음직도 하고 보암직도 하고 지혜롭게 할 만큼 탐스럽기도 한"(창 3:6) 것을 알았다고 했습니다. 그래서 그녀는 그 열매를 몇 개 따서 먹고, 남편에게도 갖다 주어 남편도 먹었습니다.

이것이 죄의 본질에 대한 첫 번째 큰 계시입니다. 죄는 불신입니다. 그것은 하나님의 호의와 신실성을 부정하는 것인데, 이는 불가피하게 즉각적인 배반으로 이어집니다. 이 비극에 대해 하나님을 비난하려는 아담의 본능적인 시도가 배반의 증거입니다.

몇 년 전, 그 가정의 모든 것(All in the Family)이라는 인기 있는 TV 연속극의 한 에피소드에서 아치 벙커(Archie Bunker)는 무신론적인 사위 마이클(Michael)과 기독교에 대해 논쟁을 합니다. 아치는 마이클의 아들이 세례받기를 원하고, 마이클은 그럴 마음이 없기 때문입니다. 그들은 많은 비본질적인 것들을 가지고 논쟁을 합니다. 그런데 드디어 마이클이 묻습니다. "장인어른, 나에게 이것 좀 말씀해 주세요. 만일 하나님이 계시다면, 왜 세상이 이렇게 혼란스럽습니까?"

아치는 갑자기 꿀 먹은 벙어리가 되었습니다. 그는 잠깐 동안 꼼짝 않고 서 있습니다. 그리고는 속임수로 그 상황을 모면하려고 합니다. 그는 그의 아내 이디스(Edith)를 향해 말합니다. "여보, 왜 내가 항상 대답을 해야만 하지? 이 멍청이 폴락(Polack, 폴란드계의 사람을 경멸적으로 표현하는 말 - 역주)에게 만일 하나님이 세상을 창조하셨다면 왜 세상이 이렇게 혼란스러운지 말 좀 해주시오!'

이디스가 대답합니다. "글쎄, 내 생각으로는 이 세상이 혼란스러운 것이 우리가 천국에 가면 그곳의 진가를 더욱 잘 실감하도록 하기 위함이라고 생각되는데요." 그 논쟁은 재미가 있습니다. 그러나 또한 슬픈감도 없지 않습니다. 마이클이나 아치나 이디스나 그 연속극의 작가들 누구도 결코 명백하게 세상의 혼란이 하나님보다는 바로 우리 자신의 잘못에 기인한 것일 수 있다는 것을 밝히지 않고 있기 때문입니다. 이 단순하지만 유쾌하지 않은 진리를 인정하는 것보다는 사람들은 언젠가 웰스(H. G. Wells)가 말한 것처럼, 세상의 악과 대면함에 있어 우리는 선하신 하나님이 능력은 있지만 관심이 없거나 또는 관심은 있지만 능력이 없거나 둘 중의 하나라는 결론을 지어야만 한다고 말합니다. 그렇지 않으면 그들은 하나님이 존재하지 않는 것이라고 말합니다. 이러한 표현은 문제의 원인이 사람들 안에 있다는 것을 인정하는 데 실패하는 것입니다.

즉각적 배반

죄에 대한 가장 중요한 사실은 아담의 타락에서 볼 수 있습니다. 그리고 이것을 이해하는 기초는 아담이 사탄의 속임수에 의해 타락했다는 것을 아무 곳에서도 암시조차 하지 않고 있다는 것에 주목하는 것입니다. 하와는 사탄과의 논의의 결과로 타락했습니다. 실상 그녀는 호의를 가지고 타락했습니다. 왜냐하면, 그녀는 선악을 알게 하는 나무의 열매가 사람을 지혜롭게 한다는 것을 믿게 되어 이것이 결국 가계(家系)에 영향을 끼침으로 그녀는 자신과 남편이 그 상상 속의 복을 누리고 싶어 했기 때문이었습니다. 그런 이유로 그녀는 그 열매를 아담에게 주었습니다. 그녀는 힘껏 그를 돕기를 원했습니다. 하와는 실수를 했고 그 실수로 죄를 범했습니다. 그러나 그녀의 실수는 그 자체로 중대한 것이었지만, 이 실수가 아담의 경우에서는 그대로 되풀이 되지 않았고, 따라서 그것으로 비난받을 필요가 없었습니다. 아담은 하나님께 대해 순전한 **배반**으로 죄를 범한 것입니다.

이 차이점을 바울이 디모데전서에서 타락에 대해 해석한 것에서 봅니다. 바울은 이렇게 기록합니다. "아담이 속은 것이 아니고 여자가 속아 죄에 빠졌음이라"(딤전 2:14). 이것은 다음과 같이 설명될 수 있을 것입니다. 잠시 본문과 다르게 아담이 먼저 죄를 범하고 다음에 하와가 죄를 범했다고 가정해 봅시다. 그러면 하나님이 동산에서 그 부부에게 찾아오셔서 이렇게 말씀하시는 것을 추측할 수 있습니다. "너희가 어찌하여 이렇게 하였느냐? 내가 선악을 알게 하는 나무의 열매를 먹지 말라고 했는데 그것을 먹었구나!' 만약에 하나님이 그러셨다면, 하와는 이렇게 대답했을 것입니다. "당신은 내 남편을 도우라고 나를 창조하셨습니다. 그것은 내가 그의 인도함을 따라야 함을 가리키는 것입니다. 그는 우리 가정의 머리가 되어야 합니다. 그러므로 그가 나무의 열매를 먹었다면 나도 당연히 그를 따라 먹은 것입니다." 이것이 아담이 먼저 죄를 범했다면 하와가 할 수 있었을 말입니다. 그리고 그녀는 최소한 그녀의 범법에 대해 부분적인 변명이나마 했을 것입니다. 그러나 바울은 실제로 그녀가 죄를 먼저 범했고, 아담이 그러하듯 죄 안에 거하게 된 것이라고 말하고 있습니다.

그러나 하와가 죄 속에 있었지만 그 이유로 타락한 것은 아닙니다. 그녀는 속임을 당했지만, 아담은 순전한 배반으로 죄를 범했습니다. 우리는 여기서 하나님이 아담을 창조물을 다스리라고 동산에 데려다 놓으셨고, 동산의 모든 나무의 열매 중에 단 하나만 제외하고 주셨던 것을 기억해야 합니다. 하나님은 아담이 동, 서, 남, 북의 어디서건 그가 있는 곳에서 나무의 열매를 먹을 수 있다고 말씀하셨습니다. 그러나 한 나무, 단 한 나무의 열매는 그에게 금지되었습니다. 만일 그가 그것을 먹으면 죽을 것입니다. 아담은 그가 무슨 일을 저지르고 있는지 충분히 알고 있으면서 그 나무를 쳐다보았고 실질적인 의미에서 이런 말을 했을 것입니다. "나는 여기서 동에 있는, 서에 있는, 남에 있는, 북에 있는 모든 나무의 열매를 먹도록 허용된 것엔 관심이 없다. 내가 피조물임을 상징하는 저 한 나무가 동산에 서 있는 한, 내가 하나님이 아니라는 것을 생각나게 하도록 저 나무가 거기에 있는 한, 나는 완전한 자치권자가 아니다. 저 나무는 보기도 싫다! 그래서 나는 그 열매를 먹고 죽겠다."

이것이 성경이 인류의 타락에 대한 책임을 하와에게 절대 두지 않는 이유입니다. 우리의 농담이나 여러 대중 문학이 우리가 죄에 빠지게 된 것에 대해 하와를 비난합니다. 그러나 성경에서는 하와에 대한 비난의 말은 결코 한 마디도 없습니다. 대신에 이런 말씀이 있습니다. "사망이 한 사람으로 말미암았으니… 아담 안에서 모든 사람이 죽은 것 같이"(고전 15:21-22). "한 사람으로 말미암아 죄가 세상에 들어오고 죄로 말미암아 사망이 들어왔나니… 한 사람의 범죄로 말미암아 사망이 그 한 사람을 통하여 왕 노릇 하였은즉…한 사람이 순종하지 아니함으로 많은 사람이 죄인 된 것 같이"(롬 5:12, 17, 19).

아담의 타락의 본질은 또 다른 중요한 것을 말해주고 있습니다. 그것은 그 죄가 변절이라고 말합니다. 즉, 전에 존재했고 좋았던 것으로부터 떨어져 나간 것을 말합니다. 그것은 하나님의 인류에 대한 좋으신 의도를 반전시키는 것입니다. 이것을 성경에 나오는 죄에 대한 동의어 거의 모두에서 볼 수 있습니다. 그 동의어들은 페샤(peshaᶜ, 범법), 차타(chata, 과녁을 빗나감), 사각(shagag, 길을 잃음), 하마르티아(hamartia, 모자라는 점), 파랍토마(paraptōma, 반칙) 등입니다. 이 단어들 각각은 원래의 높은 수준에서 또는 즐거움을 누리던 상태에서 이탈되는 의미가 내포되어 있습니다.

스위스의 개혁신학자 에밀 브루너(Emil Brunner)는 그리스적 관점에서 악의 본질은 물질에서나 발견되거나 또는 좀 더 확대해서 말하면 감각적인 삶에서 발견된다고 기술하고 있습니다. 즉, "그리스 철학에서 죄의 개념은… 감각의 본능이 의지를 마비시키거나, 또는 그것을 적어도 방해하거나 억누른다는 사실에 기초하고 있다. 이렇듯 악은 사람의 이중적인 본질에 기인한다.… 만일 이 악을 시간과 관계해서 본다면 그것은 '아직 좋지 않은' 것, 또는 '아직 영적 수준에 못 미친' 것, 또는 영의 지배를 '아직 받지 않은' 것으로서 설명되어야 한다."[1]

성경적 관점은 "아직 아닌 것"을 "더 이상 아닌 것"으로 대체함으로써 이 문제를 거꾸로 말하고 있습니다. 아담은 모든 창조물처럼 죄가 없었습니다. 하나님은 모든 것을 완전하게 창조하셨습니다. 그러나 아담이 하나님과 자신의 완전함을 배반했고 그래서 하나님이 그를 위해 가지고 계셨던 위대한 운명에서 떨어져 나갔던 것입니다.

이것이 에밀 브루너가 지적하는 바와 같은 죄에 대한 중요한 성경의 주해(註解)입니다. "선지자들이 이스라엘의 죄에 대해 꾸짖을 때는 언제든지 이것이 결정적인 개념이었다. 즉, '너희는 타락했다. 너희는 탈선했다. 너희는 신실하지 않았다. 너희는 하나님을 버렸다. 너희는 언약을 깨뜨렸다. 너희는 다른 신들을 섬기려고 하나님을 떠났다. 너희는 하나님께 등을 돌렸다! 비슷하게 예수님의 비유들은 죄를 하나님을 배반하고 떠나는 것으로 말한다. 탕자는 아버지에게 등을 돌리고 집을 떠난다. 악한 농부들이 주인의 권리를 빼앗고 단지 세를 얻어 가지고 있던 땅을 탈취하는 잘못을 저지른다. 그들은 실제로 배반자들이요, 강탈자들이다. 잃어버린 양이 양 무리와 목자를 떠나 딴 길로 나갔다. 그 양은 길을 잃었다."[2]

죄는 배반입니다. 그것은 원래부터 있는 요소가 아니기 때문입니다. 원래부터 있는 요소는 하나님의 "선하시고 기뻐하시고 온전하신 뜻"입니다. 그 뜻을 떠나 우리가 딴 길로 갔었지만, 그리스도 안에서 하나님의 능력과 은혜로 그 뜻으로 되돌아오게 되었습니다.

교만

창세기 3장을 분석함에 있어 하와의 죄와 아담의 죄를 분리시키고, 죄의 두 가지 근본적인 요소인 "불신"과 "배반"을 정의하기 위해 그 둘을 대조시키느라 시간이 걸렸습니다. 이 일은 가치가 있었습니다. 그런데 추가적인 가치도 있는데 그것은 단순히 아담과 하와의 타락을 대조시키는 것에서 뿐만 아니라 유사점들을 비교하는 것에서 얻는 것입니다. 대조하고 비교하면서 동시에 죄의 본질에 대한 세 번째로 매우 중요하고 대단한 유사점들을 발견합니다. 그것은 교만입니다.

하와가 금지된 열매를 먹기로 결심하고 그 중 얼마를 남편인 아담에게 준 행동의 밑바닥에 깔린 것이 교만이 아니라면 무엇입니까? 아담이 하나님이 마련해 주신 길에 점착해 있지 않고 자신의 길을 가기로 한 결심의 밑바닥에 깔린 것이 교만이 아니면 무엇입니까? 하와의 경우에 있어 교만은 그녀가 자신과 남편을 위해 무엇이 좋은지를 하나님이 아시는 것보다 더 잘 안다는 확신이었습니다. 하나님은 선악을 알게 하는 나무의 열매를 먹으면 죽게 된다고 말씀하셨습니다. 그러나 그녀는 자신의 경험적 관찰, 즉 사탄이 의심을 불러일으킨 후에 그 나무의 열매가 그녀에게 실제로 좋은 것이고 따라서 하나님이 틀린 것이라는 확신을 했습니다. 아담의 경우에 있어서도 교만이 드러나 있었습니다. 그는 실질적인 의미에서 "나는 하나님의 통치에서 벗어나겠다. 나는 너무 위대해서 그 통치에 묶일 수가 없다. 나는 독립을 선언할 것이다. 나는 지극히 높은 이처럼 될 것이다."(사 14:14 참조)라는 내용의 말을 하며 사탄의 죄를 반복했습니다.

교만은 얼마나 무서운 것인지! 그리고 얼마나 널리 미치는지! 그것은 첫 번째 남자와 여자의 죽음으로도 사라지지 않았기 때문입니다. 교만은 인류의 심장부에 자리 잡고 있습니다. 그것은 "부도덕의 센터"요, "극도의 악"이요, 루이스(C. S. Lewis)가 경고하는 바와 같이 "모든 사악함으로 인도하는"[3] 것입니다. 그것은 우리로 하여금 현재의 우리보다 더 뛰어나거나 능력 이상의 사람이 되기를 원하도록 만듭니다. 그런데 그것은 결국 우리를 하나님의 창조에서 의도하신 **위대한 운명**에 참으로 이르지 못하게 합니다.

이것은 이미 우리가 제시했던 것으로 다시 돌아오게 합니다. 즉, 우리는 타락한 존재들이라는 것입니다. 우리는 오늘날의 낙관적인 인본주의자들이 지적하는 것처럼 진보해 가는 중에 있지 않습니다. 고대 그리스 사람들이 주장하듯이 사물의 본질 때문에 우리에게 죄가 있게 되는 것이 아닙니다. 우리는 마치 어떤 기계적인 분석으로 우리의 죄가 용서받을 수 있는 것 같은 그런 기계가 아닙니다. 우리는 타락했습니다. 불신적이고, 배반적이며, 교만으로 가득 차 있습니다. 그 결과 우리의 소망은 오직 하나님의 은혜 안에 있게 되었습니다. 하나님은 은혜로 구속자를 보내주십니다. 예수님은 신실치 않으신 분이 아니고 신실하신 분이시며, 반항적이 아니시고 순종적이시며, 교만으로 가득하신 것이 아닌 실제로 자신을 "십자가에 죽기까지" 낮추신 분입니다(빌 2:8). 하나님은 그 구속자를 창세기 3장에서 약속하십니다. 그러나 그 복음으로 들어가기 전에 타락을 피할 수 없게 만든 아담의 타락의 결과를 좀 더 탐구해 봐야 합니다.[4]

● 각주 ●

1. Emil Brunner, *The Christian Doctrine of Creation and Redemption: Dogmatics*, vol 2, trans. Olive Wyon (Philadelphia: Westminster Press, 1952), 91.

2. Ibid.

3. Lewis, *Mere Christianity*, 94

4. 이 장은 사실상 James Montgomery Boice의 *God the Redeemer*, 18-25에 "타락" 장의 일부로서 이미 게재된 것이다.

23

타락의 결과

창세기 3 : 1-6

그런데 뱀은 여호와 하나님이 지으신 들짐승 중에 가장 간교하니라 뱀이 여자에게 물어 이르되 하나님이 참으로 너희에게 동산 모든 나무의 열매를 먹지 말라 하시더냐 여자가 뱀에게 말하되 동산 나무의 열매를 우리가 먹을 수 있으나 동산 중앙에 있는 나무의 열매는 하나님의 말씀에 너희는 먹지도 말고 만지지도 말라 너희가 죽을까 하노라 하셨느니라 뱀이 여자에게 이르되 너희가 결코 죽지 아니하리라 너희가 그것을 먹는 날에는 너희 눈이 밝아져 하나님과 같이 되어 선악을 알 줄 하나님이 아심이니라 여자가 그 나무를 본즉 먹음직도 하고 보암직도 하고 지혜롭게 할 만큼 탐스럽기도 한 나무인지라 여자가 그 열매를 따먹고 자기와 함께 있는 남편에게도 주매 그도 먹은지라

어떤 의미에서 성경 창세기 3:6절 이후에 나오는 것은 모두 본 표제인 타락의 결과의 한 부분으로 볼 수 있습니다. 특히 6절 다음에 나오는 몇 구절들이 그렇습니다. 그러나 나는 이 장 나머지 부분에서는(그리고, 정말로 창세기 나머지 부분에서는) 구체적인 문제들과 그 문제들에 대한 예수 그리스도의 역사를 통

한 치유에 집중하기 위해 이 주제를 여기서 대체적으로 미리 생각해 보고자 합니다. 질문으로부터 시작합니다. 죄는 얼마나 나쁜 것입니까? 달리 표현해서 죄의 결과는 얼마나 심각한 것입니까?

우리가 죄인된 결과의 하나는 죄를 가볍게 취급한다는 것입니다. 그러나 여기서 잠시 멈춰 우리 본질의 성향을 파악해 보아야만 하겠습니다. 하나님을 거스르는 우리의 불신과 배반에 대한 참되고 겸허한 지식이 없이는 결코 하나님의 은혜를 알지 못할 것입니다. 우리의 교만에 대한 지식 없이는 우리는 결코 그분의 위대하심을 알지 못할 것입니다. 뿐만 아니라 우리가 필요로 하는 그런 문제의 치유를 위해 그분에게 나오지도 않을 것입니다. 우리가 육신적으로 병이 들어 그 사실을 알게 되면, 우리는 의사를 찾고 치료를 받기 위해 그의 처방전을 따를 것입니다. 적어도 우리는 그렇게 안 할 만큼 어리석지는 않습니다. 그러나 만일 우리가 병들었다는 것을 알지 못하면 우리는 도움을 구하지 않고, 병으로 멸망할 것입니다. 영적으로도 똑같습니다. 만일 우리가 건강하다고 생각하면 우리는 하나님의 치료를 결코 받아들이지 않을 것입니다. 또한 우리는 그 치료가 필요하다고 생각하지도 않을 것입니다. 그러나 만일 하나님의 은혜로 우리가 병든 것을 알게 되면, 실제로 영적인 면에서 우리가 병든 것 이상의 악화된 상태에 있고, 하나님께 대해 어떤 의미 있는 반응이 있을 때까지는 우리가 죽어 있다는 사실을 알게 되면 우리는 우리를 위한 예수 그리스도의 역사의 의미를 이해하고, 그분을 구주로 맞아들이고, 그분에 의해 변화될 수 있는 기초가 놓이는 것입니다.

얼마나 나쁜 상태인가?

인간 본질의 이러한 성향을 대면하면서 그리고 죄를 더 잘 이해하려고 시도하면서 우리는 특히 다음과 같은 주장을 경계해야 합니다. 인간 본질에 무언가 분명히 잘못된 것이 있긴 하지만 그것은 과거 시대에 우울했던 선지자들이 기록한 성경이 그럴 것이라고 상상하는 것만큼 나쁜 것은 아니라는 주장입니다. 아무튼 우리는 성경 저자들이 냉혹한 시대에 살았다고 들었습니다. 따라서 우리는 그들이 조금은 비관적이었을 수도 있다는 것을 이해할 수 있습니다. 그들의 세상은 전쟁과 기근과 질병과 여러 형태의 경제적 곤경으로 꽉 차 있었습니다. 그러나 지금은 BC 2000년이 아닙니다. 지금은 AD 2000년입니다! 오늘날 우리는 그런 상황에 직면해 있지 않습니다! 우리에게는 좀 더 낙관적일 이유가 있는 것입니다. 사람은 완전하지 않습니다. 그러나 그의 불완전성은 그저 불완전성일 뿐이며, 오히려 그것은 단순히 인류의 결점, 모자라는 점, 또는 작은 과오로 간주되어야 한다는 것이 옳지 않겠습니까?

이에 대한 한 가지 대답은, 만일 인간의 본질이 정말로 위에서 주장하는 것처럼 약간의 결점에 지나지 않는 것이라면 지금쯤은 틀림없이 완전해졌어야 합니다. 그러한 약간의 결점은 오래 전에 없어졌을 것입니다. 그들이 그것을 문제로 보고 있지 않는 것이 훨씬 심각한 것입니다.

그러나 보다 더 훌륭한 대답은, 위의 주장은 성경이 지적하는 것과 같이 전적으로 비현실적이라는 것입니다. 사람의 상태는 절망적입니다. 우리는 그것을 알 수 있습니다. 한 가지 예로, 성경적 관점에서 죄는 죽음과 연결되어 있습니다. 그리고 죽음은 전체적으로 궁극적이고 불가피한 승리자입니다. 만일 우리가 감지하고 있는 불멸을 우리의 당연한 운명으로 받아들이게 되면 우리는 반드시 죽음을 피할 수 있습니다. 또 다른 예로, 인간 존재의 비극은 오늘날에도 넘쳐납니다. 증가하고 있는 기근, 재해, 증오심, 이기심, 지구에 대한 무관심을 정직하게 볼 사람이라면 누구나 그 비극을 볼 수 있습니다.

인류의 오랜 역사 속에 인간 본질에 대해 전해 내려온 기본 견해가 단지 세 가지뿐이었다는 것에 주목해 보면 성경적 입장의 독특성을 알 수 있습니다. 그 견해는 인간은 건강하다, 인간은 병들었다, 인간은 죽었다는 견해로 요약될 수 있습니다. 물론, 이러한 견해들에서 변형된 견해들도 있습니다. 낙관론자들은 인간은 건강하다고 말하는 것에 일체가 될 것입니다. 그러나 그 중 어떤 사람들은 어쩌면 인간이 가능한 최고의 수준으로 건강한 것은 아님을 인정할 것입니다. 좀 더 현실적인 사람들은 인간이 어떻게 병이 들었는지에 대해 급성이다, 중병이다, 위독하다, 치명적이다. 등등 각기 견해가 다를 것입니다.

인간은 건강하다고 하는 첫 번째 견해는 사람에게 필요한 것이 있다면 그것은 단지 운동을 조금 하고, 몇 가지 비타민을 복용하고, 1년에 한 번 건강 검진을 하는 정도가 모두라고 말합니다. "잭, 나는 좋습니다." 하는 말이 낙관론자의 외침입니다.

두 번째 견해는 사람이 병들었다는 진단에 동의합니다. 그는 건강하지가 않습니다. 어쩌면 그는 어떤 사람들이 말하는 것처럼 치명적인 병이 들었을 수도 있습니다. 그러나 상황은 아직 절망적이 아닙니다. 그러므로 적절한 간호와 약품과 근대의 주술(呪術)의 기적, 그리고 살고자 하는 의지를 가지고 있다면, 무슨 일이 일어날지 누가 장담할 수 있겠습니까? 우리에게 필요한 것은 앓는 중에도 열심히 일하면서 앓는 문제를 해결해 가야 합니다. 어떤 질병들은 현재로는 비록 치료가 불가능한 것일지라도, 다 그런 것은 아니고, 혹 그런 것일지라도 결국은 해결이 될 수 있다는 것을 기억해야 한다고 말합니다. 상황은 나쁠 수가 있지만… "생명이 있는 곳에 희망이 있습니다." 아직 장의사를 부를 필요는 없습니다.

세 번째의 성경적 견해는 인간은 건강하지도 않고, 병들어 있는 것도 아니라는 것입니다. 실제로, 하나님과의 관계에 관한 한 그는 죽었습니다. 그는 타락 이전에 죄의 결과를 말씀하실 때 경고하셨던 것처럼 "(그의) 허물과 죄로 죽었습니다"(엡 2:1). "선악을 알게 하는 나무의 열매는 먹지 말라 네가 먹는 날에는 반드시 죽으리라 하시니라"(창 2:17).

하나님께 대하여 죽다

이 연구 초반에 있었던 사람의 세 가지 본질에 대한 검토가 우리에게 도움을 줍니다.[1] 거기서 인간이 하나님의 형상으로 창조되었다는 것에 대해 성경이 의미하는 것의 하나는, 마치 하나님이 삼위이신 것과 유사하게 인간은 삼위로 창조되었다는 것이었습니다. 하나님은 세 분으로 존재하십니다. 아버지 하나님, 아들 하나님, 그리고 성령 하나님이십니다. 그러면서도 하나님은 한 분이십니다. 이와 같이, 인간은 그가 육과 혼과 영을 소유하고 있다는 면에서 삼위이며, 그리고 이것들은 하나입니다. 이 점에서 인간의 본질이 두 부분으로 나누어져 있다고 믿는 사람들과 세 부분으로 나누어져 있다고 믿는 사람들 사이에 전의 연구에서 주목한 바와 같이 중요한 논쟁이 있습니다. 그러나 그것은 생각하는 것처럼 그리 중대한 것은 아닙니다. 삼분설이 의미하려고 하는 것은 인간이 뚜렷한 자의식을 소유하고 있다는 점에서 식물계나 동물계와 다른 존재라는 것입니다. 인간은 하나님을 인식한다는 점에서 동물들과 다릅니다. 혼은 인간이 생각하고, 느끼고, 반응하고, 열망하는 것입니다. 영, 또는 영의 능력은 그것으로 사람이 기도하는 것입니다. 사람은 예배하지만 동물들은 그렇게 못합니다.

이것이 하나님이 창조하신 존재입니다. 그의 영과 혼과 육을 고려해 볼 때, 완전한 존재입니다. 그는 창조의 정점(頂點)이었습니다. 이와는 달리, 그가 타락했을 때 그는 나머지 창조물보다 더 밑으로 타락했습니다. 왜냐하면 타락이 이 훌륭한 세 가지 본질 각 부분에 영향을 주었기 때문입니다. 구체적으로 그의 영은 죽었습니다. 그가 하나님과 가졌던 교제가 끊어졌기 때문입니다. 그의 혼은 죽기 시작했습니다. 그는 거짓말 하고 속이고 죽이기 시작했기 때문입니다. 그의 육은 결국 죽게 되었습니다. 하나님이 "너는 흙이니 흙으로 돌아갈 것이니라"(창 3:19)고 말씀하셨기 때문입니다.

영적인 면에서 아담의 죄의 결과는 즉각적이고 절대적인 것이었습니다. 영은 아담에게 있어 하나님과 친교를 나누었던 부분이었습니다. 따라서 영이 죽자 교통은 끊어졌습니다. 아담은 하나님이 동산으로 그를 찾아오셨을 때 피함으로써 이를 증명했습니다. 오늘날의 언어로 이것을 소외, 즉 하나님으로부터의 소외라고 말합니다. 이것이 죄의 결과로 인간이 경험하게 된 죽음이 가져온 첫 번째 결과입니다.

존 스토트(John Stott)는 이것을 "모든 죄의 결과 중에서 가장 두려운" 것이라고 부릅니다. 그는 이렇게 기술하고 있습니다. "인간에게 있어 가장 숭고한 운명은 하나님을 알고 그분과 인격적 관계를 갖는 것이다. 인간의 고귀성에 대한 최고의 주장은 그가 하나님의 형상으로 지음을 받았다는 것이고 따라서 그분을 알 수 있는 능력이 있다는 것이다. 그러나 우리가 알아야 한다고 하는, 그리고 우리가 알아야만 하는 이 하나님은 도덕적인 존재이시다." 그리고 우리는 죄인들입니다. 결과적으로 "우리의 죄는 구름이 태양을 완전히 가려버리듯 하나님의 얼굴을 우리에게서 지워버렸다… 우리는 하나님과 교통이 없다. 우리는 우리가 지은 '허물과 죄로 죽은'(엡 2:1) 상태이다"[2]

이 하나님으로부터의 소외는 그 효과에 있어서 이렇듯 절대적인 것이어서 단순히 하나님의 도움이 없이는 하나님에게로 돌아갈 길을 찾을 능력이 없는 상태에 빠져버렸습니다. 이것이 로마서 3장의 의미입니다. 바울은 이렇게 기술했습니다.

"기록된 바 의인은 없나니 하나도 없으며 깨닫는 자도 없고 하나님을 찾는 자도 없고 다 치우쳐 함께 무익하게 되고 선을 행하는 자는 없나니 하나도 없도다"(롬 3:10-12)

하나님과 관련해서 이 본문을 이해하는 것이 중요합니다. 왜냐하면, 거기에 나오는 세 개의 주요 용어인 의, 깨달음, 찾음이 그 관계에 비추어 정의되어야만 하기 때문입니다. 만일 그렇게 하지 않으면, 사람 안에는 좋은 것이 전혀 없다는 말로 끝나게 됩니다. 이것은 인간적 관점에서 생각해 볼 때 옳지가 않습니다. 인간적으로 말하면, 모든 사람이 악해질 수 있는 최고의 정도로 악한 것은 아닙니다. 가장 악한 사람조차도 때로는 어떤 선(善)한 면을 가지고 있습니다. 우리는 때로 "도둑들 간의 의리" 라는 것이 있다는 것을 인정합니다. 그러나 이것이 이 구절이 말하는 것이 아닙니다. 그것은 하나님이 의롭게 보시는 것으로서의 의로움을 말하는 것이고, 그런 시각에서 "의인은 없나니 하나도 없다"는 것은 완전히 진실인 것입니다. 그것은 영(靈)의 죽음이 우리의 도덕적 본질에 깊고 영구적인 영향을 주었음을 의미합니다.

그것은 또한 우리의 지성의 영역에도 영향을 주었습니다. 한편, "깨닫는 자도 없다"는 말을, 물론 여기서도 죄가 우리의 깨달음에 영향을 준다는 것이 사실이기는 하지만, 인간적 차원에서 설명하려는 실수를 범해서는 안 됩니다. 만일 우리가 그렇게 말하면 사람들은 결코 아무 것도 깨달을 수 없다는 것을 확언하는 것이 되는데 이것은 잘못입니다. 인간은 많은 것에 대해 깨닫는 능력을 가지고 있습니다. 어떤 사람들은 이 분야에서 탁월합니다. 위대한 철학자, 과학자, 그리고 정치가들이 있습니다. 바울의 말이 이것을 부인하는 것이 아닙니다. 그의 말이 부인하는 것은 깨달음을 주시는 유일하신 하나님의 영의 역사와 동떨어진 영적인 일에서의 깨달음을 부인하는 것입니다. 그는 이것을 고린도전서 2장에서 이렇게 말하고 있습니다.

"육에 속한 사람은 하나님의 성령의 일들을 받지 아니하나니 이는 그것들이 그에게는 어리석게 보임이요, 또 그는 그것들을 알 수도 없나니 그러한 일은 영적으로 분별되기 때문이라"(고전 2:14)

영(靈)의 죽음으로 하나님과의 관계에서 영향을 받은 세 번째 영역은 우리의 의지 영역입니다. 이것은 "하나님을 찾는 자도 없다" 라는 문구에 나타나 있습니다. 이 말의 의미는 우리가 죄로 인해 하나님과 그분의 의(義)로 나올 능력이 없을 뿐만 아니라, 그분의 길이 하나님의 영의 도우심으로 인식되는 것이기 때문에 그분을 깨달을 능력도 없다는 것입니다. 이에 더해 우리가 그렇게 하는 것조차 원하지 않는다는 것도 사실입니다. 우리는 거의 모든 사람들이 "신(神)" 곧, 그들이 바라기를 그들 삶의 영적 공백을 채워 줄 수 있는 그들 자신이 만든 신을 찾고자 하는 생각을 가지고 있다는 것을 지적해야만 합니다. 그러면서도 그들은 하나님을 찾지 않습니다. 여기서의 하나님은 성경을 통해서, 그리고 예수 그리스도를 통해서 자신을 우리에게 계시하신 참 하나님을 의미합니다. 그 이유는 예수님이 말씀하신 바와 같이 '나를 보내신 아버지께서 이끌지 아니하시면 아무도 내게 올 수 없기'(요 6:44) 때문입니다.

영의 죽음이 우리에게 영향을 준 점을 다음의 예화로 설명해 볼 수 있습니다. 의학 용어에 중증근무력증(myasthenia gravis)으로 알려진 병이 있습니다. 이것은 몸의 근육이 뇌에서 보내는 신호에 반응하지 못해서 시들어 가는 병입니다. 정상적인 사람에게 있어 뇌는 근육을 수축시키기 위해 전기적인 자극을 신경을 통해 근육에 보내는 방식으로 신호를 보냅니다. 그러면 그 신호는 운동종말판(motor-end-plate)으로 알려진 특수 장치에 의해 수신이 됩니다. 운동종말판은 그 신호를 받아서 근육으로 보냅니다. 중증근무력증 환자에게는 이 종말판이 없습니다. 따라서 뇌가 신호를 보낼지라도 근육이 반응을 하지 않아 결국 근육은 시들게 됩니다. 이와 같은 현상이 정확히 영의 죽음으로 인해 인간의 인격에 발생한 것입니다. 인간 신체에서 영은 운동종말판의 역할을 합니다. 그것은 하나님이 보내신 신호를 받습니다. 그러나 사람이 죄를 지어 운동종말판이 죽었습니다. 따라서 하나님은 계속 말씀하고 계시지만, 그 말씀의 신호를 수신하지 못하여 영적인 삶이 시드는 것입니다.

혼과 육

중증근무력증의 실례는 또한 타락의 두 번째 결과를 말해 주기도 합니다. 그것은 인간이 단지 하나님과 갖도록 되어 있는 교제만 단절되고, 그래서 그 하나를 제외한 모든 것은 괜찮다는 것이 아닙니다. 그것은 이 한 가지의 결함이 다른 영역에 영향을 준다는 것입니다. 그 실례에서 근육이 뇌의 신호를 수신하지 못한다는 사실은 근육이 뇌가 원하는 것처럼 반응하지 못한다는 것만을 의미하는 것이 아닙니다. 그것은 또한 근육 자체가 병들어 있다는 것을 의미합니다. 왜냐하면, 그것은 활동할 수 없는 상태로 시들고 결국은 죽기 때문입니다. 인간 구성체의 관점에서 보아 이것은 영의 죽음이 혼에 영향을 주고, 그 결과로 사람들은 이 영역에서 부패하게 되는 것입니다.

아담과 하와가 에덴에서 타락한 이야기로 되돌아가 보면, 이것이 어떻게 작동되는지 정확하게 보게 됩니다. 타락에 뒤이어 하나님이 동산에 나타나시자 아담과 하와는 하나님과 마주치는 것을 피하려고 숨었습니다. 이것은 그들이 하나님으로부터의 소외되는 예증이었고, 그들의 죄의 첫 번째 가시적인 결과였습니다. 그러나 곧바로 하나님은 그들을 부르셔서 그들이 무슨 일을 저질렀는지 심문을 시작하셨습니다. 하나님은 아담에게 묻습니다. "내가 네게 먹지 말라 명한 그 나무 열매를 네가 먹었느냐"(창 3:11). 아담이 대답합니다. "하나님이 주셔서 나와 함께 있게 하신 여자 그가 그 나무 열매를 내게 주므로 내가 먹었나이다"(창 3:12).

아담의 대답이 말하고 있는 본뜻은 표면적으로는 그것이 단순히 진술이고, 그 점에서 그의 대답은 사실입니다. 여자가 그에게 열매를 주었습니다. 하나님이 그에게 여자를 주셨습니다. 그러나 이것은 타락한 아담의 대답이 갖는 참 의미가 아닙니다. 그 대답의 참 의미는 아담이 책임을 그 자신에게서 원래 근원지인 타자(他者)에게 전가하려고 시도하고 있는 것이었습니다. 그는 여자를 비난하고자 했습니다. 정직하게 말해 더 근본적인 필요는 언급을 안 하는 기사도답지 못한 일입니다. 뿐만 아니라 그는 하나님도 비난하려고 합니다. 아담이 실제로 말하는 것은 만일 하나님이 판단 착오로 하와를 예비하신 실수를 하지 않으셨다면 타락은 일어나지 않았을 것이란 말입니다.

이와 비슷하게 하와도 책임을 전가했습니다. 하나님이 그녀가 무슨 일을 했는지 물으셨을 때 그녀가 대답했습니다. "뱀이 나를 꾀므로 내가 먹었나이다"(창 3:13).

이 사건의 요점은 그 책임의 전가가 죄성이 보여주는 전형(典型)이며, 하나님과의 관계가 일단 끊어지면 무슨 일이 일어나는지를 잘 보여주는 실례(實例)라는 것입니다. 하나님은 야고보가 말한 것처럼(약 1:17) 모든 좋은 것의 원천이십니다. 하나님과의 관계가 끊어지면 무책임, 비겁, 거짓말, 질투, 증오, 기타 모든 악한 것이 인류에게 내려옵니다.

그러나 그 이상의 것이 있습니다. 인격적 부패가 일어나면 이는 불가피하게 사회적인 영향을 준다는 것입니다. 따라서 타락의 추가적인 결과로 사회적 갈등을 말할 수 있습니다. 아담이 타락에 대해서 그의 아내를 비난한 이후에도 아담과 하와 사이의 관계가 그 이전처럼 조화로웠을 것이라고 생각할 수 없습니다! 이것이 부부관계의 갈등의 시작이었습니다. 비슷하게 다른 사람을 비난하고자 하는 소원에 자기 이익 추구와 자기 승진 욕심이 더해지면 개인 간, 인종 간, 사회 계층 간, 그리고 종족과 국가 간에 갈등을 일으켜서 인간 역사를 잔혹하게 손상시킵니다.

끝으로, 이렇듯 비참한 결과를 가져오는 영과 혼의 죽음은 육의 죽음을 수반하게 됩니다. 아담이 죄를 범했을 때 영이 즉각적으로 죽었습니다. 그 결과로 그 후부터 모든 사람은 소위 죽은 영을 가지고 태어납니다. 혼은 죽기 시작했습니다. 이 부분에서 전염병이 퍼지고 있는 것으로 말할 수 있습니다. 그 결과 우리는 점점 더 죄의 포로가 됩니다. 인간의 본질의 나머지 부분인 육은 마지막으로 죽습니다. 그래서 모두 죽습니다. 바울조차도 죄의 범위를 증명하기 위해서 이런 이야기를 합니다. 그는 로마서에서 이렇게 기술하고 있습니다. "사망이 들어왔나니 이와 같이 모든 사람이 죄를 지었으므로 사망이 모든 사람에게 이르렀느니라"(롬 5:12).[3]

의의 옷

만일 죄가 정말로 성경이 말씀하는 것처럼 그렇게 나쁜 것이라면, 그리고 만일 우리가 죄의 결과에서 우리 자신을 자유롭게 할 수가 없다면 우리는 어떻게 구원될 수 있겠습니까? 우리는 우리 자신을 구원할 수 없습니다. 이것은 **확실합니다**. 그러나 기독교 복음의 기쁜 소식은 하나님이 우리의 죄 속으로 우리를 찾아 오셔서 우리에게 필요한 것을 정확하게 예비하심으로써 우리를 자유케 하신다는 것입니다. 이 아픈 진리가 성경에 있는 바대로 공들여 설명되고 있는 이유는 우리가 우리의 필요를 인정하고 하나님과 그분이 예비하신 것으로 돌아서게 하려는 것입니다.

수년 전 이 점을 설명하는 예화적인 일을 경험했습니다. 나는 한 청년과 이야기하고 있었습니다. 그 청년은 일부분 가정교육과 학교교육의 결여로 인해 낮은 자아상(自我像)을 가지고 있었습니다. 그는 필라델피아 지역 신문 중 하나인 회사의 운송부 직원이었는데, 나는 그에게 죄에 대해 이야기할 기회가 있었습니다. 대부분의 사람들과는 달리 그는 예민한 죄의식을 가지고 있었고, 그로 인해 괴로워하고 있었습니다. 그 때문에 그가 내게 왔던 것입니다. 그는 교회에 나오니까 나오기 전보다 기분이 더 나빠져서 더 이상 교회에 나오지 않을 생각이라고 말했습니다. 그는 내가 그것에 대해 어떻게 생각하는지 알고 싶어 했습니다. 우리는 죄에 대해 잠시 이야기했습니다. 그리고 우리의 이야기 중에 나는 그에게 도널드 반하우스가 한 때 사용했던 예화를 들려주었습니다. 그 예화의 요점은 예수 그리스도에게 가까이 갈수록 우리가 얼마나 좋은 사람인지를 아는 것이 아니고(실제로 우리가 나아져가고는 있지만), 우리가 얼마나 죄인지를 알게 된다는 것입니다.

이 사실을 정장을 하고 파티에 가고 있는 한 사람과 관련시켰습니다. 자동차 한대가 길가 진흙탕을 지나가며 그 사람의 옷에 진흙물을 잔뜩 튀겼습니다. 밖은 어두웠습니다. 그래서 처음에 그 사람은 피해가 별 것 아닌 것으로 생각했습니다. 옷이 젖었다는 것은 알 수 있었습니다. 그러나 그리 나빠 보이지 않아 파티에 가기로 했습니다. 가는 길에 가로등이 있었습니다. 그가 가로등이 있는 거리 중간 쯤 왔을 때 그의 옷을 다시 한 번 내려다보고 피해가 그가 생각했던 것보다 더 크다는 것을 깨달았습니다. 그는 걱정을 했지만 그래도 계속 가려고 생각했습니다. 드디어 그는 가로등까지 와서 그 밑에 섰습니다. 이제 그는 불빛의 환한 조명으로 피해를 보았습니다. 그리고 그는 말했습니다. "저런, 내가 생각했던 것보다 아주 나쁘네. 집으로 돌아가 옷을 바꿔 입어야겠네!'

나는 이 이야기를 성화(聖化)에 대한 요점을 알려주려고 한 것입니다. 그러나 내가 끝부분에 와서 파티에 가는 사람의 마지막 말을 반복했을 때 이 청년은 동경하는 듯한 목소리로 응수를 했습니다. "하지만 나는 다른 깨끗한 옷이 없습니다."

바로 이 점이 성경이(창세기에서나 로마서에서나 또는 다른 어떤 곳에서나) 우리에게 깨닫게 하려는 점입니다. 성경은 우리에게 예수 그리스도에게 오기 위해 입을 다른 깨끗한 옷이 없다는 것을 알게 합니다. 그 옷은 예수 그리스도만이 예비해 주실 수 있습니다. 그 옷은 예수 그리스도 자신의 의의 옷입니다. 그 옷을 입어야 우리는 하나님 앞에 설 수 있습니다. 당신은 그 옷을 얻기 위해 그분에게 나왔습니까? 당신은 예수님에게 그 의(義)를 요청했습니까? 만일 그렇게 하지 않았다면 지금 그렇게 하십시오. 그리고 다른 사람들이 깨달았던 것처럼 하나님이 정말로 당신의 필요를 채우시고, 그분의 구속된 자녀로 그분 앞에 설 수 있도록 하신다는 사실을 깨달으십시오.

● 각주 ●

1. 본서 11장의 "The Sixth Day" (창 1:24-27), 87-93을 보라.

2. John R. W. Stott, *Basic Christianity*, (Grand Rapids: Eerdmans, 1958), 72, 75.

3. 이 장의 몇 부분은 Boice, *God the Redeemer*, 27-34에서 가져 왔다.

24

육신적인 지식

창세기 3 : 7

이에 그들의 눈이 밝아져 자기들이 벗은 줄을 알고 무화과나무 잎을 엮어 치마로 삼았더라

가장 위험한 거짓말은 진실이 일부 포함된 거짓말로 이 점에서 하와를 유혹한 사탄의 거짓말은 매우 위험한 것이었습니다. 그는 하와에게 하나님을 불순종하고 선과 악을 알게 하는 나무의 열매를 먹으라고 부추기면서 이렇게 설득했습니다.

"뱀이 여자에게 이르되 너희가 결코 죽지 아니하리라 너희가 그것을 먹는 날에는 너희 눈이 밝아져 하나님과 같이 되어 선악을 알 줄 하나님이 아심이니라"(창 3:4-5)

이 말은 부분적으로 진실입니다. 이 순간까지 아담과 하와는 선과 악을 몰랐습니다. 그들은 선은 알았지만 악은 몰랐습니다(하나님은 선이 그분 자신의 본질을 나타내는 것이

기 때문에 선을 아십니다. 또한 그분은 악이 그분의 본질을 거스르는 것이기 때문에 악을 아십니다). 죄를 범함으로써 우리의 최초 조상은 선뿐만 아니라 악을 알게 되었는데, 이것은 사탄이 말한 바 그대로입니다. 그러나 그들이 안 것은 선을 사랑하시고 악을 미워하시는 하나님의 관점에서가 아니라, 악을 사랑하고 선을 미워하는 타락한 피조물의 관점에서 안 것입니다. 사탄이 만일 "네가 그것을 먹는 날에는 너희 눈이 밝아져 선과 악을 아는 일에 나와 같이 될 것을 하나님이 아심이니라" 라고 말했다면 그것은 완전한 진실이 되었을 것입니다.

매튜 헨리(Matthew Henry)가 이 주제에 대해 잘 기록한 말이 있습니다. 그는 그들의 눈이 밝아졌다고 했습니다. "이제, 뒤늦은 때에, 그들은 어리석게도 금지된 열매를 먹는 경험을 했다. 그들은 그들이 누렸던 행복에서 이탈되어 불행 속으로 떨어져 들어가는 일을 겪었다. 그들은 사랑하는 하나님이 화내시고, 그분의 은혜와 호의가 박탈되고, 그분의 형상을 잃어버리고, 피조물에 대한 지배권이 사라지는 것을 경험했다. 그들은 그들의 본질이 더럽혀지고 부패된 것을 보았고, 전에 한 번도 의식하지 못했던 영적 혼란을 느꼈다. 그들은 그들 지체 안에서 한 법이 그들의 마음의 법에 대항해 싸우고, 그들을 죄와 분노의 포로가 되게 하는 것을 경험했다. 그들은 발람의 눈이 밝아졌을 때와 같이(민 22:31) 주의 사자가 손에 칼을 빼들고 길에 선 것을 보았다… 그들은 그들의 명예로운 훈장과 포장이 모두 헝클어지고, 그들의 존엄성이 격하되어 극도로 망신을 당하고, 온 세상과 자신들의 양심이 주는 경멸과 비난에 노출되어 있는 자신들을 보았다." [1]

이렇게 타락한 지식은 고통스러운 것입니다. 우리는 그 지식이 하와와 아담에게 있었던 것을 볼 수 있습니다. 또한 그것이 우리 안에도 있는 것을 알 수 있습니다. 그 악을 아는 지식이 그들에게 너무 고통스러워서 그들은 즉시로 그것을 부인하거나 또는 최소한 그것을 덮어버리는 조처를 취했습니다. 그들은 그것을 부인(否認)과, 피함과, 무화과나무 잎으로 덮어버리려고 했습니다.

아담과 하와의 부인은 왜 지식이 많이 축적될수록 사람들이 자신과 하나님의 참된 구원의 지식(요 17:3)으로 나오는 것이 쉽지가 않고 더 어려워지는가에 대한 이유를 말해주는 실례(實例)가 됩니다.

범죄와 죄책감

죄로 얻은 선과 악을 알게 하는 지식의 고통스런 결과의 첫 번째는 **범죄**(犯罪, guilt)입니다. 그리고 그것에서 벗어나려는 가장 일반적인 시도는 자신의 책임을 다른 사람들에게 전가함으로써 그것을 부인(否認, denial)하는 것입니다. 아담과 하와는 하나님이 그들의 죄로 인해 그들을 대면하시려고 동산에 오셨을 때 그렇게 했습니다. 아담은 하와를 비난 했고 궁극적으로 하나님 자신을 비난했습니다. "하나님이 주셔서 나와 함께 있게 하신 여자 그가 그 나무 열매를 내게 주므로 내가 먹었나이다"(창 3:12). 오늘날 사람들은 하나님 앞에서, 그리고 서로에게 그들 자신의 책임과 범죄를 인정하지 않고 오히려 그들의 부모 (또는 자녀), 사회, 조직 등으로 비난합니다.

시간과 필사적인 노력으로 날카로워진 교활함을 가지고 오늘날 우리는 한 발 더 나아 가 잘못 자체를 부인해 왔습니다. 이것이 의미하는 것은 대다수의 경우에서 우리가 범죄 와 죄책감 간에 보증되지 않은 구별, 즉 정신의학이 해야 하는 구별을 해 놓고서 과감하게 이러한 "감정"을 밖으로 끌어내 공개함으로써 우리의 행동에 대해 공적인 인정을 받고, 그러한 감정을 유발한 행동이 자유를 얻으려고 노력해 왔다는 것입니다. 루이스(C. S. Lewis)가 이러한 경향에 대해 이렇게 말하고 있습니다. "거의 모든 인류가 본성적으로 또 는 관습적으로 비겁, 불순, 거짓, 시기(猜忌)에 덧붙인 위축감이나 숨기려는 욕망을 극복 하려고 애써왔다. 우리는 '형편을 밖으로 끌어내 공개하라' 는 말을 듣는다. 그 이유는 자 기 비하를 위해서가 아니라, 이런 '형편' 은 매우 자연스런 것이고 부끄러워할 필요가 없 다는 근거에 의한 것이다." 그는 말하기를 이렇게 함으로써 "우리는 인간의 영을 방어하 는 성벽 하나를 무너뜨리고 그 일로 인해 마치 트로이 사람들이 그들의 성벽을 허물고 목 마를 트로이 안으로 들였을 때 기뻐 날뛰었던 것처럼 미친 듯이 기뻐 날뛰었다."[2]

잘못이 잘못이라는 것을 부인하는 것은 잘못을 저지르고 있는 사람들에게 의심할 여지 없이 대단한 이득으로 생각됩니다. 그러나 성경에 의하면 그 반대입니다. 그것은 실제로 어두워진 마음의 막다른 골목이고, 절망의 밑바닥입니다. 바울은 로마서 1장에서 "하나님 께서… 내버려 두사" 를 세 번씩이나 반복하면서 이 사실을 지적하고 있습니다. 그 각 구절은 그 앞에서 묘사한 행동으로부터 퇴보되거나 타락하는 단계를 표현합니다. 첫 번째 경우에서 바울은 말하기를 사람들이 하나님을 아는 지식을 거부하여 어리석은 자들이 되었을 때, "하나님께서 그들을 마음의 정욕대로 더러움에 내버려 두사 그들의 몸을 서로 욕되게 하게 하셨으니"(롬 1:24) 라고 합니다. 그는 그 다음 구절들이 보여주는 것과 같이 부정한 성행위(간음)에 대해 이야기하고 있는 것입니다. 두 번째 경우에서 그는 말하기를 "하나님께서 그들을 부끄러운 욕심에 내버려 두셨으니 곧 그들의 여자들도 순리대로 쓸 것을 바꾸어 역리로 쓰며"(롬 1:26) 라고 합니다. 여기서 그는 그 다음 구절들이 분명하게 해 주는 것처럼 변태적인 성행위(동성 간의 성행위)에 대해 말하고 있는 것입니다. 이것은 퇴폐 행위입니다. 세 번째 경우에서 바울은 말하기를 "하나님께서 그들을 그 상실한 마음대로 내버려 두사 합당하지 못한 일을 하게 하셨으니"(롬 1:28) 라고 하며 그 결과로 "이같은 일을 행하는 자는 사형에 해당한다고 하나님께서 정하심을 알고도 자기들만 행할 뿐 아니라 또한 그런 일을 행하는 자들을 옳다 하느니라"(롬 1:32)고 합니다.

언뜻 보기에는 이 순서의 세 번째 단계가 잘못된 것처럼 보입니다. 그 단계는 마음에 대해 이야기하고 있습니다. 그래서 우리는 죄가 외적 행동으로 표현되기 전에 마음으로 들어오기 때문에 세 번째 단계는 실제로 첫 번째 단계가 되어야 한다고 생각할지 모릅니다. 그러나 죄가 마음에서 시작하는 것은 사실이지만, 이것은 여기에 해당되는 문제가 아님으로 순서는 옳습니다.

바울이 이야기하고 있는 것은 결과적으로 우리로 하여금 죄를 범하게 하는 죄에 대한 최초의 의도에 관한 것이 아니라, 죄의 죄스러움을 부인하고 우리 자신과 다른 사람들로부터 죄에 대한 승인을 얻으려고 시도함으로써 그것을 좀 더 이성적으로 합리화하는 것에 관한 것입니다. 이것은 우리가 할 수 있는 가장 나쁜 일입니다. 이것은 최악의 조치입니다. 그러므로 죄가 원인이 된 범죄의 고통을 피하려고 하는 것은 자연스런 시도로 보이지만, 우리는 위대하신 의사만이 할 수 있는 치료를 받으려고 그분께 나올 수 있기 위해 이 시도를 거부하고 범죄의 고통을 느끼도록 우리 자신을 허용해야 합니다.

우리가 죄책감을 갖는 이유는 우리가 실제로 범죄자이기 때문이고, 우리가 범죄자인 이유는 우리가 참 하나님을 거슬러 배반하고 있기 때문입니다.

벌거벗은 그리고 부끄러운

우리가 악을 행해서 얻은 선과 악을 알게 하는 지식이 가져오는 두 번째 고통스러운 결과는 부끄러움입니다. 그리고 부끄러움에서 벗어나려고 하는 일반적인 시도는 숨김입니다. 우리는 2장 끝의 아름다운 구절을 기억합니다. "아담과 그의 아내 두 사람이 벌거벗었으나 부끄러워하지 아니하니라"(창 2:25). 그리고 우리는 그들이 불순종으로 인해 얼마나 많은 것을 잃었는지 깨닫습니다. 그 전에는 부끄러움이 전혀 없었습니다. 부끄러워할 아무 것도 없었습니다. 지금은 아담과 하와가 하나님 앞과 서로 간에, 그리고 스스로에게 자신들이 벌거벗었다는 것을 깨닫고, 그로 인해 엄청난 부끄러움을 갖게 되었습니다. 부끄러움을 민감하게 깨달았다는 증거는 그들이 아마도 주변에서 가장 구하기 쉬웠던 무화과 나무 잎으로 만든 옷으로 자신들을 가리려고 한 시도에서 볼 수 있습니다.

숨김은 내가 앞에서 인용한 바 있는 루이스가 저술한 「고통의 문제」(The Problem of Pain)에서 언급한 것과 아주 잘 결부가 됩니다. 그는 이 부분에서 우리가 죄를 죄로 보고, 우리가 거룩하신 하나님 눈에 얼마나 나쁜 자들인지 깨닫는 것이 필요하다고 기술했습니다. 그리고 나서 그는 우리 모두가 우리 자신에게 그리고 서로 간에 이런 사실을 숨기려고 노력해 왔다는 점에서 이를 극복하는 것이 어렵다는 것을 보여줍니다.

1. 우리가 해 온 첫 번째 노력은 내부에 있는 상태가 아닌 *외적 상태를 보는 것*으로 나타납니다. 아담과 하와는 임시방편으로 옷을 해 입는 시도를 함으로써 그런 모습을 보였습니다. 그 시도는 현대 패션 산업이 수행하고 있는 전통이 되었습니다. 루이스는 우리가 우리 자신을 다른 사람들과 외면적으로 그리고 유리하게 비교하는 경향이 있는 것에 초점을 둡니다. 그는 이렇게 기술하고 있습니다. "우리는 우리 자신이 대충 Y보다 그리 나쁘지 않다고 생각한다. Y는 모두가 예의바른 사람이라고 인정한다. 그리고 우리 자신이(큰 소리로 주장해서는 안 되지만) 가증스런 X보다는 확실히 낫다고 인정한다. 필시 우리는 비록 피상적이라 할지라도 이에 대해 속을 것이다. 당신의 친구들이 당신을 Y만큼 선하다고 생각하는 것을 너무 확신하지 말도록 하라. 당신이 그를 비교의 대상으로 골랐다는 바로 그 사실이 공연한 것이다. 그는 아마도 당신이나 당신 친구들보다 머리나 어깨만큼 클 것이

다. 그러나 Y와 당신 자신이 둘 다 '나쁘지 않은' 것 같이 보인다고 가정해 보자. 그의 겉 모습이 얼마만큼 거짓인가 하는 것은, Y와 하나님이 얼마만큼 떨어져 있나와 같다. 그의 겉모습은 거짓이 아닐 수도 있다. 그러나 당신은 당신의 겉모습이 거짓이라는 것을 안다. 내가 다음에는 같은 말을 Y에게 그리고 다른 모든 사람에게 할 수 있을 것이기 때문에 이 말이 당신에게 단순한 속임수로 보이는가? 그러나 바로 이것이 요점이다. 아주 거룩하지도 않고 아주 거만하지도 않은 모든 사람은 다른 사람들의 겉모습을 '따라 행동을 해야' 한다. 즉, 그는 자기 안에 아주 경솔한 공중(公衆) 행동만도 못하고, 아주 산만한 말만도 못한 훨씬 타락한 것이 있는 것을 안다. 당신의 친구가 한마디 하려고 망설이는 동안, 순간적으로 당신 마음에 무슨 생각이 지나가는가? 우리는 결코 모든 진실을 말하지 않는다. 우리는 추한 사실들인 치사한 비겁함 또는 아주 더럽고 단정치 못한 추잡함을 고백할 수 있다. 그러나 어조는 거짓이다. 고백을 하는 바로 그 행동, 극소량의 위선적인 눈짓, 유머의 허세 등 이 모든 것이 사실들은 바로 당신 자신으로부터 떼어놓을 궁리를 하는 것이다."[3]

루이스가 이야기하고 있는 것은 우리가 실제로 누구인지를 덮어버리기 위해 우리 자신을 다른 사람들과 외면적이고 피상적으로 비교를 한다는 것입니다. 우리는 잘못을 고백하는 행동에 있어서조차도 우리를 덮어버립니다. 우리는 우리 자신을 부끄러워하고, 위장용으로 어떤 방책도 사용할 것입니다.

2. 우리 상태가 얼마나 나쁜지를 알면서 피하려고 하는, 그렇게 해서 부끄러움으로부터 안도를 찾으려고 하는 두 번째 노력은 우리의 잘못한 행동이 아닌 집합적인 죄에 집중하는 것입니다. 분명히 집합적 또는 사회적인 범죄 같은 것이 있습니다. 이런 것은 이야기되어야 합니다. 그러나 정부 기관이나, 사업이나, 사회는 우리와 분리되어 있는 것이 아닙니다. 그것들은 우리 자신의 투영이고, 따라서 우리가 죄가 있기 때문에 그것들도 죄가 있는 것입니다. 우리 자신이 죄를 범하려고 하는 시점에서 우리는 현실을 직시하기 시작해야 합니다. 루이스가 말하는 것처럼 "우리 각 개인이 부패했다는 것을 정말로 알 때, 우리는 정말로 집합적 범죄에 대해 생각을 해 볼 수가 있고, 그리고 그것이 조금도 지나친 것이 아니라고 생각한다. 그러나 우리는 달리기를 하기 전에 걷는 것을 먼저 배워야만 한다."[4]

3. 우리가 지은 죄를 숨기고 죄의 부끄러움을 덮으려고 하는 세 번째 노력은 루이스가

지적한 바와 같이 시간이 죄를 지워버린다고 추정하는 것입니다. 우리는 우리가 어린 시절 또는 과거 상당히 먼 시절에 저지른 잘못에 대해 이야기하는 자세에서 이것을 봅니다. 우리는 마치 이것이 현재와는 관련이 없는 것처럼 행동합니다. 때로 우리는 그 일에 대해 웃기조차 합니다. 그러나 과연 하나님도 웃으시겠습니까? 하나님이 무관심하시겠습니까? 우리가 가지고 있는 문제의 하나는 우리는 매우 선별적인 기억력을 소유한 시간의 피조물이라는 것입니다. 따라서 우리가 잘못 자체를 기억할 수는 있지만, 다른 사람에게 상처를 준 일은 잊어버리기 쉽습니다. 하나님은 시간에 매인 피조물이 아닙니다. 우리가 쉽게 잊어버리는 잘못을 포함한 모든 것이 현재 그분 앞에 나타나 있고, 그분에게 그것은 혐오의 대상입니다. 시간이 그런 것을 지워버리지 못합니다. 그것을 지우는 유일한 것은 "우리를 모든 죄에서 깨끗하게 하시는"(요일 1:7) 예수 그리스도의 피입니다.

　4. 마지막으로 우리는 우리 죄를 총계 상 안전하다는 생각으로 덮어버립니다. 우리는 어떻게 이렇게 되는지를 압니다. 만일 모두가 시험에 낙제한다면, 그 시험이 너무 어려운 것임에 틀림없다고 하는 것은 단순하지만 비논리적인 결론에 근거하는 것입니다. 만일 모든 사람들이 기독교가 말하는 것처럼 나쁘다면 그들의 나쁜 것은 용서되어야 한다는 것입니다.

　인간적으로 시험이 너무 어려웠다는 것이 가능할 수도 있습니다. 그러나 하나님에 대해 이야기할 때는 경우가 다릅니다. 뿐만 아니라 인간 사회에서 조차도 항상 변명이 통하는 것은 아닙니다. 루이스는 이런 그림을 그리고 있습니다. "우리 중 많은 사람들은 분위기가 안 좋은 어떤 특별한 학교나 대학이나 조직 또는 직업 등의 고립된 인간 사회의 특정 그룹에 속해 살아온 경험을 가지고 있다. 그 그룹 안에서는 어떤 행동은 단순히 정상적인 것으로 간주되었고(누구나 그렇게 한다), 또 다른 어떤 행동은 실행 불가능한 덕행이고 비실제적인 것으로 간주되었다. 그러나 우리가 그 나쁜 사회에서 빠져 나왔을 때 우리는 충격적인 발견을 하게 되었다. 그것은 우리에게 있어 '정상적' 이었던 것은 바깥세상에서는 예의바른 사람 누구도 결코 행하도록 요구하지 않는 종류의 일이었고, 우리의 '비실제적' 이었던 것은 바른 예의의 최소한의 기준으로 당연시되고 있었다는 것이었다. 우리가 그 '고립된 사회 그룹' 에 있었던 동안 불건전하고 이상하게 생각되었던 도덕관념은 이제 우리가 즐기고 있는 건전함의 유일한 요소로 판명되었다. 전 인류가(우주에서 작은 존재로서) 사실상 그러한 격리된 악의 그룹(그 내부에서 최소한의 예의가 대단한 덕으로 통하고, 전적인 부패가 용서될 수 있는 결함으로 통하는 격리된 나쁜 학교 또는 단체)이라는 가능성을 직시하는 것은 지혜로운 것이다."[5]

우리 죄의 부끄러움을 덮어버릴 방법을 찾는 길은 의심할 것 없이 더 많이 있습니다. 그러나 요점은 충분히 설명되었습니다. 우리는 그 시도가 잘못된 것이고 궁극적으로 효과가 없다는 것을 알 필요가 있습니다. 우리가 하나님의 우주에 사는 한, 아담과 하와가 동산에서 하나님을 대면하는 현실에 직면했던 것처럼 우리도 결국에는 하나님을 대면하는 현실에 직면해야만 할 것입니다. 하나님은, 우리로 하여금 지금의 현실을 직면하고 아직 소망이 있는 동안 그분께 돌아오도록 이런 일들을 우리에게 말씀해 주신 것입니다.

두려움과 도피

악을 행함으로 얻는 악을 알게 되는 지식에 대해서는, 우리는 이미 그러한 지식에 대한 두 가지 고통스런 결과와 그 각각의 고통을 피하고자 하는 가장 일반적인 시도에 대해 이야기 한 바 있습니다. 그 두 가지는 부인함으로써 피하고자 시도하는 범죄요, 숨김으로써 피하고자 시도하는 부끄러움입니다. 또한 세 번째 결과도 있습니다. 그것은 두려움입니다. 그리고 그 두려움으로부터 피하고자 하는 시도는 도피입니다.

아담과 하와가 배반한 후에 보여주고 있는 그림은 애처롭습니다. 그들은 육신적인 벌거벗음뿐만 아니라 영적 벌거벗음을 알게 되었고, 그들은 그것을 견뎌낼 수 없다는 것을 알았고, 그래서 그들은 즉시로 어떤 것이든 그들 가까이에 있는 재료로 가릴 옷을 만들기 시작했습니다. 우리는 그들이 재빨리 그리고 엄격하게 작업을 하지만 그들에게 익숙한 일이 아니라서 옷을 그다지 잘 만들지 못하고 있는 모습을 상상해 볼 수 있습니다. 그러나 결국 일을 마치고 그들의 작품을 살펴봅니다. 그런대로 만족스럽습니다. "처음 해 본 것 치고는 나쁘지는 않군!" 이라며 아담이 말합니다. 그들은 시간이 지나면 부끄러움이라는 고통스런 결과로부터 완전히 벗어날 것이라고 생각하고 있습니다. 그들은 하나님에 대해 잊고 있었습니다. 갑자기 그들은 동산에서 하나님의 목소리를 듣습니다. 그들은 깜짝 놀랐습니다. 그래서 마치 한 어린아이가 거실에 있는 골동품 항아리를 깬 후에 아버지가 오는 발자국 소리를 들을 때처럼, 그들은 벌떡 일어나 행동합니다. 그들은 관목 숲속으로 뛰어 들어갑니다. 어쩌면 엉성하고 망가지기 쉬운 옷은 달아나는 중에 잃어버렸을지도 모릅니다. 그들은 숲속에 서로 달라붙어 서 있습니다. 심장이 마구 뜁니다. 생명에 대한 불안감이 엄습합니다. 그들은 하나님이 그들을 찾아내실 것을 압니다. 그러나 찾아내지 못하시기를 바라고 있습니다.

이것이 예수님으로부터 떨어져 있는 우리 모두의 그림입니다. 아담과 하와가 하나님에게 달려가야만 했었던 것처럼 우리도 그분에게로 달려가야 합니다. 그분은 변하지 않으셨습니다. 그분은 우리를 해하지 않으셨습니다. 그분은 우리에게 잘못을 행하지 않으셨습니다. 반대로, 우리는 그분의 손길로부터 좋은 것만 받았습니다. 그런데도 우리는 그분에게 잘못을 행했습니다. 우리는 선을 악으로 갚고, 지금 도피 중에 있습니다.

이런 이유로 바울이 로마서에서 "하나님을 찾는 자가 없다"(롬 3:11) 라고 말하고 있는 것입니다. 하나님이 거기에 안 계시기 때문이 아닙니다. 그분을 찾으려 해도 찾을 수 없기 때문이 아닙니다. 그분은 그분 자신을 자연을 통해, 예수님을 통해, 그리고 성경을 통해 분명히 계시하셨습니다. 그러기 때문에 그분을 찾고 발견하는 일에 실패하는 것은 세 배의 죄가 됩니다. 하나님은 거기에 계시고, 그리고 발견될 수 있습니다. 그러나 우리는 그분을 발견하기를 원하지 않기 때문에 그분을 찾지 않을 것입니다. 우리는 그분에게 나오는 것을 두려워합니다. 그래서 어떤 형태든 우리가 발견할 수 있는 지적(知的), 심리적 관목 숲으로 숨습니다. 그 많은 성경책과 번역본들이 유포되고 있는데도 왜 성경은 그토록 매우 등한시되고 있는 이유는 성경 말씀에서 '네가 어디 있느냐?' 라고 부르시는 하나님의 목소리를 듣고 사람들이 하나님의 목소리가 두려워 그분에게서 달아나기 때문입니다. 하나님의 말씀을 설교하는데 사람들이 출석을 잘 안 하는 이유에 대해 사람들은 많은 핑계를 댈 것입니다. 바쁜 일정, 부적절한 설교, 믿는 자들에게서 보는 위선 등이 있겠지만 진짜 이유는 비록 부적절한 설교의 수단을 통해서도 하나님의 목소리가 들리고, 그 목소리가 죄 속에 있는 사람들을 불안하게 하기 때문입니다. 우리 최초 조상의 죄에 우리 모두가 참여하고 있다는 것이 얼마나 **명백한** 것인지 모릅니다.

우리는 이미 저지른 죄를 되돌릴 수 없습니다. 그러나 우리는 하나님이 죄와 그 결과에 대해 필요한 조치를 취하시도록 허용할 수는 있습니다. 그것은 예수 그리스도의 십자가에서 처리되었습니다. 왜냐하면, 예수님이 우리의 범죄와 부끄러움 그리고 우리 죄로 인한 두려움을 자신에게 전가시키기 위해 우리 대신 죽으셨기 때문입니다. 그러므로 죄의 결과는 성령님의 인격과 능력을 통해서 하나님이 우리를 그분 자신에게 이끄심으로 처리되었습니다. 그분은 우리의 두려움을 정복하시고 그리스도의 의로 우리를 옷 입혀 주십니다. 바로 이것이 지식입니다. 이 지식은 악을 행함에서 오는 선과 악을 아는 육신적 지식이 아닌, 하나님의 영이 그분의 모든 백성에게 가르쳐주신 영적 지식입니다.

● 각주 ●

1. Matthew Henry, *Commentary on the Whole Bible*, vol. 1, 25-26.

2. C. S Lewis, *The Problem of Pain* (London: Geoffrey Bles, 1940), 44-45.

3. Ibid., 47-48.

4. Ibid., 49.

5. Ibid., 50.

25

당신으로부터 숨기

창세기 3 : 8

그들이 그 날 바람이 불 때 동산에 거니시는 여호와 하나님의 소리를 듣고 아담과 그의 아내가 여호와 하나님의 낯을 피하여 동산 나무 사이에 숨은지라

누군가가 이런 말을 했습니다. "모든 소리 중에 가장 듣기 좋은 소리가 인간의 목소리이다." 하지만 인간의 목소리가 그렇다는 것이 사실일진대, 하나님의 목소리가 좋다는 것은 더더욱 분명한 사실입니다. 하나님의 목소리는 모든 소리 중에서 가장 훌륭한 소리입니다. 그러나 아담과 하와가 죄를 범한 후에 동산에서 하나님의 목소리를 들었을 때, 아담과 그의 아내는 이전처럼 그 목소리 앞으로 나가지를 못했습니다. 그들은 하나님이 겁이나 숨었습니다.

그러나 문제는 목소리에 있지 않았습니다. 하나님의 목소리는 부드럽고 사랑이 가득한 목소리이지만 때로 하나님은 심판을 내리십니다. 그럴 때 목소리는 두렵습니다. 그러나 에덴에서는 그런 경우가 아니었습니다. 하나님의 모든 태도는 그 전과 같았습니다. 그분은 불쾌하게 장엄한 과시를 하며 하늘로부터 동산에 내려오신 것이 아니라, 동산을 찾아

오셨습니다. 그분은 달려오시지 않고 걸어오셨습니다. 그분은 오후 뜨거울 때나 모든 사람들이 두 배쯤 더 두려워하는 것 같은 밤중 깜깜할 때가 아닌, 가장 유쾌한 시간인 서늘한 때에 도착하셨습니다. 그분은 갑자기 오신 것이 아니었습니다. 그분은 그들을 부르시면서 서서히 오셨습니다. 이처럼 아담과 하와를 두렵게 한 것은 하나님이 오시면서 부르신 목소리나 태도 때문이 아니었습니다. 그것은 그들이 죄를 범한 사실 때문이었습니다. 사람이 하나님께 죄를 범하면 가장 부드러운 목소리조차도 무서울 수가 있는 것입니다. 그래서 그들은 숨었습니다. 이런 가사의 찬송이 있습니다.

오, 나보다 더 높은 안전의 바위로
갈등과 슬픔에 젖은 내 영혼 날아갑니다.
죄 많고 피로한 나, 당신의 것, 당신의 것이 되렵니다.
복되고 영원한 바위이신 당신, 당신 안에 내가 숨습니다.
당신 안에 숨습니다, 당신 안에 숨습니다,
복되고 영원한 바위이신 당신, 당신 안에 내가 숨습니다.

이러한 감정은 죄를 회개하고 구원을 얻은 믿음으로 예수 그리스도께 돌아올 때에만 실현이 됩니다. 그러나 아담과 하와는 예수 그리스도 안에(in) 숨지 않았습니다. 그들은 그분으로부터(from) 숨었습니다. 오늘날 역시 하나님의 얼굴을 두려워하는 많은 사람들도 그렇게 합니다.

피할 곳은 없다

나는 당신이 하나님으로부터 숨으려고 시도하는 것이 얼마나 어리석은 일인지 알기를 원합니다. 세 가지 이유로 어리석은 일입니다.

첫 번째, 그 시도는 성공하지 못할 것이 확실합니다. 왜냐하면, 누구도 하나님을 피할 수 없기 때문입니다. 다윗이 그것에 대해 생각을 하고 물었습니다. '내가 주의 영을 떠나 어디로 가며 주의 앞에서 어디로 피하리이까?"(시 139:7) 그는 대답합니다. "내가 하늘에 올라갈지라도 거기 계시며 스올에 내 자리를 펼지라도 거기 계시니이다 내가 새벽 날개를 치며 바다 끝에 가서 거주할지라도 거기서도 주의 손이 나를 인도하시며 주의 오른손이 나를 붙드시리이다 내가 혹시 말하기를 흑암이 반드시 나를 덮고 나를 두른 빛은 밤이 되리라 할지라도 주에게서는 흑암이 숨기지 못하며 밤이 낮과 같이 비추이나니 주에게는 흑암과 빛이 같음이니이다"(시 139:8-12).

왜 우리는 하나님으로부터 피하는 일에 성공할 수 없습니까? 그 대답은 시편이 지적하는 것처럼 하나님의 본성과 우리가 누구인지의 사실 안에 있습니다. 하나님은 영원하시고, 무한하시고, 불변하시는 분입니다. 그분은 무소부재하시기 때문에 어디나 계십니다. 그분은 전지하시기 때문에 모든 것을 아십니다. 우리는 단순히 그분의 피조물일 뿐입니다(시 139:13-15). 우리는 그분의 특별한 허락으로 그분의 우주 안에 존재합니다(시 139:16). 도대체 우리가 어떻게 그분을 피할 수 있단 말입니까?

요나가 피해보려고 했습니다. 하나님이 요나에게 오셔서 요나가 하기 싫어하는 일을 하도록 명령하셨습니다. "저 큰 성읍 니느웨로 가서 그것을 향하여 외치라"(욘 1:2). 니느웨는 앗수르의 수도였는데 앗수르 백성은 요나 백성인 유대인의 적이었습니다. 요나는 하나님이 "은혜로우시며 자비로우시며 노하기를 더디하시며 인애가 크시사 뜻을 돌이켜 재앙을 내리지 아니하시는"(욘 4:2, 출 34:5-7 참조) 분이라는 판단을 내렸습니다. 그래서 하나님이 그를 심판의 메시지와 함께 니느웨로 보내시는 것은 니느웨 사람들을 지옥으로 보내시려는 것이 아니었습니다. 요나가 가서 외치지 않아도 하나님은 그들을 지옥으로 보내지 않으실 수 있기 때문입니다. 요나를 보내신 것은 그들을 죄에서 돌이켜 회개케 하고, 그들을 축복하게 하시려는 것이었습니다. 요나는 그런 적들로 하여금 복을 받게 하는 역할을 하기 전에 글자 그대로 자신이 저주를 받겠다고 결심을 했습니다.

그는 도망하기로 결심을 했습니다. 요나서는 그가 욥바로 내려갔다고 말합니다. 거기서 다시스로 가는 배를 만났습니다. 그래서 "여호와의 얼굴을 피하여 다시스로 가려고 배에 올랐습니다"(욘 1:3). 나는 그가 무슨 생각을 하고 있었을지 궁금합니다. 요나는 영적인 일에 대해 무지하지 않았습니다. 그는 유대인이었습니다. 그는 선지자였습니다. 그가 출애굽기 34:5-7절 말씀을 인용하며 하나님께 그의 불순종을 변호한 무모한 짓(욘 4:2)을 보아 그는 구약도 잘 알고 있었습니다. 그가 시편 139편을 몰랐겠습니까? 그는 이 시편을 틀림없이 잘 알고 있었을 것입니다. 왜냐하면, 그는 구약성경 역사에서 상대적으로 늦은 시대에 살았고, 이 시편은 그가 사역했던 시기 이전에 이미 수 백 년 동안 알려지고 노래로 불러 온 시편이기 때문입니다. 그는 다음의 말씀을 알았을 것입니다. "내가 새벽 날개를 치며 바다 끝에 가서 거주할지라도 거기서도 주의 손이 나를 인도하시며 주의 오른손이 나를 붙드시리이다"(시 139:9-10).

요나가 하나님으로부터 숨으려고 시도한 유일한 이유는 죄 때문입니다. 죄가 일단 잉태되면, 그 죄는 하나님의 임재에 대해 우리의 마음을 어둡게 하고, 우리를 둔감하게 만듭니다. 요나는 하나님의 임재 앞에서 피할 수가 없었습니다. 요나는 할 말을 가지고 있었습니다. 성경이 말씀하기를 "그러나 요나가…"(욘 1:3) 하며 그의 불순종을 지적하고 있습니다. 그러나 그 다음 성경은 주님에 대해 이야기를 이어 가는데 하나님이 하신 세 가지 일을 보여 줍니다.

첫째, 그분은 큰 폭풍을 보내셨습니다. 그 폭풍이 너무 심해서 요나가 탄 배를 조종하는 경험이 많은 선원들조차도 두려워했습니다. 그들은 목숨을 잃을까 두려워했습니다. 하나님은 그들의 두려움을 통해 역사하셔서 요나를 궁지에 몰리게 하셨고 결국 회개하게 하셨습니다. 나는 그 폭풍을 생각할 때면 의례히 이와 비슷하게 갈릴리 바다에서 경험 많은 사람들을 두렵게 했던 다른 폭풍을 생각하게 됩니다. 그 사람들은 바로 예수님의 제자들이었습니다. 그때 예수님은 배안에서 잠자고 계시긴 했지만, 그들과 함께 계셨습니다. 그들은 얼마간 노를 저었습니다. 그러나 그들은 배를 해안에 닿게 하는 데 실패하고 있었습니다. 드디어 그들은 큰 두려움 속에서 "주여, 우리를 구원하소서!" 라고 소리치며 예수님을 깨웠습니다. 예수님이 대답하셨습니다. "어찌하여 무서워하느냐 믿음이 작은 자들아?" 그런 다음, 그분은 일어나서 바람과 파도를 꾸짖으셨습니다. 그러자 바다는 잔잔해 졌습니다(마 8:23-27).

요나 이야기와 대조되는 점은 명백합니다. 다른 모든 것들 뿐만 아니라 폭풍의 주인이시기도 한 주님은 당신 삶을 괴롭히는 파도를 잔잔케 하시거나 큰 노도(怒濤)로 만드실 수가 있으십니다. 그분이 어떻게 하실 것인가 하는 것은 그분이 배 안에 당신과 함께 계시는 가의 여부 또는 당신이 그분과 함께 있는가의 여부에 달려 있는 것입니다. 만일 예수님이 당신의 배 안에 계시면, 즉 만일 당신이 "그분 안에 숨어 있으면" 폭풍이 올 때 "주여, 나를 구원하소서!' 라고 소리칠 수 있고, 그분은 폭풍을 잠잠케 하시거나 당신을 도와 그 폭풍 에서 벗어나게 하실 것입니다.

둘째, 하나님이 하신 일은 요나를 삼켜서 그가 출발했던 장소로 되돌아오게 하기 위해 큰 물고기를 보내신 것입니다. 그런 다음 하나님은 요나에게 처음에 받았던 똑같은 사명 을 주셨습니다. "일어나 저 큰 성읍 니느웨로 가서 내가 네게 명한 바를 그들에게 선포하 라"(욘 3:2). 이야기가 앞으로 좀 더 나아가게 되면 우리는 하나님이 작은 벌레를 준비하셔 서 요나에게 그늘이 되어 주었던 식물의 뿌리를 갉아먹게 하여 식물을 시들게 하신 이야 기를 읽게 됩니다. 여기서 우리는 하나님이 한편으로는 가장 큰 피조물의 하나를 사용하 셔서 그분의 명령을 수행하게 하셨고, 다른 한편으로는 가장 작은 피조물의 하나를 사용 하신 것에 주목합니다. 분명히 하나님에게는 하등의 차이가 없습니다. 그분은 불순종의 자녀가 복된 자리로 다시 돌아오도록 하시기 위해 무엇이건 사용하실 것입니다.

셋째, 결국 하나님은 그 큰 성읍을 구원하셨습니다. 이것이 그분이 처음 요나에게 바라 셨던 목적이었습니다. 요나는 니느웨에 가기를 싫어했습니다. 그는 그의 백성의 원수들에 게 복을 가져다 줄 어떤 일에도 참여하기를 원치 않았습니다. 그러나 하나님은 그런 요나 를 통해 니느웨를 구원하셨고, 얼마동안 보존하셨습니다.

비참함이 더해지다

하나님으로부터 도망하는 것이 왜 어리석은 일인가 하는 첫 번째 이유는 우리가 본 바 와 같이 그분을 피하는 것이 불가능하기 때문입니다. 그러나 두 번째 이유도 있습니다. 그 렇게 함으로써 우리의 비참함만 더해지기 때문입니다. 이것은 아주 쉽게 이해되는데 성경 은 이렇게 말씀하고 있습니다. "온갖 좋은 은사와 온전한 선물이 다 위로부터 빛들의 아버 지께로부터 내려오나니 그는 변함도 없으시고 회전하는 그림자도 없으시니라"(약 1:17). 모든 좋은 것이 하나님에게서 옵니다. 우리에게 하나님이 없다면, 우리가 그분에게서 도망한다면, 우리가 얻기를 바랄 수 있는 유일한 것은 비참함 뿐입니다.

그러나 우리는 이것을 수긍하지 않습니다. 우리가 하나님을 피할 수 없도록 무력하다는 것을 깨닫지 못하도록 죄가 우리 눈을 어둡게 하는 것처럼, 비참함에 대해서도 눈을 멀게 하기 때문입니다. 나는 여기서 탕자에 대해 생각해 봅니다. 처음에 그가 아버지와 함께 살았을 때는 매우 유복했었습니다. 그러나 그는 자신이 비참하다고 생각하고 그의 유산만 받는다면 집을 떠나 즐거운 삶을 누릴 수 있을 것이라고 확신했습니다. 그는 아버지의 재산에서 그의 몫을 요구했습니다. 그리고 아버지는 마지못해 허락을 했습니다. 그는 "재물을 다 모아 가지고 먼 나라에 가 거기서 허랑방탕하여 그 재산을 낭비"(눅 15:13) 했습니다.

그러나 죄의 행로는 내리막길입니다. 그래서 돈이 다 떨어진 때가 왔습니다. 돈이 떨어지자 그는 낯선 나라 백성에게 고용되어 들에서 돼지를 먹이는 일을 하게 되었습니다. 그는 배가 고팠습니다. 성경은 이렇게 말씀합니다. "그가 돼지 먹는 쥐엄 열매로 배를 채우고자 하되 주는 자가 없는지라"(눅 15:16) 그가 무엇이든 살 수 있는 돈을 가지고 있으면서 삶을 즐길 때에는 아버지 생각은 전혀 나지 않았습니다. 그러나 뱃속을 괴롭히는 굶주림의 고통을 당하면서 비로소 자신의 처지를 깨닫고, 그의 아버지 집에서 그와 함께 살았던 좋은 시절을 기억하고는 아버지에게 돌아가기로 결심했습니다. 그는 이렇게 말했습니다.

"내 아버지에게는 양식이 풍족한 품꾼이 얼마나 많은가 나는 여기서 주려 죽는구나 내가 일어나 아버지께 가서 이르기를 아버지 내가 하늘과 아버지께 죄를 지었사오니 지금부터는 아버지의 아들이라 일컬음을 감당하지 못하겠나이다 나를 품꾼의 하나로 보소서 하리라 하고"(눅 15:17-19)

이와 같이 아버지에게로 돌아갈 필요가 있는 모든 비참한 자들이 자신의 죄를 깨닫고 아버지에게로 다 돌아가는 것은 아니라는 사실은 슬픈 일입니다. 그러나 그런 일이 가끔은 일어납니다. 이는 하나님이 일을 이런 방법으로 하셨기 때문입니다. 어떤 경우이건, 불순종으로 인해 우리가 초래하는 비참함의 예증이 됩니다. 우리의 아버지시며, 우리의 유일하고 참된 안식처이신 그분에게서 도망하는 것은 얼마나 어리석은 일인지 모릅니다.

도망할 때조차도

하나님으로부터 숨는 것이 왜 어리석은 일인가 하는 세 번째 이유가 있습니다. 그런데 탕자의 이야기에서 그것이 이미 암시되었습니다. 즉, 하나님은 우리가 도망할 때조차도 우리를 사랑하시고 우리를 돌보시기 때문입니다. 이에 대한 가장 좋은 예화가 호세아와 그의 신실치 못한 아내 고멜의 이야기입니다.

하나님은 그분의 신실치 못한 백성을 어떻게 사랑하시는지 실례(實例)를 만드시기 위해 호세아로 하여금 고멜에게 결혼하도록 말씀하셨습니다. 하나님은 고멜의 신실치 못함이 드러나겠지만 그래도 호세아에게 그녀와 결혼하도록 다음과 같이 설명하시면서 미리 예언 하셨습니다. "너는 가서 음란한 여자를 맞이하여 음란한 자식들을 낳으라 이 나라가 여호와를 떠나 크게 음란함이니라"(호 1:2). 호세아는 하나님이 명령하신 대로 했습니다. 그는 고멜과 결혼을 했고 그녀를 사랑했습니다. 그러나 때가 이르자 그녀는 하나님이 일찍이 말씀하셨던 대로 죄의 길로 들어서기 시작했습니다. 그녀는 다른 남자에게 한눈을 팔았고, 그와 바람이 나기 시작했고, 드디어 호세아를 떠났습니다. 그녀는 본문이 말씀하고 있는 것처럼 향락과 그녀의 사랑하는 자가 줄 것이라고 상상한 물질을 얻기 위해 호세아를 떠났습니다. 호세아서는 그녀의 말을 이렇게 인용합니다. "나는 나를 사랑하는 자들을 따르리니 그들이 내 떡과 내 물과 내 양털과 내 삼과 내 기름과 내 술들을 내게 준다 하였음이라"(호 2:5).

이 불쌍한 여인이 호세아의 순수하고 신실한 사랑이 세상 보화보다 더 가치가 있다는 것을 배우지 못한 것은 얼마나 유감스러운 일입니까! 그러한 사랑의 가치를 몰랐으므로 그녀는 그것을 잃게 되었습니다. 물질도 마찬가지입니다. 이러한 류(類)의 삶을 사는 사람에게는 요나와 탕자의 경우에서 보았듯이 그 길이 내리막길이란 것입니다. 고멜은 1년 동안 그녀를 아주 잘 보살펴 줄 수 있었던 남자와 살았습니다. 요즈음의 표현으로 그 남자는 그녀에게 캐딜락 자동차와 밍크코트를 사 줄 수 있었습니다. 그러나 그 해가 지나고 첫 번째 사랑하던 남자가 그녀에 대해 넌더리를 내자, 그녀는 이번에는 겨우 올즈모빌 자동차와 밍크 색깔을 가진 인조 모피코트를 사줄 수 있는 남자와 살았습니다. 또 한해가 지나자

이번에는 도요다 자동차와 트위드 옷(스코틀랜드식으로 짠 모직으로 만든 옷 - 역주)을 사 줄 수 있는 남자와 살게 됩니다. 결국 그녀는 쓰레기 더미를 뒤지는 형편이 되었습니다. 호세아의 아내는 그녀를 전혀 돌볼 능력이 없는 남자와 살게 될 때까지 사마리아 도시의 사회적 지위에서 점점 밑으로 가라앉았습니다. 그 남자는 그녀에게 먹을 음식이나 입을 옷을 충분히 마련할 능력이 없었습니다. 그녀는 배가 고팠고, 누더기 옷을 입게 되었습니다.

그 시점에서 우리는 말합니다. '나는 여기서 한 가지 아이디어를 얻는다. 즉, 우리가 하나님으로부터 도망을 하면 사정은 악화된다는 것이다. 하나님이 말씀하시고자 하는 요점은 이것이다. '너는 나에게서 도망을 했다. 도망을 했다는 것이 미안하지 않느냐? 나는 네가 비참하기를 바란다.'" 우리는 이런 식으로 생각합니다. 논리적으로 보이는 생각입니다. 그러나 시간이 지나면 죄가 그런 결과를 가져오기는 하지만, 하나님은 그런 식으로 생각하지 않으십니다. 이 이야기의 뒷부분에서 고멜은 물건들을 다 빼앗기게 될 것입니다. 그러나 하나님이 하시는 첫 번째 일은 그녀에게 필요한 것이 결핍되지 않도록 하시기 위해 개입하시는 것입니다.

그 선지자가 말하는 부수적인 것들을 참고하여 호세아의 이야기를 재구성할 필요가 있다고 보지만, 우선 여기서는 그 이야기에서 사건들이 어떻게 전개되어야만 하는지에 대해 보고자 합니다. 하나님은 호세아에게 이렇게 물으셨음에 틀림없습니다. "호세아야, 너는 네 아내가 저 도시의 가난한 지역에 살고 있는 것과, 그녀를 돌봐줄 능력조차 없는 남자와 살고 있는 것을 알고 있느냐?" "예!" 호세아가 대답했습니다. 하나님이 말씀하셨습니다. "나는 네가 장터에 내려가서 그녀에게 필요한 식품과 옷을 사고, 그녀가 그것들을 받는 것을 보기를 바란다. 왜냐하면, 그것이 내 백성이 나로부터 도망할 때 내가 그들에게 하는 방식이기 때문이다."

그것은 어려운 일이었을 것입니다. 그러나 호세아는 하나님이 명하신 대로 했습니다. 우리가 그 이야기를 주의해서 읽어보면 우리는 이 순간의 통렬함으로 일격을 당하게 됩니다. 호세아는 식품을 사야만 했고, 그의 아내가 살고 있는 도시의 지역으로 가야만 했고, 그리고 그녀가 아닌, 그녀의 정부와 마주쳐야만 했습니다. "당신이 지금 디블라임의 딸 고멜과 살고 있는 사람이오?" "그래서요?" "나는 그녀의 남편 호세아입니다."

그 사람은 호세아가 문제를 일으킨다고 생각하면서 틀림없이 뒤로 주춤했을 것입니다. 그러나 호세아는 이렇게 말했습니다. "내가 문제를 일으키려고 여기 온 것이 아닙니다. 나는 당신이 그녀를 보살펴줄 능력이 없다는 것을 알고 있습니다. 그래서 내가 그녀를 위해 이것들을 사왔으니 받으시고 부족한 것이 없도록 보살펴 주십시오."

그 정부는 이렇게 생각할 것입니다. "별 바보 같은 사람 다 보네!" 그러나 그는 식품을 받아들였습니다. 불한당 같은 그는 고멜에게 가서 말했습니다. "내가 당신에게 가져온 것 좀 보시오!" 어리석은 여인인 그녀는 그의 말을 믿고 두 팔로 그의 목을 감싸고 호세아에게 표해야 할 사랑을 표했습니다. 호세아는 틀림없이 눈에 띄지 않는 곳에 서서 그가 준비해 온 것을 고멜이 실제로 받았는지를 확인하려 했을 것입니다. 왜냐하면 그는 그녀의 어리석음에 대해 이렇게 말하고 있기 때문입니다. "그들의 어머니는 음행하였고 그들을 임신했던 자는 부끄러운 일을 행하였나니 이는 그가 이르기를 나는 나를 사랑하는 자들을 따르리니 그들이 내 떡과 내 물과 내 양털과 내 삼과 내 기름과 내 술들을 내게 준다 하였음이라… 곡식과 새 포도주와 기름은 내가 그에게 준 것이요 그들이 바알을 위하여 쓴 은과 금도 내가 그에게 더하여 준 것이거늘 그가 알지 못하도다"(호 2:5, 8).

사랑은 이렇게 행동해야 합니까? 사랑은 가치 있는 돈을 가치 없는 여인에게 쓰는 것입니까? 아마도 이 세상에서는 이런 일이 흔히 일어나지 않을 것입니다. 그러나 하나님의 방식은 이런 일을 변함없이 행하시는 것입니다. 우리는 그분의 사랑을 걷어차고 그분의 자원을 낭비합니다. 그래도 그분은 우리를 사랑하시고 우리를 위해 필요를 채워주십니다. 이 이야기에 대해 잘 기술한 도널드 반하우스(Donald G. Barnhouse)는 이렇게 묻습니다. "참 사랑의 건전성을 누가 설명할 수 있는가? 사랑은 하나님에게 속한 것이고, 그것은 무한하다. 사랑은 주권적인 것이다. 사랑은 이성과 동떨어진 것이다. 사랑은 스스로의 이유를 위해 존재한다. 사랑은 논리에 따르는 것이 아니다. 사랑은 사랑에 따른다. 호세아가 이런 식이었다. 왜냐하면 하나님이 당신 전체의 삶, 그리고 내 삶에서 해 오신 역할을 그가 하고 있었기 때문이다."[1]

이야기의 끝에 가서 고멜은 노예로 전락하고 호세아는 그녀를 사서 다시 데려오는데, 이것은 예수 그리스도가 우리를 위해 행하신 구속의 예증입니다. 구속은 노예로 있던 사람을 "사들인" 것을 의미합니다. 그러나 고멜의 행동은 앞으로 일어날 일의 예표입니다. 여기서 내가 보여주려고 하는 것은 단지 하나님으로부터 도망하려고 노력하는 어리석음입니다. 하나님으로부터 도망하는 것은 성공할 수 없기 때문에, 또 그렇게 함으로써 우리 자신에게 비참함만 초래하기 때문에, 그리고 하나님은 우리가 그분에게서 도망할 때조차도 우리를 사랑하시기 때문에 어리석은 것입니다. 하나님은 우리가 연구할 창세기 다음 구절들에서 보여주시듯이 아담과 하와를 사랑하셨습니다. 그분은 그들을 사랑하셨고, 그들을 위해 필요를 예비해 주셨습니다. 그분은 뱀의 머리를 상하게 할 여인의 후손을 통한 구원의 궁극적인 수단을 미리 말씀까지 해 주셨습니다.

그렇다면, 만일 당신이 지금 하나님으로부터 도망중이라면, 도망을 멈추고 동산에서 당신을 부르시는 것 같은 그분의 조용하고 세밀한 목소리를 들어보십시오. 그 목소리는 부드럽고, 사랑이 있고, 인내가 있고, 그리움이 있는 목소리입니다. 그 목소리는 당신에게 예수 그리스도를 통한 구원을 제공합니다.

● 각주 ●

1. Donald Grey Barnhouse, "Epistle to the Romans," part 37 (Philadelphia: The Bible Study Hour, 1952), 1841.

26

동산 안의 하나님

창세기 3 : 9-14

여호와 하나님이 아담을 부르시며 그에게 이르시되 네가 어디 있느냐 이르되 내가 동산에서 하나님의 소리를 듣고 내가 벗었으므로 두려워하여 숨었나이다 이르시되 누가 너의 벗었음을 네게 알렸느냐 내가 네게 먹지 말라 명한 그 나무 열매를 네가 먹었느냐 아담이 이르되 하나님이 주셔서 나와 함께 있게 하신 여자 그가 그 나무 열매를 내게 주므로 내가 먹었나이다 여호와 하나님이 여자에게 이르시되 네가 어찌하여 이렇게 하였느냐 여자가 이르되 뱀이 나를 꾀므로 내가 먹었나이다 여호와 하나님이 뱀에게 이르시되 네가 이렇게 하였으니 네가 모든 가축과 들의 모든 짐승보다 더욱 저주를 받아 배로 다니고 살아 있는 동안 흙을 먹을지니라

만일 우리가 창세기 첫 세 장을 연극용 책으로 다시 썼다면, 그 연극은 그 각각이 독특한 인물들과 특색을 가진 몇 개의 중요한 장(場)들로 구성되어 있을 것입니다. 첫 번째 장면은 창조입니다. 거기서 하나님은 혼자 활동하십니다. 그분이 말씀하시자 세상이 존재하게 됩니다. 두 번째 장면은 가정입니다. 여

기에는 하나님, 아담, 그리고 하와가 등장합니다. 하나님은 아담과 하와를 위해 거처할 장소를 만드시고 그들이 각각 서로를 위하도록 준비를 하십니다. 이 장면이 창세기 2장을 채우고 다음과 같은 기록으로 끝이 납니다. "아담과 그의 아내 두 사람이 벌거벗었으나 부끄러워하지 아니하니라"(창 2:25). 세 번째 장면은 유혹입니다. 거기에 등장하는 인물은 아담, 하와, 그리고 사탄입니다. 그 장면은 타락으로 끝이 납니다. 3장에 들어와 8절에서 네 번째 장면이 시작되는데, 하나님이 이제 그 세 인물을 대면하시려고 동산에 들어오십니다. 이것은 재판받는 장면, 심판의 장면입니다.

어떤 실질적인 재판 과정처럼 이 재판은 네 가지의 명확하게 규정된 항목으로 구성됩니다. 1) 소환 2) 심문 3) 평결 4) 언도가 그것입니다. 이 장면의 두려움은 우리 각자가 죽어 하나님의 심판대 앞에 설 때의 두려움을 미리 맛보게 합니다.

소환

아담이 죄로 타락한 후 하나님이 하신 첫 번째 말씀은 아담으로 하여금 그와 하와가 저지른 일을 인정하도록 의도된 질문입니다. 하나님은 물으십니다. "네가 어디 있느냐"(창 3:9). 이 말씀은 역사적으로 여러 가지로 해석되어 왔습니다. 어떤 학자들은 마치 하나님이 "가엾은 아담아, 네가 어쩌다 이렇게 되었느냐? 어디까지 타락한 것이냐?" 하는 것 같은 슬픈 질문이라고 생각했습니다. 다른 학자들은 비난하는 질문이라고 보았습니다. "네가 저질러 놓은 일을 봐라! 이제 네 영화(榮華)는 어디에 있단 말이냐? 기쁨으로 나를 만나던 죄 없는 사람은 어디 있단 말이냐?"[1] 나는 그 구절의 전반적인 어조의 관점에서 하나님이 단순히 아담과 하와를 재판 받으러 나오라는 부르심으로 생각합니다. 그분은 그들이 어디 있는지 이미 아시기 때문에 물을 필요가 없으셨습니다. 그분은 아담과 하와의 타락이 그 다음에 벌어지는 심문에서 너무도 명백하게 드러나기 때문에 그들을 꾸짖을 필요도 없으셨습니다. 하나님은 단순히 재판 절차를 밟으시면서 언명하신 것입니다. "우리는 이제 아담과 하와의 하나님과의 소송을 시작할 준비가 되어 있다. 아담은 어디 있느냐? 아담과 하와는 재판석 앞으로 나아오라."

하나님이 아담을 부르셨을 때, 아담이 대답했다는 것에 주목하십시오! 하나님이 아담과 하와를 호출하셨을 때, 그들은 재판석 앞으로 나왔습니다! 그들은 그렇게 하기를 원하지 않았을지도 모릅니다. 그들은 숨어 있었습니다. 그리고 계속 숨어있고 싶었을 것입니다. 그러나 하나님이 부르셨습니다. 하나님의 뜻은 그들이 앞으로 나아오는 것이었습니다. 그리고 이 호출은 하나님의 주권적이고, 강력하고, 효능 있는 하나님의 뜻이었기 때문에 아담과 하와는 그 호출에 응답했습니다. 마지막 심판 때에 하나님의 나팔이 모든 사람들을 호출하시는 소리가 나면 모두 응답해야 하는 것과 똑같이 아담과 하와가 하나님의 호출에 응답한 것입니다.

당신은 하나님으로부터 도망하거나 숨어 있을지도 모릅니다. 그러나 하나님이 당신의 이름을 부르실 그 날이 다가오고 있습니다. 그리고 그 부르심은 당신을 그분 앞으로 나오게 만들 것입니다. 하나님은 모세를 불붙은 떨기나무에서 부르셨고, 모세는 응답했습니다. 하나님은 나사로를 부르셨고, 나사로는 무덤에서조차 응답했습니다. 어느 날 심판의 부르심이 울려 퍼질 것이고, 모든 사람은 언도의 자리에 나타나게 될 것입니다. 예레미야에 이런 말씀이 있습니다. "여호와의 말씀이니라 보라 내가 많은 어부를 불러다가 그들을 낚게 하며 그 후에 많은 포수를 불러다가 그들을 모든 산과 모든 언덕과 바위 틈에서 사냥하게 하리니 이는 내 눈이 그들의 행위를 살펴보므로 그들이 내 얼굴 앞에서 숨기지 못하며 그들의 죄악이 내 목전에서 숨겨지지 못함이라"(렘 16:16-17).

요한계시록에는 이런 말씀이 있습니다.

"또 내가 보니 죽은 자들이 큰 자나 작은 자나 그 보좌 앞에 서 있는데 책들이 펴 있고 또 다른 책이 펴졌으니 곧 생명책이라 죽은 자들이 자기 행위를 따라 책들에 기록된 대로 심판을 받으니 바다가 그 가운데에서 죽은 자들을 내주고 또 사망과 음부도 그 가운데에서 죽은 자들을 내주매 각 사람이 자기의 행위대로 심판을 받고"(계 20:12-13).

하나님의 심판의 부르심을 피할 길은 없습니다. 그러므로 이 구절의 첫 번째 교훈은 아직 시간이 있을 때, 그 심판을 대비해 준비해야 한다는 것입니다.

심문

숨어 있던 아담과 하와를 호출하신 하나님은 이제 심문을 진행하십니다. 그분이 다시 한 번 질문을 하십니다. "누가 너의 벗었음을 네게 알렸느냐 내가 네게 먹지 말라 명한 그 나무 열매를 네가 먹었느냐… 네가 어찌하여 이렇게 하였느냐"(창 3:11, 13). 하나님의 이 질문은 "네가 어디 있느냐?" 라고 물으셨을 때와 마찬가지로 정보를 얻기 위한 질문이 아닙니다. 이 질문은 아담과 하와로 하여금 잘못한 일에 대해 개인적으로 자백하도록 이끌기 위한 것이었습니다. 하나님이 정보를 얻으시려는 것이 아니라, 아담과 하와를 겸허케 하기 위한 것이었습니다.

오, 무서운 죄의 본질이여! 아담과 하와는 죄를 자백하고 회개하도록 의도된 심문을 받았습니다. 그러나 그들이 마땅히 해야 할 행동에 훨씬 미치지 못하고, 우리의 최초 조상은 자신의 죄를 변명하고 그 책임을 남에게 전가하려고 시도함으로써 실제로 죄를 더 크게 했습니다. 아담은, 우리가 이미 앞에서 본 바와 같이 책임을 하와에게 그리고 결국은 하나님에게 전가하려고 시도했습니다. 그는 말했습니다. "하나님이 주셔서 나와 함께 있게 하신 여자 그가 그 나무 열매를 내게 주므로 내가 먹었나이다"(창 3:12). 하와는 책임을 뱀에게 전가하려고 시도했습니다. "뱀이 나를 꾀므로 내가 먹었나이다"(창 3:13). 아담은 우리가 이전 장에서 보던 아담이 아닙니다. 하와는 100가지를 1에서 10까지의 등급으로 평가를 하던 하와가 아닙니다. 그들은 그들 자신이 범한 깊은 죄와 도덕적 책임을 인정하지 않고, 우리와 같이 거짓말하고, 비뚤어지고, 책임을 전가하는 비참한 죄인들이 되었습니다.

마르틴 루터가 대부분의 주석학자들보다 이 구절을 더 많이 살펴보았을 것이 틀림없습니다. 그것은 이 부분에 대한 그의 주석이 풍부하고 심원하기 때문입니다. 그는 중요한 세 가지를 기술하고 있습니다. 첫 번째로, 죄는 점진적이라는 것입니다. 죄는 하나님으로부터 내놓고 도망하는 것 못지않게 그 행동에 대해 변명하는 데 있어 끊임없이 늘이고 스스로 만들어 갑니다. 루터는 이렇게 기술하고 있습니다. "그렇다면, 이 타락과 어리석음은 언제나 죄를 수반한다는 것과, 죄인들은 특별히 하나님 앞에서 그들의 변명으로 그들 자신을 고발하고, 그들의 변호로 그들 자신을 배신한다는 것을 알도록 하자… 죄의 본질은 이것이다. 즉, 하나님이 즉시 치유를 준비하시고 죄인을 돌아오도록 부르시지 않는 한, 그는 하나님으로부터 끝없이 도망하고, 그의 죄를 거짓말로 변명함으로써 죄 위에 죄를 쌓다가 결국은 하나님을 모독하고 절망하는 상태에 이르게 되는 것이다. 이처럼 죄는 항상 그 자체의 작용으로 다른 죄를 끌어들이고 영원한 파멸을 초래하여 끝내 그 죄인은 자신의 죄를 인정하지 않고 오히려 하나님을 비난하는 데 이르게 된다. 아담은 이렇게 말했어야 했다. '주여, 내가 죄를 범했습니다.' 그러나 그는 그렇게 하지 않는다. 그는 죄에 대해 하나님을 비난하면서 실질적으로 이렇게 말한다. '주여, 당신이 죄를 범한 것입니다. 내가 열매를 먹은 후에 만일 당신이 입을 다물었다면 나는 낙원에서 거룩하게 지내려고 했기 때문입니다.' 그의 말의 의미는 실질적으로 이런 것이다. '만일 당신의 목소리가 나를 두렵게 하지 않았다면 나는 도망하지 않았을 것입니다.'"[2]

우리는 죄를 자백하는 것 같은 때조차도 죄를 더 만들어낼 수 있습니다. 이것은 참으로 무서운 병(病)입니다. 표면적으로 아담은 그가 금지된 열매를 정말로 먹었다는 것을 인정했습니다. "내가 먹었나이다"(창 3:12). 하와도 같은 말을 했습니다. "내가 먹었나이다" (창 3:13). 그러나 그들이 그들의 죄를 자백하는 것 같지만, 실제로 그들은 전혀 자백을 하고 있지 않습니다. 그들은 부인할 수 없는 것만을 인정합니다. 그리고 그것을 인정하기는 하지만, 그들은 상황을 참작해 줄 것을 간청하고 있습니다. 법률적으로 이것을 "승인 및 이의"에 대한 간청이라고 부릅니다. 이것은 죄의 사실은 인정하지만 상황을 이유로 해서 유죄를 부인하는 것입니다.

상황 참작을 간청함으로써 범죄를 부인하려고 시도할 때, 우리는 궁극적으로 오직 가능한 두가지 대상 중에 하나에게 책임을 돌립니다. 하나님 아니면 마귀입니다. 아담은 하나님에게 책임을 돌렸습니다. "하나님이 주셔서 나와 함께 있게 하신 여자 그가 그 나무 열매를 내게 주므로"(창 3:12). 여자는 마귀에게 책임을 돌렸습니다. "뱀이 나를 꾀므로" (창 3:13). 그러나 이렇게 하면서 그들은 모든 가능성을 모두 써버렸습니다. 만일 그들이 자신들이 범한 죄를 인정하지 않으면, 책임을 떠맡도록 남겨진 가능한 존재는 단지 하나님과 사탄입니다. 우리는 이 경우는 합당치 않고, 단순히 상황에 책임을 돌리는 것은 가능하다고 주장할지 모릅니다. "그것은 유전자, 환경, 또는 상황의 문제" 라고 주장할지 모릅니다. 반면에, "그것은 다른 사람 잘못"이라고 주장할 수도 있습니다. 그러나 그러한 변명들은 결국은 같은 것입니다. 상황은 도덕적 작인(作因)이 되지 못합니다. 그것은 도덕과 관련이 없고 중립적입니다. 혹 그것이 도덕적 의미 또는 성향을 가진 것으로 생각된다고 할지라도 우리는 누가 상황을 결정했고 조종하고 있는지 물어봐야 합니다. 만일 우리가 다른 사람을 지목한다면 우리는 이렇게 물어봐야 합니다. "누가 그런 사람들(하와, 아담, 또는 누구이건)을 만들었나? 누가 그들을 그런 사람들로 만들었나?" 하나님 아니면 마귀, 둘 중의 하나입니다. 그러므로 "하나님 아니면 마귀에게 죄가 있다."

그럼에도 불구하고 어떤 사람은 아직도 여기에 큰 차이점이 있다고 주장할지 모릅니다. 왜냐하면, 마귀에게 책임을 돌리는 것은 하나님에게 책임을 돌리는 것보다 아주 덜 심각하기 때문입니다. 그러나 우리는 마귀가 져야할 책임조차도 하나님께 돌리기 쉽습니다. 하와는 계속 이렇게 말했을지도 모릅니다. "그리고 나를 속인 뱀은 당신이 동산에 들어오도록 허용한 존재입니다!' 그렇다면 이 경우, 우리 자신을 변명하려는 모든 시도는 결국 하나님에게 책임을 돌리려는 시도인 것입니다. 만일 그렇다면, 아담이 실제로 "주여, 당신이 죄를 범했습니다." 라고 말한 것으로 보는 루터의 견해는 매우 정확한 것입니다. 나는 우리 자신이 범한 죄의 책임을 거룩하시고 온전히 지혜로우신 하나님에게 돌리려는 사람들의 이 비참한 성향의 두려움보다 더 큰 죄의 두려움을 상상할 수가 없습니다.

이 구절에 대해 루터가 논하는 두 번째 사항은 죄는 어디서나 똑같다는 것입니다. 그는 이렇게 기술하고 있습니다. "하와 역시 우리에게 한 본보기가 되고 있다. 그녀가 죄로 오염되었을 때, 그녀는 아담보다 조금도 더 나은 존재가 아니었다. 아담은 무죄로 드러나기를 원했다. 그는 그의 죄를 그 자신에게서 그에게 아내를 주신 하나님에게로 전가시켰다. 하와도 마찬가지로 자신을 변명하고 뱀을 비난했다… 이로 보아 우리는 죄는 어디서나 똑같고 똑같이 행동한다는 것을 알게 된다. 죄는 죄이기를 원하지 않는다. 죄는 죄로 인해 벌받기를 원하지 않는다. 죄는 의롭기를 원한다. 그런데 사정이 그렇게 돌아가지 않으면 그 죄를 하나님에게 뒤집어씌운다. 그래서 죄는 죄를 고발할 때, 거짓말로 하나님을 고발한다. 이와 같이 인간의 죄에서 분명하게 악마적인 죄가 나온다. 불신은 하나님에 대한 모독으로 바뀌고, 불순종은 창조주에 대한 모욕으로 바뀐다." [3]

우리가 이러한 사실을 아는 것은 중요합니다. 왜냐하면, 우리는 어떤 사태의 겉만 볼 뿐이고, 어느 한 사람의 죄가 다른 사람의 죄보다 더 나쁘다고 상황에 따라 판단하는 경향이 있기 때문입니다. 도널드 반하우스는 인도 여행에 대한 이야기를 합니다. 그는 캘커타(Calcutta)에서 유나이티드 프로빈스(United Province)와 펀자브(Pujab)를 거쳐 북서쪽 국경에 이르는 오래된 대북로(Great North Road)를 따라 여행을 했습니다. 그 도로는 단단하게 포장된 도로였습니다. 그러나 그 포장된 도로와 접하여 카라반의 낙타들이 사용하는 진흙길이 있었습니다. 낙타의 발은 포장도로 위에서는 잘 걷지를 못하기 때문이었습니다. 우기에 그 진흙길은 진창이 되어 포장된 도로를 걷는 것보다 훨씬 힘이 들었습니다. 반하우스는 무릎까지 빠지는 진흙탕의 낙타 길을 걷는 한 사람을 상상합니다. 다른 사람이 지나가면서 말합니다. "진흙탕에서 이리로 들어서시오. 포장된 길이 훨씬 더 편할 것이오." 그 사람은 그렇게 합니다. 대단한 변화가 일어났습니다. 그의 상황은 훨씬 상쾌해 졌습니다. 그러나 반하우스가 지적하는 것처럼, 그는 여전히 같은 목적지를 향해 같은 길을 가는 같은 사람입니다.

영적인 면에서 우리는 멸망으로 가는 넓은 길은 진흙길도 있고 포장된 길도 있음을 인정해야 합니다. 그러나 그 길은 여전히 멸망으로 가는 길이고, 그리고 비단 옷을 입었건 누더기를 걸쳤건 죄는 죄일 뿐입니다.[4]

루터의 세 번째 사항은 죄는 하나님의 선하심 마저 눈을 가리게 한다는 것입니다. 그는 아담과 하와가 그들의 죄로 인해 그들이 마땅히 받아야 할 즉각적인 죽음의 언도를 받지 않고, 오히려 하나님의 크신 호의와 자비를 경험하는 것에 주목합니다. 이것은 사건의 맨 끝에서 그리고 맨 처음에 볼 수 있습니다. "이 사건의 초기에 정당하게 평가해 본다면, 아담은 마땅히 받았어야 할 대우보다 더 관대한 처분을 받는다. 나팔소리가 번개와 천둥소리와 뒤섞여 나던 시내산의 무서운 광경은 없다. 그러나 하나님은 그 꾸짖음이 아버지 같은 자애의 꾸짖음이라는 것을 암시하시기 위해 미풍 가운데 오신다. 그분은 아담의 죄 때문에 그를 그분에게서 몰아내지 않으신다. 대신에 그를 부르시고 그의 죄에서 돌이킬 것을 청하신다. 그러나 아담은 그의 죄와 공포로 눌려있기 때문에 아버지로서의 관심을 이해하지도, 알지도 못한다."[5]

그 어떤 것도 죄처럼 마음과 생각을 그토록 어둡게 하는 것은 없습니다. 그러나 어둡게 되는 것은 사람 편입니다. 하나님은 우리를 아십니다. 그러나 우리는 죄로 눈이 매우 어두워져서 하나님이나 우리 자신을 바로 알지를 못합니다. 존 케블(John Keble)이 이렇게 찬송했습니다.

> 내 영혼의 태양, 사랑하는 당신이시여
> 당신이 곁에 계시면 밤은 없습니다.
> 오 세상 구름이 일어나지 않게 하소서
> 당신의 종의 눈에서 당신을 가리지 못하도록.

그러나 죄의 구름은 하늘에서 오지 않았을지라도, 우리 눈에서 하나님을 가리웁니다. 이 구름은 "세상에서 일어난" 것입니다. 사람이 죄를 지으면 그는 이 구름으로 자신의 주변을 감싸서 어두움 속으로 들어가는 것입니다.

평결

모든 재판에는 평결 과정이 있습니다. 하나님이 직접 말씀하시지는 않지만, 여기서도 평결은 빠지지 않고 있습니다. 그 평결은 이렇습니다. "죄 있음!" 이것을 아담과 하와 스스로 말했습니다("내가 먹었나이다… 내가 먹었나이다"). 둘이서 말하고 있는 한마디 한마디가 예증이 되고 있습니다. 그들은 변명할 구실을 찾습니다. 그러나 그들의 변명은 효험이 없습니다. 그래서 그들은 그들이 거스른 하나님 앞에서 침묵하게 됩니다.

이 경우는 우리 죄가 그리스도의 십자가에서 처리되지 않는 한, 우리가 하나님 앞에 서는 날 그대로 우리 경우가 되지 않겠습니까? 바울은 확실히 그렇게 생각했습니다. 그는 인간성을 고발할 때, 유대인이나 이방인 등 모든 사람들을 포함하면서 이렇게 말합니다. "기록된 바 의인은 없나니 하나도 없으며 깨닫는 자도 없고 하나님을 찾는 자도 없고 다 치우쳐 함께 무익하게 되고 선을 행하는 자는 없나니 하나도 없도다"(롬 3:10-12).

그런 후에 그는 결론을 맺습니다. "우리가 알거니와 무릇 율법이 말하는 바는 율법 아래에 있는 자들에게 말하는 것이니 이는 모든 입을 막고 온 세상으로 하나님의 심판 아래에 있게 하려 함이라"(롬 3:19). 분명히, 하나님의 마지막 심판 날에는 아무 변명도 통하지 않을 것입니다. 악은 빛으로 나아오게 될 것입니다. 죄는 밝혀질 것입니다. 그리고 모든 입은 잠잠해 질 것입니다.

언도

심판의 마지막 국면은 하나님이 언도를 진행하시면서 빨리 다가옵니다. 하나님은 죄의 출발점인 뱀에서부터 시작하십니다. "네가 이렇게 하였으니 네가 모든 가축과 들의 모든 짐승보다 더욱 저주를 받아 배로 다니고 살아 있는 동안 흙을 먹을지니라"(창 3:14). 뱀에 대한 저주는 두 부분으로 나누어지는데 이것이 첫 번째 부분입니다. 이 부분은 특별히 마귀가 이용한 뱀에게 적용됩니다. 두 번째 부분(이 뱀과 여인 간의 적대감을 이야기한 부분)은 사탄에게 적용되고 있습니다. 그러나 그 두 부분에 연결성이 있습니다. 두 번째 부분은 마귀에게 관계되는 것이지만, 그것은 또한 사람의 뱀에 대한 자연적인 두려움을 다루고 있는데 이것은 더 큰 원한의 예증이 됩니다. 같은 맥락으로 첫 번째 부분은 뱀이 배로 기어다니고 "흙"을 먹는 것을 다루고 있지만, 이 언급은 좌절의 흙을 먹도록 강요되고 있는 사탄에 대한 언급이기도 합니다.

"뱀이 실제로 흙을 먹지 않기" 때문에 성경에 오류가 있다고 상상하는 무지한 창세기 독자들에 대한 대답은 이것입니다. "흙을 먹는다는 것은 패배를 안다는 것이다. 이것은 하나님의 적에 대한 예언적 심판이다. 그는 항상 욕심을 이루려고 애쓸 것이나, 항상 그 목표에 조금 못 미칠 것이다. 계속해서 열망하겠지만, 어떤 달성도 결코 일어나지 않을 것이다"[6] 성인용 책을 어떻게 읽어야할지 모르는 비평가들은 그 책들에 대해 논평하는 것에 조심해야 합니다.

그러나 이 문자적인 심판에 매우 충격적인 사실이 있습니다. 우리는 뱀이 이 심판 전에 아름다웠고 곧바로 선 피조물이었겠지만, 어떻게 생겼었는지 모릅니다. 아마도 피조물 중에 가장 멋졌을지 모릅니다. 또한 우리는 여기에 선언된 심판이 아마도 이 시점에서라고 보여지지만, 정확히 언제 집행된 것인지도 모릅니다. 우리가 우리 자신을 아담과 하와의 입장에 놓고 볼 때, 우리가 알 수 있는 것은 그들이 하나님의 목소리를 듣고, 그리고 한 때 아름다웠던 피조물이 오늘날과 같은 뱀이 되어 땅을 기어가는 위험한 피조물로의 무서운 변신을 목격하면서 느낀 공포입니다. 그들은 하나님이 이와 똑같은 더 무서운 심판을 그들에게 내리실 수 있는 모든 권리를 가지고 계신다는 사실을 확인하고는 죽음의 공포로 주춤했을 것이 틀림없습니다. 그들은 그분이 그렇게 하실 것이라고 예상했음이 틀림없습니다. 그리고 마귀도 역시 하나님이 그들을 그렇게 심판하실 것이라고 기대했을 것이 틀림없습니다. 마귀는 이것을 노리고 아담과 하와를 유혹했던 것입니다.

그러나 하나님의 심판과 일하시는 방식은 얼마나 신비스런 것인지 모릅니다. 하나님의 심판 대신에 은혜가 개입합니다. 비슷한 심판이 있는 것은 사실입니다. 하와는 임신하는 고통을 당해야 하고, 아담은 땀 흘리며 생계를 이어가야 합니다. 그러나 즉각적인 육신의 죽음은 연기 됩니다. 심지어 이러한 여러 가지 한정된 심판이 선고되기 전에 하나님은 구원자를 보내신다는 약속의 말씀을 하십니다. "내가 너로 여자와 원수가 되게 하고 네 후손도 여자의 후손과 원수가 되게 하리니 여자의 후손은 네 머리를 상하게 할 것이요 너는 그의 발꿈치를 상하게 할 것이니라 하시고"(창 3:15).

일찍이 하나님이 아담과 하와에 대해 유죄라는 평결은 말씀하지 않으셨다고 해도 그것은 그들 자신에 의해 표현되었고 그들의 효력 없는 변명으로 실증되었다는 것을 말했습니다. 그때에 하나님이 실제로 유죄라는 말을 선언하지 않으셨다는 사실을 전했습니다. 이제 이 말로 다시 돌아오고자 하는데 이것이 중요한 말씀이기 때문입니다. 내가 그 대화를 너무 많이 읽어보았을지 모르지만, 하나님이 실제로 "유죄"를 말씀하지 않으셨다는 사실은 매우 중요한 것으로 보입니다. 만일 그분이 그 시점에서 우리의 최초 부모에게 유죄평결을 내리셨다면, 심판은 불가피하게 그에 따라 완전한 형식으로 진행되었을 것임이 틀림없습니다. 아담과 하와는 하나님으로부터 즉각 지옥으로 추방되는 벌을 받아야 했을 것이고, 그들의 고통은 끝이 없었을 것입니다. 그러나 하나님은 그 평결을 선언하지 않으셨습니다. 하나님은 일반적인 법정에서도 때로 그렇게 하듯이 그것을 연기하셨습니다. 하나님이 나중에 선언하셨을 때, 아담과 하와나 또는 그들의 후손에게 하신 것이 아니고 예수 그리스도, 즉 주님을 구주로 믿는 모든 사람을 대신해 벌을 감당하실 예수 그리스도에게 선언하셨습니다.

만일 당신이 구원하는 믿음에 의해 예수 그리스도 안에 있다면, 당신에게 내려질 유죄 평결은 그리스도에게 이미 내려졌습니다. 그분은 당신의 벌을 대신 받으셨습니다. 그분은 당신을 대신해서 "지옥으로 내려가셨습니다." 만일 당신이 예수 그리스도 안에 있지 않다면, 당신에 대한 평결은 그대로 유보되고 있고, 마지막 심판 때 당신에게 **확실히** 선언될 것입니다.

● 각주 ●

1. 이와 같은 초기의 견해들은 Matthew Henry, *Commentary*, vol. 1, 27에서 검토되고 있다.

2. Luther, *Luther's Works*, vol. 1, 174-75.

3. Ibid., 178-79.

4. Donald Grey Barnhouse, *God's Method for Holy Living* (Grand Rapids: Eerdmans, 1951), 175.

5. Luther, *Luther's Works*, vol. 1, 180-81.

6. Donald Grey Barnhouse, *Genesis: A Devotional Commentary* (Grand Rapids: Zondervan, 1970), 22.

27

첫 번째 메시아 예언

창세기 3 : 15

내가 너로 여자와 원수가 되게 하고 네 후손도 여자의 후손과 원수가 되게 하리니 여자의 후손은 네 머리를 상하게 할 것이요 너는 그의 발꿈치를 상하게 할 것이니라 하시고

크리스마스 때쯤이면, 당신이 수개월 동안 예상해 온 것이 있었다 해도, 언제나 예상치 못한 일이 또 생깁니다. 그것은 단지 당신이 기대하고 있는 어떤 선물에 관한 것만이 아닙니다. 그것은 우리 구주이신 아들을 보내주심에서 오는 하나님의 은혜입니다. 은혜는 항상 예상치 못하는 것입니다. 그래서 언제라도 우리가 크리스마스의 의미를 조금이라도 이해하게 되면, 거기에서 은혜에 대한 메시지를 발견하게 되고, 그 메시지는 우리를 놀라게 하는 것입니다.

그러나 우리는 이러한 예상치 못한 우리를 놀라게 하는 은혜의 메시지가 있다는 사실에 대하여 놀라서는 안 됩니다. 왜냐하면, 예수님의 오심에 대한 구약성경의 모든 예언을 포함해서 예수님의 오심과 탄생에 대한 모든 성경 구절이 우리를 놀라게 하는 특성을 가지고 있기 때문입니다.

이것은 일찌감치 창세기 3장에 나오는 첫 번째 메시아 예언에서 특히 사실입니다. 이때의 장면이 심판의 장면이기 때문에 그것을 예상치 못한 것입니다. 사탄이 하와를 범죄 하도록 유혹했습니다. 그녀는 자신을 창조하신 하나님보다 사탄을 더 믿었습니다. 그래서 선악을 알게 하는 나무의 열매를 먹음으로써 죄를 범했습니다. 그 열매는 그녀와 아담 둘 다 먹지 말도록 명령되었던 것이었습니다. 아담 역시 그 열매를 먹음으로써 죄를 범했습니다. 이제 하나님이 그들의 죄를 꾸짖으시고 심판을 하시기 위해 동산에 오셨습니다. 그들의 두려움이 얼마나 심했을지, 그들은 그들의 범죄에 부합하는 벌을 기다리면서 얼마나 겁이 났을지, 길버트(Gilbert)와 설리반(Sullivan)이 부르는 미카도(Mikado)라는 노래에서 최고 집행자 주님(Lord High Executioner)은 모든 벌이 그 범죄에 딱 부합하기를 바라고 있습니다. 그는 노래합니다.

나의 숭고한 목표는
머지않아 이룰 것이네.
벌이 범죄에 부합하도록
벌이 범죄에 부합하도록

내가 좋아하는 시구(詩句)는 당구를 치는 사람에 관한 것입니다.

누구나 알아챌 수 있는 당구 사기꾼
그의 운명은 구제가 아주 어렵다.
그는 접근 금지가 되어 있는 장소
독방 감옥에 거하게 되어도
그는 맞지 않는 골무를 끼고
비틀린 큐를 잡고 거짓의 당구대 위에서
타원형의 당구공으로
거기서 엉뚱한 게임을 한다.

창조주를 거스른 정당화할 수 없는 지극히 가증스런 죄를 범한 아담과 하와의 큰 범죄에 부합하는 벌을 생각하면 우리는 가히 전율합니다. 그런데 우리는 작은 심판만을 봅니다. 하와의 임신에서 오는 고통, 생계를 꾸려가야 하는 아담의 비탄 등을 보지만 가장 놀라운 것은 구원자의 오심에 대한 약속입니다. 이것은 예상치 못했던 최초로 주어진 형태로서의 크리스마스의 놀라움입니다. "내가 너로 여자와 원수가 되게 하고 네 후손도 여자의 후손과 원수가 되게 하리니 여자의 후손은 네 머리를 상하게 할 것이요 너는 그의 발꿈치를 상하게 할 것이니라 하시고"(창 3:15).

투쟁의 하나님

언뜻 보기에는 이 구절은 특별히 놀랄만한 구절처럼 보이지 않습니다. 마귀와 하와 간에 시작되어 그리스도의 시대와 그 이후까지 계속되는 투쟁에 관한 이야기이기 때문입니다. 그 구절은 "원수 됨"에 대해 이야기합니다. 이 말은 "일방 또는 쌍방의 악의, 미움, 특히 서로간의 적대관계"(웹스터사전에서 보면)를 의미합니다. 이 관계를 좋게 보기 어렵습니다. 그러나 이 원수 됨은 좋은 것입니다. 우리는 이렇게 하신 분이 하나님이시라는 사실 때문에 그 말에 대한 우리의 생각을 바꾸어야 합니다.

어떻게 악이 좋을 수 있느냐, 또는 어떻게 하나님이 어떤 형태로든 간에 원수 됨의 창시자가 될 수 있느냐고 묻는 사람이 있을 수 있습니다. 그러나 문맥은 즉시 이를 설명합니다. 우리는 사탄이 그의 원죄가 우주 최고의 존재이신 하나님을 대체하려고 시도하고, 하나님보다는 자신이 피조물의 예배를 받으려고 시도한 타락한 천사라는 것을 기억합니다. 그의 시도는 성공하지 못했습니다. 이제 그는 새로운 인류 가운데서 그가 처음에 실패했던 일을 행하려는 의도를 가지고 땅에 나타났습니다. 의심할 바 없이 그가 하와와 아담을 유혹할 때 그는 첫째, 그들로 하여금 하나님을 예배하지 못하도록 속이고, 둘째, 그 자신이 그들의 충성을 얻고 예배를 받으려는 생각을 가지고 있었습니다. 우리는 불행히도 그가 첫 목표 성취에 성공한 것을 압니다. 그는 아담과 하와가 가졌던 하나님과의 교제를 끊어버렸습니다. 그러나 그는 두 번째 목표는 성취하지 못했습니다. 여기서 하나님이 루시퍼와 하와 사이를 원수 되게 하시겠다고 선언하셨기 때문입니다.

이 말씀을 사탄에게 하신 것이 중요합니다. 사탄이 하와를 미워한 것은 새로운 것이 아닙니다. 사탄은 하와를 그녀가 지음을 받은 순간부터 미워했습니다. 그가 하와의 막역한 친구인척 하면서 금지된 열매를 먹도록 유혹할 때조차도 하와를 미워했습니다. 새로운 것은 하나님의 인류를 위한 은혜로운 보호와 예비하심의 일면(一面)으로 하와가(그리고 아담과 그들의 모든 후손이) 사탄을 미워하게 된 것이었습니다.

그것은 얼마나 복된 일인지 모릅니다. 우리는 예수 그리스도의 오심이 가져오는 사랑, 기쁨, 행복에 대해 여러 번 생각을 하며, 그 일에 대해 하나님께 정직하게 감사를 드립니다. 그러나 우리가 죄의 촉수에 걸려들었음을 깨달을 때 그에 상응하는 죄에 대한 미움과, 죄의 길에서 갖는 후회, 그리고 점증하는 비참을 인해 그분께 감사하는 것을 잊어서는 안 됩니다. 우리가 죄를 범할 때 우리는 종종 죄는 좋아하지만 죄의 결과는 피하고 싶은 느낌을 갖습니다. 우리는 우리 자신을 쇠약하게 하는 약물이나 독주로 인한 꿈같은 혼미함 속에서 자신을 파괴하는 중독자처럼 안락하게 파괴하고 싶습니다. 우리는 행복하게 지옥으로 가고 싶습니다. 그러나 하나님이 그런 일이 일어나도록 하용하지 않으신다는 것이 은혜의 일면입니다. 하나님은 죄를 비참하게 만드시고 우리와 사탄 사이에 적대감을 두서서 우리의 비참함 속에서도 죄에 지속적으로 머무는 것을 고치게 하시고, 우리로 하여금 하나님의 사랑의 음성을 들을 수 있도록 만드십니다.

두 부류의 인류

그러나 하나님이 두신 적대감(원수 됨)은 단순히 인간적인 또는 개인적인 차원인 하와와 사탄 간에만 있는 것은 아니었습니다. 하와의 후손과 사탄의 후손 간에도 적대감이 있었습니다. 이것은 인간과 귀신 간을 의미하는 것으로 추측할 수도 있지만, 그런 것 같지는 않습니다. 첫째, 사탄에게는 실상 후손이 없습니다. 그는 작은 마귀들을 자식으로 둔 아버지가 아닙니다. 귀신들은 원래 그들이 타락하기 전에 하나님에 의해 창조되었습니다. 그리고 지금 그들의 숫자가 증가하고 있지 않습니다. 둘째, 그 구절이 사탄을 이길 한 구체적인 여인의 후손 예수 그리스도에게 방향을 옮기고 있습니다. 다시 말해 일반적 사항에서 구체적 사항으로 이동하고 있는 것입니다. 이러한 사실의 관점에서 볼 때, 그 구절은 아마도 하나님 자신에 의해 영향을 받은 아담과 하와의 경건한 후손들과 사탄의 영향을 받은 아담과 하와의 후손들에 관련되는 것 같습니다. 창세기는 분명하게 두 부류의 인류 사이를 구별해 나가고 있습니다(창 4-5장).

만일 그렇다면, 이것은 모든 세대에서 경건한 자들을 위한 메시지가 됩니다. 하나님의 백성과 하나님의 백성이 아닌 자들 사이에 하나님이 만드신 적의(敵意)가 있고, 그것은 우리의 선을 위한 것입니다. 그것은 하나님을 섬기고자 하는 우리의 의지를 예리하게 해 줍니다. 아이작 와트(Isaac Watt)의 위대한 찬송가 중의 하나인 "나는 십자가 군사" 에서 이렇게 묻습니다.

내가 맞서야 할 적들은 없는가?
내가 홍수를 막으면 안 되는가?
이 악한 세상은 나를 도와
하나님께 인도할 은혜의 친구인가?

이 찬송가의 문맥에서 대답은 분명히 아니요(no)입니다. 와트는 우리에게 그리스도를 위해 싸울 것을 원했습니다. 이것은 우리가 분명히 해야 하는 일입니다. 그러나 세상은 "은혜의 친구" 라는 뜻도 있습니다. 이것은 우리를 향한 세상의 적의가 우리로 하여금 하나님을 더더욱 의지하도록 압박하기 때문입니다.

또한 이 구절에는 더 구체적인 의미가 있습니다. 창세기가 전개되면서 우리는 하나님이 이스라엘을 부르셔서 특별한 민족으로 삼으시고 그 민족을 통해 하나님이 역사하시고자 하는 것을 봅니다. 그리고 우리는 사탄(이 예언을 듣고 잘 이해했던 사탄)의 적의가 특별히 유대인들에게 향했던 것을 봅니다. 여기서 반(反)유대주의가 생겨납니다. 그것은 창세기에서 시작되어 전 역사를 통해 뻗어가고 심지어 요한계시록에 나오는 종말까지 이어집니다. "하늘에 큰 이적이 보이니 해를 옷 입은 한 여자가 있는데 그 발 아래에는 달이 있고 그 머리에는 열두 별의 관을 썼더라 이 여자가 아이를 배어 해산하게 되매 아파서 애를 쓰며 부르짖더라 하늘에 또 다른 이적이 보이니 보라 한 큰 붉은 용이 있어 머리가 일곱이요 뿔이 열이라 그 여러 머리에 일곱 왕관이 있는데 그 꼬리가 하늘의 별 삼분의 일을 끌어다가 땅에 던지더라 용이 해산하려는 여자 앞에서 그가 해산하면 그 아이를 삼키고자 하더니 여자가 아들을 낳으니 이는 장차 철장으로 만국을 다스릴 남자라 그 아이를 하나님 앞과 그 보좌 앞으로 올려가더라"(계 12:1-5).

이 구절에서 용은 분명히 사탄이고, 여자는 이스라엘이고, 그녀의 아이는 예수 그리스도입니다. 사탄의 전략은 예수 그리스도를 파괴하기 위해 이스라엘을 파괴하는 것입니다. 이것이 반유대주의의 이유입니다. 그리고 또한 왜 반유대주의에 그리스도인들이 하나도 없는가 하는 이유도 됩니다.

그리스도 대 사탄

이 구절들에 세 번째 적대감이 있습니다. 이 적대감은 먼저 번의 경우들보다 더 유익합니다. 먼저 번의 두 경우는 우리에게 소망의 여지를 줍니다. 그 두 경우는 하나님이 우리를 포기하지 않으신다는 것과 하나님이 선을 바라는 사람들과 악을 바라는 사람들 사이에 유익한 적대감을 세워 놓으셨다는 것을 말해 줍니다. 이 마지막 적대감은 소망의 확신뿐만 아니라 승리도 확신하게 해 줍니다. 그것은 하와의 구체적이고 절정의 후손인 예수님과 사탄 사이의 대립입니다. 그 대립의 결과로 예수님은 상처를 입으시게 되고, 사탄과 그의 권세 역시 짓밟힘을 당하게 될 것입니다.

도널드 반하우스(Donald G. Barnhouse)는 그 투쟁을 이렇게 추적합니다.

주 예수 그리스도가 탄생하셨을 때, 사탄의 증오는 극도에 달했다. 우리는 예수님의 지상 생애 이야기에 사탄의 증오가 번번이 나타나는 것을 볼 수 있다. 요셉은 마리아가 아직 그의 아내가 되기 전, 그녀에게 죄가 있다는 것을 알고, 그녀와 인연을 끊으려는 마음을 먹었다. 그러나 하나님이 친히 그 점에 대해 명백히 해 주셨고, 요셉은 하나님의 계시로 말미암아 마리아를 받아들인다. 약속의 아기, 여자의 후손, 다윗의 가지가 탄생했다. 영원한 말씀이 성육신 되었다. 사탄은 헤롯을 움직여 그가 동방박사들에게 진지하게 물어봤던 때를 기준으로 해서 두 살 이하의 아기들을 모두 죽이도록 했다. 그러나 하나님은 미리 도피하도록 조처하시고, 애굽으로의 도주를 가능케 하기 위해 어린 아기의 가정에 황금 선물이 들어오도록 하셨다.

열두 살 때 예수님은 예루살렘의 사탄의 추종자들이요 하나님의 적들 사이에 남겨지게 되었다. 그 아이는 연약한 식물처럼 그의 아버지 앞에서 자라났고 하늘의 보살핌이 그를 에워싸고 있었다.

우리 예수님이 공생애를 시작하시자마자 사탄은 즉시 예수님에게 대항을 해서 그를 위해 아버지가 계획하시고 세워놓은 길에서 그를 이탈시키려고 세 가지 시험을 했다. 사탄이 말씀의 검으로 참패를 당하자 그는 예수님을 떠나갔다. 그러나 사탄은 그 후, 개인적으로 그리고 마귀의 진정한 자녀가 된 종교 지도자들을 통해 십자가의 때가 오기 전에 예수님을 죽이려고 계속해서 다시 접근하곤 했다. 그리스도의 첫 공중 설교 때 나사렛 사람들을 선동해서 그를 산의 낭떠러지까지 끌고 가서 밀쳐 떨어뜨려 죽이고자 했던 자가 사탄이었다. 예수님은 하나님의 절대주권적 뜻에 근거하여(눅 4장) 행위가 아닌, 은혜로 구원받는 것이란 교리를 선포하셨다. 그런데 사람의 마음이 그 교리를 거슬러 육신을 높이는 적에게로 쉽게 돌아섰다. "그러나 예수께서 그들 가운데로 지나서 가시니라."

계속해서 사탄은 여러 다른 현장에서 다른 사람들을 이용해서 노련한 책략을 썼다. 때로 그들은 예수님을 치려고 돌을 들었고, 예수님을 체포하려고 관리들을 보내기도 했고, 그들의 지도자는 예수님을 적대하여 백성을 부추기는 시도를 했다. 그들의 행동 신경은 항상 마비되어 있었다. 그들이 바라는 것은 하나님을 대적하는 육신적 생각에서 오는 것이었다. 이제 역사상 최초로, 하나님이 그들의 증오의 대상으로 그들 앞에 눈에 보이도록 존재하시게 되었다. 그들은 과거 선지자들을 죽인 자들의 후손이었다. 그러나 그들 자신은 그들의 하나님을 죽이게 될 것이었다. 예수님은 소작인의 비유로 그들의 정체를 완전히 드러내셨다. 그들은 주인의 종들을 죽이고, 마지막에 주인이 그의 아들을 보냈을 때에 외쳤다. "농부들이 그 아들을 보고 서로 말하되 이는 상속자니 자 죽이고 그의 유산을 차지하자 하고"(마 21:38).

언제나 예수님은 다치지 않고 피하셨다. 그분은 모든 상황의 주인이셨다. 예수님은 이렇게 말씀하셨다. "이를(내 목숨) 내게서 빼앗는 자가 있는 것이 아니라 내가 스스로 버리노라" (요 10:18).

인간과의 연합에 실패하자 사탄은 하나님의 아들을 죽이려고 직접 움직인다. 예수님의 제자들이 예수님과 함께 갈릴리 바다에서 배를 탔던 때가 있었다. 그들은 고향 바다에서 평생을 살았던 어부들이었다. 그들은 그들에게 익숙하지 않은 파도는 없다고 생각했다. 그러나 갑자기 격심한 폭풍이 일어나서 이 단련된 선원들조차 공포로 오싹하게 만들었다. 그들은 죽을 지경에 이르렀다고 생각하고 배 안에서 주무시고 계시는 예수님께 달려가 고통스런 부르짖음으로 예수님을 깨웠다. "선생이여, 우리를 구하소서. 우리가 죽겠나이다!" 복음서 이야기는 예수님이 두려움에 잠긴 제자들의 부름에 일어나셔서 "바람을 꾸짖으셨다"고 기록하고 있다. 성경을 부인하는 자들은 만일 사탄이 그 폭풍의 배후에 있지 않은 것이었다면, 그렇다면 그리스도의 행동은 의자에 걸려 넘어진 아이가 의자에 성이 나서 소리치며 의자를 발로 차는 그런 행동에 비교될 수밖에 없다는 것을 깨달아야 한다. 그러나 만일 우리가 사탄이 예수님을 죽이려고 폭풍을 일으킨 것으로 이해한다면… 우리는 이러한 공격의 전 양상을 알게 되고, 그 폭풍에게 한 말씀인 "잠잠하라 고요하라" (막 4:35-41)고 하신 말씀의 강도(强度)를 이해하게 된다. 헬라어로 그 동사는 "재갈 물리다" 라는 의미인데 옛날 가정생활에서 때로 개를 조용하게 하기 위해 개에게 이 말을 썼다.

결국, 예언은 성취가 되어서 사탄은 주 예수 그리스도의 발꿈치를 상하게 했고, 자신의 머리가 상하게 되었다. [1]

두 번의 승리

우리는 예수 그리스도의 상함이 어떻게 일어났는지 알고 있습니다. 그것은 사탄에게 하나님을 반격하고, 인간사에 대한 하나님의 간섭을 영원히 잠재우는 최후의 성공처럼 보이는 십자가에서 일어났습니다. 그것은 복수의 상함이었습니다. 그것은 종교 지도자들의 증오, 무리의 조롱, 채찍질, 끝내는 대단한 고통을 수반한 십자가 처형을 포함했습니다. 그

라나 그것은 패배가 아닌 단지 상함이었을 뿐입니다. 왜냐하면, 십자가 죽음 후 삼일 째 되는 날, 예수님은 무덤에서 일어나 승리하셨기 때문입니다.

다른 한 편, 사탄은 그가 진정한 승리를 얻었다고 믿었지만 그것은 그리스 에피로스의 왕 피러스의 승리(Pyrrhic victory, 큰 희생의 대가를 치루고 얻었지만 진정한 승리로 보기 힘든 실속 없는 승리 - 역주)였음이 증명되었습니다. 우리에 대한 그의 권세가 깨져버렸기 때문입니다. 나는 사탄이 그리스도를 십자가에 못 박고자 한 그의 목표를 드디어 성취하면서 무슨 생각을 하고 있었는지 자세히 모릅니다. 그러나 나는 사탄이 적어도 이 구절의 예언을 잊어버렸거나 그렇지 않으면 그 예언이 다른 때나 다른 상황에 적용되는 것으로 결말짓고 있었던 것으로 확신합니다. 이 예언에 따라 그의 승리의 순간이 패배로 바뀌게 될 것임을 그는 알지 못했습니다. 존 거스너(John Gerstner)는 이렇게 선언합니다. "사탄은 이 전투에서 당당하게 승리를 했다. 그는 예수님을 십자가에 못 박았다. 모든 시대를 통해 전력을 기울여 온 그의 가장 중요한 목표가 성취되었다. 그러나 그는 실패했다. 왜냐하면, 그가 정말로 여자의 후손을 상하게 한다고 말한 바로 그 예언이 그의 머리가 그리스도의 발꿈치에 의해 상함을 당한다고 또한 말했기 때문이다. 이렇듯이 사탄이 하나님 아들과의 전투에서의 승리를 자축하고 있을 때, 십자가 희생(마귀가 완수한)으로 이룬 속죄라는 육중한 무게가 그를 덮쳤다. 그래서 그는 이 기간 내내 전능자에 대항하여 벌인 전투에서 성공하기는커녕 그가 실제로는 온전히 지혜로우신 하나님의 목적을 수행하고 있었다는 것을 깨달았다." [2]

사탄의 유일하고 진정한 권세는 죄는 벌을 받아야 한다고 선언하시는 하나님의 특성에서 오는 것입니다. 사탄의 권세는 하나님의 그 특성의 법칙 안에서 역사합니다. 그가 만일 아담과 하와가 죄를 범하도록 만들 수 있다면, 실제로 그렇게 만들었는데, 죄에 대한 하나님의 불가피한 진노가 그들에게 떨어질 것으로 생각했습니다. 하나님의 선하신 계획이 망쳐지게 될 지경이 되었습니다. 그러나 사탄이 알지 못한 것은 하나님이 의로우시면서 불경건한 자를 의롭게 하실 수 있는 분이라는 사실입니다. 이것은 그리스도의 죽음 이전에는 그 누구도 알지를 못했습니다(롬 3:26). 그는 예수님이 죄인들의 벌을 대신 받으실 것이라는 것과, 사탄인 그가 그 과정 중에 그의 권세를 깨어지게 할 것이라는 사실을 알지 못했습니다. 그러나 지금 우리는 그것을 알려고만 하면 알 수 있습니다. 예수 그리스도의 승리는 공개적인 것이었기 때문입니다. 바울은 이렇게 말합니다. "또 범죄와 육체의 무할례로 죽었던 너희를 하나님이 그와 함께 살리시고 우리의 모든 죄를 사하시고 우리를 거스르고 불리하게 하는 법조문으로 쓴 증서를 지우시고 제하여 버리사 십자가에 못 박으시고 통치자들과 권세들을 무력화하여 드러내어 구경거리로 삼으시고 십자가로 그들을 이기셨느니라"(골 2:13-15).

이 승리의 관점에서(그리고 "대각성운동"의 신학자 조나단 에드워즈의 언어를 되풀이해서) 존 거스너(John Gerstner)는 사탄을 "세상이 일찍이 알아 왔던 자들 중 가장 위대한 얼간이"라고 부릅니다. 그는 이렇게 말합니다. "그가 피조물 중에 가장 지적인 존재라는 바로 그 사실이 어쩌면 그를 가장 위대한 얼간이로 만들고 있다. 그는 그가 온전히 지혜로 우신 분의 의표를 찌를 수 있다거나 또는 전능하신 분을 제압할 수 있다고 생각한 최고로 어리석은 자였기 때문이다."[3]

예수 그리스도께서 우리를 위해 승리를 쟁취하셨지만, 그럼에도 예수님을 따르는 자들이 쟁취해야 할 것이 또 하나 있습니다. 그것은 얻게 될 것이 확실한 승리이지만, 그러나 그것은 아직 얻는 과정 중에 있고, 예수님의 이름을 믿는다고 고백하는 우리로서 실제로 그분에게 가까이 나아가 그분의 능력으로 싸워야만 얻게 될 것입니다. 바울이 로마인들에게 "평강의 하나님께서 속히 사탄을 너희 발 아래에서 상하게 하시리라"(롬 16:20)고 기록할 때 이 승리를 가리킨 것입니다. 요한은 요한계시록에서 그것을 이렇게 말합니다. "우리 형제들이 어린 양의 피와 자기들이 증언하는 말씀으로써 그를(우리 형제들을 고소하는 자를) 이겼으니 그들은 죽기까지 자기들의 생명을 아끼지 아니하였도다"(계 12:11).

● 각주 ●

1. Barnhouse, *The Invisible War*, 107-8.

2. John H. Gerstner, "The Language of the Battlefield," in *Our Savior God*, ed. James M. Boice, 159-60.

3. Ibid.., 160.

28

그리스도와 아담

창세기 3 : 15

내가 너로 여자와 원수가 되게 하고 네 후손도 여자의 후손과 원수가 되게 하리니 여자의 후손은 네 머리를 상하게 할 것이요 너는 그의 발꿈치를 상하게 할 것이니라 하시고

로마서 5:14절에서 최초의 사람 아담을 후에 오실 예수 그리스도의 "모형"(NIV) 또는 "형상"(KJV)이라고 부르고 있습니다. 이러한 표현은, 바울 자신이 로마서 5장과 고린도전서 15장에서 하고 있는 것처럼 우리로 하여금 아담과 그리스도의 유사점과 대조점을 함께 생각하도록 자극시켜 줍니다. 본문은 성경에서 아담과 그리스도가 근접해서 나타나는 최초의 구절이기 때문에 거기서 이 주제를 주의해서 살펴보지 않고 지나간다는 것은 지혜롭지 않아 보입니다.

이 주제는 기독교 신학에서 매우 중요한 위치를 차지하고 있습니다. 사실상 그것은 소위 "언약" 신학의 기초가 되고 있습니다. 이 신학 체계에 따르면 하나님이 아담과 계약 또는 언약을 맺으셨는데, 그 언약에 의해 아담은 그를 따르는 사람들의 대표로 서게 되었습니다. 그는 순종의 기반 위에서 하나님 앞에 서게 되었습니다. 만일 그가 순종을 계속한다

면 그를 따르는 모든 사람 역시 순종 안에서 언약 관계가 확립이 되고 하나님의 복을 받을 것입니다. 만일 그가 타락한다면, 그를 따르는 모든 사람이 아담의 범법 안에서 타락하게 되고, 죄와 죽음이 아담의 죄로 인해 그들에게 닥쳐올 것입니다. 우리는 무슨 일이 일어났는지 알고 있습니다. 아담이 타락한 것입니다. 그래서 우리는 아담 안에서 타락했습니다(롬 5:12-21 참조). 다른 한 편, 하나님은 예수 그리스도와 언약을 맺으심으로써 그리스도는 구속된 많은 무리의 대표가 되셨습니다. 그들은 한 때 모두 아담에게 결합되어 있었던 것처럼 예수 그리스도에게 결합됩니다. 그리고 그들(구속된 자들)은 그리스도의 희생에 의해 구원받게 되었습니다.

물론, 아담과 언약을 맺었다고 명시된 본문은 없습니다. 성경에 아담에 대해 기록한 것은 거의 없습니다. 그러나 하나님의 예수님과의 언약을 말씀하는 곳은 많습니다(사 53:10-12, 시 22:25-31, 40:6-8, 참조 - 히 10:8-10, 12:22-24, 13:20, 요 6:37, 기타). 그리고 로마서 5장과 고린도전서 15장에서의 그리스도와 아담의 명백한 비교는 분명히 이 교리를 확립시켜 주고 있습니다. 대부분의 신학책에서 그 첫 번째 언약을 "행위의 언약" 이라고 부르고, 두 번째 언약을 "구속(또는 은혜)의 언약" 이라고 부릅니다.[1]

아담이 한 일

이 신학적 배경을 가지고 우리 조상인 첫 번째 아담에게로 가서 두 부분으로 된 그의 하나님과의 언약을 고찰해 보고자 합니다. 그 두 부분은 첫째, 언약을 깨뜨리는 데 있어 아담이 한 일과 둘째, 그의 범죄가 결과한 내용입니다.

여러 주석가들은 아담이 금지된 열매를 먹음으로써 "하나님의 사랑, 하나님의 진리, 그리고 하나님의 위엄"[2]을 손상시켰다고 말하고 있습니다. 우리는 이에 관한 사항들을 이런 저런 형태로 타락의 성격과 효과를 다루면서 이미 고찰한 바 있습니다. 그러나 아담이 죄를 범했을 때 그가 무엇을 했는지 그리고 그리스도께서 순종하심으로써 무엇을 하셨는지 대조해 보기 위해 다시 고찰해 보고자 합니다. 첫째, 아담이 하나님의 **사랑**을 손상시킨 것은 분명합니다. 하나님은 그를 하나님 자신의 형상으로 창조하시고 그를 지상 낙원인 동산에 두셨습니다. 아담은 그가 원하는 모든 즐거움을 누릴 수가 있었습니다. 그는 동물 세계를 다스렸습니다. 특히 그는 동물들을 다스리고 연구하며 목록을 만드는 가치 있는 일을 했습니다. 그는 이러한 사랑의 하나님께 순종함으로써 이런 상태를 지속시킬 모든 긍정적 여건을 갖추고 있었습니다. 그러나 사탄이 와서 하나님은 어쩌면 본질적으로 선한 분이 아니시며, 지혜롭게 하는 능력을 가진 선과 악을 알게 하는 나무의 열매를 먹고 사람이 "선과 악을 알게" 될까봐 그 열매 먹는 것을 근본적으로 금지시킨 것임을 넌지시 말했을 때, 아담은(하와도 물론) 하나님의 선하심을 의심하기 시작했고, 결국에는 금지된 열매를 먹음으로써 하나님의 사랑을 끊어버렸습니다.

둘째, 아담은 하나님의 진리를 손상시켰습니다. 하나님은 이런 말씀을 하신 바 있습니다. "선악을 알게 하는 나무의 열매는 먹지 말라 네가 먹는 날에는 반드시 죽으리라 하시니라"(창 2:17). 하나님은 복이 순종을 통해 오는 것임을 가르치셨습니다. 그러나 사탄은 이렇게 말했습니다. "뱀이 여자에게 이르되 너희가 결코 죽지 아니하리라 너희가 그것을 먹는 날에는 너희 눈이 밝아져 하나님과 같이 되어 선악을 알 줄 하나님이 아심이니라"(창 3:4-5). 아담은 하와가 속은 것처럼 속지 않고, 하나님을 불순종하면서도 죽음의 결과를 피할 가능성을 생각하고 있었을지 모릅니다. 그러나 그는 배반에 의해서 그의 상태를 개선시킬 수 있다고 생각한 것이 분명했습니다. 그렇게 생각함으로써 그는 온전하신 진리의 하나님을 중상해서 거짓말쟁이로 만들었습니다.

셋째, 아담은 하나님의 권위를 떨쳐버릴 시도를 함으로써 하나님의 위엄을 손상시켰습니다. 아더 핑크(Arthur Pink)가 지혜롭게 기술하고 있습니다. "창조자로서 하나님은 명령을 내리시고, 그분의 피조물로부터 절대적인 순종을 요구하실 고유의 권리를 소유하고 계신다. 법의 제정자, 조종자, 통치자로서 행동하시고, 그분에게 종속된 자들의 자유의 제한을 규정하는 것은 그분의 특권이다. 에덴에서 그분은 그분의 특권을 행사하셨고 그분의 뜻을 나타내셨다. 그러나 아담은 그가 하나님보다 더 좋은 친구를 가지고 있다고 생각했다. 그는 하나님을 엄격하고 독재적이며, 그의 최선의 이익을 촉진시키는 것을 싫어하시는 분이라고 생각했다. 눈에 보기 좋고 사람을 지혜롭게 할 수 있을 만한 이 나무의 열매를 먹지 못하게 되자 그는 하나님이 독단적이고 잔인하게 행동한다고 느낌으로 그는 자기 자신을 내세우고, 그의 권리를 주장하며, 하나님의 통치의 속박을 끊어버리기로 결심했다. 그는 하나님의 법 대신에 마귀의 말을 따랐다. 즉, 그는 자신의 욕심을 하나님의 명령에 우선시켰다." [3]

아담의 불순종의 결과는 무엇이었습니까? 바울은 로마서 5장과 고린도전서 15장에서 이를 기록하고 있습니다. 그것은 곧 그의 범법으로 모든 사람이 죄와 죽음을 경험하게 되었다는 것입니다. "한 사람으로 말미암아 죄가 세상에 들어오고"(롬 5:12), "한 사람의 범죄를 인하여 많은 사람이 죽었은즉"(롬 5:15), "한 사람의 범죄로 말미암아 사망이 그 한 사람을 통하여 왕 노릇 하였은즉"(롬 5:17), "한 범죄로 많은 사람이 정죄에 이른 것"(롬 5:18), "한 사람이 순종하지 아니함으로 많은 사람이 죄인 된 것"(롬 5:19), "아담 안에서 모든 사람이 죽은 것"(고전 15:22). 하나님은 아담의 죄로 인해 모든 사람을 심판하셨습니다.

사람들은 아담의 죄가 왜 그의 후손들에게 영향을 주는가에 대해 오늘날까지도 의문을 해 왔습니다. 그들은 하나님이 태어나지도 않은 세대들에게 그들의 최초 조상의 죄에 대한 책임을 지우는 것은 잘못된 것이라고 판단했습니다. 그러나 우리가 어떤 판단을 하든 관계없이 우리 이전에 살았던 사람들의 역사(歷史)에서 뿐만 아니라 우리 자신의 삶에서 보면 이것이 하나님이 하시는 일임은 명백합니다. 아담이 죄를 범하자 그는 죽었습니다. 그는 하나님과의 관계에서 죽었습니다. 그와 하나님과의 교제는 깨어졌습니다. 이는 하나님이 그를 찾아 동산에 오셨을 때 그가 숨은 것으로 증명됩니다. 그는 자신의 인격에 대해 죽었습니다. 그는 자신의 죄에 대한 책임을 동반자인 하와에게 전가하려고 했습니다. 그 후 얼마 안 되어 그와 그의 자손들은 더욱 나쁜 일들을 했습니다. 드디어 아담은 몸이 죽어 그가 왔던 흙으로 돌아갔습니다. 이 죄의 결과가 모두 우리에게 전달되었습니다. 그 결과로 우리는 보편적인 죽음의 지배를 봅니다. 심지어 어떤 개인적인 범죄 행위를 할 수 없는 갓난아기에게조차 죽음이 지배하는 것을 봅니다. 하나님이 우리 모두를 죄 있는 자로 보시고 그에 대해 심판하신다는 증거입니다.

우리는 이런 일들이 사실임을 확인하고는 아직도 그 일들에 대해 분개하고 있을지도 모릅니다. 우리는 그렇게 행동하시는 하나님을 독단적이고 잔인하다고 생각할지 모릅니다. 그러나 우리가 이러한 판단을 하기 전에 만일 우리에게 에덴에서 살게 되는 기회가 주어졌다면(실제로 아담에게도 기회가 주어졌던 것처럼), 아담이 타락했던 똑같은 삶을 살지 않았을 것인지 물어봐야 합니다.

영국 케임브리지대학교의 찰스 시몬(Charles Simeon)은 100여 년 전에 이에 대해 이렇게 기술했습니다. "하나님의 일하시는 방식은 얼마나 깊고 신비스러운가! 우리의 최초 조상이 그의 자손들로 하여금 자기 안에서 존속하거나 타락할 수밖에 없도록 연합체의 머리가 되었다는 것은 그 자체로 엄청난 신비이다. 그것은 독단적인 처사요, 온 인류에게 유해한 것으로 보일 수 있다. 그러나 만일 온 인류가 아담의 경우와 똑같은 상태와 환경에서 단번에 창조되었다면, 그들의 운명이 그들 자신에 달려 있는 만큼, 그들은 자발적으로 아담 안에서 존속되거나 타락했을 것이라고 주저 없이 말할 수 있다. 왜냐하면, 아담은 그들이 소유했던 모든 이익을 소유했던 한편, 그들이 생각할 수 없었던 확고한 유인력, 다시 말하면 그의 후손들로 하여금 그의 하나님께 대한 충성심을 신뢰케 하는 유인력을 가지고 있었고, 그래서 결과적으로 그들의 행복이 그들 자신보다는 그의 손 안에서 보장된다고 생각했을 것이기 때문이다."

그리고 나서 시몬은 만일 인간 각자에게 아담 안에서 심판 받겠는가 아니면 스스로 심판 받겠는가 묻는다면, 생각이 있는 사람이라면 아담 안에서의 심판을 선택할 것임을 설명합니다. 왜냐하면, 아담은 하나의 유혹만 받았고, 그것도 아주 작은 것이어서 별 가치가 없는 것이었기 때문입니다. 그 외에도 그는 선을 행할 수 있는 모든 가능한 동기를 부여하는 환경에 둘러싸여 있었습니다. 그러나 대조적으로 우리는 많은 유혹들에 포위되어 있고, 분명히 아담의 경우만큼 순종을 위한 동기유발 요소가 없습니다. 우리 중 누구도 똑똑히 생각할 수 있다면 하나님의 일 처리를 비난하지 않을 것입니다.[4]

둘째 아담

그러나 아담을 다루시는 하나님의 충만한 은혜는 여기서는 보이지가 않습니다. 그것은 그리스도에게 돌아서서 구원의 믿음으로 그분에게 결합되는 사람들을 위한 그분의 승리를 깨달을 때에만 보입니다.

아담의 행위를 연구하면서 우리는 아담이 어떻게 하나님의 사랑과 진리와 위엄을 대단히 욕되게 했는지를 살펴보았습니다. 예수 그리스도의 경우에는 얼마나 다른지 아더 핑크(Arthur Pink)는 이렇게 기술합니다.

예수님은 하나님의 **사랑**을 얼마나 확실히 옹호하셨는지! 아담은 하나님이 그에게 유익한 것을 주기 싫어하셔서 그로 인해 그분의 선하심을 의심하는 악한 생각을 품었다. 그러나 예수님은 그 결정을 거꾸로 돌리셨다! 잃어버린 자들을 찾아 구원하시려고 이 땅에 내려오심과 관련하여 그분은 인류에 대한 하나님으로서의 동정심을 온전히 계시하셨다. 고통 받는 자를 동정하심에서, 기적적인 치료에서, 예루살렘을 두고 눈물 흘리심에서, 그분의 비이기적이고 지침 없는 자비의 행위에서, 그분은 하나님의 선행과 자비심을 공개적으로 나타내셨다. 그리고 그분의 십자가 고난과 죽음에 대해 무어라고 말할 것인가? 우리를 위해 그분의 생명을 버리심에서, 십자가 위에서 죽으심에서 그분은 그 무엇으로도 할 수 없는 아버지의 마음을 드러내셨다. "우리가 아직 죄인 되었을 때에 그리스도께서 우리를 위하여 죽으심으로 하나님께서 우리에 대한 자기의 사랑을 확증하셨느니라." 갈보리 희생에 비추어 우리는 더 이상 하나님의 선하심과 은혜를 의심해서는 결코 안 된다.

그리스도는 하나님의 **진리**를 얼마나 확실히 옹호하셨는지! 사탄에게 하나님의 선하심을 의심하고, 그분의 진리를 문제시하고, 그분의 위엄을 인정하지 않도록 시험 당하셨을 때 주님은 매번 "기록 되었으되" 라는 말씀으로 대답하셨다. 주님이 안식일에 회당에 들어가시면 성경을 소리 내어 읽으셨다. 열 두 제자들을 택하실 때 그분은 성경을 "이루어지게" 하기 위해 계획적으로 가룟 유다를 택하셨다. 그분의 비판자들이 비난할 때, 그분은 그들이 그들의 전통에 의해서 "하나님의 말씀"을 무효로 만들고 있다고 선언하셨다. 그분은 십자가 위에서의 최후의 순간에 모든 일이 이미 이루어진 줄 아시고 성경을 응하게 하려 하사 "내가 목마르다" 라고 말씀하셨다. 죽음에서 일어나신 후에 두 제자와 함께 엠마오로 동행하시면서 그분은 "그들에게 모든 성경에 기록된 바 그분 자신에 관한 것을 자세히 설명하셨다." 그분의 생애의 매 시점 그리고 매사에 그분은 하나님의 진리를 존중하셨고 찬미하셨다.

끝으로, 그리스도는 하나님의 위엄을 완벽하게 옹호하셨다. 피조물이 창조자와 동등하게 되기를 갈망했다. 아담은 하나님이 그에게 부과하신 통치상의 금지 사항에 대해 분노했다. 그는 하나님의 법을 멸시하고, 그분의 위엄을 모욕하고, 그분의 권위를 무시했다. 우리의 복된 구세주와 얼마나 다른지! 그분은 영광의 주님이셨고 하나님과 동등하셨지만, 그러나 그분은 자기를 비워 종의 형체를 가지셨다. 오, 비길 데 없는 은혜여! 그분은 겸손하게 "법아래 있는 자"가 되셨고, 이 세상에 머무시는 동안 내내 그분은 그분의 권리 주장하기를 거절하셨고, 언제나 아버지께 복종하셨다. "내 뜻대로 마옵시고"가 그분의 거룩한 외침이었다. 아니, 더 있다. "그가 죽기까지 복종하셨으니 곧 십자가에 죽으심이라." 하나님 자신의 아들이 33년 동안 사람들 사이에 거하시는 동안, 하나님의 법이 그렇게 높임 받은 일이 결코 없었고. 하나님의 권위가 그렇게 존중된 적이 결코 없었고, 하나님의 통치상의 주장이 그토록 뛰어나게 지지된 적이 결코 없었다.[5]

　　이 순종의 결과는 무엇이었습니까? 우리는 이미 아담의 불순종의 결과를 보았습니다. 그것은 그 자신과 그를 따른 자들의 죽음이었습니다. 그리스도의 경우에는 하나님의 심판이 번복되었습니다. 아담은 죽음을 가져왔으나, 그리스도는 생명을 가져왔습니다. 아담은 유죄 판결을 가져왔으나, 그리스도는 의롭다는 인정을 가져왔습니다. 이 모든 것이 같은 원리, 즉 많은 사람을 대신하는 분이라는 대표성의 원리에 의한 것입니다. "한 사람이 순종하지 아니함으로 많은 사람이 죄인 된 것 같이 한 사람이 순종하심으로 많은 사람이 의인이 되리라"(롬 5:19). 이처럼 하나님이 독단적인 불의의 표본이라는 것과는 전혀 다르게 하나님의 언약의 원리는 실상 은혜의 수단인 것입니다. 왜냐하면, 모든 사람이 첫째 아담 안에서 유죄 판결을 받았다고 간주함에 의해서만 하나님은 또한 믿는 자들을 둘째 아담이신 예수 그리스도 안에서 의롭다고 간주하실 수 있는 것이기 때문입니다.

하나님의 은혜

　　한 가지가 더 있습니다. 바울은 죄와 은혜의 효과를 비교하고, 그리스도의 순종을 통한 은혜의 효과는 아담을 통한 효과보다 훨씬 크다고 결론을 내립니다.

"그러나 이 은사는 그 범죄와 같지 아니하니 곧 한 사람의 범죄를 인하여 많은 사람이 죽었은즉 더욱 하나님의 은혜와 또한 한 사람 예수 그리스도의 은혜로 말미암은 선물은 많은 사람에게 넘쳤느니라"(롬 5:15)

구체적으로 모든 사람이 구원되는 것이 아닌데 어떻게 이것이 가능합니까? 그리스도의 일의 효과가 아담의 유산보다 어떻게 더 클 수 있습니까? 도널드 반하우스는 다음과 같은 제시를 합니다.

1. 시간적인 면에서 그리스도의 일은 아담의 것보다 탁월하다. 시간적으로 계산했을 때 예수님의 승리의 효과는 영원한 데 비해, 아담의 불순종의 효과는 구속받은 자에 관련되는 한에서 일시적이다. 이 땅의 관점에서 보면 죄의 지배는 길어 보인다. 그러나 이 땅의 역사(歷史)는 무한히 큰 영원의 창공에 비하면 작은 것에 지나지 않고, 지금은 죄를 범하기 너무 쉬운 우리가 거기서 벗어나 예수님과 같이 되는 시간이 오고 있다.

2. 그리스도의 일의 효과는 아담의 것보다 탁월하다. 아담이 죄를 범했을 때 죽음이 아담에게, 그리고 그를 통해 모든 사람에게 온 것은 사실이다. 그러나 죽음의 권세는 깨어졌다. 그리스도가 이루신 것이다. 그분은 "사망을 폐하시고 복음으로써 생명과 썩지 아니할 것을 드러내셨다"(딤후 1:10). 아담과는 대조적으로 그리스도의 일에는 실패가 없다. 왜냐하면, 사탄은 그리스도에 의해 구속된 자들을 되찾을 능력이 없기 때문이다. 그들은 영원히 그리스도의 것이다.

3. 그리스도의 일은 아담의 일에 비해 그것이 훨씬 더 많은 사람들에게 영향을 줄 것이라는 점에서 탁월하다. 이런 사항들은 "큰 회중"(시 22:25), "아무도 능히 셀 수 없는 큰 무리"(계 7:9) 등으로 묘사되고 있다.

우리가 우리 주변을 둘러 볼 때 우리는 어떻게 이것이 사실일 수 있는지 족히 의아해 할지 모른다. 다수의 사람들이 그리스도를 믿지 않는 것으로 보이고, 우리조차도 주님이 "좁은 문으로 들어가라 멸망으로 인도하는 문은 크고 그 길이 넓어 그리로 들어가는 자가 많고 생명으로 인도하는 문은 좁고 길이 협착하여 찾는 자가 적음이라"(마 7:13-14)고 하신 말씀을 기억한다. 이것은 아마도 우리가 전체 이야기를 알지 못하는 데서 오는 의아심일 것이다. 그리스도의 말씀은 현대를 사는 성인(成人)들에게 의심할 것 없이 맞는 말씀이다. 그러나 아이들의 경우는 어떤가? 유년기에 죽은 아이들은 선택된 자로 간주될 가능성이 있다. 그리스도가 미래에 이 땅을 다스리시는 시대에서는 어찌되는 것인가? 그 시대에 태어나는 사람들은 구속된 자들일 수가 있고, 하나님은 그들을 사용하셔서 이 세상에 무수히 경건한 후손들이 나오게 하실 수 있다.

4. 예수 그리스도의 승리는 영향을 받은 영역 면에서 아담의 불순종보다 더 위대하다. 아담의 죄는 단지 이 땅에만 영향을 주었다. 사람들이 그들의 불순종이라는 전염병을 이 땅을 유랑하면서 더 널리 퍼뜨렸다고 할지라도, 그들이 멀리까지 퍼뜨리는 것은 불가능하다. 반대로, 그리스도의 승리는 전 우주를 통해 찬양될 것이다.

5. 예수 그리스도의 승리는 아담의 일을 능가한다. 왜냐하면, 그리스도의 일은 하나님의 일이고, 아담의 일은 단순한 사람의 일이기 때문이다. 사람으로서 우리는 우리 자신을 높이 평가해서 우리가 무엇이든지 할 수 있다고 생각한다. 그러나 실제로 하나님의 행동에 비교해 보면 우리가 할 수 있는 일은 거의 없다. 구원에 있어 우리는 아무 것도 할 수 없다. 반대로, 그리스도는 필요한 일은 모두 하신다. 그리고 그분이 시작하신 일은 그분이 틀림없이 완성시키실 것이다(빌 1:6).[6]

타락 이야기를 떠나서 아담에 대한 이야기는 우리가 이미 살펴 본 바와 같이 거의 없습니다. 그러나 그것으로 충분합니다. 성경은 그가 하나님에 의해 창조되었고, 완전한 환경에 놓여 졌으며, 인류의 대표자로서 순종하도록 요구되었다고 했습니다. 성경은 그가 타락했고, 그의 타락의 효과는 모든 사람에게 전가되었다고 했습니다. 우리는 아담이 최초의 사람이었고, 최초의 죄인으로 우리는 그의 죄로 인해 심판을 받아왔다고 요약할 수 있습니다(아담에 대해 너무 가혹하게 말하지 않도록, 우리가 만일 그의 자리에 있었다면 우리도 그와 똑같은 일을 저질렀을 것임을 기억해야 합니다). 처음으로 돌아가 아담 안에서 한 사람이 많은 사람을 대신하는 원리를 배우고, 하나님이 둘째 아담을 통해서 구원을 예비하신 은혜의 수단을 봅니다.

우리 모두는 아담 안에 있습니다. 그 중 어떤 사람들은 하나님의 은혜에 의해 그리스도 안에도 있습니다. 당신은 그리스도의 십자가를 의지할 수 있습니까? 당신이 예수 그리스도 안에 있는지 알 수 있습니까? 당신은 믿음으로, 그분이 하신 일을 믿고 당신 자신을 그분에게 맡김으로써 "그리스도 안에" 있게 됩니다.

● 각주 ●

1. 찰스 하지 (Charles Hodge)는 [은혜의 언약을] 하나님과 사람 간에 맺어진 것으로 보는 "은혜의 언약"과, 하나님 아버지와 그리스도 사이에 맺어진 "구속의 언약"을 더 자세히 나누어 구별하고 있다(참조 - Systematic Theology, vol. 2, 58-59; 전반적 논의는 117-22 쪽과 354-77 쪽). 이것은 근거가 있는 구별이지만, 이 장(章)의 범위를 넘어서는 것이고 내가 말하고자 하는 사항과 무관하다.

2. 참조 - Pink, *Gleanings in Genesis*, 51.

3. Ibid., 52

4. 찰스 시몬의 인용문은 반하우스의 *God's Grace*, 54-55에서 참고한 것이다.

5. Pink, *Gleanings in Genesis*, 52-53.

6. 참조 - Barnhouse, *God's Grace*, 58-62.

29
충만한 은혜
창세기 3 : 15

내가 너로 여자와 원수가 되게 하고 네 후손도 여자의 후손과 원수가 되게 하리니 여자의 후손은 네 머리를 상하게 할 것이요 너는 그의 발꿈치를 상하게 할 것이니라 하시고

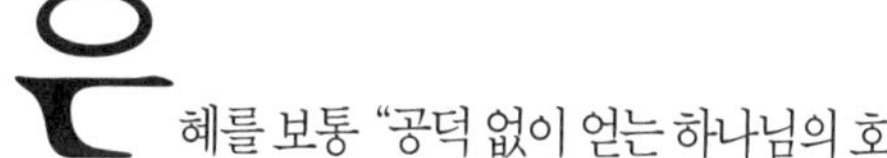

은혜를 보통 "공덕 없이 얻는 하나님의 호의" 또는 "받을 가치가 없는 자에게 베푸시는 하나님의 공급"이라고 정의합니다. 그러나 이런 정의는 실상 너무 약합니다. 약한 까닭은 하나님의 은혜는 그것을 받을 만 한 자에게 뿐만 아니라 정확히 그 반대의 것을 받아야 할 사람에게도 나타나기 때문입니다.

하나님이 하시는 모든 일이 다 은혜로운 것이라고 이해할 수 있습니다. 왜냐하면, 우리 중 누구도 그 어떤 것도 받을 자격이 없기 때문입니다. 아담은 그가 타락하기 이전에 조차 그 어떤 것도 받을 자격이 없었습니다. 생명의 선물은 은혜로운 것이었습니다. 동산을 주신 것도, 아내를 주신 것도, 해야 할 의미 있는 일을 주신 것도 은혜로운 것이었습니다. 그러나 이것이 성경이 보통 말씀하는 하나님의 은혜가 아닙니다. 하나님의 은혜의 충만함은 죄의 검은 장막을 배경으로 해서만 나타난다는 단순한 이유 때문입니다. 아담의 경우에

은혜는 하나님이 그를 타락 이후에 친절히 다루시는 것과 구원자가 오실 것에 대한 약속에서 나타납니다. 나중에 하나님의 은혜는 이스라엘 백성이 지속적으로 하나님을 떠나 방황함에도 불구하고 그 백성을 계속 돌보시는 것에서 나타납니다. 무엇보다 하나님의 은혜는 예수 그리스도를 십자가 죽음으로 몰아붙인 인간의 죄에도 불구하고, 하나님이 주의 이름을 부르는 모든 자를 구원하실 근거로 예비하신 예수 그리스도의 십자가에서 나타납니다. 실제로 은혜는 하나님이 우리가 마땅히 받아야 할 유죄 판결에도 불구하고 모든 가능한 방법으로 육신적 및 영적 양면에서 우리의 필요를 예비해 주신 것을 의미합니다.

그밖에도 은혜는 풍성함 또는 넘침의 특성을 가지고 있는데 그것을 이렇게 말할 수 있습니다. 믿는 자들은 아담 안에서 잃은 것보다 예수 그리스도의 역사를 통해 더 많은 것을 얻는다고 말할 수 있는 것입니다. 어느 시인이 이렇게 썼습니다.

우리가 사랑하는 주님의 놀라운 은혜여
우리의 잘못과 범죄를 **뛰어넘는** 은혜여
거기 갈보리에서 흘러나왔어라
거기 어린 양이 피를 흘린 곳에서

성경은 이렇게 말씀합니다. "율법이 들어온 것은 범죄를 더하게 하려 함이라 그러나 죄가 더한 곳에 은혜가 더욱 넘쳤나니 이는 죄가 사망 안에서 왕 노릇 한 것 같이 은혜도 또한 의로 말미암아 왕 노릇 하여 우리 주 예수 그리스도로 말미암아 영생에 이르게 하려 함이라"(롬 5:20-21).

하나님의 생명

창세기 3:15절은 성경에서 하나님의 은혜를 이런 의미로 언급한 최초의 구절이고, 그 구절이 그리스도의 위대한 전적 승리와, 그리스도와 아담에 대한 사탄의 별 볼 일 없고 궁극적으로 효과 없는 일격을 비교하고 있기 때문에 그 구절은 우리로 하여금 그리스도의 완전한 승리에 대해 언급함으로써 창세기 3:15절을 부연 설명해 준 몇몇 위대한 성경 구절들에 대해 생각하도록 해 줍니다. 이 구절들은 왜 은혜가 풍성하고, 왜 우리가 첫째 아담 안에서 잃은 것보다 둘째 아담인 그리스도 안에서 더 많이 얻었는가를 설명해 줍니다.

그 첫 번째 구절은 골로새서에서 이렇게 말씀합니다. "하나님이 그들로(성도들) 하여금 이 비밀의 영광이 이방인 가운데 얼마나 풍성한지를 알게 하려 하심이라 이 비밀은 너희 안에 계신 그리스도시니 곧 영광의 소망이니라"(골 1:27). 바울이 성경 다른 곳에서 말하는 입장으로 보아, 우리는 그가 여기서 그리스도를 믿는 자들은 그분 안에서 살아났고, 그리스도 자신의 생명이 그들 안에 있다는 사실을 언급하는 것임을 알 수 있습니다. 갈라디아서에서 바울은 이렇게 기술하고 있습니다. "내가 그리스도와 함께 십자가에 못 박혔나니 그런즉 이제는 내가 사는 것이 아니요 오직 내 안에 그리스도께서 사시는 것이라 이제 내가 육체 가운데 사는 것은 나를 사랑하사 나를 위하여 자기 자신을 버리신 하나님의 아들을 믿는 믿음 안에서 사는 것이라"(갈 2:20).

로마서에서는 이렇게 기술합니다. "예수를 죽은 자 가운데서 살리신 이의 영이 너희 안에 거하시면 그리스도 예수를 죽은 자 가운데서 살리신 이가 너희 안에 거하시는 그의 영으로 말미암아 너희 죽을 몸도 살리시리라"(롬 8:11).

이것은 두 가지의 중요한 결과를 가져다줍니다. 첫째, 우리 안에 있는 하나님의 생명은 영원하다는 것입니다. 그것은 죽지 않습니다. 둘째, 하나님의 생명은 항상 의를 얻으려고 노력합니다. 왜냐하면, 그것이 하나님의 생명의 본질이기 때문입니다. 그것은 죄를 혐오합니다. 그것은 선(善)에 밀착합니다. 이러한 근거에서 사도 요한은 그리스도인의 실제의 삶에 있어 하나님에게서 거듭났다는 사실의 증표로 의(義)가 나타나야 함을 호소하는 것입니다. "그를 아노라 하고 그의 계명을 지키지 아니하는 자는 거짓말하는 자요 진리가 그 속에 있지 아니하되 누구든지 그의 말씀을 지키는 자는 하나님의 사랑이 참으로 그 속에서 온전하게 되었나니 이로써 우리가 그의 안에 있는 줄을 아노라 그의 안에 산다고 하는 자는 그가 행하시는 대로 자기도 행할지니라"(요일 2:4-6). "하나님께로부터 난 자마다 죄를 짓지 아니하나니 이는 하나님의 씨가 그의 속에 거함이요 그도 범죄하지 못하는 것은 하나님께로부터 났음이라"(요일 3:9).

요한이 의미하는 것은 그리스도인들이 결코 죄를 범하지 않는다는 것이 아닙니다. 그것은 진실이 아닙니다. 요한은 그러한 결론을 명백히 거부합니다(요일 1:8 참조). 그가 의미하는 것은 참된 하나님의 자녀안에 있는 그리스도의 새 생명은 필연적으로 의를 갈망할 것이고, 그래서 믿는 자를 일생을 통해 매일같이 그 방향으로 인도할 것이라는 것입니다.

이것은 아담의 경우에서보다 크게 개선된 것입니다. 아담의 자연적인 삶은(하등의 도덕적 흠이 없었을지라도) 분명히 그렇게 인도하지를 못했기 때문입니다. 오히려 아담은 배반과 죽음을 선택했습니다. 그리스도 안에서 하나님의 은혜는 우리에게 하나님의 생명을 부여해 줌으로써 충만하게 되었습니다.

칭의의 선물

두 번째 구절은 이렇게 말씀합니다. "또 이 선물은 범죄한 한 사람으로 말미암은 것과 같지 아니하니 심판은 한 사람으로 말미암아 정죄에 이르렀으나 은사는 많은 범죄로 말미암아 의롭다 하심에 이름이니라"(롬 5:16). 여기서 뿐만 아니라 지난 장에서도 살펴본 이 구절은 바울이 아담을 통해 죽음이 이 세상에 들어온 것과 그리스도의 역사를 통해 영생이 들어온 것을 비교하고 있는 유명한 로마서 말씀 중에 있는 구절입니다. 그 구절은 중요한 비교를 하고 있습니다. 죄와 은혜(선물), 유죄 판결과 칭의의 비교입니다. 하지만 어떻게 그리스도 안의 하나님의 은혜에 의한 칭의가 아담 안의 죄의 역사에 의한 유죄 판결보다 더 탁월한 것인가에 대해 바울은 유죄 판결은 단지 한 가지 죄에 근거한 것이라고 대답합니다. 그러나 칭의는 그 한 가지 죄인 원죄뿐만이 아니라 아담 이후로 수많은 하나님의 백성이 많은 세대에 걸쳐 범해 온 많은 죄 모두에 대한 하나님의 해결책입니다.

칭의는 법적인 용어로서 모든 종교적인 질문 중 가장 기본적인 "어떻게 사람들이 하나님 앞에 옳을 수 있는가?"의 문제를 다루는 하나님의 일과 관련되는 것입니다. 우리 자신은 그분 앞에 옳지 못합니다. 이것이 죄의 교리가 의미하는 것입니다. 죄는 우리가 하나님을 배반하고 있다는 것을 의미합니다. 만일 우리가 하나님을 거스른다면 우리는 하나님 앞에 옳을 수가 없습니다. 특히 바울이 "모든 사람이 죄를 범하였으매 하나님의 영광에 이르지 못하더니"(롬 3:23). 라고 말한 것 같이 우리는 모두 죄인입니다. 칭의의 교리는 기독교 교리 중 가장 중요한 것입니다. 그것은 하나님을 배반하는 자가 어떻게 하나님 앞에 옳게 될 수 있는가를 말해 주기 때문입니다. 그것은 우리가, 우리 자신의 행위나 의가 아닌, 믿음으로 얻는 예수 그리스도의 역사만을 통해서 모든 죄로부터 의롭게 될 수 있다고 말합니다.

바울은 그것을 이렇게 기술합니다. "모든 믿는 자에게… 그리스도 예수 안에 있는 속량으로 말미암아 하나님의 은혜로 값 없이 의롭다 하심을 얻은 자 되었느니라"(롬 3:22-24). "사람이 의롭다 하심을 얻는 것은 율법의 행위에 있지 않고 믿음으로 되는 줄 우리가 인정하노라"(롬 3:28). "일을 아니할지라도 경건하지 아니한 자를 의롭다 하시는 이를 믿는 자에게는 그의 믿음을 의로 여기시나니"(롬 4:5). 이 구절들은 칭의가 하나님의 역사이고, 은혜로부터 흘러나오는 것임을 가르칩니다. 로마서 후반에 가서 바울은 이렇게 말합니다. "의롭다 하신 이는 하나님이시니… 누가 정죄하리요"(롬 8:33-34).

하나님이 죄인을 의롭다고 칭하시는 데에는 다른 칭의의 경우와는 관계가 없는 전적으로 독특한 요소가 있습니다. 그 독특한 요소는 우리 죄에 대한 그리스도의 속죄인데 이것은 그리스도를 통해서 하나님이 우리에게 필요한 의를 예비해 주시는 것과 연결됩니다. 칭의의 상태에서 하나님은 그리스도의 희생을 하나님의 공의에 대한 죄 값의 지불로서 받으셨다는 것과 그리스도를 통해 죄 대신에 그분의 의를 우리에게 전가(轉嫁)시키셨다는 것을 선언하십니다. 그리스도의 속죄가 우리의 모든 죄에 대한 하나님의 공의를 만족시켰기 때문에, 칭의에 있어 하나님의 은혜는 분명히 충만한 것입니다.

우리의 칭의에 있어 하나님의 은혜가 아담의 죄 된 행위를 뛰어넘는 또 다른 내용이 있습니다. 아담이 타락했을 때, 그는 중립적인 위치인 무지의 위치에서 죄인이 되는 위치로 타락했습니다. 그러나 그리스도의 역사는 우리를 단순히 무지의 상태로 회복시키신 것이 아니라, 우리가 선과 악을 알지만 선을 택하는 사람들로 만드시고자 그 이상으로 들어 올리셨습니다. 우리는 이것을 자의 눈금으로 이해할 수 있습니다. 플러스 100에서 0을 지나 마이너스 100까지 눈금이 내려가는 자를 상상해 보십시오. 우리는 아담이 0에서 출발해서 마이너스 100으로 떨어졌다고 말할 수 있습니다. 그는 100점을 잃었습니다. 그리스도의 역사는 그 일의 두 배로 표현될 수 있습니다. 그분은 많은 죄를 의의 지극한 충만함으로 해결하시고, 자기 백성을 단순히 0으로 회복시키시는 것이 아니라 플러스 100으로 회복시키시기 때문입니다.

그리스도와 공동 상속자

세 번째 구절은 로마서 8:17절입니다. 이 구절은 구속된 자들이 "하나님의 상속자요 그리스도와 함께 한 상속자" 라고 말씀하고 있습니다. 이것은 아담의 형편보다 개선된 것입니다. 왜냐하면 아담은 고작해야 지구상의 한 낙원에 대해서 하나님의 섭정을 했을 뿐이기 때문입니다. 반대로 우리는 그리스도의 것 모두를 상속받게 되고, 실제로 그분과 함께 창조 세계를 다스리게 됩니다(딤후 2:12).

상속자가 되는 것과 공동 상속자가 되는 것 사이에는 법적으로 중요한 차이가 있습니다. 어떤 사람이 죽고 40만 달러의 재산을 그의 네 자녀에게 남겨 놓았다고 가정해 봅시다. 만일 그들이 유산 상속자로 지정이 되어 있다면 재산은 그들 간에 균등하게 나누어 질 것입니다. 그들은 각각 25% 또는 10만 달러씩 받을 것입니다. 그러나 자녀들이 공동 상속자로 지정이 되었다고 가정해 봅시다. 제각각 "나는 40만 달러를 가질 자격이 있다."고 말할 수 있습니다. 인간 사회에서 일은 거의 균등하게 이루어지지 않습니다. 인간은 사이좋게 지내기가 어렵고, 자녀들은 논쟁을 할 것이기 때문입니다. 그러나 인간 사회에서 잘 풀리지 않는 것이 하나님의 일에서는 잘 풀리게 될 것입니다. 왜냐하면 그리스도의 공동 상속자들은 그리스도의 영을 가지고 있고, 항상 모든 사람의 선을 위해 함께 일할 것이기 때문입니다. 우리가 상속받을 유산은 무엇입니까? 그것은 그리스도의 것 모두입니다. 도널드 반하우스(Donald G. Barnhouse)는 이렇게 기술합니다.

왕이 어떤 것을 소유했다면 그의 신부에게 나누어주지 않을 것인가? "찬송하리로다 하나님 곧 우리 주 예수 그리스도의 아버지께서 그리스도 안에서 하늘에 속한 모든 신령한 복을 우리에게 주시되"(엡 1:3). 그분이 부(富)를 소유하고 계신가? 그러면 "우리 주 예수 그리스도의 은혜를 너희가 알거니와 부요하신 이로서 너희를 위하여 가난하게 되심은 그의 가난함으로 말미암아 너희를 부요하게 하려 하심이라"(고후 8:9). 그분은 아버지와 함께 사랑과 교제를 나누고 있지 않은가? 우리가 상속받을 유산의 몫을 나타내 보이려면 그분이 죽기 전 감람산 뜰에서 하신 그분의 위대한 대제사장적인 기도의 모두를 인용하면 될 것이다.

신약에 각각 그 고유한 정당성을 가진 훌륭한 구절 세 개가 있는데 그것을 종합해서 보면, 우리가 구주와 연합되어 있다는 놀라운 모습을 우리에게 보여준다. 주님이 기도하신 장소는 감람산이었다. "아버지여 창세 전에 내가 아버지와 함께 가졌던 영화로써 지금도 아버지와 함께 나를 영화롭게 하옵소서"(요 17:5). 우리는 주님이 자신의 기도는 모두 응답된다고 말씀하시는 것을 알고 있다. 그러나 베드로에게 영광을 구하는 그리스도의 이 특별한 기도에 관한 특별한 계시가 주어졌다. 우리 주님의 죽음과 부활에 대해 말하면서 베드로는 이렇게 기술한다. "오직 흠 없고 점 없는 어린 양 같은 그리스도의 보배로운 피로 된 것이니라 그는 창세 전부터 미리 알린 바 되신 이나 이 말세에 너희를 위하여 나타내신 바 되었으니 너희는 그를 죽은 자 가운데서 살리시고 영광을 주신 하나님을 그리스도로 말미암아 믿는 자니 너희 믿음과 소망이 하나님께 있게 하셨느니라"(벧전 1:19-21). 당신은 이 끝부분의 말에 주목했는가? 하나님은 그분을 죽음에서 일으키시고 그분에게 영광을 주셨다 - 그분이 특히 십자가에 달리시기 전날 밤에 기도하셨던 영광을.

그러나 그분은 그분의 부활의 승리로 얻은 영광으로 무엇을 하셨는가? 감람산으로 다시 돌아가 그분의 기도를 들어보자. "내게 주신 영광을 내가 그들에게 주었사오니"(요 17:22). 얼마나 헤아릴 수 없는 놀라움인가! 그분의 영광에 참여하는 자라니! 그분의 부활의 승리의 같은 상속자라니! 우리는 "만물 안에서 만물을 충만하게 하시는 이의 충만함이니라"(엡 1:23)가 된다.[1]

특히, 우리가 받는 유산은 그 가치가 평가절하 되거나 잃어버릴 수 없는 것입니다. 그것은 베드로가 말한 것처럼 "썩지 않고 더럽지 않고 쇠하지 아니하는 유업을 잇게 하시나니 곧 너희를 위하여 하늘에 간직하신 것"(벧전 1:4)입니다. 우리는 아담이 죄로 인해 유산을 잃어버린 것을 압니다. 그러나 우리는 우리의 유산을 잃어버릴 수가 없습니다. 그것은 다른 근거로 주어진 것이기 때문입니다. 아담의 유산은 "행위의 언약"에 근거한 것이었습니다. 만일 그가 순종의 삶을 산다면 유산은 그의 것이 될 것이고, 만일 그가 배반한다면 유산은 몰수될 그런 것이었습니다. 우리의 유산은 "은혜의 언약"에 근거한 것입니다. 은혜는 일해서 버는 것도 아니고, 어떤 가치 때문에 받는 것도 아닙니다. 그것은 순전히 하나님의 불변하시는 뜻에 근거하는 것입니다. 우리의 유산은 안전하고 확실한 것입니다.

이것을 다른 말로 이렇게 주장합니다. "자녀이면 또한 상속자 곧 하나님의 상속자요"(롬 8:17). 우리는 하나님의 은혜로 자녀가 됩니다. 우리는 "혈통으로나 육정으로나 사람의 뜻으로 나지 아니하고 오직 하나님께로부터 난 자들"(요 1:13)이기 때문입니다. 우리의 유산이 우리의 자녀 됨에 근거하고 있고, 우리의 자녀 됨이 우리 자신의 뜻이 아닌 하나님의 뜻에 의한 것이기 때문에 아무 것도 그것을 바꿀 수가 없습니다. 이 점에서 그리스도 안에 있는 하나님의 은혜가 아담의 죄를 능가해서 충만한 것입니다.

넘쳐나는 큰 기쁨

네 번째 구절은 유다서 끝 부분에 있는 축도입니다. "능히 너희를 보호하사 거침이 없게 하시고 너희로 그 영광 앞에 흠이 없이 기쁨으로 서게 하실 이(에게)"(유 1:24). 이 구절은 미래뿐만 아니라 지금도 하나님 안에서의 우리의 기쁨은 아담이 타락 이전에 하나님 안에서 가지고 있던 기쁨보다 크다는 것을 가르쳐 줍니다. 아담의 기쁨은 컸겠지만, 그에게는 그의 무죄의 상태를 비교할 아무 것도 없었고, 따라서 구속받은 자들만큼 그것에 가치를 두지 않았을 것이 틀림없습니다. 뿐만 아니라 그들이 했던 온갖 경험도 아담은 하지를 못했습니다. 우리는 그 어두움에서 나와 하나님의 놀라운 빛으로 들어가면서 무엇을 잃고 무엇을 얻게 될 것인지를 알고 있습니다.

우리는 구속된 자들 사이에서 많이 용서받은 자가 많이 사랑한다는 실증된 원리를 봅니다. 존 뉴턴(John Newton)의 경우를 봅시다. 뉴턴은 어린 시절 영국의 기독교 집안에서 자라났습니다. 그러나 그는 일곱 살 때 고아가 되어 비기독교 가정인 친척 집으로 보내졌습니다. 거기서 기독교는 조롱을 당했습니다. 그리고 그는 구박을 받았습니다. 결국 뉴턴은 그 가정의 환경에서 벗어나 영국 해군의 견습생이 되었습니다. 퇴폐적이고 반항적이었던 그는 끝내 그곳을 탈영해서 아프리카로 도망을 했습니다. 그는 스스로의 말로 "마음껏 죄짓기 위해서" 라는 단 한 가지 목적을 위해 그리로 갔다고 이야기 했습니다. 아프리카에서 뉴턴은 포르투갈 노예 상인 부대에 들어갔는데 그 노예 상인의 집에서 그는 잔인하게 취급받았습니다. 때때로 그 노예상은 원정을 떠나곤 했는데 그때마다 뉴턴에게 집에 남아서 그 노예상의 아프리카 아내를 지키도록 했습니다. 그 아내는 노예상의 처첩들의 우두머리였습니다. 그녀는 모든 사람을 혐오했는데 그 혐오가 뉴턴에게 미쳤습니다. 그녀는 남편이 없는 동안 자신의 권세로 뉴턴에게 흙 묻은 바닥에서 개처럼 밥을 먹도록 강요했다고 이야기합니다.

마침내 젊은 뉴턴은 도망쳐 해안가로 가서 지나가는 배에 봉화를 올려 신호를 했고, 영국으로 가는 노예선이 그를 배에 태웠습니다. 선장은 뉴턴이 매매할 상아를 가지고 있지 않은 것을 보고 실망을 했습니다. 그러나 그 젊은이가 항법에 관한 것을 알고 있었기 때문에 그는 항해사가 되었습니다. 그러나 그는 그의 지위조차 유지할 수가 없었습니다. 항해 중에 그는 배의 보급품인 럼주 궤짝을 뜯어 그것을 동료 선원에게 나누어주고 같이 술에 취하기도 했습니다. 술에 취한 인사불성의 상태에서 뉴턴은 바다로 떨어졌는데 선원 중 하나가 작살을 던져 그는 익사에서 간신히 구출되었습니다. 그 과정에서 넓적다리에 주먹만 한 상처를 갖게 되었습니다.

스코틀랜드에 접근하면서 항해가 끝나갈 무렵, 뉴턴이 타고 있던 배가 심한 풍랑을 만나게 되었습니다. 그로 인해 배는 항로에서 이탈되어 가라앉기 시작했습니다. 뉴턴은 운송 중인 노예들이 있는 배 밑의 감방으로 보내져 물을 퍼내라는 지시를 받았습니다. 그는 배가 분명히 가라앉아 자신이 익사할 것이라고 생각하며 겁이 나서 죽을 것 같았습니다. 그는 여러 날 물을 퍼냈습니다. 그리고 물을 퍼내는 일을 하며 그는 배의 감방에서 하나님께 부르짖기 시작했습니다. 그는 어렸을 때 배웠던 성경 구절들을 기억해 내기 시작했습니다. 성경 구절들을 기억해 내면서 그는 기적적으로 변화되었습니다. 그는 거듭났습니다. 존 뉴턴은 영국에서 하나님의 말씀을 가르치는 훌륭한 사역자가 되었습니다. 이 폭풍우에 대해 영국 시인 윌리엄 쿠퍼(William Cowper)는 이렇게 찬송시를 썼습니다.

하나님은 불가사의한 방법으로 개입하셔서
그의 기적을 행하신다.
그는 그의 발자국을 바다에 심으시고
폭풍을 타고 다니신다.

존 뉴턴 자신도 많은 찬송시를 썼는데 그 중에 이런 시가 있습니다.

예수님의 이름은 믿는 자의 귀에
얼마나 달콤하게 들리는지
그것은 그의 슬픔을 위로하고, 그의 상처를 치유하며
그의 두려움을 쫓아낸다.

그는 애창되는 이 유명한 걸작 찬송시도 썼습니다.

나 같은 죄인 살리신 주 은혜 놀라워
잃었던 생명 찾았고 광명을 얻었네

큰 죄악에서 건지신 주 은혜 고마워
나 처음 믿은 그 시간 귀하고 귀하다

이제껏 내가 산 것도 주님의 은혜라
또 나를 장차 본향에 인도해 주시리

육신과 맘 실패하고 이 생명 끝나도
기쁨과 평안의 삶을 나 간직하리라

거기서 우리 영원히 주님의 은혜로

해 처럼 밝게 살면서 주 찬양하리라(찬송가 305장)

존 뉴턴은 놀라운 은혜의 설교자였습니다. 그런데 이것은 당연합니다. 그는 잃어버린 자였었는데 발견되었기 때문입니다. 그는 맹인이었었는데 예수 그리스도 안에서 하나님의 넘치는 은혜로 보게 되었습니다.

● 각주 ●

1. Donald Grey Barnhouse, *God's Heirs*, vol. 7 of *Romans* (Grand Rapids: Eerdmans, 1963), 115-16, Used by permission.

30

하나님의 저주

창세기 3 : 16-19

또 여자에게 이르시되 내가 네게 임신하는 고통을 크게 더하리니 네가 수고하고 자식을 낳을 것이며 너는 남편을 원하고 남편은 너를 다스릴 것이니라 하시고 아담에게 이르시되 네가 네 아내의 말을 듣고 내가 네게 먹지 말라 한 나무의 열매를 먹었은즉 땅은 너로 말미암아 저주를 받고 너는 네 평생에 수고하여야 그 소산을 먹으리라 땅이 네게 가시덤불과 엉겅퀴를 낼 것이라 네가 먹을 것은 밭의 채소인즉 네가 흙으로 돌아갈 때까지 얼굴에 땀을 흘려야 먹을 것을 먹으리니 네가 그것에서 취함을 입었음이라 너는 흙이니 흙으로 돌아갈 것이니라 하시니라

오늘날 "저주" 라는 말을 들으면 아마도 우리는 그것을 마녀가 작은 밀랍 인형에 핀을 찌르는 행동의 정도로 대수롭지 않게 생각하거나 유머스럽게 생각하는 경향이 있습니다. 또는 "당신의 뇌수술을 하는 의사가 중풍에 걸리기를 빈다." 거나 "당신이 내게 일어나라고 빌려고 생각하는 모든 것을 하나님이 당신

에게 일어나게 하시기를 빈다."와 같은 "유대인 류(類)"의 저주를 생각할지 모릅니다. 그러나 성경에서의 저주는 전혀 익살스런 것이 아닙니다.

우리는 하나님이 죄를 용서하실 때(또는 죄인에게 하나님의 완전한 분량의 진노를 끝내 내리지 않으실 때), 죄의 효력은 모두 제거될 것이라고 생각합니다. 그러나 하나님은 그렇게 생각하지 않으십니다. 우리는 아담과 하와가 타락하고 나서 하나님이 어떻게 은혜롭게 그들에게 오셔서 궁극적인 영광스런 구원의 소망을 주셨는지 고찰한 바 있습니다. "내가 너로 여자와 원수가 되게 하고 네 후손도 여자의 후손과 원수가 되게 하리니 여자의 후손은 네 머리를 상하게 할 것이요 너는 그의 발꿈치를 상하게 할 것이니라 하시고"(창 3:15). 그러나 우리는 단지 하나님이 은혜로우셔서 아담과 하와에게 완전한 형량의 벌을 즉각적으로 내리지 않으시는 것 때문에 그분이 죄를 대수롭게 여기지 않으신다든지, 또는 우리 최초 조상이 죄의 결과로부터 도피하는 것을 허용하실 것으로 생각하지 않습니다. 그러나 우리는 이제 아담과 하와에 대한 하나님의 심판을 보게 됩니다.

아담이나 하와가 개인적으로 저주를 받지 않았다고 하는 것이 중요합니다. 하나님은 사탄을 저주하시고(창 3:14), 아담 때문에 땅을 저주하십니다(창 3:17). 그들은 개인적으로 저주를 받지 않지만(하나님의 부드러운 관심과 자비의 대상으로서) 아담과 하와는 그럼에도 불구하고 죄의 슬픈 결과를 경험하고, 죄에 대해 간접적으로 하나님의 저주에 참여하게 됩니다.

여자의 소원

여자에 대한 하나님의 심판은 두 부분입니다. 첫째는 임신하는 고통이 "더하는 것"(increase)이고, 둘째는 그녀를 "다스릴 것이라"는 말씀에 따른 그녀의 남편에 대한 관계의 변화입니다.

이 두 가지 심판 중에 첫 번째 것은 아마도 단순한 임신 이상의 의미가 있을 것이라는 것에 주목하는 것을 제외하고는 많은 언급을 할 필요가 없다고 봅니다. 이점에 관해서 우리는 그 심판의 첫 부분인 "내가 네게 임신하는 고통을 크게 더하리니"(창 3:16)와 둘째 부분인 "네가 수고하고 자식을 낳을 것이며"(창 3:16) 간에 어떤 다른 점이 있는지 질문해 봅니다. 이것은 평행 구문으로 둘째 부분이 단지 첫째 부분을 조금 표현을 바꿔서 반복하는 것이라고 볼 수도 있습니다. 그러나 그것은 둘째 부분이 아이와 관련되는 모든 일에서 오는 고통이 "더하는 것"이 주제인 첫째 부분의 일반적 표현에 대한 구체적인 예(例)를 제공하고 있는 것으로 볼 수도 있습니다. 이것이 내가 "더하는 것"이란 말을 이해할 수 있는 유일한 해법입니다. 혹시 하와가 타락 이전에도 해산의 고통이 있었을 것이고, 이제 그 고통이 더 커졌다고 생각하십니까? 전혀 그렇지 않을 것입니다! 해산과 관련된 고통은 오히려 어머니의(그리고 아버지의) 일생을 통해, 지금 죄 속에서 태어나는 자들이 그들의 부모를 욕되게 하고, 그들 자신의 삶에서 그들 자신의 불순종의 결과를 경험하는 것 같은 다른 방법으로 지속되지 않겠습니까?

만일 그 언급이 자녀가 부모에게 일평생 끼치는 고통에 대한 것이라면 우리는 그것을 부모에게 그들의 자녀를 이해하고 인내하도록 설득하는 것으로 적용할 수 있습니다. 왜냐하면, 우리와 우리 선조들의 죄로 인해 죄와 배반의 본성이 그들에게 들어갔기 때문입니다. 우리의 의무는 그들을 주님 안에서 훈련하는 것입니다(엡 6:4).

여자에 대한 하나님의 두 가지 심판 중에 두 번째는 주로 우리와 관계되는 것임에 틀림없습니다. 그 구절의 의미에 대해서 의견이 일치하지 않는 데, 그 구절은 이렇습니다. "너는 남편을 원하고 남편은 너를 다스릴 것이니라"(창 3:16). 어떤 의미에서 여자의 소원은 그녀의 남편일지, 또 심판에 있어 이 부분이 남편의 다스림을 다루고 있는 두 번째 부분과 어떤 관계가 있을지에 일반적으로 세 가지의 해석이 있습니다. 첫째, 남편에 대한 성적 욕구가 매우 강해서 성교의 결과를, 즉 임신과 출산을 기꺼이 받아들일 것이라는 해석입니다. 둘째, 여자는 남자를 심리적으로 무한정 의지하려는 욕구가 있어서 결혼생활 안에서 종종 남자의 무신경적이고 독재적인 다스림에 기꺼이 복종한다는 해석입니다. 셋째, 여자의 소원이 이 심판의 결과로 그녀의 남편의 것들을 전적으로 추종하게 된다는 해석입니다.

이 세 가지의 견해 중 마지막 것을 제외한 두 견해에는 어느 정도의 진실이 들어 있습니다. 그 마지막 견해에 대해서는(존 칼빈의 견해이긴 하지만) 어떤 정직한 남편이나 아내도 의문을 가질 것입니다. 분명히 여자는 알려진 임신의 고통에도 불구하고 대부분의 경우

원해서 성교에 복종합니다. 또한 여자가 남자에게 심리적으로 의지하는 것도, 여성의 자아 인식이 높아진 이 시대에 있어서 조차 많은 사람이 인정합니다. 남성 작가는 종종 극단적인 반응을 유발시키는 주제를 다루는 데 있어 말하는 것을 조심하지 않으면 안 됩니다. 그러나 여성 해방을 다루는 「여자들의 방」(The Women 's Room)이란 제목의 최근의 한 소설을 주목해 볼 가치가 있습니다. 그 소설에서 남자들에게 깊은 상처를 받고 지금은 혼자 힘으로 독립해서 살려고 노력하는 한 여인이 같은 형편에 처해 있는 친구에게 그들이 남자들에게 상처를 받아왔지만 그들은 여전히 그 남자들에 대해서 이야기하는데 대부분의 시간을 쓰고 있다는 것을 말합니다. 그녀는 이렇게 말합니다. "그들(그 남자들)은 여전히 우리 대화의 중심에 있다." [1] 이와 같은 사실은 위의 두 가지 해석의 하나 또는 둘 다를 뒷받침해 주고 있습니다.

그러나 이 견해들의 문제점은 그것들이 창세기의 남자와 여자의 관계에 관련하여 우리가 알고 있는 전체 문맥에 제대로 어울리지 않는다는 것입니다. 우선 첫째, 결혼에 있어서 남편의 머리됨은 타락의 결과로 생겨난 것이 아니라(몇몇 자유주의적인 복음주의 여성 작가들의 의견에도 불구하고) 사실상 창세기 2장에 이미 나타나 있는 것입니다. 그 장에서 하와는 아담을 "위해" 지음 받은 "돕는 배필"로서 그 "에게" 주어진 것으로 묘사되어 있습니다(창 2:18,22). 아담의 죄는 부분적으로 그의 아내를 이끄는 것보다는 그녀에게 이끌림을 받았다는 데 있습니다(창 3:17). 둘째, 이 각 해석은 어떤 점에서는 다르기도 하지만, 어떤 면에서 여자의 남편에 대한 "소원" 이 그의 다스림을 기꺼이 허용하게 한다는 데 동의하고 있습니다. 하지만 그것이 정말로 하나님의 심판의 현상인 죄의 결과로 생긴 일입니까? 타락 이전에 하와는 아담의 통솔에 기꺼이 복종했었지만, 그녀가 그녀의 원죄와 그로 인해 마치 아담과 그의 후손들이 하나님을 거슬러 반항하는 성격을 가지게 된 것 같이 그 다스림에 거슬러 반항하는 성격을 가지게 되었다고 말하는 것이 더 옳지 않겠습니까?

이러한 문제들의 큰 중요성을 느끼고 성경에서 그 해결점을 찾으려고 노력한 한 사람이 있는데 그 사람은 수잔 포(Susan T. Foh)로서 그녀는 "여자의 소원은 무엇인가?' 의 제목의 글을 써서 「웨스트민스터 신학지」(Westminster Theological Journal)의 한 호에 실었습니다. 그녀는 내가 열거한 문제들의 대요를 설명하는데 가능해 보이는 해답을 창세기 다음 장에 나오는 "소원"이란 단어의 용법에서 찾습니다. 이 구절은 가인이 그의 형제 아벨의 제사는 하나님이 받으시고 자신의 것은 거절하신 것에 대해 화를 내고 있는 것을 두고 하나님이 가인에게 경고하시는 부분입니다. 그 구절은 이렇게 말씀합니다. "네가 선을 행하면 어찌 낯을 들지 못하겠느냐 선을 행하지 아니하면 죄가 문에 엎드려 있느니라 죄가 너를 원하나 너는 죄를 다스릴지니라"(창 4:7). 창세기 3:16절의 전통적인 해석에 따르면, 창세기 4:7절의 "원하나"라는 단어의 용법은 이보다 열다섯 절 앞에 나오는 단어의 용법과 전적으로 다릅니다. 3장의 것은 복종하려는 소원이고, 4장의 것은 다스리려는 소원입니다. 그러나 수잔 포는 용법은 실제로 같고 그 두 절은 현저하게 유사하다고 말합니다.

그녀는 이렇게 보고 있습니다. "그 여자는 남편에 대해, 죄가 가인에 대해 가졌던 것과 같은 종류의 소원, 즉 남편을 소유하거나 지배하려는 소원을 가지고 있다. 이 소원은 남편의 머리됨과 충돌하게 된다. 주님께서 가인에게 그가 해야 할 일, 즉 죄를 지배하거나 다스려야 할 것을 말씀하시는 것처럼, 주님은 또한 남편이 해야 할 일, 즉 그의 아내를 다스려야 함을 말씀하시는 것이다. 창세기 3:16절 하반절 말씀은, 죄와 가인이 서로 간에 투쟁을 하는 경우와 같이, 남편과 아내 사이의 충돌에서의 승자를 결정하는 것이 아니다. 이 말씀은 이성간의 투쟁의 출발점이다. 타락의 결과로 남자는 더 이상 쉽게 다스리지 못하고 그는 그의 머리됨을 지키기 위해 분투하지 않으면 안 된다. 죄는 아내의 자발적인 복종과 남편의 사랑이 있는 머리됨을 부패시켰다. 여자의 소원은 그녀의 남편을 지배하는 것(하나님이 정해주신 남편의 머리됨을 빼앗는 것)이고, 남편은 그가 할 수 있다면 아내를 다스려야만 한다. 이렇듯 낙원에서 세워진 사랑의 법칙은 투쟁과 독재와 지배로 대체되었다."[2] 이 견해에 대한 뒷받침은 모든 남편이 다 그들의 아내를 다스리는 것은 아니고, 여자의 "소원"은 일반적으로 남편의 머리됨에 기여하는 것이 아니라는 사실에 있습니다.

이 문제의 해결 방안은 일부 여성해방 대변인들이 제안하는 것처럼 가정의 머리로서 남자의 자리를 폐지하는 것이 아닙니다. 오히려 그리스도의 영의 내주하심을 통한 남자와 여자 양쪽의 태도와 염원의 변화입니다. 그래서 바울이 분명하게 기술하고 있는 것처럼 아내들은 "자기 남편에게 복종하기를 주께 하듯" 하고, 남편들은 "그리스도께서 교회를 사랑하시고 그 교회를 위하여 자신을 주심 같이"(엡 5:22, 25) 할 수 있어야 합니다. 이 세상

삶에서 이런 것들은 항상 불완전하게 수행될 것입니다. 그러나 불완전하게 이루어지는 것이 전혀 안 이루어지는 것보다 낫습니다.

남자에 대한 심판

하나님이 하와에 대한 심판을 선언하신 다음에는 마지막으로 아담을 심판하십니다. 마지막으로 심판받는 이유는 그가 마지막 차례로 죄를 지었기 때문입니다. 하나님이 말씀하십니다. "아담에게 이르시되 네가 네 아내의 말을 듣고 내가 네게 먹지 말라 한 나무의 열매를 먹었은즉 땅은 너로 말미암아 저주를 받고 너는 네 평생에 수고하여야 그 소산을 먹으리라 땅이 네게 가시덤불과 엉겅퀴를 낼 것이라 네가 먹을 것은 밭의 채소인즉 네가 흙으로 돌아갈 때까지 얼굴에 땀을 흘려야 먹을 것을 먹으리니 네가 그것에서 취함을 입었음이라 너는 흙이니 흙으로 돌아갈 것이니라 하시니라"(창 3:17-19).

프란시스 쉐퍼(Francis Schaeffer)는 이렇게 지적하고 있습니다. "인간의 배반으로 인한 하나님 심판의 결과의 거의 모두가 어떤 방식으로든 외부 세상과 연관을 갖게 된다는 것은 흥미로운 일이다. 그 죄의 결과는 단지 인간의 생각하는 삶에만 묶여 있는 것이 아니다. 또 그것은 단지 심리적인 것이 아니다. 큰 변화가 외적이고 객관적인 세상을 비정상적으로 만든다."[3]

이것은 매우 중요한 이야기입니다. 만일 죄의 결과가 단지 심리적인 것에 머문다면, 우리는 죄가(또는 최소한 그 죄의 결과가) 생각에 의해 치유될 수 있다고 추측할 수 있기 때문입니다. 그렇게 되면 우리는 하나님이 필요하지 않습니다. 우리는 구원자가 필요하지 않습니다. 그러나 실제로 죄의 결과는 그것이 생각과 인격에 영향을 미치긴 하지만, 단지 심리적인 것만은 아닙니다. 죄의 결과는 외부적인 사물의 본질에도 영향을 준다고 말할 수 있는데, 그 치유는 그 사물을 지으시고 독특한 양상의 심판을 세상에 들여오신 하나님 안에서 찾지 않으면 안 됩니다. 하나님은 죄의 현실성과 본질을 우리 앞에 두심으로 그것이 드러날 때마다 우리로 하여금 우리에게 구세주가 필요하다는 것을 생각나게 하시기 위해 이런 식으로 행동하셨습니다.

아담에 대한 심판은 세 부분으로 되어 있습니다. 첫째, 아담 때문에 땅이 저주를 받은 것입니다. 이전에 땅은 과일과 각종 좋은 식물을 풍성하게 생산했었습니다. 그러나 이제는 아직도 좋은 것을 생산하고는 있지만, 가시덤불과 엉겅퀴를 빠르게 생산할 것이며, 생존을 위한 양식을 재배하는 것이 일상의 일이 될 것입니다. 둘째, 아담은 살기 위해 이마에 땀을 흘려야 할 운명이 된 것입니다. 전에는 그의 일은 즐거움이었었습니다. 그러나 이제는 일의 성격은 아직도 그 자체 좋은 것이지만, 고통과 수고가 따를 것입니다. 그래서 아담은 욥이 나중에 말한 것처럼 이렇게 말할 것입니다. "이 땅에 사는 인생에게 힘든 노동이 있지 아니하겠느냐 그의 날이 품꾼의 날과 같지 아니하겠느냐 종은 저녁 그늘을 몹시 바라고 품꾼은 그의 삯을 기다리나니"(욥 7:1-2). 셋째, 끝이 선포된 것입니다. 해방이 아닌 불행의 끝입니다. 그것은 죽음입니다. 전인(全人)적인 소멸입니다. 하나님은 그것에 대해 이렇게 말씀하십니다. "네가 흙으로 돌아갈 때까지… 네가 그것에서 취함을 입었음이라 너는 흙이니 흙으로 돌아갈 것이니라"(창 3:19). 우리는 이 슬픈 끝을 장례식 때마다 확인합니다.

이에 대해 우리가 알아야 할 것 두 가지가 있습니다. 그것은 먼저 삶은 고통과 슬픔으로 가득 차있다는 것과, 또 여러 면에서 삶은 지속적으로 악화되어 간다는 것입니다.

우리는 낙관적으로 생각하는데 익숙해진 시대에 살고 있습니다. 그런 생각은 이 세상이 진보한다는 개념에 의해 주입된 것입니다. 이것은 실제로 즐겁지 않은 것은 거부하거나, 또는 우리가 실제로 그것을 인정한다고 하더라도 그것은 궁극적으로 반드시 사라질 것이라고 가정해 버리는 경향이 있습니다. 이러한 태도의 문제점은 사람의 삶은 우리가 인정하건 안 하건 무수한 안 좋은 일들로 꽉 차 있고, 그것들은 사라지지 않는다는 것에 있습니다. 결국 우리는 안 좋은 일들을 인지하고, 그것들에 대해 버티는 힘과 때로는 그것들을 변화시킬 수 있는 힘을 위해 하나님을 의지해야 하는 것을 인정하든지, 아니면 욕구불만 속에서 삶의 길을 잃든지 해야 합니다. 나는 이것이 많은 젊은이들의 욕구불만의 원인이라고 믿습니다. 그들은 인생이 고민거리를 가지고 있지도 않고, 가지고 있어서도 안 된다고 들어왔습니다. 그러나 고민거리를 가지고 있는 것입니다. 그리고 그들이 고민거리를 경험할 때 그들은 놀라고 무엇을 해야 할지를 모릅니다. 때로 그들은 역활조차 멈춥니다.

어거스틴은 다르게 이해했습니다. 「하나님의 도성」(The City of God)에서 그는 우리에게 역사에 대한 낙관적 견해를 보여주었습니다. 그는 믿는 자의 "아름다운 환상"과 "영원한 행복"으로 마칩니다. 그러나 그가 그런 주제를 이야기하기 전에 그는 "불행과 재난에 대해" 이야기하는데, "최초의 죄를 통해 인류가 그런 불행과 재난에 당연히 노출되고, 또한 그리스도의 은혜가 없이는 아무도 그런 것에서 구원받을 수 없다."는 것을 이야기합니다.

그는 이렇게 기술하고 있습니다. "인류를 괴롭히는 그 형벌(경건치 못한 자들의 악함의 부산물일 뿐만 아니라, 인간 상태의 큰 부분을 차지하며 공통적 불행인 고통), 사별과 애도, 손실과 몰수, 사기와 거짓, 거짓 혐의, 그리고 다른 사람들의 모든 범죄와 악행에서 오는 공포와 비탄의 수(數)와 엄격함을 누가 설명할 수 있고, 누가 상상할 수 있는가? 우리가 그들의 손에서 강도, 사로잡힘, 속박, 투옥, 추방, 고문, 절단, 실명, 억압자의 욕구 충족을 위한 강간, 기타 많은 두려운 해악의 고통을 당한다. 우리의 몸을 위협하는 재난은 얼마나 많은지! 극도의 뜨거운 날씨와 추운 날씨, 폭풍, 홍수, 침수, 번개, 벼락, 우박, 지진, 집의 붕괴 같은 외부에서 오는 재난, 또는 망설임, 소심함, 나쁜 버릇에서 오는 재난, 또는 과일, 물, 공기, 동물들에 있는 수많은 독소에서 오는 재난, 또는 야생동물에게 물려 아프거나 심지어 치명적인 위험을 당하는 재난, 또는 미친개가 옮기는 광견병, 그래서 다른 어떤 동물보다도 주인에게 아주 온순하고 친근한 동물조차 사자나 큰 뱀보다 더 무섭게 되고, 유해한 전염으로 공교롭게 감염된 사람이 광포해져서 그의 부모, 아내, 자녀들이 그를 다른 야수들보다 더 두려워하게 되는 재난 등등. 육지나 바다를 여행하는 사람들이 경험하는 참사는 어떠한지! 누가 사방에 널려 있는 보이지 않는 사고의 위험에 노출되지 않고 자기 집을 나설 수 있단 말인가? 위험한 상황에서 집으로 잘 돌아오다가 그는 자기 집 문지방에 걸려 미끄러 넘어져 다리가 부러지고 영영 회복이 되지 못한다. 의자에 앉아있는 사람보다 더 안전해 보이는 사람이 어디 있겠는가? 대제사장 엘리는 그의 의자에서 넘어져 목이 부러졌다."[4] 어거스틴은 이 같은 맥락의 글을 세 배나 길게 계속합니다. 그러나 요점은 이미 잘 제시되었습니다. 곡조는 다를 수 있지만, 그러나 노래는 같습니다.

되풀이하는 말이지만, 낙관론자들이 우리로 믿게 하려는 것처럼 실제로 악이 줄어드는 것이 아니라 시간과 함께 증가하지 않습니까? 마르틴 루터는 위대한 시대였던 르네상스

시기에 살았습니다. 그러나 그는 사정이 더 좋아지고 있다고 생각하지 않았습니다. 반대로 그의 창세기 강해에서 그는 여러 쪽에 걸쳐 죄가 증가하면서 두통거리도 많아졌다고 주장합니다. 그는 이렇게 쓰고 있습니다. "세상은 나날이 점점 더 악화되고 있다."[5]

모든 은혜의 하나님

그러나 때로는 모든 것을 잃은 것처럼 보이지만, 모든 것을 잃은 것은 아닙니다. 죄와 죄의 사건이 더욱 악화되어 가지만, 하나님은 불변하시고 그분의 자비와 긍휼은 세세무궁토록 지속되고 있습니다.

우리는 그것을 하와와 아담의 심판에서 봅니다. 하와와 그녀를 뒤이은 여자들은 임신의 고통을 받도록 되어 있었지만 "한 아기가 세상에 태어난 기쁨"(요 16:21)으로 인해 슬픔은 후에 잊힙니다. 그 출산들 중 하나에서 구세주가 나오셨습니다. 다른 한편, 여자는 그녀의 남편과 투쟁을 하게 됩니다. 그러나 이 투쟁은 모르는 사람이나 심지어 그녀의 적과 하는 것이 아니라, 그녀를 사랑하는 자이며 그녀가 종종 상냥하게 복종하는 자와 하는 투쟁입니다. 남자에 대해서는 그 사람 때문에 땅이 저주를 받지만, 그럼에도 불구하고 토지는 전체적으로 비생산적이 된 것이 아니라, "철을 따라 열매를 맺고"(시 1:3) 있습니다. 하나님이 땅을 저주하셨지만, 그분은 또한 그것에 수분을 공급해 주시려고 비와 눈을 내려 주셔서 "소출이 나게 하며 싹이 나게 하여 파종하는 자에게는 종자를 주며 먹는 자에게는 양식을" 주십니다(사 55:10). 남자는 땀 흘리며 일하지만, 다시 회복됩니다. 그는 죽지만, 영원한 삶으로 일어나게 됩니다.

요컨대 하나님의 가장 위대한 자비는 하나님이 우리의 벌을 경감시켜 주시는 데 있는 것이 아니라, 우리 죄로 인한 벌에 대한 온통의 저주를 갈보리에서 자신이 받으신 것에서 봅니다. 이것이 아담과 하와가 저주를 받지 않은 이유입니다. 죄가 해산에 고통을 가져왔지만, 어떤 고통도 많은 자녀들을 영광 안으로 들어가게 하시기 위해 당하신 예수님의 고난(히 2:10)과 견줄 바가 못 됩니다. 죄가 투쟁을 초래했지만, 예수님은 우리의 구원을 위해 그분에 대한 죄인들의 더 큰 거역도 참으셨습니다(히 12:3). 죄와 함께 가시도 오지만,

예수님에게 가시관이 씌워졌습니다(요 19:2). 죄가 땀을 흘리게 하지만, 예수님은 실제로 핏방울의 땀을 흘리셨습니다(눅 22:44). 우리가 슬픔을 경험하고 있지만, 예수님이 "간고를 많이 겪었으며 질고를"(사 53:3) 경험하셨습니다. 죄가 죽음을 불러왔지만, 예수님이 "모든 사람을 위하여"(히 2:9) 죽음을 맛보셨습니다.

간단히 말해서, 예수님이 우리의 저주를 대신 받으셨습니다. 바울은 갈라디아인들에게 보내는 편지에서 이렇게 말합니다. "그리스도께서 우리를 위하여 저주를 받은 바 되사 율법의 저주에서 우리를 속량하셨으니"(갈 3:13). 예수님은 우리로 하여금 그분을 통해서만 하나님을 향하여 살도록 자유롭게 해 주시기 위해 우리 대신 "저주"가 되셨습니다.

● 각주 ●

1. Marilyn French, *The Women's Room*, (New York: Jove Publication, 1978), 427.

2. Susan T. Foh, "What is the Woman's Desire?" *Westminster Theological Journal* 37 (spring 1975): 376-83. 381-28 쪽에서 인용함.

3. Schaeffer, *Genesis in Space and Time*, 95.

4. Saint Augustine, *The City of God*, book 22, chapter 22, vol. 2 of A *Select Library of the Nicene and Post-Nicene Fathers of the Christian Church*, ed. Philip Schaff (Grand Rapids: Eerdmans, 1977), 500.

5. Luther, *Luther's Works*, vol. 1, 206.

31

믿음으로 살기

창세기 3 : 20

아담이 그의 아내의 이름을 하와라 불렀으니 그는 모든 산 자의 어머니가 됨이더라

창세기 3:20절은 그 이전까지의 이야기와 아무 연결성이 없는 것 같아 보입니다. 그것은 따로 떨어져 있습니다. 그리고 그 다음 절도 그렇습니다! 창세기 3:16-19절은 아담과 하와의 금지된 열매를 먹은 죄에 대한 하나님의 심판을 다루고 있습니다. 그것은 이전 구절들을 잘 이어가고 있습니다. 실제로 창세기 1장에서 3장의 여기까지는 모든 사건이나 구절들의 진행이 뚜렷하게 보입니다. 그런데 지금 본문에서 "아담이 그의 아내의 이름을 하와라 불렀으니 그는 모든 산 자의 어머니가 됨이더라" 라는 말씀을 만나고, 다음 절인 21절에서 "여호와 하나님이 아담과 그의 아내를 위하여 가죽옷을 지어 입히시니라" 라는 말씀을 보게 됩니다.

이전에 도널드 반하우스가 이 구절들에 대해 설교할 때, 명백한 문제에 대한 주의를 환기시키면서 이런 이야기를 했습니다. 예전에 누름단추(push-button)로 라디오를 조절하던

때에 그의 가정의 아이들은 어느 한 프로그램을 듣다가 다른 방송국의 프로그램으로 재빨리 전환시킬 버튼을 누르는 것을 즐기곤 했습니다. 첫 번째 방송국은 정치 연설을 방송하고 있었을지 모릅니다. "저에게 투표를 해 주십시오. 그러면 저는…" 버튼이 눌러질 것입니다. 그러면 라디오는 계속되었을 것입니다. '내야 플라이! 3루에서 아웃입니다!' 반하우스는 영국의 엘리자베스 여왕이 공주였을 때, 필립과 결혼식을 하는 라디오 방송을 가족들이 듣다가 일어났던 한 사건을 이야기했습니다. 주례 목사가 말했습니다. "필립이여, 당신은 이 여인을 적법하게 결혼한 아내로 맞이하여…" 라디오 버튼을 눌렀습니다. 그런데 (믿든지 말든지) 라디오는 상금이 걸린 권투시합을 방송하고 있었습니다. "악수 하시오. 각자 자기 코너로 돌아가 벨이 울리면 나와 싸우시오." 때로 성경이 이런 것처럼 보입니다. 한 구절이 뚜렷한 연결성 없이 다른 구절로 이어집니다. 그러나 우리가 성경을 연구할 때, 우리는 연관성이 없는 많은 방송국들이 서로를 전혀 고려하지 않고 방송하는 것과는 다르다는 것을 결코 잊지 말아야 합니다. 반대로, 성경이 여러 권으로 되어 있지만, 그 저자는 오직 하나님 한 분이십니다. 그분은 질서의 하나님이십니다. 따라서 우리가 그 이전이나 그 이후 구절과 연관성이 없어 보이는 구절을 만날 때, 우리는 그저 본문을 더욱 면밀히 살펴봐야 합니다.

"아담이 그의 아내의 이름을 하와라 불렀으니 그는 모든 산 자의 어머니가 됨이더라." 이 구절은 하나님이 바로 원하시는 곳에 있는 것이며, 목적이 있어서 그곳에 있는 것입니다.

하나님이 그들을 "아담"이라 부르시다

이 구절을 이해하기 위한 시도의 시작점은 "하와"라는 이름은 아담이 그의 아내를 위해 붙인 이름이었지, 아담의 아내를 위해 하나님이 붙이신 이름이 아니라는 사실에 있습니다. 우리는 아담과 하와를 말하는 데 매우 익숙해져 있어서(우리도 이 연구에서 종종 아담과 하와라고 말해 왔습니다) 단 한 번도 창조와 타락 이야기에서 지금까지 아담의 아내를 하와라고 부른 적이 없다는 것을 주목하는 일에 대체적으로 실패하고 있습니다. 그녀는 "여자"(female, 창 1:27), 아담을 위한 "돕는 배필"(창 2:18), "여자"(woman, 창 2:22, 23),

"아내"(창 2:24, 25, 3:8) 라고 불리어졌습니다. 그러나 그런 것들은 모두 설명적이거나 총칭적인 용어이지 이름은 아닙니다. 우리는 "하와" 라는 이름을 발견하지 못합니다.

그러나 이것이 하나님이 그 여자의 이름을 부르지 않았음을 의미하는 것은 아닙니다. 그분은 이름을 부르셨습니다. 그러나 하나님이 그녀에게 주신 이름은 이제까지의 장(章)들에서는 발견되지 않습니다. 그것은 5장에서 발견됩니다. 1절과 2절에 이런 말씀이 있습니다. "이것은 아담의 계보를 적은 책이니라 하나님이 사람을 창조하실 때에 하나님의 모양대로 지으시되 남자와 여자를 창조하셨고 그들이 창조되던 날에 하나님이 그들에게 복을 주시고 그들의 이름을 사람(man or Adam, 아담은 사람을 의미하기 때문)이라 일컬으셨더라." 다시 말하면, 하나님이 그 여자에게 주신 이름은 "사람"(man) 또는 그녀의 남편의 이름인 "아담" 이었습니다.

이것은 "하와" 라는 이름의 중요성과는 별도로 여러 가지로 흥미 있는 면들을 가지고 있습니다. 예로, "man" 을 사람이라고 한 것에 대해 "사람"(man)이 더 이상 남성과 여성 둘 다를 지칭하는 것으로 사용되지 않게 하려고 용어를 변경시키려는 여성해방운동 대변자들의 요즈음의 희망을 들 수 있습니다. 그런 사람들은 "인간"(mankind) 이라는 말을 없애 버리기를 원합니다. 그들은 "인간"(humankind) 이라는 말을 쓰기를 원합니다. 그들은 "의장"(chairman) 이라고 말하는 것을 싫어합니다. 그들은 "의장"(chairperson) 또는 단순히 "의장"(the chair) 라고 말하기를 원합니다. 그러나 이 본문에 의하면 그러한 노력은 하나님의 계시에 반하는 것입니다.

우리는 불필요하게 감정을 상하게 하는 일을 결코 원하지 않습니다. 그래서 나의 설교에서는 용어 사용을 조정해서 남성과 여성을 둘 다 지칭하려고 할 때 "남자와 여자" 라고 말한다는 것을 고백합니다. 하지만 우리가 그렇게 할 때라도 "사람"(man)은 인류라는 말에 대한 하나님의 용어이고, "사람"(man)과 "인간"(mankind) 이라는 말을 사용한 이전 세대의 사람들이 우리보다 실제로 성경의 용어에 가까웠다는 것을 잊지 않도록 합시다.

하나님이 여자에게 붙이신 이 이름에 대한 실제로 중요한 점은 대부분의 결혼에서 여자가 그녀의 정체성의 큰 부분을 필연적으로 그녀의 남편에게서 얻는다는 심리학적 사실인데, 그것은 결혼에서 남자가 여자의 이름을 취하는 것이 아니라 여자가 남자의 이름을 취하는 것에 의해 상징되고 있습니다. 많은 현대 여성들이 이에 대해 마치 그것이 부당한 일인 양 강력히 반발하고 있습니다. 그러나 그들은 종종 무의식적으로 그것을 인정하고 있습니다. 내가 앞서 언급했던 도널드 반하우스는 이전에 한 여인과 나눈 대화에 대해 이야기 했는데, 그녀와의 대화에서 그녀는 자기가 이름붙인 "성경의 여성 비하 견해" 에 대해 화를 내며 항의를 했다고 합니다. 그녀는 한 아내의 정체성이 꽤 많이 그녀의 남편에게서 오는 것이란 개념을 싫어했습니다. 대화가 계속되면서 그 아내라는 여인의 이름이 드러났습니다. 반하우스가 물었습니다.

"그녀가 누구입니까?"

여인이 대답했습니다.

"아, 그녀는 아무개 상원의원의 아내입니다."

반하우스가 물었습니다.

"하지만 그녀가 누구입니까?"

여인이 말했습니다.

"말했잖아요. 그녀는 아무개 상원의원의 아내라니까요."

반하우스가 말했습니다.

"그 말은 들었지요. 하지만 나는 '그녀가 누구인가?' 를 물었는데요."

여인은 대답했습니다.

"그녀는… 아내라고 말했잖아요."

반하우스가 가로막았습니다.

"그것이 내가 5분 전에 정확히 당신에게 말해 주고 있던 것입니다. 그 아내는 그녀의 정체성을 그녀의 남편에게서 얻고 있는 것입니다."

물론 이것이 아내는 자신의 정체성을 갖지 않는다는 것을 의미하는 것은 아닙니다. 그러나 결혼에는 이러한 특징이 있다는 것을 의미하는데, 이 특징은 하나님에게서 오는 것이며, 또한 모든 경건한 여인으로 하여금 그녀가 결혼하는 사람에 대해 특별한 주의를 하게 합니다. 만일 당신의 가정이 부유하고 두 자매가 있다면, 그래서 한 딸은 하원의원과 결혼하고, 다른 딸은 자가용 운전사와 결혼한다면, 그때부터 두 자매는 어떤 사람으로 알려지겠습니까? 대답은 명백합니다. 여인은 그녀가 결혼할 대상자에 대해 특별한 주의를 해야 합니다.

아담은 그녀를 "하와" 라고 불렀다

하나님은 그 여자를 "아담" 이라고 부르셨습니다. 그러나 이것은 즉시로 의문을 일으킵니다. "만일 하나님이 하와를 '아담' 이라고 부르셨다면, 왜 아담은 하와를 '하와' 라고 불렀는가?" 그 대답은 아담이 하나님을 부인했다거나 또는 자신의 권위로 그의 아내의 이름을 바꾼 것이 아니라는 것입니다. 그녀의 이름은 "아담" 으로 남았습니다. 아담이 실제로 한 것은 하와에게 직함을 준 것입니다. "하와" 는 직함인데, 그것은 "생명을 주는 자" 가 된다는 점에서 "생명" 을 의미합니다. 우리는 "어머니" 라고 말할 수 있습니다. 본문은 이렇게 말씀합니다. "아담이 그의 아내의 이름을 하와라 불렀으니 그는 모든 산 자의 어머니가 됨이더라" (창 3:20).

성경을 연구함에 있어 때로 한 문제의 해결은 다른 문제를 야기하는 경우가 있습니다. 그것이 성경 연구를 매력적인 것으로 만듭니다만 그런 경우가 여기서 발생합니다. 하지만 이 점에서 우리는 실제로 본문의 핵심에 도달합니다. 문제는 아담이 그의 아내의 이름을 "생명을 주는 자" 또는 "어머니" 라는 의미를 가진 하와라고 불렀지만, 하와는 어머니가 아니었다는 것입니다. 사실상 우리가 이곳과 다음 장을 자세히 읽어본다면, 그녀가 임신조차 하지 않았다고 믿을만한 이유를 갖게 됩니다. 그녀의 첫 아기는 가인이었는데, 가인의 출생뿐만 아니라 임신도 4장에 이렇게 나옵니다. "아담이 그의 아내 하와와 동침하매 하와가 임신하여 가인을 낳고" (창 4:1). 따라서 우리는 묻습니다. 왜 아담은 그의 아내가 아직 어머니가 아닌데 그리고 실상 임신조차도 안 했는데 그녀의 이름을 "어머니" 라고 했는가에 대한 대답은 오직 하나이며, 그것은 문맥에서 얻을 수 있습니다. 창세기 3:15절에서 아담과 하와는 하나님이 사탄에 대해 '내가 너로 여자와 원수가 되게 하고 네 후손도 여자의 후손과 원수가 되게 하리니 여자의 후손은 네 머리를 상하게 할 것이요 너는 그의 발꿈치를 상하게 할 것이니라" (창 3:15)고 하신 심판의 말씀을 들었습니다. 이 구절은 여자의 후손을 언급하면서 그녀의 씨가 사탄의 머리를 상하게 할 것임을 단호히 말했습니다.

하나님은 선과 악을 알게 하는 나무의 열매를 먹는 벌은 죽음이라고 말씀하셨습니다. 아담과 하와는 사탄에 대한 하나님의 심판을 보았습니다. 사탄은 뱀의 모습으로 나타났었습니다. 그 모습은 확신컨대 오늘날 뱀으로 알고 있는 미끄러져 기어가는 비천한 모습이 아니었을 것입니다. 창세기 3:1절의 "뱀"이라고 번역된 히브리 단어는 나카쉬(nachash)인데, 그 단어의 최초의 본래 의미는 필시 "빛나는 자"(게세니우스, Gesenius)였을 것입니다. 그 뱀은 곧바로 섰으며 아마도 하나님의 모든 피조물 중 가장 영광스러웠을 것입니다. 그러나 갑자기 아담과 하와는 사탄에 대한 하나님의 심판을 듣고 이 아름다운 동물이 뱀으로 변해 관목 숲속으로 미끄러져 간 것을 보았습니다. 그들은 두려움으로 얼어붙었을 것임에 틀림없습니다. 그들은 뱀의 심판을 보았고, 다음은 그들의 차례였습니다. 하나님은 그들에게 어떻게 하셨겠습니까? 그들 역시 뱀이 되었습니까? 그들은 죽었습니까?

그들이 이것에 대해 생각하면서 그들에 대한 도(度)가 매우 낮아진 하나님의 심판의 말씀을 듣고 있을 때, 그 여자의 후손에 대한 하나님의 언급을 포함한 소망의 말씀이 계획적으로 나왔을 것입니다. 하와가 후손을 가질 것이라는 사실은 그 자체로 중요한 것이었습니다. 왜냐하면, 그녀는 아직 출산하지 않았으므로 그것은 적어도 출산 때가지는 하와가 육신적으로 죽지 않을 것임을 의미했던 것입니다. 그녀가 아직 임신을 하지 않았으므로 그것은 아담도 죽지 않는다는 것을 의미했습니다. 특히, 오실 이에 대한 특징이 있었습니다. 그분은 구원자가 되실 것입니다. 그분은 사탄의 머리를 상하게 하실 것입니다. 이것은 그들의 소망이었습니다. 하나님은 하와가 어떤 의미에서 구원자가 되실 분을 출산할 것임을 말씀하신 것입니다. 따라서 아담이 그의 아내를 하와, 곧 어머니라고 이름 했을 때, 그녀는 임신조차도 안 했을 때이기 때문에 그것은 믿음의 행위였습니다. 그 믿음으로 그는 하나님이 그분의 약속을 지키실 것이라는 것과, 구원자가 오실 것이라는 그의 신앙을 입증했습니다.

창세기 3:20절이 창세기에서 이렇게 생각하도록 해 주는 유일한 구절은 아닙니다. 조만간 4장에 들어갈 것인데, 거기서 우리는 그 다음 문제를 자세히 볼 것입니다. 그러나 여기서도 우리는 하와가 드디어 임신하고 가인을 출산했을 때, 그녀와 아담은 둘 다 그가 구원자인 것으로 생각했다는 것을 알아차릴 수가 있습니다. 그들은 가인이 예수님인 줄 생각했습니다. 그래서 그들은 그의 이름을 "낳다" 또는 "얻다"를 의미하는 "가인"이라고 불렀습니다. 구어체로 그것은 "나는 그를 얻었다." 또는 "그가 왔다." 라는 말로 표현될 수 있습니다. 정말, 4장에 들어가면 하와의 말이 이것보다 더욱 강한 것을 보여줄 것입니다. 왜냐하면, 그녀는 단순히 "내가 남자를 낳았다."(가인의 의미가 있음), 즉 약속된 남자를 낳았다고 말하는 정도가 아니기 때문입니다. 그녀가 말하는 것은(내가 믿기로는) "내가 한 남자를 낳았으니 곧 여호와(구세주)시라."는 것입니다.

물론, 우리는 아담과 하와가 오해한 것임을 압니다. 그들은 실제로 살인자를 낳았을 때, 구원자를 낳은 것으로 생각했습니다. 가인은 그의 형제 아벨을 죽였기 때문입니다. 그러나 여기까지의 그들의 인식은 옳았습니다. 하나님은 구원자를 약속하셨고, 그리고 그들은 하나님의 말씀을 믿었습니다. 그들의 믿음을 아담이 하와의 이름을 지은 것에서 또 하와가 가인의 이름을 지은 것에서 봅니다. 이것으로 그들은 그들의 소망을 하나님의 말씀에 뿌리박고 있었음을 보여주었습니다.

아브람과 아브라함

이와 관련하여 생각나는 또 하나의 이름이 있는데, 그것은 똑같이 믿음의 행위로 붙여진 이름이며, 구원의 역사에서의 중요성 때문에 이 문맥에도 조화를 이루고 있습니다. 그것은 아브람의 이름을 아브라함으로 바꾼 것입니다. 아브람이란 이름은 오늘날 유대인들의 조상으로 알고 있는 아브라함의 원래 이름이었습니다.

그 족장의 원래 이름은 "많은 사람의 아버지"를 의미하는데 이야기의 열쇠는 이 사람이 그런 이름을 가지고 있었지만, 실제로 그는 아무의 아버지도 아니었다는 것입니다. 이런 일이 오늘날에는 특별한 불행은 아닐지 모르지만 동양에서 아브람의 시대에는 특별히 신경 쓰이는 문제였습니다. 동양인들은 아주 예의가 바른 사람들입니다. 그들의 예의바름은 그 자체 많은 개인적인 질문을 하는 것에서 드러나는데, 그런 개인적인 질문은 우리 문화에서는 공손치 못한 것으로 여겨지지만 그들의 문화에서는 그런 질문이 전혀 문제되지 않았습니다. 아브람은 동양인이었습니다. 더구나 그는 고대 세계에서 아주 중요한 대상(隊商) 통행로가 교차하는 헤브론에 거주하고 있었습니다. 부유한 상인들로 구성된 대상들이 동쪽이나 서쪽으로 가려고 그의 지역에 오면 그들은 휴식을 위해 그리고 낙타에게 여물을 먹이기 위해 그곳에 머물렀습니다. 아브람의 종들은 낙타와 상인들의 종들의 필요를 보살펴 주었습니다. 여행자들에게는 음식을 팔았습니다. 저녁에는 상인들이 문안을 하려고 아브람의 장막으로 왔을 것입니다. 틀에 박힌 질문이 뒤따랐을 것입니다. 연세가 어떻게 되십니까? 성함은 무엇입니까? 여기서는 얼마나 사셨습니까? 상인이 자기 자신을 소개하면, 아브람은 자기 이름을 말해야만 했습니다. 아브람, 많은 사람의 아버지. 도널드 반하우스가 이 구절에 대해 특히 잘 기술하고 있습니다.

이런 일이 백 번, 천 번 일어났고, 그럴 때마다 전에 비해 짜증이 더 났을 것임이 분명하다. "오, 많은 사람의 아버지라! 축하드립니다! 그런데 아들이 몇 명이나 되오?" 그 질문에 대한 대답은 아브람에게 있어 굴욕적인 것이었다. "하나도 없소." 그러면 듣는 사람이 아브람의 이름과 이름에 걸맞지 않게 아이가 없다는 사실이 어울리지 않아 코웃음을 반쯤을 치는 일이 종종 있었을 것이 분명하다. 아브람은 그러한 질문과 대답에 대해 마음을 단단히 먹어야 했고, 또한 그러한 괴로움의 상황이 무척 싫었을 것이다.

그밖에도 그가 처한 상황에 대해 아마도 뒷말들이 많았을 것입니다. 당시는 모두 장막에서 몸에 가죽과 천을 걸치고 살면서 개인의 사생활은 귀로 듣지 않아도 눈앞에 그대로 노출되는 그런 시대였습니다. 다음과 같은 주제를 가지고 자주 대화하는 것을 생각해 보십시오. 즉, 누구 때문에 아이를 못 갖습니까? 아브람? 혹은 사라? 아브람이 정말 남자는 맞습니까? 아, 그는 족장이었고, 오아시스의 지배자였습니다. 그의 말은 그대로 법이었습니다. 그는 부자였습니다. 그러나 그는 아이가 없었습니다. 그런데도 그의 이름은 "많은 사람의 아버지"였습니다. 반하우스는 계속 이야기합니다.

만일 내가 이 모든 것을 그저 추측하고 있는 것이라고 생각하는 사람이 있다면, 나는 그의 아내 사라의 심리상태로 증명해 보이겠다. 그녀는 결국 남편에게 와서 그녀의 종 하갈을 취해서 아기를 갖자고 제안한다. 사라는 불임의 원인이 자신 때문이라고 알고 있었을 것이 분명하다. 그녀는 자존심이 강했고, 그 결말이 보여주는 것처럼 아주 민감한 여인이었다. 그래서 그녀는 남편을 다른 여인의 품에 안기도록 필사적으로 부추겼을 것이 틀림없다.

천과 가죽을 걸치고 살던 세상이었다는 것을 기억하라. 그들은 종들로 둘러싸인 장막에서 살았다. 제안이 들어와 있다. 아브람 앞에 여종이 후처로 소개되었다. 그 소식은 빨리 퍼졌을 것이다. 주인과 여종을 위한 장막이 준비되었을 것이고, 작업을 한 종들, 아브람과 여종을 둘러싼 종들은 서로 간에 능글맞은 웃음과 눈짓으로 인사들을 했을 것이 틀림없다. 많은 사람의 아버지, 자식이 하나도 없는 아버지인 늙은 아브람은 후처와 함께 장막 안으로 들어갔다.

세월이 흘러 하갈이 아브람으로 말미암아 임신을 했다는 소식이 드디어 확인되면서 여인네들의 쓸모없는 추측이 더 큰 수다를 불러 일으켰다. 사라는 애굽 여인들의 눈에서 자신이 멸시되고 있다는 것을 알게 되었다. 소식은 주둔지에 퍼졌다. 왜냐하면, 큰 부의 유산이 걸려 있는 대단히 중요한 문제였기 때문이었다. 상속자가 결정되는 문제였다. 아브람은 조금 더 존경을 받는 것으로 보였다. 최소한 그는 이제 진짜 남자임이 확실해 진 것이다 . 그것이 증명되었다. 그는 노년에 아이를 양육해야 했다. 여자로서의 기능을 다하지 못한 여인, 불임의 여인은 결국 사라였다.

그런 후에 아이가 태어났다. 아들이었다. 이름을 이스마엘이라고 했다… 이제는 대상들이 야영을 하려고 우물곁으로 와서 아브람을 부를 때 이름의 문제는 전처럼 그리 어렵지 않았다. "이름이 무엇입니까?" "많은 사람의 아버지 아브람이요." "오, 축하합니다! 아들은 몇 명이나 됩니까?" "한 명이요." 사실 그것은 많은 것이 아니었다. 그러나 그것은 나그네들의 능글맞은 웃음과 가까이 있는 종들의 흘깃거리는 눈짓을 막기에는 충분했다.

이렇게 13년이 흘렀다. 아브람은 노쇠해졌고 기력이 약해졌다. 하나님이 그에게 나타나셔서 과거 그에게 하셨던 약속을 상기시켜 주신 것은 그의 나이 99세 때였다. 아브람의 첫 반응으로 그는 하나님의 약속을 생각해 냈다. 결국 그는 아들 이스마엘을 얻었다. 이 아들 하나 얻은 것만으로도 하나님이 거짓말쟁이가 되시는 것을 막기에는 충분했다. 아브람이 당장 죽는다 해도 하나님은 이스마엘에게 많은 아들을 주셔서 약속을 완성하게 하실 수 있으신 것이다. 그러나 하나님은 그런 식으로 일하시는 분이 아니다….

하나님은 아브람에게 말씀하셨다. "나는 전능한 하나님이라 너는 내 앞에서 행하여 완전하라 내가 내 언약을 나와 너 사이에 두어 너를 크게 번성하게 하리라 하시니"(창 17:1-2)… 아브람은 하나님 앞에 엎드렸고, 하나님은 계속해서 말씀하셨다. "보라 내 언약이 너와 함께 있으니 너는 여러 민족의 아버지가 될지라 이제 후로는 네 이름을 아브람이라 하지 아니하고 아브라함이라 하리니 이는 내가 너를 여러 민족의 아버지가 되게 함이니라"(17:4-5).

성경에는 나를 웃게 하는 것들이 있다. 이 구절과 관련된 하나의 생각은 나를 항상 그렇게 웃도록 만든다. 나는 아브라함이 그의 가족과 종들에게 이제 그의 이름을 바꾼다는 소식을 알렸을 때 무슨 일이 일어났을 지를 생각하지 않을 수 없다. 그들 모두는 그의 이전 이름이 많은 사람의 아버지 아브람이었다는 것을 알고 있었다. 그리고 그들은 그 이름이 그에게 가시 같은 역할을 했다는 것을 알고 있었다. 따라서 우리는 그가 "나는 내 이름을 바꾸기로 했소!"라고 발표했을 때 흥미와 호기심을 불러 일으켰을 것임을 가히 상상할 수 있다. 혼자 웃으며 비웃는 사람들이 있었을 것이다. "그 영감이 그런 이름을 가질 수 없었지. 우스운 일이었지. 결국 86년 동안 자식 하나 없던 아버지, 그리고 이제 겨우 한 자식의 아버지가 된 사람이 그런 이름을 가지고 애를 먹었었지."

그러자 그 노인네가 말했다. "나는 여러 민족의 아버지 아브라함이라고 알려질 것이다." 우리는 그 사실이 그들에게 알려지면서 충격적인 순간의 침묵이 흐르는 것을 느낄 수 있다. 여러 민족의 아버지라고? 그러자 장막 뒤에서는 웃음이 터져 나왔다. "저 영감이 미쳤군! 여든여섯 살에 겨우 자식 하나 가졌는데, 지금 아흔 아홉에 망상을 하기 시작했군!"[1]

하나님을 믿음

인간적 관점에서 보면 아흔 아홉 살 난 사람이 이런 생각을 한다는 것은 우스꽝스러운 일일 것입니다. 그러나 하나님의 관점에서는 우스꽝스러운 일이 아닙니다. 그리고 아브람은 약속을 주신 하나님의 관점에서 사정을 파악했습니다. 그런 이유로 바울은 로마서에서 아브라함의 믿음에 대해 이렇게 말합니다.

"그가 백 세나 되어 자기 몸이 죽은 것 같고 사라의 태가 죽은 것 같음을 알고도 믿음이 약하여지지 아니하고 믿음이 없어 하나님의 약속을 의심하지 않고 믿음으로 견고하여져서 하나님께 영광을 돌리며 약속하신 그것을 또한 능히 이루실 줄을 확신하였으니"(롬 4:19-21)

여러분이 지금까지의 진행을 알 것이라고 확신합니다. 즉, 아담은 그의 아내를 하와라고 이름 짓습니다. 하와는 그녀의 아들을 가인이라고 이름 짓습니다. 그리고 아브람은 그 자신을 아브라함이라고 개명을 합니다. 이 모두가 구원의 약속을 주신 하나님에 대한 믿음의 반응입니다. 오늘날 이름은 이런 중요성을 별로 갖지 않습니다. 그러나 그런 중요성을 갖는 이름 하나가 있습니다. 그것은 예수 그리스도를 믿는 모든 자가 갖는 "그리스도인"이라는 이름입니다. 그것은 그분의 이름입니다. 그것은 "그리스도의 것"을 의미합니다. 우리가 그분의 이름을 갖는 이유는 우리가 구원자와 주님이신 예수님에게 우리 자신을 내맡기는 순간에 그 이름이 우리에게 붙여지기 때문입니다. 그 이름은 이렇게 말합니다. "이제부터 나는 내 것이 아니라, 나를 사랑하시고 나를 위해 자신을 내어주신 그분에게 속한 존재입니다." 당신은 그렇게 말한 적이 있습니까? 그런 적이 없다면 당신 자신을 예수 그리스도에게 맡기고, 그분의 이름을 갖고, 아담과 하와와 아브람과 하나님을 믿은 모든 사람들의 발자취를 따르기를 권합니다.

● 각주 ●

1. Donald Grey Barnhouse, *God's Remedy*, vol. 3 of *Romans* (Grand Rapids: Eerdmans, 1954), 310-16, Used by permission.

32

가죽 또는 무화과나무 잎

창세기 3 : 21

여호와 하나님이 아담과 그의 아내를 위하여 가죽옷을 지어 입히시니라

우리는 이미 하나님의 말씀에 연관성이 없는 내용은 없다는 것을 알았습니다. 있다고 한다면 그것은 그러한 내용에 대해 우리 자신이 단지 그렇게 생각할 뿐입니다. 그 예로 우리는 창세기 3:20절을 살펴보았습니다. 얼핏 보기에는 아담이 하와라고 이름을 부른 것은 그 이전 내용과 전혀 연결성이 없어 보입니다. 그것은 뱀, 하와, 그리고 아담에 대한 하나님의 심판에 뒤이어 나올 이야기처럼 보이지 않습니다.

그러나 그것은 우리가 본 바와 같이 연관성이 있고, 이제 살펴보고자 하는 성경 구절도 마찬가지입니다. 사실상, 이 성경 구절들을 함께 묶어서 보면 이 성경 구절들은 신학에서 "구원의 서정"(ordo salutis) 또는 "구원의 단계"(steps of salvation) 라고 부르는 첫 번째 성경의 예가 됩니다.

전체적인 형식에서 구원의 서정에는 여러 부분이 있습니다. 사람이 믿음으로 나오게 되고 믿음을 유지하는 단계는 많습니다. 시작점은 선택입니다. 요한복음 1:13절이나 야고보서 1:18절 같은 구절들은 한 특정 개인이 거듭나기 이전에 그를 구원하고자 하시는 하나님의 결정을 표현하고 있습니다. 요한복음 3:3, 5절은 하나님의 나라를 "보는 것" 그리고 "들어가는 것"에 대해 이야기하고 있으며, 사람이 거듭나지 않으면 그것이 불가능함을 보여주고 있습니다. 그것은 죄를 자각하고 그리스도를 믿는 믿음에 부합하는 것입니다. 요한일서 3:9절은 성화에 대해 말씀합니다. 로마서 8장은 칭의와 영화에 대한 말씀을 추가합니다. 이 구절은 이렇게 말씀합니다.

"우리가 알거니와 하나님을 사랑하는 자 곧 그의 뜻대로 부르심을 입은 자들에게는 모든 것이 합력하여 선을 이루느니라 하나님이 미리 아신 자들을 또한 그 아들의 형상을 본받게 하기 위하여 미리 정하셨으니 이는 그로 많은 형제 중에서 맏아들이 되게 하려 하심이니라 또 미리 정하신 그들을 또한 부르시고 부르신 그들을 또한 의롭다 하시고 의롭다 하신 그들을 또한 영화롭게 하셨느니라"(롬 8:28-30)

만일 이 여러 단계를 연속으로 묶으면 순서는 예지, 예정, 부르심, 중생, 믿음, 회개, 칭의, 성화, 영화로 됩니다. 물론 이 모든 단계가 창세기 3장에 들어 있는 것은 아닙니다. 그러나 내가 지적한 바와 같은 순서의 제시는 있습니다. 그 순서는 하나님에 의한 심판의 선포에 바로 뒤이은 죄의 자각, 아담이 하와라고 이름 부른 것에서 표현된 믿음, 그리고 이제 보고자 하는 짐승 가죽으로 아담과 하와를 옷 입힌 것으로 상징된 칭의(稱義)입니다. 20절에서 드러난 아담의 믿음 때문에 하나님은 21절에 기록된 일을 하십니다.

옷의 필요

하나님이 아담과 그의 아내에게 가죽으로 옷을 지어 입히신 것에 대해 생각해 보아야 할 네 가지가 있습니다. 첫째, 어떤 종류로든 가리는 것이 필요했습니다. 사람들은 인간 직업 중에서 가장 오래된 것이 매춘이라는 말을 합니다만, 그들이 그렇게 말하는 것은 잘못된 것입니다. 그들의 견해는 현대인들이 보는 여러 가지 성적인 관계에서 오는 죄에 대한 이해를 도와주지만, 그것은 잘못 판단하는 것입니다. 모든 직업 중 가장 오래된 직업은 매춘업이 아니라 의류 산업입니다. 나중에 다른 사람들 간의 성적인 죄가 나타난 것입니다. 그러나 창세기에 의하면 죄의 첫 결과가 아담과 하와의 눈이 밝아져 그들의 벌거벗음을 알아차린 것이었고, 이에 대응하여 그들은 "무화과나무 잎을 엮어 치마로"(창 3:7) 삼았습니다. 하나님은 짐승 가죽으로 옷을 만드심으로써 그 필요를 확증하셨습니다.

나는 이 원리의 자세한 내용을 되풀이 할 필요를 느끼지 않습니다. 우리는 이 원리를 일찍이 창세기 2:25절의 "캐멀롯, 오 캐멀롯"과 창세기 3:7절의 "육신적인 지식"을 다루면서 생각해 보았습니다. 다만 옷이 필요한 아담과 하와의 벌거벗음이 육신적인 것일 뿐만 아니라 심리적인 것이라는 것은 다시 말씀드립니다. 즉, 그 벌거벗음은 죄와 연관되었고, 죄의 결과로 그들이 이제 하나님과 서로 간에, 그리고 그들 자신과 잘못된 관계에 놓이게 되었다는 사실과 연관되었습니다. 그들은 노출되어 있는 것을 알았습니다. 심리적인 노출은 견디기 힘들었습니다. 그래서 그들은 그들 자신을 가리려고 시도했습니다. 처음에 그들은 무화과나무 잎을 사용했습니다. 나중에 하나님이 그들의 죄로 인해 그들을 만나시려고 동산에 나타나셨을 때, 그들은 핑계를 대고 변명을 하며 끝내는 하나님께 책임을 돌리려 했습니다.

사람들은 오늘날도 똑같습니다. 그들은 옷이나 다른 수단들을 사용합니다. 그러나 밑에 깔려 있는 바람은 그들의 본 모습이 아닌, 다른 어떤 것으로 자신을 나타내 보이고자 하는 것입니다. 그들은 그들의 부끄러움을 감추고 다른 사람들 앞에 나서기를 원합니다.

무화과나무 잎

둘째, 우리는 우리 자신을 위한 적합한 옷을 만들 수 없다는 것입니다. 이것은 아담과 하와의 경우에서 나타나고 있으며, 우리 모두의 경우에서도 명백한 사실입니다. 가장 흔한 옷은 선행입니다. 많은 사람들이 로마서 2장(1-16절)에서 바울이 서술한 도덕주의자 같이 하나님께 옵니다. 그는 믿지 않는 세상이 필요로 하는 것에 대한 바울의 서술에 쾌히 동의할 자입니다. 그는 세상이 정말로 부패했고, 새로워져야 한다는 것에 동의할 것입니다. 그러나 그는 자신의 도덕 점수 덕분에 더 착하다는 주장을 하며 바울의 서술에서 자신을 제외시킬 것입니다. 그는 이렇게 말할 것입니다. "나는 부패하지 않았다. 나는 내 선행에 근거해서 하나님께 받아들여지기를 원한다."

하나님의 관점으로 사람의 선행은 무화과나무의 잎입니다(엡 2:8-9). 선행이 인간적 관점에서 가치가 없다는 것이 아닙니다. 단지 하나님의 관점에서 좋지 않다는 것이고, 그 이유는 그것이 기본적으로 죄의 문제를 처리하지 못하기 때문입니다. 선행은 어느 면에서 게임에서 쓰는 모노폴리 돈(Monopoly money)과 같은 것입니다. 그것은 모노폴리 게임에서는 쓸 수 있습니다. 그러나 실제 세상에서는 쓸 수가 없습니다. 당신 가족 중에 모노폴리 게임을 잘하는 사람이 있는데, 당신이 게임을 할 때마다 그 사람이 모든 재산을 다 축적하고 모든 돈을 다 딴다고 생각해 보십시오. 어느 날, 게임을 마치고 그가 그의 모노폴리 돈을 가지고 계좌를 개설하려고 시중 은행으로 간다고 생각해 보십시오. 그는 창구 직원 앞에 서서 말합니다.

"이 은행에 계좌 하나를 개설하려고 합니다."

창구 직원이 대답합니다.

"얼마를 예금하시겠습니까?"

"472,984달러입니다!"

그는 모노폴리 돈을 창구에 밀어 넣습니다. 만일 이런 일이 일어난다면 창구 직원은 누군가를 오라고 불러서 이 사람을 빨리 내쫓아 버리라고 할 것이 틀림없습니다. 모노폴리 돈은 모노폴리 게임에서는 효력이 있지만, 실제 세상에서는 아무 가치도 없는 것입니다. 마찬가지로 선행은 우리가 다른 사람들의 인정을 받게 하는 데는 충분하지만, 하나님의 인정을 받는 데에는 결코 충분하지가 않습니다.

또 다른 유형의 사람이 있는데 역시 바울이 그에 대해 서술합니다(롬 2:17-29). 그는 종교적인 사람입니다. 그의 확신은 그의 종교적 의무를 조심해서 수행하는 것에 두고 있습니다. 그는 이렇게 말할 것입니다. "나는 율법을 지킨다. 나는 세례를 받았고, 입교식을 받았다. 나는 주일학교에서 가르친다. 나는 교회 위원회에서 봉사한다. 나는 십일조를 한다." 하나님은 이런 것들도 역시 무화과나무 잎이라고 말씀하십니다. 믿지 않는 자의 선행과 차이가 없는 것들입니다.

이런 질문을 하는 사람들이 있을 것입니다. "하지만 왜 그렇지요? 성례전에 참여하고, 기독교 교육을 하고, 십일조를 드리고, 봉사하는 것은 좋은 일이 아닌가요?" 좋은 일입니다. 나중에 로마서에서 바울이 그 당시 가장 두드러지게 종교적이었던 유대인들을 예로 들어 이렇게 말합니다. "그들은 이스라엘 사람이라 그들에게는 양자 됨과 영광과 언약들과 율법을 세우신 것과 예배와 약속들이 있고 조상들도 그들의 것이요 육신으로 하면 그리스도가 그들에게서 나셨으니 그는 만물 위에 계셔서 세세에 찬양을 받으실 하나님이시니라 아멘"(롬 9:4-5). 바울이 의미하는 것은 참된 종교의 외적인 형식에 큰 장점이 있다는 것입니다. 왜냐하면, 우선 그것들은 우리를 그리스도에게 인도하려고 의도된 것들이기 때문입니다. 그러나 그것들은 하나님 앞에 서는 것과 관련해서는 소용이 없는 것들입니다. 그것들은 우리 마음의 상태와 아무 관계가 없기 때문입니다.

"무릇 표면적 유대인이 유대인이 아니요 표면적 육신의 할례가 할례가 아니니라 오직 이면적 유대인이 유대인이며 할례는 마음에 할지니 영에 있고 율법 조문에 있지 아니한 것이라 그 칭찬이 사람에게서가 아니요 다만 하나님에게서니라"(롬 2:28-29)

몇 년 전, 내가 스위스에 살고 있었을 때, 나는 구세군으로부터 이 원리의 실례(實例)를 얻었습니다. 매년 스위스의 참회 화요일(Mardi Gras, 사육제 마지막 날) 축제일과 같은 파스나흐트(Fasnacht) 축제일에 내가 살았던 바젤의 시민들은 이상한 옷을 입고 가면으로 얼굴을 가린 채 추측컨대 다른 때는 통상 하지 않는 일들을 벌입니다. 내가 "추측컨대" 라고 말했는데, 그 이유는 스위스 사람들이 그렇게 생각을 했고 그것에 대해 많은 농담도 했기 때문입니다. 그 중 하나의 예를 들면, 그들은 파스나흐트 축제일로부터 아홉 달 후에 얼마나 많은 불법적 아기들이 태어나는가에 대한 농담을 합니다. 매년 이때 구세군은 그 도시 곳곳의 광고판을 통해 광고를 합니다. 그 광고는 손을 뻗치면 닿을 만한 곳에 심리적 책략으로 구세군의 문양을 나타내 보입니다. 그리고는 큰 글씨로 이런 문장을 써 놓습니다. "하나님은 당신의 가면 속을 들여다보십니다!" 이것은 진실입니다. 하나님은 그렇게 보십니다. 그러므로 그리스도가 없는 종교적인 외적 행위는 단지 무화과나무 잎인 것입니다. "하지만," 하고 누군가가 말합니다.

"나는 스스로의 개혁을 위해 열심히 일했습니다. 나는 술고래였었지만 술 마시는 버릇을 그치고 지금은 좋은 직업을 가지고 있고, 또…"

하나님은 말씀하십니다.

"무화과나무 잎이다."

"나는 매일 성경을 읽고 일주일에 두 번이나 교회에 가며 내 옆자리에 앉아 있는 사람에게 언제나 인사를 하려고 노력합니다. 그리고…"

하나님은 말씀하십니다.

"무화과나무 잎이다."

"구제 기금에 기부도 하는데요."

"무화과나무 잎이다."

"헌혈도 하는데요."

"무화과나무 잎이다."

"나는… 나는…"

하나님은 말씀하십니다. "무화과나무 잎이다. 이 모두가 무화과나무 잎이다. 그중 어떤 것도 죄를 적절하게 처리하지 못하는 것이다."

가죽옷으로 가리다

셋째, 본문의 요점은 하나님이 옷을 준비하셔야만 한다는 것입니다. 왜냐하면, 오직 하나님만이 죄의 문제를 처리하시기에 적절한 분이시기 때문입니다. 오늘 본문은 말씀합니다. "여호와 하나님이 아담과 그의 아내를 위하여 가죽옷을 지어 입히시니라."

어떤 짐승을 잡아 가죽을 얻어 아담과 하와를 입히셨는지 여기서는 말씀하고 있지 않습니다. 그러나 나는 추측일 뿐이고 틀릴 수도 있지만 아마도 그 짐승은 어린 양이고 그 가죽은 새끼 양가죽이라고 생각해 봅니다. 이 사건은 예수님이 우리의 충분한 구주이시고, 그분의 의가 우리의 옷이 되는 것을 가리킵니다. 예수님은 "세상 죄를 지고 가는 하나님의 어린 양"(요 1:29)으로 묘사되어 있습니다. 예수님이 오시기 전 오랜 기간 동안 그분의 오심에 대한 약속이 그 오심을 기다리는 사람들 사이에 세대와 세대를 거쳐 전해 내려올 때, 그 약속은 성경 말씀으로 일반적으로 새끼 양가죽에 기록되어 보존되었습니다. 새끼 양가죽을 마련하고 함께 꿰매어 글을 쓴 두루마리로 알려진 큰 롤을 만든 것입니다. 이러한 이미지와 실용적인 면에서도 하나님이 우리의 최초 조상에게 옷 입혀 주시기 위해 어린 양을 죽였다고 상상하는 것은 합리적입니다. 그러나 어떤 경우이건 간에, 우리는 하나님이 짐승을 죽여 그 가죽으로 옷을 만들어 아담과 하와에게서 무화과나무 잎으로 만든 부적합한 옷을 치우고 그들에게 그 가죽옷을 입혀 주셨다는 것은 알아야만 합니다.

삶을 위한 죽음

넷째, 아담과 하와에게 짐승 가죽의 옷을 입히기 위해서 짐승이 죽어야 했습니다. 이와 비슷한 식으로 우리에게 가죽옷이 상징하는 예수 그리스도의 의의 옷을 입히기 위해 예수님은 죽으셔야 했습니다. 성경은 말씀합니다. "피흘림이 없은즉 사함이 없느니라"(히 9:22). 죄인들이 살기 위해 무죄하신 분이 죽으실 필요가 있었습니다.

이러한 진리가 아담과 하와에게 처음으로 계시되었을 때 매우 경이로웠을 것입니다. 그들은 선과 악을 알게 하는 나무의 열매를 먹지 말도록, 먹으면 죽음의 벌이 따른다고 경고를 받았었습니다. 하나님이 말씀하셨습니다. "여호와 하나님이 그 사람에게 명하여 이르시되 동산 각종 나무의 열매는 네가 임의로 먹되 선악을 알게 하는 나무의 열매는 먹지 말라 네가 먹는 날에는 반드시 죽으리라 하시니라"(창 2:16-17).

이때까지는 아무도 죽지 않았습니다. 아담과 하와가 죄를 범했습니다. 그들은 그들의 죄에 대한 즉각적인 벌로 죽음을 기대했을 것이 틀림없습니다. 하나님이 동산을 찾아오셨을 때 이러한 심판을 예상하고 덜덜 떨었을 것이 틀림없습니다. 그러나 그들은 죽지 않았습니다(하나님이 그들을 부르셨을 때 그들이 도망을 시도한 것으로 보아 그들의 영이 죽기는 했지만). 심지어 뱀조차도 죽지 않았습니다. 이때까지는 전혀 죽음이 없었습니다. 그런데 지금, 그들이 마땅히 죽을 죄를 범했지만, 이 시점에서 발생한 죽음은 그들의 죽음이 아니라 무죄한 짐승(어린 양)의 죽음이었습니다. 그리고 그 짐승을 죽인 분은 하나님이셨습니다.

아담과 하와의 머리를 스치는 두 가지 생각이 있었을 것입니다. 첫째는 죽음에 대한 본능적 공포입니다. '바로 이것이 죽음이로구나!' 그들은 죽임을 당한 짐승을 공포심에 싸여 내려다보며 그렇게 외쳤을 것입니다. "얼마나 끔찍한가!' 그 순간에, 만일 죽음이 죄의 결과라면(죄의 값은 죽음), 죄는 아마도 그들이 상상했던 것보다 훨씬 나쁜 것이라는 생각이 들었을 것입니다. 그리고 그들은 가능한 한 죄를 거부하고, 하나님께 순종하기로 결심했을 것입니다.

죄의 공포에 대한 인식과 뒤섞여 떠오른 두 번째 생각은 하나님의 자비에 대한 깊고 점점 커지는 놀라움이었을 것입니다. 그 하나님은 명령을 어긴 벌로 그들의 생명을 취할 모든 권리를 가지고 계셨고, 또 죄를 범하면 반드시 죽는다고 말씀하셨지만 그럼에도 불구하고 무죄한 희생자가 대신 죽을 수 있다는 것을 보여주신 것입니다.

나중에 알려진 계시의 관점에서 이 사건을 되돌아보면 아담과 하와의 죄를 제거한 것은 실제로 죽임당한 짐승의 피가 아니었다는 것을 우리는 알게 됩니다. 하나님으로 하여금 죄를 용서하시고 죄인을 의롭다고 선포하심을 가능케 한 것은 짐승의 죽음이 아니었습니다. 그것을 가능케 한 죽음은 오직 예수님의 죽음이었고, 죄를 깨끗게 할 수 있는 피는 오직 그분의 피였습니다. 한편, 짐승의 죽음은 그분의 죽음을 가리킨 것이었습니다.

이 경우에 있어서 하나님은 죄를 범하는 한 사람의 개인을 위해 무죄한 대체물인 한 마리의 짐승, 즉 하와를 위해 한 마리의 짐승, 아담을 위해 한 마리의 짐승이 죽는 것이 가능했음을 보여주신 것입니다. 후에 유대 역사에 보면 출애굽할 때, 하나님은 모든 유대인 가정에 어린 양 한 마리를 취해 집으로 들여오고, 3일 동안 간직하다가 죽여 그 피를 죽음의 천사에게 알리는 표시로 집의 좌우 문설주와 인방에 뿌리도록 명령하셨습니다. 그 천사들은 그날 밤 그 땅 각지를 다니며 그 표시가 없는 모든 가정의 장자를 죽일 것입니다. 이것이 유월절이었고, 그 상징적 의미는 이제 어떻게 한 마리의 짐승이 한 가정을 위해 죽을 수 있는가를 보여주는 것으로 발전되었습니다. 조금 후에 하나님이 율법을 주실 때, 속죄일에 대한 지침도 함께 주셨습니다. 그날 대제사장이 민족을 위해 한 짐승을 죽여 그 피를 유대인 성막의 지성소 안에 있는 언약궤의 속죄소 위에 뿌리도록 하신 것입니다. 지금은 한 민족을 위한 한 마리의 짐승입니다. 드디어 세례 요한이 요단 강변에 서서 예수님을 보고 그의 제자들을 위해 그분을 가리키며 이렇게 말합니다. "보라 세상 죄를 지고 가는 하나님의 어린 양이로다"(요 1:29). 한 개인을 위한 한 분의 대리자, 한 가정을 위한 한 분의 대리자, 한 민족을 위한 한 분의 대리자, 세상을 위한 한 분의 대리자!

두 개의 종교

그것이 하나님의 종교입니다. 그것은 누구나 하늘로 갈 수 있는 유일한 종교입니다. 당신이 어떤 종족, 부족, 장소, 또는 역사를 고려한다 해도 마지막 분석에 가서는 사실상 오직 두 개의 종교만이 남습니다. 행위의 종교인 무화과나무 잎 옷의 종교, 아니면 예수 그리스도의 죽음을 통해서 하나님이 완전히 예비하신 종교인 가죽옷의 종교가 있습니다.

대부분의 사람들은 무화과나무 잎의 옷을 입고 하나님께 옵니다. 그 잎들은 많지도 않습니다. 그러나 그것들은 그들이 그들을 위해 이룬 나름대로의 가치가 있는 것입니다. 그들은 하나님이 그것들을 인정해 주시기를 원합니다. 그들의 선행이 조금이나마 하나님의 은혜나 도우심에 고려가 된다면, 그들은 그분의 은혜를 인정하고, 그분의 도우심을 받아들일 것입니다. 그러나 이것은 하나님이 전혀 받아들이지 않으실 것입니다. 선행은 다른 사람들을 기쁘게 할지 모릅니다. 무화과나무의 잎들은 아름답게 보일 수 있습니다. 그러나 그것들은 하나님을 기쁘시게 못할 것입니다. 왜냐하면, "죄의 삯은 사망"인데 거기에는 사망이 없기 때문입니다. 만일 당신이 무화과나무 잎의 옷을 입고 하나님께 왔다면, 만일 지금도 무화과나무 잎의 옷을 입고 있다면, 나는 당신에게 그것들을 버리고, 그것들이 쓸 데가 없다는 것을 인정하고 하나님이 주시는 옷을 받으라고 권합니다. 그러면 당신의 죄로 벌거벗은 몸은 가리어질 것이고 당신은 언제, 어디서나 구속된 사람들과 함께 찬송

노래를 부를 수 있을 것입니다(원문 번역과 찬송가 488장).

나의 소망은 예수님의 피와 의(義) 밖에는   이 몸의 소망 무언가
다른 어떤 것에서도 찾을 수 없습니다.   우리 주 예수 뿐일세

특별히 마지막 절은 다음과 같습니다.

그분이 나팔소리와 함께 오실 때,   바라던 천국 올라가
오, 그때 나는 그분 안에서 발견되고,   하나님 전에 뵈올 때
그분의 의(義)만으로 옷 입고,   구주의 의를 힘입어
흠 없이 보좌 앞에 서게 됩니다.   어엿이 앞에 서리라
굳건한 반석이신 그리스도 위에 나는 서게 되고,   주 나의 반석이시니 그 위에 내가 서리라
다른 모든 땅은 가라앉는 모래가 됩니다.   그 위에 내가 서리라 그 위에 내가 서리라

지체하지 마십시오! 예수님이 결혼 예복을 입지 않고 임금의 잔치에 온 사람들에 대한 이야기를 하셨습니다. 그분은 이렇게 말씀하셨습니다. "임금이 손님들을 보러 들어올새 거기서 예복을 입지 않은 한 사람을 보고 이르되 친구여 어찌하여 예복을 입지 않고 여기 들어왔느냐 하니 그가 아무 말도 못하거늘 임금이 사환들에게 말하되 그 손발을 묶어 바깥 어두운 데에 내던지라 거기서 슬피 울며 이를 갈게 되리라 하니라 청함을 받은 자는 많되 택함을 입은 자는 적으니라"(마 22:11-14).

실제로 모두 초청을 받았습니다. 문제는 당신이 선택받은 자에 속해 있는가? 하는 것입니다. 당신은 예수 그리스도의 의(義)로 옷 입고 있습니까?

33

생명으로 가는 길

창세기 3 : 22-24

여호와 하나님이 이르시되 보라 이 사람이 선악을 아는 일에 우리 중 하나 같이 되었으니 그가 그의 손을 들어 생명 나무 열매도 따먹고 영생할까 하노라 하시고 여호와 하나님이 에덴 동산에서 그를 내보내어 그의 근원이 된 땅을 갈게 하시니라 이같이 하나님이 그 사람을 쫓아내시고 에덴 동산 동쪽에 그룹들과 두루 도는 불 칼을 두어 생명 나무의 길을 지키게 하시니라

누가 말했는지는 모르지만 "그림 하나는 천 마디 말의 가치가 있다." 라는 말이 있는데, 이 말은 성경에 있는 말씀과 거의 같습니다. 왜냐하면, 말씀으로 된 책에서 명제적으로 자신을 우리에게 계시하신 하나님은 또한 영적 진리를 그림들로 드러내셨는데 그것들이 가치가 있는 것들이기 때문입니다. 물론 벽에 거

는 것 같은 문자적 그림을 말하는 것이 아니라 성경 말씀에서 발견되는 그림을 말하는 것입니다. 그 중 어떤 것은 문자적입니다. 욥이 재 가운데 앉아서 몸의 종기를 긁는 것이라든지, 베드로가 갈릴리 바다에서 빠져갈 때 예수님이 손을 내밀어 그를 구해주시는 것은 그대로 그림입니다. 상징적인 그림들도 있습니다. 요한계시록은 이런 그림들로 꽉 차 있습니다. 창세기 3장 끝에 그려진 그림은 문자적이면서 동시에 상징적입니다.

많은 화가들이 이 사건의 그림을 그렸기 때문에 아마도 한 번쯤은 우리는 그 그림들을 보았을 것입니다. 저명한 르네상스 화가들의 대부분이 이 주제를 다루었습니다. 영국 청교도 사상가인 존 밀턴(John Milton)의 「실낙원」을 두고 유명한 삽화를 그린 화가 윌리엄 블레이크(William Blake)도 그랬습니다. 내가 좋아하는 것은 이탈리아 피렌체 지방의 산타마리아델 카르미네교회 브란카치(Brancacci) 예배당의 벽에 프레스코 화법으로 그린 마사초(Masaccio)의 작품입니다. 그 작품은 "낙원으로부터의 추방"이라고 부르며 밝고 어두움을 과감하게 대조시켜 그림의 극적 효과를 강조한 특징을 가지고 있습니다. 그 그림 속에는 아담과 하와가 그들의 머리 위에서 칼을 들고 맴돌고 있는 천사에 의해 쫓겨나고 있습니다. 그 부부는 괴로움 속에 휩싸였습니다. 아담의 머리는 아래로 푹 숙여졌고, 손으로는 그의 얼굴을 가리고 있습니다. 하와의 머리는 뒤로 젖혀진 채 깊은 개인적 고통으로 입을 벌려 울부짖고 있습니다. 아담과 하와가 에덴 동산을 떠날 때 그들을 압도하는 부끄러움이 그들의 거동에 고통스럽게도 뚜렷이 드러납니다. 이 프레스코 그림은 창세기에서 우리에게 말로 묘사한 그림처럼 인간의 부끄럽고 비참한 상태를 우리 마음에 즉각적으로 선명하게 그려 줍니다.

생명을 잃음

창세기 3:22-24절의 그림은 분명한 교훈을 가르쳐 주고 있는데, 그 첫 번째 교훈은 죄는 우리로 하여금 생명에 이르지 못하게 한다는 것입니다. 에덴에서 죄가 없던 때에 아담과 하와는 당연히 생명의 근원이신 하나님과의 영원한 삶을 예상했었습니다. 그러나 죄를 범하고 나서 그들은 세상으로 쫓겨나 이마에 땀을 흘리며 생계를 이어가고, 고통 속에서 자녀들을 낳고, 결국에는 죽어서 그들을 만들었던 흙으로 돌아가게 되었습니다.

이것이 "생명 나무"(창 3:22)의 의미입니다. 이 이야기를 단순한 이해의 관점에서 볼 때, 그 나무는 우리를 당혹케 합니다. 주석가들은 그것이 "선악을 알게 하는 나무"(창 2:17)와 같은 나무로 볼 수 있는지 질문해 왔습니다. 만일 두 나무가 있었다면 두 번째 나무의 목적이 무엇이라고 생각해야 합니까? 이 나무의 열매가 정말로 영생을 주었습니까? 만일 그렇다면, 아담과 하와가 범죄하기 전에 그것을 먹었습니까? 만일 그들이 먹었고, 그리고 만일 그들이 죄를 범해 그 생명을 잃었다면, 그들은 이제 어떻게 생명을 다시 얻을 수 있습니까? 만일 그들이 먹지 않았다면, 왜 안 먹었습니까? 이런 유형의 질문은 끝도 없이 생길 수 있습니다. 그러나 실상 그것들은 요점을 벗어난 것들입니다. 추측컨대 선과 악을 알게 하는 나무가 문자적인 나무였던 것처럼 그 나무도 문자적인 나무였을 것입니다. 둘 다 실제로 그 열매를 먹는 것일 수도 있고, 아닐 수도 있습니다. 그러나 그 의미는 실제 나무에 있거나 그 열매에 있었던 것이 아니라, 오히려 그 열매가 무엇을 뜻했는가에 있었습니다. 한 가지 사실은 아담과 하와가 죄를 범해서 얻은 것은 선과 악을 아는 지식이었다는 것입니다. 이 경우에 죄의 상태에서 생명은 무한으로 연장됩니다. 그러나 그런 사실은 그들에게 이미 알려졌을 것입니다. 만일 아담과 하와가 영원히 살도록 허락되었다면, 그들은 죄인들로 살게 됩니다. 그들이 죄로부터 해방되는 것은 오직 문자 그대로의 죽음과 부활에 의해서였습니다.

아담과 하와가 이런 특별한 점을 자세히 생각했을지는 의문이 갑니다. 그들이 알고 있었을 것이라곤 생명이 유지될 수 있었던 장소로부터 그들이 쫓겨나고 있다는 것과, 그들은 결국에는 죽게 된다는 것이었을 것입니다.

얼마나 슬픈 그림인지 모릅니다. 가련한 아담은 머리를 숙이고 부끄러움에 얼굴을 가리고 있습니다. 하와는 머리를 뒤로 젖힌 채 괴로움에 울부짖고 있습니다. 그러나 그것은 단지 아담 또는 하와만의 경우가 아닙니다. 이것은 여러분과 나 그리고 하나님께 순종하지 않고 자신의 죄의 길을 가는 모든 사람의 모습이기도 합니다. 예수님은 이 세상에 오신 목적을 이렇게 말씀하셨습니다. "내가 온 것은 양으로 생명을 얻게 하고 더 풍성히 얻게 하려는 것이라"(요 10:10). 그러나 우리가 하나님과 그리스도를 모시지 않는다면, 우리가 그 길로 가지 않는다면, 우리에게 생명은 없게 됩니다. 우리는 살아있다고 해도 죽은 사람이 되고, 우리의 죽음은 결국 모든 죽음 중에서 최악의 죽음이 될 것입니다. 사도 바울이 죄 속에서 살고 있는 과부에 대하여 말씀합니다. "향락을 좋아하는 자는 살았으나 죽었느니라" (딤전 5:6).

죄가 손짓할 때 이것을 기억하십시오. 마귀가 이렇게 부를 것입니다. "나와 함께 다니며 죄의 낙을 누리자. 아무 일도 일어나지 않을 것이다. 아무 해도 당하지 않을 것이다." 여러분이 그런 소리를 들을 때는 아담과 하와가 에덴에서 부끄러움 속에서 쫓겨나는 하나님의 그림을 재빨리 생각하고, 또 마귀는 처음부터 거짓말쟁이였다는 것을 기억하십시오.

하나님이 없는 삶

이 그림이 가르치는 두 번째 교훈이 있습니다. 죄는 우리를 하나님으로부터 분리를 시킵니다. 물론 이것은 첫 번째 교훈에서 암시되었습니다. 왜냐하면, 만일 하나님이 생명의 근원이시고, 또 죄가 우리를 생명으로부터 분리시킨다면, 죄는 또한 분명하게 우리를 하나님에게서 분리시키기 때문입니다. 그러나 그 교훈은 이 구절에서 더욱 선명하게 제시되고 있습니다.

이것이 얼마만큼 강한 힘을 가지고 있는지 이해하기 위해서 우리는 본문 24절에 언급된 그룹이라고 부르는 천사들에 관한 것을 배워야만 합니다. 이들은 성경에 언급되고 있습니다. 이 언급들 중 오직 하나가 신약에 나오고, 요한계시록 4장과 5장, 그리고 이사야 6장의 "생물"은 우리가 살펴보겠지만 동일하지는 않을지라도 비슷한 존재입니다. 대부분의 언급은 유대교 성전의 언약궤의 속죄소의 양쪽 끝에 있는 천사의 형상들을 가리킵니다. 그룹에 대한 언급이 유일하게 많은 또 다른 곳은 에스겔 10장에 기록된 에스겔의 환상입니다. 이 에스겔이 시작 지점입니다. 왜냐하면, 오직 여기서만(요한계시록과 이사야에도 가능성이 있지만) 그룹 자체에 대한 묘사를 볼 수 있기 때문입니다(속죄소의 그룹은 실제적 그룹이 아니라 단지 그들을 대표하는 형상입니다). 에스겔은 이들을 하나님의 보좌 및 영광과 연관된 존재로서 묘사합니다. "이에 내가 보니 그룹들 머리 위 궁창에 남보석

같은 것이 나타나는데 그들 위에 보좌의 형상이 있는 것 같더라 하나님이 가는 베 옷을 입은 사람에게 말씀하여 이르시되 너는 그룹 밑에 있는 바퀴 사이로 들어가 그 속에서 숯불을 두 손에 가득히 움켜 가지고 성읍 위에 흩으라 하시매 그가 내 목전에서 들어가더라 그 사람이 들어갈 때에 그룹들은 성전 오른쪽에 서 있고 구름은 안뜰에 가득하며 여호와의 영광이 그룹에서 올라와 성전 문지방에 이르니 구름이 성전에 가득하며 여호와의 영화로운 광채가 뜰에 가득하였고 그룹들의 날개 소리는 바깥뜰까지 들리는데 전능하신 하나님이 말씀하시는 음성 같더라”(겔 10:1-5). 에스겔 10장은 이 묘사를 점점 더 자세하게, 그리고 더욱 영광스럽게 발전시켜 가면서 마지막엔 이런 관찰로 결론을 맺습니다. “그것은 내가 그발 강 가에서 보던 이스라엘의 하나님 아래에 있던 생물이라 그들이 그룹인 줄을 내가 아니라 각기 네 얼굴과 네 날개가 있으며 날개 밑에는 사람의 손 형상이 있으니”(겔 10:20-21). 이 환상의 어떤 부분들은 이해하기가 어렵습니다. 그러나 몇 가지 점은 분명합니다. 그것은 임재의 구름으로 상징되는 하나님의 임재하심에서 시현되는 그분의 영광의 환상이며 여기에 그룹이 관련되는 것입니다.

　　요한계시록과 이사야에서도 이와 비슷한 묘사를 찾아볼 수 있습니다. 요한계시록에서는 에스겔의 표현인 “생물”이 하나님의 보좌를 둘러 싼 존재의 이름으로 사용되고 있습니다. 그들에 대해 이렇게 말씀하고 있습니다. “보좌 앞에 수정과 같은 유리 바다가 있고 보좌 가운데와 보좌 주위에 네 생물이 있는데 앞뒤에 눈들이 가득하더라 그 첫째 생물은 사자 같고 그 둘째 생물은 송아지 같고 그 셋째 생물은 얼굴이 사람 같고 그 넷째 생물은 날아가는 독수리 같은데 네 생물은 각각 여섯 날개를 가졌고 그 안과 주위에는 눈들이 가득하더라 그들이 밤낮 쉬지 않고 이르기를:

‘거룩하다 거룩하다 거룩하다
주 하나님 곧 전능하신 이여 전에도 계셨고
이제도 계시고 장차 오실 이시라 하고’

그 생물들이 보좌에 앉으사 세세토록 살아 계시는 이에게 영광과 존귀와 감사를 돌릴 때에 이십사 장로들이 보좌에 앉으신 이 앞에 엎드려 세세토록 살아 계시는 이에게 경배하고 자기의 관을 보좌 앞에 드리며 이르되"(계 4:6-10).

이사야에서는 이 존재를 스랍이라고 부르며 이렇게 말씀합니다. "웃시야 왕이 죽던 해에 내가 본즉 주께서 높이 들린 보좌에 앉으셨는데 그의 옷자락은 성전에 가득하였고 스랍들이 모시고 섰는데 각기 여섯 날개가 있어 그 둘로는 자기의 얼굴을 가리었고 그 둘로는 자기의 발을 가리었고 그 둘로는 날며 서로 불러 이르되:

> 거룩하다 거룩하다 거룩하다 만군의 여호와여
>
> 그의 영광이 온 땅에 충만하도다 하더라"(사 6:1-3)

나는 여기가 에스겔과 요한계시록과 이사야의 그 존재들이 동일한 존재인지를 가려내는 장소는 아니라고 생각합니다. 나의 의견으로는 묘사된 바에 근거해서 요한계시록과 이사야의 존재는 동일하고(예를 들어 그들 각각이 여섯 날개를 가지고 있습니다), 에스겔의 그룹은 동일하지는 않더라도 가깝게 연관되어 있는 존재라고 봅니다(그들은 네 개의 날개를 가지고 있다고 말하고 있습니다). 창세기 연구를 위해 내가 지적하고자 하는 요점은 단지 이 존재들이 한 가지 모양을 했거나 여러 가지 모양을 하고 있거나 간에 그들 모두가 하나님의 임재 및 영광과 연관되어 있다는 것입니다. 다시 말해 그들은 하나님의 명령을 수행하는 심부름꾼으로서 하나님의 특별한 임재는 없이 여기 저기 나타나는 다른 "보통의" 천사들이 아니라는 것입니다.

이 점에서 창세기에 나타난 그룹의 의미가 드러나는 것입니다. 만일 그룹이 나타나고, 만일 그들이 아담과 하와를 쫓아내고 있는 것이라면, 아담과 하와를 하나님으로부터 추방하시는 분은 바로 그분 자신이기 때문입니다. 거기서 얻는 교훈은 죄가 그렇게 한다는 것입니다. 죄는 우리로 하여금 하나님에게 이르는 길을 막아버리는데 이것은 비극 중의 비극입니다. 이것은 우리에 대한 하나님의 뜻이 아니었으며, 우리의 의도된 운명도 아니었습니다. 우리는 하나님이 지으셨습니다. "우리가 그를 힘입어 살며 기동하며 존재하느니라"(행 17:28). 웨스트민스터 소요리 문답은 사람의 제일 되는 목적을 묻고, 옳게 대답합니다. "사람의 제일 되는 목적은 하나님을 영화롭게 하는 것과 영원토록 그분을 즐거워하는 것이다"(문 1에 대한 답). 그러나 지금 어떤 일이 일어나고 있습니까? 하나님을 영화롭게 하고 영원토록 그분을 즐거워하도록 창조된 아담은 지금 하나님의 면전에서 추방되고 있습니다. 하와도 내쫓기고 있습니다. 무엇이 그들을 그런 비참한 처지로 이끌었습니까? 피의자는 죄입니다. 그리고 그 결과는 전적으로 사랑이신 분으로부터의 격리입니다. 그렇다면 죄는 문제를 일으키지 않고, 죄가 상처를 주지 않을 것이라고 말하는 마귀는 잘못인 것입니다. 죄는 파괴적입니다. 그것은 모든 관계 중의 가장 좋은 관계, 곧 사람과 하나님과의 관계를 파괴합니다.

자비의 궤

이제 마지막 지점에 왔습니다. 그들의 피할 수 없고 두려운 국면으로 인해 무거운 분위기로 접근을 한 처음 두 경우와는 다르게 이제는 기쁨으로 돌아갑니다. 우리에게 죄에 대해 경고하고 의로 돌아서게 하는 심판의 그림을 그리실 때조차도, 하나님은 다른 한 편으로 은혜의 그림을 그리십니다.

나는 도널드 반하우스가 "은혜 속으로 떨어짐"이란 제목의 설교에서 아주 능숙한 솜씨로 전개한 예화를 생각합니다. 에드워드 번존스 경(Sir Edward C. Burne-Jones)은 19세기 후반에 영국의 저명한 화가였습니다. 하루는 그의 딸의 집에서 차를 마시자고 초청을 해 그곳에 갔습니다. 차를 마시는 자리에 그의 손녀도 자리를 함께 했습니다. 그런데 그 아이가 하도 버릇없이 굴자 손녀의 엄마가 거실 구석에서 벽을 향해 서 있으라고 벌을 주었습니다. 에드워드는 교육을 잘 받은 할아버지였으므로 거기에 개입하지 않았습니다. 하지만 그 이튿날 아침 그는 딸네 집에 그림 도구를 가지고 다시 갔습니다. 그는 손녀가 벌을 섰던 벽으로 가서 거기에다 그림을 그렸는데 제 꼬리를 잡으려고 뱅뱅 도는 새끼 고양이, 들판의 어린 양들, 헤엄치는 금붕어를 그렸습니다. 그 구석의 양쪽 벽면이 그의 그림으로 장식되었는데 이 모든 것은 손녀를 즐겁게 해 주려는 것이었습니다. 이제 그 아이가 그 구석에 다시 서게 된다면 적어도 그 아이는 무엇인가 볼거리가 있게 됩니다.[1] 내가 그 이야기를 여기서 생각해 보는 이유는 그룹에 의해 에덴에서 쫓겨나면서 비탄에 잠긴 아담과 하와의 그림을 공부하면서 하나님이 이 심판의 장면을 취해 성경에서 가장 경이로운 그분의 그림의 하나로 변형시키시는 것을 기억하기 때문입니다.

여러분은 내가 그룹의 문제를 소개하면서 그 연구를 위해 에스겔, 요한계시록, 이사야를 살펴보았을 때, 내가 말하기를 그룹의 언급을 많이 한 성경의 다른 곳, 즉 그에 대한 대다수의 언급이 유대교 성전 안에 있는 언약궤의 속죄소에 나타나 있는 그룹에 대한 것이었다고 한 것을 기억할 것입니다. 이 언급이 나타나는 곳이 몇 군데 있습니다. 출애굽기 25장과 36장에서는 언약궤를 만드는 것에 대한 지침을 모세에게 주고 있고, 또 실제 그 제작이 착수되었음을 말씀합니다. 열왕기상 6-8장과 역대하 3-5장에서는 같은 일이 솔로몬의 성전 건축에서 더 웅대하게 이루어집니다. 그 외에도 이곳저곳에 흩어져서 언급되고 있습니다.

출애굽기의 묘사는 전체를 인용할 가치가 있습니다. "그들은 조각목으로 궤를 짜되 길이는 두 규빗 반, 너비는 한 규빗 반, 높이는 한 규빗 반이 되게 하고 너는 순금으로 그것을 싸되 그 안팎을 싸고 위쪽 가장자리로 돌아가며 금 테를 두르고 금 고리 넷을 부어 만들어 그 네 발에 달되 이쪽에 두 고리 저쪽에 두 고리를 달며 조각목으로 채를 만들어 금으로 싸고 그 채를 궤 양쪽 고리에 꿰어서 궤를 메게 하며 채를 궤의 고리에 꿴 대로 두고 빼내지 말지며 내가 네게 줄 증거판을 궤 속에 둘지며 순금으로 속죄소를 만들되 길이는 두 규빗 반, 너비는 한 규빗 반이 되게 하고 금으로 그룹 둘을 속죄소 두 끝에 쳐서 만들되 한 그룹은 이 끝에, 또 한 그룹은 저 끝에 곧 속죄소 두 끝에 속죄소와 한 덩이로 연결할지며 그룹들은 그 날개를 높이 펴서 그 날개로 속죄소를 덮으며 그 얼굴을 서로 대하여 속죄소를 향하게 하고 속죄소를 궤 위에 얹고 내가 네게 줄 증거판을 궤 속에 넣으라 거기서 내가 너와 만나고 속죄소 위 곧 증거궤 위에 있는 두 그룹 사이에서 내가 이스라엘 자손을 위하여 네게 명령할 모든 일을 네게 이르리라"(출 25:10-22).

그 다음 일어난 일은 정확하게 이것입니다. 광야의 성막이 그 비품과 함께 완성되었을 때 하나님의 임재를 상징하는 하나님의 영광을 시현하는 구름은 성막 위로 내려와서 두 그룹 사이에 자리를 잡았습니다. 사무엘상 4:4절과 기타 다른 구절들에서는 하나님을 "그룹들 사이에 좌정하신"(삼하 6:2, 왕하 19:15, 대상 13:6, 28:18, 시 80:1, 99:1, 사 37:16 참조) 분으로 말씀합니다. 민수기 7장은 분명하게 말씀합니다. "모세가 회막에 들어가서 여호와께 말하려 할 때에 증거궤 위 속죄소 위의 두 그룹 사이에서 자기에게 말씀하시는 목소리를 들었으니 여호와께서 그에게 말씀하심이었더라"(민 7:89).

우리는 이것을 읽으면서 그 궤가 에덴에서 보여준 장면의 근본적인 요소들을 재현하고 있음을 즉각적으로 알게 됩니다. 즉, 하나님의 영광의 임재와 죄인들의 눈으로 그것을 보지 못하도록 지키는 그룹들의 요소입니다(일 년에 오직 한 번 속죄일에 들어가는 대제사장 외에는 누구도 지성소에 들어갈 수 없었습니다). 그것은 진노의 장면, 심판의 장면입니다. 그러나 그것은 바뀝니다. 왜냐하면, 새롭고 경이로운 요소를 갖게 되었기 때문입니다. 그것은 여기서 "속죄의 덮개"(atonement cover) 라고 부르는 속죄소를 둘러싸고 세워진 계획인데, 대제사장이 일 년에 한 번 희생제물의 피를 사람들의 죄를 위해 대속물이 죽었다는 표시로 속죄소 위에 희생제물의 피를 뿌리는 것이었습니다.

아담을 위한 은혜

그것은 아마도 내가 완전히 확신하는 것은 아니지만 하나님이 아담을 위해 동일한 장면을 그리신 것 같습니다. 에덴 동산 입구에 위치해 있는 그룹들은 아담과 하와를 단순히 생명 나무에 접근하지 못하도록 막고만 있었던 것은 아닐지도 모릅니다. 그 그룹들은 어쩌면 아담과 하와가 그들의 희생제물을 가지고 언제라도 올 수 있도록 하기 위해, 그리고 그렇게 해서 하나님이 피 흘림을 근거로 그들을 받아들이실 준비가 되셨는지 알기 위해 희생의 장소로 올 수 있도록 지정된 길을 지켜주고 있었는지도 모릅니다.

나는 이것을 불확실하다고 말했습니다. 그것을 주석가들의 일반적인 견해로 보기가 힘들기 때문입니다. 루터나 칼빈도 그렇게 보지 않았습니다. 그러나 이것은 헨리 알포드(Henry Alford, 창세기 1872), 아더 핑크(Arthur W. Pink, 창세기 선집 1922), 도널드 반하우스(Donald G. Barnhouse, 창세기 1970), 헨리 모리스(Henry Morris, 창세기 연구 1976), 그리고 몇몇 다른 학자들의 견해입니다. 알포드는 이렇게 기술하고 있습니다. "이 그룹들을 에덴의 동쪽에 둔 것은 사람이 낙원으로 들어가는 것이 금지되긴 했지만, 예배 의식과 아직도 그에게 열려있는 하나님의 임재에 접근하는 형식의 표현이었다."[2] 반하우스는 이렇게 기술하고 있습니다. "사람이 죄를 범하자마자 하나님은 그를 찾고, 그에게 구주를 예비해 주셨다. 그분은 자기에게 돌아오는 길을 열어 두셨고, 누구도 그 길을 막지 못하도록 방심하지 않으시고 지키신다."[3] 아마도 우리는 이 마지막 장면이 하와와 아담을 위해 행해진 것인지 확실히 알 수가 없을지 모릅니다. 그러나 그것은 우리를 위해 행해졌다는 것은 우리가 알 수 있습니다. 우리에게 주는 놀라운 교훈은 죄로부터 돌이켜 하나님이 정하신 길을 통해서 그분께 오는 것입니다.

● 각주 ●

1. Donald G. Barnhouse, "Falling into Grace," *Tragedy or Triumph* (Philadelphia: The Barnhouse Booklet Club, 1967), 45.

2. Henry Alford, *The Book of Genesis and Part of the Book of Exodus* (Minneapolis: Klock & Klock Christian Publishers, 1979), 19.

3. Barnhouse, *Genesis*, 29.

34

두 형제의 이야기

창세기 4 : 1-10

아담이 그의 아내 하와와 동침하매 하와가 임신하여 가인을 낳고 이르되 내가 여호와로 말미암아 득남하였다 하니라 그가 또 가인의 아우 아벨을 낳았는데 아벨은 양 치는 자였고 가인은 농사하는 자였더라 세월이 지난 후에 가인은 땅의 소산으로 제물을 삼아 여호와께 드렸고 아벨은 자기도 양의 첫 새끼와 그 기름으로 드렸더니 여호와께서 아벨과 그의 제물은 받으셨으나 가인과 그의 제물은 받지 아니하신지라 가인이 몹시 분하여 안색이 변하니 여호와께서 가인에게 이르시되 네가 분하여 함은 어찌 됨이며 안색이 변함은 어찌 됨이냐 네가 선을 행하면 어찌 낯을 들지 못하겠느냐 선을 행하지 아니하면 죄가 문에 엎드려 있느니라 죄가 너를 원하나 너는 죄를 다스릴지니라 가인이 그의 아우 아벨에게 말하고 그들이 들에 있을 때에 가인이 그의 아우 아벨을 쳐죽이니라 여호와께서 가인에게 이르시되 네 아우 아벨이 어디 있느냐 그가 이르되 내가 알지 못하나이다 내가 내 아우를 지키는 자니이까 이르시되 네가 무엇을 하였느냐 네 아우의 핏소리가 땅에서부터 내게 호소하느니라

일상적인 환경 하에서 부모는 자녀들에게 큰 기대를 걸고 삽니다. 그들은 자녀들이 지혜롭고, 잘 생기거나 예쁘고, 예의바르며, 성공하게 되기를 원합니다. 어떤 경우에도 부모는 자녀들이 매우 제한된 성공의 좁은 길을 헤쳐 나가거나 실패를 극복하기를 기대합니다. 잘 알려진 뮤지컬 연극 회전 목마(Carrousel)

의 주인공 빌(Bill)의 경우가 바로 그랬습니다. 그는 마지막에 도둑질을 하다가 죽는 비인 격적인 사람입니다. 그러나 그에게 태어날 아기가 있다는 것을 알자 그는 노래합니다.

> 단언컨대 그 아이는
> 그의 아빠를 꼭 빼 닮아 나올 거야.
> 그러나 그는 그의 멍청이 아버지가 가졌던 상식보다
> 더 많은 상식을 가지게 될 거야.
> 그는 나무처럼 키가 크고 튼튼할 거야, 틀림없어
> 나무처럼 그는 자랄 거야, 그의 머리는 높이 있고
> 그의 발은 땅에 굳건히 딛고 있고
> 당신들은 누가 감히 그를 부려먹거나
> 그를 가지고 노는 것을 보지 못할 것이야.

어떠한 형태로든, 모든 부모는 자녀에 대해 그러한 소망을 가지고 있습니다. 그러나 인류의 전 역사를 통해 어떤 아이에 대한 소망도 아담과 하와가 그들의 첫 아이 가인의 출생으로 인해 가졌던 소망보다 더 큰 소망은 없었습니다.

그리스도냐, 살인자냐

이 말 중 어느 것이 맞는지는 구원자를 보내주시겠다는 하나님의 약속(창 3:15)과 관련하여 가인의 출생에 대한 아담과 하와의 반응을 봄으로써 증명됩니다. 아담과 하와는 금지된 나무의 열매를 먹어 죄를 범함으로써 그들에게 내릴 심판의 결과로 죽을 것을 기다리고 있었습니다. 하나님이 말씀하셨습니다. "선악을 알게 하는 나무의 열매는 먹지 말라 네가 먹는 날에는 반드시 죽으리라 하시니라"(창 2:17). 그러나 그들은 죽지 않았습니다. 적어도 그때는 죽지 않았던 것입니다. 그 대신 하나님은 여자에게서 태어날 구원자를 약속해 주셨습니다(창 3:15). 아담과 하와는 하나님의 약속을 믿었습니다. 아담은 그가 하나님을 믿는다는 것을 그의 아내의 이름을 "생명" 또는 "생명을 주는 자" 라는 의미를 가진 하와라고 짓는 것으로 나타냈습니다. 그녀는 약속된 구원자를 출생시킬 자가 되었습니다.

이 모든 것은 우리가 알다시피 하와가 어떤 자녀도 낳기 이전에 일어난 일입니다. 실제로 그것은 그녀가 임신조차 하기 전에 일어난 일입니다. 그렇기 때문에 나중에 그들이 에덴 동산을 떠나고 나서 하와가 임신을 했을 때, 그것은 말로 표현할 수 없는 놀라운 사건이었습니다. 아담도, 하와도 전에 임신이나 출생을 본 적이 없었습니다. 그래서 출산의 경이로움은 그들의 경험에 여러 배를 더해 주었습니다. 새로운 생명이 태어나는 것만이 아니었습니다. 사탄의 역사를 파괴하고 사람들을 낙원으로 다시 한 번 회복시켜 주실 분이신 약속된 생명이 태어나는 것이었습니다.

아담과 하와는 출산의 달, 주간, 날짜를 손꼽으며 살았을 것입니다. 아홉 달, 여덟 달, 일곱 달, 여섯 달, 다섯 달, 네 달, 세 달, 두 달, 한 달, 두 주, 한 주… 드디어 아기가 태어났습니다. 하와는 그녀와 아담이 구원자라고 생각한 아기를 팔에 안았을 때, 얼마나 기뻤겠습니까! 그들은 실제로 그들의 팔에 작은 살인자를 안고 있다는 것과 피로 얼룩진 인류 비극의 역사가 시작되었다는 것을 몰랐습니다.

이만큼의 역사는 우리가 이미 살펴 본 부분을 통해 분명합니다. 그러나 창세기 4장이 시작되면서부터는 특별히 통쾌한 용어로 표현되고 있습니다. 그 이야기는 본문 1절에서 이렇게 시작됩니다. "아담이 그의 아내 하와와 동침하매 하와가 임신하여 가인을 낳고 이르되 내가 여호와로 말미암아 득남하였다 하니라" 이 번역은 안타깝게도 하와가 한 말의 온전한 뜻을 제대로 전달해 주지 못하고 있습니다. 두 가지 점에 유의할 필요가 있습니다. 첫째, "가인" 이란 말은 "얻었다"(acquired)는 의미의 히브리 동사 카나(qanah)와 발음이 같거나 또는 실제로 그 단어에서 파생된 것입니다. 따라서 하와가 여호와로부터 아들을 "얻었다"(득남하였다)고 말할 때, 그녀는 가인이란 이름을 두고 재담(才談)을 하고 있거나 아니면 실제로 왜 그 이름이 그녀의 첫 아들에게 주어졌는지를 설명하고 있는 것입니다. 구원자 약속의 관점에서 보면 그 이름은 필시 "그가 왔다." 또는 "내가 그를 얻었다." 의 의미일 것입니다. 하와는 그의 아들을 하나님이 보내신 구원자로 생각했기 때문에 "그가 왔다." 라고 불렀습니다.

둘째, NIV나 다른 대부분의 영어 번역본에서처럼 하와는 실제로 "내가 여호와로 말미암아 득남하였다" 라고 말하지 않았습니다. "말미암아" 란 말은 히브리 원문에 없는 것이고 대다수의 번역가들이 그 원문이 그것을 의미한다고 생각하는 단순한 영어식의 번역입니다. 실제로 그들은 히브리어 분사 또는 전치사 에트(ʾeth)를 그렇게 번역한 것입니다. 이 단어는 "말미암아" 를 의미하기도 하지만, 흔히 대격(對格)을 표시하는데, 번역가들이 그것을 번역할 때 "말미암아" 의 뜻을 따라 "여호와로(도움으로) 말미암아" 로 번역한 것입니다. 만일 대격으로 본다면 에트(ʾeth)는 그 다음에 나오는 단어를 그 문장의 동작의 대상으로 만듭니다. 이 경우에 그 문장은 "내가 여호와를 낳았다."가 됩니다. 내 판단으로는 이 의미가 신학적 이유뿐만 아니라 언어학적 이유로도 더 좋다고 봅니다. 왜냐하면 에트(ʾeth)는 그 문장 앞쪽의 "가인" 이란 말 앞에도 붙어있기 때문입니다. 이 두 부분은 평행구절의 구조로 되어 있습니다. 따라서 이렇게 읽을 수 있습니다. "그녀는 가인(ʾeth-Cain) 을 낳았다. 그리고 말했다. 내가 남자를 낳았으니 곧 여호와라(ʾeth-Jehovah)."

이 번역에 대한 확실한 반대는 하와가 하나님을 낳는다는 것을 가히 생각할 수 없었다는 것입니다. 최소한 하나님의 계시의 역사에 있어 그렇게 일찍 그런 생각을 할 수 없었다는 것입니다. 그러나 바로 그 점이 이 난제에 대한 좋은 대답이 됩니다. 오늘날 우리는 후기 기독교 역사의 관점에서 이 구절을 읽고 "여호와" 라는 단어가 아담과 하와에게 "여호와 하나님" 을 의미한 것으로 추정합니다. 그러나 출애굽기 6장에 보면 하나님이 모세에게 이렇게 말씀하십니다. "내가 아브라함과 이삭과 야곱에게 전능의 하나님으로 나타났으나 나의 이름을 여호와로는 그들에게 알리지 아니하였고" (출 6:3). 이것은 하나님이 그분의 이름들을 족장들에게 여러 해에 걸쳐 계시해 오셨다는 것과 그 이전에는 여호와로 알려지지 않았다는 것을 말해주고 있는 것 같습니다. 만일 그렇다면, 하와는 하나님을 낳았다고 주장한 것이 아니라 어쩌면 그 단어를 "아이를 낳는 자", "생명을 주는 자" 또는 "분만하다" 등의 넓은 의미로 썼는지도 모릅니다.

이럴 경우, 하와의 말의 가장 적합한 번역은 "내가 득남하였으니 곧 구원자라" 가 될 것입니다. 그러나 우리가 아는 것처럼 그녀는 구원자를 득남하지 않았습니다. 그녀는 그리스도가 아닌 살인자를 낳았던 것입니다.

아름다움이냐, 피냐

물론 진실은 시간이 지나면서 스스로 밝혀졌습니다. 그 이야기는 이렇게 전개됩니다. 어느 날, 성인이 된 가인과 아벨이 그들의 제물을 드리려고 주님께로 나아왔습니다. 이 이야기는 우리에게 많은 궁금증을 남겨놓고 있지만, 하나님이 아담, 하와, 그리고 그들의 후손들에게 제사의 적절한 장소와 형식에 대해 상당한 지침을 주셨을 것이 틀림없음을 암시해 주고 있습니다. 본문의 말씀은 문자적으로 "끝 날에"(at the end of days)인데, 이는 아마도 하나님이 제사를 드릴 특별한 시간을 정해 주신 것을 의미하는 것 같습니다. 어쨌든 가인과 아벨은 이런 일들에 대해 아버지 아담으로부터 교육을 받아 왔을 것이란 점은 의심의 여지가 없습니다.

가인은 그의 제물로서 땅의 소산인 열매를 가져왔습니다. 아벨은 양의 첫 새끼 중에서 제물을 가져왔습니다. 그러자 하나님은 아벨의 제물은 받으셨는데, 어쩌면 갈멜산의 엘리야의 제단에서 그렇게 하셨듯이 아벨의 제단에 불을 내리심으로 받으셨을 것 같습니다. 그러나 가인의 제물은 거절당했습니다.

현대인들을 난해하게 하는 창세기의 여러 사항 중에 아벨의 제물은 받으시고 가인의 제물은 거절하신 내용이 높은 순위에 올라 있습니다. 그것은 불공평하고 불합리해 보이기 때문에 사람들은 "가인은 그가 할 수 있는 최선을 다했다." 라고 주장합니다. "그는 그가 가진 것을 드렸다. 왜 그의 제사가 아벨 것에 비해 열등하단 말인가? 실제로 선택을 하고자 한다면 어째서 가인의 열매의 아름다운 제물이 아벨의 피 묻은 제물보다 더 받을 만한 것으로 평가되지 않아야 한단 말인가?' 그러나 그 점이 바로 요점입니다. 아벨의 제물은 피를 수반했고, 따라서 대속의 죽음을 증언했습니다. 그는 하나님께 나아 올 때 하나님이 가르쳐주신 방법대로 나아왔습니다. 에덴 동산에서 하나님이 짐승을 죽여 그 가죽으로 아담과 하와에게 옷을 입혀 주셨을 때, 하나님은 죄가 죽음을 의미하는 것이기 때문에 죄인이 용서받기 위해서는 죄 없는 희생물이 죽어야 한다는 것을 보여주신 것입니다. 제물들은 장래의 그리스도를 가리키는 것들입니다. 아벨이 피의 제물을 가지고 왔다는 것은 그가 하나님을 믿었고, 예비된 구원자를 미리 바라보고 있었음을 나타낸 것이었습니다. 가인이 그의 열매를 가져왔다는 것은 구원자의 예비를 거절했음을 나타낸 것이었습니다.

누군가가 질문합니다. "하지만 가인의 제물이 더 아름답지 않았나요? 하나님은 모든 아름다움의 창시자가 아닙니까?" 그렇습니다. 하나님은 가인이 제물로 바친 열매도 만드신 분입니다. 그러나 가인은 피를 빠뜨렸습니다.

가인의 제물은 하나님이 우리에게 주시고 우리가 그분에게 돌려드리고 싶어 하는 이 세상의 모든 아름다운 것들을 대표합니다. 우리가 이런 것들을 하나님께 제물로 드리는 것은 가능합니다. 그러나 그것은 우리가 먼저 그리스도의 희생을 근거로 해서 그분에게 나아올 때에만 오직 가능합니다. 만일 가인이 짐승의 희생을 먼저 드렸더라면, 그것에 의해서 자신이 죄인인 것과, 죄는 죽음을 요구한다는 것과, 대속자가 자기 대신 죽게 될 것임을 보여주신 하나님께 감사하고, 그것을 근거로 해서 나아온 것이었다면, 그가 만일 그것을 먼저 하고, "하나님, 당신을 사랑합니다. 그래서 이 제물도 추가로 드리기를 원합니다." 라고 말하면서 열매의 제물을 드렸더라면 하나님은 의문의 여지없이 그 제물을 받으셨을 것이고, 이렇게 말씀하셨을 것입니다. "가인아, 나도 너를 사랑한다." 그러나 가인이 피의 제물을 가지고 나아오기를 거절함으로써 하나님은 그와 그가 가져온 어떤 제물도 거부 하실 수밖에 없었습니다.

그것이 아주 많은 "선량하고 종교적인 사람들"에게 문젯거리인 것입니다. 그들은 높은 심미학적 관념을 가지고 하나님께 나아옵니다. 그리고 그들의 아름다운 제물로 인해 하나님께 받아들여지기를 원합니다. 그러나 하나님은 그들과 그들의 불경건한 예배를 거절하십니다. 그들의 예배가 아무리 아름다울지라도 거기에는 피가 없습니다. 그리스도가 없습니다. 따라서 참 기독교가 없는 것입니다.

이와는 반대로, 만일 먼저 그리스도와 그분의 피 흘리심을 믿는 믿음을 통해 나아온다면, 그 사람은 그가 발견할 수 있거나 만들어낼 수 있는 모든 아름다운 것들을 드릴 수가 있는 것입니다. 그리고 하나님은 이것으로 기뻐하실 것입니다. 왜냐하면, 그 사람은 구원을 위해 그런 것들을 의지하는 것이 아니라, 단지 그가 하나님을 사랑하고 그분에게 애정을 표현하고 싶어서 하나님께 드리는 것이기 때문입니다. 사람이 하나님께 나아올 수 있는 유일한 근거는 예수 그리스도의 희생입니다.

다스리느냐, 다스림을 받느냐

본문의 이야기 속에는 항상 나에게 깊은 감동을 주는 사항이 하나 있습니다. 가인의 제물이 거절되기는 했지만, 하나님이 가인에게서 그냥 떠나신 것이 아니라, 오히려 그에게 다가와 그의 제물에 대해 논하시려고 했습니다. 그에게 필요한 것은 제물이 받아들여지는 것이었습니다. 마찬가지로 당신이 하나님과 싸움을 할 때에는 하나님은 당신에게 간청을 하실 것입니다. 하나님은 가인과 논하십니다.

"여호와께서 가인에게 이르시되 네가 분하여 함은 어찌 됨이며 안색이 변함은 어찌 됨이냐 네가 선을 행하면 어찌 낯을 들지 못하겠느냐 선을 행하지 아니하면 죄가 문에 엎드려 있느니라 죄가 너를 원하나 너는 죄를 다스릴지니라"(창 4:6-7)

이 논지에는 몇 가지 중요한 사항이 있습니다. 첫째, 가인이 어떤 상태에 있었든지 간에 하나님이 가인을 보시는 것에 어떤 징후가 있습니다. 가인은 아마도 기가 꺾이고 낯을 돌리고 있을지 모릅니다. 그는 아벨의 집단에서 떠나려 할지 모릅니다. 그는 아담과 하와에게서도 등을 돌릴지 모릅니다. 그러나 그런 것과 관계없이 그를 만나십니다. 하나님이 당신을 만나시는 것과 마찬가지로 말입니다.

둘째, 가인은 화를 낼 필요가 없었습니다. 잘못은 바꾸려 해도 바꿀 수 없는 것 같은 외부에 있는 것이 아니었습니다. 상황은 바꿀 수가 있었고, 바꾸어야 할 사람은 가인이었습니다. 우리의 경우도 마찬가지입니다. 우리는 우리 문제를 두고 다른 사람들을 비난하는 경향이 있습니다. 때로는 다른 사람들이 요인이 되는 수도 있지만, 진짜 원인은 거기에 거의 없습니다. 문제는 안에 있습니다. 포고(Pogo)가 그의 유명한 말 중에 이런 말이 있습니다. "우리는 적을 만났는데 그는 바로 우리다."

셋째, 행동의 바른 진행을 일깨워 주는 것이 있습니다. '네가 선을 행하면 어찌 낯을 들지 못하겠느냐' 이것은 제사에 의해 하나님께 접근하는 방법을 지금부터 오래 전에 아담과 하와에게 분명히 알려주셨다는 것을 가리키는 또 하나의 표시입니다. 그렇지 않았다면,

하나님이 어떻게 다른 쪽과 다르게 한 쪽을 "선"하다고 부르실 수가 있겠습니까? 만일 가인이 선을 행하도록 권고 받았다면, 그것은 그에게 선한 행동이 무엇인지 그에게 이미 알려졌기 때문이었습니다. 결국 그는 지식의 결여로 인해서가 아니라 겸손, 믿음 그리고 순종의 결여로 선을 거절한 것입니다. 그는 희생제물을 가지고 나아오기를 거절합니다. 왜냐하면, 그는 그의 필요에 대한 고백이 그의 품위를 떨어뜨린다고 생각했기 때문입니다.

넷째, 하나님이 경고를 주십니다. 그 경고는 하나님의 조건으로 나아오기를 거절함으로써 그는 큰 불행에 빠져들고 있다는 것이었습니다. 그의 분 냄의 원인은 죄였고, 죄가 그를 다스리고자 했습니다. 우리 경우도 마찬가지입니다. 죄는 언제나 우리 문에 웅크리고 있습니다. 때로는 문지방을 넘어와 마음을 침해합니다. 그것은 우리를 다스리기를 소원하고 많은 경우에 그렇게 합니다. 우리가 그것을 다스려야 합니다. 그러나 어떻게 다스립니까? 우리가 어떻게 죄의 귀신들을 물리치고 우리가 살고 있는 이 낡은 집을 깨끗케 할 수 있겠습니까? 우리 자신의 힘으로는 불가능합니다. 주님께서 한 예로 말씀하신 것 중에 한 사람이 귀신 들렸다가 그 귀신을 쫓아냈는데 그 귀신은 나가서 다른 귀신 일곱을 만나 다시 돌아와 그 사람을 소유했습니다. 그래서 "그 사람의 나중 형편이 전보다 더욱 심하게"(마 12:43-45) 되었습니다. 우리에게 그러한 일은 적합한 것이 아닙니다. 우리가 죄를 다스리려면, 우리는 먼저 죄를 다스리시는 그분에 의해 다스림을 받아야 합니다. 우리는 주님의 소유가 되어야만 합니다.

가인의 길

가인은 하나님이 자신을 다스리도록 허락하지 않았습니다. 그렇게 함으로써 그는 마귀의 노예가 되었습니다. 죄는 그와 동행을 했으며, 그는 첫 번째 살인자가 되었습니다. 그가 살인자가 되었다니! 만일 우리가 현대 법률용어로 말한다면 가인은 단지 과실 치사죄나 2급 살인죄 또는 그의 죄를 경감시킬 다른 범주의 유죄 주장이 불가능할 것입니다. 이것은 절대적이고 사전 계획된 1급 살인입니다. 가인은 아벨의 살해를 계획하고 그것을 실행했습니다. 그는 말했습니다. "우리가 들로 나가자"(창 4:8 - NIV 번역). 그들이 들에서 다른 사람들의 시야를 벗어났을 때, "가인이 그의 아우 아벨을 쳐서 죽였습니다."

그러나 가인이 하나님의 시야를 벗어난 것은 아니었습니다. 하나님은 모든 것을 보십니다. 따라서 가인을 보셨습니다. 하나님이 그에게 물으셨습니다. "네 아우 아벨이 어디 있느냐" 가인이 대답했습니다. "내가 알지 못하나이다 내가 내 아우를 지키는 자니이까" 이 대답이 얼마나 악한 것인지 생각해 보십시오. 이 말은 성경에 나오는 첫 번째 거짓말이고 인간의 첫 번째 질문입니다. 그 거짓말은 가인이 그의 아우의 행방을 모른다고 부인한 것입니다. 그러나 바로 이 점에서 죄가 그를 다스려서 그는 거짓말을 했을 뿐만 아니라 하나님을 속일 수 있다고 의심 없이 생각하고 있었습니다. 한 세대도 지나기 전에 죄가 얼마나 큰일을 저질렀는지 모릅니다! 타락 당시 아담과 하와의 죄로 인해 하나님이 그들을 만나러 오셨을 때, 그들이 책임을 회피하려고 했던 것은 사실이었습니다. 그러나 그들은 거짓말을 한 것은 아니었습니다. 그들이 책임의 상황에서 피하려고는 했지만 그들은 사실을 말했습니다. 그러나 지금 가인은 거짓말을 하고 있습니다. 그리고 그 거짓말을 하나님에게 하고 있는 것입니다.

또한 그는 질문을 하는데 이것은 성경에서 처음으로 나오는 인간의 질문입니다. 그런데 이것은 거짓말보다 더 나쁜 것이었습니다. 그의 마음이 너무 완악해져서 그는 지금 그가 죽인 아우는 그의 책임이 아니라고 말하고 있습니다. 만일 아벨에게 무슨 일이 일어났다면, 그것은 그 자신의 잘못이라는 것입니다. 사리사욕에 눈이 먼 이 세상에서는 모든 사람이 자신만을 위하고, 뒤쳐지면 자기만 손해라는 것입니다.

가인의 잔인한 질문 속에서 현대인의 소리를 듣고 있습니까? 나는 듣는다고 생각합니다. 한 여인이 뉴욕에서 살해당했습니다. 서른 명 이상의 이웃이 그녀의 비명소리를 들었지만 그들은 도와달라는 그녀의 외침을 묵살했습니다. 오클라호마 시에서는 한 여인이 길에서 아기를 낳게 되었습니다. 비슷하게 냉담한 사람들이 그녀의 부르짖음을 묵살하고 단순히 선술집 실내의 아늑한 구석에서 창문을 통해 그녀를 응시했습니다. 이러한 이야기는 수도 없이 많습니다. 도와달라는 이러한 외침에 많은 사람들이 반응을 하지만, 이것은 반응하지 않는 더 많은 사람들의 잔인성과 죄를 강화해 줄 따름입니다.

나의 마지막 생각은 신약성경에서 얻은 것으로, 신약성경은 가인에 대해 언급할 뿐만 아니라(세 곳에서 언급하고 있습니다. 히 11:4, 요일 3:12, 유 1:11), "가인의 길"에 대해서도 말씀하고 있는데, 하나님께 속한 사람들은 반드시 그 길을 피해야 한다고 했습니다(유 11). 이것은 무엇을 의미합니까? 그것은 가인에게는 유감 된 일이지만, 그 일이 그를 따르는 많은 사람들에게 한 본보기가 되고 있는 것이 그 일보다 더 유감 된 일이라는 의미입니다. 만일 당신이 가인의 길을 가고 있다면, 만일 그리스도의 피 흘리심을 통해 당신을 위해 예비된 구원의 길을 거절했다면, 당신의 형편, 또는 다른 사람의 형편에 따른 책임 맡기를 거부했다면, 하나님의 경고에 주의하고 아직 시간이 있을 때 돌아서십시오. 가인의 길을 거절하십시오, 아벨의 길을 택하십시오. 그는 살해당했지만, 그럼에도 불구하고 그는 하나님으로부터 의롭다는 증거를 받았습니다(마 23:35, 눅 11:51, 히 11:4). 하나님은 아벨에 대해 말씀하십니다.

"믿음으로 아벨은 가인보다 더 나은 제사를 하나님께 드림으로 의로운 자라 하시는 증거를 얻었으니 하나님이 그 예물에 대하여 증언하심이라 그가 죽었으나 그 믿음으로써 지금도 말하느니라"(히 11:4)

아벨이 당신에게 말하게 하고, 그의 본을 따르십시오!

35

가인의 저주

창세기 4 : 10-16

이르시되 네가 무엇을 하였느냐 네 아우의 핏소리가 땅에서부터 내게 호소하느니라 땅이 그 입을 벌려 네 손에서부터 네 아우의 피를 받았은즉 네가 땅에서 저주를 받으리니 네가 밭을 갈아도 땅이 다시는 그 효력을 네게 주지 아니할 것이요 너는 땅에서 피하며 유리하는 자가 되리라 가인이 여호와께 아뢰되 내 죄짐을 지기가 너무 무거우니이다 주께서 오늘 이 지면에서 나를 쫓아내시온즉 내가 주의 낯을 뵈옵지 못하리니 내가 땅에서 피하며 유리하는 자가 될지라 무릇 나를 만나는 자마다 나를 죽이겠나이다 여호와께서 그에게 이르시되 그렇지 아니하다 가인을 죽이는 자는 벌을 칠 배나 받으리라 하시고 가인에게 표를 주사 그를 만나는 모든 사람에게서 죽임을 면하게 하시니라 가인이 여호와 앞을 떠나서 에덴 동쪽 놋 땅에 거주하더니

1863년 12월에 우리에게 별로 알려지지 않은 에드워드 헤일(Edward E, Hale)이라는 이름의 미국 작가가 「애틀란틱지」(Atlantic)에 「나라 없는 사람」이라는 제목으로 단편을 실었습니다. 이 글은 헤일을 유명하게 만들었는데, 독립전쟁에 대한 아론 버(Aaron Burr)의 반역에 가담했던 미국 육군 장교 필립 놀런(Philip

Nolan)에 대한 이야기였습니다. 그의 재판에서 판사는 그에게 그가 항상 미국에 충성했다는 것을 증명할만한 어떤 말을 하고 싶은 것이 있는지 물었습니다. 하지만 그는 소리쳤습니다. "빌어먹을 미국, 제발 미국이란 말을 다시는 듣지 않기를 바랍니다." 판사는 필립 놀런의 요청을 진지하게 받아들이기로 결정했습니다. 그래서 그의 반역에 대해 사형 언도를 내리는 대신에 그 판사에게 그럴 권리가 마땅히 있었지만, 그 판사는 바다의 정부 선박에 그를 감금하고 간수들에게 아무도 그에게 이 나라의 이름이나 이 나라에 대한 어떤 정보도 듣지 못하게 하도록 했습니다. 이런 식으로 여러 해가 흘렀습니다. 그는 이 배, 저 배로 옮겨 타며 지내는데, 그가 배를 옮겨 탈 때마다 항상 그가 타고 있던 배가 미국 항구로 돌아오기 바로 전에 옮겼습니다. 정부의 엄격한 규정이 그의 사면을 금지시켰습니다. 그는 드디어 해상에서 죽습니다. 그러나 이 이야기의 저자로 생각되었던 사람 앞에서 죽는 것이 아닙니다. 해군 장교로서 저자는 명령을 위반하고 미국이 지난 25년간 얼마나 성장했고 번영을 했는지에 대해 그에게 말해 줍니다. 놀런의 마지막 말은 일찍이 그 어느 누구도 그가 사랑한 만큼 그의 나라를 사랑한 사람이 없다는 것입니다.

'나라 없는 사람!' 이것이 먼저 그의 아우 아벨을 미워하고 그 다음 그를 죽인 더욱 심각한 범죄의 결과로 가인이 처한 처지가 된 것입니다. 그러나 가인의 경우 우리가 말할 수 있는 것은 그가 포기한 땅이나 사람들에 대해서 마음을 바꾸거나, 성질을 누그러뜨리거나, 또는 사랑을 키우는 것이 없었습니다.

그가 받아야 할 것보다 가벼운 심판

아벨을 죽인 것으로 인해 가인에게 내려지는 하나님의 심판은 매우 심각한 것입니다. 실제 이 이야기 속에는 가장 엄중한 하나님의 심판이 있습니다. 창세기 앞부분에서 금지된 나무의 열매를 먹은 첫 조상의 죄에 잇따른 사탄, 하와, 그리고 아담에 대한 하나님의 심판의 경우에 사탄은 저주를 받았고(창 3:14), 땅도 아담 때문에 저주를 받았습니다(창 3:17). 그러나 아담과 하와는 우리가 살펴 본 바와 같이 저주를 받지 않았습니다. 이제 최초로 하나님의 저주는 인간에게 내려집니다. 본문 11절에서 하나님은 말씀하십니다. "땅이 그 입을 벌려 네 손에서부터 네 아우의 피를 받았은즉 네가 땅에서 저주를 받으리니"

이 저주는 무서운 것입니다. 그러나 어떤 면에서 그것은 마땅히 받아야 할 것보다 가벼운 것이었습니다. 본질상 그것은 가인이 경작하던 땅과 관련해서 그 땅에 영향을 준 저주였습니다. "네가 땅에서 저주를 받으리니" 이 말씀은 "네가 밭을 갈아도 땅이 다시는 그 효력을 네게 주지 아니할 것"임을 의미하는 것으로 설명됩니다. 이 점에서 가인은 땅에서 "쫓겨나는"(driven - NIV) 것입니다. 그가 "땅에서 피하며 유리하는 자"가 된다는 사실은 앞으로 살펴볼 바와 같이 저주의 결과이지 저주 자체의 한 부분일 필요가 없습니다. 확실한 것은 아담으로 인한 땅의 저주가 아담의 후손의 경우에 그 도가 더해졌다는 것입니다.

그 외에도 가인이 실제로 받아야 할 것은 죽음이었습니다. 창세기에서 몇 장 더 나아가면 하나님은 사형 제도를 세우시며 노아에게 말씀하십니다. "다른 사람의 피를 흘리면 그 사람의 피도 흘릴 것이니"(창 9:6). 만일 죽음이 살인에 대한 하나님이 정하신 벌이라면, 그리고 만일 사람에게 조차 이 벌을 선언할 권위가 주어진다면, 하나님은 분명히 가인을 이런 식으로 벌하실 모든 권리를 가지고 계셨던 것입니다. 그러나 하나님은 그 권위를 사용하지 않으셨습니다. 그분의 인류에 대한 자비는 너무도 크십니다!

이것은 사형에 대한 중요한 점을 말해 주고 있습니다. 사형제도는 오늘날 사회 일반에서뿐만 아니라 복음주의 그리스도인들 간에도 뜨겁게 논의되는 쟁점입니다. 사형제도가 미국에서 다시 확립되었고, 여러 건의 사형집행이 있었습니다. 이것이 옳은 것이며, 그리스도인들이 이 제도를 재확립한 것을 두고 기뻐해야 하는가에 대해서는 분명히 어느 쪽이든 일리가 있습니다. 모세의 법에 의하면 "살인자를 반드시 죽일 것"(민 35:16) 이라고 했습니다. 실제로 구약 율법 하에서 처형당할 수 있는 범죄는 열여덟 가지나 됩니다. 만일 우리는 지금 이 율법 하에 있지 않고 "사랑의 법"에 따라 인도되어야 한다고 주장한다면, 사형을 사랑, 즉 모든 사람을 위한 사랑에 근거해서 주장할 수 있습니다. 그것은 한 저자가 주장하는 것처럼 "선한 법을 통해서 모든 사람의 안전과 보호를 마련할 것을 바라는 사랑이다. 살인범에 대한 사형 집행은 생명의 위협을 제거하는 것이기 때문에 법률을 준수하는 특정한 시민들이 그들의 평생을 살아가는 것을 가능케 한다. 범죄자가 다시 석방되어 사회로 돌아온다면 그들은 죽을 것(살해당할 것)이다."[1]

반면에, 사형제도를 금지하는 경우를 주장할 수도 있습니다. 사형은 살인자의 영혼을 간과하는 것이라고 주장할 수 있는데, 이것은 매우 중요한 일입니다. 때로 살인자들은 회심을 해서 그 후로 훌륭하고 칭찬할 만한 삶을 이어갑니다. 모세를 통해 이스라엘에서 사형이 법으로 제정되었는데 그 모세조차도 살인자였습니다. 그는 애굽인을 죽였습니다. 다윗도 한 사람을 죽게 했습니다. 바울은 사적(私的) 제재에 의한 살인에 일조를 했습니다.

"그러나 모세의 법은 여전히 사형을 요구합니다." 라고 사형 옹호자가 말합니다. 그렇습니다. 그러나 그것은 또한 아주 특별한 경우입니다. 사형을 요구하는 범죄를 생각해 보십시오. 1) 살인 - 출 21:12-15, 20, 22:2-3, 레 20:2, 24:17, 21, 민 35:11-21, 30, 신 19:11-13, 2) 싸우다가 다쳐서 우발적으로 임신한 여인을 죽게 한 경우 또는 그녀의 태아를 죽게 한 경우 - 출 21:22-25, 3) 과거에 사람을 죽인 일이 있는 위험한 짐승으로 하여금 사람을 죽이도록 허용 - 출 21:28-30, 4) 납치 - 출 21:16, 5) 처녀가 아닌 결혼한 여인을 강간한 경우 - 신 22:25-29, 6) 행음 - 신 22:13-21, 레 21:9(레 19:20-22에서는 예외), 7) 간음 - 레 20:10, 신 22:22-24, 민 5:12-30, 8) 근친상간 - 레 20:11-12, 14, 9) 동성애 - 레 20:13, 10) 짐승과의 성행위 - 레 20:15-16, 출 22:19, 11) 부모를 때림 - 출 21:15, 12) 부모를 저주 - 출 21:17, 레 20:9, 13) 부모를 거역 - 신 21:18-21, 14) 무당, 박수 - 출 22:18, 레 20:27, 15) 하나님 저주 - 레 24:10-16, 16) 사람들에게 다른 신들을 예배하도록 인도 하는 것 - 신 13:1-16, 18:20, 17) 사람이 율법에 의해 무죄가 되었음에도 그 사람을 죽음으로 복수한 경우 - 신 17:12, 18) 사형에 직면해서 재판받는 사람에 대해 의도적인 거짓 증거를 한 경우 - 신 19:16-19[2] 이 18가지 범죄 중에서 우리가 오늘날 사형제도에 복위시키고 싶은 것은 무엇입니까? 하나도 없다면, 왜 없습니까? 어떤 근거에서 우리는 어떤 것은 선택하고 다른 것은 안 합니까?

이 모든 문제에 있어서의 어려움은 아마도, 꼭 그렇게 할 필요가 없는 때에도, 형벌을 묶어서 취급하려는 시도에 있는 것 같습니다. 창세기로 돌아오면 우리는 하나님이 사람에게 사형을 집행할 권리를 부여하신 것을 분명히 주지합니다(창 9:5-6). 그러나 하나님 자신은 첫 번째 살인의 경우에 대해서(이 범죄는 모세의 법령 18가지 가능성 중의 가장 으뜸에 속함) 사형 집행을 하지 않으셨다는 사실은 우리로 하여금 형을 부과하는 일에 지극히 조심하도록 하고 또한 가능한 모든 노력을 기울여 자비를 베풀도록 우리를 고무시켜 줍니다.

그가 감당할 수 있는 이상으로

우리는 하나님이 가인에게 그가 마땅히 받아야 할 형벌보다 훨씬 적게 벌을 내리신 것을 보았습니다. 그러나 그럼에도 불구하고 가인의 눈에는 이 형벌은 그가 감히 감당할 수가 없는 것이었습니다. 그는 하나님을 향하여 불평을 했습니다. "내 죄짐을 지기가 너무 무거우니이다 주께서 오늘 이 지면에서 나를 쫓아내시온즉 내가 주의 낯을 뵈옵지 못하리니 내가 땅에서 피하며 유리하는 자가 될지라 무릇 나를 만나는 자마다 나를 죽이겠나이다"(창 4:13-14).

이것이 회개하지 않은 자의 불평입니다. 가인은 분명히 회개하지 않았습니다. 우리는 이와 관련하여 그리스도의 비유 속의 한 부자를 생각합니다. 그는 이 세상에서 자색 옷과 고운 베옷을 입고 날마다 호화롭게 살았습니다. 나사로는 헌데 투성이의 거지였습니다. 그는 "그 부자의 상에서 떨어지는 것으로 배불리려"(눅 16:21) 했다고 했습니다. 그러나 분명히 그 부자는 그를 먹이지도 않았을 뿐만 아니라, 빵 부스러기조차 그에게 흘려주는 것을 허락하지 않았습니다. 세월이 흘러 둘 다 죽었습니다. 거지 나사로는 천사에게 받들려 아브라함의 품으로 들어갔습니다. 그 부자는 음부로 보내져서 고통 속에 있게 되었습니다. 그가 눈을 들어 아브라함과 그의 품에 있는 나사로를 보았습니다.

그러나 그는 나사로에게 잘못을 행했다고 생각하지 않았고, 어떠한 죄도 회개하지 않았습니다. 그는 오직 자기 자신만을 생각하고 있었고, 그가 아주 불공평하게 대우를 받고 있다는 것만 생각하고 있었습니다. 그는 큰 소리로 외쳤습니다. "아버지 아브라함이여 나를 긍휼히 여기사 나사로를 보내어 그 손가락 끝에 물을 찍어 내 혀를 서늘하게 하소서 내가 이 불꽃 가운데서 괴로워하나이다"(눅 16:24). 아마도 이 이야기를 들었을 요한이 나중에 요한계시록을 쓰면서 이 부자와 나사로의 이야기를 생각했을지 모르겠습니다. 그러나 요한계시록 16:10-11절에 나타난 그의 관찰은 이에 대한 적절한 주석이 됩니다. "사람들이 아파서 자기 혀를 깨물고 아픈 것과 종기로 말미암아 하늘의 하나님을 비방하고 그들의 행위를 회개하지 아니하더라"

가인은 하나님이 은혜로 마련해 주신 희생 제물의 방법을 통해 하나님께 나아오기를 거부했습니다. 그는 거절했을 뿐만 아니라, 계속해서 커져가는 미움과 살인의 소용돌이 속에 빠져들었습니다. 드디어 하나님에게 그가 마땅히 받아야 할 벌보다 또는 그가 아벨에게 가했던 것보다 훨씬 덜 준엄한 내용으로 심판을 받으면서도 그는 땅이 전과 달리 그에게 호의적이지 않을 것이기 때문에, 그리고 그가 땅에서 유리하는 자가 될 것이기 때문에 불평을 했습니다!

우리도 역시 이렇습니다. 가장 확실한 죄의 표시의 하나는 어떤 방법으로든 우리가 심판을 받으면 우리 자신을 변명하고 불평하는 우리의 대체적인 내재적 욕구입니다. 당신은 몇 번이나 "하지만 그건 공평치 않습니다." 라는 말을 했습니까? 만일 하나님이 공평하시기만 하고 자비가 없으셨다면 오늘 아침 당신이 잠에서 깨어나기 전에 당신을 지옥으로 보내셨을 하나님께 몇 번이나 불평을 했습니까?

다행히 비유 속의 부자 외에 다른 예들이 있습니다. 나는 회개한 강도를 생각합니다. 그 역시 사형에 해당하는 죄를 범하고 실제로 예수 그리스도와 나란히 십자가에 달렸습니다. 그는 고통 속에서 의심할 바 없이 자신의 운명을 저주했습니다. 그와 또 다른 십자가에 달린 강도는 예수님에게 욕설을 퍼부었습니다(마 27:44). 그러나 시간이 지나자 그는 조용해졌습니다. 예수님이 그분의 고난을 조용하고 은혜로운 자세로 감당하고 계신 것이 이 강도에게 통했습니다. 그래서 다른 강도를 향해 이렇게 꾸짖었습니다. "우리는 우리가 행한 일에 상당한 보응을 받는 것이니 이에 당연하거니와 이 사람이 행한 것은 옳지 않은 것이 없느니라" (눅 23:40-41). 그의 죄 자백은 더 큰 통찰의 길을 열었고, 그는 결국 예수님을 향해 이렇게 말했습니다. "당신의 나라에 임하실 때에 나를 기억하소서" (눅 23:42). 예수님이 그에게 말씀하셨습니다. "내가 진실로 네게 이르노니 오늘 네가 나와 함께 낙원에 있으리라 하시니라" (눅 23:43).

예수님이 그 강도에게 그가 예수님과 함께 낙원에 있으리라고 하신 것은 어떤 면에서 그것이 정확히 가인이 떠난 낙원이었다는 점에서 흥미롭지 않습니까? 내가 "쫓겨난다" 라는 말 대신에 "떠난다" 라고 말하는 것은 내가 그 이야기를 읽으면서 가인의 떠남이 주님이 그렇게 하신 것이라기보다는 그 자신이 그렇게 한 것으로 보이기 때문입니다. 가인이 땅이 그를 위해 더 이상 열매를 내지 않을 것이라는 것과 그가 땅에서 유리하는 자가 될 것이라는 것을 들은 것은 사실입니다.

나 역시 대부분의 주석가들이 하나님이 가인을 쫓아내셨다고 추측하고 있음을 인정합니다. 그러실 수도 있습니다. 그러나 그가 땅에서 유리하는 자가 될 것이라고 말하는 것이, 곧 하나님이 그를 그 운명으로 몰아내셨다는 것을 말하는 것과 정확하게 같은 것은 아닙니다. 그가 유리하게 된 것이 그 자신의 깊은 죄의식, 완악한 마음, 하나님의 육신적 보호의 약속에도 불구하고 다른 사람들이 그에게 해를 줄 것 같은 두려움에 의해서 그가 유리하게 되었다고 보는 것이 오히려 타당치 않겠습니까?

가인이 어떻게 했어야 했는지에 대한 내 생각은, 이 논의를 위해서(내가 앞서 말했던 것처럼) 하나님이 에덴 끝 편에 아담과 그의 후손과의 만남과 예배의 장소를 마련해 두셨다는 것으로 가정을 합니다. 하나님이 그곳에 희생의 장소인 제단을 세우셨습니다. 그리고 그곳을 지키기 위해서 그곳에 그룹을 두셨습니다. 이 이야기 속에서 가인이 주님의 "낯"(presence)을 뵙지 못한다고 말하는 것은 아마도 그가 이 장소를 생각하고 그 말을 했을 것 같습니다. 가인이 하나님의 심판의 말씀을 들었을 때 그가 했어야 했던 일은 하나님에게서 도망하는 것이 아니라 하나님께로 피하는 것입니다. 그는 그의 죄가 아무리 클지라도 그 죄를 용서하시고, 그를 하나님의 면전에서 쫓겨나도록 허용하지 마시기를 하나님 앞에 무릎 꿇고 빌었어야 했습니다. 한 걸음 더 나아가 그는 얍복 나루의 야곱처럼 그의 팔로 하나님을 붙잡고 씨름을 하며 하나님이 축복하실 때까지는 보내드리지 않았어야 했습니다(참조 창 32:22-32).

물론 나는 그 누구도 하나님과의 싸움에서 성공할 수 없다는 것을 압니다. 그러므로 이 점은 말씀드릴 수가 있습니다. 우리가 그분을 이길 수는 없지만, 이런 유의 고투를 하나님이 좋아하시고 인정하신다는 것입니다. 예수님은 이렇게 말씀하셨습니다. "세례 요한의 때부터 지금까지 천국은 침노를 당하나니 침노하는 자는 빼앗느니라"(마 11:12). 예수님이 의미하신 천국은 소유할 가치가 있다고 생각하는 사람, 그들의 마음이 그들 자신을 떠나 하나님에게 가 있는 사람, 온 세상을 얻고도 그의 영혼을 잃으면 어리석은 것임을 깨닫는 사람, 따라서 그 보화를 얻고 값진 진주를 소유하기 위해 모든 것을 옆으로 치워버리고 모든 것을 파는 사람(마 13:44-45)을 위한 것이라는 것입니다.

위험한 길에

만일 당신이 당신의 구주로서 예수 그리스도에게 나아온 일이 없었다면 당신은 어느 면에서 가인과 같습니다. 당신은 위험 속에 있습니다. 거기서 도망쳐 나와야 합니다. 전쟁 시에 해군은 위험 속으로 항해하는 배들을 두고 표현하는 말이 있습니다. "위험한 길에" 있다고 말합니다. 만일 당신이 그리스도에게서 떨어져 있다면 그 표현은 당신에게 해당되는 말이 됩니다. 당신은 위험한 길에 있습니다. 당신이 영원히 잃어버림을 당하기 전에 안전한 길로 돌아와야 합니다.

당신이 하나님께로 돌아오는 데 있어서 방해가 되는 것들이 있습니다. 그 중 하나는 당신의 교만입니다. 이것이 가인을 무엇보다 먼저 곤란 속에 빠뜨린 것입니다. 아마도 내가 하나님의 나라를 얻으려고 모든 것을 옆으로 치워버리는 열정적인 사람들에 대해 이야기했을 때, 당신은 그런 사람들을 약한 사람들이라고 생각하며 비웃음 속에서 당신의 입술을 삐쭉였을지도 모릅니다. 하나님 앞에 역겹도록 정중을 떨고 넙죽 엎드리는 것은 너무도 불쾌해 보여 그렇게 하는 것은 고사하고, 그것을 생각조차 하지 않으려고 합니다. 당신은 그렇게 절하느니 차라리 지옥에 가려고 할 것입니다. 그러나 만일 당신이 당신의 교만을 옆으로 치워버리고 하나님의 조건에 따라 하나님께 나아오지 않으면 당신은 정확하게 지옥으로 가게 될 것입니다. 당신은 하나님 앞에 겸손한 사람은 약한 사람이 아니라 강한 사람이라는 것, 또는 그들이야 말로 이 세상의 정복자들인 힘 있는 사람들이라는 것조차 알지도 못할 것입니다.

당신은 또한 **미움**으로 방해 받을 수 있습니다. 당신이 그것을 미움이라고 부르지 않을 지라도 그것으로 방해를 받을 수 있는 것입니다. 당신은 자신이 덕의 귀감이라고 생각합니다. 그러나 그리스도인들에 대해 빈약하게 생각하는 바로 그 사실이 모든 일에 당신이 옳지 않다는 것과 당신이 상상하는 것보다 훨씬 더한 염증과 증오로 방해를 받고 있다는 경고가 되어야 합니다. 미움은 무서운 것입니다. 당신은 그것을 소유하고 있지 않습니다. 그것이 당신을 소유합니다. 그것은 참으로 가정의 거주자를 지배하려는 욕망으로 문에 엎드려 있는 죄입니다.

그 밖에, 분노와 자기 연민이 있습니다. 누구도 다른 사람들에게서 이런 것을 보는 것을 좋아하지 않습니다. 그러나 이러한 것들이 자기 자신에게서 생길 때에는 누구도 이런 것에 그리 무감각하지 않습니다. 가인은 그의 아우인 사람을 죽였습니다. 그러나 그는 하나님과 다른 사람들에 대한 분노가 심해서 그의 범죄의 중대성을 볼 수 없었고, 따라서 하나님이 그가 마땅히 받아야 할 심판보다 가볍게 벌을 내리셨을 때, 그는 실제로 낙심을 했습니다. 이 말을 듣거나 읽는 사람 중에 그런 사람이 있을지 모르지만, 나는 당신에게 살인죄가 있다고 말하는 것이 아닙니다. 당신이 비록 살인죄 같은 큰 죄를 범한 일이 결코 없다고 해도, 당신은 하나님을 당신의 창조주로 온전히 영화롭게 해 드리는 것을 거절함으로써, 그리고 하나님이 당신의 구원을 위해 죽게 하시려고 보내신 아들을 경멸함으로써 하나님께 대해 훨씬 더 큰 죄를 범했습니다.

당신은 이것을 볼 수 없습니까? 당신은 당신의 위험을 느낄 수가 없습니까? 죄는 당신을 하나님에게서 쫓아냅니다. 당신은 당신의 비극의 원인이 하나님이라고 생각합니다. 당신은 실제로 그분이 당신에게 선하신 분이시고, 그분의 선하심은 바로 당신을 회개로 인도하시고자 베푸신 것임을 아는 일에 실패하고 있습니다.

가인의 길은 완고합니다. 도널드 반하우스(Donald G. Barnhouse)가 이렇게 기술하고 있습니다. "그는 하나님의 계시에 대항해서 인간의 이성으로 시작을 했다. 그는 하나님의 의지 대신에 인간의 고집을 계속했다. 그는 하나님의 겸손에 인간의 교만으로 대항했다. 그는 하나님의 사랑으로 일어나는 대신에 인간의 미움으로 가라앉았다. 그는 하나님의 은혜를 구하는 대신에 인간의 변명을 늘어놓았다. 그는 다시 돌아오는 길을 찾는 대신에 유리의 길을 떠났다. 그는 하나님과의 교제 대신에 인간의 고독안에서 생을 마쳤다. 하나님 없이 혼자 있는 것은 이 세상에서 생각할 수 있는 일 중에 최악의 일이다. 그렇게 해서 영원으로 들어가는 것이 그야말로 둘째 죽음이다."[3]

가인은 "여호와 앞을 떠나서 에덴 동쪽 놋 땅에 거주"(창 4:16)했다고 했습니다. 당신에게 있어서 "주님의 앞을 떠나는" 일이 결코 사실이 되지 않도록 주의 하십시오. 오직 영원한 주님이 되시는 예수 그리스도에게 피하십시오. 그리고 영원한 필요이신 그분 안에서 발견되도록 하십시오.

● 각주 ●

1. Sherwood Eliot Wirt, *The Social Conscience of the Evangelical* (New York, Evanston, and London: Harper & Row, 1968), 139.

2. Dave Llewellyn, "Restoring the Death Penalty: Proceed with Caution," *Christianity Today*, 23 May 1975, 10-17 참조.

3. Barnhouse, *Genesis*, 38-39.

36

하나님 없는 문명

창세기 4 : 17-24

아내와 동침하매 그가 임신하여 에녹을 낳은지라 가인이 성을 쌓고 그의 아들의 이름으로 성을 이름하여 에녹이라 하니라 에녹이 이랏을 낳고 이랏은 므후야엘을 낳고 므후야엘은 므드사엘을 낳고 므드사엘은 라멕을 낳았더라 라멕이 두 아내를 맞이하였으니 하나의 이름은 아다요 하나의 이름은 씰라였더라 아다는 야발을 낳았으니 그는 장막에 거주하며 가축을 치는 자의 조상이 되었고 그의 아우의 이름은 유발이니 그는 수금과 퉁소를 잡는 모든 자의 조상이 되었으며 씰라는 두발가인을 낳았으니 그는 구리와 쇠로 여러 가지 기구를 만드는 자요 두발가인의 누이는 나아마였더라 라멕이 아내들에게 이르되 아다와 씰라여 내 목소리를 들으라 라멕의 아내들이여 내 말을 들으라 나의 상처로 말미암아 내가 사람을 죽였고 나의 상함으로 말미암아 소년을 죽였도다 가인을 위하여는 벌이 칠 배일진대 라멕을 위하여는 벌이 칠십칠 배이리로다 하였더라

오늘날 미국에서 문명이란 무모한 세속화처럼 보입니다. 그리고 그 문명은 정확히 복음 안에 있는 하나님의 은혜와 무관하게 세속화의 길을 가고 있습니다. 창세기 4장은 인류에 대한 죄의 결과를 추적하기 시작하면서 초기 형태의 세속 문화를 보여주고 있습니다.

창세기 처음 몇 장의 기록은 지극히 논리적입니다. 그 장들은 하나님의 최초의 질서 있는 창조 역사 이야기를 포함하고 있고, 사람의 본질과 책임을 포함하고 있습니다. 그 다음 우리는 아담과 하와의 시험과 타락을 보고, 그 다음으로 그들의 죄가 그들에게 미친 효과, 그들의 후손, 그리고 드디어 온 인류의 등장을 봅니다. 이 사건들 중 창세기 4장은 마지막 두 가지 사항을 보여주고 있습니다. 불행하게도 세속학자들 뿐만 아니라 그리스도인 학자들조차도 이 장을 무시하고 대신에 사람을 영화롭게 하고 그의 부패 행위를 과소평가하는 경향을 가진 헛된 이야기를 시도합니다.

르폴드(H. C. Leulpold) 이렇게 기술하고 있습니다. "사람의 최초 행위와 성취에 대해 오로지 신뢰할 수 있는 이야기를 버리고 실질적으로 오늘날의 모든 저자들이 그들의 상상력 위에서 대부분의 그림을 그려가고 있는데 이것은 공교롭게도 진화론적 개념을 가진 사고 방식의 판을 뜨고 있는 것이다. 또한 그들은 활용 가능한 고고학적 징후들을 잘못 읽고 있다. 그것은 최초의 사람에 대한 실제 고고학적 증거는 얻을 수가 없어 활용이 불가능하기 때문인데 그 결과 사람의 발전에 대해 그들이 주장하는 동굴 단계에서부터 처음으로 높은 문화적 성취가 이루어지고 실제로 역사 시대가 시작되는 지점까지 터무니없고 완전히 틀린 이야기를 하고 있는 것이다… 창세기 4장의 가치는 완전히 시야에서 놓치고 있다. 사람은 흔히 추측되어온 것 같이 낮은 유인원 같은 것에서 시작한 것이 아닐 뿐만 아니라, 앞의 장들이 기술한 바와 같이 인간으로서 즉시로 높은 지적 그리고 육체적 수준에 서 있게 된 존재이다… 사람이 낮은 수준의 열등한 존재가 아님에도, 그러한 역사의 기록은 사람을 근거 없이 격하시키고 있다. 사람이 타락으로 낮아진 것임에도, 이 가짜 과학은 그의 참 격하를 무시하고 있다. 이러한 두 가지 관점에서 우리 앞에 있는 창세기 4장은 순전히 역사적이면서 전적으로 옳은 이야기로서 인류 역사를 연구하는 학도를 올바르게 세워줌과 동시에 모든 사람에게 어떻게 사람이 진보해 왔고, 어떻게 죄가 자라왔는지에 대한 분명한 이야기를 제공한다." [1]

사람과 그 인류의 문화는 진보합니까? 분명 그렇습니다. 죄의 관점에서 보면 그렇습니다. 왜냐하면, 사람은 이 인류 초창기에는 지금 우리가 살고 있는 시대처럼 그렇게 부패하지는 않았기 때문입니다.

뿌리의 단절

이 연구를 위한 주제가 되는 구절은 가인이 성(城)을 쌓는 것과, 그것이 결과한 문명에 대해 이야기하고 있습니다. 그러나 이 문명을 이해하기 위해서 우리는 가인이 그의 죄의 결과로 유리하는 자가 된다고 한 이전 구절로 돌아갈 필요가 있습니다. 우리는 그것을 하나님의 심판의 말씀에서 발견합니다. "너는 땅에서 피하며 유리하는 자가 되리라"(창 4:12). 우리는 그것을 가인의 불평에서 발견합니다. "내가 땅에서 피하며 유리하는 자가 될지라 무릇 나를 만나는 자마다 나를 죽이겠나이다"(창 4:14). 우리는 그것을 가인이 가는 땅의 이름에서조차 발견합니다. 왜냐하면 놋(놋 땅)은 "유리함"을 의미하기 때문입니다. 요점은 분명히 가인은 정착하려고 시도를 했을 때조차도 마음은 유리하는 자로 남아 있었다는 것입니다. 하나님을 거절했기 때문에 그의 뿌리는 단절되었고 불안정한 삶의 운명에 처해졌습니다.

아담과 하와도 비슷한 고통을 받았습니다. 그들도 에덴으로부터 단절되었기 때문이었습니다. 그러나 그들의 뿌리는 하나님 안에 있었고, 하나님이 마련하신 희생제물을 통해 하나님의 면전에 가까이 머물러 있었습니다. 그러나 가인에게 있어서는 상태가 훨씬 악화되었습니다. 그는 하나님을 거절했고, 그 결과로 안정이 없고 뿌리가 없게 되었습니다. 이것이 어거스틴이 그의 「참회록」을 쓰면서 가졌던 생각이었습니다. 「참회록」에서 그는 "당신은 당신을 위해 우리를 지으셨습니다. 그래서 우리 마음은 당신 안에서 안식을 얻을 때까지는 안식이 없습니다." 라는 고백을 했습니다.[2]

나는 또한 자크 엘륄(Jacques Ellul)의 책인 「도시의 의미」(The Meaning of the City)를 생각합니다. 그는 처음으로 성(city, 도시)을 건설한 가인에 대한 논의부터 시작합니다. "그는 길을 잃은 방랑자가 될 것이다. 그 자체로 그는 안식을 얻을 수가 없다. 그러므로 그는 하나님이 함께 하기를 원하지도 않고, 믿지도 않는 하나님의 존재를 끊임없이 탐색하는 운명이 되었지만 그의 그런 상태가 하나님을 발견하는 것을 방해한다. 그가 무엇을 하든지 그는 성공할 수가 없다. 그것이 무엇보다 절망적인 것이다."[3]

뿌리가 없는 것은 이 첫 고대 문화에서 뿐만 아니라 모든 세속적 문화, 특히 우리 자신의 문화에 있어서도 기본적 요소가 되고 있습니다. 하나님 없이 문명이 스스로 이룩해 가려고 시도한 시대가 있었다면 그것은 우리가 살고 있는 이 시대입니다. 하지만 경건치 못한 자들의 불안정이 이때만큼 분명한 때는 결코 없었습니다. 제2차 세계 대전 중 독일이 프랑스를 점령하고 있던 동안 런던에 살았고, 1943년에 거기서 죽은 훌륭한 프랑스 작가 시몬 베이유(Simone Weil)는 「뿌리의 필요」(The Need for Roots)라는 제목의 책을 썼는데 그 책에서 그녀는 뿌리가 단절된 그녀의 시대를 분석했습니다. 그녀는 도시와 지방에서 단절된 뿌리에 대해 논했습니다. 그녀는 그것을 국민성과 연결하여 논했습니다. 그녀는 단절된 뿌리에 대한 유일한 치유는 하나님의 피조물로서의 인간과 그러한 기본적 요소의 원천이신 하나님 자신을 재발견하는 것이라고 결론을 맺었습니다. 그러한 재발견 없이는 적절한 문명의 기능, 즉 질서, 자유, 복종, 책임, 평등, 자신의 의견을 표현할 수 있는 권리, 안전, 사유재산, 진실, 기타 등등의 기능은 불가능하다는 것이었습니다.[4] 옳은 말입니다. 우리의 뿌리는 하나님 안에 있습니다. 그러기에 우리가 하나님을 소유하고 있지 못하다면 우리는 유리하는 자의 운명이 되는 것입니다.

아마도 우리의 뿌리가 단절됨과 그에 따라 하늘의 뜻을 잃어버린 것을 가리기 위해서 우리 문명이 왜 이토록 대단히 광란의 행동과 밀접한지 모르겠습니다. 영국의 유명한 불가지론자 토마스 헉슬리(Thomas Huxley)가 아일랜드의 더블린에 연설 차 왔었습니다. 시간이 늦어져 그는 기차를 타려고 서둘러 호텔을 나갔습니다. 그는 호텔 문지기가 말을 모는 마부에게 그가 어디로 갈 것인지를 말해 준 것으로 생각하고 그 도시의 유명한 말이 끄는 마차 하나에 뛰어 올라타고는 그저 마부에게 빨리 달리라고 소리쳤습니다. 그 마차는 목이 부러질 정도의 속도로 출발을 했습니다. 그러나 몇 분 후에 헉슬리는 그가 기차 정거장과 반대 방향으로 가고 있는 것을 깨달았습니다. "당신은 지금 어디로 가고 있는지 아시오?" 그는 마부에게 소리쳤습니다. 그 마부는 대답했습니다. "아뇨, 선생님, 하지만 빨리 달리고 있습니다."

우리의 문명이 이와 비슷한 혼돈을 겪고 있습니다. 오늘날 많은 사람들에게 있어 그들이 처한 상황은 루스벨트(Franklin D. Roosevelt)가 그의 첫 취임 연설에서 "우리는 어디로 가고 있는지 모릅니다. 그러나 우리는 가고 있습니다." 라고 말한 것과 같기 때문입니다.

공동 사회가 없는 밀폐된 사회

하나님 없는 문명의 두 번째 특성은 공동 사회가 없는 밀폐된 사회입니다. 우리는 이것을 창세기 4장에서 가인이 아벨을 죽인 것에 대한 하나님의 심판에 뒤이어 일어난 가인의 처음 두 가지 행동에서 봅니다. 첫째, 가인은 "아내와 동침을 했고" 그녀는 임신을 하고 에녹을 낳았습니다. 둘째, 그는 "성을 쌓았습니다"(창 4:17). 이 두 가지 행동은 같이 가게 됩니다. 그 당시 살았던 다른 사람들과의 교제권에서 쫓겨났기 때문에 가인은 이제 출산을 통해 얻는 사람들로 자신을 둘러싸고, 그리고 이 사람들을 첫 도시 안으로 통합하려고 노력합니다.

나는 "국제성경무오성협의회"(International Council on Biblical Inerrancy)의 과제의 일환으로 여러 차례 회의에 참석해 왔습니다. 그 회의 참석자들은 모두 성경의 완전 영감설과 무오성의 교리를 지지하는 사람들이었습니다. 그 회의에서 여러 차례 질의응답 시간을 가졌습니다. 나는 이 대부분의 질의 시간에 누군가 "가인은 그의 아내를 어디서 얻었습니까?" 하는 오래된 질문을 하는 것을 보고 놀랐습니다. 많은 사람들이 가인의 아내에 대해 관심을 갖습니다. 오늘날, 그 질문에 대한 답이 수차례 주어졌는데도 어떤 사람들은 아직도 성경을 하나님의 말씀으로 믿지 못하고, 그것을 전적으로 믿지 못하는 것에 대한 변명으로 그 질문을 사용합니다.

가인은 어디서 그의 아내를 얻었습니까? 창세기 5장을 열어보면 4절에서 "아담은 셋을 낳은 후 팔백 년을 지내며 자녀들을 낳았으며" 라는 구절을 발견합니다. 가인이 자신의 누이와 결혼할 수 있었습니까? 예, 할 수 있었습니다. 인류가 첫 수세기 동안, 아직 오염되지 않았던 시기에는 가능했습니다. 만약 당신이 허드슨 강의 물을 직접 마시려고 한다면, 강기슭을 따라 수십여 도시를 거치며 공해에 오염되어 내려온 뉴욕 시 옆의 물보다는 상류의 애디론댁(Adirondack) 산맥에서 흘러나오는 신선하고 순수한 물을 마시지 않겠습니까? 인류에게 있어서도 마찬가지입니다. 오늘날 근친결혼은 많은 부정적 현상들을 나타내는데 특히 해로운 유전인자를 끄집어내고 낮은 IQ의 후손을 얻는 현상들을 보입니다. 그러나 인류 초기에는 그렇지 않아서 아브람은 그의 이복누이 사라와 결혼했습니다. 그리고 그 이전에 가인은 당시 태어난 다른 사람들이 그랬듯이 그의 친누이와 결혼했습니다.

그들은 배우자를 선택할 여지가 많았으리라 확신합니다. 한 저자는 이렇게 추정을 했습니다. 만일 아담이 살았던 수백 년 동안 태어난 아이들 중 절반만이 성인이 되고(필시 모두가 성인이 되었을 것입니다), 그렇게 성인이 된 사람들 중 절반만이 결혼을 하고(필시 전부가 결혼을 했을 것입니다), 결혼한 사람들 중 절반만이 아이를 가졌다면(필시 모두가 아이를 가졌을 것입니다), 그 절반의 절반의 절반의 비율만 가지고도 아담은 그가 사는 동안 100만 명 이상의 자녀를 보았을 것이라고 했습니다. 따라서 가인은 아내를 가졌을 뿐만 아니라 오늘날 사람들이 그렇게 하는 것처럼 훌륭한 배우자를 선택할 수 있었습니다. 똑같이 중요한 것은 다른 사람들의 후손은 물론, 가인 자신의 많은 자녀들이 있어서 그가 건설한 성(城)의 인구를 형성했습니다.

그 이야기를 읽으면서 나는 그 성(城, 도시)이 불쾌한 성(城)이었다고 느낍니다. 그 한 증표로 가인의 후손 중 우리에게 충분히 묘사된 유일한 본보기인 라멕을 본다면, 그들의 문화는 거칠고 거만한 이기주의자들의 문화였음이 틀림없습니다. 뿌리가 없는 사람들이라고 해서 한 성에 모이는데 있어 연대성이 떨어지는 것이 아닙니다. 또 그들이라고 해서 한 장소에 함께 있는 일이 덜 어려운 것도 아닙니다. 내가 아는 가장 외로운 사람들이 도시에 있습니다. 내가 아는 가장 슬픈 이야기가 도시의 사람들과 관련됩니다. 이것이 왜 오늘날 기독교회가 직면하고 있는 가장 큰 임무가 도시 사람들에게 예수 그리스도를 전해야 하는 지에 대한 한 이유입니다.

내가 지적하고 있는 이 사항들에 기반을 두어 도시에 대해 반대하고 있는 그리스도인들이 있습니다. 그들은 도시를 불경건하다고 여깁니다. 그들은 도시 문화가 사람의 발명이며, 최초의 남녀를 도시가 아닌 동산에 두신 하나님을 전적으로 적대한다고 생각합니다. 그러나 우리는 기술(記述)적인 면에서 이에 대한 진실성을 인정하지만 모두가 그렇다는 것에 대해서는 부인합니다. "불경건한 도시"의 문제는 "도시" 자체에 있는 것이 아니라 "불경건"에 있는 것입니다. "하나님 없는 문명"의 문제는 "문명"에 있는 것이 아니고, 경건치 못한 특성에 있는 것입니다. 우리의 임무는 세상의 왕국을 포기하는 것이 아니라, 불경건한 사람들 중에 하나님의 나라를 세우는 것이고, 그렇게 함으로써 "하나님이 계획하시고 지으실 터가 있는 성"(히 11:10)을 바라는 것입니다.

아름다움의 숭배

이 초창기 문명의 세 번째 특성은 아름다움에 대한 숭배에 있었습니다. 우리는 그것을 라멕의 부인들의 이름에서 봅니다. 라멕은 역사상 첫 번째 중혼자였는데, 그는 분명히 여인들을 도덕 수준이나 영적 헌신보다는 육체적 매력을 보고 선택했을 것입니다. 첫째 아내의 이름은 아다로 의미는 "즐거움, 꾸밈, 또는 아름다움"입니다. 둘째 아내의 이름은 씰라로 그 의미는 "그늘"입니다. 아마도 머리를 화려하게 덮고 있었음을 가리키는 것 같습니다. 라멕의 딸의 이름인 나아마는 "미소녀"를 의미합니다. 이곳의 문화는 육신적인 즐거움, 아름다움과 매력에 전념을 했고, 베드로가 말한 것 같은 "하나님 앞에 값진, 온유하고 안정한 심령의 썩지 아니할"(벧전 3:4) 아름다움의 내적인 질에 대해서는 신경을 쓰지 않았습니다.

내 의견으로는 가인의 문화의 성취에 대한 해설은 이 점에 비추어 이루어져야 된다고 봅니다. 가인의 두 후손의 이름인 므후야엘과 므드사엘은 엘('el)이라는 간단한 하나님의 이름을 포함하고 있습니다. 그러나 이러한 종교적인 색채는 경건의 능력은 부인하면서 단순히 "경건의 모양"(딤후 3:5)을 가진 것뿐입니다. 그것은 가인이 선택한 종교로서 그가 미학적으로 기뻐하는 제사였습니다. 오늘날도 이와 같은 일이 현대 교회에서도 흔합니다. 예수 그리스도의 피흘림을 통한 하나님의 죄 용서의 약속이 없는 아름다운 의식(儀式), 말, 그리고 음악의 종교입니다.

직업과 예술에 있어서도 마찬 가지입니다. 라멕의 자녀들의 직업이 말해주고 있습니다. 야발은 가축을 쳤고, 유발은 음악과 악기들을 발명했고, 두발가인은 구리와 쇠로 여러 가지 기구를 만들었습니다. 그들에게 있어 이런 것들이 나쁜 것은 아니었습니다. 그 자체가 나빴던 성(城)보다 더 나쁘지 않았습니다. 우리는 아벨도 목자였던 것을 기억합니다. 그는 짐승으로 제사를 드린 것에 대해 하나님의 인정을 받았습니다. 후에 이스라엘의 역사에서 하나님의 영이 특정한 장인(匠人)들에게 임하셔서 그들로 하여금 하나님의 성전에서 사용할 예술 작품을 만들 수 있게 하셨습니다(출 31:1-11). 다윗은 음악가였습니다. 만일 당신이 감당할 수 있다면, 예술에 참여하고 가장 아름다운 것들을 즐기는 것은 분명히 정당한 일입니다. 단 그러한 참여와 즐김이 하나님께 순종하는 범위 안의 것이고, 결과적으로 그런 아름다움에 대해서 하나님께 감사를 한다는 조건에서 정당한 것입니다. 그러나 은사를 주신 분보다 은사를 더 즐기거나, 만물의 창조주보다 피조물을 더 숭배하는 사람은 가엾은 사람입니다! 가인의 문명을 특징짓는 것이 이 "가치의 전도(顚倒)"였습니다.

우리의 경우도 같습니다. 오늘날 많은 사람들이 아름다움을 숭배하는 것에 대해 정당하게 항의를 합니다. 특히 여인들은 미스 아메리카 선발대회 마케팅 같은 것이나 성적인 것에 근거한 광고를 통한 물건의 판매에 반대합니다. 그들은 사람들을 그러한 수준으로 떨어뜨리는 것에 분개하는데 분명히 그렇게 떨어뜨립니다. 그러나 마케팅은 계속 진행됩니다. 이용도 계속됩니다. 왜 그렇습니까? 그것이 더 좋은 가치를 파괴하고 있다는 것이 눈에 보이지 않아서가 아닙니다. 작은 가치를 몰아낼 더 좋은 가치가 없기 때문입니다. 여자들(및 남자들)은 그들이 이용되는 것을 인지하고 그 이용에 대해 정당하게 항의하지만, 그들은 그들이 배우 셰릴 티그스나, 보 데릭, 또는 로버트 레드포드의 형상이 아닌, 하나님의 형상으로 만들어진 피조물이라는 것과 그들이 가졌거나 안 가졌거나 간에 그들의 외적인 아름다움 때문이 아니라, 그들이 하나님과의 교제가 가능하고 영원한 생명을 소유했다는, 무한한 가치를 소유했다는 것을 깨달을 때까지 가장 나쁜 방법으로 계속 이용당하도록 내버려 둘 것이며, 심지어 그 이용에 자발적으로 복종할 것입니다.

격노 속의 교만

가인의 문명의 마지막 특성은 살인에 대한 거만한 변명을 절정으로 하는 교만입니다. 자랑이 시에서조차 표현되고 있는데 이 시는 인류 최초의 시로 기록되고 있습니다. 그것은 라멕의 노래입니다.

"아다와 씰라여 내 목소리를 들으라 라멕의 아내들이여 내 말을 들으라 나의 상처로 말미암아 내가 사람을 죽였고 나의 상함으로 말미암아 소년을 죽였도다 가인을 위하여는 벌이 칠 배일진대 라멕을 위하여는 벌이 칠십칠 배이리로다"(창 4:24-25)

라멕은 그에게 단순히 상처를 입힌 사람을 죽인 그의 폭력을 자랑하고 있고, 그는 다른 사람을 죽임으로써 하나님이 가인을 보호하실 수 있는 것보다 자신을 더 잘 보호할 수 있다고 말하고 있습니다. 도널드 반하우스는 그가 이렇게 말하고 있다고 설명합니다. "나는 해를 당했다. 나는 그 해가 죽음으로 벌해야 할 치명적인 것으로 판단했다. 만물을 운영한다고 생각되는 우주의 하나님은 내 입맛에 맞게 그것들을 운영하지 않으시고, 다른 사람으로 하여금 나를 해치도록 허용하셨기 때문에 내가 그 가해자를 이 지상에서 지워버렸다. 그러나 누구도 나에게 책임을 요구할 수 없다. 하나님은 옛 조상 가인에게 그를 보호하시기 위해 표를 하나 주셨다. 그러나 나는 내 자신을 완전히 보호할 능력이 있다."[5]

반하우스는 계속해서 말합니다. "성경의 그 절과 그 다음 절의 여백을 숙고해 보라. 가인의 가족 이야기는 갑자기 그치고 그 다음 절은 아담에게 하나님의 목적을 촉진시킬 계보인 다른 아들이 태어남을 알린다. 라멕과 그의 문명화된 무법의 가족은 다시는 등장하지 않는다. 그의 칼의 노래 뒤를 따른 여백에서 우리는 그들 모두를 삼켜버린 대홍수가 일어나는 것을 보아야만 한다. 그들은 불경건했다. 그리고 그들의 불경건은 바로 보답을 받은 것이다. 그들은 하나님의 불의 심판이 전 피조물에게 똑같이 이를 것임을 우리에게 가르치기 위해 하늘 아래서 지워져버렸다."[6] 이 기간 중 불경건한 자들에 대한 하나님의 평가는 "사람의 죄악이 세상에 가득" 해졌다는 것과, "그의 마음으로 생각하는 모든 계획이 항상 악할 뿐"(창 6:5)이라는 것이었습니다.

하지만 이것이 모두는 아닙니다. 왜냐하면, 창세기 4:24절과 창세기 4:25절 사이의 여백 다음에 바로 표시된 바와 같이 그 이름에 종교적 미신처럼 단순히 하나님의 이름을 붙인 사람들이 아닌, 하나님을 진실로 사랑하고 구원을 위해서 "여호와의 이름을 부르기" 시작한 사람들의 역사가 시작됩니다. 그들의 역사는 "의로운" 아벨과 셋 그리고 창세기 5장에 열거된 모든 사람과 함께 시작되었습니다. 그것은 경건한 노아와 그의 후손들을 통해서 지속되었습니다. 그것은 시각적으로 당분간 사라졌었지만 아브라함, 이삭 그리고 야곱에게서 다시 나타났습니다. 그것은 이스라엘 안의 때로는 많은 인원수의, 때로는 남은 자(remnant)인 경건한 사람들 안에서 볼 수 있습니다. 예수 그리스도가 탄생할 때에도 역사의 줄기는 지속되었습니다. 우리는 마리아와 요셉, 사가랴와 엘리사벳, 시므온, 안나 및 "예루살렘의 속량을 바라는 모든 사람"(눅 2:38)을 보기 때문입니다. 오늘날 그것은 죄에서 돌이켜 예수 그리스도를 믿는, 그리고 하나님의 은혜로 그분을 전적으로 섬기도록 결정된 수백만의 사람들에게서 볼 수 있습니다.

우리는 변화된 문명을 필요로 합니다. 그러나 그것은 그들의 뿌리를 잃은 사람들에 의해서 세워지지 않을 것입니다. 그것은 아름다움을 사랑하는 사람들에 의해서 또는 잔인성과 독립성을 자랑하는 사람들에 의해서 세워지지 않을 것입니다. 그것은 오직 그들의 삶을 하나님께 복종시키고 그분에 의해 변화된 사람들에 의해서만 세워질 것입니다.

● 각주 ●

1. H. C. Leupold, *Exposition of Genesis*, vol. 1, Chapters 1-19 (Grand Rapids: Baker, 1942), 186-187. 허가 받고 사용함.

2. Saint Augustine, "Confessions," in *Basic Writing of Saint Augustine*, vol. 1, ed. Whitney J. Oates (New York: Random House, 1948), 3.

3. Jacques Ellul, *The Meaning of the City*, trans. Dennis Pardee (Grand Rapids: Eerdmans, 1970), 4.

4. Simone Weil, *The Need for Roots: Prelude to a Declaration of Duties Towards Mankind*, trans. A. F. Wills (London: Routledge & Kegan Paul, 1952).

5. Barnhouse, *God's Grace*, 40-41.

6. Ibid., 41.

37

두 부류의 인류

창세기 4 : 25-26

아담이 다시 자기 아내와 동침하매 그가 아들을 낳아 그의 이름을 셋이라 하였으니 이
는 하나님이 내게 가인이 죽인 아벨 대신에 다른 씨를 주셨다 함이며 셋도 아들을 낳고
그의 이름을 에노스라 하였으며 그 때에 사람들이 비로소 여호와의 이름을 불렀더라

창세기 4장과 5장은 지구 역사상 가장 오래
된 두 개의 문화를 요약하고 있습니다. 그것은 경건치 못한 자들의 문화와 경건한 자들의
문화입니다. 그러나 성경을 자세히 보면 그 두 문화의 구분이 두 장 사이에 있는 것이 아니
고, 4장 24절과 25절 사이에 있습니다. 앞의 부분은 가인과 그의 후손들의 이야기입니다.
그리고 4장 25절부터 셋과 함께 시작하는 경건한 계보 이야기가 진행됩니다. 그 두 장을
종합하면 프란시스 쉐퍼(Francis Schaeffer)가 이름붙인 "두 부류의 인류" [1] 의 초상화를 보
게 됩니다. 혹은 우리가 개인들뿐만 아니라 문화를 다루고 있기 때문에 "두 개의 도시" 라
고 이름을 붙일 수도 있습니다.

이것이 어거스틴이 「하나님의 도성」이라는 제목의 기념비적이고 역사철학에 지대한
영향을 준 연구에 기초해서 창작된 구별입니다. 어거스틴에 의하면 인류의 역사는 두 부

류의 사람들에 의한 역사로서 각 부류는 독자적인 기원(起源), 발전, 특성, 그리고 운명을 가지고 있습니다. 그는 이 두 부류에 대해 이렇게 기술하고 있습니다. "두 개의 도시가… 두 사랑에 의해 형성 되었다. 그것은 하나님을 경멸하는 정도의 자기 사랑에 의한 세속적 도시와 자기 자신을 경멸할 정도의 하나님 사랑에 의한 하늘의 도시이다."[2] 어거스틴의 연구에서 보면 "도시"는 "사회"를 의미합니다. 세속적 사회는 바벨론의 도시문화가 그 최고점으로 표현되고, 더 현대로 와서 어거스틴의 시대에는 로마가 그렇게 표현됩니다. 다른 사회는 하나님의 선택된 자로 구성된 교회입니다. 전자는 소멸되도록 운명 지어졌습니다. 후자는 하나님의 은총을 받고 영원히 존속하게 됩니다.

두 개의 도시

창세기 4장과 5장은 이미 말씀드린 바와 같이 이 두 부류의 인간에 대해 논하고 있습니다. 그러나 지금까지의 창세기에서 보면, 도시의 기원은 한 장 먼저 아담과 하와의 유혹과 타락에 뒤이어 하나님이 뱀에게 하신 말씀에서 발견됩니다. 하나님은 뱀을 저주하셨습니다. 그런 다음 이 말씀을 선고와 예언으로 주셨습니다. "내가 너로 여자와 원수가 되게 하고 네 후손도 여자의 후손과 원수가 되게 하리니 여자의 후손은 네 머리를 상하게 할 것이요 너는 그의 발꿈치를 상하게 할 것이니라"(창 2:15). 여기에 세 집단의 적대자들이 등장합니다. 1) 뱀과 여자, 2) 뱀의 후손과 여자의 후손, 3) 사탄 자신과 여자의 궁극적 자손이신 예수 그리스도입니다. 이들은 충돌관계에 있습니다. 그러나 경건한 씨의 승리가 하와의 특별한 후손 예수님의 궁극적 승리에 의해 보증되어 있습니다.

창세기 3:15절이 유일한 본문이었다면 우리는 그 두 번째 대립이 뱀의 씨로 잉태된 귀신들과 인류 사이에 있었을 것으로 생각했을 것입니다. 그러나 창세기 그 다음 두 장이 분명하게 해 주는 것처럼 그렇지가 않습니다. 타락한 천사들과 믿는 사람들 사이에 대립이 있는 것은 사실입니다. 그러나 거룩한 천사들과 타락한 천사들 사이, 그리고 믿는 사람들과 믿지 않는 사람들 사이에도 충돌이 있습니다. 창세기 4장과 5장은 3:15절에서 보는 적대 관계가 경건한 사람들과 불경건한 사람들 사이에 있음을 보여 줍니다.

그 첫 예는 이미 우리가 연구한 아벨과 가인 사이의 충돌입니다. 가인은 하와의 첫 번째 아이였는데(타락 후에 태어났습니다) 그의 히브리 이름의 기본적 의미는 "얻음" 또는 구어체로 "그가 왔다."입니다. 그 이름은 하와 편에서 보면 실수로 지은 것이었습니다. 그녀는 사탄의 머리를 부숴버릴 구원자에 대한 하나님의 약속을 들었습니다. 그가 그녀에게서 태어날 것이었습니다. 그래서 가인이 태어났을 때 그녀는 그가 이 구원자라고 추측했습니다. 그녀가 틀렸던 것입니다. 구원자 대신에 그녀는 살인자를 출산했습니다. 그 이야기가 보여주듯이 가인은 하나님이 자신의 제물보다는 그의 아우의 제물을 받으신 것에 대한 질투가 싹이 터 그를 죽였던 것입니다.

가인의 질투의 원인은 매우 중요합니다. 그것이 하나님께 접근하는 수단에 관련되기 때문입니다. 가인은 자신의 노동의 결과물인 들의 소산으로 제물을 가져왔습니다. 아벨은 어린 양을 가져와 죽여 자신의 죄를 짊어진 무죄한 대속물로 드렸습니다. 우리는 아벨이 그리스도의 궁극적 희생을 미리 내다보는 희생을 통해 하나님께 나아오는 적절한 수단에 관해서 얼마큼 이해하고 있었는지 모릅니다. 그러나 상당히 이해하고 있었을 것이 틀림없습니다. 왜냐하면, 그는 히브리서에서 그가 한 것을 믿음으로 했다고 칭찬듣기 때문입니다. "믿음으로 아벨은 가인보다 더 나은 제사를 하나님께 드림으로 의로운 자라 하시는 증거를 얻었으니 하나님이 그 예물에 대하여 증언하심이라"(히 11:4). 아벨은 옳은 길을 택했으나 가인은 그렇지 못했습니다. 이 형제들에게서 우리는 두 부류의 인간의 첫 예를 봅니다.

창세기 4장의 남은 부분과 그 다음 장은 어떻게 이 두 부류의 개인들이 두 개의 다른 사회를 낳는지를 보여줍니다. 가인은 쫓겨나 땅에서 유리하는 자가 되고 그의 후손들이 거명됩니다. 가인은 그가 쌓는 성(도시)에 에녹에 이름을 붙입니다. 에녹의 아들 이랏, 므후야엘, 그리고 라멕의 아버지인 므드사엘 등입니다. 라멕은 "가인의 길"(유 1:11)로 간 사람들의 계보에 어떤 일이 일어났는지를 보여주는 예로서 특별히 언급되고 있습니다. 그는 세 아들을 두었습니다. "장막에 거주하며 가축을 치는 자의 조상"이 된 야발, "수금과 퉁소를 잡는 모든 자의 조상"이 된 유발, 그리고 "구리와 쇠로 여러 가지 기구를 만드는 자" 두발가인입니다(창 4:20-22). 간단하지만 이 설명은 잘 발전된 문화를 말해주고 있습니다. 그러나 그것은 라멕이 그의 두 아내에게 하는 자랑이 보여주는 것처럼 잔인한 문화입니다.

라멕이 아내들에게 이르되 아다와 씰라여 내 목소리를 들으라 라멕의 아내들이여 내 말을 들으라 나의 상처로 말미암아 내가 사람을 죽였고 나의 상함으로 말미암아 소년을 죽였도다 가인을 위하여는 벌이 칠 배일진대 라멕을 위하여는 벌이 칠십칠 배이리로다 하였더라(창 4:23-24)

이것은 살인에 대해 자랑을 하는 사람의 이야기입니다. 그 자랑이 시로 표현된 것으로 보아 실제로 그것에 대해 노래로 작사한 것 같습니다. 프란시스 쉐퍼는 이 사건에 대해 이렇게 논하고 있습니다. "여기에 하나님 없는 인간 문화가 있다. 그것은 사람이 중심이 된 이기적인 것이고 교만한 것이다. 이 문화는 하나님의 개념을 잃어버렸을 뿐만 아니라 그의 형제를 사랑하는 자로서의 사람의 개념도 잃어버렸다." [3]

이즈음에서 창세기는 셋의 경건한 계보를 소개하는데, 그의 후손들을 통해 노아에게까지 지속되는 계보를 소개합니다(노아와 그의 가족은 홍수의 유일한 생존자들이었으므로 새로운 시작을 구성합니다). 이 계보의 이름들은 셋, 에노스, 게난, 마할랄렐, 야렛, 에녹, 므두셀라, 라멕, 그리고 노아입니다. 이 사람들 중 두 사람이 히브리서 11장에 믿음의 삶을 산 사람의 예로 언급됩니다. 에녹과 노아인데 에녹은 "하나님을 기쁘시게 하는 자"(히 11:5)였다고 언급되었고, 노아는 그에 대해 이렇게 기록되어 있습니다. "믿음으로 노아는 아직 보이지 않는 일에 경고하심을 받아 경외함으로 방주를 준비하여 그 집을 구원하였으니 이로 말미암아 세상을 정죄하고 믿음을 따르는 의의 상속자가 되었느니라"(히 11:7).

이러한 계보는 어거스틴이 「하나님의 도성」에서 하는 것처럼, 역사를 통해 추적될 수 있습니다. 불경건한 계보는 세상의 여러 도시, 주, 그리고 문화에서 추적이 가능합니다. 경건한 계보는 아브라함과 그의 후손들 안에, 이스라엘 안의 믿는 자들과 그리고 종국적으로 교회에 있습니다.

경건한 계보

성경 영감설을 증명하는 것 중 하나는 많은 것이 적은 수의 말로 언급되었다는 것입니다. 흔히 적은 것을 많은 말로 언급하는 사람의 작품과는 다릅니다. 이 성경의 특성은 창세기 4장을 끝내면서 아담의 경건한 계보를 소개하는 두 절에 명확하게 드러납니다. 영어 성경으로 55개의 단어(히브리어로는 36개)에 이 계보의 본질적인 특성이 들어 있습니다.

첫 번째 특성은 시작점, 즉 하나님과 그분의 탁월성입니다. 그것은 하와가 셋을 낳고나서 한 말에 나타납니다. "하나님이 내게 가인이 죽인 아벨 대신에 다른 씨를 주셨다"(창 4:25). 표면적으로만 봐도 하와가(의심할 것 없이 아담도 역시) 셋의 출산을 하나님과 연관시키고 있으며 하나님이 셋을 주셨다고 인정하고 있음이 명확한데, 이것은 가인의 계보에서는 그 누구에게도 없던 말입니다. 그러나 창세기 4:1절에 기록된 가인의 출생의 경우에 있어서 하와가 한 말과 대조해 볼 때 이 자명한 증언은 우리에게 더욱 강렬하게 다가옵니다. 그 문장을 살펴보면 바르게 번역해서 "내가 득남하였으니, 곧 구원자라"고 한 것을 알 수 있으며, 이것은 의심의 여지없이 하나님의 약속에 대한 믿음의 고백이었다고 인식했습니다. 이것은 그 자체만으로 훌륭한 것이었습니다. 그러나 이제, 뒤돌아보며 하와가 셋을 낳고 나서 한 고백과 대조를 해 보면서 우리는 그것이 결함을 포함하고 있었음을 봅니다. 그것은 인간 중심적이었습니다. 하와가 말했습니다. "내가, 바로 내가 득남하였다." 그녀가 배웠어야 했을 것은, 그리고 잇따라 일어나는 가인의 슬픈 역사를 통해 하나님이 그녀에게 가르치신 것은, 구원자는 그녀 혹은 그녀의 남편 자신의 행위를 통해 올 수 있는 것이 결코 아니라 하나님의 선물로 주어질 것이라는 사실입니다. 그래서 두 번째에 가서 그녀는 "아벨 대신에 다른 씨를 주셨다." 라고 고백합니다.

이 대조만큼 세상과 기독교에 대해 다양한 성질의 특징을 보여주는 것도 없습니다. 불경건한 문화는 사람으로부터 시작합니다. 이것이 인본주의의 본질입니다. 경건한 문화는 하나님으로부터 시작합니다. 이것이 때로 경건한 사람들조차 하와가 그랬던 것처럼 힘든 길이란 것을 배워야 하지만 말입니다.

누군가 이렇게 말할 수 있고, 또 오늘날 많은 사람들이 이렇게 말하고 있습니다. "하지만 하나님으로부터 시작하는 것과 사람으로부터 시작하는 것의 중요성이 무엇인가? 결국 우리 모두는 같은 장소에 와 있는데 어디서 시작한다는 것이 무슨 차이가 있는가?" 그러나 우리는 모두 같은 장소에 와 있는 것이 아닙니다. 이것이 요점이고, 왜 이 문제가 중요한가의 이유입니다. 우리는 이것을 이 장들에서 봅니다. 4장의 불경건한 문화에 대한 설명이 처음 시작되는 단계에서는 어느 정도 하나님에 대한 인식이 있습니다. 아벨뿐만 아니라 가인도 하나님에 대해 압니다. 그는 하나님과 논쟁조차 합니다. 나중에 5, 6세대 후에 나오는 므후야엘과 므드사엘이란 이름은 엘로힘의 엘(el)이라는 하나님의 이름을 포함하고 있습니다. 그러나 처음 시작 단계부터 하나님을 거절했기 때문에 이러한 하나님에 대한 인정은 점점 더 형식적이 되고, 마침내는 하나님보다 사람이 우월하다는 대담한 진술을 합니다. "가인을 위하여는(하나님의) 벌이 칠 배일진대 라멕을 위하여는(라멕에 의한) 벌이 칠십칠 배이리로다"(창 4:24). 반대로, 셋의 계보는 "하나님을 아는 지식"에 대해 자세한 기록은 없지만 그 계보는 하나님과 함께 시작을 하고 있고, 그렇게 해서 경건한 문화를 만들어가고 있습니다.

프란시스 쉐퍼는 그의 책 「그러면 우리는 어떻게 살아야 하는가?」(How Should We Then Live?)에서 현대 인본주의의 쇠퇴를 추적합니다. 그는 인본주의의 기원을 데카르트(Rene Descartes 1596-1650)에 두고 있는데 데카르트는 그의 철학을 자신과 자신의 자아 인식에 기반 했던 사람이었습니다. 즉, "나는 생각한다. 그러므로 나는 존재한다." 라고 한 사람입니다. 그러나 쉐퍼는 인본주의의 현대적 맥은 인간 자연의 모습을 낭만적으로 본 장 자크 루소(Jean-Jacques Rousseau 1712-1778), 지식을 사물에 대한 지식과 관념에 대한 지식의 두 부분으로 나눈 칸트(Immanuel Kant 1724-1804), 모든 진리와 지식을 상대화 시킨 헤겔(Wilhelm Friedrich Hegel 1770-1831), 그리고 초월자를 알기 위한 유일한 수단으로 "믿음의 도약"을 설파한 키에르케고르(Soren Kierkegaard 1813-1855)라는 인물들을 통해서 이어져온 것으로 보고 있습니다. 그러나 쉐퍼가 보여주는 바로는 이 인본주의 후기 발전에서 하나님은 점점 인간의 손이 닿지 못할 곳으로 미끄러져 나가고, 급기야는 실존주의가 그분을 "아무 것도 아닌 존재"(nothing)로 인식하게 되었습니다. 그는 인본주의의 역사(불경건한 문화)를 자기 아들의 말을 인용해서 이렇게 요약합니다. "인본주의는 시편 23편을 바꾸어 놓았다."

그들은 이렇게 시작합니다 - 내가 나의 목자다

그 다음에는 - 양들이 내 목자다

그 다음에는 - 모든 것이 내 목자다
끝으로 - 아무 것도 내 목자가 아니다.

현대 문화는, 홍수 이전의 문화처럼 이 마지막 지점에 와 있습니다. 그 문화에는 목자가 없고, 잃어버린 그리고 점점 더 타락하는 상태를 보여주고 있습니다.[4]

하나님과 사람

셋의 계보의 두 번째 특성은 그들의 **사람**에 대한 관점에 있는데, 이는 지금 인류를 망쳐 놓은 악의 관점에서 보면 적절한 것입니다. 이점은 이 구절들에 대한 영어 번역본을 가지고서는 확실하지가 않고, 셋의 아들 에노스의 이름 때문에 히브리어로 보면 매우 확실합니다. 이 이름들 하나하나는 중요합니다. 셋은 "대신에 자리잡다." 라는 의미를 가지고 있습니다. 그는 하나님이 아담과 하와에게 아벨 대신에 주셨기 때문에 셋이라고 이름 지었습니다. 그런데 이제 셋은 그의 아들의 이름을 에노스라고 짓는데, 에노스는 "약한 자" 또는 "죽을 수밖에 없는 운명" 이란 뜻입니다. 셋은 단순한 인간의 약함에 깊은 인상을 받아 그의 아들에게 이 사실을 알려주려는 의도로 이름을 주었습니다. 라멕이 그랬던 것처럼 자신에 대해 자랑하는 대신에 셋은 그가 하나님을 필요로 한다는 것을 고백했습니다.

인간에 대한 교리와 하나님에 대한 교리, 이 두 교리는 같이 가면서 때로 신학에 있어서 시소라고 부를 정도로 서로 밀접하게 관련되어 있습니다. 시소의 기본 개념은 한 쪽 끝이 올라가면 다른 쪽 끝은 내려가는 것입니다. 두 끝을 동시에 올리거나 또는 내릴 수가 결코 없습니다. 하나님의 교리와 인간의 교리도 이와 같은 방식입니다. 만일 누군가가 그의 신학에서 사람을 높이면, 즉 만일 사람이 강하고, 선하고, 자신의 육신적, 영적 일들을 보살필 수 있는 능력이 충분히 있다고 생각해서 사람을 높이면 하나님은 불가피하게 낮아지십니다. 하나님에 대한 필요가 거의 없기 때문입니다. 우리가 인본주의의 경우에서 보았던 것처럼 실제로 사람은 스스로를 높여 하나님과 동등하거나 오히려 우월하게 되고 결국에는 하나님 없이도 무엇이나 할 수 있다고 생각합니다. 반대로 만일 하나님이 높아지시면, 그러면 사람은 결국 낮아지고 셋이 자신을 적절히 보았던 것처럼 약하고 궁핍한 피조물로 인식됩니다.

물론, 불경건한 자들은 이 결론에 반대합니다. 그들은 하나님을 높이는 것은 사람을 저하시키는 것이고, 사람의 존엄성을 제거하는 것으로 생각하기 때문입니다. 그러나 실은 그 반대입니다. 사람을 저하시키는 것은 인본주의이고, 기독교는 사람을 높여줍니다. 이것은 이 장에서 분명히 밝혀줍니다. 가인의 문화는 불경건한 세대들을 통해서 이어져 가다가 결국에는 자아로 충족한 사람의 전형인 라멕을 만들어 냅니다. 그는 자기 자신을 보살필 수 있습니다. 그는 하나님이 필요 없습니다. 그러나 다른 인간들을 향한 그의 태도는 자기 자신을 높이는 동시에 다른 사람들의 가치에 대한 이해는 낮습니다. 그는 다른 사람들이 그에게 작은 상처를 입힌 공격에 대해 그들을 죽여버리려고 했습니다. 그러나 셋의 계보는 인간에 대한 훨씬 낮은 견해를 가지고 있습니다. 그 계보는 그의 약함을 인식하고 있습니다. 그러나 동시에 점점 더해가는 악에도 불구하고 그들이 하나님의 형상으로 만들어지고 그래서 선천적인 가치가 있다는 것을 알고 그 사람들에 대해 동정심을 가집니다.

셋의 후손의 하나인 에녹은 그의 세대에게 심판을 경고했습니다. "보라 주께서 그 수만의 거룩한 자와 함께 임하셨나니 이는 뭇 사람을 심판하사 모든 경건하지 않은 자가 경건하지 않게 행한 모든 경건하지 않은 일과 또 경건하지 않은 죄인들이 주를 거슬러 한 모든 완악한 말로 말미암아 그들을 정죄하려 하심이라"(유 1:14-15). 노아는 얼마간의 사람들이라도 악한 길에서 돌이키게 하려는 노력으로 "의의 전파자"(벧후 2:5)가 되었습니다.

사람에 대한 낮은 견해를 가지고 있다고 해서 다 경건한 자들은 아닙니다. 그들이 현실적인 견해를 가지고 있고, 그래서 기독교를 거절하는 사람들로부터 낮은 견해를 가지고 있다고 비난을 받고 있지만 말입니다. 그들은 우주안의 절대적인 위치로 사람을 높이는 것이 아닙니다. 그들은 사람의 부패를 부인하지 않습니다. 그들은 사람의 타락을 말합니다. 그러나 동시에 그들은 사람에게 그가 소유할 수도 있는 가치에 대한 유일하고 참된 토대를 제공합니다. 즉, 사람은 하나님 자신의 복된 형상으로 만들어졌다는 것과, 하나님과 함께 또는 하나님 없이 영생하도록 정해져 있다는 것입니다. 경건한 사람들은 다른 사람들을 보살핍니다. 그들은 멸망당할 다른 사람들에게 아주 많은 관심을 가지고 있어서, 그 멸망하는 사람들이 그리스도의 역사를 통한 구원의 복음을 듣고 거기에 반응할 수 있도록 하기 위해 기꺼이 어려움을 당하기도 하고, 심지어 인격적인 학대도 받습니다.

하나님을 의지

이것이 셋의 계보의 마지막 특성을 우리에게 제시해 주는데, 그것은 "하나님을 의지(依支)" 하는 것입니다. 그 특성은 구원과 그밖에 다른 모든 것을 위해서 하나님을 의지하는 것입니다. 우리는 이 특성을 아담에게서 이미 보았습니다. 그는 하와를 통해서 구원자를 보내신다는 하나님의 약속을 기대하면서 그의 아내의 이름을 하와(생명을 주는 자 또는 어머니)라고 불렀습니다. 우리는 그것을 하와가 가인의 이름을 짓는 실수에서 보았습니다(그가 왔다, 구원자). 우리는 그것을 4장이 끝나면서 또 봅니다. "그 때에 사람들이 비로소 여호와의 이름을 불렀더라"(창 4:26).

이 마지막 말을 어떻게 받아들여야 할지 의문이 생깁니다. 그 말은 역사상 이 시점에서 사람들이 그들 자신을 여호와라는 이름으로 부르기 시작했다는 뜻일 수가 있습니다. 그들 자신을 공식적으로 하나님과 동일시한 것입니다. 이름의 중요성 그리고 5장에 등장하는 많은 이름들이 하나님의 이름과 결합되어 있다는 사실이 이를 입증해 줍니다. 다른 한편, 그 말은 예배를 다루면서 이제 셋의 계보의 사람들이 하나님을 일상적으로 부르기 시작했다고 말하는 것으로 보는 것이 더 적절하다고 생각됩니다. 어떤 경우이건 거기에는 의지(依支)의 개념이 들어가 있습니다. 셋의 계보는 죄가 인간성의 단순한 불완전이 아니라 전능하신 하나님의 은혜와 능력으로 극복되지 않는 한, 개인과 문화 둘 다 파괴하도록 정해진 것임을 인식했습니다. 그래서 이 개인들은 이제 그들 자신을 하나님께 맡기고 그들의 육체적, 영적 구원을 위해 그분을 전적으로 신뢰했습니다.

종교 개혁자들은 이것에 깊은 인상을 받았으며, 그것을 하나님에 대한 전적 의지의 한 예로 보았습니다. 그래서 그들은 그것에 대해 높이 평가를 하게 되었습니다. 마르틴 루터는 창세기 4:26절을 "대제사장 아담이 모든 것을 말씀과 건전한 교리로 다스리는 작은 교회"[5]로 보았습니다. 존 칼빈은 그것을 그의 시대에 성취되었던, 말하자면 "신앙의 회복"으로 보았습니다. 그는 그것을 가리켜 "그 당시 한 가정에서 하나님에 대한 예배가 시작되었다는 것은 하나의 기적"[6]이라고 말했습니다. 루터와 칼빈은 옳았습니다. 그 시대에 믿는 사람들은 작은 교회를 설립했고, 그것은 기적이었습니다.

● 각주 ●

1. Schaeffer, *Genesis in Space and Time*, 103-18. "두 부류의 인류"는 제6장의 제목이다.

2. Augustine, *City of God*, book 14, chapter 28, 282-83.

3. Schaeffer, *Genesis in Space and Time*, 114.

4. Francis A. Schaeffer, *How Should We Then Live? The Rise and Decline of Western Thought and Culture* (Old Tappan, N.J.:Revell, 1976), 152-227, Franky Schaeffer로부터의 인용은 p. 226.

5. Luther, *Luther's Works*, vol. 1, 327.

6. Calvin, *Genesis*, 224.

38

그 아버지에 그 아들

창세기 5 : 1-20

이것은 아담의 계보를 적은 책이니라 하나님이 사람을 창조하실 때에 하나님의 모양대로 지으시되 남자와 여자를 창조하셨고 그들이 창조되던 날에 하나님이 그들에게 복을 주시고 그들의 이름을 사람이라 일컬으셨더라 아담은 백삼십 세에 자기의 모양 곧 자기의 형상과 같은 아들을 낳아 이름을 셋이라 하였고 아담은 셋을 낳은 후 팔백 년을 지내며 자녀들을 낳았으며 그는 구백삼십 세를 살고 죽었더라 셋은 백오 세에 에노스를 낳았고 에노스를 낳은 후 팔백칠 년을 지내며 자녀들을 낳았으며 그는 구백십이 세를 살고 죽었더라 에노스는 구십 세에 게난을 낳았고 게난을 낳은 후 팔백십오 년을 지내며 자녀들을 낳았으며 그는 구백오 세를 살고 죽었더라 게난은 칠십 세에 마할랄렐을 낳았고 마할랄렐을 낳은 후 팔백사십 년을 지내며 자녀들을 낳았으며 그는 구백십 세를 살고 죽었더라 마할랄렐은 육십오 세에 야렛을 낳았고 야렛을 낳은 후 팔백삼십 년을 지내며 자녀를 낳았으며 그는 팔백구십오 세를 살고 죽었더라 야렛은 백육십이 세에 에녹을 낳았고 에녹을 낳은 후 팔백 년을 지내며 자녀들을 낳았으며 그는 구백육십이 세를 살고 죽었더라

나는 왜 성경에서 가장 지루한 부분을 족보라고 생각하는 사람들이 있는지 모르겠습니다. 아마도 그것은 그들이 그것을 읽지 않기 때문인 것 같습니다. 작은 활자로 표시된 여러 쪽의 주식 시세나 야구 선수들의 명단과 그들의 평균 타율에 몰두하는 사람들은 성경의 족보들을 읽지 않을 것입니다. 그러나 그 족보들은 성경에 있는 것이고 따라서 "모든 성경은 하나님의 감동으로 된 것으로 교훈과 책망과 바르게 함과 의로 교육하기에 유익"(딤후 3:16)하다고 말씀한 계시의 한 부분인 것입니다.

창세기 5장은 노아와 대홍수까지 내려가는 아담의 후손들의 명단입니다. 족장들이 많지가 않은데, 실제로는 여기에 기록된 것보다 많았을 것입니다. 그러나 그들은 점점 더 불경건해 가는 세대 속에서 믿음의 기둥 역할을 했습니다. 그들은 불굴의 의지로 하나님을 대표했고, 그렇게 해서 그들의 이름은 미래 세대를 위해 보존되었습니다.

마르틴 루터는 그의 시대의 문제들로 인해 그의 시대를 대홍수 이전 시대와 동일시했는데, 그는 이 걸출한 개인들에게서 특별한 감명을 받았습니다. 그는 이들 대부분이 동시대에 살았음을 기술하며 다음과 같이 썼습니다. "선하고, 지혜롭고, 거룩한 많은 사람들을 동시에 가졌다는 것은 원시 시대에 있어 최대의 영광스러운 일이다. 우리는 이 사람들의 이름이 평범한 사람들의 보통의 이름이라고 생각해서는 안 된다. 이들은 그리스도나 세례 요한에 버금가는, 이 세상이 낸 사람들 중 가장 걸출한 영웅들이었다. 마지막 날에 우리는 그들의 장엄함을 보고 놀랄 것이다. 이와 함께 우리는 또한 그들의 행위를 볼 것이다. 왜냐하면, 그때에 아담, 셋, 므두셀라, 그리고 다른 사람들이 행했던 일들, 즉 그들이 옛 뱀으로부터 견뎌낸 일, 그들이 세상 또는 가인 족속의 능욕에 맞서서 씨(the Seed)에 대한 소망을 가지고 자신들을 위로하고 보존해 온 일, 그들이 여러 종류의 반역을 경험한 일, 그리고 그들의 후손들을 통해 태어날 복된 씨(the Seed)의 영광을 위해 얼마나 많은 질투와 미움과 모욕을 견뎌낸 일 등이 드러날 것이기 때문이다." [1]

성경은 히브리서 11장에 에녹과 노아가 믿음으로 하나님을 기쁘시게 했다고 언급함으로써 이 시대를 인식하고 있습니다. 성경 다른 곳에 이와 비교될 만한 이렇게 많은 이름의 명단을 내는 곳이 없습니다.

인격적 사람들의 역사

모세가 편성한 창세기에서 이 장은 새로운 부분을 소개합니다. 이 장은 히브리어 관용구를 문자적으로 번역해서 "이것은 아담의 **계보**(톨레도트, toledoth)에 대한 **책**(세퍼, sepher)이다."로 시작되기 때문입니다. 이 문장의 주가 되는 단어는 "족보"로서 창세기에 열한 번 나오는데, 항상 그 다음에 나오는 내용의 표제나 제목으로 사용됩니다. 어떤 저술가들은 그것을 서명으로 보기도 하는데 말해온 것에 대한 요약으로 보는 것입니다. 그러나 우리가 창세기 2:4에서 본 것처럼 그것은 잘못입니다.[2] 아담의 가족 이야기가 진행 된다는 의미에서 아담의 이야기라고 보는 것이 바른 이해입니다. 각각의 다른 예로 창세기 2:4, 6:9, 10:1, 11:10, 27, 25:12, 19, 36:1, 9, 37:2절에서도 마찬 가지입니다.

창세기 5:1절의 독특한 점은 다른 구절에는 없는 "책"(sepher)이란 단어가 첨가된 것입니다. 이것을 NIV는 "이것은 아담의 계보의 기록된 이야기이다." 라고 번역하고 있습니다. 이것이 맞는 것인지 확신은 없습니다. 그러나 이 단어로 보아 모세가 길건 짧건 하나의 책으로 된 기록된 자료의 존재를 인정하고 있으며, 그가 여기서 이것을 그의 창조 이야기에 편입시키고 있는 것일 수가 있습니다. 만일 그렇다면, 그것은 전 역사에 있어 가장 오래된 기록 문서로 아담의 경건한 후손들에 대한 기록입니다. 이것은 우리에게 하나님은 그분께 신실한 자들의 이름과 행위를 기록하는 것에 특별한 관심을 가지고 계시고, 또한 만일 우리가 신실하다면 우리의 이름과 행위 역시 기록하실 것임을 우리로 깨닫게 해 줍니다. 말라기 3:16절의 이런 말씀을 우리는 기억합니다. "그 때에 여호와를 경외하는 자들이 피차에 말하매 여호와께서 그것을 분명히 들으시고 여호와를 경외하는 자와 그 이름을 존중히 여기는 자를 위하여 여호와 앞에 있는 기념책에 기록하셨느니라." 또한 요한계시록에서 우리는 어린 양의 "생명책"(계 20:11-15)에 그 이름이 기록된 사람들에 대해 읽을 수 있습니다.

여기에 족보에 관련된 첫 번째 교훈이 있습니다. 만일 우리가 이 책을 쓴다면 아마도 우리는 그 이름들을 무시할 것입니다. 그러나 하나님은 그렇지 않습니다. 그 이유는 그분은 사람들에게 우리보다 더 큰 관심을 가지고 계시기 때문입니다. 나는 이점에 있어서 폴 트루니에(Paul Tournier)의 책 「성경에 비추어 본 의사의 사례집」(A Doctor's Casebook in the

Light of the Bible)의 한 장에서 큰 도움을 받았습니다. 그 장의 제목은 "성경의 인격주의"입니다. 트루니에는 이렇게 기술하고 있습니다.

성경적 관점에서 사람은 동물 중에서 가장 진화된 존재가 아니다. 그는 하나님의 특별한 피조물이다. 그는 단순히 육체적, 정신적 기계가 아니다. 그는 "영과 혼과 몸"(살전 5:23)이다. 그는 하나님의 형상과 모양대로 창조되었다(창 1:26). 또한 성경의 하나님이 다른 모든 종교의 신들과 다른 점은 그분은 인격적인 하나님이란 것이다. 그분은 사람에게 인격적으로 말씀하시고, 찾아오시는 분이시다(창 3:9-10)… 성경 전체에 걸쳐 우리는 하나님이 사람들을 부르시고, 그래서 그들이 빠져있는 원시적인 정신 상태에서 이끌어내시는 것을 본다. 미개인들이 인격체로서 자아의식을 가지고 있지 않다는 것은 사실이다. 그는 자신을 그의 부족과 동일시하고, 또한 자신을 신비적인 참여에 의해 자연과 동일시한다. 그에게 있어 소우주인 그 자신과 대우주인 세상은 혼동되어 있다.
"여호와께서 아브람에게 이르시되 너는 너의 고향과 친척과 아버지의 집을 떠나 내가 네게 보여 줄 땅으로 가라"(창 12:1)고 하셨다. 하나님은 그를 그의 부족에게서, 그의 환경에 의해 결정된 비인격적 생활에서 끌어내셨다. 그는 인격적인 명령에 인격적인 순종을 통해 그를 인격체로 만든다. 인격적인 하나님은 사람을 인격체로 만드신다. 성경적인 관점에서 보면, 하나님과 사람의 연결은 인격체 간의 연결이다. 사람을 하나님 앞에 스스로 책임을 지는 온전한 존재로 만드는 것은 바로 이것이다. 성경 마지막 쪽까지 당신은 사람들이 하나님에게서 그들의 부족의 편견으로부터 부름을 받고, 또 그들 자신의 본능적 충동을 멀리하고 그래서 더 이상 동물적이고 기계적인 삶을 살지 않고, 대신에 인격적인 사람이 되고 예언자, 성경적 의미에서의 예언자이면서 또한 베르그송이 말하는 철학적 의미의 예언자가 되는, 말하자면 사물의 참 의미를 깨닫고 그것을 다른 사람에게 가르치는 자유하고, 성숙한 창조적인 사람들로 부름 받는 것을 볼 수 있을 것이다.
하나님이 모세에게 말씀하신다. "내가 이름으로도 너를 앎이니라"(출 33:17). 또 고레스에게 말씀하신다. "네 이름을 부르는 자가 나 여호와라"(사 45:3). 이러한 본문들은 성경의 인격주의를 표현하는 것이다. 어떤 사람은 성경을 읽다가 그 안의 고유한 이름들의 중요성을 보고 감명을 받는다. 전체의 장(章)이 긴 족보에 할애되어 있다. 내가 젊었을 때는 그것들이 성경에 없었더라면 좋았을 것으로 생각하곤 했다. 그러나 그 후로 나는 이 고유한 이름의 명단이, 성경적 견해로, 사람은 사물도 아니고 추상적인 것도 아니며, 동물의 종(種)도 아니고 관념도 아니며, 마르크스주의자들이 보는 것처럼 집단의 한 부분도 아니고, 그는 인격체라는 것을 증거하는 것임을 실감해 왔다.[3]

당신과 나는 창세기 5장의 족장들 같은 인격을 가진 사람입니다. 우리도 동등하게 하나님의 책에 기록되어 있고, 기억되고 있습니다. 이것이 격려가 되기를 바랍니다. 세상은 우리에게 호의적으로 대하지 않을 수도 있습니다. 실제로 우리가 예수 그리스도를 더 닮아 갈수록 세상은 더욱 우리에게 관심을 갖지 않을 것입니다. 그러나 하나님이 관심을 가지고 계신다는 이 사실 하나가 우리로 하여금 그분을 위해 살 수 있도록 격려해 줍니다.

남은 자

이 족보에 대한 두 번째 교훈은 불경건한 시대에 경건한 개인들의 남은 자(Remnant)를 표현해 주고 있는 것이며, 이런 경우가 종종 있다는 것입니다. 내가 의미하는 것은 어느 주어진 시대에 하나님을 믿고 섬기는 사람들이 많지 않다고 해도, 최소한 얼마쯤은 있는데 이들이 항상 서로 간에 격려가 되는 것입니다. 칼빈은 이것을 보고 이렇게 기술했습니다. "이 목록이 만들어진 의도는 우리에게 거대한, 아니 놀라운 다수의 사람들 중에 적지만 항상 하나님을 경외한 사람들이 있었다는 것과, 이 수의 사람들이 하늘의 수호에 의해 훌륭하게 보존되었다는 것을 알려주려는 것이었다."[4]

만일 어떤 사람이 창세기 4장과 5장을 단순히 비교한다면, 그는 적어도 수에 관한 한, 칼빈이 옳게 말했는지 의아해 할 것입니다. 왜냐하면, 이 두 장은 균형을 잘 이루고 있는 것으로 보이며, 따라서 상대적으로 동등한 수의 개인들에 대해서 이야기하고 있는 것으로 생각되기 때문입니다. 4장에는 여섯 세대와 라멕의 세 아들이 나옵니다. 5장에는 아홉 세대와 노아의 세 아들이 나옵니다. 아마도 모든 사람에게 추가적으로 많은 아들, 딸들이 있었을 것입니다(5장이 분명히 언급하고 있습니다). 우리는 이것을 상대적으로 동등한 수를 배열한 것이라고 생각할 수가 있습니다. 그러나 그런 것이 아닙니다. 홍수를 통한 하나님의 심판을 말씀하고 있는 6장에 가보면 당시 세상은 극도로 악해졌었고 드디어 홍수가 일어났을 때 구원 받은 사람은 오직 여덟 명인 노아와 그의 세 아들, 그리고 그들의 네 아내였습니다. 우리는 홍수전 세대의 다수의 사람들에 대해 읽습니다. "여호와께서 사람의 죄악이 세상에 가득함과 그의 마음으로 생각하는 모든 계획이 항상 악할 뿐임을 보시고"(창 6:5).

그렇다면 이 시대의 역사는 믿는 자들과 안 믿는 자들이 동등한 수로 발전되어 온 것으로 특징 지워지는 것이 아닙니다. 이 시대는 소수를 제외한 모든 사람이 아담, 에녹, 노아 그리고 하나님의 은혜를 전파한 다른 초기 전파자들의 가르침과 호소에도 불구하고 가인의 길로 간 내리막길의 시대였습니다.

당신은 당신이 소수파에 속한다고 생각합니까? 당신의 가정에서, 당신의 이웃에서, 당신의 사업에서 심지어 교회에서… 낙심하지 마십시오. 언제나 이런 식으로 되어 왔습니다. 분명히 하나님은 양(量)에 대해서 질(質)에서처럼 그리 중요하게 여기지 않으십니다. 신실한 사람들은 종종 소수이지만 때로는 그들이 많을 때도 있어 하나님을 찬양합니다. 그럼에도 그 소수는 항상 있는 것이고, 그들은 서로 격려해야 합니다.

이와 똑같은 교훈을 구약 뒤편에 가면 배우게 됩니다. 모든 선지자 중에 가장 위대한 엘리야는 갈멜 산에서 바알의 선지자들에 대해 하나님의 승리를 거두고 방금 돌아왔습니다. 그 승리에서 바알의 선지자들은 그들의 신에게 기도했지만 그 신은 응답이 없었습니다. 반면, 엘리야의 하나님은 하늘에서 불로 응답하셔서 제물뿐만 아니라 나무, 돌, 흙, 그리고 물을 몽땅 태우고 핥아버렸습니다(왕상 18:38). 바알 선지자들은 체포되어 죽임을 당했습니다. 그런 다음 엘리야는 비가 오도록 기도했고, 비가 와서 3년의 가뭄을 끝냈습니다. 싸움은 끝이 나고 승리를 거두었습니다. 그러나 그 민족은 회개하지 않았습니다. 아합 왕은 엘리야를 잡아 죽이려고 사람들을 보냈습니다. 바알 선지자들을 죽인 것에 이세벨이 엘리야에게 이렇게 말했습니다. '내가 내일 이맘때에는 반드시 네 생명을 저 사람들 중 한 사람의 생명과 같게 하리라 그렇게 하지 아니하면 신들이 내게 벌 위에 벌을 내림이 마땅하니라 한지라"(왕상 19:2). 엘리야는 대 승리에도 불구하고 겁이 나서 살기 위해 도망을 했습니다.

그 다음 장면은 처량합니다. 엘리야는 지치고 낙심했습니다. 그래서 죽기로 작정할 정도였습니다. 그는 하나님께 이렇게 말합니다. "여호와여 넉넉하오니 지금 내 생명을 거두시옵소서 나는 내 조상들보다 낫지 못하니이다"(왕상 19:4). 조금 후에 그는 또 이렇게 말합니다. "내가 만군의 하나님 여호와께 열심이 유별하오니 이는 이스라엘 자손이 주의 언약을 버리고 주의 제단을 헐며 칼로 주의 선지자들을 죽였음이오며 오직 나만 남았거늘 그들이 내 생명을 찾아 빼앗으려 하나이다"(왕상 19:10, 14).

이것은 분명히 올바른 상황으로 보였습니다. 그러나 하나님은 무엇이라고 말씀하셨습니까? 하나님은 엘리야에게 길을 돌이키라고 말씀하셨습니다. 하나님은 아합을 내치시고 예후를 왕위에 옹립하실 것을 예언하시고 나서 이렇게 단언하셨습니다. "그러나 내가 이스라엘 가운데에 칠천 명을 남기리니 다 바알에게 무릎을 꿇지 아니하고 다 바알에게 입맞추지 아니한 자니라"(왕상 19:18). 오늘날 당신은 하나님의 일을 하면서 혼자라고 느낄지 모릅니다. 그러나 당신은 혼자가 아닙니다. 하나님은 이 시대의 신들이나 여신들에게 절하지 않은 수많은 경건한 일꾼들을 각처 여기저기에 두고 계십니다.

가족 관계

경건한 족보에 관해서 주목해야 할 세 번째 사항으로 모든 것 중에서 가장 명백한 것이 있습니다. 이 장 안의 사람들은 모두 서로 연관되어 있는 사람들이고, 후손들입니다. 그들은 한 가족입니다. 이것은 가족의 가치를 말해 주고, 또 하나님은 일반적으로 가족원들 안에서 그리고 그들을 통해서 역사하셔서 사람들을 당신에게로 부르신다는 사실을 말해 줍니다.

그러나 우리는 이 점에 대해 조심해야 합니다. 불경건한 계보의 창시자인 가인 역시 아담과 하와의 아들이었습니다. 이것은 이 문제에 있어서 우리로 하여금 우리 자녀들이 우리의 아이들이고 또 옳게 배워왔기 때문에 그들이 탈선하는 것이 불가능한 것처럼 하나님을 기대할 수가 없다는 것을 우리에게 경계시켜 줍니다. 다시 말해 만일 아담과 하와 및 모든 다른 사람들이 많은 후손들을 가졌다면, 그리고 만일 노아의 홍수 때에는 신실한 자들이 소수만 있었다면, 의심할 것 없이 가인의 길을 간 다른 사람들이 있었다는 말이 됩니다. 그러나 5장의 경건한 사람들은 한 가족이라는 사실을 잊어서는 안 됩니다. 추측컨대 아담은 셋에게 영적 진리를 가르쳤을 것이고, 셋은 에노스를 가르쳤을 것이며, 에노스는 게난을 가르쳤을 것이고, 이처럼 세대에서 세대로 교육이 이어졌을 것입니다. 따라서 다른 경우에 있어서는 어떨지 몰라도 적어도 이 경우에 있어서 가족 관계는 유익한 것이었습니다.

나는 본문 3절 말씀에서 아담이 "자기의 모양 곧 자기의 형상과 같은 아들을 낳아 이름을 셋이라 하였다." 라는 말씀이 이것을 가르친다고 생각합니다. 왜 이것을 말하고 있습니까? 왜 성경 다른 곳에서는 말하고 있지 않은데 본문 3절에서 셋이 자기 아버지의 모양과 형상이었다고 하는 가에 세 가지 가능성이 있습니다.

첫째, 3절과 1절이 연결성이 있는 것은 명백합니다. 1절 말씀은 "하나님이 사람을 창조하실 때에 하나님의 모양대로 지으셨다."는 것을 되새겨 줍니다. 이 개념이 도입되는 창세기 1장으로 거슬러 올라가면 "하나님이 이르시되 우리의 형상을 따라 우리의 모양대로 우리가 사람을 만들고"(창 1:26) 하시는 말씀과 "하나님이 자기 형상 곧 하나님의 형상대로 사람을 창조하시되"(창 1:27) 하는 말씀이 있습니다. 창세기 5:1절과 5:3절이 함께 가까이 나타나 있기 때문에 아마도 저자는 셋(그리고 다른 모든 사람)이 이 신적인 형상을 가지고 있었음을 말하고 있는 것 같습니다. 우리가 아는 대로 모두는 아닐지라도 많은 부분의 하나님의 형상을 타락으로 인해 잃어버렸다는 것은 옳은 말입니다. 그러나 홍수 이후인 창세기 9:6까지는 하나님이 사람의 생명의 가치를 이 신적인 형상과 관련시켜 거듭 언명하신 것으로 보아 이러한 해석이 가능한 것입니다. "다른 사람의 피를 흘리면 그 사람의 피도 흘릴 것이니 이는 하나님이 자기 형상대로 사람을 지으셨음이니라"(창 9:6).

이 말씀에 있어 모세가 의미하는 것은 신적인 형상이 죄로 상함을 입었지만 그럼에도 사람들은 그 형상을 어느 정도 가지고 있고, 그래서 피조물 중 제일 높은 곳에 있는 영광을 누리는 독특한 가치를 지니고 있는 것이라고 볼 수 있습니다.

둘째, 본문 1절의 "하나님의 모양"과 3절의 "모양"을 정반대로 보는 것입니다. 다시 말해 아담은 하나님의 형상대로 지음을 받았습니다. 그러나 타락이 일어났고, 셋은 하나님의 형상은 상상도 못하고, 그의 타락한 아버지 아담의 모양으로 있는 것입니다. 이러한 견해를 가진 사람들은(아더 핑크가 가장 명확히 표현한 사람 중에 하나임[5]) 아담을 가리키는 대명사를 강조하고(자기의 모양 곧 자기의 형상과 같은 아들을 낳아) 그리고 그 절이 보편적 부패를 가르치는 것이라고 봅니다. "오늘날 이 세상에 사는 모든 사람은 셋의 후손인 노아와 그의 세 아들을 통해 존재하는 것이다. 그러므로 이것은 샘물의 근원지를 추적해서 모든 사람이 어떻게 본질적으로 타락한 조상의 타락한 자손들이 된 것인지 보여주기 위해, 우리가 부패하고 죄 많은 조상의 형상과 모양으로 태어났다는 것을 잊고 있다는 것을 보여주기 위해 새로운 문단의 시작점에서 주의시키고 있는 것이다."[6]

이 요지는 첫 번째 해석에서의 요지가 역시 옳은 것처럼 충분히 옳은 것입니다. 그러나 나는 그 문맥에서 이 구절을 다른 의미로 보는 것은 불가능한지, 어쩌면 다른 의미로 봐야 하는 것은 아닌지 알고 싶습니다. 나는 이 구절이 가인의 불경건한 계보를 소개하는 장(4장)의 처음이 아닌, 경건한 계보를 소개하는 장의 처음에 있다는 것에 의미를 발견합니다. 타락과 증가하는 부패 그리고 인류의 품격 저하에도 불구하고, 아담의 모양을 가지고 있는 셋과 함께 시작하는 소수의 사람들, 즉 셋의 인도를 따라 참 하나님을 예배하고(창 4:26), 주변을 둘러 싼 악에도 불구하고 하나님께 신실하게 남아 있기를 추구한 사람들이 있었다고 해야 하지 않겠습니까?

만일 그렇다면, 우리는 세 가지 모양을 봅니다. 그것은 1) 아담과 하와가 타락 전에 가졌던, 하지만 지금은 있다고 해도 단지 저하된 형태로 남아있는 온전한 하나님의 모양, 2) 우리 각자가 우리 자손에게 전하는 죄의 모양, 3) 배워야만 할 경건의 모양입니다. 이 모양을 다른 사람들, 특히 우리 자녀들에게 교훈과 본보기로 전하는 것은 우리의 의무입니다. 우리는 처음 두 가지에 대해서는 아무 것도 할 수 없습니다. 그것들은 주어진 것입니다. 그러나 세 번째 경우에 있어서는 하나님이 우리의 노력에 복을 내리실 방향으로 살 수 있습니다. 우리는 바울이 그랬던 것처럼 이렇게 말할 수 있어야만 합니다. "내가 그리스도를 본받는 자가 된 것 같이 너희는 나를 본받는 자가 되라"(고전 11:1).

우리의 신실하신 하나님

마지막 사항은 하나님의 신실하심입니다. 이것은 중요한 사항입니다. 왜냐하면 하나님의 신실하심이 아니라면 이 장이 가르치는 것이 무엇입니까? 하나님은 여자의 씨를 통해 구원자를 보내실 것을 약속하셨습니다. 그 목적을 성취하기 위해 부모의 신실한 증언이 자녀에게 전해지고, 자녀들은 그 증언을 신실하게 받아들이는 것을 통해 경건한 남은 자를 보존할 필요가 있었습니다. 이 모든 일은 세상이 대체로 점점 더 악해져 가는 동안에 일어났습니다. 수많은 위험과 수많은 유혹들이 있었습니다. 그런 일을 누가 감당할 수 있었겠습니까? 아담이 아니었습니다! 그는 탁월한 사람이었지만 우리가 그런 것처럼 그는 죄인이었습니다. 하와도 감당할 자가 아니었습니다. 셋도, 에녹도, 기타 그 누구도 아니었습니다. 오직 하나님만이 그 일을 감당하실 수 있었습니다. 그분은 그 일을 감당할 수 있으셨을 뿐만 아니라, 그분이 약속하신 것에 신실하셨습니다.

그 하나님이 우리의 하나님이십니다. 세상은 악할 것입니다. 어쩌면 노아 홍수 이전의 사람들의 악함과 거의 같을지도 모릅니다. 그러나 하나님은 아주 강하시고 능력이 있으십니다. 만일 우리가 홍수 이전의 경건한 자들이 그랬던 것처럼 행하고 하나님을 부르면 그분은 우리를 도와주시고 우리 아이들과 다른 사람들에 대한 우리의 증언에 복을 주실 것입니다. 우리가 책에 기록될 때, 그들에 대해 그랬던 것처럼 우리에 대해서도 이렇게 기록되도록 하십시다. "그 때에 사람들이 비로소 여호와의 이름을 불렀더라"(창 4:26).

● 각주 ●

1. Luther, *Luther's Works*, vol. 1, 334-35.

2. "두 번의 창조인가?" (창 2:4-6)를 보라.

3. Paul Tournier, *A Doctor's Casebook in the Light of the Bible*, trans. Edwin Hudson (New York, Evanston, and London: Harper & Row, 1960), 122-24.

4. Calvin, *Genesis*, 227.

5. Pink, *Gleanings in Genesis*, 73-74. Cf. 또한 Calvin, *Genesis*, 228-29; 및 Leupold, *Exposition of Genesis*, vol. 1, 234-35.

6. Pink, *Exposition of Genesis*, 74.

39

하나님의 에녹

창세기 5 : 21-24

에녹은 육십오 세에 므두셀라를 낳았고 므두셀라를 낳은 후 삼백 년을 하나님과 동행하며 자녀들을 낳았으며 그는 삼백육십오 세를 살았더라 에녹이 하나님과 동행하더니 하나님이 그를 데려가시므로 세상에 있지 아니하였더라

창세기 5장의 족보의 중간에 아주 흥미로운 사람이 있습니다. 에녹입니다. 그는 사실상 아무도 그럴 수 없었던 시대에 하나님과 동행을 했습니다. 그것을 따로 떼어놓고 보면 그는 믿음의 본보기입니다.

에녹에 대해서 구약성경에서보다 신약성경에서 더 언급을 하고 있다는 것은 에녹에 대한 성경의 언급에 있어 흥미로운 특징입니다. 성경 전체적으로 다섯 구절이 있습니다. 이 중 둘은 족보로서 단지 그의 이름만이 언급 될 뿐(대상 1:3, 눅 3:37), 그 외에 그에 대해 언급되는 것은 아무 것도 없습니다. 따라서 오직 세 구절이 중요한 것으로 남습니다. 그 첫 번째가 우리가 보고 있는 창세기에 있습니다. 그 구절은 이렇게 말씀합니다. "에녹은 육십오 세에 므두셀라를 낳았고 므두셀라를 낳은 후 삼백 년을 하나님과 동행하며 자녀들을 낳았으며 그는 삼백육십오 세를 살았더라 에녹이 하나님과 동행하더니 하나님이 그를 데

려가시므로 세상에 있지 아니하였더라"(창 5:21-24). 두 번째 구절은 히브리서에, 세 번째 구절은 유다서에있습니다. "믿음으로 에녹은 죽음을 보지 않고 옮겨졌으니 하나님이 그를 옮기심으로 다시 보이지 아니하였느니라 그는 옮겨지기 전에 하나님을 기쁘시게 하는 자라 하는 증거를 받았느니라"(히 11:5). "아담의 칠대 손 에녹이 이 사람들에 대하여도 예언하여 이르되 보라 주께서 그 수만의 거룩한 자와 함께 임하셨나니 이는 뭇 사람을 심판하사 모든 경건하지 않은 자가 경건하지 않게 행한 모든 경건하지 않은 일과 또 경건하지 않은 죄인들이 주를 거슬러 한 모든 완악한 말로 말미암아 그들을 정죄하려 하심이라 하였느니라"(유 1:14-15).

이 구절들을 보면 구약성경 절수가 4개인데 반해 신약성경 절수는 3개입니다. 그러나 단어의 수로 따지면 구약성경에는 단지 51개의 단어가 나오는 데 반해 신약성경에는 94개의 단어가 나옵니다(NIV에 기초함). 더 중요한 것은 구약성경에서는 에녹에 관해서 언급조차 안 된 것들이 신약성경에서 언급되고 있다는 것입니다.

아담의 칠대 손

마지막 참조 구절인 유다서에 있는 구절부터 시작하고자 합니다. 거기에 "아담의 칠대 손"이란 말이 있기 때문입니다. 그것은 호기심을 끄는 구절입니다. 아담의 칠대 손! 왜 하나님은 에녹이 아담 계보에서 일곱 번째 후손이었다고 말씀하시는지에 대해 언뜻 보기에 그 표현은 필요가 없어 보입니다. 특히 이와 비슷한 가계(家系)의 표시가 성경의 어떤 다른 인물에게 주어진 일이 없기 때문입니다. 그러나 이것은 이 시대에 에녹이 두 명이 있었다는 것을 알게 될 때 곧바로 설명이 됩니다. 아마도 두 명 다 동시대에 살았을 것입니다. 그 중 한 명은 셋의 계보를 통해 나온 아담의 칠대 손이었고, 다른 한 명은 가인의 계보를 통해 나온 아담의 삼대 손이었습니다. 셋의 계보를 통해 아담에게서 나온 에녹은 경건했습니다. 그가 우리의 에녹입니다. 가인의 계보를 통해 아담에게서 나온 에녹은 불경건했습니다. 그는 마귀의 에녹입니다.

따라서 유다가 에녹을 아담의 칠대 손이라고 한 신원 확인은 그 둘을 구별하는 방법이 됩니다. 그것은 마치 하나님이 이렇게 말씀하는 것 같습니다. "나는 너희가 에녹을 따르기를 원한다. 그러나 혼동하지 말아라. 4장에 나오는 아담의 삼대 손인 에녹이 아니다. 그 자는 마귀의 에녹이다. 내가 말하는 에녹은 아담의 칠대 손이다."

가인의 후손으로 나온 에녹에 대해서는 언급이 그리 많지 않습니다. 그러나 그것으로 충분합니다. 첫째, 그는 가인의 아들이었습니다. 필시 그는 가인에게서 교육을 받았을 것이고, 가인의 배반의 영을 받아가지고 있었을 것입니다. 둘째, 그의 이름이 첫 성에 주어졌는데, 우리가 알기로 그 성은 매우 악한 성이었습니다. 셋째, 그의 후손들은 불경건했습니다. 얼마 안 되어 그들에게 가인의 계보에서 칠대인 라멕이 나왔습니다. 그는 살인한 것을 자랑했고, 그것에 대해 노래를 지었습니다. "나의 상처로 말미암아 내가 사람을 죽였고 나의 상함으로 말미암아 소년을 죽였도다 가인을 위하여는 벌이 칠 배일진대 라멕을 위하여는 벌이 칠십칠 배이리로다 하였더라." 홍수가 그것을 쓸어버리기 전에 이 계보로부터 마지막으로 듣는 것입니다. 대조적으로 셋의 후손으로 나온 에녹은 "하나님과 함께 동행하였고" 의를 전파했다고 말씀하고 있습니다.

이 이야기는 실질적인 적용 사항을 제시합니다. 그것은 하나님의 사람들과 마귀의 사람들 사이를 대비시키고 있음을 말해 주고 있고, 그것은 항상 우리에게 하나님의 사람들을 본받도록 격려합니다. 즉, 마귀에게는 그의 사람들이 있고, 하나님에게도 그분의 사람들이 있습니다. 마귀에게 의사들이 있고, 하나님에게도 의사들이 있습니다. 마귀에게 죄인들이 있고, 하나님에게도 죄인들이 있는데 그들은 하나님의 은혜로 범죄의 삶에서 빠져나왔습니다. 마귀에게 변호사들이 있고, 하나님에게도 변호사들이 있습니다. 마귀에게 가정주부들이 있는데 그들은 한담하고 시시덕거리며 때로는 간음도 합니다. 하나님에게도 가정주부들이 있는데 그들은 경건한 가정을 이루고 그들의 자녀들을 예수님의 지식과 사랑 안에서 키웁니다. 마귀에게 선생들이 있고, 하나님에게도 선생들이 있습니다. 마귀에게 전도자들도 있는데 지식을 거슬리는 그들의 죄는 더 큰 파멸을 부를 것입니다. 하나님에게도 전도자들이 있는데 그들은 진리를 말합니다. 하나님은 우리에게 이 대조를 보고 경건한 자들의 삶을 따라 우리의 삶을 만들어 가기를 원하십니다.

이 대조는 이 세상에 악의 존재가 계속되고 있는 것에 대한 대답까지도 제시합니다. 하나님은 자신들의 길을 가며 죄를 짓고 그 결과를 경험하고 사는 자들의 삶과, 하나님을 순종하는 길을 추구하는 자들의 삶 사이의 차이점을 보여주고 계십니다. 하나님은 그분의 백성의 삶으로부터 영광과 복을 일으키십니다. 마귀는 그의 자식들과 그렇게 할 수 없습니다. 에녹은 그의 삶에 하나님이 복을 가져다주신 자였습니다.

의의 전파자

유다서의 에녹 관련 구절은 이 위대한 대홍수 이전의 사람에 대한 뭔가 다른 것을 말하고 있습니다. 그는 전도자였습니다. 유다서 구절이 그의 전도의 내용에 대해 실마리를 제공해 줍니다. 에녹의 메시지는 두 부분으로 되어 있었습니다. 첫째 부분은 심판을 위해 오시는 주님을 전파하는 것이었습니다. 둘째 부분은 그 당시 타락한 문화에서 너무도 명백한 불경건에 대한 고발이었습니다. 그는 말했습니다. "보라 주께서 그 수만의 거룩한 자와 함께 임하셨나니 이는 뭇 사람을 심판하사 모든 경건하지 않은 자가 경건하지 않게 행한 모든 경건하지 않은 일과 또 경건하지 않은 죄인들이 주를 거슬러 한 모든 완악한 말로 말미암아 그들을 정죄하려 하심이라 하였느니라"(유 1:14-15).

우리가 이 말씀을 읽을 때 여기에 언급된 주님의 임하심은 오셔서 세상을 심판하실 그리스도의 재림으로 이해하는 것이 올바릅니다. 나는 에녹이 그의 전파 내용을 예수님이 첫 번째는 죽으시려 오시고, 두 번째로 심판하시려고 오실 것이라는 의미로 충분히 이해하고 있었는지 잘 모릅니다. 하나님이 초기 단계에서 자신을 사람들에게 계시하셨을 때는 필시 아무도 이것을 명확히 알지를 못했을 것입니다. 그러나 에녹은 다른 경건한 아담의 후손들조차 알지 못했던 무엇인가를 알았던 것 같습니다.

우리는 그 시대에 하나님의 백성의 소망은 뱀을 심판하실 때 하나님이 말씀하셨던 구원자가 온다는 약속의 소망이었음을 기억합니다. 그 말씀은 이러했습니다. "내가 너로 여자와 원수가 되게 하고 네 후손도 여자의 후손과 원수가 되게 하리니 여자의 후손은 네 머리를 상하게 할 것이요 너는 그의 발꿈치를 상하게 할 것이니라"(창 3:15). 이 약속 다음에 따라오는 구절들을 연구하면서 우리는 아담과 하와가 어떻게 그 말씀에 붙잡혀 구원자에 대한 소망 안에서 살았는지를 보았습니다. 하와는 그의 첫 아이의 이름을 가인이라 지었는데 그 의미는 "그가 왔다." 였습니다. 하와는 가인이 그들의 슬픈 상태에서 구출하여 낙원으로 돌아가게 할 자로 잘못 생각했기 때문이었습니다. 그 시대에 아마도 모든 하나님의 백성이 이 구원자의 나타남을 소망하며 살았을 것입니다. 그러나 이제 에녹이 와서 주님이 정말로 오실 것이라는 것을 전파합니다. 하지만 그분의 오심은 사탄을 멸하고 구속을 성취하시기 위한 오심이 아니라, 모든 불경건한 사람들에 대한 심판을 위해 오시는 것임을 전파합니다. 에녹의 시대에 있어서 이 약속은 대홍수로 성취되었습니다. 에녹이 안 것은(우리 역시 알 필요가 있는 것은) 구원을 위한 하나님의 약속들은 마치 모든 사람이 반드시 구원되어야 할 것처럼 모든 사람을 감싸주는 의미의 담요 같은 약속들이 아니라, 하나님의 백성이면서도 순종함으로 그 관계를 보여주는 사람들만을 위한 약속들이라는 것입니다.

이에 대해 아모스가 기록했습니다. 그의 시대의 사람들은 비록 불경건한 삶을 살았지만, 그들은 주님이 이 세상에 오시기만 하면 모든 것이 바르게 자리 잡히고, 회복되고, 옹호될 것이라는 호의적인 소망을 가지고 있었습니다. 그들은 하나님의 백성이었고, 그들은 아담과 아브라함, 그리고 다른 모든 족장의 후손들이었기 때문입니다. 아모스가 대답합니다.

"화 있을진저 여호와의 날을 사모하는 자여 너희가 어찌하여 여호와의 날을 사모하느냐 그 날은 어둠이요 빛이 아니라 마치 사람이 사자를 피하다가 곰을 만나거나 혹은 집에 들어가서 손을 벽에 대었다가 뱀에게 물림 같도다(암 5:18-19)

이 진리는 오늘날 분명하게 말할 필요가 있습니다. 하나님은 자비의 하나님이십니다. 그러나 그분은 심판의 하나님이시기도 합니다. 그 심판은 가인의 길을 가고 있는 모든 사람에게 그들이 하나님이 예비하신 그리스도의 희생을 믿음으로써 회개하고 하나님께 돌아오지 않는 한, 틀림없이 내려질 것입니다.

에녹의 전도의 둘째 부분은 그의 시대의 불경건에 관련됩니다. 그는 주님이 "모든 경건하지 않은 자가 경건하지 않게 행한 모든 경건하지 않은 일과 또 경건하지 않은 죄인들이 주를 거슬러 한 모든 완악한 말로 말미암아 그들을 정죄하려"(유 1:14-15) 오신다고 전파했습니다. 우리가 에녹에 대한 유다의 구절을 자세히 보면 이것이 실제로 한 문장으로 되어 있고, 방금 인용한 말도 그 문장의 한 부분(대략 절반 정도)일 뿐임을 알게 됩니다. 그러나 29개의 단어로 구성된 그 절반의 문장에 에녹은 "불경건"이란 단어를 네 번이나 사용합니다. 즉, 그의 기록된 말의 7분의 1이 "불경건"이란 단어입니다. 오늘날 대부분의 설교자들의 설교에서 가장 많이 언급되는 말이 무엇일 거라고 생각합니까? 사랑? 기쁨? 평안? 치유? 감싸주는 것? 나는 "불경건"이란 말은 아닐 거라고 확신합니다. 그러나 그것은 에녹의 전도에 있어 가장 중요한 주제였습니다.

우리는 그것을 쉽게 적용할 수 있습니다. 에녹은 우리가 이미 지적한 바와 같이 홍수 바로 전에 살았는데 이 시대는 죄의 시대였습니다. 이에 대해 창세기 6:1-7절에 간단한 설명이 있습니다. 거기에서 하나님은 "사람의 죄악이 세상에" 가득하고 "그의 마음으로 생각하는 모든 계획이 항상 악할 뿐"(창 6:5)이라고 말씀하십니다. 그 시대는 문란한 성생활, 물질주의, 귀신 숭배와 의심할 바 없이 그런 죄에 수반하는 다른 일들로 특징을 이루었습니다. 무서운 때였습니다. 그 시대를 들여다보면 소름이 끼칩니다. 그러나 그 시대는 우리의 시대와 본질적으로 다르지가 않았습니다. 우리도 역시 문란한 성생활, 물질주의, 심령술, 신비주의에 물들어 있습니다. 특히 우리는 강간과 살인과 마약중독과 매음을 하고 있습니다. 우리는 태어나지 않은 아이들에 대해 대량 학살을 하고 있습니다. 심지어 태어났지만 육체적 결함이 발견된 아이들조차도 학살합니다. 우리 자신도 이렇게 명백하게 불경건한데 어떻게 감히 우리가 대홍수 이전 문화에 손가락질 하며 "불경건!"이라고 말할 수 있겠습니까? 에녹이 오늘날 여기 있다면 무엇이라고 말할 것 같습니까? 수천 년 전 그가 말했던 것과 똑같이 "불경건… 불경건… 불경건… 불경건!"이라고 말하지 않겠습니까? 불경건이 우리 시대에 대한 가장 적합한 유일한 말입니다.

그 결과는 무엇입니까? 에녹의 시대에서는 창세기의 뒤따라 나오는 주요 부문에 기록된 홍수에 의한 하나님의 무서운 심판이었습니다. 그때와 똑같이 불경건한 우리 문화에도 이와 비슷한 심판이 비축되어 있지 않겠습니까? 하나님은 조롱받지 않으십니다! 정말로 우리 주님은 우리에게 이에 대해 명백히 경고를 하셨습니다. 주님은 이렇게 말씀하셨습니다.

"노아의 때와 같이 인자의 임함도 그러하리라 홍수 전에 노아가 방주에 들어가던 날까지 사람들이 먹고 마시고 장가 들고 시집 가고 있으면서 홍수가 나서 그들을 다 멸하기까지 깨닫지 못하였으니 인자의 임함도 이와 같으리라"(마 24:37-39)

오늘날이 그런 날이라면, 그리고 예수 그리스도의 장차 오심이 홍수 수준에 비견할만한 심판을 위한 오심이라면, 우리의 전도와 증거는 에녹이 전파했던 것처럼 죄에 대한 규탄으로 차 있고, 그때와 똑같이 사람들에게 다가올 진노에서 피하라는 경고를 강조하는 것이 되어야 하지 않겠습니까?

그는 하나님과 동행했다

이제 성경에서 에녹에 대해 최초로 언급한 곳인 창세기로 되돌아가 봅니다. 이곳에는 그가 전도한 것을 기록하고 있지 않습니다. 여기의 기록은 표면적으로 단순히 에녹이 몇 년 살았는가, 그리고 그가 므두셀라의 아버지라는 사실에 대한 기록으로 보입니다. 모두 51개의 단어로 되어 있습니다. 그러나 그 51개의 단어 속에서 놀랍게도 유다서 1:14-15절에 같은 단어 "불경건"이 네 번이나 반복된 것처럼 그 에녹이 "하나님과 동행했다."는 말을 두 번이나 반복합니다. 이렇게 기록되어 있습니다. "(에녹은) 므두셀라를 낳은 후 삼백 년을 하나님과 동행하며 자녀들을 낳았으며 그는 삼백육십오 세를 살았더라 에녹이 하나님과 동행하더니 하나님이 그를 데려가시므로 세상에 있지 아니하였더라"(창 5:22-24).

"하나님과 동행했다"는 말은 무슨 뜻입니까? 그것은 성경의 여러 구절이 아주 분명하게 진술하는 몇 가지를 의미합니다. 첫째, 하나님을 믿는 믿음에 의한 동행을 의미합니다. 하나님이 우리가 무엇을 해야 되고, 그것을 어떻게 해야 하는지 말씀하실 때 우리 자신의 명철을 의지하지 않고 그분을 믿는 것입니다. 고린도후서 5:7절은 "우리가 믿음으로 행하고 보는 것으로 행하지 아니함이로라"고 진술하고 있습니다. 에녹은 믿음으로 살았습니다. 믿음 때문에 그는 히브리서에서 이런 칭찬을 받습니다. "믿음으로 에녹은 죽음을 보지 않고 옮겨졌으니 하나님이 그를 옮기심으로 다시 보이지 아니하였느니라 그는 옮겨지기 전에 하나님을 기쁘시게 하는 자라 하는 증거를 받았느니라 믿음이 없이는 하나님을 기쁘시게 하지 못하나니 하나님께 나아가는 자는 반드시 그가 계신 것과 또한 그가 자기를 찾는 자들에게 상 주시는 이심을 믿어야 할지니라"(히 11:5-6).

둘째, 하나님과 동행에 필요한 것은 **거룩**입니다. 하나님은 거룩하십니다. 그리고 그분과 교제를 나눌 사람도 거룩해야만 합니다. 요한은 그의 첫 번째 서신에서 이렇게 선언합니다. "우리가 그에게서 듣고 너희에게 전하는 소식은 이것이니 곧 하나님은 빛이시라 그에게는 어둠이 조금도 없으시다는 것이니라 만일 우리가 하나님과 사귐이 있다 하고 어둠에 행하면 거짓말을 하고 진리를 행하지 아니함이거니와 그가 빛 가운데 계신 것 같이 우리도 빛 가운데 행하면 우리가 서로 사귐이 있고 그 아들 예수의 피가 우리를 모든 죄에서 깨끗하게 하실 것이요"(요일 1:5-7).

셋째, 우리가 가야 할 방향에 대해서 일치가 있어야 합니다. 이것은 우리를 위한 길을 계획하신 하나님과 일치를 이루어야 한다는 의미입니다. 아모스가 이를 진술합니다. "두 사람이 뜻이 같지 않은데 어찌 동행하겠으며"(암 3:3). 분명히 동행하지 못합니다! 따라서 만일 에녹이 하나님과 동행했다면, 그것은 분명히 하나님께 대하여 다투거나 저항하지 않고 하나님이 지시하신 길을 즐겁게 갔기 때문입니다.

특히, 그는 오랜 기간 동안 하나님과 동행했습니다. 확신하건대 여러분은 창세기 5:21-24절의 "하나님과 동행했다." 라는 문구의 하나는 에녹이 65세 때 므두셀라를 낳은 직후에 에녹의 삶에 적용되는 것이고, 다른 하나의 "하나님과 동행했다." 라는 문구는 하나님이 함께 하시기 위해 그를 데려가신 에녹의 생애 끝에 적용되는 것임을 인지할 것입니다. 그 당시 에녹은 365세였습니다. 에녹은 300년 동안 하나님과 동행했다고 기록합니다. 이것은 평상적인 쉬운 일이 아니었습니다. 그것은 평생의 동행이었습니다. 특히 그 동행은 걸어가는 동행으로 단거리 경주나 달리기가 아니었습니다. 거의 누구나 잠시간 단거리를 질주할 수는 있지만, 오랫동안 그렇게 할 수는 없습니다. 긴 여정을 가려면 걸어가야 합니다. 이것이 에녹이 한 일입니다. 우리는 오늘날 하나님과 걸어서 동행하는 사람들을 필요로 합니다. 끓는 냄비 같은 일시적인 것이 아니어야 합니다. 그들의 실체보다는 지나가는 재주로 당신을 매혹하는 배우 같은 사람도 아니어야 합니다. 우리는 하나님을 알고 더욱 잘 알기 위해 매일매일 하나님께 나아오는 꾸준하고 충성된 사람들을 필요로 합니다.

이 점에서 창세기와 유다서의 본문은 같은 맥락을 지닙니다. 당신은 왜 에녹이 그의 시대의 불경건을 그렇게 깊이 의식하고 그것에 대항해 전파하는데 그렇게 강했다고 생각합니까? 그 이유는 그가 하나님과 동행했기 때문이었습니다. 또 당신은 그가 하나님과 동행한 결과가 무엇이라고 생각합니까? 분명히 불경건의 참된 본질을 파악한 결과로 거룩함이 자라난 것이었습니다. 이 두 가지는 항상 함께 갑니다. 당신이 하나님과 동행하면 당신은 죄에 대항할 것입니다. 그러나 하나님과 동행하지 않으면 죄는 당신에게 그리 나빠 보이지 않아 불가피하게 당신 자신을 죄에 순응시키게 될 것입니다.

우리 자신을 죄에 순응시키는 한 가지 방법은 그 죄를 다른 이름으로 부르는 것입니다. 우리는 죄를 "실패" 라고 부르거나 "실수" 를 했다고 말합니다. 우리는 교만을 "자존감" 이라고, 이기심을 "성취" 라고, 욕망을 "본능" 이라고 부릅니다. 우리가 사업에서 속이면 우리는 그것을 "우리 자신의 이익을 보호" 하는 것이라고 부릅니다. 우리가 간음을 하면 우리는 그것을 "결혼을 지키기 위한 시도" 라고 부릅니다. 우리는 태아 살인을 "임신 중절" 이라고 부릅니다. 우리는 얼마나 위선적인지 모릅니다! 우리는 분명히 우리가 해석하는 대로 받아들이시지 않고 죄를 죄라고, 악을 악이라고 부르시는 하나님을 모욕하고 있습니다. 셰익스피어가 이렇게 말했습니다. "장미는 어떤 다른 이름으로 불러도 장미의 향기가 난다." 마찬가지로 죄는 다른 어떤 이름으로 불러도 악취가 날 것입니다. 당신과 나는 죄가 무엇인지 알고, 그것을 죄라고 부르기 전에는 거룩함의 성장은 결코 없을 것이며 우리는 우리가 하나님과 가까이 동행하기 전에는 그렇게 하는 것을 결코 배우지 못할 것입니다. 우리가 하나님과 동행할 때에만 우리는 사물을 하나님의 어휘로 부르는 것을 배우게 됩니다.

에녹은 하나님을 기쁘시게 했다

드디어 에녹을 언급한 세 곳의 주요 성경 본문 중 세 번째 구절인 히브리서 11:5절에 이르렀습니다. 이 구절은 "에녹은… 하나님을 기쁘시게 했다."고 말씀하고 있습니다. 이것은 명백히 에녹의 생애 이야기 중 최고점에 달하는 것입니다. 왜냐하면, 하나님과 동행하고 그것에 의해서 죄를 죄로 인정하고, 그것에서 돌이키게 됨으로써 에녹은 그가 한 일로 인해 불가피하게 하나님을 기쁘시게 했기 때문입니다. 인간의 삶에 있어서 그것보다 더 좋은 증언이 무엇이겠습니까? 당신이나 나나 하나님을 기쁘시게 했다는 말을 듣는 것보다 더 훌륭한 성취가 무엇이겠습니까?

우리가 하나님을 기쁘시게 한다면 우리는 대부분의 사람들, 적어도 불경건한 자들을 기쁘게 할 수 없다는 것을 압니다. 에녹이 죽을 때의 인구를 단순한 수학으로 계산해 보면 세상에 아담의 후손이 수백만이 있었습니다. 이들은 대부분이 에녹의 사촌들인 그의 친척들입니다. 에녹이 "불경건"하다고 말한 자들이 이 자들입니다. 그래서 에녹은 그들에게 인기가 안 좋았을 것이라고 확신할 수 있습니다. 그러나 에녹이 그들의 사촌들을 기쁘게 하지 못했는지는 모르지만, 그에게는 하나님을 기쁘시게 했다는 증언이 있는 것입니다. 그것이 중요한 것입니다. 우리도 또한 그랬으면 좋겠습니다. 가능하면 우리는 "하나님과 사람에게 총애를 받으며"(참조 눅 2:52) 자라가기를 원합니다. 그러나 둘 중에 하나를 선택해야 한다면, 그럴 경우가 종종 있는 것처럼, 절대로 하나님보다 사람을 기쁘게 하는 편을 선택한다는 말이 아닌, 결과에 관계없이 하나님을 기쁘시게 하는 편을 택한다는 말을 들어야 합니다.

이 이야기의 끝은 에녹의 나이 365세 때 에녹의 삶에 하나님이 함께 하시기 위해 단순히 그를 집으로 데려가신 그날이 왔다는 것입니다. 하나님과 에녹은 동행하고 있었습니다. 그때 하나님이 말씀하셨습니다. "오늘 밤엔 네가 있는 장소로 돌아가지 말자. 나와 함께 집으로 가자." 그래서 그는 그렇게 했습니다.

마르틴 루터는 그의 창세기 강해에서 이 장면을 재미있게 묘사하고 있습니다. 그는 에녹의 승천이 그의 경건한 친구들에게 주는 효과를 상상합니다. 그는 에녹의 아버지와 할아버지가 얼마나 혼란을 느꼈을까를 기술합니다. 그들은 에녹을 찾아 집중 수색에 나섰습니다. 그들은 그 위대한 의의 전도자가 어디를 갔을까 이상하게 생각했을 것입니다. 그들은 가인의 후손들 쪽에서 비열한 짓을 했을 거라고 다분히 의심을 했습니다. 에녹은 그들의 죄악에 맞서 전파를 했었습니다. 어쩌면 그는 아벨처럼 살해당하고 땅속에 몰래 묻혀졌는지도 모릅니다. 드디어 하나님의 계시를 통해 그들은 에녹이 살해당한 것이 아니라 그저 하나님이 그를 데려가셔서 낙원에 있게 하셨다는 것을 알게 됩니다. 왜 하나님은 이렇게 하셨을까에 대해 루터가 묻습니다. 그는 말하기를 그것은 죽음이 끝이 아니라 오히려 "너무 많은 재난과 악으로 가득한 이 세상의 삶보다 이 세상과 다른, 그리고 더 좋은 생이 사람들을 위해 마련되어 있다는 것"을 보여주기 위한 것이라고 합니다. 에녹은 이 세상에서 하나님과 동행하는 사람들은 내세에서는 더 좋은 삶으로 하나님과 동행한다는 사실에 대하여 "약속된 씨"[1]의 장래 사역에 대해 감사를 드리는 하나님의 증거였습니다.

그것은 홍수 전에 살았던 사람들의 소망이었습니다. 그리고 그것은 우리의 소망이기도 합니다. 지금 그 소망 안에 살면서 하나님과 동행합시다. 그래서 장차 올 복된 시대에도 동행할 수 있도록 합시다.

● 각주 ●

1. Luther, *Luther's Works*, vol. 1, 345-46.

40

살아있는 가장 나이 많은 사람

창세기 5 : 25-27

므두셀라는 백팔십칠 세에 라멕을 낳았고 라멕을 낳은 후 칠백팔십이 년을 지내며 자녀를 낳았으며 그는 구백육십구 세를 살고 죽었더라

앞 장에서 에녹의 연구는 대홍수 전 삶에 있어 한 가지 중요한 면을 간과했습니다. 그것은 그의 아들 므두셀라의 출생과 이름 짓기와 이것이 에녹의 사역에 있어서 갖는 의의(意義)입니다. 므두셀라에 관하여 중요한 세 가지 사항이 있습니다. 첫째, 그가 출생했을 때에 본문이 지적하고 있는 것으로 보이듯이 에녹이 특별한 방법으로 하나님과 동행하기 시작(창 5:22)했다는 것입니다. 둘째, 므두셀라는 오랜 기간 동안 일찍이 살았던 그 누구보다 더 오래 살았다는 것입니다. 셋째, 그의 이름은 "그가 죽으면 그것이 올 것이다."를 의미한다는 것입니다.

　우선 우리는 므두셀라의 이름의 의미에 대해서 다른 의견이 있다는 것을 인정해야 합니다. 그 이유는 그 이름에 대한 다른 두 가지의 해석이 가능하기 때문입니다. 그 이름은 "남자" 또는 "남성"을 의미하는 마트(math)라는 말과 "미사일" 또는 "무기"를 의미하는

쉘라흐(shelach) 라는 말의 합성어일 가능성이 있습니다. 그럴 경우 그 이름은 "무기를 가진 남자"(빌헬름 게세니우스, 르폴드) 또는 "창을 던지는 남자"(데릭 키드너)라고 번역될 수 있을 것입니다. 다른 한 편, 므두셀라는 "죽다" 또는 "죽어있다." 라는 뜻의 무트(muth)와 "보내다" 라는 뜻의 살라흐(shalach)의 동사들로 만들어진 이름일 수도 있습니다.[1] 이 경우에 그 이름은 "그가 죽다, 보냄" 으로 번역되거나(매튜 헨리), 또는 내가 지적한 바와 같이 "그가 죽으면, 그것이 올 것이다."로 번역될 수 있을 것입니다. 두 가지 번역 중에 첫 번째 것이 거의 직역에 가깝습니다. 그러나 그 의미가 문맥에 어울리지 않습니다. 두 번째 것은 내가 설명하고자 하는데 훌륭한 의미를 가집니다.

그 의미는 무엇입니까? 그것은 단순히 에녹이 므두셀라의 출생 시에 홍수로 세상에 파괴가 임하게 된다는 계시를 받아가지고 있었다는 것입니다. 하나님은 그 아들이 죽은 후에 홍수가 올 것이라고 말씀하셨습니다. 따라서 하나님의 명백한 지시에 의해서거나 또는 그 자신의 믿음의 행위로 에녹은 그 아이의 이름을 므두셀라로 지었습니다(그가 죽으면 그것이 올 것이다). 므두셀라가 살아있는 동안은 홍수는 억제 될 것입니다. 그러나 그가 죽으면 홍수가 올 것입니다.

성경의 연대기

상황은 정확히 이렇습니다. 내가 므두셀라와 관련해서 미약한 해석 영역의 하나, 즉 그의 이름의 의미를 이미 지적했습니다. 나는 또 다른 하나의 분야를 여기에 소개하고자 합니다. 그러나 내가 말하려는 것이 난제임에도 불구하고 나는 여러분이 므두셀라라는 이름이 어떻게 그의 오랜 장수(長壽)의 문제와 그리고 홍수와 조화되는지 알게 될 것이라고 생각합니다.

그 난제(해석의 두 번째 미약한 영역)는 성경의 족보를 정밀한 연대기를 정하는 데에 사용하려는 시도와 관련됩니다. 좀 더 정확히 말하면, 창세기 5장과 같은 경우에 단순히 족보에 거명된 사람들의 연수(年數)만을 더하고 나서 어떤 개인이 출생했거나 죽었을 때를 확실히 말하는 데는 문제가 있다는 것입니다. 이런 문제의 이유는 성경의 저자들은 분명히 우리가 하는 것과 똑같은 방법으로 연대기에 접근하지 않았으므로 때로는 어떤 사람의 조상을 추적하는 데 있어 몇 세대를 건너뛰기도 했기 때문입니다. 첫 번째 예로 마태복음 1장에 기록된 예수님의 족보에서 이름이 누락된 곳이 두 군데나 있습니다. 8절에서 마태는 "여호사밧은 요람을 낳고" 또 "요람은 웃시야를 낳고" 라고 기록했습니다. 그러나 요람과 웃시야 사이에 세 명의 이름(아하시야, 요아스, 아마샤)이 누락되어 있습니다. 우리는 이것을 마태의 족보와 역대하 22-25장에 기록된 사람들의 전체 역사를 비교해서 알 수 있습니다. 마태복음 1:11절에서도 똑같은 일이 벌어집니다. "요시야는 여고냐와 그의 형제들을 낳으니라"고 기록했습니다. 그러나 역대하 36장에 의하면 요시야는 실제로 여호아하스의 아버지였고, 여호아하스는 여호야긴의 아버지였고, 여호야긴은 여고냐의 아버지였습니다. 이것은 마태가 실수한 것이 아니라 그가 족보에 대해서 우리와는 다르게 생각했던 것입니다. 마태는 이 족보를 1장 첫 머리에 "아브라함과 다윗의 자손 예수 그리스도의 계보라" 라는 제목으로 기록하고 있습니다. 분명히 이 세 사람들 사이에 많은 세대들이 문제로 개입되고 있습니다.

두 번째 예가 있습니다. 역대상 6:3-14절과 에스라 7:1-5절을 비교해 보면, 에스라가 아사랴와 므라욧 사이에 여섯 세대를 생략하고 있음을 발견합니다. 아사랴는 역대상과 에스라에서 똑같이 아마랴의 아들로 기록하고 있고, 므라욧은 스라히야의 아들입니다. 에스라는 서기관이었습니다. 그는 누구보다도 가계(家系)의 이름들을 잘 알고 있었을 것입니다. 그러나 그는 포괄적인 목록을 제시하는 것이 목적이 아니었기 때문에 여섯 명의 이름을 생략한 것입니다. 그것은 단지 일반적인 계보를 보여주기 위해 필요한 것이었습니다.

세 번째 예는 창세기 11장 이야기에서 봅니다. 이 장에서 모세는 노아의 제일 걸출한 아들인 셈의 후손들을 거명하고 있습니다. 그의 순서는 이렇습니다. 셈, 아르박삿, 그리고 셀라입니다(창 11:10-14). 그러나 누가도 예수님의 족보에서 이 순서를 제시하고 있는데 그의 목록에는 셈, 아박삿, 가이난(게난), 그리고 살라입니다(눅 3:35-36). 즉, 누가는 아박삿과 살라 사이에 가이난을 넣고 있습니다. 이러한 차이들 때문에 학자들은 족보들을 아브라함 시대 이전의 사건들의 연대를 정하는 데에 또는 족보에 기록된 사람들을 개입된 사람들의 전부라고 간주하는 데에 사용하기를 주저합니다.[2]

창세기 5장을 연대기의 숫자로 사용할 가능성에 의문을 던져주었지만, 그럼에도 불구하고 나는 두 가지를 지지하며 말하고자 합니다. 첫째, 창세기 5장에 기록된 이름들은 성경의 어떤 다른 곳에서도 이의를 제기하고 있지 않습니다. 실상은 그 반대입니다. 누가는 그리스도의 초기 족보에 가이난의 이름을 소개한 바로 그 구절에서 실제로 창세기 5장의 이름의 목록을 정확하게 거명함으로써 그 장을 강화해 주고 있습니다. 누가의 기록은 이렇습니다.

"그 위는 스룩이요 그 위는 르우요 그 위는 벨렉이요 그 위는 헤버요 그 위는 살라요 그 위는 가이난이요 그 위는 아박삿이요 그 위는 셈이요 그 위는 노아요 그 위는 레멕이요 그 위는 므두셀라요 그 위는 에녹이요 그 위는 야렛이요 그 위는 마할랄렐이요 그 위는 가이난이요 그 위는 에노스요 그 위는 셋이요 그 위는 아담이요 그 위는 하나님이시니라" (눅 3:36-38)

이것은 우리로 하여금 이름들을 진지하게 받아들이도록 고무시켜 줍니다. 둘째, 각 족장들의 수명에 대해 기록된 연수(年數)의 문제가 있습니다. 창세기 11장, 역대상 6장, 에스라 7장, 마태복음 1장, 누가복음 3장은 연수를 기록하지 않고 있습니다. 그들은 이름들만 기록하고 있습니다. 대조적으로 창세기 5장은 연수를 기록하고 있습니다. 그리고 이 연수들을 실제 값 그대로 받아들인다면, 이들은 우리에게 각 사람이 언제 출생했고, 언제 죽었는지, 그리고 어느 주어진 기간에 누가 살고 있었고, 누가 죽었는지를 말해 줍니다.

내가 길게 설명해 온 목적이 바로 이것을 위한 것입니다. 이 숫자들을 보면 함께 배열해 보고 싶은 마음을 갖게 하는데, 그렇게 순서대로 배열해 봅시다. 아담부터 시작하는데 그가 창조된 날을 제1년이라고 정합니다. 그 다음 그는 930년까지 살았습니다. 셋은 아담이 130세 때 출생했습니다. 따라서 그의 출생의 해는 제130년이었습니다. 그리고 그는 912년간 또는 1042년까지 살았습니다. 에노스는 셋의 나이 105세 때인 제235년에 출생해서 905세 또는 제1140년까지 살았습니다. 게난은 에노스의 나이 90세 때인 제325년에 출생해서 910세 또는 제1235년까지 살았습니다. 마할랄렐은 게난의 나이 70세 때인 제395년에 출생해서 895세 또는 제1290년까지 살았습니다. 야렛은 마할랄렐의 나이 65세 때인 제460년에 출생해서 962세 또는 제1422년까지 살았습니다. 에녹은 야렛의 나이 162세 때인 제622년에 출생해서 365세 또는 제987년까지 살았습니다. (에녹은 상대적으로 짧은 생을 살다가 아담을 제외한 다른 족장들보다 일찍 죽었습니다. 아담은 에녹이 죽기 57년 전에 죽었습니다.) 므두셀라는 에녹의 나이 65세 때인 제687년에 출생해서 960세 또는 제1656년까지 살았습니다. 라멕은 므두셀라의 나이 187세 때인 제874년에 출생해서 777세 또는 제1651년까지 살았습니다. (즉, 므두셀라의 아들은 므두셀라보다 5년 일찍 죽었습니다.) 족장들의 마지막은 라멕의 아들 노아였는데, 라멕의 나이 182세 때인 1056년에 출생했습니다. 950세를 살았는데, 홍수 이전에 600년, 홍수 이후에 350년을 살았습니다. 이 계산에 의하면 홍수는 제1056년으로부터 600년 후 또는 제1656년에 일어난 것입니다.

창세기 5장 연대기

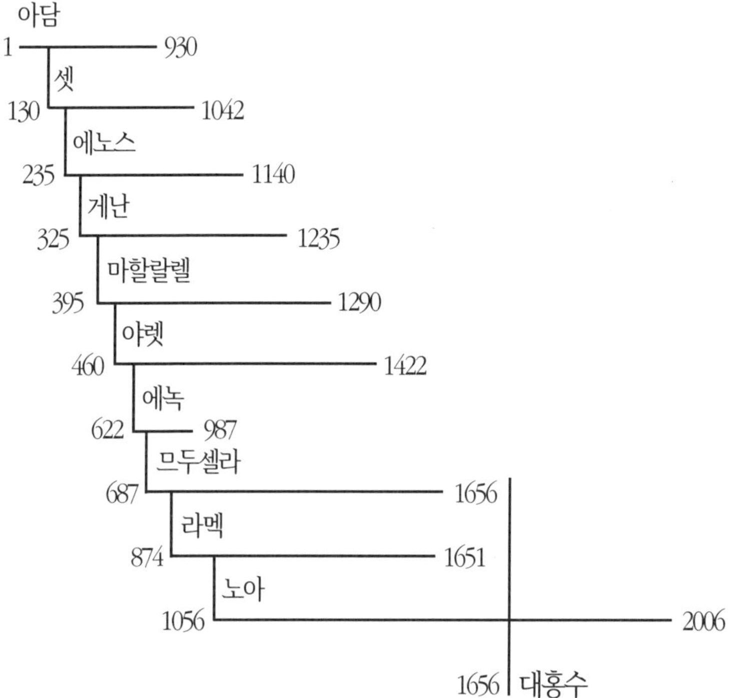

중요한 것은 이것입니다. 홍수는 창세기 5장의 연대기에 의하면 제1656년에 왔다는 것입니다. 그런데 이 해는 같은 계산에 의하면 정확히 므두셀라가 죽은 바로 그해인 것입니다!다시 말해, 그 기간의 역사는 므두셀라의 이름의 의미를 증명하는 것입니다. 므두셀라가 살았던 동안에는 홍수가 지연되었던 것입니다. 그러나 그가 죽자 그것이 온 것입니다.

창세기 6:3절에 근거하여 노아가 방주를 짓는데 120년이 걸렸다고 전해지는 말이 있습니다. 그것인 사실인지 아닌지는 몰라도 노아가 그것을 짓는데 긴 시간을 보낸 것은 확실합니다. 그리고 그 기간이 얼마큼 길었든지 간에, 이 기간 중에 므두셀라는 점점 더 늙어갔습니다. 600세가 되고… 700세가 되고… 800세가 되고… 850세가 되었습니다. 므두셀라의 나이가 850세가 되었을 때 하나님이 노아에게 나타나셔서 방주를 지으라고 말씀하셨습니다. 그래서 노아는 그 일을 진행시켰습니다. 군중이 함께 모여들어 조롱을 했습니다. 900세… 노아는 용골을 세우고 늑재를 붙이고, 양 옆의 균형을 맞췄습니다. 신기한 맛이 점차 사라지자 군중의 수는 줄어들었습니다. 910세… 920세… 930세… 940세… 950세… 960세… 오랜 후에 노아는 외부 공사를 마치고 갑판을 깔았습니다. 군중은 완전히 사라져 없어졌습니다. 965세… 방주는 거의 완성 단계였습니다. 966세… 967세… 968세… 음식물을 실었습니다. 969세! 방주가 완성되었습니다. 동물들이 들어왔습니다. 므두셀라가 죽었습니다. 하나님은 문을 잠그셨습니다. 대홍수가 왔습니다.

"그가 죽으면 그것이 올 것이다!' 이렇게 하여 므두셀라는 하나님 심판의 사실성과 불가피성을 알려주는 살아있는 증거가 되었습니다. 그는 하나님의 눈이 "정결하시므로 악을 차마 보지 못하시며 패역을 차마 보지 못하시거늘"(합 1:13), 그래서 "벌을 면제하지는 아니하는"(출 34:7) 분이시라는 사실에 대한 증거였습니다.

인내의 하나님

그러나 므두셀라는 또한 무엇인가 달랐습니다. 그는 하나님의 은혜의 증거였습니다. 그런 이유로 그는 지상의 어느 다른 사람들보다 오래 살았습니다. 그의 장수는 우연이 아니었습니다. 단지 누군가가 오래 살아야만 했었는데 므두셀라가 공교롭게도 그 사람이 된 것이 아닙니다. 오히려 그가 살아있는 한, 홍수는 오지 않을 것이고 하나님은 분명히 노아가 그의 가족을 구하기 위해 수십 년에 걸쳐 방주를 짓는 동안, 파괴를 시작하는 것에 마음이 내키지 않으셔서 므두셀라의 생명을 몇 년이고 살려 두셨습니다. 베드로가 분명하게 말하는 것과 같았습니다. "주의 약속은 어떤 이들이 더디다고 생각하는 것 같이 더딘 것이 아니라 오직 주께서는 너희를 대하여 오래 참으사 아무도 멸망하지 아니하고 다 회개하기에 이르기를 원하시느니라"(벧후 3:9). 이 구절이 있는 베드로후서 부분은 하나님의 심판의 불가피성을 다루고 있고, 홍수와 관련되어 있습니다. 이는 그 부분이 실제로 이 시대에 대한 신약의 주석서임을 의미하는 것입니다. 그 부분을 참고함으로써 므두셀라에 대한 연구를 마치는 것이 적절하다고 봅니다.

베드로에게 있어 상황은 다음과 같습니다. 분명히 베드로후서는 베드로의 생애 말년에 기록되었습니다. 그 당시 베드로 서신의 수신인들인 믿는 자들은 예수 그리스도의 재림에 대한 교리를 비웃고 조롱하는 자들의 비난을 받고 있었습니다. 조롱하는 자들은 이렇게 말하고 있었습니다. "주께서 강림하신다는 약속이 어디 있느냐 조상들이 잔 후로부터 만물이 처음 창조될 때와 같이 그냥 있다"(벧후 3:4). 이 말은 어느 시대에나 똑같이 안 믿는 자들의 조롱의 말로 되어 왔습니다.

오늘날의 사람들도 이런 태도를 가지고 있습니다. 대학교 캠퍼스에서나 보통의 직장인들, 심지어 일부 종교적인 단체들이 그렇습니다. 한 번은 어느 신학 교수가 내게 이런 말을 했습니다. "우리는 예수님의 재림은 절대로 없고, 모든 것은 처음부터 있던 그대로 계속되고 있다는 것을 머릿속에 집어넣지 않으면 안 됩니다."

그러나 그러한 조롱에 대한 베드로의 반응은 무엇입니까? 그는 그러한 것으로 위협받지 않습니다. 대신에 그는 그것을 전에 홍수로 세상을 심판한 그 심판에 연관시키며 다음 사항들을 제시합니다.

첫째, 비웃는 자들의 견해는 무지에 기인하는 것이며, 그 무지는 고의적인 무지입니다. 다시 말해, 그들은 하나님이 악을 참지 않으시고 결국에는 개입하셔서 악을 심판하신다는 풍부한 증거에 대해서 고의적으로 마음을 닫았습니다. 베드로는 말합니다. "이는 하늘이 옛적부터 있는 것과 땅이 물에서 나와 물로 성립된 것도 하나님의 말씀으로 된 것을 그들이 일부러 잊으려 함이로다 이로 말미암아 그 때에 세상은 물이 넘침으로 멸망하였으되 이제 하늘과 땅은 그 동일한 말씀으로 불사르기 위하여 보호하신 바 되어 경건하지 아니한 사람들의 심판과 멸망의 날까지 보존하여 두신 것이니라"(벧후 3:5-7).

로마서 1장에서 바울은 일반 계시를 논하면서 사람들이 하나님을 알지 못하는 것이 하나님을 알 수 없어서가 아니라, 그들이 하나님을 알기를 원치 않아서임을 지적합니다. 그 이유는 "그들이 마음에 하나님 두기를 싫어"(롬 1:28)하기 때문이었습니다. 베드로도 심판과 연관하여 같은 말을 하고 있는 것입니다. 다가오는 심판의 증거가 없어서가 아닙니다. 사람들이 다가오는 것에 대해 그들의 마음을 고의적으로 닫고 있기 때문입니다.

그들은 왜 그렇게 합니까? 베드로는 그들이 "자기의 정욕"(벧후 3:3)을 따르기 위해서라고 분명하게 말합니다. 므두셀라 때의 사람들과 같이 그들은 그들 자신의 악한 길을 계속 가기 위해 심판의 경고를 거부합니다. 물론 대부분의 사람들이 이 말을 받아들이지 않습니다. 그들은 그들의 불신에 대한 지적인 이유를 만들어냅니다. 그러나 때때로 사람들은 이 말을 적나라하게 인정할 것입니다. 지난 세기에 많이 읽혀진 유명한 무신론자인 앨더스 헉슬리(Aldous L. Huxley)는 이전에 자기가 기독교를 거부한 것은 그의 죄에 대한 욕구에서 나온 것임을 거리낌 없이 시인했습니다. 그는 이렇게 진술했습니다. "나는 세상이 의미를 가지고 있지 않기를 바라는 마음을 가지고 있었다. 따라서 세상이 의미를 가지고 있지 않다고 가정했다. 그리고 이 가정에 대한 만족한 이유를 어려움 없이 찾을 수 있었다. 이 세상에 대한 의미를 발견하지 않는 철학자는 순수 철학의 문제에 전적인 관심을 갖지 않는다. 그는 또한 왜 그가 원하는 대로 그 자신이 해서는 안 되는 것인지에 대한 합당한 이유가 없다는 것을 증명하고 싶어 한다…나로서는…무의미의 철학은 본질적으로 성적(性的)이고, 정치적인 해방의 도구였다."[3]

둘째, 베드로는 하나님이 심판을 늦추시는 것을 설명합니다. 우리 입장에서 보면 심판이 더디 오는 것은 사실입니다. 그러나 이것은 하나님이 죄를 대수롭게 여기시거나, 또는 더 나쁘게 말해 그분이 존재하지 않으시기 때문이 아닙니다. 그것은 하나님의 시간이 우리의 시간과 다르기 때문이고, 또 사람들에게 회개할 기회를 주시고자 그분의 심판을 지연시키고 계시기 때문입니다. 베드로는 말합니다. "사랑하는 자들아 주께는 하루가 천 년

같고 천 년이 하루 같다는 이 한 가지를 잊지 말라 주의 약속은 어떤 이들이 더디다고 생각하는 것 같이 더딘 것이 아니라 오직 주께서는 너희를 대하여 오래 참으사 아무도 멸망하지 아니하고 다 회개하기에 이르기를 원하시느니라"(벧후 3:8-9).

9절인 "너희를 대하여 오래 참으사 아무도 멸망하지 아니하고 다 회개하기에 이르기를 원하시느니라"는 때로 하나님의 선택을 분명하게 반박하는 구절처럼 개혁주의 신앙을 가진 사람들에 의해 거슬러 사용되어왔습니다. 그러나 그것은 정반대입니다. 그것이 가르치는 것은 하나님이 그분의 백성의 선택을 매우 중하게 여기셔서 마지막 심판 같은 아주 중대한 일조차도 구원받아야 할 모든 사람이 태어나고 그 후 예수님을 그들의 구원자로 믿게 될 때까지 지연시키신다는 것입니다. 우리는 베드로의 말이 아무에게나 무차별적으로, 또는 세상의 불특정다수에게 준 말이 아니라 "너희" 곧 그리스도인들에게 준 것임을 유의해야합니다. 그들은 베드로의 "사랑하는 자들"입니다. 만일 어느 한 조롱하는 자가 그 안에 있다면, 그가 비웃고 있는 지연됨조차 그에게 유익이 됩니다. 그런데 그가 하나님이나 인간에 대한 하나님의 관심에 반대되는 증거라고 알고 있는 바로 그 상황은 정확히 그 반대인 것입니다. 하나님은 바로 이 자가 돌아올 때까지 심판을 지연시키고 계신 것입니다.

셋째, 심판은 불가피하다는 것입니다. 지연 될 수는 있어도 반드시 도래한다는 사실은 엄연한 것입니다. "그러나 주의 날이 도둑 같이 오리니 그 날에는 하늘이 큰 소리로 떠나가고 물질이 뜨거운 불에 풀어지고 땅과 그 중에 있는 모든 일이 드러나리로다"(벧후 3:10).

베드로가 이렇게 확신하는 이유는 하나님이 그렇게 하시겠다고 말씀하셨기 때문이고, 노아 때에 홍수로 이미 세상을 한 번 심판하신 일이 있기 때문입니다.

적용

넷째, 베드로의 마지막 논점은 적용입니다. "이 모든 것이 이렇게 풀어지리니 너희가 어떠한 사람이 되어야 마땅하냐 거룩한 행실과 경건함으로 하나님의 날이 임하기를 바라보고 간절히 사모하라 그 날에 하늘이 불에 타서 풀어지고 물질이 뜨거운 불에 녹아지려니와 우리는 그의 약속대로 의가 있는 곳인 새 하늘과 새 땅을 바라보도다 그러므로 사랑하는 자들아 너희가 이것을 바라보나니 주 앞에서 점도 없고 흠도 없이 평강 가운데서 나타나기를 힘쓰라"(벧후 3:11-14).

나는 창세기에서 므두셀라, 노아, 그 시대의 다른 경건한 사람들이 하나님의 심판이 다가오면서 거룩한 삶을 살았다는 것을 가르치는 어떤 구절도 모릅니다. 그러나 확신하건대 그들은 그렇게 살았습니다. 톱으로 켜고 망치로 내려치는 매번의 사건은 그들에게 홍수가 가까이 오고 있다는 것을 생각나게 하고, 또 하나님을 기쁘시게 하는 길을 가도록 그들을 격려했을 것입니다. 나는 방주의 완성이 가까워오면서 그들이 처음 살았을 때보다 "흠도 없고, 점도 없는" 삶을 더욱 열망했을 것이라고 확신합니다. 우리에게 있어서도 그래야 합니다. 우리에게 언제 예수님의 재림과 마지막 심판이 임할지 모릅니다. 그러나 그때는 시시각각으로 다가오고 있습니다. 언제고 그 시간이 닥칠 수 있습니다. 내가 아는 한, 오늘날 므두셀라라는 이름을 가지고 사는 사람은 한 사람도 없습니다. 그러나 그 이름을 가져야 할 사람, 지금 살고 있지만 하나님의 심판 바로 전에 죽을 사람은 있을 수 있습니다.

"그가 죽으면 그것이 올 것이다!" 이것은 심각하게 생각해 봐야할 명제입니다. 바로 그 생각이 당신을 우리의 구원의 방주이신 예수 그리스도에 대한 믿음으로 이끌게 하고, 그래서 그분을 위해서 경건한 삶을 살도록 허락하십시오.

● 각주 ●

1. 죽다(die)의 앗수르 말인 마투(matu)는 므두셀라 이름에 더욱 가까운 형태를 보인다.

2. 족보에 의해서 연대를 정하는 문제에 대해서는 Warfield, "On the Antiquity and the Unity of the Human Race," 238-61; Whitcomb and Morris, *The Genesis Flood*, appendix II, 474-89; Fred Kramer, "A Critical Evaluation of the Chronology of Ussher," in *Rock Strata and the Bible Record*, ed. Paul A. Zimmerman (St. Louis: Concordia, 1970), 57-67; and Schaeffer, *Genesis in Space and Time*, 122-25를 보라.

3. Aldous Huxley, *End and Means*, (New York: Garland Publishers, 1938), 270, 273.

41

죽음의 지배

창세기 5 : 28-32

라멕은 백팔십이 세에 아들을 낳고 이름을 노아라 하여 이르되 여호와께서 땅을 저주하시므로 수고롭게 일하는 우리를 이 아들이 안위하리라 하였더라 라멕은 노아를 낳은 후 오백구십오 년을 지내며 자녀들을 낳았으며 그는 칠백칠십칠 세를 살고 죽었더라 노아는 오백 세 된 후에 셈과 함과 야벳을 낳았더라

중세 시대에는 여러 학자들이나 다른 유명 인사들이 그들도 불행한 희생자처럼 죽어야만 한다는 것을 기억하기 위해서 그들의 책상 위에 사람의 해골을 놓아두는 것은 쉽게 볼 수 있는 일이었습니다. 그런 해골의 라틴어 이름이 **메멘토 모리**(memento mori) 였는데 그 뜻은 "죽음을 기억나게 하는 것" 으로서 인생은 짧다는 것과, 길고 짧고 간에 모든 사람은 결국 죽음에 굴복하고, 하나님을 만나야만 한다는 확실성을 기억나게 하는 것입니다.

이 메멘토 모리가 창세기 5장 한 장에 족장들과 관련해서 "죽었더라" 라는 말로 여덟 번이나 등장합니다. 5절에 아담과 관련해서 처음으로 나오고 8절, 11절, 14절, 17절, 20절, 27절, 31절에서 나오고 31절까지 셋, 에노스, 게난, 마할랄렐, 야렛, 에녹, 므두셀라, 라멕에 대해 나오는데 그들은 아담과 셋을 통한 경건한 계보의 사람들이었지만 모두 죽었습니다.

그 문장들은 그들이 의도한 효과를 살려 이렇게 읽혀져야만 합니다. "아담은… 구백삼십 세를 살고 죽었더라, 셋은… 구백십이 세를 살고 죽었더라, 에노스는… 구백오 세를 살고 죽었더라, 게난은… 구백십 세를 살고 죽었더라, 마할랄렐은… 팔백구십오 세를 살고 죽었더라, 야렛은… 구백육십이 세를 살고 죽었더라… 므두셀라는… 구백육십구 세를 살고 죽었더라, 라멕은… 칠백칠십칠 세를 살고 죽었더라." 이 수명들은 365세에서 969세까지 이르는 긴 수명입니다. 그러나 각 수명은 모두 죽음에 의해 중단되었습니다. 모든 족장이 다 죽었습니다. 우리도 또한 죽어야만 하기 때문에 이 본문 연구는 우리와 우리 동시대의 사람들에게 메멘토 모리가 될 수 있는 것입니다.

모두는 죽어야만 한다

첫 번째 논점은 명백한 것입니다. 즉, 모두가 죽어야만 한다는 것입니다. 이것은 그저 지나칠 말이 아닙니다. 바로 이 지점에서 우리는 하나님의 심판의 힘을 느껴야 하기 때문입니다. 힘든 일과 다른 즐겁지 않은 일을 정당화하기 위해 우리가 쓰는 표현이 있습니다. "우리는 살아야만 한다." 라는 말입니다. 그러나 우리가 만일 "우리는 죽어야만 한다." 라는 말로 바꾸어 쓴다면, 우리는 훨씬 더 정확하고 지혜로운 사람들이 될 것입니다. 왜냐하면, 삶은 확실한 것이 아니기 때문입니다. 우리는 **살아야만** 하도록 정해진 것이 아닙니다. 우리는 어느 때고 죽을 수 있습니다. 그리고 삶은 최선의 지점에 있다고 해도 실상은 천천히 죽어가는 것입니다. 오직 죽음만이 확실한 것입니다. 세금보다 더 확실합니다.

모두가 죽어야만 합니다! 우리의 일상적인 삶의 과정에서 우리는 거의 죽음을 생각하지 않습니다. 우리는 사망 기사를 가볍게 보고 지나갑니다. 우리는 신문에서 어떤 유명인사가 죽어가는 것을 읽습니다. 우리는 장례식장을 지나쳐 가거나 또는 영구차가 지나가는 것을 봅니다. 기껏해야 이런 일들은 우리로 하여금 어떤 급한 일을 서두르기 전에 잠시 멈추게 할 뿐입니다. 그러나 죽음이 우리의 가까운 사람들 중에 오면 즉시로 문제는 달라집니다. 남편이 죽는다! 아내가 죽는다! 자녀가 죽는다! 갑자기 우리는 우리가 죽을 수밖에 없는 존재라는 사실에 직면하게 됩니다. 가깝든지 멀든지 어떤 친척을 잃어보지 않은 사람은 없을 것입니다. 거의 모두가 부모이건 자녀이건 조부모이건 친구이건 간에 누군가를 잃은 경험을 가지고 있습니다. 그들은 우리의 죽음을 기억나게 해 주는 존재이고, 우리가 하나님을 만나야만 하는 시간을 준비하도록 하는 경고입니다.

유명한 침례교 목사인 찰스 스펄전(Charles H. Spurgeon)은 일찍이 이런 글을 썼습니다. "당신들 중에 어떤 사람들은 파도가 발을 향해 밀려오는 바닷가에 서 있는 사람처럼 오늘 서 있을지 모릅니다. 파도가 한 차례 밀려왔습니다. 그리고 그 파도는 할머니를 데려갔습니다. 다른 파도가 밀려 왔습니다. 어머니가 휩쓸려갔습니다. 다른 파도가 밀려 왔습니다. 아내를 데려갔습니다. 그 파도는 지금 당신의 발을 향해 돌진해 오고 있습니다. 그 파도가 당신에게 넘쳐서 당신도 크게 입 벌린 파도에 휩쓸려 죽음의 깊은 밑바닥에 이르기까지 얼마나 걸릴까요… 자녀들, 남편들, 아내들, 형제들, 자매들이여! 당신의 하나님을 만날 준비를 하십시오."[1] 당신이 젊었다면, 죽음이 아직 당신의 가족을 건드리지 않았을 수 있습니다. 그러나 당신은 하나님의 경고를 쉽게 피할 수는 없습니다. 죽음은 모든 TV나 라디오 방송 그리고 모든 신문에서 당신을 노려보고 있습니다.

이 메시지를 준비하면서 나는 최근의 신문과 뉴스 잡지를 훑어보았습니다. 그런데 죽음에 관한 기사는 어디든지 있었습니다. 가장 놀란 것은 플로리다 주 세인트 피터즈버그 시의 바로 남쪽에 있는 탬파 만(Tampa Bay)을 잇는 선샤인 스카이웨이 다리(Sunshine Skyway Bridge)에서 일어난 사고였습니다. 아침 7시 30분에 천둥치는 폭풍우 중에 라이베리아 화물선인 **서밋 벤처**(Summit Venture)호가 다리 받침대를 들이받아 도로 400m 구간이 떨어져 나가 교각의 사이를 밀고 들어갔습니다. 차들이 미처 멈추지를 못해 23명을 태운 그레이하운드 버스 한 대와 세 대의 자동차 그리고 픽업트럭 한 대가 다리에서 물속으로 떨어졌습니다. 한 사람을 제외한 모든 승객들이 익사했습니다.

이 비극의 뉴스를 다룬 같은 신문들은 계속해서 이란에 억류되어 있는 50명의 인질 구출 시도에 미국이 성공하지 못한 것에 대한 냉혹한 여파를 보도했습니다. 그 좌절된 작전에서 8명의 젊은이들이 죽었고, 이제 신문들은 그들의 사진과 시체를 이란에서 유럽을 경유하여 미국으로 운반해 오는 것, 그리고 그들 중 몇 명은 알링턴 묘지(Arlington Cemetery)에 매장하는 것에 대한 기사들을 실었습니다.

이 사건이 일어나고 있던 시간에 정예 부대인 영국 특공대가 런던에서 테러리스트에 의해 점령당한 이란 대사관을 돌격해서 거의 일주일간을 인질로 억류되어 있던 19명을 구출했습니다. 그러나 인질 중 2명이 테러리스트에 의해서 그 중 한 사람은 습격 전에, 또 한 사람은 습격 중에 살해되었습니다. 6명 중 5명이 특공대원들에 의해 살해되었습니다.

라이베리아에서는 사무엘 도우(Samuel Doe) 상사의 새 정부 군인들이 사망한 대통령의 형을 포함해서 이전 민간 정부의 각료 13명을 처형했습니다. 브라질에서 운영되고 있는 죽음조(組)에 대한 보도, 태국의 몽 산족(Hmong hill people)을 쓸어버리려는 라오스 사람들의 시도에 대한 보도가 있었습니다. 캄보디아에서는 현대에 있어 가장 큰 비극의 하나인 킬링필드가 계속되어 수백만 명이 목숨을 잃었습니다.

죽음의 경고는 더 가까이 다가오고 심지어 이 신문 기사들보다도 더 절박하게 다가오고 있습니다. 그것은 우리가 그 죽음의 경고들을 우리 안에 실제로 가지고 있기 때문입니다. 우리 자신은 죽어가고 있습니다. 작은 글씨가 잘 안 보이는 것을 보면 우리가 시력을 잃어가고 있음을 압니다. 머리가 빠지거나 하얗게 세고 있습니다. 호흡이 짧아집니다. 쉽게 지칩니다. 어떤 사람들은 심장에 문제가 생깁니다. 다른 사람들도 그에 못지않은 심각한 만성질환으로 고생합니다. 어떤 사람들은 말기적인 질병을 가지고 있으면서 그것에 대해 전혀 모르고 있습니다. 시간이 지나면 이런 병들은 알려지고 희생자들을 데려갑니다. 당신과 내가 하나님을 만날 시간은 빨리 오고 있습니다.

마귀가 이렇게 말할 것입니다. "그런 것들은 염려하지 말라. 인생은 길다. 젊었을 때 인생을 즐겨라." 그러나 인생은 짧습니다. 당신과 나 그리고 모든 사람이 우리의 심판자이신 하나님 앞에 서야 하는 시간은 다가오고 있습니다. 당신이 죽을 준비가 안 되어 있다면 당신에게는 어떤 일이 일어날까요? 그리고 당신은 어떻게 되겠습니까?

죄의 삯

이러한 사실은 창세기의 **메멘토 모리**의 두 번째 분명한 논점으로 이끌어 갑니다. 죄는 죽음의 원인입니다. 따라서 죽음은 자연적인 것이 아닙니다. 그것은 하나님의 세계에 침입해 들어온 것으로 창조주로서 하나님의 특권에 우리 자신이 중대하고 죄스러운 침입을 함으로써 생긴 것입니다. 창세기 첫 장들의 문맥에서 어떻게 이 사실을 놓칠 수 있겠습니까? 창세기 2:16-17절을 창세기 5:5절에 갖다 놓아보기만 하면 됩니다. "여호와 하나님이 그 사람에게 명하여 이르시되 동산 각종 나무의 열매는 네가 임의로 먹되 선악을 알게 하는 나무의 열매는 먹지 말라 네가 먹는 날에는 반드시 죽으리라 하시니라." 그 다음에 "그는 구백삼십 세를 살고 죽었더라." 확실한 것은, 아담은 하나님과 친교를 나누었던 그의 존재의 부분인 영이 이미 죽은 바 있습니다. 그는 그것을 하나님이 서늘한 저녁에 동산에 찾아오셨을 때 숨는 것으로 보여주었습니다. 그의 혼은 죽기 시작했습니다. 그러나 끝내는 그의 몸까지도 죽습니다. 하나님이 말씀하셨습니다. "너는 흙이니 흙으로 돌아갈 것이니라 하시니라"(창 3:19). 죄는 아담에게 죽음을 가져왔습니다. 그리고 그의 죄로 인해 죽음은 인류에게 전해졌습니다(롬 5:12).

이 점에 대해 오늘날 널리 퍼져있는 죽음은 아주 자연적인 것이라는 논거로 성경의 가르침을 피하고자 하는 교활한 시도가 있습니다. 다시 말해, 죽음에 도덕적 의미가 없다는 것입니다. 죽음은 단지 생의 전(全) 과정에서 필요한 한 부분이라는 것입니다. 생은 시작하고, 발전하고, 성숙하고, 그리고는 사라져가는 것이라고 합니다. 이것이 인간 존재의 형태라는 것입니다.

마틴 로이드 존스(Martyn Lloyed-Jones)는 영국 신학교의 교장이 한 번은 어떻게 그에게 그 문제를 설명했는지를 이야기합니다. 그들은 다음 구절에 대해 서로 이야기하고 있었습니다. "내가 진실로 진실로 너희에게 이르노니 한 알의 밀이 땅에 떨어져 죽지 아니하면 한 알 그대로 있고 죽으면 많은 열매를 맺느니라"(요 12:24). 그 교육가는 말했습니다. "이것은 매우 간단합니다. 율법적인 정신을 가지고 있는 당신네들은 당신들 고유의 생각을 예수님이 가지고 계셨던 생의 아름답고, 단순한 관점에 계속 덧칠하고 있습니다. 당신들은 예수님이 바로 이 생의 고유한 원리를 여기서 예를 들어 설명하시는 것을 모릅니까? 그 씨를 땅에 심어 그것이 만일 살아있으면 그것은 더 이상 가치가 없고, 그 씨가 죽고, 변질되고, 부패되면 화학 변화가 일어나 생의 소생으로 이어지는데, 그 씨 한 알에서 많은 잎이나 곡식을 얻습니다. 일이 그렇게 진행됩니다. 잃어버리는 것은 아무 것도 없습니다. 당신들은 무엇인가가 죽으면 그것은 그 무엇의 끝이라고 말합니다. 그러나 그렇지 않습니다. 나무들이나 꽃들이나 동물들이 죽으면 그것들이 부패된 물질은 아주 가치가 있습니다. 그것은 생명의 기본이 되는 질소와 기타 많은 다른 필수적인 성분을 생산합니다. 죽음은 새 생명의 분자를 형성하는 데에 필요한 질소를 유리(遊離)시킴으로써 생명으로 옮겨집니다. 죽음은 단지 생명 순환의 부분일 뿐입니다."[2]

나는 거의 모두가 이 이야기를 들었을 것이라고 생각합니다. 그러나 나는 이 질문을 하고자 합니다. 만일 죽음이 자연적인 것이고 그처럼 유익한 것이라면, 왜 사람들은 그토록 죽음을 두려워합니까? 이 질문은 왜 사람들은 죽는 것보다 계속 살기를 더 좋아하는가의 질문이 아닙니다. 삶을 즐기는 사람은 누구나 자연적으로 생명이 옮겨지도록 하는 것을 좋아할 것입니다. 이 질문은 왜 사람들이 죽는 것을 두려워하는가의 질문은 더욱 아닙니다. 종종 죽음은 고통을 수반하기 때문에 사람들이 죽는 과정을 두려워할 것이라는 것은 이해할 수 있습니다. 내가 의미하는 질문은 왜 사람들이 죽음 자체를 두려워하는가 하는 것입니다. 만일 죽음이 자연적인 것이라면, 왜 그들은 그런 혐오감을 가지고 그것에서 물러서는 것입니까?

사람들은 죽음을 두려워합니다! 때로 그들은 허세의 겉치레를 하고서는 안 그런 척 합니다. 그러나 그들은 두려워하고 있고, 아담의 죄 이래로 수십 세기 내내 두려워해 왔습니다. 그리스와 로마 시대에는 죽음이 어둡고 무서운 거처인 저승으로 이주하는 것으로 이해되었습니다. 그곳은 스틱스 강(river Styx, 그리스 신화의 죽어서 저승으로 가는 길에 건넌다는 강, 지옥의 강 - 역주) 건너 먼 곳에 있어서 죽은 사람들은 그곳을 절망이라는 무자비한 나루터지기인 카론(Charon, 그리스 신화의 스틱스 강의 나루터지기 - 역주)에 의해 배로 건너갔습니다. 문학 작품에는 안 믿는 자들이 이러한 공포에 직면해서 그들의 마음을 붙잡고 있는 두려움을 표현한 것들이 가득합니다. 소크라테스가 이렇게 말했습니다. "죽음이… 모든 선한 것 중에서 최고의 선인지 아닌지 아무도 모른다." 하지만 사람들은 "두려움 속에서(그것을) 최고의 악으로 이해하고 있다."[3] 프란시스 베이컨(Francis Bacon)은 이렇게 기술했습니다. "사람들은 아이들이 어두움 속으로 들어가는 것을 두려워하는 것처럼 죽음을 두려워한다."[4] 사무엘 존슨(Samuel Johnson)은 친구의 죽음에서 경험한 공포에 대해 이렇게 이야기했습니다. "이 마지막 투쟁을 보고 나는 전에는 전혀 경험해보지 못했던 기분을 느꼈다. 그것은 슬픔의 공포스러운 정적, 이름을 붙일 수 없는 음침한 두려움 같은 것이었다."[5]

죽음이 자연적인 것이라면 왜 이런 두려움이 있습니까? 그 답은 죽음이 자연적인 것이 아니라는 것입니다. 그것은 죄의 무서운 대가이고 심판의 전주곡입니다. 사람들은 죽음이 유예되었던 모든 것의 끝이고 죽음 후에는 그들이 거역해왔던 하나님 앞에 마주 서야만 하는 것을 알기 때문에 죽음을 두려워합니다. 그들은 이 진리를 부인할지 모릅니다. 그들은 심판이라는 개념에 대해 큰 소리로 반항할지 모릅니다. 그러나 그들의 마음 속 존재는 "한번 죽는 것은 사람에게 정해진 것이요 그 후에는 심판이 있으리니"(히 9:27)의 말씀이 거짓말이 아님을 알고 있습니다.

죽음이 변화되다

어떻게 우리는 이 두려운 생의 마지막과 그 너머에 있는 더욱 두려운 하나님의 심판을 피할 수 있겠습니까? 우리 자신이 할 수 있는 일이 아닙니다. 우리는 아무 것도 할 수 없습니다. 그러나 한 분이 계셨는데 예수 그리스도이십니다. 그분은 죽으심으로 죽음을 정복하신 분이고, 그 죽음과 뒤 이은 부활에 의해 그분을 따르는 자들의 죽음을 영원히 변화시키셨습니다.

스코틀랜드의 성직자의 한 사람이며 스코틀랜드 자유교회(Free Church of Scottish)의 목사인 호라티우스 보나르(Horatius Bonar)는 그리스도의 승리에 대해 현명하게 기술했습니다. "첫 아담이 죽는다. 그리고 우리는 그 안에서 죽는다. 두 번째 아담이 죽는다. 그런데 우리는 그분 안에서 살아난다! 첫 아담의 무덤은 오직 죽음만을 선포한다. 두 번째 아담의 무덤은 생명을 선언한다. '나는 부활이요 생명이니' 우리는 첫 아담의 무덤을 들여다본다. 어둠과 부패와 죽음만을 본다. 우리는 두 번째 아담의 무덤을 들여다본다. 거기서 우리는 오직 빛과 부패하지 않음과 생명을 발견한다. 우리는 첫 아담의 무덤을 들여다본다. 그가 아직도 거기 있다. 그의 흙이 아직도 그의 동료의 것과 섞이고 있다. 우리는 두 번째 아담의 무덤을 들여다본다. 그런데 거기에 그분은 안 계신다. 그분은 부활하셨다! 부활하고 구속받은 자들의 집인 하늘의 낙원으로 들어가는 전주자(前走者)로서 부활하셨다. 우리는 첫 아담의 무덤을 들여다본다. 그 안에서 그가 열어놓은 감옥으로 내려간 수백만의 죽은 자들의 첫 열매들을 본다. 우리는 두 번째 아담의 무덤을 들여다본다. 우리는 그분 안에서 일어날 자들의 첫 열매들, 죽음을 이기고 불멸의 생명으로 일어나 무덤에서 나올 광채 나는 군중, 영화롭게 된 무리, 세상 낙원에서 자란 나무를 통해서가 아니라 그 나무가 예시한 그분을 통한, 죽었었으나 지금은 살아 계시고 앞으로 영원히 사실 지옥과 죽음의 열쇠를 가지신 그분을 통한 첫 열매들을 본다."[6]

예수님은 이 변화를 우리 죄로 인해 우리에게 내려질 형벌을 대신 짊어지심으로써 이루셨습니다. 따라서 우리는 여전히 육신적으로 죽지만 죽음의 공포는 없습니다. 죽음의 공포는 심판의 공포로 예수님이 그 심판을 우리 대신 받으셨습니다. 그분은 우리 대신 죽으셨습니다. 그분은 하나님과의 분리되는 공포를 경험하심으로써 우리로 하여금 하나님과 결코 분리되지 않도록 하셨습니다. 몇 개의 위대한 찬송에서 그것을 노래합니다.

<blockquote>

예수님이 모두 지불하셨네
나는 그분에게 모든 것을 빚졌네
죄가 주홍색 얼룩을 남겼지만
그분이 눈같이 희게 씻어버리셨네.

</blockquote>

또 한편의 찬송입니다.

<blockquote>

예수님은 살아 계시네! 지금 네가 주는 두려움인
죽음은 더 이상 우리를 무섭게 할 수 없네
예수님은 살아 계시네! 이것으로 우리는 아네
오, 무덤아, 너는 우리를 노예 삼을 수 없노라.
할렐루야!

</blockquote>

신약에 그리스도의 십자가 죽으심과 부활로 인해 죽음에 대해 그리스도인의 변화의 소망을 말씀하고 있는 곳이 두 군데 있습니다. 첫 번째는 고린도후서입니다. "만일 땅에 있는 우리의 장막 집이 무너지면 하나님께서 지으신 집 곧 손으로 지은 것이 아니요 하늘에 있는 영원한 집이 우리에게 있는 줄 아느니라 참으로 우리가 여기 있어 탄식하며 하늘로부터 오는 우리 처소로 덧입기를 간절히 사모하노라 이렇게 입음은 우리가 벗은 자들로 발견되지 않으려 함이라 참으로 이 장막에 있는 우리가 짐진 것 같이 탄식하는 것은 벗고자 함이 아니요 오히려 덧입고자 함이니 죽을 것이 생명에 삼킨 바 되게 하려 함이라 곧 이것을 우리에게 이루게 하시고 보증으로 성령을 우리에게 주신 이는 하나님이시니라 그러므로 우리가 항상 담대하여 몸으로 있을 때에는 주와 따로 있는 줄을 아노니 이는 우리가 믿음으로 행하고 보는 것으로 행하지 아니함이로라 우리가 담대하여 원하는 바는 차라리 몸을 떠나 주와 함께 있는 그것이라"(고후 5:1-8).

두 번째 구절은 바울의 빌립보 서신에 있습니다. 이 서신을 기록할 때 그는 네로 법정에서 재판 중이었고, 바울은 그 재판의 결과가 어떻게 나올지 확신을 못하고 있었습니다. 그는 석방될 수도 있습니다. 그러나 그는 유죄판결을 받을 수도 있습니다. "상관하지 않노라"라고 바울이 말합니다. 하나님이 이 일을 담당하셨습니다. 그리고 살든지 죽든지 그리스도가 그를 통해 영광 받으실 것입니다. 그런 다음 그는 자신의 소망과 확실한 기대를 표현합니다. "이는 내게 사는 것이 그리스도니 죽는 것도 유익함이라 그러나 만일 육신으로 사는 이것이 내 일의 열매일진대 무엇을 택해야 할는지 나는 알지 못하노라 내가 그 둘 사이에 끼었으니 차라리 세상을 떠나서 그리스도와 함께 있는 것이 훨씬 더 좋은 일이라 그렇게 하고 싶으나 내가 육신으로 있는 것이 너희를 위하여 더 유익하리라"(빌 1:21-24). 이 구절에서 바울은 사는 것보다 죽는 것이 더 좋다고 말하고 있습니다. 죽음은 하늘에 계신 예수 그리스도의 실재 안으로 들어가는 것을 의미하기 때문입니다.

두 가지의 죽음

이 소망은 모든 시대의 그리스도인들에 대한 죽음을 변화시켰습니다. 1899년에는 두

명의 유명 인사가 미국에서 죽었습니다. 그 한 사람은 성경을 공격한 경력을 가진 불신자였습니다. 또 다른 사람은 그리스도인이었습니다. 그 불신자는 잉거솔(Robert G. Ingersoll) 대령이었는데 하버드대학교에 그의 이름을 따서 불멸에 대한 유명한 잉거솔 강좌가 생겼습니다. 신자는 드와이트 무디(Dwight L. Moody)였습니다.

잉거솔은 갑자기 죽었는데 그의 죽음은 그의 가족에게 대단한 충격이었습니다. 잉거솔의 아내가 그와 헤어지는 것을 감당할 수 없다고 해서 그의 시신은 며칠 동안 잉거솔의 집에 보관되어 있었습니다. 그러나 가족의 건강상의 이유로 잉거솔의 유해는 화장되었습니다. 그리고 화장장에서의 모습은 너무 음울한 것이어서 몇몇 장면은 신문에 게재되어 전국에 전해졌습니다. 잉거솔은 그의 훌륭한 지성을 기독교를 부정하는 데 썼습니다. 그러나 죽음이 왔을 때 소망은 없었습니다. 그의 친구들은 그와의 결별을 보상되지 않는 비극으로 받아들였습니다.

같은 해에 가장 위대한 전도자가 죽었습니다. 무디는 얼마동안 쇠약해 갔습니다. 그래서 그의 가족들이 차례로 그와 함께 하면서 그를 돌보았습니다. 그가 죽던 날 아침, 침대 옆에 서 있던 그의 아들이 그가 큰 소리로 외치는 것을 들었습니다.

"땅이 물러나고 하늘이 열리고 있다. 하나님이 부르신다."

"아버지, 꿈을 꾸고 계십니다." 라고 아들 윌(Will)이 말했습니다.

무디가 대답했습니다.

"윌아, 아니야, 이것은 꿈이 아니야. 내가 문 안에 들어갔다 왔어. 내가 아이들의 얼굴을 보았어!'

얼마동안 무디는 소생하는 것처럼 보였습니다. 그러나 그는 다시 쇠퇴하기 시작했습니다. 그는 말했습니다.

"이것이 죽음인가? 나쁘지 않구먼. 골짜기가 없네. 이것은 더 없는 기쁨이네. 영광스럽네."

이때 그의 딸 엠마(Emma)가 방에 들어와서 그의 회복을 위해 기도하기 시작했습니다. 그가 말했습니다.

"아니야, 아니야, 엠마야, 그렇게 기도하지 마라. 하나님이 부르고 계신다. 오늘이 나의 대관식의 날이다. 내가 그것을 즐거움으로 기다리고 있단다."

잠시 후, 무디는 하늘나라로 갔습니다. 장례식에서 그의 가족과 친구들이 기쁨의 예배를 드렸습니다. 그들은 이야기를 나누었습니다. 그들은 찬송했습니다. 그들은 하나님의 말씀이 선포되는 것을 들었습니다. "사망아 너의 승리가 어디 있느냐 사망아 네가 쏘는 것이 어디 있느냐 사망이 쏘는 것은 죄요 죄의 권능은 율법이라 우리 주 예수 그리스도로 말미암아 우리에게 승리를 주시는 하나님께 감사하노니"(고전 15:55-57).

로마서 5:14절에 아담 이후로 "사망이 왕 노릇 하였다."고 말씀합니다. 그것은 아담에게 왕 노릇했고, 그의 모든 후손들에게 왕 노릇해 왔습니다. 그러나 예수 그리스도에 의해 죽음은 정복당하고 죽음의 세력은 꺾어졌습니다. 그래서 오늘날 그분을 믿는 자들은 모두 소망 속에서 살 수 있습니다.

● 각주 ●

1. Charles Haddon Spurgeon, "Memento Mori," in *The New Park Street Pulpit*, vol. 6 (Pasadena, Tex.: Pilgrim Publications, 1975), 145.

2. D. M. Lloyd-Jones, *Romans: An Exposition of Chapter 5, Assurance* (Grand Rapids: Zondervan, 1971), 192.

3. Plato, "Apology," in *The Works of Plato*, vol. 3, trans. B. Jowett (New York: Tudor Publishing Co., n.d.), 117.

4. Francis Bacon, "Of Death," in *Selected Writings of Francis Bacon* (New York: The Modern Library, 1955), 9.

5. Samuel Johnson, "Death-bed the School of Wisdom," *The Rambler*, no. 54 (New York: E. P. Dutton & Co., 1953), 119.

6. Horatius Bonar, *Thoughts on Genesis* (Grand Rapids: Kregel, n.d.), 274-75. Original edition 1875.

42

하나님의 아들들 / 사람의 딸들

창세기 6 : 1-4

사람이 땅 위에 번성하기 시작할 때에 그들에게서 딸들이 나니 하나님의 아들들이 사람의 딸들의 아름다움을 보고 자기들이 좋아하는 모든 여자를 아내로 삼는지라 여호와께서 이르시되 나의 영이 영원히 사람과 함께 하지 아니하리니 이는 그들이 육신이 됨이라 그러나 그들의 날은 백이십 년이 되리라 하시니라 당시에 땅에는 네피림이 있었고 그 후에도 하나님의 아들들이 사람의 딸들에게로 들어와 자식을 낳았으니 그들은 용사라 고대에 명성이 있는 사람들이었더라

창세기 6장의 첫 몇 절은 전환 구절입니다. 그 구절은 한편으로, 인류를 타락시킨 타락의 상태를 보여주는 이전 장들의 홍수 전 역사의 결말을 짓고 있습니다. 다른 한편으로는, 그 뒤를 따르는 노아와 홍수 이야기를 준비합니다. 이 타락으로 말미암아 이 땅에 대홍수가 임한 것입니다. 불행히도 이 구절의 의미는 자명(自明)하지가 않습니다.

이 구절들은 수년 동안 많은 의문들을 제기해 왔습니다. 그 구절은 본문 1-2절에서 이렇게 말씀합니다. "사람이 땅 위에 번성하기 시작할 때에 그들에게서 딸들이 나니 하나님의 아들들이 사람의 딸들의 아름다움을 보고 자기들이 좋아하는 모든 여자를 아내로 삼는지

라"(1-2절). 이렇게 분명하고 간단한 진술이 실제로는 혼란을 시키고 있습니다. 왜냐하면, 그 문장의 주어가 두 가지의 가능성을 가지고 있기 때문입니다. "하나님의 아들들"은 셋의 경건한 계보의 후손들을 의미하는 것으로 볼 수 있습니다. 이 해석을 따르면 셋의 후손들은 믿지 않는 여인과 결혼했다는 말이 됩니다. 또는 그것이 천사들을 지칭하는 것으로 볼 수도 있습니다. 구약에 이 구절과 똑같은 용법의 다른 구절들이 있습니다(욥 1:6, 2:1, 38:7).

이 구절들이 매우 흥미가 있는 것은 신약성경 세 곳의 구절들이 천사들을 지칭하는 것처럼 보인다는 것입니다. 그 구절들은 베드로전서 3:18-22, 베드로후서 2:4-5, 유다서 1:6-7절입니다. 이 구절들은 부분적으로 이렇게 말씀하고 있습니다. "그리스도께서도 단번에 죄를 위하여 죽으사 의인으로서 불의한 자를 대신하셨으니 이는 우리를 하나님 앞으로 인도하려 하심이라 육체로는 죽임을 당하시고 영으로는 살리심을 받으셨으니 그가 또한 영으로 가서 옥에 있는 영들에게 선포하시니라 그들은 전에 노아의 날 방주를 준비할 동안 하나님이 오래 참고 기다리실 때에 복종하지 아니하던 자들이라 방주에서 물로 말미암아 구원을 얻은 자가 몇 명뿐이니 겨우 여덟 명이라 물은 예수 그리스도께서 부활하심으로 말미암아 이제 너희를 구원하는 표니 곧 세례라 이는 육체의 더러운 것을 제하여 버림이 아니요 하나님을 향한 선한 양심의 간구니라 그는 하늘에 오르사 하나님 우편에 계시니 천사들과 권세들과 능력들이 그에게 복종하느니라"(벧전 3:18-22). "하나님이 범죄한 천사들을 용서하지 아니하시고 지옥에 던져 어두운 구덩이에 두어 심판 때까지 지키게 하셨으며 옛 세상을 용서하지 아니하시고 오직 의를 전파하는 노아와 그 일곱 식구를 보존하시고 경건하지 아니한 자들의 세상에 홍수를 내리셨으며"(벧후 2:4-5). "또 자기 지위를 지키지 아니하고 자기 처소를 떠난 천사들을 큰 날의 심판까지 영원한 결박으로 흑암에 가두셨으며 소돔과 고모라와 그 이웃 도시들도 그들과 같은 행동으로 음란하며 다른 육체를 따라 가다가 영원한 불의 형벌을 받음으로 거울이 되었느니라"(유 1:6-7).

만일 이 구절들이 그렇게 보이는 것처럼 서로 관련되어 있는 것이라면, 창세기 6장의 사건은 심판, 내세, 심지어 예수 그리스도의 십자가 죽으심 이후와 부활 또는 승천 전의 그분의 역사의 교리를 내포하고 있는 것이 됩니다. 신약성경의 구절들은 예수님이 사도신경에서 말하는 것처럼 "지옥으로 내려 가셨을 때" 무슨 일을 하셨는지를 설명하는 것이 됩니다.

경건한 사람들과 불경건한 사람들

창세기 6장의 "하나님의 아들들"을 셋의 경건한 계보로 해석하는 것은 아주 자연스럽습니다. 이 해석은 영적인 존재가 어떻게 인간과 성적(性的)으로 결합될 수 있느냐의 문제를 피하기 때문입니다. 특히 이 해석은 교회사의 많은 신학적 거장들의 견해에 의해 강력한 지지를 받고 있습니다. 그러나 이 견해는 초기 기독교의 견해가 아닙니다. 이에 대해 나중에 다시 논할 것이나 그것은 초대 교회의 크리소스톰(Chrysostom)과 어거스틴 같은 사상가에게서 나타났고 루터, 칼빈 같은 종교개혁자 그리고 그들의 추종자들에 의해 받아들여졌습니다.

초기 견해 중 어거스틴의 견해가 가장 중요합니다. 왜냐하면, 후세의 해석가들에게 지대한 영향을 끼쳤기 때문입니다. 특히 그는 그의 해석을 광범한 신학적 문맥 내에 국한시켰습니다. 이 어거스틴의 견해는 「하나님의 도성」(The City of God)에 나타나는데 거기서 그는 두 개의 도시(하나님을 사랑하는 사람들의 사회와 자아를 사랑하는 사람들의 사회)의 시작, 성격, 그리고 발전을 추적하고 있습니다. 이것이 의미가 있는 이유는 창세기 6장을 어거스틴에 의하면 창세기 4장과 5장에 나오는 두 도시의 계속되는 이야기로 보는 그의 목적에 부합하기 때문입니다. 그는 그 구절들에 대해 기술합니다. "이 두 이름들(하나님의 아들들과 사람의 딸들)에 의해 두 개의 도시가 잘 구별된다. 왜냐하면, 전자는 본질상 사람들의 자녀들이기는 하지만 그들은 은혜로 다른 이름을 소유하게 되었기 때문이다… 그들(경건한 종족)이 사람의 딸들에 의해 현혹되었을 때 그들은 세상의 방법을 취해 그들을 신부로 얻었다. 그리고 그들의 거룩한 사회에서 그들이 따르던 경건한 길을 포기했다."[1]

이 견해는 창세기 4장과 5장의 내용에 들어가 맞습니다. 특히, 이 견해는 저명한 복음주의 개혁가인 프란시스 쉐퍼(Francis Schaeffer)가 말한 대로 "하나님의 사람들이 하나님의 사람들이 아닌 자들과 결혼하는 것에 대해… 지속적으로 금지시키고 있다."[2]는 성경 전체의 맥락에 부합하는 것입니다. 만일 이것이 창세기 6장에 대한 적절한 해석이라면 논점은 확실해 집니다.

옥에 있는 영들

그러나 천사 또는 초자연적 존재로 보는 견해를 지지하며 위의 해석을 거부하는 이유들이 있는데 첫 번째 이유는 언어적인 것입니다. 다시 말하면, "하나님의 아들들" 이라는 어구의 성경적 용도에 관한 한, 천사들을 지칭하는 것으로 받아들일 충분한 이유가 있습니다.

물론, 이 이론은 반대편의 학자들에 의해 부정되는데, 카일(Keil)과 델리츠(Delitzsch)는 천사라는 견해가 "언어용법상 근거가 있는 것이 아니고" 그것은 "모두 비성경적" 이라는 입장을 유지합니다.[3] 하지만 그 근거가 무엇입니까? "하나님의 아들들"(bene ʾelohim)의 어구는 이미 지적했던 바와 같이 구약 다른 곳에서 겨우 세 번 나오는데 욥 1:6, 2:1, 38:7절에서 사용되었을 뿐입니다. 그 각각은 분명히 영적인 존재를 의미합니다. 그 중 두 번은 하늘의 주님 앞에 주기적으로 나타나는 사탄의 동반자로서의 타락한 영들을 의미합니다. 이것은 아주 분명해서 NIV의 번역자들은 긴 어구를 다 빼고 단순히 천사들이라는 말로 대체했습니다. "하루는 하나님의 아들들이 와서 여호와 앞에 섰고 사탄도 그들 가운데에 온지라" (욥 1:6) 이 어구와 비슷한 형태로 '바 엘라힌'(bar ʾelahin)이 다니엘 3:25절에서 다니엘의 세 친구가 던져졌던 맹렬히 타는 풀무불을 느부갓네살이 들여다보았을 때 보았던 네 번째 사람에게 사용됩니다. 이 경우에서는 아마도 타락하지 않은 천사를 지칭하거나, 혹은 하나님의 임재를 지칭할 수도 있습니다. 그러나 그 존재의 실제 정체는 언급되지 않고 있습니다. 느부갓네살은 단순히 "넷째의 모양은 신들의 아들과 같도다." 라고 말합니다.

이 견해에 대한 반대 견해는 "하나님의 아들들" 이란 어구는 신약성경에서 천사나 귀신이 아니라 모든 그리스도인 남자와 여자에 대해 사용되고 있고, 특히 누가복음 3:38절에서는 아담에 대해 사용되고 있다고 말합니다. 그런데 이것이 실제로 이 점을 증명합니다. 도대체 우주의 다른 존재들로부터 아담(하와는 아니고), 신약시대의 믿는 자들(구약시대의 믿는 자들일 필요는 없고), 그리고 천사들을 구별하는 것이 무슨 의미를 가집니까? 각기 모두 하나님에 의해 직접 창조되었다는 것이 답인데 말입니다. 분명히 아담은 그랬습니다. 천사들도 그랬습니다. 믿는 자들은 성령님의 역사로 하나님에게서 태어났기 때문에 "하나님의 아들들" (요 3:3-8 참조) 이라고 칭하는 것입니다.

창세기 6장의 "하나님의 아들들"을 천사로 보는 견해를 선호하는 두 번째 이유는 그것이 "하나님의 아들들"을 "천사들"로 번역한 70인경(Septuagint, 70인역)의 번역자들과 그리스도 이전 시대의 다른 유대인 저술가들의 견해였다는 것입니다. 그 해결의 열쇠가 되는 책은 에녹전서(1 Enoch)입니다. 우리는 그것을 단지 세 권의 사본만이 남아있는 에디오피아어 문서를 통해 볼 수 있습니다. 그러나 이 소수의 사본에도 불구하고 그것은 아마도 기원전 첫 2세기 동안의 "가장 중요한 위전(僞典 - 실제 저자가 아닌 다른 사람의 이름으로 기록한 책)이 되었습니다. 이것은 찰스(R. H. Charles)의 판단에 의하면 그렇습니다. [4]

에녹은 이렇게 기술했습니다. "사람의 자녀들이 번성을 했을 때, 그 당시 그들에게 아주 아름다운 딸들이 태어났다. 그래서 하늘의 자녀들인 천사들이 그녀들을 보고 정욕을 품고 서로 말했다. '자, 우리가 사람들의 자녀들 중에서 아내를 택해서 우리 아이들을 낳자.' …그들은 모두 이백 명이었다… (그들은) 자신들을 위해 아내들을 취하되 각기 한 명씩 취하고 그들에게 들어가 그들과 함께 자신들을 더럽히기 시작했으며 그들은 그들에게 주문(呪文)과 마법을 가르쳤다… 아내들은 잉태를 했다. 그리고 키가 3천 엘(ell, 척도의 단위)이나 되는 거대한 거인들을 낳았다… 불경건이 창궐했다. 그들은 간통을 저질렀고, 타락했다. 그리고 모든 면으로 그들은 부패했다"(6-8장). 그 책은 더 계속되며 타락한 천사들에 대한 하나님의 심판으로 그들이 지구의 "가장 깊은" 감옥에 갇히는 것을 보여줍니다.

에녹전서는 성경책은 아닙니다. 그 책의 창세기 6장에 대한 해석은 영감을 받은 것이 아닙니다. 여러 곳에 잘못이 있을 수 있고 또 틀림없이 있습니다. 그럼에도 불구하고 그것은 우리가 창세기 본문을 해석하는 데 귀중한 자료가 됩니다. 왜냐하면, 베드로와 유다가 분명히 그 책을 알고 있었고, 같은 주제에 대해 그것을 간접적으로 참고함으로써 적어도 이 문제에 대해서만은 그것을 인정하고 날인하는 것처럼 보이기 때문입니다.

우리가 에녹 시대의 불경건한 자들에 대한 그의 전파 내용을 고찰할 때 우리는 유다서를 인용했습니다. "아담의 칠대 손 에녹이 이 사람들에 대하여도 예언하여 이르되 보라 주께서 그 수만의 거룩한 자와 함께 임하셨나니 이는 뭇 사람을 심판하사 모든 경건하지 않은 자가 경건하지 않게 행한 모든 경건하지 않은 일과 또 경건하지 않은 죄인들이 주를 거슬러 한 모든 완악한 말로 말미암아 그들을 정죄하려 하심이라 하였느니라"(유 1:14-15).

우리는 그때 이것(에녹전서 이야기)을 언급하지 않았습니다. 그것을 언급하는 것이 적절하지가 않았기 때문입니다. 그러나 이 말은 실제로 에녹전서에서 나온 것입니다. "아담의 칠대 손"이란 어구는 에녹전서 60:8절에서 발견됩니다. "불경건"이란 단어가 네 번이나 반복되는 것을 포함한 이 예언 자체는 1:9절에서 발견됩니다. 유다서가 1:14-15절에서 분명히 에녹을 참고하고 있는 것으로 보아 6절에서 "자기 지위를 지키지 아니하고 자기 처소를 떠난 천사들"이 심판을 받아 "큰 날의 심판까지 영원한 결박으로 흑암"에 갇혔다고 말하는 곳에서 어떻게 에녹을 참고하지 않을 수 있겠습니까?

베드로후서를 살펴보면 같은 상황을 발견하게 됩니다. 첫째, 베드로후서와 유다서는 베드로후서 2장의 대부분이 유다서와 유사하다는 점에서 밀접한 연관성을 가지고 있습니다. 그리고 다른 두 장에도 유사성이 있습니다. 이 점이 우리로 하여금 유다와 같이 베드로도 천사라는 해석을 아마도 알고 있었을 것으로 생각하게 합니다. 다시 말해 베드로는 범죄한 천사를 지칭하는 데 있어 유다의 언어와 비슷한 언어를 사용합니다. 그는 하나님의 천사 심판에 대해 그들을 "어두운 구덩이에 두어 (마지막) 심판 때까지 지키게" 하셨고, 하나님이 사람들을 홍수로 심판하시는 것에 대해 말하고 있습니다. 베드로전서에 있는 같은 내용의 영역으로 옮겨 봅니다. 거기에서 베드로는 다음과 같이 이야기 합니다. "그리스도께서도 단번에 죄를 위하여 죽으사 의인으로서 불의한 자를 대신하셨으니 이는 우리를 하나님 앞으로 인도하려 하심이라 육체로는 죽임을 당하시고 영으로는 살리심을 받으셨으니 그가 또한 영으로 가서 옥에 있는 영들에게 선포하시니라 그들은 전에 노아의 날 방주를 준비할 동안 하나님이 오래 참고 기다리실 때에 복종하지 아니하던 자들이라 방주에서 물로 말미암아 구원을 얻은 자가 몇 명뿐이니 겨우 여덟 명이라"(벧전 3:18-20).

이 본문은 예수님의 죽으심과 부활 사이에 지옥으로 내려가신 동안 이 타락한 천사들에게 특별한 사역을 하신 점을 더하고 있습니다. 이것은 예수님이 그들에게 복음을 제시했다는 의미가 아닙니다. 또 사후에도 구원을 위한 "제2의 기회", 즉 성경 다른 곳에서 부인하는 교리(히 9:27, 고후 6:2)가 있다는 것을 말하는 것도 아닙니다. 그것은 오히려 예수님이 죄와 마귀에 대한 승리를 귀신들에게 선포하시려는 것이었습니다. 베드로는 믿는 자들이 세상의 임금들 앞에서 증거 하는 것을 격려하기 위해 이 사건을 언급하고 있는 것입니다.[5]

다른 육체

창세기 6장에 대한 초자연적 해석을 선호하는 세 번째 이유는 베드로후서와 유다서에서 모두 천사들에 대한 하나님의 심판을 소돔과 고모라에 대한 하나님의 심판에 연결시키는 것, 특히 유다서가 두 번째 사건을 언급하는 것에 있습니다. 유다서의 언어 문제를 별도로 한다고 해도 그 연결은 분명히 대심판의 분명한 두 가지 본보기가 될 수 있을 것입니다. 그러나 유다서는 천사들의 죄에 대한 심판을 말한 후에 계속해서 "소돔과 고모라와 그 이웃 도시들도 그들과 같은 행동으로 음란하며 다른 육체를 따라 가다가 영원한 불의 형벌을 받음으로 거울이 되었느니라"(유 1:7)고 말함으로써 말을 더 많이 하는 것 같아 보입니다. 이 절에서 비교하는 것은 심판 자체의 문제가 아닙니다. 유다서는 "이와 비슷한 방법으로 소돔과 고모라는 심판을 받았다." 라고 말하고 있지 않습니다. 비교는 오히려 심판을 야기 시킨 죄의 영역에 있습니다. 그리고 이것은 유다서가 보여주듯이 특별한 종류의 성적인 죄였습니다. 최근의 어떤 영어본들에서는 이것을 "성적 부도덕과 성적 도착(倒錯)" 또는 "부자연한 정욕" 으로 번역함으로써 그 진의가 숨겨졌습니다. 그러나 흠정역(KJV)은 소돔인들에 대해 "그들 자신을 음란에 넘겨주고 다른 육체(sarkos heteras, 헬라어로 다른 색)를 좇는 자들" 이라고 말함으로써 헬라어 원문에 가까운 번역을 하고 있습니다. 소돔 사람들은 아브라함과 롯을 방문한 천사들과 성적 관계를 원해서 그렇게 했습니다(창 18-19장). 그 내포된 의미는 그들이 그렇게 함으로써 "비슷한 방법으로" 여인들과 관계를 원했던 창세기 6장의 천사들의 죄를 재현했다는 것입니다.[6]

이러한 천사의 육체와 인간의 육체의 가정(假定)적 결합에 대한 반대 견해는 천사들이 성이 없다고 생각하고 있다는 것에 기인합니다. 왜냐하면, 예수님이 이런 말씀을 하셨기 때문입니다. "부활 때에는 장가도 아니 가고 시집도 아니 가고 하늘에 있는 천사들과 같으니라"(마 22:30). 그러나 이것은 천사들이 성이 없다는 것이나 또는 그들이 여인들과 성행위를 하려고 했어도 할 수 없었다는 말과 같은 것은 아닙니다. 천국에서는 인간이 결혼을 하지 않을 것입니다. 그러나 그럼에도 남성이냐 여성이냐를 포함한 그들의 정체성은 계속 가지고 있을 것입니다. 그러므로 천사들도 성적 정체성을 가지고 있을 것입니다. 성경에서 천사들을 지칭할 때 남성 대명사 "he"를 쓰고 있고, 그들이 항상 남자들로 묘사되고 있는 것은 아마도 의미 있는 것이라고 봅니다. 그래서 헨리 모리스(Henry M. Morris)가 말한 것처럼 "예수님이 하늘에 있는 천사들이 결혼하지 않는다고 말씀하신 것이 반드시 하늘에서 쫓겨난 천사들이 그렇게 하지 못한다는 것을 의미한다고 볼 필요는 없다."[7]고 할 수 있습니다.

창세기 6장이 천사라는 견해를 증명하는 마지막 사항은 4절의 거인 또는 네피림이라는 언급입니다. "당시에 땅에는 네피림이 있었고 그 후에도 하나님의 아들들이 사람의 딸들에게로 들어와 자식을 낳았으니 그들은 용사라 고대에 명성이 있는 사람들이었더라."

여기서 보는 것 외에는 천사와 인간의 결합의 결과에 대한 정보가 없기 때문에 어떻게 그러한 결합이 거인들을 낳게 할 수 있는가를 논하는 것은 불가능합니다. 다만 이런 일이 일어날 수 있다는 것과 이것이 아마도 4절의 의미라는 것을 생각해 볼 수 있다는 말 외에는 더 할 말이 없습니다. NIV는 히브리 단어 네피림의 번역을 거부하고 단지 음역(音譯)함으로써 번역의 위험을 방지하고 있습니다. 그러나 민수기 13:33절에서 그 단어는 분명히 거인들을 의미합니다(그들이 반드시 천사들과 인간들의 결혼에 의해 출생한 자들이라고 보는 것은 아니지만). 이 결합이 고대의 "용사들"을 출산할 것이라는 것은 아주 자연스럽지 않습니까? 이 구절이 특별하게 "고대의 용사들"을 언급하고 있기 때문에 이것이 모든 고대 신화에 실질적으로 나오는 반인반신의 인물들 이야기의 기원일 가능성이 매우 높지 않습니까? 물론 호머(Homer) 이야기와 기타 작가들이 이야기를 과장해서 꾸밀 수는 있겠지만, 그들은 필시 대홍수 전의 이 고대의 걸출한 인물들의 기억을 반영하고 있는 것으로 봅니다.

한편에서는

이와 같은 연구는 아주 많은 기술적 세부 사항들이 연루되어 있어서 그 모든 사항에 대해 의심이 가기가 쉽고, 그래서 그 결과가 그리 문제가 되는 것인지 묻기가 쉽습니다. 한 면으로는 자연스런 해석이 아주 타당하고 그 논점이 잘 받아들여집니다. 그러나 나는 창세기 6장을 이렇게 보는 것은 실제로 중요한 점들을 놓치는 것이라고 확신합니다.

앞에서 우리는 자연스런 해석을 선호하는 이유의 하나로 그것이 창세기 4장과 5장의 일반적인 주제, 즉 경건한 계보와 불경건한 계보의 대조라는 주제와 잘 맞아 보이기 때문이라는 것을 지적한 바 있습니다. 그러나 이것이 창세기의 시작 부문에서 우리가 본 유일한 대조는 아닙니다. 뱀에 대해서는 어떻습니까? 사탄에 대해서는 어떻습니까? 인류를 멸망시키고 사람들로 하여금 하나님을 배반하고 자기를 따르게 하는 사탄의 욕망에 대해서는 어떻습니까? 만일 창세기 6장이 마귀적인 행동을 언급하는 것이 아니라면, 사탄은 분명히 창세기 3장 이후에 완전히 무대에서 사라지게 됩니다. 그러나 만일 창세기 6장이 인류를 망하게 하려는 사탄의 이어진 시도의 언급이라면, 그것은 하나님에게 뿐만 아니라 우리에게도 지속되는 사탄의 적개심을 기억나게 하는 것이 됩니다.

구원자에 대한 약속이 주어질 때 사탄은 동산 안에 있었습니다. 그는 하나님이 말씀하시는 것을 들었습니다. "내가 너로 여자와 원수가 되게 하고 네 후손도 여자의 후손과 원수가 되게 하리니 여자의 후손은 네 머리를 상하게 할 것이요 너는 그의 발꿈치를 상하게 할 것이니라"(창 3:15). 하와처럼, 그도 그 여자의 후손인 가인이 구원자라고 생각했을 것이 틀림없었을 것이고 그래서 그를 살인자로 만들려고 꾀했을 것이 틀림없습니다. 그는 성공했습니다! 사탄은 가인으로 하여금 아벨을 살해하게 함으로써 그를 타락시켰습니다. 그렇게 해서 아들 하나를 제거하고, 적임자가 아닌 다른 사람으로 구원자가 되도록 했습니다. 하지만 사탄은 실패했습니다! 그가 곧 알게 되겠지만 하나님은 그저 계속 동요하심 없이 결국은 구원자가 태어날 경건한 계보를 확립하셨기 때문입니다. 이 시점에서 사탄은 귀신들과 인간들을 결혼시킴으로써 전 인류를 타락시킬 계획을 고안해 냈습니다. 구원자가 귀신 들린 어머니에게서 태어날 수는 없습니다. 그래서 만일 사탄이 전 인류를 악에 물들게 하는 데에 성공한다면 구원자는 올 수가 없습니다. 이 사건을 서술함에 있어 창세기 6장은 사실상 이렇게 말합니다. "그런데 한편에서는 악한이 계속해서 그의 음모의 알들을 부화시키고 있다."

사탄은 오늘날도 계속 그 짓을 합니다. 그는 경험에 의해서 배우는 존재이기 때문에 오늘날 그는 홍수 이전보다도 많이 지혜로워지고 더 위험한 마귀가 되었습니다. 이것을 알고 또 "우리의 씨름은 혈과 육을 상대하는 것이 아니요 통치자들과 권세들과 이 어둠의 세상 주관자들과 하늘에 있는 악의 영들을 상대"(엡 6:12)하는 것임을 아는 사람은 사탄을 두려워해서 그를 패배시키신 예수님께 나아올 것입니다.

한편, 이러한 실용적 적용이 있습니다. 홍수가 사람들의 불경건에 대한 하나님의 실제 심판이었고, 결과적으로 앞으로 올 더욱 큰 심판에 대한 경고라는 사실을 조금도 손상시킴 없이 우리는 그것이 동시에 하나님의 놀라운 은혜의 역사임을 또한 알 수 있습니다. 왜냐하면, 사탄의 악마적인 타락 시도에 오염되지 않은 온전한 인류를 보존하시는 일에서 하나님은 실제로 구속자가 오시는 길을 계속 열어 놓으심으로써 우리의 구원을 예비하셨기 때문입니다. 만일 사탄이 성공했었다면 예수님은 태어나실 수도 없으셨고, 아담과 셋과 에녹과 나머지 모든 사람을 포함한 인류는 전체적으로 잃어버린 영혼들이 되었을 것입니다. 그러나 오염된 인류를 파괴하시고, 오염되지 않은 노아와 그의 오염되지 않은 직계 가족을 구원하시고 이 큰 죄를 실행한 귀신들을 마지막 심판 때까지 지옥에 가두심으로써 하나님은 예수 그리스도에 의해서 얻는 구원이 확실하고 가능하도록 하셨습니다.

● 각주 ●

1. Augustine, *The City of God*, book 15, 303.

2. Schaeffer, *Genesis in Space and Time*, 126.

3. C. F. Keil and F. Delitzsch, *Biblical Commentary in the Old Testament*, vol 1 *The Pentateuch*, trans. James Martin (Grand Rapids: Eerdmans, n.d.), 128.

4. R. H. Charles, *The Apocrypha and Pseudepigrapha of the Old Testament in English*, vol. 2, *Pseudepigrapha* (Oxford: The Clarendon Press, 1913), 163.

5. Cf. Bo Reicke, *The Epistels of James, Peter and Jude* (Garden City, N.Y. Doubleday, 1964)

6. 고린도전서에서 우리의 부활된 몸의 본질에 대한 바울의 논거가 이 해석을 지지하고 있다. 왜냐하면 그는 전혀 다른 것을 뜻하는 헤테로스(heteros) 라는 단어를 "하늘에 속한 형체" 의 영광과 "땅에 속한 형체" (고전 15:40)의 영광을 비교하면서 사용했다 . 한 절 전에 그는 사람의 육체, 짐승의 육체, 그리고 새의 육체 간의 다른 점을 말했다. 그러나 거기서 그는 같은 종류의 다른 것을 뜻하는 알로스(allos)라는 단어를 사용했다.

7. Morris, *The Genesis Record*, 166.

43

항상 악할 뿐

창세기 6 : 5-8

여호와께서 사람의 죄악이 세상에 가득함과 그의 마음으로 생각하는 모든 계획이 항상 악할 뿐임을 보시고 땅 위에 사람 지으셨음을 한탄하사 마음에 근심하시고 이르시되 내가 창조한 사람을 내가 지면에서 쓸어버리되 사람으로부터 가축과 기는 것과 공중의 새까지 그리하리니 이는 내가 그것들을 지었음을 한탄함이니라 하시니라 그러나 노아 는 여호와께 은혜를 입었더라

보는 눈이 있는 사람이라면 누구나 인간의 전적인 또는 철저한 부패라는 기독교 교리가 성경 전반에 걸쳐 발견된다는 것을 의심하지 않습니다. 그러나 그것을 가르치는 많은 구절들 중에 창세기 6:5절만큼 분명하고 포괄적 인 구절은 거의 없습니다. "여호와께서 사람의 죄악이 세상에 가득함과 그의 마음으로 생 각하는 모든 계획이 항상 악할 뿐임을 보시고" 라는 이 구절은 마르틴 루터에게 깊은 영향 을 주었고, 그는 이것을 로테르담의 에라스무스(Erasmus)에 대항한 투쟁에서 강력한 무기 로 사용했습니다. 에라스무스는 자유의지를 대표해서 논쟁을 했습니다. 그가 옹호하는 입 장은 사람들이 죄인이긴 하지만, 그럼에도 그들 안에 어느 정도의 선(善)이 있는데, 사람 들은 그 선을 통해서 죄에서 돌이켜 그리스도를 믿어 구원에 이를 수 있다는 것입니다. 그 러나 루터는 사람들 스스로의 힘으로는 죄 짓는 것 외에 아무 것도 할 수 없으며, 누군가가

예수 그리스도에게로 돌아온다면 그것은 오직 하나님이 이미 사전에 거기에 계셔서서 그들을 그렇게 하도록 힘을 주시고 움직이셨기 때문이라는 것을 옹호하는 입장이었습니다. 이후 몇 년이 지나 창세기에 대한 글을 쓸 때 루터는 이전의 논쟁을 언급하면서 그의 입장을 되풀이 했습니다. "성령님 없이는 그리고 은혜 없이는 사람은 죄 짓는 것 밖에 아무 것도 할 수 없고, 그래서 끝없이 죄 짓는 것을 계속한다." 그러나 "우리 죄에 대한 이 지식은 우리가 의롭게 되기 위해 우리 자신에 대해 완전히 절망하고 하나님께만 우리의 영광을 드린다는 점에서 우리 구원의 시작인 것이다."[1] 이 절망은 또한 우리 연구의 결과이기도 합니다. 우리가 얼마나 선한가를 두고, 또는 얼마나 선하게 되고 있는가를 두고 자축하는 대신에 우리는 구원을 위해 우리 자신에게서 돌이켜 그리스도만을 의지해야 합니다.

약한 견해

서구 기독교에 널리 퍼져있는 죄에 대한 견해는 이것보다 훨씬 약합니다. 다시 말해, 사람이 정말로 죄인이기는 하지만 그럼에도 그 안에 선한 점들이 있다는 것입니다. 즉, 적어도 하나님을 선택하는 능력이 어느 정도 남아있다는 것입니다. 심지어 인간의 철저한 부패를 견지하는 입장의 일부 학자들조차 이 낮은 견해를 부추기며 가르칩니다.

나는 인간의 죄와 그 결과로 인한 우리의 구원의 필요를 처음에 어떻게 배웠는지 기억합니다. 나는 그때 내가 자라난 펜실베이니아 서부 교외의 주일학교에 다녔었는데, 주일학교 선생님이 「진리의 말씀을 가르치기」(Teaching the Word of Truth) 라는 제목의 도널드 반하우스가 쓴 어린이 책에서 도표를 빌려와 예를 들며 우리 죄를 설명했던 기억을 합니다. 그 도표는 "하나님의 측정"(The Divine Measure)이라고 부르는 자막대기 모양을 둘러싸고 있었는데, 그것은 그림 왼쪽에 자리 잡고 있었습니다. 그것은 거룩함, 즉 완전함에 대한 하나님의 표준을 표시하는 것입니다. 그 자막대기 위로는 그 도표의 종이를 가로 질러 "그러므로 너희도 온전하라"(마 5:48 KJV)는 표제가 있었고, 그 표제에 밑줄이 쳐져 있었습니다. 이 세상 어느 누가 이 표준에 맞춰 산 사람이 있었습니까? 있습니다. 예수 그리스도가 이 표준에 맞춰 사셨습니다. 그분은 모든 면에서 완전하셨습니다. 그래서 그분을 표시하는 선(線)은 그 자막대기 옆으로 도표의 밑에서 맨 꼭대기까지 그려져 있었습니다. 그러나 그 외의 모든 사람들은 거기에 미치지 못했습니다. 이 도표는 "98%의 사람들", "90%의 사람들", "80%의 사람들", "70%의 사람들"이라고 표시한 다양한 일련의 선들을 보여주고 있었습니다. 그들은 인간적 표준으로는 괜찮은 편이었습니다. 그러나 그들은 하나님의 표준에 못 미쳤습니다. 이런 사람들을 특징짓는 데 두 개의 성경구절이 사용되었습니다. 로마서 3:23절의 "모든 사람이 죄를 범하였으매 하나님의 영광에 이르지 못하더니"와 로마서 4:2절의 "아브라함이 행위로써 의롭다 하심을 받았으면 자랑할 것이 있으려니와 하나님 앞에서는 없느니라." 요점은 사람들이 우리에게 아주 선하게 보이고, 또 실제로 인간적 기준으로 선할지도 모르지만 그럼에도 불구하고 그들은 하나님을 기쁘시게 하는데 실패하고 구주를 필요로 하는 자들인 것입니다.

나는 여기까지는 그 도표가 절대 옳은 것을 가르치고 있다는 것에 조금의 의심도 없습니다. 그것은 우리 중 누구도 완전하지 않다는 것과 우리는 구원에 있어서 하나님의 은혜를 필요로 한다는 것을 가르치고 있었습니다. 이 진리 때문에, 그리고 이 진리를 분명하게 가르치는 점 때문에 이 도표는 많은 사람들에게 그들의 필요를 깨닫게 하는 수단이 되어 왔습니다. 그 결과로 그들은 그 후에 그리스도를 믿게 되었습니다. 나 자신도 그것을 효과적으로 사용해 왔습니다. 그럼에도 불구하고 그 도표는 큰 약점을 하나 가지고 있습니다. 98%, 90%, 80%, 70%의 사람들을 예수님을 나타내는 선과 같은 장소에 나란히 나타냄으로써 그것은 불가피하게 인간의 선(善)이 예수님의 선과 본질적으로 같은 것이고, 그러한 사람들이 필요로 하는 것은 단지 자신들의 선함에 선함이 조금 더 더해져서 100%가 되는 것이라는 것을 암시하고 있다는 것입니다.

그것은 창세기 6:5절이 부인하고 있는 것입니다. 인간적 관점에서 보면, 어떤 사람들은 다른 사람들보다 더 선하다고 생각하게 하는 "선함"이 사람 안에 있다는 것은 의심의 여지가 없습니다. 그러나 이 선함을 하나님의 선하심과 혼동한다거나, 이 선에 대한 인간 표준을 하나님의 표준과 비교해서는 안 됩니다. 도표로 표시한다면 사람들은 감히 하나님의 도표에 나타날 수조차 없습니다. 만일 표시한다면 그 선(線)은 완전을 향한 위로 그어지는 것이 아니라, 하나님과 그분의 거룩하심을 거스리는 아래로 다양한 등급으로 그어져야 합니다. 하나님은 사람들이 단순히 그분의 표준을 충족시키는 데 실패했다고 말씀하지 않으십니다. 그분은 그들의 마음에서 나오는 생각들이 "항상 악할 뿐"이라고 말씀하십니다.

얼마나 악할 수 있는 것인가?

창세기 6:5절은 창세기 1장과 대조해 봐야만 합니다. 창세기 6:5절에서 우리가 "여호와께서 사람의 죄악이 세상에 가득함과 그의 마음으로 생각하는 모든 계획이 항상 악할 뿐임을 보시고"라는 말씀을 들을 때, 우리는 창세기 1장에서 하나님이 만드신 것에 대해 "하나님이 보시기에 좋았더라"(창 1:4, 10, 12, 18, 21, 25, 31)라는 말씀이 여러 번 나왔던 것을 생각하게 됩니다. 하나님이 만드신 세상이라면 어떻게 좋지 않을 수가 있겠습니까? 그런데 지금, 창세기 6장에서 처음에 좋은 세상을 보셨던 하나님이 사람을 지으신 것에 대해서 "한탄하사" 모든 살아있는 피조물들, 즉 사람으로부터 가축과 기는 것과 공중의 새까지 지면에서 쓸어버리기로 작정을 하십니다. 하나님의 생각을 바꾼 것이 무엇입니까? 바로 죄입니다! 특히 그것은 단순한 불완전으로서의 죄가 아니라, 하나님의 의도에 철저히 적대적이고, 마시는 물에 탄 독약처럼 치명적으로 영향을 주는 것으로 간주되는 "죄"입니다.

이 구절이 우리에게 말해 주는 첫 번째 사항은 죄는 내적인 문제라는 것입니다. 다시 말하면, 그것은 단지 간음, 도적질, 살인 및 기타 범죄처럼 외적인 행동에 관련된 문제가 아니고, 마음의 생각에 관련된 문제입니다. 그 구절은 말씀합니다. "여호와께서 사람의 죄악이 세상에 가득함과 그의 마음으로 생각하는 모든 계획이 항상 악할 뿐임을 보시고." 이것은 물론 하나님이 말씀하셔야 합니다. 왜냐하면, 여러분이나 나는 사람의 마음의 생각을 보지 못하기 때문입니다. 우리는 밖으로 나타난 모습만 봅니다(사람은 외모를 보거니와 여호와는 중심을 보느니라 하시더라 - 삼상 16:7). 우리는 한 사람이 살인 하는 것을 보고 이렇게 말합니다. "바로 저 사람이 살인자다." 그 사람의 외적 행동을 보고나서야 그 사람이 내적으로 어떤 사람이라는 판단으로 이어집니다. 다른 방법으로는 그런 판단을 할 수가 없습니다. 그러나 하나님은 마음을 보시고 그 사람이 비록 어떤 이유로든 간에 실제로 다른 사람을 죽이지 않았다고 해도 살인자라고 우리에게 말씀하시는 것입니다. 우리는 이렇게 말합니다. "그는 살인을 하기 때문에 살인자다." 하나님은 이렇게 말씀하십니다. "그는 살인자이기 때문에 살인을 한다."

우리 주님도 이 말씀을 하셨습니다. 그 당시 종교 지도자들은 사람이 "부정한" 음식을 먹으면 더럽게 된다고 생각했습니다. 예수님은 사람이 더럽게 되는 것은 그 안으로 들어가는 것에 의하는 것이 아니라, 정말로 모든 악한 것들이 나오는 그 사람의 마음의 상태에 따르는 것이라고 가르치셨습니다. "입으로 들어가는 모든 것은 배로 들어가서 뒤로 내버려지는 줄 알지 못하느냐 입에서 나오는 것들은 마음에서 나오나니 이것이야말로 사람을 더럽게 하느니라 마음에서 나오는 것은 악한 생각과 살인과 간음과 음란과 도둑질과 거짓 증언과 비방이니 이런 것들이 사람을 더럽게 하는 것이요 씻지 않은 손으로 먹는 것은 사람을 더럽게 하지 못하느니라"(마 15:17-20).

창세기 6:5절이 말해주는 두 번째 사항은 죄가 파급력이 있다는 것입니다. 다시 말해서 죄가 우리의 생각하고 행동하는 것을 조종하는 마음에서 나오기 때문에 죄는 필연적으로 우리 존재에 영향을 주어서 우리가 생각하고, 행동하고, 계획하는 것이나 또는 우리가 현존한다는 것 중 그 어느 것도 그 영향을 받지 않는 것이 없습니다. 이것이 창세기 6:5절는의 요점입니다. 5절은 "(사람의) 마음으로 생각하는 모든 계획이 항상 악할 뿐"이라고 말씀합니다.

우리는 이것을 조심스럽게 설명할 필요가 있습니다. 사람들의 전적 부패(오직 항상 악할 뿐이다라는 말의 좋은 신학적 용어)를 말할 때, 그것은 그들이 선하다고 부르는 어떤 일도 절대 안 한다거나 또는 진정한 선의 방향에 대한 열망이 전혀 없다는 것을 의미하는 것이 아니기 때문입니다. 우리가 의미하는 것은 오히려 그들의 최선조차도 그들의 본질적인 죄성으로 인해 항상 파괴된다는 것입니다. 도널드 반하우스는 그의 저술에서 한 목마른 사람을 상상합니다. 그가 병원에 갔는데 목이 말라 물 잔을 집어 들고 살균된 물이 있는 냉각기 앞으로 가서 물을 마시려고 잔에 물을 채웁니다. 그러자 물 잔이 거품을 조금 내기 시작합니다. 그는 의사에게 물 잔에 무엇인가가 들어 있었는지 묻자 의사가 "예, 디프테리아 물약이 들어있습니다." 라고 대답했습니다. 그 사람은 황급히 물 잔을 내려놓습니다.

그 물이 순수하지가 않아서 내려놓았겠습니까? 그 물은 순수했습니다. 그러나 마실 수 없도록 물 잔에 약이 들어있었습니다. 그것은 인간 마음에서 나오는 죄와 같은 것입니다. 그것은 모든 것을 더럽게 합니다.

이 때문에 사람들을 있는 그대로 보시는 하나님이 인간의 상태를 심하게 말씀하시는 것입니다. 예레미야 17:9절는 에서 이런 말씀을 합니다. "만물보다 거짓되고 심히 부패한 것은 마음이라 누가 능히 이를 알리요." 시편 5:9절는 은 이렇게 선언합니다. "그들의 입에 신실함이 없고 그들의 심중이 심히 악하며 그들의 목구멍은 열린 무덤 같고 그들의 혀로는 아첨하나이다." 시편 14:3절는 이 이에 추가합니다. "다 치우쳐 함께 더러운 자가 되고 선을 행하는 자가 없으니 하나도 없도다." 이 말씀들과 구약의 다른 구절들을 인용한 바울은 로마서 3장에서 포괄적인 선언을 합니다.

기록된 바 의인은 없나니 하나도 없으며 깨닫는 자도 없고 하나님을 찾는 자도 없고 다 치우쳐 함께 무익하게 되고 선을 행하는 자는 없나니 하나도 없도다 그들의 목구멍은 열린 무덤이요 그 혀로는 속임을 일삼으며 그 입술에는 독사의 독이 있고 그 입에는 저주와 악독이 가득하고 그 발은 피 흘리는 데 빠른지라 파멸과 고생이 그 길에 있어 평강의 길을 알지 못하였고 그들의 눈 앞에 하나님을 두려워함이 없느니라 함과 같으니라 (롬 3:10-18)

그러나 온유하시고, 사랑이시고, 자비로우신 "죄인들의 친구" 이신 예수님은 어떻습니까? 나는 "필라델피아개혁신학협의회"(Philadelphia Conferences on Reformed Theology)에서 로저 니콜(Roger R. Nicole)이 발표한 발표문의 한 부분을 기억합니다. 그 제목은 "예수님의 가르침에 나타난 은혜의 교리" 였습니다. 그것은 특별히 예수님의 인간 악에 대한 견해를 강조했습니다. 니콜은 이렇게 기술했습니다.

인간에게 보여주신 모든 관심과 자비와 사랑을 가지신 우리 주 예수 그리스도는 사람의 상태에 대해 아주 생생하게 묘사를 하셨다. 그분은 인간 죄의 중함에 대해 솔직하게 말씀하셨다. 그분은 사람에 대해 맛을 잃은 소금이라고 말씀하셨다(마 5:13). 그분은 사람에 대해 나쁜 열매를 맺는 못된 나무라고 말씀하셨다(마 7:17). 그분은 사람에 대해 악하다고 이런 말씀을 하셨다. "너희가 악할지라도 좋은 것을 자식에게 줄 줄 알거든"(눅 11:13). 한 번은 그분이 눈을 들어 하늘을 향해 "악하고 음란한 세대"(마 12:39), 그리고 "악한 세대"(마 12:45) 라고 말씀하셨다. 무엇이 진정 더럽고, 무엇이 진정 깨끗한가를 다루는 한 훌륭한 구절에서 그분은 마음에서 나오는 것은 살인과 간음과 악한 생각과 그와 같은 것들(막 7:21-23)이라는 놀라운 말씀을 하셨다. 그분은 사람들의 마음의 완악함을 인하여 특별히 허용된 계명을 준 모세에 대하여 말씀하셨다(마 19:8). 부유한 관원이 그분에게 다가와 "선한 선생님이여" 라고 말하자 예수님은 "하나님 한 분 외에는 선한 이가 없느니라"(막 10:18)고 말씀하셨다…

예수님은 사람들, 심지어 그 나라의 지도자들까지도 포도원의 악한 종들에 비유하셨다(마 21:33-41). 그분은 덕이 높은 상류 계급이고 사회에서 상류층인 가장 훌륭하다고 여겨진 서기관들과 바리새인들을 비난하시며 그들의 죄를 드러내셨다(마 23:2-39).

예수님은 사람의 부패에 대한 근본적인 말씀을 요한복음 3:6절에서 하셨다. "육으로 난 것은 육이요 영으로 난 것은 영이니." 그분은 사람에게서 은혜를 받아들이기를 원하지 않는 것을 보셨다. "내게 오기를 원하지 아니하는도다"(요 5:40), "하나님을 사랑하는 것이 너희 속에 없음을 알았노라"(요 5:42), "너희가(나를) 영접하지 아니하나"(요 5:43), "어찌 내 말을 믿겠느냐"(요 5:47). 이러한 말씀은 요한복음에 반복적으로 나타난다. "세상의 일들을 악하다"(요 7:7), "너희 중에 율법을 지키는 자가 없도다"(요 7:19), "너희 죄 가운데서 죽겠고"(요 8:21), "너희는 아래에서 났고"(요 8:23), "그는 처음부터 살인한 자요…거짓말쟁이요 거짓의 아비가 되었음이라"(요 8:44), "하나님께 속하지 아니하였음이로다"(요 8:47), "너희가 내 양이 아니므로 믿지 아니하는도다"(요 10:26), "나를 미워하는 자는 또 내 아버지를 미워하느니라"(요 15:23-25). 이런 식으로 주님은 유대인 지도자들에게 말씀하셨다. 그분은 그들이 하나님을 기쁘시게 하는 일에 전혀 무력하다는 것을 표면화시키셨다.

다른 방향으로 접근을 해 봐도 역시 그분은 사람의 몰이해성을 보여주셨다. 다시 말해, 하나님을 알고 이해하는 데 있어 사람의 전적인 무능력함을 보여주신 것이다. 여기서 우리는 또 아들이 계시한 자 외에는 아무도 아버지를 알지 못한다(마 11:27)는 것을 보여주는 여러 구절들을 본다. 그분은 사람을 맹인이 맹인을 인도하는 것으로 비유하셨다(마 15:14). 그분은 예루살렘 자신이 하나님의 목적을 알지도 이해하지도 못해 그 결과, 구원에 관계된 중요한 일을 무시했다고 말씀하셨다(눅 19:42). 요한복음은 믿지 않는 자는 하나님의 아들을 믿지 않았으므로 이미 심판을 받았다고 말씀하신 것으로 기록하고 있다(요 3:18). "그 정죄는 이 것이니 곧 빛이 세상에 왔으되 사람들이 자기 행위가 악하므로 빛보다 어둠을 더 사랑한 것이니라"(요 3:19). 그분은 은혜를 입은 자만이 어두움에 다니지 않고 생명의 빛을 얻는다고 말씀하셨다(요 8:12). 예수님은 사람이 그의 비참한 상태에서 구출되려면 하나님의 강력한 역사로 구원받는 것이 필수적임을 강조하셨다(요 3:3,5,7-16). 주기도문에서 조차 주님은 우리에게 "우리 죄를 사하여 주시옵고"(마 6:12) 라고 기도하도록 가르치셨다. 이 기도는 우리가 계속 반복할 필요가 있는 것이다. 그분은 이렇게 말씀하셨다. "병든 자에게라야 (의사가) 쓸 데 있느니라"(마 9:12). 우리는 우리를 돕고 치료해 줄 의사가 필요한 바로 그 병든 사람들이다. 그분은 우리가 수고하고 무거운 짐 진 자들…(마 11:28)이라고 말씀하셨다. 주님이 아주 기꺼이 받으시는 사람들은 이 필요 의식을 가지고 있고, 그래서 그들이 행한 일로 충분하다고 생각하지 않고 주님에게 나아오는 사람들이다. 그분이 받으신 사람들은 그들의 부족함으로 인해 찢어지고 상처 난 마음을 가지고 온 사람들이다.[2]

이상의 본문들을 이처럼 개관하고 나면 사람의 죄에 대해 말 할 수 있는 모든 것이 다 전해졌다고 생각할 수 있습니다. 그러나 창세기 6:5절은 아직도 또 다른 매우 중요한 사항을 더해 줍니다. 죄는 내적이고 외적일 뿐만 아니라, 우리가 생각할 수 있고 행할 수 있는 모든 것에 영향을 줌으로써 퍼져가는 것입니다. 그것은 또한 지속성을 가지고 있습니다. 하나님의 판단으로 우리는 "오직 항상 악"을 행하기 때문입니다. 우리의 관점으로 보면 그와 같은 표현은 도저히 믿을 수 없는 것입니다. 우리는 다른 사람들, 곧 아무리 악한 사람들에게조차도 그런 말을 안 할 것입니다. 우리는 분명히 우리 자신에게도 그렇게 하지 않을 것입니다.

그러나 이것은 하나님이 말씀하신 것입니다. 모든 것을 보시고 마음을 보시는 하나님은 신실하신 분입니다. 한 주석가가 이런 묘사를 했습니다. "그것이 편견을 가진 죄 있는 인간의 펜으로 묘사되었다면 그것은 도저히 진실 된 것이라고 생각할 수 없을 것이다. 그러나 이것은 사람의 증거가 아니고 사물을 있는 그대로 정확하게 보시는 하나님의 증거이며 그분의 오류가 없는 선언은 사람의 생각이 예외 없이 순수하게, 그리고 중단됨 없이 악하다는 것이다.”[3]

노아는 총애를 받았다

하나님께 반역하는 전적으로 부패한 사람의 색깔 없는 캄캄한 그림을 그릴 수 있다고 생각하기가 어렵습니다. 그러나 인간의 죄에 대한 하나님의 진노의 암운(暗雲)이 매우 위협적으로 다가온 바로 이 때 작은 틈이 나타납니다. 은혜의 빛이 들어옵니다. 그리고 약속의 새 날이 밝아옵니다.

오래 된 흠정역(KJV 또는 AV)은 이렇게 말합니다. “노아는 은혜(grace)를 입었더라.” 그러나 “은혜” 라는 단어나 “총애”(favor) 라는 단어는 히브리어 헨(hēn)을 번역한 것이며, 중요한 것은 이것이 성경에 처음으로 나타나는 개념이라는 것입니다. 물론 아담과 하와가 죄를 범했을 때 은혜를 입은 것은 사실입니다. 공의만 있었다면 그들을 영원히 어두운 밖으로 내 보냈을 것입니다. 셋과 에녹 그리고 다른 모든 사람이 은혜를 입었습니다. 그러나 여기서는 처음으로 은혜라는 말이 뚜렷이 언급됩니다. 이것이 타락으로 인한 악이 절정에 달한 시점에서 나온 말이기 때문에 이것은 생명이 지속되는 한, 악이 얼마나 심한가에 관계없이 하나님의 은혜를 찾을 기회가 항상 있다는 것을 가리킵니다. 그 은혜는 오직 한 곳, 예수 그리스도가 그분의 백성의 구원을 위해 죽으신 역사 속에서만 찾을 수 있습니다. 노아는 그리스도의 장래 역사에 대해 자세히 알 수 없었을 것입니다. 그러나 그는 구원자가 오실 것을 미리 내다 보았고, 그의 삶을 그것에 맞추어 살았습니다.

노아가 일을 해서 은혜를 얻은 것이 아님을 주목해 보십시오. 노아는 은혜를 입었습니다. 그는 기꺼이 그의 죄성과 반역성에 대한 하나님의 심판을 받아들이고 그의 소망을 구주에게 두었습니다. 오늘날도 마찬가지입니다. 우리는 하나님께 요구할 권리가 없습니다. 우리는 하나님의 공정하신 진노와 궁극적인 우리의 파멸 외에는 어떤 것도 얻을 것이 없습니다. 그러나 예수 그리스도 안에서 하나님의 은혜를 입을 수 있습니다.

● 각주 ●

1. Luther, *Luther's Works*, vol. 2, 40-41.

2. Roger R. Nicole, "The Doctrines of Grace in Jesus' Teaching," in *Our Sovereign God: Addresses Presented to the Philadelphia Conference on Reformed Theoplogy 1974-1976*, ed. James M. Boice (Grand Rapids: Baker, 1977), 38-41.

3. George Bush, *Notes on Genesis*, vol. 1 (Minneapolis: James Family Christian Publishers, 1979), 120. Original edition 1860.

44

노아

창세기 6 : 9-10

이것이 노아의 족보니라 노아는 의인이요 당대에 완전한 자라 그는 하나님과 동행하였으며 세 아들을 낳았으니 셈과 함과 야벳이라

찰스 스펄전(Charles H. Spurgeon)이 1855년 런던에서 처음 설교를 시작했을 때, 아마도 그는 그 당시 어느 누구보다도 많은 조롱을 받았을 것입니다. 사람들은 말하기를 그가 유행에 뒤떨어진 하찮은 것을 설교한다고 했습니다. 많은 사람들이 그의 설교를 들으러 왔지만, 당시의 궤변적인 해설가들은 오합지졸로부터 받는 그의 인기는 오래 가지 못할 것이라고 조롱을 했습니다. "로켓처럼 위로 올라갔다가 막대기처럼 내려온다." 라는 것이 그들의 판단이었습니다. 그러나 스펄전은 비록 자기가 홀로 서 있지만 흔들리지 않는 하나님의 말씀 위에 서 있다고 말하며 버티고 나갔습니다. 그는 50년 후에는 자신이 옳았다는 것이 입증될 것과, 지금 자신을 조롱하는 자들이 수치를 당할 것을 알고 조롱 받는 것을 기꺼이 받아들이겠다고 말했습니다. 오늘날 우리는 스펄전을 기억하지만, 그의 비방자들에 대해서는 이름조차도 생각해 낼 수 없습니다.

하나님의 사람들은 항상 이렇습니다. 아타나시우스(Athanasius)도 홀로 서 있었습니다. 루터(Luther)도 홀로 서 있었습니다. 낙스(Knox)도 홀로 서 있었습니다. 그들의 시대에 그들은 조롱을 받고, 위협을 받고, 때로는 그들의 신앙이 핍박조차 받았습니다. 그러나 그들은 결코 흔들리지 않는 하나님의 말씀과 믿음을 가지고 있었습니다.

고독한 성자

노아의 경우도 그랬습니다. 그는 방주의 건축자이며, 그의 이야기가 창세기 다음 주요 부문에 기록되어 있습니다. 우리는 "이것이… 의 내력(또는 족보)" 이라는 어구의 반복으로 창세기가 나누어지고 있는 것을 이미 살펴 본 바 있습니다. 그 어구는 열 한 곳에서 발견 됩니다(2:4, 5:1, 6:9, 10:1, 11:10, 27, 25:12, 19, 36:1, 9, 37:2). 노아의 야기가 시작되는 여기서 그 하나가 나타납니다. "이것이 노아의 족보니라"(창 6:9). 그의 이야기는 창세기 6-9장에 걸쳐 진행됨으로써 지금까지 창세기에 있는 어떤 개인의 이야기보다 긴 이야기가 되고 있습니다. 그것은 대단히 악한 상황 가운데서 충성된 인내를 보여주는 이야기, 고독한 성자의 이야기입니다.

노아는 아담에서 셋을 통한 경건한 계보의 마지막 후손입니다. 홍수 때에는 그 조상들은 이미 모두 죽은 상태였습니다. 그러나 모든 시대를 통틀어 의로운 사람들이 그랬던 것처럼 그들이 이룬 일은 그들의 죽음 이후에도 영향력을 발휘했습니다. 노아의 경우에 있어서 그는 좋은 교훈을 얻었습니다. 노아가 태어났을 때 그 조상들 중 여섯 명이 아직 살아 있었습니다. 그들은 에노스, 게난, 마할랄렐, 야렛, 므두셀라, 그리고 노아의 아버지 라멕이었습니다. 우리는 이 사람들에 대해서 많이 알고 있지 못합니다.

그러나 노아는 에녹이 다가올 심판을 전파했던 것을 기억하고 있었을 것이고, 노아의 생각 속에 므두셀라의 이름(그가 죽으면 그것이 올 것이다)의 의미가 계속해서 귓가를 맴돌았을 것임을 우리는 확신할 수 있습니다. 그가 주님의 길을 그의 아버지 라멕에게서 배웠을 것임도 의심의 여지가 없습니다. 이 라멕은 경건한 사람이었습니다(4장의 라멕과 대조해 보십시오). 노동의 어려움과 수고의 고통을 생각하면서 그는 이것이 아담의 죄에 대한 심판의 일부로 하나님이 땅을 저주하신 결과였다는 것을 겸손히 인정했습니다. 노아라는 이름이 "위로" 또는 "안식"을 의미하는 것으로 보아서 어쩌면 라멕이 하나님의 사람들에게 약속하신 노동으로부터의 마지막 안식을 내다보며 그 아들의 이름을 지었는지도 모릅니다.

노아는 믿음의 환경에서 자라났고, 그는 하나님의 은혜로, 기대한 대로 되었습니다. 성경은 말씀합니다. "노아는 의인이요 당대에 완전한 자라 그는 하나님과 동행하였으며"(창 6:9) 이 때문에 그는 홍수 전 세대의 불경건에 대항하여 하나님을 대신해서 그리고 하나님과 함께 맞설 수가 있었습니다.

은혜의 모든 것

노아는 어떻게 하나님 앞에 완전한 자가 되었는가에 답을 하기 위해 우리는 그 앞에 나오는 8절 말씀으로 돌아가 봅니다. 이런 말씀이 있습니다. "그러나 노아는 여호와께 은혜를 입었더라." 어떤 사람들은 이 구절을 노아가 의로웠고 완전한 삶을 살았기 때문에 하나님의 은혜를 찾은 것처럼 이해합니다. 그러나 그것이 아닙니다. 그렇게 읽는 것은 실제를 거꾸로 이해하는 것입니다. 9절은 8절 앞에 오는 것이 아닙니다. 뿐만 아니라 그 두 절 사이에 마치 "노아가 의로웠기 **때문에** 은혜를 입었다." 라고 말씀하는 것처럼 연결해 주거나 또는 원인을 나타내는 분사조차도 없습니다. 실제로 노아의 의는 그가 은혜를 입은 결과였고, 따라서 은혜의 근거가 아니라 그 증명인 것입니다.

이것이 위대한 성경의 원리입니다. 하나님의 은혜는 언제나 그 무엇보다 앞서 온다는 것입니다. 우리는 성화되지 못한 상태에서 하나님이 우리가 본질적으로 어떤 사람인가, 우리가 무엇을 이루어 놓았나, 우리가 무엇이 될 수 있는가에 따라 우리를 사랑하신다고 생각합니다. 그러나 하나님은 그런 것 때문에 우리를 사랑하시는 것이 아닙니다. 뿐만 아니라 그런 것 때문에 우리에게 은혜로우신 것이 아닙니다. 그분은 오직 우리를 사랑하시기 때문에 우리를 사랑하십니다. 그분은 오직 은혜로우신 분이기 때문에 우리에게 은혜로우십니다. 나중에 우리는 성경에서 이것이 모범적인 언어로 명백히 규정된 것을 발견하게 됩니다. 하나님이 모세를 통해 그분이 백성을 사랑하시는 이유를 말씀하십니다. "여호와께서 너희를 기뻐하시고 너희를 택하심은 너희가 다른 민족보다 수효가 많기 때문이 아니니라 너희는 오히려 모든 민족 중에 가장 적으니라 여호와께서 다만 너희를 사랑하심으로 말미암아, 또는 너희의 조상들에게 하신 맹세를 지키려 하심으로 말미암아(그렇게 하신 것이니라)"(신 7:7-8).

이 문장의 일부는 즉각적으로 이해가 됩니다. 즉, 부정입니다. 그것은 아주 분명합니다. 그러나 문장의 나머지 부분은 잘 이해가 되지 않습니다. 하나님은 이스라엘을 그들이 수효가 많기 때문에 사랑하신 것이 아니고, 그분이 그들을 **사랑하셨기 때문에** 그들을 사랑하신 것입니다. 내가 너를 사랑하기 때문에 너를 사랑한다는 논리는 은혜의 논리입니다. 은혜는 은혜입니다. 만일 은혜가 우리 안의 어떤 것에라도 그 근거를 두고 있다면, 그것은 은혜가 아닙니다. 우리 안의 어떤 것도 은혜 근처에도 못 갑니다. 우리 안에는 하나님의 호의를 끌어 올 수 있는 어떤 것도 없기 때문입니다. 그럼에도 은혜는 받을 가치가 없는 우리에게 그리고 다른 사람들에게 오는 것입니다.

그러나 그것보다 더 놀라운 일이 있습니다. 우리가 받을 가치가 전혀 없는 것이 아닙니다. 우리는 받을 가치가 있습니다. 하지만 그것은 정반대의 가치입니다. 우리는 하나님의 진노를 받을 가치가 있는 죄인들입니다. 그러나 바울이 말한 것처럼 "우리가 아직 죄인 되었을 때에 그리스도께서 우리를 위하여 죽으심으로 하나님께서 우리에 대한 자기의 사랑을 확증하셨느니라"(롬 5:8) 하신 것입니다. 노아가 이 은혜를 입었습니다. 그리고 그 은혜는 그의 삶을 변화시켰습니다.

하나님과 동행하기

하나님의 은혜가 노아의 삶을 변화시켰다고 보는 세 가지 근거가 있습니다. 첫째, 그는 "의로운 사람"이 되었다고 했습니다. 노아가 성경에서 의로웠던 첫 번째 사람이 아니었지만, 성경에 이런 언급이 있는 것은 노아가 처음입니다. 성경에서 하나님의 은혜를 처음 언급한 것과 관련해서 이 말을 여기서 한 것은 중요합니다. 그것은 은혜의 첫 열매 또는 첫 표현이기 때문입니다. 예수님도 그분을 사랑한다고 고백하는 사람들에게 같은 말씀을 하셨습니다. "너희가 나를 사랑하면 나의 계명을 지키리라"(요 14:15). 사도 요한도 서신을 쓰면서 같은 말을 했습니다. "우리가 그의 계명을 지키면 이로써 우리가 그를 아는 줄로 알 것이요"(요일 2:3).

우리는 이 진리를 허둥지둥 끝내서는 안 됩니다. 그것은 단순히 노아에게 적용될 뿐만 아니라 우리에게도 적용됩니다. 또한 그것은 우리에게 있어서 추정적인 삶을 점검하는 가치를 지니기도 합니다. 우리(신학을 아는 우리)는 이와 같은 말이 갖는 힘을 우리 행동에 보다는 하나님 앞의 우리 신분에 적용함으로써 간단히 처리해 버리는 경향이 있습니다. 그 단어가 "의로운"(just)이란 뜻으로 정확히 번역될 수 있기 때문에, 그리고 우리가 예수 그리스도의 역사를 통해 믿음으로 의롭게 되었다는 것을 알기 때문에 우리는 이것을 칭의로만 생각하여 그 단어의 힘을 간단히 처리해 버리는 경향을 갖습니다. 우리는 이렇게 말합니다. "결국 노아는 의로워진 사람이 아니냐? 그리고 우리도 또한 그리스도의 역사로 의로워지지 않았느냐? 그 의미는 그것이 전부다." 그러나 그것이 전부가 아닙니다. 노아는 분명히 오실 구속자이신 예수 그리스도에 대한 믿음으로 하나님에 의해서 의롭게 되었습니다. 우리도 같은 방법으로 의로워졌습니다. 그러나 이 구절이 말하는 것은 그것이 아닙니다. 그것이 말하고 있는 것은 우리가 반드시 알 필요가 있는 것입니다. 다시 말해, 만일 우리가 의로워졌다면 우리는 의로운 행동을 시작할 것입니다. 만일 우리가 의롭게 행동하지 않는다면, 우리가 의로워졌다는 주장은 단순한 추정인 것이고, 우리가 현재 가지고 있는 믿음은 단순히 야고보가 말한 죽은 믿음, 아무도 의롭게 하지 못하는 믿음인 것입니다(약 2:14-26). 우리는 의롭게 행합니까? 우리는 하나님의 의를 인격에서, 사업에서, 가정생활에서, 그리고 일반적인 도덕성에서 나타내 보여주고 있습니까?

우리는 여기서 노아가 단순히 "의인"이었다고만 말한 것이 아님을 주목해야 합니다. 그는 또한 "의를 전파하는 자"(벧후 2:5)였다고 말하고 있습니다. 노아는 그의 증조부 에녹이 했던 것과 똑같이 의를 전파한 것입니다. 그가 전파를 할 수 있었던 이유는 그 자신이 의로웠기 때문이었습니다. 오늘날 왜 더 많이 의를 전파하지 않는가 하는 이유는 그리스도의 이름을 고백하는 자들이 종종 의로운 삶을 살고 있지 않기 때문이라는 결론을 낼 수 있습니다.

우리가 의롭게 살고, 우리 시대에 의를 권하는 일이 얼마나 필요한지 세상이 그것을 소리쳐 요구하고 있습니다. 얼마 전에 나는 펜실베이니아대학교의 정기 간행물 「가제트지」(Gazette)에서 앨버트 홉스(Albert Hobbs)라는 이름의 사회학과 교수에 대한 기사를 읽은 적이 있습니다. 그 기사에 의하면 그는 인간 도덕성의 결여를 유전자나 환경 탓으로 너그러이 봐주는 것에 동의하지 않고 절제와 절약과 개인의 책임, 그리고 열심히 일하는 "옛 도덕성"으로 돌아갈 것을 요구했던 것 때문에 여러 번 승진에서 탈락되었었습니다. 프랭클린 루즈벨트(Franklin D. Roosevelt) 대통령의 자문위원의 한 사람이었던 가이 터그웰(Guy Tugwell)은 이렇게 말했습니다. "사람의 성품은 잊어버리시오." 이에 대해 홉스가 대답했습니다. "말씀 드리건대 당신은 개인적 성품을 잊어버릴 수가 없습니다… 사람 안에 타고나는 것은 선의 잠재력과 아울러 악의 잠재력이고, 또한 사람들이 옳고 그름과 선과 악의 사이에서 그 차이를 구별하는 것을 배울 때까지 당신은 몹시 힘이 들 것입니다." [1] 그리스도인들이 성경과 예수 그리스도의 도덕성을 가리키기에 얼마나 좋은 기회입니까? 그리스도의 능력으로만이 그러한 도덕성을 획득할 수가 있는 것입니다.

둘째, 하나님의 은혜가 노아의 삶을 변화시켰다고 말하는 근거는 그의 시대에 다른 사람들과의 관계에 있습니다. 이 면에서 그는 "완전한 자" 였습니다. 이 단어는 그 앞에 나온 "의" 의 개념과 밀접히 관계되어 있습니다. 그 두 단어는 합쳐서 옳은 것에 대한 외적인 행위와, 의로운 행동이 나오게 하는 내적인 올바른 상태를 포함하는 의미로 볼 수 있습니다. 그러나 이 문맥에서 두 번째 단어는 아마도 노아 때의 사람들이 어떻게 그를 인식했느냐와 관계되는 것으로 볼 수 있을 것 같습니다. 그 의미는 노아가 하나님 앞에서 올바르게 행동했다는 것뿐만 아니라, 또한 그를 지켜보는 세상의 눈에 완전하게 드러나도록 행동했다는 것과 같습니다. 우리도 이렇게 하고 있습니까? 혹 우리는 세상으로 하여금 우리가 세상과 차이가 없다는 결론을 내도록 하는 말과 행동으로 우리의 신앙고백을 타협하고 있지는 않습니까?

셋째, 노아는 "하나님과 동행했다."고 했습니다. 이것이 하나님의 은혜가 그의 삶에 영향을 준 근거이며, 이 근거는 다른 두 근거와 밀접히 연관되어 있습니다. 우리는 "그는 하나님과 동행했다."고 똑같이 언급된 에녹의 경우에서도 세 가지 인식이 함께 표현되었음을 기억합니다. 그것은 그가 다가오는 심판을 알고 있었다는 것과, 홍수의 원인이 된 그의 시대의 불경건과, 그가 하나님과 동행하기였습니다. 의심할 바 없이 각각의 사항이 다른 사람들에게 영향을 주었습니다. 노아가 하나님의 심판을 생각하면 할수록 그의 주변 사람들의 불경건을 더 많이 알게 되었습니다. 그들의 불경건을 알면 알수록 그는 하나님과 더욱 가까이 동행했습니다. 하나님과 가까이 동행하면 할수록 그는 심판에 대해 더 많이 알게 되었습니다. 다시 말해, 하나님과 가까이 동행할수록 그는 악과 불의를 더 많이 알게 된 것입니다. 이것이 노아에게 일어난 일이었습니다. 그는 하나님과 동행했습니다. 그리고 이것이 그로 하여금 완전하게 살도록, 그리고 의를 전파하도록 이끌었습니다.

맥클라렌(Maclaren)은 이렇게 말했습니다. "이러한 친교는 모든 의로운 행동의 기초이다. 노아가 하나님과 동행했기 때문에 그는 '의로웠고' 또한 '완전했다.' 우리가 평소에 아주 거룩한 삶을 산다면 우리가 나설 때 우리 얼굴은 빛이 날 것이다. 우리가 선하고 순수하기를 원하면 우리는 하나님과 함께 거해야만 한다. 그러면 성령님은 우리 마음 안으로 들어오실 것이고, 우리는 어디를 가든지 그분의 임재의 향기를 지니게 될 것이다… 우리는 정말로 거룩함이 아니라 믿음으로 그분과 친교를 시작한다. 그러나 그것은 순수함으로 세련되지 않으면 유지되지가 않는다."[2]

나는 "세련"(cultivation)이란 단어를 좋아합니다. 세련은 노력을 의미하기 때문입니다. 경건하게 되기 위해서는 노력을 해야 합니다. 노아의 이름은 "안식"을 의미합니다. 하나님을 아는 모든 사람이 그런 것처럼 그는 순조롭게 안식에 들어갔습니다. 그러나 그는 그렇게 하기 전에 여러 해 동안 육체적으로, 영적으로 힘든 노력을 했습니다.

노아의 이름

노아를 소개하는 이 연구에서 주목하기를 원하는 마지막 사항은 본문과 관련되는 것은 아닙니다. 그러나 그것은 성경적인 것임을 증명하는 흥미 있는 사항입니다. 그것은 노아의 이름 또는 변형된 그의 이름이 세계 여러 언어로 나타나고 있는 것과 관계됩니다. 이 점을 전제로 해서 우리는 노아 때의 홍수가 성경이 그렇다고 선언하는 것처럼 전 세계적인 홍수였고, 그렇기 때문에 노아에 대한 지식이 홍수 후의 이주와 함께 온 세상에 퍼지게 되었다고 추정하고 있습니다. 과연 우리는 조만간 어떻게 홍수 이야기가 지구상의 거의 모든 문화의 요소가 되고 있는지를 보고자 합니다. 하지만 여기서의 관심거리는 노아의 이름 자체입니다. 바로 이 시점에서 나는 스웨덴의 사업가로서 호주에 살고 있는 벵트 세이지(Bengt Sage)의 "노아와 인간의 어원"에 대한 연구를 참고해 봅니다.

첫째, 노아의 이름은 고대 산스크리트 언어로 들어가 거기서 마누(Manu)가 되었습니다. 마누는 인도 전설 속의 홍수의 영웅이었습니다. 따라서 그와 노아가 같은 인물이라는 것은 매우 가능성이 높습니다. 마(Ma)는 "물"을 의미하는 고대 언어입니다. 그러므로 마누는 "물의 노아"를 의미한다고 볼 수 있습니다. 히브리어 구약에 "물"이란 단어는 마임(mayim)입니다. 임(yim)이란 음절은 표준 히브리어에서 끝에 붙어 복수를 나타냅니다. 접두사 마(ma)는 또한 스페인어 마르(mar)와 불란서어 메르(mer)의 원형이기도 한데, 그 둘은 "바다"를 의미합니다. 라틴어로는 마레(mare)인데 여기서 영어의 "해변의"(maritime), "선원"(mariner), "바다의"(marine)라는 단어를 얻었습니다.

산스크리트어에서 마누(Manu)는 결국 "사람"(man) 또는 "인류"(mankind)를 의미하게 되었습니다. 그러나 이것은 놀랄 일이 아닙니다. 고대 인도 문명의 관점에서 보면 노아(또는 Manu)는(홍수 이후) 모든 사람의 아버지였기 때문입니다. 마누(Manu)는 독일어의 마누스(Mannus)와 관련이 있는데 그는 서 - 게르만 민족의 신화속의 창시자입니다. 마누스는 또한 리투아니아의 노아의 이름입니다. 영어의 "사람"(man)은 독일어 어근을 통해서 산스크리트어 마누와 연관되어 있습니다. 가장 오래된 독일어로 알려진 고트어(Gothic)는 "사람"(man)을 만나(manna)라는 말로 사용했습니다.

애굽 신화에서 누(Nu)는 인류를 파멸시킬 홍수를 보낸 물의 신이었습니다. 누와 그의 배우자 누트(Nut)는 하늘과 비의 신이었습니다. 유럽에서 접두사 마(ma)는 종종 다(da)의 어형을 취하는데 그것 역시 "물" 또는 "강"의 고어입니다. 여기서 영어 이름 "단"(Don)이란 이름이 나왔고, 유럽의 "다뉴브"(Danube)가 나왔습니다. 유럽 해안 지역에 살았던 초대 그리스인들은 다나오이(Danaoi) 또는 "물의 민족"(water people)이라고 불리움을 받았습니다. 다뉴브 이름의 변형들로는 도나우(Donau), 다나히(Danaj), 두나(Duna), 두나우

(Dunau), 두나이(Dunay)가 있습니다. 이 이름들의 어근은 "흐르는" 것을 의미하는 다누(danu)입니다. 라트비아의 드비나 강은 이전에 두나라고 불렀습니다. 따라서 이것 역시 고대 어근 다누에서 온 것입니다. 다누(danu)의 마누(manu)에 대한 유사점은 명백합니다.

일본에서는 마루(maru)라는 말이 큰 배에 사용되고 있는데(16세기 후반) 일본 최초의 거대한 배를 일본 마루(Nippon Maru)라고 불렀습니다. 일본어로 마루는 방어를 위해 사용된 둥근 담을 의미하기도 합니다. 따라서 행운의 물건이기도 합니다. 노아의 큰 배는 그 둘 다였습니다.

미 대륙에서 마누(manu)는 몇 가지로 변경된 것으로 보입니다. 수족(Sioux) 언어로 그것은 "물"을 의미하는 미네(minne)의 어형을 취했습니다. 그래서 우리는 "물의 도시"를 의미하는 미네아폴리스(Minneapolis), 그리고 "하늘색의 푸른 물"을 의미하는 미네소타(Minnesota)라는 고유한 이름을 가지고 있습니다. 어쩌면 캐나다의 마니토바(Manitoba) 주 이름이 이 말을 포함하고 있는 것인지도 모릅니다(이 이름이 '위대한 영(靈)의 장소'를 의미하는 다른 근원에서 나왔을 수도 있지만). 남미 니카라과의 수도 마나과라는 이름은 "연못으로 둘러싸인" 것을 의미하는 말에서 나왔습니다.

내가 이 정보를 세이지로부터 참고하고 있는데 그는 이렇게 결론을 짓습니다. "이렇듯 노아와 대홍수의 물은 고대 모든 민족의 전설 속에 기억되고 있을 뿐만 아니라, 그 이름들 역시 그의 후손들이 쓰는 언어로 다양하게 일체화되어 있다. 그 흔적은 희미하고 때로 거의 말살되어 있지만, 그래서 몇몇 추론적인 연결이 불확실하거나 어쩌면 틀릴 수도 있지만, 그러나 그 상호관계가 너무 많은 수로 이루어져 있어 그것을 단지 우연의 일치로 볼 수가 없는 것이다. 그래서 이제 전세계적 홍수의 역사성의 증거를 하나 더 추가하는 것이다.[3]

내가 세이지를 참고한 요점은 그의 연구를 잘 받아들이긴 했지만, 그에 대한 것이 아닙니다. 나는 홍수 전 시대의 이 고독한 의인 노아가 그 당시 모든 불의한 사람들은 사실상 잊혔음에도 온 세상에 걸쳐 얼마나 기억되고 있는가 하는 그 범위에 주목합니다. "지금은 하찮아도" 나중에 정당함이 입증됩니다! "지금은 잊혀도" 나중에 기억됩니다! 노아가 그랬습니다. 이것이 모든 참된 믿는 자들이 기꺼이 되고자 하는 모습이어야 합니다.

또한 이 점도 있습니다. 비록 다른 사람들이 잊어버리고 결코 기억하지 않는다고 해도 우리는 하나님이 기억하시고 주님을 경외하고 영화롭게 하는 자들의 이름들을 포함한 "기념책"(말 3:16)에 기록되게 하실 것임을 알 수 있습니다. 예수님은 노아를 기억하셨습니다. 예수님은 노아의 때에 대해 그분의 재림 직전의 때와 비교하시면서 이렇게 말씀하셨습니다. "노아의 때와 같이 인자의 임함도 그러하리라 홍수 전에 노아가 방주에 들어가던 날까지 사람들이 먹고 마시고 장가 들고 시집 가고 있으면서 홍수가 나서 그들을 다 멸하기까지 깨닫지 못하였으니 인자의 임함도 이와 같으리라"(마 24:37-39). "노아의 때에 된 것과 같이 인자의 때에도 그러하리라 노아가 방주에 들어가던 날까지 사람들이 먹고 마시고 장가 들고 시집 가더니 홍수가 나서 그들을 다 멸망시켰으며"(눅 17:26-27). 히브리서에서는 노아의 믿음이 격찬을 받고 있습니다. "믿음으로 노아는 아직 보이지 않는 일에 경고하심을 받아 경외함으로 방주를 준비하여 그 집을 구원하였으니 이로 말미암아 세상을 정죄하고 믿음을 따르는 의의 상속자가 되었느니라"(히 11:7).

만일 사람들에 의해서 잊히는 것이 하나님에 의해 기억되는 것의 대가라면, 그것을 두려워하지 말고 하나님과 동행하며 그분 앞에서 완전한 삶을 사는 것을 두려워하지 마십시다.

● 각주 ●

1. Charistopher Davis, "The Old Morality," *Pennsylvania Gazette*, March 1980, 28-32.

2. Alexander Maclaren, *Expositions of Holy Scripture*, vol. 1 (Grand Rapids: Eerdmans, 1959), part 1, 51.

2. Bengt Sage, "Noah and Human Etymology," *Impact*, May 1980, a publication of the Institute for Creation Research.

45

노아의 방주

창세기 6 : 11-22

그 때에 온 땅이 하나님 앞에 부패하여 포악함이 땅에 가득한지라 하나님이 보신즉 땅이 부패하였으니 이는 땅에서 모든 혈육 있는 자의 행위가 부패함이었더라 하나님이 노아에게 이르시되 모든 혈육 있는 자의 포악함이 땅에 가득하므로 그 끝 날이 내 앞에 이르렀으니 내가 그들을 땅과 함께 멸하리라 너는 고페르 나무로 너를 위하여 방주를 만들되 그 안에 칸들을 막고 역청을 그 안팎에 칠하라 네가 만들 방주는 이러하니 그 길이는 삼백 규빗, 너비는 오십 규빗, 높이는 삼십 규빗이라 거기에 창을 내되 위에서부터 한 규빗에 내고 그 문은 옆으로 내고 상 중 하 삼층으로 할지니라 내가 홍수를 땅에 일으켜 무릇 생명의 기운이 있는 모든 육체를 천하에서 멸절하리니 땅에 있는 것들이 다 죽으리라 그러나 너와는 내가 내 언약을 세우리니 너는 네 아들들과 네 아내와 네 며느리들과 함께 그 방주로 들어가고 혈육 있는 모든 생물을 너는 각기 암수 한 쌍씩 방주로 이끌어들여 너와 함께 생명을 보존하게 하되 새가 그 종류대로, 가축이 그 종류대로, 땅에 기는 모든 것이 그 종류대로 각기 둘씩 네게로 나아오리니 그 생명을 보존하게 하라 너는 먹을 모든 양식을 네게로 가져다가 저축하라 이것이 너와 그들의 먹을 것이 되리라 노아가 그와 같이 하여 하나님이 자기에게 명하신 대로 다 준행하였더라

1955년, 오스트레일리아에서 간행이 되는 「라이프 다이제스트」(Life Digest)에 한 이야기가 실렸는데, 그것은 블라디미르 로스코비츠키(Vladimir Roskovitsky)라는 이름의 러시아 조종사가 노아의 방주를 발견했다고 주장하는 내용이었습니다. 그는 아라랏 산 근처 터키 국경 바로 건너편의 남부 러시아 임시 군부대에 배치되었었는데, 거기서 러시아 공군기 중의 한 대를 시험 비행을 하라는 지시를 받았습니다. 이 시험 비행 중에 그와 그의 부조종사가 아라랏 산을 넘어 비행을 하다가 움푹해진 빙하 가장자리에, 그가 나중에 묘사하기를 오늘날 흔히 볼 수 있는 군함의 크기에 견줄만한 배 같은 것을 발견했습니다. 그가 기록하기를 "그것은 호숫가에 있었는데 배 후미의 4분의 1가량은 여전히 물속으로 뻗어 있었고, 그 중 맨 끝부분 4분의 3은 물속에 잠겨 있었다. 선수(船首) 가까운 곳 한 쪽은 부분적으로 부서져 있었고, 그 반대편에는 한 변이 거의 6m의 정사각형의 큰 문이 있었는데 문짝은 사라지고 없었다." 로스코비츠키는 그가 발견한 것을 그의 지휘관에게 보고하여 탐사대원 한 명이 아라랏으로 파견되었는데 그의 이야기에 따르면 방주를 발견했고 사진을 찍었다고 합니다. 자세한 내용이 러시아 황제에게 보고되었습니다. 그러나 불행하게도 이 보고를 받은 지 얼마 안 되어 황제의 통치권이 전복되었고, 사진과 보고서는 사라졌다고 합니다. [1]

노아의 방주를 발견했다는 이 이야기가 사실인가에 대해 대답하기는 어렵습니다. 그러나 한 가지 분명한 것은 있습니다. 그것은 뒤따라 일어난 아라랏 산에 대한 많은 조사와 탐색의 시작점이 되었다는 것이고, 그 결과로 결정적인 증거가 되지는 않지만 많은 정보가 드러나게 되었습니다.

불가능한 이야기인가?

많은 사람들이 이 이야기나 다른 이야기를 염두에 두고 있지 않을 것입니다. 그들은 노아와 그의 방주 이야기가 단순히 신화이며, 실제로 불가능한 것으로 확신하고 있기 때문입니다. 그들은 이렇게 말할 것입니다. "당신은 동물의 종류가 얼마나 많은지 아십니까?

수백만입니다. 이들, 아니 이들의 일부조차도 크기에 상관없이 방주 안에 억지로 채워 넣고, 홍수가 물위에 떠다니던 일 년 동안 먹이고 돌볼 수가 없습니다." 하지만 그것이 불가능한가에 조금만 조사해 봐도 알 수 있듯이 불가능한 것이 아닙니다. 그 외에도 자세한 내용을 이해하기 위해 어떻게 생각해야 하는가 또는 생각하지 않아야 하는가에 관계없이 그리스도인들은 대부분 그 이야기의 진실성을 수용하고 있습니다.

자료를 고찰해 봅시다. 방주의 규모에 적용된 측량의 단위인 한 규빗의 정확한 값에 대해 학자들 간에 이견이 있습니다. 바벨론 사람들에게 한 규빗은 약 50cm 정도였습니다. 애굽 사람들과 후의 히브리 사람들은 각각 다른 규빗을 사용했는데, 그 중 하나는 바벨론 수치보다 조금 길었고, 다른 하나는 바벨론 수치보다 조금 짧았습니다. 전반적으로 그 값들은 약 45cm 에서 60cm 까지에 걸쳐 있습니다. 대부분의 성경학자들은 성경에서의 한 규빗은 약 46cm 라고 믿고 있으며, 이 가설에 근거해서 NIV 번역자들은 방주의 규격을 "길이 138m, 넓이 23m, 높이 14m" (창 6:15)로 번역했습니다.

우선 이 수치에 대해 몇 가지 이야기를 할 수 있습니다. 첫째, 만일 이것이 방주의 크기라면 그것은 고대의 어떤 선박보다 더 큰 대단한 규모였습니다. 실제로 1858년에 그레이트 이스턴(the Great Eastern - 길이 211m, 넓이 25m, 높이 9m)호가 만들어질 때까지 이보다 더 긴 선박이 없었습니다. 둘째, 물에서의 모의시험을 통해서 상자 모양의 이러한 규모의 방주는 전복이 거의 불가능하고 대단히 안정된 것임을 볼 수 있습니다. 그러므로 방주의 적재 능력에 대한 우리의 판단이 어떠하건, 그 방주의 설계가 하나님에게서 온 것이라고 명백히 추정됩니다. 계시가 아니고서야 노아나 어느 누구라도 그 당시에 항해에 적합한 거대한 선박을 만드는 방법을 어떻게 알았겠습니까?

"수백만 종류" 의 동물들에 대해서는 어떻습니까? 본문 20절에 "새가 그 종류대로, 가축이 그 종류대로, 땅에 기는 모든 것이 그 종류대로 각기 둘씩" 이란 말씀에서 "종류" 라는 성경적 단어의 의미를 결정하는 데 어려움이 좀 있습니다. 만일 이것이 오늘날 우리가 분류하는 "동종의 집단" 과 같은 것이라면, 방주에 들어 온 집단의 수는 약 700종류가 될 것입니다. 하지만 그 말이 실제로 오늘날 우리가 쓰는 "종류" 라는 말과 같은 것이라고 가정한다면 그 수는 무척 많아질 것입니다. 그러나 방주의 수용 능력을 초과하지는 못합니다.

팀 라헤이(Tim LaHaye)와 존 모리스(John Morris)는 그들의 책 「아라랏의 방주」(The Ark on Ararat)에서 미국의 분류학 선도자의 한 사람인 언스트 마이어(Earnst Mayr)가 발표한 아래의 동물 종류의 수에 대한 도표를 인용했습니다.

포유류	3,700
조류	8,600
파충류	6,300
양서류	2,500
어류	20,600
피낭동물, 기타	1,325
성게류	6,000
절지동물	838,000
연체동물	107,250
벌레, 기타	39,450
강장동물, 기타	5,380
해면	4,800
원생동물	28,400
총계	1,072,300

이것은 큰 수치입니다. 그러나 이 모든 종류가 방주에 들어갈 필요는 없었습니다. 분명히 어류는 들어가지 않았습니다. 피낭동물, 성게류, 연체동물, 강장동물, 해면, 원생동물, 대부분의 절지동물, 그리고 대부분의 벌레도 들어가지 않았습니다. 간단히 그 숫자를 빼고 나면 이전의 큰 숫자는 약 35,000 또는 암수 둘로 해서 70,000의 개별적인 동물의 수로 줄어듭니다. 특히 우리는 방주를 생각하면서 몸집이 큰 동물들(코끼리, 하마, 기린)을 생각하지만, 대부분의 육지 동물들은 실제로 매우 작습니다. 평균 크기가 양의 크기보다 작습니다. 열차의 평균 크기의 두 층짜리 한 칸에 240마리의 양이 편안하게 실리는 것과, 방

주의 크기가 그러한 열차 569칸에 해당하는 것을 보면 사람들, 양식, 물, 그리고 기타 필요한 준비물을 위한 공간을 남겨놓고, 구원될 동물들을 위한 공간은 방주의 적재 능력의 약 50%에 해당한다는 계산이 나옵니다.

라헤이와 모리스는 이렇게 기술하고 있습니다. "이러한 간단한 계산은 분명히 조롱자들의 능력으로 이해할 수 없는 것이 아니다. 단지 그들은 성경의 이야기가 가능한 것인지를 기꺼이 살펴볼 의도가 없는 것으로 보이는 것이다"[2]

방주는 아라랏에 있는가?

그러나 복음주의자들은 조롱자들의 결점을 주지하면서 자신들에 대해 맹인이 되어서는 안 됩니다. 한 가지 분명한 맹점은 홍수가 물러간 뒤 머물렀다고 하는 전통적으로 알려진 장소인 아라랏 산에서 누군가가 방주의 증거를 발견할 소망에 대한 것입니다. 그것이 거기 있을 가능성도 있습니다. 만년설에 의해 보존되어 있고, 러시아 탐사대원이 그것을 발견했다고 할 때의 경우처럼 때로 계절에 맞지 않게 따뜻한 날씨에만 보일 가능성이 있습니다. 로스코비츠키는 공중에서 그것을 보았을지도 모릅니다. 그러나 다른 한편(라헤이, 모리스, 그리고 다른 사람들이 인정하는 것처럼), 그 러시아 이야기는 완전히 또는 거의 완전히 꾸민 이야기일 수도 있습니다. 노아 이야기에 있어서 우리의 신뢰는 이러한 또는 어떤 다른 발견에 의거하는 것이 아니라, 하나님 말씀으로 우리에게 전해진 홍수 이야기의 사실에 의거해야 합니다.

그러나 러시아 조종사 이야기 외에도 방주가 아라랏 산에 있을 수 있다는 몇 가지 흥미로운 징후들이 있습니다. 그것들을 얼마나 신뢰해야 할지는 모르겠지만 이와 같은 연구에 있어 증거의 중요한 윤곽이 무엇인지 열거할 가치가 있습니다.

1. 그 항목의 첫 번째는 터키에 있는 아라랏 산이 이미 알고 있는 역사를 통해 방주가 머문 전통적인 지점으로 알려져 온 것(참조 - 창 8:4), 그리고 적지 않은 수의 고대 여행자들과 저술가들이 그것을 보았다고 주장하는 것입니다. 바벨론의 역사가 베로수스(Berosus)는 BC 약 275년경에 이렇게 기술했습니다. "그러나 아르메니아에 착륙해 있는 이 배에 대하여

는 그 일부가 아직도 아르메니아의 골디안(Gordyaeans)의 산에 남아 있다. 그래서 어떤 사람들은 그 배에서 역청 물질을 뜯어내 가져다가 부적으로 사용하기도 한다." 유대 역사가인 요세푸스(Josephus)도 그리스도 때보다 한 세대 이후에 그 방주에 대하여 기술했습니다. 그는 아르메니아인들이 그 방주의 유물을 "오늘날까지" 보여주고 있다고 말했습니다. 그는 또한 그 방주에 대해 이방인 역사를 기록한 애굽의 히에로니무스, 다메섹의 니콜라스, 베로수스 등 모든 역사가들이 언급하고 있다고 주장했습니다. AD 180년에 안디옥의 데오빌로(Theophilus)는 이렇게 기술했습니다. "(그 방주의) 남은 부분은 오늘날까지 아라비아 산맥에서 볼 수 있다." 크리소스톰(John Chrysostom)을 포함한 다수의 교회 인물들이 비슷한 맥락의 이야기들을 기록했습니다.[3]

2. 증거의 둘째 항목은 아호라(Ahora) 골짜기에서 수마일 올라가 아라랏 산 고지에 있는 성 야고보 수도원입니다. 그 수도원은 1840년 지진으로 파괴되었습니다. 그러나 그 수도원이 존재 했던 것은 기독교 시대의 수세기 전으로 거슬러 올라가며 그때 소문에 의하면 방주의 위치를 표시하고 그 유물을 보존하기 위해 그 수도원이 설립되었다고 합니다. 이보다 더 일찍 그 장소를 점유했던 몇 가지 증거가 고대 비문과 돌에 새긴 여덟 개의 십자가의 형태로 남아있습니다. 이 십자가들은 초창기부터 있었건 나중에 만들어졌건, 홍수에서 살아남은 노아와 그의 세 아들, 그의 아내와 그의 아들들의 아내들 모두 여덟 명을 뜻하는 것일 수 있습니다(창 6:18).

3. 하지 이람(Haji Yearam)이라는 한 나이가 지긋한 아르메니아인은 후에 미국으로 왔는데 그가 1856년에 그의 아버지(그는 소년 시절부터 그곳을 자주 가 보았다고 함)와 세 명의 무신론적 과학자와 동행하여 아라랏 산의 방주를 방문했던 것에 대해 이야기를 했습니다. 그들이 아라랏 산을 방문한 목적은 방주의 존재를 반증하기 위한 것이었습니다. 이람에 의하면 그 과학자들은 방주를 발견한 것에 매우 분격해서 처음엔 그것을 파괴하려고 했습니다. 그러나 그것이 불가능했기 때문에(그 방주가 너무 크고 단단해서) 그들은 그들의 발견에 대해 침묵을 하기로 맹세했습니다. 이것이 이람이 말한 이야기입니다. 그의 이야기를 들은 사람이 다음의 확증적인 세부 사항을 더했습니다. "어느 날 저녁(그때가 1918년이었다고 확신하는데) 나는 브록턴(Brockton)에 있는 우리 아파트에 앉아서 일간 신문

을 읽고 있었다. 나는 불쑥 아주 작은 글씨로 된 죽어가는 한 사람의 고백의 이야기를 보았다. 그것은 1단 넓이의 뉴스 기사였는데 내가 기억하기에는 그 길이가 5cm가 채 안되었다. 그 내용인즉, 노년의 과학자 한 사람이 런던에서 임종을 앞두고 무서운 고백을 하기 전에 죽는 것을 두려워했다는 것이다. 이것은 이람이 그의 이야기에서 우리에게 들려주었던 시기와 사실이 간단하게 일치하는 내용이었다." 그 영국인은 분명히 그 믿지 않는 과학자들 중의 한 사람이었을 것이 틀림없고, 그의 고백의 이야기는 그것이 사실이라면 아르메니아 인의 고백을 확증하는 것입니다.

4. 1876년에 저명한 영국의 정치가이며 저자인 비스카운트 브라이스(Viscount J. Bryce)가 아라랏 산을 등반하고 122cm 길이의 수작업으로 된 목재 조각을 3,962m 고지에서 발견한 것을 보고했습니다.

5. 1883년, 지진으로 그 산에서 거대한 양의 바위와 얼음이 떨어져 나간 후에 영국 신문 프로페틱 메신저(Prophetic Messenger)가 다음과 같은 이야기를 실었습니다. "우리는 트레비존드(Trebizond)에 있는 우리 통신원으로부터 터키 정부가 모술(Mosul), 아삭(Ashak)과 바야지드(Bayazid)의 눈사태로 인해 보고된 파괴 상황을 조사하기 위해 임명한 행정관의 귀환 소식을 받았다… 그 탐사는 운 좋게도 온 문명 세계의 관심을 끌지 않을 수 없는 발견을 했다. 아라랏 산의 광대한 골짜기 가운데서 매우 검은 목재로 된 거대한 구조물을 우연히 발견한 것이다. 그 구조물은 한 빙하 밑바닥에 놓여있었는데 한 쪽 끝이 불쑥 나와 있었다. 사람들은 그것이 다른 것이 아니라 노아와 그의 가족이 홍수 물에서 항해하던 방주라고 믿고 있다. 그 구조물이 발견된 장소는 아르메니아의 밴(Van) 관구에 있는 트레비존드에서 약 닷새 걸리고, 페르시아의 국경으로부터는 약 4리그(약 20km) 떨어진 거리이다." 이 보고는 단지 그 일부만 인용되었는데, 「뉴욕 헤럴드」와 「월드」, 「시카고 트리뷴」 그리고 「워치타워」가 선정해서 논평을 했습니다.

6. 산 위에서 사는 사람들이나 또는 터키 정부 당국을 제치고 실제로 아라랏 산을 처음 찾은 탐험가는 프린스 나우리(Prince Nouri)라는 이름의 바벨론교회의 젊은 부주교였습니다. 그는 방주를 1887년에 발견했다고 주장했습니다. 그는 남인도의 말라바르(Malabar) 출신으로 이 발견을 제외하고도 다채로운 경력을 가졌습니다. 그는 아라랏 산으로 여행을

해서 적어도 세 번 등반을 했고, 방주를 발견했으며, 나중에 세계종교회의(the World Parliament of Religion)가 소집되었던 장소인 시카고세계박람회(Chicago World's Fair)에서 1893년에 그의 주장을 발표했습니다. 그의 이야기는 벨기에 그룹에 확신을 주어 그 방주를 미국으로 수송하기 위한 탐사를 시작하게 했습니다. 그러나 터키 정부가 필요한 허가를 거절했습니다.

7. 여섯 명의 터키 군인들이 1916년에 아라랏 산을 등반해서 방주를 발견했다고 주장했습니다.

8. 1936년에 하드위키 나이트(Hardwicke Knight)라는 이름의 영국의 젊은 고고학자가 도보 여행으로 아라랏 산을 가로질러 등산을 했습니다. 그때 그는 4,267m 고지에서 수작업으로 연결되어 있는 목재를 발견했습니다.

9. 제2차 세계대전 중에 미국의 조종사들이 튜니시아에 있는 미 공군 기지에서 예리반(Yerivan)에 있는 소련 공군 기지로 가는 도중에 자주 아라랏 산 위로 비행을 했습니다. 1943년에 미군 일간신문인 스타즈 앤 스트립스(Stars and Stripes)에 실린 이야기에 따르면 두 명의 조종사가 그들이 방주라고 믿는 물체를 보고 사진을 찍었습니다. 그 스타즈 앤 스트립스 신문은 현재 보존되고 있지 않습니다. 그러나 많은 사람들이 그 기사 및 함께 실린 사진을 보았다고 주장하고 있습니다. 또한 당시에 찍은 같은 물체에 대한 영화의 보도도 있습니다.

10. 1948년에 에드윈 그린왈드(Edwin Greenwald)라는 한 연합신문 통신원이 이스탄불에서 레짓(Resit)이라는 이름의 한 쿠르드 유목민이 방주를 보았다고 전했습니다. 그는 이렇게 보도했습니다. "농부들이 주장하는 바로는 배처럼 생긴 돌같이 단단한 물체가 노아의 방주가 착륙한 장소라고 성경이 말하는 아라랏 산 고지대에서 발견되었다고 한다. 분명히 수세기 동안 숨겨져 있던 것으로서 예부터 덮여 있던 얼음과 눈의 덮개를 유난히 따뜻했던 기후가 녹여버린 지난 여름에 드러나게 되었다. 수시로 여러 사람들이 산 위에 '집' 또는 '배' 같은 물체가 있다고 보고를 했지만, 이것을 새롭게 발견한 투르크인들은 그것이 실제로 배의 잔존물이라고 볼 수 있는 유일하게 알려진 물체라고 공언하고 있다." 이 보고는 노스 케롤라이나 주 그린스보로 시에 있는 피플스성경대학(People's Bible College)

의 학장인 아론 스미스 박사(Dr. Aaron J. Smith)가 창설한 동양고고학 탐사연구소의 탐사를 시작으로 방주의 장소를 재정립하는 다수의 조직화된 시도를 활발하게 했습니다.

11. 1952년과 1955년 사이에(그리고 SEARCH 재단이 후원한 탐사 안내로서 1969년에 또 다시) 나바라(Fernand Navarra)라는 부유한 프랑스 실업가는 방주를 보았을 뿐만 아니라 방주에서 나왔다는 수작업 된 목재 조각을 가져왔습니다. 이 목재를 검사했으나 결론은 내려지지 않았습니다. 나바라의 주장은 탐사대원들에게조차도 논란거리가 되었습니다.[4]

12. 이러한 중요한 발견들의 마지막은 조지 그린(George Greene)이라는 이름의 석유 및 송유관 기사이며 탐광 지질학자에 의해서 이루어졌습니다. 그는 마음대로 비행할 수 있는 헬리콥터를 가지고 있었는데, 그는 그것을 1953년 여름에 방주를 발견하고 사진을 찍는 데 사용했습니다. 그린은 사진을 확대해서 미국으로 돌아와 육지에서 그 선박을 연구하기 위한 탐사의 재정 모금을 위해 여러 사업체에게 관심을 끌려고 노력했으나 그는 그 일에 성공하지 못했습니다. 나중에 그는 그 일로 인해서 유타(Utah), 노바스코샤(Nova Scotia), 텍사스(Texas), 영연방 기아나(British Guiana)까지 다니다가 1962년에 살해되었습니다. 그의 사진은 그와 함께 사라졌거나 아니면 적어도 발견되지 않았습니다.[5]

믿음과 순종

지난 한 세기를 넘는 기간에 걸친 많은 탐사와 작업에도 불구하고 아라랏 산 위의 노아의 방주의 존재의 증거는 나타나지 않았다는 것이 신중한 독자에게 분명해 졌을 것이고, 만일 이러한 "발견들" 의 최초의 이야기들을 연구해 본다면 더욱 분명해질 것입니다. 증언은 있습니다! 그러나 증거는 없습니다! 가장 정확하게 말할 수 있는 것은 그 방주는 아라랏 산에 있을 수 있고, 그것의 발견은 의심할 바 없이 많은 그리스도인들을 기쁘게 해 줄 것이며, 세상을 당혹케 만들 것입니다.

그러나 우리 지식의 현 단계가 의미가 없는 것은 아닙니다. 앞서 말씀한 바와 같이, 노아의 홍수 이야기에 대한 믿음은 그 방주의 물리적인 증거가 보존 되고 있느냐, 아니냐가 아니라, 그 이야기를 한 하나님의 말씀인 성경에 기초한 것입니다. 이것이 우리의 믿음을 본질적으로 노아의 믿음과 같게 만들어 줍니다. 노아가 방주를 짓기 시작했을 때 홍수가 온다는 어떤 물리적 증거도 없었습니다. 사실상 홍수에 관한 한, 그는 정반대였습니다. 역사상 그 당시까지 비가 온 적이 없었습니다. 오히려 "안개만 땅에서 올라와 온 지면을 적셨더라"(창 2:6)고 했습니다. 그러한 환경에서 인간적 관점에서 볼 때, 마른 땅에 거대한 해양 선박을 짓기 시작한다는 것보다 더 우스꽝스러운 일은 없었을 것입니다! 그러나 하나님은 노아에게 그렇게 하도록 말씀하셨고, 노아는 그의 믿음을 그의 이성이나 그가 아는 사람들의 그에게 말했을 조롱에 두지 않고, 그의 "하나님을 아는 지식"에 두었습니다. 그리고 그는 하나님을 순종했습니다. 히브리서는 이렇게 말씀합니다.

"믿음으로 노아는 아직 보이지 않는 일에 경고하심을 받아 경외함으로 방주를 준비하여 그 집을 구원하였으니 이로 말미암아 세상을 정죄하고 믿음을 따르는 의의 상속자가 되었느니라"(히 11:7)

이러한 말씀들은 우리의 교훈과 예증을 위해 기록되었습니다. 우리는 방주를 지으라는 말씀을 들은 바는 없습니다. 그러나 우리는 우리 믿음을 우리를 위해 돌아가신 예수 그리스도 안에 두라고 지시를 받았습니다. 그것은 우리도 노아처럼 다가올 진노에서 구원되도록 하시기 위함입니다.

● 각주 ●

1. 이 이야기는 노아의 방주를 다루는 많은 책에 나타난다. 예를 들어 Violet M. Cummings의 *Noah's Ark: Fable or Fact?* (Old Tappan, N.J.:Revell, 1973), 32-39; John D. Morris의 *The Ark on Ararat* (Nashville and New York: Thomas Nelson, 1976), 73-85; 및 Alfred M. Rehwinkel, *The Flood in the Light of the Bible, Geology and Archaeology* (St. Louis: Concordia, 1951), 77-83을 보라.

2. Lahaye and Morris, *Ark on Ararat*, 237. 방주에 탈 수 있는 종류의 총 수에 대한 논의는 246-47쪽.

3. 이러한 역사적인 참고 자료 중 가장 훌륭한 모음은 라헤이와 모리스의 「아라랏의 방

주」(*Ark on Ararat*), 14-27에 있다.

4. 그러나 나바라는 그의 주장을 책으로 내어 널리 보급하였다. Fernand Navarra의 *The Forbidden Mountain*, trans.Michael Legat (London: McDonald Press, 1956)과 *Noah's Ark: I Touched It* (Plainfield: Logos Books, 1974)를 볼 것.

5. 인용문을 포함한 이 정보의 대부분은 라헤이와 모리스에게서 얻은 것이다. 그러나 그것은 노아의 방주에 대한 다른 대부분의 책에서도 발견된다. 지금까지 인용한 것에 더 추가해서 John W. Montgomery의 *The Quest for Noah's Ark* (Minneapolis: Bethany, 1974)를 볼 것.

46

언약의 하나님

창세기 6 : 18

그러나 너와는 내가 내 언약을 세우리니 너는 네 아들들과 네 아내와 네 며느리들과 함

께 그 방주로 들어가고

앞 장인 45장을 연구할 때 다룬 성경구절 중
간에 우리가 멈추고 자세히 살펴보아야만 하는 성경신학적으로 매우 중요한 용어 하나가
소개되었습니다. 그것은 언약(covenant)이라는 용어입니다. 이 용어는 성경에서 처음으로
이곳에 등장합니다. 이 이후로는 그 용어가 자주 사용됩니다. 구약성경에서 253번, 신약성
경에서 20번 발견됩니다(NIV). 이들 언급 중 대다수가 이스라엘의 예배의 중심에 서 있는
언약의 궤에 관련됩니다. 다른 구절들에서는 하나님이 아브라함, 모세, 다윗 같은 사람들
과 맺으신 특별한 언약을 말합니다. 우리가 다루고 있는 구절은 하나님과 노아와의 언약
입니다. "그러나 너와는 내가 내 언약을 세우리니 너는 네 아들들과 네 아내와 네 며느리
들과 함께 그 방주로 들어가고"(창 6:18).

언약이란 "약속"입니다. 물론 그것은 더 정교하게 그리고 올바르게 정의되어 왔습니다.

프린스턴 신학자인 찰스 하지(Charles Hodge)는 그것을 "조건에 따라 중단되고, 불순종에 일정한 형벌이 붙는 약속"이라고 정의했습니다.[1] 웨스트민스터 신학자인 팔머 로버트슨 (O. Palmer Robertson)은 그것을 "주권적으로 베풀어진 피로 맺은 계약"이라고 했습니다.[2] 이러한 정의는 올바릅니다. 그러나 기본적으로 언약은 사람들에 대해 그들을 특별한 방법 으로 다루시고자 하는 하나님의 약속입니다.

많은 언약들

성경에서 "언약"이란 말이 창세기 6:18절에 처음 나왔다고 해서 이 절이 성경에서 언약 의 개념을 처음 다룬 것은 아닙니다. 찰스 하지는 그를 전후한 많은 개혁신학자들처럼 "행 위의 언약"과 "은혜의 언약"이라는 명칭의 두 개의 중요한 언약의 대조에서 구원의 가장 중요한 교리를 찾아냅니다. 이 체계에서 행위의 언약은 하나님이 아담과 맺으신 것에서 나타나는데 그 조건은 만일 아담이 선과 악을 알게 하는 나무의 열매에 대한 문제에서 하 나님을 순종하고 거룩한 삶을 지속하면, 그는 하나님의 은총의 삶을 계속할 것이라는 것 입니다. 그러나 만일 그가 열매를 먹음으로써 불순종하면, 그래서 거룩함을 상실하면, 그 는 죽을 것이라는 것입니다. 이 언약은 아담의 전체 후손을 대표해서 아담과 맺은 것으로 서 아담이 선택권을 이용하여 죄를 범하면 죽음의 벌은 단지 그에게만 내려지는 것이 아 니라 전 인류에게 내려지는 결과를 가져오는 것입니다. 이 언약과는 대조적으로 하지와 다른 개혁신학자들은 하나님 아버지가 예수 그리스도와 맺고 있는 은혜의 언약을 말하고 있는데 이 언약에 의하면, 그리스도의 삶과 죽음에서의 완전한 순종을 조건으로 하나님이 아담의 타락한 후손들 가운데서 무수한 사람들을 구원하실 것입니다. 하지는 아버지와 아 들 간에 맺은 구속의 언약과 하나님과 그분의 백성 간에 맺은 은혜의 언약을 구별하고 있 지만, 이것들은 근본적으로 동일한 언약의 요소입니다. 실질적인 대조는 행위의 언약과 은혜의 언약 사이에 있습니다. 행위의 언약을 통해서는 아무도 구원되지 못하고 오히려 그것에 따라 모든 사람의 죄만 증명되며, 은혜의 언약을 통해서는 예수 그리스도에게 연 합된 자들이 구원됩니다.

로버트슨은 이 문제를 다룸에 있어서 더 주의 깊게 세분을 합니다. 그는 하지가 행위와 은혜의 언약들을 논하면서 하고 있는 근본적인 구분을 최초의 창조의 언약과 뒤따른 구속의 언약으로 구별을 합니다. 그러나 로버트슨은 구속의 언약을 아담, 노아, 아브라함, 모세, 다윗, 그리고 그리스도와의 특유한 언약들로 더 세분합니다. 이것들을 각각 시작, 보존, 약속, 율법, 왕국, 그리고 완성의 언약들이라고 부릅니다.

어떤 방식으로 언약들을 다루든지 요점은 분명합니다. 하나님은 창세기 이야기의 이 시점에서 사람들을 다루는 새로운 방식을 소개하시는 것이 아니라, 아담과 기타 홍수 전 인물들을 다루시면서 이미 실질적으로 해 오신 것을 명시 하시는 것입니다. 특히, 하나님은 구속 또는 은혜의 새로운 언약의 기본적인 요소를 이미 계시하신 바 있습니다. 뱀을 심판하실 때 구원자가 오실 것을 약속하셨던 것입니다. "내가 너로 여자와 원수가 되게 하고 네 후손도 여자의 후손과 원수가 되게 하리니 여자의 후손은 네 머리를 상하게 할 것이요 너는 그의 발꿈치를 상하게 할 것이니라"(창 3:15). 이 당시의 족장들은 노아를 포함하여 그 약속을 믿고 살았습니다. 그래서 하나님이 지금 노아와 추가적이고 명시적인 언약을 맺으시는 것은 이미 계시된 원리를 자세히 설명하시는 것으로 이해해야 합니다.

보존의 약속

하나님의 노아에 대한 약속은 매우 광범위하여 나중에 그것을 다루는 구절에 가서 좀 더 충분히 고찰하고자 합니다. 지금 우리가 다루는 구절이 첫 구절이지만 창세기 6:18, 8:20-22, 9:1-7, 9:8-17절 이렇게 모두 네 문단의 자료들이 있습니다(끝의 세 문단은 함께 이어지고 있습니다). 이 나중 구절들은 다시는 사람의 죄로 인해 땅을 저주하지 않겠다는 하나님의 약속, 사형제도의 제정, 노아 및 그의 가족과 맺은 언약에 대한 구제적인 반복 설명과 함께 그 언약의 증거로서 무지개를 보여주시는 내용을 다루고 있습니다. 이 마지막 문단의 구절은 실제로 우리가 다루는 구절 중에서의 약속의 실현입니다. "하나님이 노아와 그와 함께 한 아들들에게 말씀하여 이르시되 내가 내 언약을 너희와 너희 후손과 너희와 함께 한 모든 생물 곧 너희와 함께 한 새와 가축과 땅의 모든 생물에게 세우리니 방주에서 나온 모든 것 곧 땅의 모든 짐승에게니라 내가 너희와 언약을 세우리니 다시는 모든 생물을 홍수로 멸하지 아니할 것이라 땅을 멸할 홍수가 다시 있지 아니하리라"(창 9:8-11).

이 언약이 성경의 언약 중에서 첫 번째 명시적인 것이므로 우리는 여기서 분명해진 하나님의 언약의 중요한 특징을 찾아볼 필요가 있습니다. 이것이 우리가 찾고자 하는 것입니다. 몇 가지 요소가 있습니다.

하나님이 맺으신 모든 언약의 첫 번째 중요한 특징은 이렇습니다. 그것은 하나님이 세우신 것이고 사람이 세운 것이 아니라는 것입니다. 이 의미는 기술적 용어로 일방적인 것이라는 뜻입니다. 각각의 언약은 계약의 성격을 가지고 있습니다. 우리는 이것을 인정해야 합니다. 그러나 한편, 인간 간에 체결되는 것과 유사한 계약의 방식으로 세워지는 것이 아니라는 것도 인정해야 합니다. 예를 들어, 만일 사람들이 집을 사고 팔 때 계약을 체결한다고 하면 계약 당사자들은 서로 마주 앉아 조건에 동의해야 합니다. 집값은 얼마로 할 것인가? 집값에 내부 시설이 포함되는가? 집은 언제 비워 줄 것인가? 대금은 언제 지불해야 하는가? 양 당사자가 이러한 또는 이와 유사한 질문들에 대한 답에 동의를 해야만 하기 때문에 이러한 문제를 결정하는 데는 어느 정도 흥정이 오갈 수 있습니다. 거래를 위한 협정과 타협이 이루어질 수 있습니다. 또는 계약이 성사되지 못할 수도 있습니다. 이것은 거의 어떤 인간 계약에 있어서도 맞는 이야기입니다.

그러나 이러한 점에서 볼 때 하나님이 맺으시는 언약은 아주 다릅니다. 하나님은 흥정하지 않으십니다. 그분은 조건에 대해 타협하지 않으십니다. 그분은 단순히 그 조건이 무엇인지 알려주십니다. 우리가 하나님의 언약을 일방적인 것이라고 말할 때의 의미가 바로 이것입니다.

노아와 맺은 언약의 조건은 무엇입니까? 기본적으로 두 가지입니다. 첫째, 하나님은 홍수에서 구원받을 자들을 구원하도록 하는 수단을 마련해 놓으셨는데 그것이 "방주" 입니다. 둘째, 하나님은 그 수단에 의해 구원받을 사람들을 정하셨는데 그들은 노아와 그의 아들들, 그의 아내와 그의 아들들의 아내들 합해 모두 "여덟 명" 이었습니다. 노아는 이러한 하나님의 계획을 두고 토론을 벌이지 않았습니다. 또한 그렇게 할 기회도 주어지지 않았습니다.

세상은 이런 종류의 거래 관계를 좋아하지 않습니다. 세상은 하나님의 뜻을 적대합니다. 따라서 하나님이 이러한 방법으로 그분의 뜻을 세우시는 것은 세상에게는 독단적이고, 독재적이고, 참을 수 없는 것으로 보입니다. 그러나 하나님의 사람들은 그분의 약속에 대한 일방적 성격을 그 같은 식으로 보지 않습니다. 그들은 하나님이 조건을 세우셨다면, 그 조건은 완전하다는 것을 알고 기뻐합니다. 만일 우리가 세운다면, 엉망이 될 것은 분명합니다. 하나님이 언약을 맺으실 때, 그 언약은 우리를 결코 실망시키지 않고 대신에 우리로 하여금 선행을 하도록 고무합니다. 노아의 경우에는 하나님의 약속들이 그로 하여금 방주가 지어지는 장기간 동안 계속 일하도록 하는 동기를 부여했습니다.

종교개혁을 위해 여러 해 혼란 속에서 수고했던 자신의 경험으로 인해 의심할 바 없이 노아에게 공감적이었을 존 칼빈은 그러한 약속의 가치에 대해 이렇게 기술했습니다. "방주의 건조가 매우 어려웠고, 건조를 시작했을 때 수많은 장애물이 끊임없이 나타나 작업을 중단하게 했을 것이기 때문에 하나님은 그의 종에게 추가적인 약속으로 확신을 갖게 해 주신다. 이렇게 노아는 하나님께 순종하도록 고무되었다… 그러므로 하나님의 약속 그 자체는 우리에게 활기를 주고, 우리 모든 지체들을 하나님께 힘있게 순종하도록 고취시키지만, 이러한 약속이 없이는 우리를 나태함 속에서 활기를 잃게 할 뿐만 아니라, 우리로 거의 무기력하게 해서 손도 발도 그 의무를 다하지 못하게 한다는 것을 알도록 하자. 그러므로 선행을 두고 우리가 활기를 잃게 되거나 또는 도를 넘어 태만하게 될 때는 자주 하나님의 약속으로 되돌아가 우리의 굼뜬 자세를 고쳐야 한다."[3]

하나님의 언약의 두 번째 특징은 그것이 영구적이라는 것입니다. 하나님은 어떤 일을 일방적으로 시작하시거나 갑자기 마음을 바꾸어서 다른 일을 하시거나 다른 방법으로 하시는 것이 아닙니다. 그분은 그분의 계획을 처음부터 아시고, 그것을 분명하게 알려주시고, 약속하신 것을 정확하게 실행하십니다. 언약의 이러한 면은 특히 노아의 경우에 강조되어 있습니다. 이러한 언약의 특징은 다시는 땅을 저주하고 그 생물들을 파괴하지 않으시겠다는 하나님의 약속과 관련해서 강조되어 있는 것입니다. "땅이 있을 동안에는 심음과 거둠과 추위와 더위와 여름과 겨울과 낮과 밤이 쉬지 아니하리라"(창 8:22). 또 증표로 무지개를 주심으로써 강조되었습니다. "하나님이 이르시되 내가 나와 너희와 및 너희와 함께 하는 모든 생물 사이에 대대로 영원히 세우는 언약의 증거는 이것이니라 내가 내 무지개를 구름 속에 두었나니 이것이 나와 세상 사이의 언약의 증거니라 내가 구름으로 땅을 덮을 때에 무지개가 구름 속에 나타나면 내가 나와 너희와 및 육체를 가진 모든 생물 사이의 내 언약을 기억하리니 다시는 물이 모든 육체를 멸하는 홍수가 되지 아니할지라 무지개가 구름 사이에 있으리니 내가 보고 나 하나님과 모든 육체를 가진 땅의 모든 생물 사이의 영원한 언약을 기억하리라" (창 9:12-16).

나는 이 시점에서 하나님의 약속이 인간의 약속과 얼마나 다른가 하는 것에 대해 감동을 받습니다. 우리는 "정직한 사람의 말은 그의 증서처럼 확실하다."고 말합니다. 그러나 이 말이 옳지도 않거나, 또는 살아있는 누구도 정말로 정직하지 않다는 것을 압니다. 사람들은 약속을 어깁니다. 로마의 저술가 시루스 푸빌리우스(Syrus Pubilius)가 '당신이 할 수 있는 이상의 약속을 결코 하지 말라!' 고 기술함으로써 그는 사람들이 종종 실행할 수 있는 이상으로 약속을 한다는 것과, 결과적으로 그들의 약속은 종종 아주 쓸데가 없다는 것을 확인하고 있었습니다. 조지 채프맨(George Chapman)은 이렇게 말했습니다. "약속은 하찮은 사람들이 들을 때 가장 많이 주어진다." 토마스 풀러(Thomas Fuller)는 이렇게 관찰했습니다. "쉽게 약속하는 사람은 쉽게 잊어버린다." 윌리엄 해즐릿(William Hazlitt)는 이렇게 비꼬았습니다. "어떤 사람들은 깨뜨리는 재미로 약속을 한다." [4]

하나님은 얼마나 다르십니까! 성전을 헌당할 때 솔로몬 왕은 백성을 이렇게 축복했습니다. "여호와를 찬송할지로다 그가 말씀하신 대로 그의 백성 이스라엘에게 태평을 주셨으니 그 종 모세를 통하여 무릇 말씀하신 그 모든 좋은 약속이 하나도 이루어지지 아니함이 없도다" (왕상 8:56). 우리는 이렇게 말합니다. "하나님의 약속은 얼마든지 그리스도 안에서 예가 되니 그런즉 그로 말미암아 우리가 아멘 하여 하나님께 영광을 돌리게 되느니라" (고후 1:20).

이것은 우리로 하여금, 성경의 약속이 정말로 많은데 그 각각의 약속이 어떤 의미에서 그 약속들을 믿고 그에 따라 행동하는 사람들과 세우는 하나님의 언약임을 알게 해 줍니다. 성경에는 삶의 모든 환경에 적용되는 약속들이 있습니다.

고등학생 시절 내가 프랑스에 처음 갔을 때, 나는 아름다운 프랑스 여인 집에서 지냈는데 그 여인이 다음과 같은 젊었을 때의 이야기를 해 주었습니다. 그녀는 도날드 반하우스가 프랑스에서 사역하던 초기에 그에 의해 예수 그리스도를 믿게 되었고, 그와 우정의 교제를 통해 반하우스 가정에 "약속의 상자"라고 부르는 것이 있는 것을 알게 되었습니다. 그것은 성경의 약속들이 기록된 약 200개 정도의 작은 종이뭉치였습니다. 반하우스 가족들은 특별한 위로의 말이 필요할 때마다 하나씩 꺼내곤 했습니다. 그 젊은 프랑스 여인은 그것을 좋게 보았습니다. 그래서 그녀 자신도 이와 같은 약속들을 모두 불어로 적은 약속의 상자를 만들었습니다.

제2차 세계 대전이 일어나 유럽 대륙을 휩쓸 때, 프랑스는 유별나게 그 영향을 받았습니다. 사람들은 살려고 애를 썼습니다. 특히 전쟁이 끝날 무렵에는 양식이 극도로 부족했습니다. 그래서 이 여인도 음식점에서 나오는 감자 껍질 덩어리 외에는 그녀의 가족이 먹을 양식이 없게 되었습니다. 그녀의 자녀들은 쇠약해 졌습니다. 그들은 밥을 달라고 울었습니다. 그녀는 절망적이었습니다. 이 비극적인 순간에 그녀는 약속의 상자를 기억하고 그것을 잡고 "주여, 오, 주여, 내 필요가 매우 큽니다. 여기에 정말 나를 위한 약속이 있습니까? 오, 주여, 이 기근, 이 헐벗음, 이 위기, 그리고 전쟁의 때에 내가 가질 수 있는 약속은 무엇인지 보여 주옵소서." 라고 기도하며 그녀는 울었습니다. 그리고 그녀가 눈물에 가려 보지를 못하고 약속의 상자에 손을 넣었을 때, 그녀는 실수로 상자를 엎어 모든 약속이 그녀에게로 쏟아져 무릎으로 떨어지고 마룻바닥으로 떨어졌습니다. 상자 속에 남은 약속은 하나도 없었습니다. 그녀는 잠시 후 하나님의 약속은 셀 수 없다는 것과, 그 모든 약속이 그녀를 위한 것이라는 것, 그리고 그것들이 정말로 예수 그리스도 안에서 "예"이고 "아멘"이란 것을 깨닫고 크게 기뻐했습니다.[5]

하나님의 언약들의 마지막 중요한 특징은 그것들이 은혜로 세워졌다는 것입니다. 다시 말해, 우리 안에 그럴 만한 아무 공로도 없다는 것입니다. 아담 안에도, 노아나 아브라함이나 모세나 다윗 안에도 없습니다. 유일한 공로는 예수 그리스도의 공로입니다. 그리고 오직 그분의 사역에 근거해서 언약의 유익이 우리 것이 되는 것입니다. 이런 현상은 좋은 것입니다. 만일 언약이 우리의 행위나 성취에 의존한다면, 우리는 그 유익을 얻는 일에 실패하고 잃을 것이 틀림없을 것입니다.

새 언약

이 시점에서 구약성경에는 하나님이 아담과 세우신 것과 같은 조건적이고 따라서 그 성취를 위해서는 사람들의 순종이 요구되는 언약들이 있다는 것을 말씀드릴 필요가 있습니다. 위대한 신명기 언약이 그 예입니다. 그것은 약속의 땅에서 하나님의 복을 경험하기 위해서 백성에게 주어진 것입니다. 만일 그들이 하나님을 순종하고 그분의 모든 명령을 잘 따르면 그 결과는 평안과 번영과 복입니다. 만일 그들이 불순종하면 심판이 있을 것입니다(신 27-29장). 이스라엘 백성은 불순종했습니다. 그래서 앗수르와 바벨론 포로가 되는 결과였습니다. 이 언약들은 구원의 약속은 다른 기반에 있어야 할 필요가 있다는 것을 보여주었고, 따라서 예수 그리스도 안에서 새 언약, 즉 모든 언약들 중 최고의 언약의 길을 준비했습니다. 예레미야가 새 언약의 필요를 분명하게 표현했습니다.

"여호와의 말씀이니라 보라 날이 이르리니 내가 이스라엘 집과 유다 집에 새 언약을 맺으리라 이 언약은 내가 그들의 조상들의 손을 잡고 애굽 땅에서 인도하여 내던 날에 맺은 것과 같지 아니할 것은 내가 그들의 남편이 되었어도 그들이 내 언약을 깨뜨렸음이라 여호와의 말씀이니라 그러나 그 날 후에 내가 이스라엘 집과 맺을 언약은 이러하니 곧 내가 나의 법을 그들의 속에 두며 그들의 마음에 기록하여 나는 그들의 하나님이 되고 그들은 내 백성이 될 것이라 여호와의 말씀이니라 그들이 다시는 각기 이웃과 형제를 가리켜 이르기를 너는 여호와를 알라 하지 아니하리니 이는 작은 자로부터 큰 자까지 다 나를 알기 때문이라 내가 그들의 악행을 사하고 다시는 그 죄를 기억하지 아니하리라 여호와의 말씀이니라"(렘 31:31-34)

히브리서 저자는 이 언약이 예수 그리스도의 사역을 통해서 우리와 맺어졌다고 말씀합니다(히 8:1-13, 10:1-18). 이렇듯 모든 언약들이 세워졌습니다. 노아와의 언약도 세워졌습니다. 그래서 베드로가 그의 첫 번째 서신에서 수수께끼처럼 이렇게 기록할 수 있었습니다. "그리스도께서도 단번에 죄를 위하여 죽으사 의인으로서 불의한 자를 대신하셨으니 이는 우리를 하나님 앞으로 인도하려 하심이라 육체로는 죽임을 당하시고 영으로는 살리심을 받으셨으니 그가 또한 영으로 가서 옥에 있는 영들에게 선포하시니라 그들은 전에 노아의 날 방주를 준비할 동안 하나님이 오래 참고 기다리실 때에 복종하지 아니하던 자들이라 방주에서 물로 말미암아 구원을 얻은 자가 몇 명뿐이니 겨우 여덟 명이라 물은 예수 그리스도께서 부활하심으로 말미암아 이제 너희를 구원하는 표니 곧 세례라 이는 육체의 더러운 것을 제하여 버림이 아니요 하나님을 향한 선한 양심의 간구니라 그는 하늘에 오르사 하나님 우편에 계시니 천사들과 권세들과 능력들이 그에게 복종하느니라"(벧전 3:18-22).

베드로가 의미하는 것은 노아와 그의 가족이 대홍수 기간 중에 방주에 있음으로써 구원된 것과 똑같이 우리가 그리스도와 동일시되어 있어 구원 받았다는 것입니다. 이것이 누구에게 있어서나 구원의 유일한 길입니다. 따라서 우리는 거기에 있어야 합니다. 그렇지 않으면 실패합니다. 에드워드 모트(Edward Mote)의 위대한 찬송이 이를 잘 표현하고 있습니다(원문 번역과 찬송가 488장).

주의 맹세 언약과 피 홍수에서 날 구하네   세상에 믿던 모든 것 끊어질 그날 되어도
내 영혼 위험 닥쳐도 주님 내 소망 되도다   구주의 언약 믿사와 내 소망 더욱 크리라
굳건한 반석 그리스도   주 나의 반석이시니
그 위에 내가 서 있네 그 위만 위험 없도다   그 위에 내가 서리라 그 위에 내가 서리라

● 각주 ●

1. Hodge, *Systematic Theology*, vol 2, 117.

2. O. Palmer Robertson, "The Christ of the Covenants," unpublished paper, copyright 1975, 2.

3. Calvin, *Genesis*, 258.

4. *Roget's International Thesaurus* (New York: Thomas Y. Crowell, 1953), 533.

5. 그 이야기는 반하우스도 하고 있고, 다른 곳에서도, *Let Me Illustrate*의 253-54 쪽에도 나온다.

47

여호와께서 그를 들여보내고 문을 닫으시다

창세기 7 : 1-16

여호와께서 노아에게 이르시되 너와 네 온 집은 방주로 들어가라 이 세대에서 네가 내 앞에 의로움을 내가 보았음이니라 너는 모든 정결한 짐승은 암수 일곱씩, 부정한 것은 암수 둘씩을 네게로 데려오며 공중의 새도 암수 일곱씩을 데려와 그 씨를 온 지면에 유전하게 하라 지금부터 칠 일이면 내가 사십 주야를 땅에 비를 내려 내가 지은 모든 생물을 지면에서 쓸어버리리라 노아가 여호와께서 자기에게 명하신 대로 다 준행하였더라 홍수가 땅에 있을 때에 노아가 육백 세라 노아는 아들들과 아내와 며느리들과 함께 홍수를 피하여 방주에 들어갔고 정결한 짐승과 부정한 짐승과 새와 땅에 기는 모든 것은 하나님이 노아에게 명하신 대로 암수 둘씩 노아에게 나아와 방주로 들어갔으며 칠 일 후에 홍수가 땅에 덮이니 노아가 육백 세 되던 해 둘째 달 곧 그 달 열이렛날이라 그 날에 큰 깊음의 샘들이 터지며 하늘의 창문들이 열려 사십 주야를 비가 땅에 쏟아졌더라 곧 그 날에 노아와 그의 아들 셈, 함, 야벳과 노아의 아내와 세 며느리가 다 방주로 들어갔고 그들과 모든 들짐승이 그 종류대로, 모든 가축이 그 종류대로, 땅에 기는 모든 것이 그 종류대로, 모든 새가 그 종류대로 무릇 생명의 기운이 있는 육체가 둘씩 노아에게 나아와 방주로 들어갔으니 들어간 것들은 모든 것의 암수라 하나님이 그에게 명하신 대로 들어가매 여호와께서 그를 들여보내고 문을 닫으시니라

성경에서 창세기 7장보다 더 짜릿한 부분은 상상하기 어렵습니다. 다가올 땅의 파괴에 대한 하나님의 경고와 노아에게 방주를 지어 준비하라는 지시 후에 여기서 드디어 절정의 순간이 오고 있기 때문입니다. 하나님은 노아에게 120년 전에 홍수에 대해 말씀하셨습니다. 노아는 그 기간을 당시 사람들의 조롱과 방해에도 불구하고 순종으로 배 만드는 일로 나날을 보냈습니다. 하나님은 그 긴 시간 동안 노아에게 어떤 말씀을 하셨는지 모르지만 성경에는 그에게 말씀을 하셨다는 기록이 없습니다. 그러나 이제 작업이 끝이 나자 하나님은 말씀하십니다. "여호와께서 노아에게 이르시되 너와 네 온 집은 방주로 들어가라 이 세대에서 네가 내 앞에 의로움을 내가 보았음이니라 너는 모든 정결한 짐승은 암수 일곱씩, 부정한 것은 암수 둘씩을 네게로 데려오며 공중의 새도 암수 일곱씩을 데려와 그 씨를 온 지면에 유전하게 하라 지금부터 칠 일이면 내가 사십 주야를 땅에 비를 내려 내가 지은 모든 생물을 지면에서 쓸어버리리라"(창 7:1-4).

120년 동안 순종을 했고, 그동안 의심할 것 없이 순종심이 더욱 강해졌을 노아는 이번에도 순종에 실패하지 않았습니다. "노아가 여호와께서 자기에게 명하신 대로 다 준행하였더라"(창 7:5).

나는 하나님이 말씀하신 때부터 홍수가 시작되어 노아가 방주 안으로 들어간 때까지 7일이 모두 소요되었는지는 알지 못합니다. 그러나 나는 그가 모든 조치를 마친 상태였기 때문에 그와 그의 가족이 방주 안에 앉아서 몇 시간 혹은 몇 날이고 비가 오기를 기다린 기간이 있었다고 생각합니다. 그들은 동 시대의 사람들에게 아주 어리석게 보였을 것입니다. 어쩌면 그들 스스로도 어리석게 느꼈을 것입니다. 만일 당시 사람들이 노아에게 어떤 주의라도 기울이고 있었다면 그들은 이것을 그의 어리석음의 절대 극치라고 여겼을 것이 틀림없습니다. 아마도 별 쓸모없는 자들까지도 몰려와 멍청하게 바라보며 어리석은 농담을 했을 것입니다. 그러나 날은 흘렀습니다. 일요일, 월요일, 화요일, 수요일, 목요일, 금요일, 토요일! 7일이 흘렀습니다. 마지막 날에 하나님은 문을 닫으셨고, 비는 쏟아지기 시작했습니다.

창세기의 자료 이론

구약의 몇몇 장들은 소위 고등 비평가들의 손에서 어려운 취급을 받았습니다. 그들은 성경의 장을 여러 부분으로 갈라놓고 그 역사성을 학문의 이름으로 불신하거나 위선적인 신화의 영역으로 그 지위를 떨어뜨렸습니다.

이러한 시도는 장 아스트룩(Jean Astruc)이라는 프랑스 과학자며 의사가 창세기의 문서설에 대한 연구를 발행한 1753년으로 거슬러 올라갑니다. 그는 창세기에서 이런 내용을 관찰했습니다. "창세기의 히브리어 본문에서 하나님이 두 가지 다른 이름으로 나타나고 있다. 첫째는 엘로힘(Elohim)인데 이 이름은 히브리어에서 다른 의미를 가지고 있기도 하지만, 최고의 존재(the Supreme Being)의 의미로 특별히 적용되고 있다. 다른 이름은 여호와(Jehovah)라는 하나님의 실재를 표현하는 그분의 높으신 이름이다. 그 두 이름은 차별 없이 동의어로 사용되었다고 생각할 수 있을지 모른다. 그러나 그것은 잘못이다. 이름이란 것은 절대로 섞이지 않는다. 전체 장들이나 장들의 많은 부분에서 하나님은 항상 엘로힘으로 불리고 있고, 최소한 다수의 곳에서는 항상 여호와로 불리고 있다. 만일 모세가 창세기의 저자라면 이러한 이상하고 거슬리는 변동의 원인을 모세 자신에게 돌려야 한다. 그러나 창세기와 같이 짧은 책을 쓰면서 그가 그토록 태만했다고 우리는 생각할 수 있을까? 우리는 다른 저자가 관여하지 않은 것처럼 모세에게 잘못을 돌릴 것인가? 우리는 이 변동, 즉 창세기가 둘 혹은 세 개의 회고록으로 구성되었는데 그 회고록의 저자들이 하나님에게 엘로힘, 여호와 또는 여호와 엘로힘이라는 이름을 사용해서 부여했다고 가정해서 설명하는 것이 더 자연스럽지 않은가?"[1]

처음에 아스트룩의 연구는 거의 주목을 받지 못했습니다. 그러나 몇 년이 지나지 않아 독일 학자들이 거의 그 이론을 도입하여 구약 전체를 포함하는 것으로 확대했습니다. 요한 아이크혼(Johann Eichhorn)은 아스트룩의 이론을 모세오경에 적용했는가 하면, 빌헬름 드 베테(Wilhelm De Wette)와 에드와드 루스(Edouard Reuss)는 그 결과를 유대 역사에 접목을 시키면서 루스는 올바른 역사적 순서로 볼 때, 선지서가 율법서보다 앞서 나왔고, 시편이 그 둘보다 나중에 나왔다고 결론지었습니다. 이 분야에서 가장 인기를 끌었고 어떤 의미에서 전성을 이룬 연구는 율리우스 벨하우젠(Julius Wellhausen)이 1878년에 발행한 「프로레고메나」(Prolegomena)였습니다. 이 연구는 JEPD(J는 여호와 문서, E는 엘로힘 문서, P는 제사장 문서 및 법전, 그리고 D는 신명기 또는 신명기 학파의 후기 편집 작품)로 알려진 4단계 문서설로 널리 유포되었습니다. 이것은 율법의 기록 연대를 바벨론 포로 이후로 보았고, 오직 언약의 책(Book of the Covenant)과 가장 오래된 J와 E 이야기의 편집을 BC 8세기 이전으로 평가했습니다.

이것이 내포하는 깊은 변화는 벨하우젠의 업적을 "구약을 실질적 해방인… 점진 계시의 측면에서 이해"[2] 하는 것을 가능케 했다고 찬양한 블랙맨(E. C. Blackman)의 말에서, 그리고 "구약 자료를 철저히 세속적이고 진화론적으로 연구하는 시작의 신호가 되었다"[3] 고 주목한 에밀 크렐링 (Emil G. Kraeling)의 말에서 분명해 집니다.

이러한 이론들은 물론 창세기의 이전 장들에서도 역시 적용되어 왔습니다. 그러나 이 이론은 창세기 7장과 관련해서 특히 주목할 만합니다. 왜냐하면, 비평가 존 스키너(John Skinner)가 지적한 바와 같이 "홍수 부분(창 6:5-9:17)은 종종 주지해 온 바와 같이 창세기에서 진정한 복합 이야기의 첫 예" 라는 것입니다. 다시 말해 이 경우에 있어서 가상의 편집자가 머리가 더 좋은 학자나 풀 수 있는 훌륭한 일관성을 갖는 이야기를 만들기 위해 J문서의 여러 가지 요소와 P문서를 함께 주의해서 엮었다는 것입니다. 이것이 학자들이 이루었다고 주장하는 것입니다. 내가 여기서 인용한 학자는 자기 자신과 다른 사람들을 칭찬하면서 이렇게 말합니다. "복합적인 이야기의 해결을 이 경우에 있어서 그 구성 요소에서 찾은 것은 순전히 문학 비평의 가장 훌륭한 성취 중 하나로 공정하게 평가되고 있다."[4]

스키너의 주석에서는 절들조차 순서대로 고찰되고 있지 않습니다. 우선 "J문서에 의한 홍수" 를 살펴봅니다. 그것은 6장의 5-8, 7장의 1-5, 7-20, 16하, 17하, 22-23, 그리고 8장의 2하, 3상, 6-12, 13하 및 20-22절로 구성되어 있습니다. 그 다음 저자는 "P문서에 의한 홍수" 를 고찰하고 있습니다. 그것은 6장의 9-22, 7장의 6, 11, 13-17상(16하는 생략하고 있음), 18-21, 24, 8장의 1, 2상, 3하-5, 13상, 14-19, 9장의 1-17절로 구성되어 있습니다. 이 분류에 있어서 주 지침은 엘로힘과 여호와라는 하나님의 두 가지 이름의 사용입니다. 그러나 다른 요소도 내세우고 있습니다. 첫째, 짐승을 종류별로 둘씩 및 일곱씩이라는 표현을 구별하여 하나는 J문서에, 다른 것은 P문서에 있는 것으로 생각과 둘째, 수용성 있는 자료, 그리고 셋째, 자료가 분류되면 각각은 아마도 이야기를 얼마간 지속적으로 이어 간다는 사실 등입니다.

창조주와 구속주

나는 홍수 이야기에 대한 이와 같은 공격에 대답하고자 합니다. 그러나 내가 그렇게 하기 전에 나는 먼저 그의 시대 이전 수천 년 전에 다른 언어로 그리고 다른 문화 속에서 기록된 문서를 취해서 그것을 쪼개어 일부는 어느 고대 자료에서 왔다고 하고, 다른 일부는 다른 자료에서 왔다고 말할 수 있다고 생각하는 학자에 대해 우리가 얼마나 의심해야 하는지 보여드리고자 합니다.

한 세대 이전에 영국에서 JEPD 학파의 학자들이 다색채 성경(Polychrome Bible)이라 부르는 것을 만들었습니다. 다색채라는 것은 "여러 가지 색"을 의미하는 것으로 이렇게 부르는 것은 우리가 보는 성경책의 배후에 있다고 추측하는 문서들을 각 문서별로 글자의 색을 다르게 하여 출판했기 때문이었습니다. J문서는 한 가지 색으로 되었습니다. E문서는 다른 색으로 되었습니다. P문서, D문서도 각각 다른 색으로 되었습니다. 한 번은 영국에 있는 한 사람이, 다색체 성경을 만든 사람들이 약 20년 전에 저술한 저작물들을 모아서 그것들을 함께 섞어 놓고 한 문단은 여기서, 한 문장은 저기서 가져와 한 논설문을 만들었습니다. 그는 그것을 그들에게 보내면서 이렇게 말했습니다. "나에게 누가 무엇을 썼는지 말해 주시오." 그들은 그들의 저술조차 알아보지 못했습니다. 그래서 나는 그들이 어떤 대답을 하건 관계없이 우리는 고등 비평가들이 JEPD 이론에 따라 이루었다고 주장하는 어떤 시도에 대해서도 극단적으로 의심을 해야 한다고 단언합니다.

그러나 물론 대답은 있습니다. 가장 주된 대답은 구약성경에서 하나님의 이름들은 하나님의 인격의 다른 면들을 다루고 있어 그에 따라 의미 있게 사용되었다는 것입니다. 믿지 않는 학자들은 분명히 이 점을 주목하지 못했습니다. 엘로힘(Elohim)은 "창조주"로서의 하나님의 이름입니다. 이것은 가장 일반적인 하나님의 이름입니다. 하나님이 이 세상과 가지시는 가장 일반적인 관계는 창조주로서의 관계이기 때문입니다. 그분을 통해 우리가 보고 아는 모든 것이 존재하게 되었습니다. 여호와(Jehovah)는 "구속주"로서의 하나님의 이름입니다. 이것은 덜 일반적이지만, 창세기가 주로 하나님의 특별한 백성인 이스라엘을 위한 구속 사역을 다루고 있는 책이기 때문에 그 이름은 구약성경의 특색을 이루고 있습니다. 이 이름은 창조만이 거론되고 있는 창세기 1장에서는 등장하지 않습니다. 하지만 하나님과 사람들 사이의 특별한 관계가 완전히 정립되는 창세기 2장에서는 현저하게 등장합니다.

홍수 이야기에서 이 문제는 고등 비평가들이 최초의 "진정한 복합적인 이야기"라고 말하면서 인정한 것처럼 더 복잡해집니다. 그러나 그 복잡성은 그 이야기의 성격에 기인하는 것으로 하나님은 창조주로서 짐승들을 다루시지만, 노아와 그의 가족은 독특하게 구속적인 자세로 다루십니다.

이 이름들을 영적으로 사용한 훌륭한 예들 중 하나가 우리가 지금 다루고 있는 구절의 16절입니다. 비평가들은 그것을 쪼개서 사용된 하나님의 이름에 따라 일부는 E문서, 다른 일부는 J문서 또는 P문서를 그 출처로 추정합니다. 그런데 이렇게 하는 데 있어서 그들은 모세가 말하고 있는 요점을 놓치고 있습니다. 그 구절은 이렇게 말합니다. "들어간 것들은 모든 것의 암수라 하나님(엘로힘)이 그에게 명하신 대로 들어가매…"(거기서는 창조주 하나님을 말씀하고 계십니다. 그분은 그분이 창조하신 여러 짐승들을 보존하고 계시는 것입니다.) "여호와께서 그를 들여보내고 문을 닫으시니라"(이 절의 하반절에서 하나님은 그분의 백성을 보존하고 계시는 것입니다.)

르폴드(Leupold)는 이것을 분명히 이해하고 있습니다. "만물의 경외하는 주권자로서 엘로힘이신 하나님은 이 모든 명령들을 노아에게 최고의 권위에 따라 그에게 내리셨다. (그러나) 동시에 하나님의 고유한 이름을 능숙하게 사용한 저자는 '그가 들어간 뒤에 문을 닫으신' 항상 은혜로우시고 신실하신 분은 여호와이셨다고 역설한다."[5]

이것은 또한 "각기 암수 한 쌍씩"이라고 말한 구절과 "모든 정결한 짐승은 암수 일곱씩"이라고 말한 구절 사이의 분명한 모순에 대한 설명이 됩니다. 6장은 일반적인 짐승에 대한 이야기인데 하나님은 그분의 창조물에 대한 보존을 말씀하고 계시는 것입니다. 종류대로 각기 둘씩은 재생산을 가능케 해서 홍수로 인한 종(種)이 끊어지지 않도록 하기 위해 보존되어야만 합니다. 7장은 정결한 짐승에 대한 이야기입니다. 다시 말해 제사용 짐승과 홍수 후에 양식용으로 사용될 짐승을 말하는 것입니다. 이 장에서 여호와는 종전의 지시에다가 노아의 가족의 생존과 신앙 행위를 위해 필요한 것을 더하고 계시는 것입니다. 분명히 홍수 후에 노아가 방주에서 나와 양으로 제사를 드렸다면 창세기에서 그가 "모든 정결한 짐승과 모든 정결한 새"(창 8:20) 중에서 제물을 취하여 제사를 드렸다고 말씀하고 있는 것으로 보아 틀림없이 양으로 제사를 드렸을 것입니다.

세 가지 교훈

다음의 교훈으로 끝을 맺고자 합니다. 첫째, 하나님이 노아와 그의 가족을 방주로 올리심으로 그들은 안전해졌는데 이것은 우리에게 그리스도 안에서 믿는 자의 완전한 안전의 실질적인 예가 됩니다. 비가 올 것입니다. 비바람이 사납게 몰아칠 것입니다. 그러나 그 어떤 것도 여호와가 방주 안에 들여보낸 자들을 건드리지 못할 것입니다. 하나님이 "노아야, 이제 문 닫을 시간이다. 네 아들들을 불러 문을 닫고 잠그는 것을 도와달라고 해라!' 하고 말씀하지 않으신 것이 흥미롭습니다. 하나님은 그분의 백성의 안전을 사람들의 손에 맡기지 않으십니다. 그분 자신이 잠그셨습니다. 그분에 대한 이런 말씀이 있습니다. "열면 닫을 사람이 없고 닫으면 열 사람이 없는 그가"(계 3:7). 노아가 방주 안으로 들어간 것은 우리가 성령님의 인 치심을 받은 것과 같습니다(엡 4:30). 노아처럼 우리도 구원되었을 뿐만 아니라 또한 안전합니다.

둘째, 하나님의 위대한 은혜의 교훈이 있습니다. 물이 실제로 들이닥치기 전에 우리가 이 이야기에서 마지막 들은 것은 "여호와께서 그를 들여보내고 문을 닫으시니라" 라는 말씀입니다. 추측컨대 이것은 마지막 최종의 순간에 행해진 것 같습니다. 노아는 하나님의 의(義), 인간의 죄(罪), 대홍수가 오고 있다는 것을 120년 동안 전파했습니다. 그러나 그의 전파 사역은 전혀 성공을 경험하지 못했습니다. 그와 그의 가족이 방주 안으로 들어가 거기서 비가 오기를 기다리는 동안 그들은 밖에 남아있는 사람들로부터 조롱을 받았을 것입니다. 이 사람들은 노아의 말을 믿지 않았습니다. 그들은 이때도 믿는 것을 거절하고 있었습니다. 그러나 그때까지 방주로 들어가는 문은 열려 있었고, 원하는 사람은 누구나 들어갈 수 있었습니다. 이 얼마나 위대한 은혜입니까! 이 얼마나 엄청난 하나님 편의 인내입니까! 노아는 믿고 들어갔기 때문에 밖에 서 있는 누구도 자신에게 믿음의 가능성은 닫혀 있다고 말할 수 없습니다. "원하는 자는 누구나" 들어갈 수 있었습니다.

오늘날도 마찬가지입니다. 원하는 자는 누구나 들어올 수 있습니다. 그러나 많은 사람들이 오지 않습니다. 이들 중 누구도 죄에서 회개하고 예수 그리스도에게 돌아설 가능성이 그들에게서 지나갔다고 말할 수 없습니다.

셋째, 은혜의 끝이 있다는 교훈입니다. 은혜는 위대한 것입니다. 그러나 그것은 끝이 없는 것이 아닙니다. 그것이 거절되면 언젠가는 결산할 날이 옵니다. 마지막 한 주간 동안 문은 열려있었습니다. 그러나 그 주간은 끝났고 문이 닫혔습니다. 그리고 홍수가 왔습니다. 문을 열어 놓으신 동일하신 하나님은 그분 자신이 문입니다(요 10:7, 9). 그분 역시 은혜의 시간이 가버리면 문을 닫으시고 그들에게 열어주기를 거부하십니다.

예수님은 이것을 이야기로 가르치셨습니다. 예수님은 등을 들고 신랑을 맞으러 나간 열 처녀에 대해 말씀하셨습니다. 다섯 명은 슬기로웠고, 다섯 명은 미련했습니다. 다섯 명의 슬기로운 처녀들은 그들의 등에 쓸 기름을 준비했습니다. 어리석은 처녀들은 기름을 가져오지 않았습니다. 신랑을 기다리는 동안 날은 어두워지고 그녀들은 꾸벅꾸벅 졸았습니다. 갑자기 신랑이 왔습니다. 슬기로운 처녀들은 일어나 그들의 등을 환히 밝혔습니다. 미련한 처녀들은 기름을 얻으려고 밖으로 나갔습니다. 그들이 나간 동안 준비된 자들은 신랑과 함께 안으로 들어가 혼인잔치에 참여를 했습니다. 그리고 이야기는 불길하게 이어집니다. "문은 닫힌지라." 이 시점에 미련한 처녀들이 돌아와 신랑을 부르며 "주여, 주여, 우리에게 열어 주소서!" 하고 외쳤습니다.

신랑이 대답했습니다. "진실로 너희에게 이르노니 내가 너희를 알지 못하노라"(마 25:1-13). 들어갈 기회가 지나갔기 때문에 문은 열리지 않았습니다.

당신이 누구이든지간에 당신에게는 기회가 아직 지나가지 않았습니다. 오늘이 아직은 은혜의 날입니다. 이 은혜의 날은 언젠가는 끝이 날 것이지만, 아직은 끝나지 않았습니다.

아직 시간이 있을 때 오지 않겠습니까? 하나님은 노아에게 말씀하셨습니다. "방주 안으로 오라"(창 7:1 KJV). 이사야는 이렇게 말했습니다. "오호라 너희 모든 목마른 자들아 물로 나아오라 돈 없는 자도 오라 너희는 와서 사 먹되 돈 없이, 값 없이 와서 포도주와 젖을 사라"(사 55:1). 예수님은 이렇게 말씀하셨습니다. "수고하고 무거운 짐 진 자들아 다 내게로 오라 내가 너희를 쉬게 하리라"(마 11:28). 마지막 성경책인 요한계시록에서 이런 말씀을 읽습니다. "성령과 신부가 말씀하시기를 오라 하시는도다 듣는 자도 오라 할 것이요 목마른 자도 올 것이요 또 원하는 자는 값없이 생명수를 받으라 하시더라"(계 22:17).

● 각주 ●

1. *Encyclopedia of Religion and Ethics*, vol. 4, 315. 앞의 14장 "Are There Two Creations?"(창세기 2:4-6), 107-14에 나오는 아스트룩의 짧은 논설을 보라.

2. E. C. Blackman, *Biblical Interpretation* (Philadelphia: Westminster Press, 1957), 141.

3. Emil G. Kraeling, *The Old Testament Since the Reformation* (New York: Harper and Brothers, 1955), 94. 나는 구약과 신약의 고등비평에 대해 The Sovereign God, 97-109에서 보다 길게 논한다.

4. John Skinner, *A Critical and Exegetical Commentary on Genesis*, 2nd edition, in "The International Critical Commentary" series (Edinburgh: T & T. Clark, 1956), 147.

5. Leupold, *Exposition of Genesis*, vol. 1, 299.

48

노아의 홍수는 세계적인 홍수였나?

창세기 7 : 17-24

홍수가 땅에 사십 일 동안 계속된지라 물이 많아져 방주가 땅에서 떠올랐고 물이 더 많아져 땅에 넘치매 방주가 물 위에 떠 다녔으며 물이 땅에 더욱 넘치매 천하의 높은 산이 다 잠겼더니 물이 불어서 십오 규빗이나 오르니 산들이 잠긴지라 땅 위에 움직이는 생물이 다 죽었으니 곧 새와 가축과 들짐승과 땅에 기는 모든 것과 모든 사람이라 육지에 있어 그 코에 생명의 기운의 숨이 있는 것은 다 죽었더라 지면의 모든 생물을 쓸어버리시니 곧 사람과 가축과 기는 것과 공중의 새까지라 이들은 땅에서 쓸어버림을 당하였으되 오직 노아와 그와 함께 방주에 있던 자들만 남았더라 물이 백오십 일을 땅에 넘쳤더라

모든 준비를 마치자 노아와 그의 가족은 방주 안으로 들어갔고, 여호와는 문을 닫으셨으며 살아있는 모든 피조물을 멸절시킬 홍수와 비가 오기 시작했습니다(창 6:7). 성경에 의하면 이것은 그리스도의 재림으로 있을 마지막 심판 때까지는 이 세상이 경험했거나 경험하지 못할 가장 파괴적인 사건이었습니다.

국지적 홍수?

상대적으로 최근에 들어서야 비로소 그리스도인들, 즉 학자들, 목사들, 평신도들이 홍수 이야기를 실제적인 것으로 받아들이고 흔히 말하는 단순한 "국지적" 홍수에 반하여 "보편적" 또는 전세계적 홍수를 믿게 되었습니다. 그러나 오늘날 많은 기독교 학자들(일부 복음주의 학자들도 포함하여)은 성경이 의미하는 것이 보편적 홍수일 수가 없다고 주장하는데 그런 해석이 무수한 어려움을 일으키기 때문이라는 것입니다. 그 이야기가 보편적인 용어로 되어 있기 때문에 그들은 그것을 현상적으로, 즉 홍수를 경험한 노아와 다른 사람들에게 인식된 홍수의 묘사로서 해석되어야 한다고 믿습니다. 그들에게 홍수는 보편적인 것으로 보였다는 것입니다. 그들이 그것을 그런 식으로 묘사했을 뿐, 홍수가 반드시 세계적인 것은 아니라는 것입니다.

버나드 램(Bernard Ramm)이 이 해석을 지지하고 있습니다.[1] 그의 논증의 많은 부분은 보편적 홍수를 지지하는 사람들의 주장의 약점이라고 생각되는 것들을 다루고 있습니다. 그러나 그가 반대하는 실제 이유는 보편적 견해가 받아들여질 경우 발생하는 문제들의 무게를 알기 때문입니다. 그는 이 문제들이 심지어 홍수 자체보다 더 큰, 엄청난 기적의 연속을 요구하는 것으로 생각합니다.

램은 홍수 이전의 지구는 본질적으로 오늘날 우리가 보는 지구와 같다는 가정에서 출발하여 그 근거 위에서 가장 높은 산을 덮을 만한 물의 양을 계산합니다. 만일 지구가 완전한 구체(球體)라면 지금의 바닷물은 땅을 4,000 내지 4,800m의 두께로 덮을 것입니다. 그러나 우리가 아는 지구에는 8,000 내지 9,000m의 높은 산들이 있습니다. 그러한 산들을 덮으려면 그 물의 양은 지금 우리가 가지고 있는 물의 양의 8배나 더 필요합니다. 램에 따르면, 하나님은 새로운 물을 그만큼 더 창조하셔야만 했다는 것입니다. 그런 다음 하나님은 홍수 후에 세상을 정상으로 돌려놓기 위해 그만큼의 물을 없애셔야만 합니다. 특히, 그만큼의 추가적인 물의 창조는 지구의 무게를 변경시켜 지구의 태양 주위를 공전하는 궤도와 달의 지구 주위를 공전하는 궤도를 교란시켰을 것입니다. 말할 필요도 없이 과거 이같은 자연에 대한 어떤 영향도 천문학자들이 감지하지 못했습니다.

램은 홍수로 인한 바다의 소금물과 민물의 혼합은 민물과 바닷물고기의 많은 종들의 멸절을 의미하는 것이라고 믿었습니다. 따라서 하나님은 홍수 후에 "전체의 바다 피조물"을 마련하셔야만 했습니다. 램은 현존하는 물 위에 9,000m나 추가되는 물의 압력은 대부분의 바닷물고기 종을 짓눌러 뭉갰을 것이라고 주장합니다. 이상하게도 그는 그들이 단순히 물을 통해 위로, 그들의 정상적인 수심으로 올라왔을 것이라는 생각을 빠뜨리고 있습니다.

또 한편 온 세상으로부터 그 많은 종의 짐승들이 어떻게 방주를 타기 위해 그곳에 들어왔는가를 램이 묻습니다. 어떻게 육지 동물이 북아메리카, 남아메리카, 호주로부터 바다를 건너 왔는가? 어떻게 노아는 독특하고 다양한 환경에 길들여진 짐승들의 필요를 공급했고, 그들의 각기 다른 먹이를 마련했는가?

램은 이런 문제들로 압도된 것으로 보입니다. 그래서 그는 결론을 맺습니다. "그 홍수는 메소포타미아 골짜기에 한정되는 국지적인 것이었다. 천부적 본능에 의해 자극을 받아 들어온 짐승들은 그 지역의 짐승들이었고, 그들은 홍수 후에 사람의 유익을 위해 보존되었다. 사람은 홍수 지역 경계 내에서 멸절되었다. 아메리카나 아프리카나 중국에 있는 사람에 대해서는 말이 없다. 삽시간에 멸절된 초목들은 황폐한 지역에서 다시 자라기 시작했고, 다른 짐승들이 그 지역으로 이동해 들어왔다. 그래서 어느 기간이 지난 후에는 홍수로 인한 상처의 흔적은 사라졌다. 신약성경에서 언급한 홍수에 대한 고찰은 어떻든 결정적인 것이 아니고, 국지적 또는 보편적 홍수 해석을 허용하고 있다."[2]

성경의 어휘

이러한 주장에 대해 우리는(국지적 홍수 견해에서와 같이) 보편적 홍수 견해에도 정말로 문제들이 있다는 것과, 이러한 문제들의 많은 부분이 우리의 현재 지식 바탕에서는 해결할 수 없을 수도 있다는 사실을 인식하면서 이 문제에 대응을 시작하고자 합니다. 예를 들어, 어떻게 여러 종의 짐승들이 먼 대륙으로부터 와서 노아의 방주에 들어갔는지 설명할 수 없을 것입니다. 그것은 문제입니다. 그러나 이것이 어떻게 일어난 것인지 모른다는 그것이 전혀 불가능한 것이라는 문제와는 다른 것입니다. 짐승들은 광대한 바다를 건널 수 있는 것으로 보이는데 이 당시의 바다는 대개의 경우 그리 광대하지가 않았습니다. 만일 노아가 우리가 생각하듯이 방주를 짓는데 120년이 걸렸다고 하면, 짐승들이 이동할 시간은 분명히 있었습니다. 그 기간 동안에 어떤 짐승도 지구 어디에서든지 노아에게 나아오는 것이 불가능한 것이 아닙니다.

새로운 물의 거대한 양이 생긴 것에 대해서는 내가 아는 한, 현재 보편적 홍수를 지지하는 어느 누구도 이 이론을 재론하지 않을 것입니다. 일반적으로 그 당시 지구의 표면은 오늘날처럼 불규칙한 것이 아니었고, 땅은 현재의 물의 양으로 덮여 있었다고 추측됩니다. 그 후에 아마도 홍수로 인한 거대한 환경 파괴의 결과로 현재의 지구 형태가 되었을 것입니다.

홍수가 국지적이었는지 또는 보편적이었는지에 대한 적절한 해결 방법은 위에 언급한 문제들이 그 해결에 있어 아무리 중요한 것들이라고 할지라도 그것들에 있지 않습니다. 오히려 성경의 가르침에 있습니다. 그리고 이 시점에서 성경이 실제로 전세계적 차원의 홍수를 가르치지 않는다고 믿기가 어렵습니다. 확신컨대 국지적 홍수 이론의 옹호자들이 지적하는 것처럼 성경에서 "모든"(all) 그리고 "다"(every) 라는 말이 언급하고 있는 물건이나 개인들의 하나하나를 모두 항상 포함하지는 않습니다.

예를 들어, 마태복음 2:3절에서 "헤롯 왕과 온 예루살렘이 듣고 소동한지라"고 했을 때, 이것이 반드시 당시 예루살렘에 살고 있는 개개인 모두를 의미할 필요는 없습니다. 왜냐하면, 추측컨대 동방 박사들의 방문을 모르는 사람들도 많았을 것이기 때문입니다. 다윗이 예언적으로 "내가 내 모든 뼈를 셀 수 있나이다"(시 22:17) 라고 한 것을 두고 그의 몸의 모든 뼈가 두드러지게 튀어나온 것으로 볼 필요는 없습니다. 그럼에도 성경을 조금밖에 읽어보지 못한 사람들조차도 이러한 표현들과 창세기 7:17-24절의 의도적으로 강력한 반복적인 어휘와의 차이는 알 수 있습니다.

본문 19절 말씀은 그 절에서 "다"(kol, all)라는 히브리 단어가 한 번이 아닌 두 번이나 나오는데 이것을 준(準) 히브리어 최상급이라 볼 수 있기 때문에 중요합니다(개역개정성경 19절의 "천하의" 앞에 원어 성경에는 "온"(kol)이란 단어가 있음 - 역주). 본문은 홍수 물이 땅 위에 대단하게 넘쳐서 "온(entire) 하늘 아래 높은 산이 다(all) 잠겼다."고 말씀하는 것입니다. 그것은 지구 전체가 덮였다는 뜻입니다. 콜(kol)이란 단어(또는 콜의 변형어)는 그 문단에서 여섯 번 더 나오고, 그 중 두 번이 22절에 나오는데 그 각각은 모든 새, 모든 가축, 모든 들짐승, 그리고 모든 사람이 죽었다는 것을 말씀하고 있습니다(원어 성경은 "육지에 있는 모든 것(all), 그 코에 생명의 기운의 숨이 있는 것은 다(all) 죽었더라"고 되어 있음 - 역주). 특히 다루어져야 할 구절은 단지 이것만이 아닙니다. 헨리 모리스(Henry Morris)가 지적하는 바와 같이 "홍수의 보편성과 그 결과를 포함하는 표현은 창세기 6장에서 9장에 걸쳐 30번 이상 나온다." 라고 합니다. 그는 이렇게 말합니다. "만일 저자의 의도가 보편적 홍수를 묘사하려는 것이었다면, 이곳과 창세기 6장에서 9장에 걸친 전체 기록의 용어는 그보다 더 나은 용어가 있을 수가 없는 적절한 것이다. 강물의 범람을 그렇게 묘사한 것이라면 그것은 완전히 잘못된 것이고 과장이다."[3]

다른 한편, 홍수 자체의 성격이 있습니다. 만일 우리가 성경의 어휘를 진지하게 살펴본다면 노아 때의 홍수는 긴 기간에 걸친 것이었습니다. 비가 오고 물이 차오르는 것이 40일간 지속되었고, 그에 따라 당시 존재한 지구의 모든 산들은 그 꼭대기보다 6m 이상 높은 물속으로 잠기게 되었습니다(창 7:17-20). 그리고 비는 그쳤고, 물은 빠지기 시작했습니다. 그러나 물은 천천히 빠져 방주가 아라랏 산에 머문 것은 비가 오기 시작한지 150일, 그리고 비가 그친지 110일만이었습니다(창 8:3-4). 그 후 10주가 지나 산들의 봉우리가 보이기 시작했습니다(창 8:5). 그 후 물이 충분히 빠지고 노아와 그의 가족이 안전하게 땅에 내려오기까지는 21주가 더 걸렸습니다(창 8:14-15). 홍수가 시작된 때부터(창 7:11) 물이 마른 때까지(창 8:14) 모두 합하면 1년이 조금 넘습니다. 이 시간의 구조는 물이 수 년 동안 더 계속해서 서서히 빠지면서 그에 상응하는 지구의 지형 변화를 일으켰을 가능성을 배제하지 않습니다.

그런 기간의 홍수가 국지적인 홍수일 수가 없습니다! 어떤 국지적인 홍수도 그렇게 오래 지속될 수 없습니다! 존 휘트콤(John C. Whitcomb)은 이렇게 관찰했습니다. "어떻게 그렇게 깊고 오래 지속된 홍수가 단지 지구 표면의 제한된 부분만을 덮을 수 있었는지에 대해 지금까지 어떤 만족한 대답도 없다."[4]

전체적인 그림

지금까지 전세계적 홍수를 지지해서 말한 것에 추가적인 성경 자료를 더하고자 합니다. 모리스는 왜 성경이 전세계적 홍수를 묘사하고 있다고 보는가에 대해 26가지 이유를 제시했지만, 여기서는 그 중 중요한 것 네 가지만 살펴보고자 합니다.

1. 만일 홍수가 국지적인 것이었다면 방주의 건조, 장비, 그리고 적재(積載)는 우스꽝스러운 것이 되고 만다. 우리는 이미 방주의 규모와 설계를 보았습니다. 그것은 길이가 약 138m였고, 넓이가 23m, 높이가 14m였습니다. 현대에 많은 대양 선박의 크기입니다. 그와 같은 배는 건조하는데 시간이 꽤 걸리는데 노아가 하나님이 홍수가 오기 120년 전에 땅을 파멸하실 의도를 계시하셨을 때부터 배를 건조하기 시작했다고 보는 우리의 생각이 아마도 맞을 것입니다. 특히, 그 방주는 성경이 말씀하는 수천 마리의 짐승들을 그 안에 수용하는 데 충분한 크기로서 그 만든 목적에 감탄할 정도로 일치되었습니다. 만일 국지적 홍수의 옹호자들이 주장하는 것처럼 홍수가 단지 메소포타미아 강 유역에만 범람한 것이라면, 무슨 목적으로 이런 배를 만들었겠습니까? 하나님이 단순히 훗날 롯과 그의 가족에게 소돔과 고모라를 떠나라고 경고하셨던 것처럼 노아에게 그 유역을 떠나 고지대로 가라고 경고하셨다고 보는 것이 훨씬 더 사리에 맞을 것입니다. 새와 짐승들도 만 1년간이나 방주 안에 갇혀 있을 필요 없이 그저 그 지역을 떠나 있으면 되었을 것입니다.

2. 홍수가 끝난 후에 하나님은 다시는 홍수로 땅을 멸하지 아니하시겠다고 약속하셨는데(창 8:21-22, 9:11, 15) 만일 그 홍수가 국지적인 것이었다면 이 약속은 거짓 약속이 된다. 지구 역사상 국지적이면서도 가공할 홍수들이 많이 있었습니다. 그러한 홍수로 많은 사람들이 멸망했습니다. 만일 하나님의 약속이 그런 종류의 홍수를 지칭하는 것이라면 그 약속은 반복적으로 깨져온 것이 됩니다. 그 약속들은 지구 전체에 걸친 모든 피조물의 멸망과 계절의 시간적 중단에 관련된 것인데 하나님이 말씀하시기를 그런 일은 결코 다시 일어나지 않을 것이라는 것입니다. "여호와께서 그 향기를 받으시고 그 중심에 이르시되 내가 다시는 사람으로 말미암아 땅을 저주하지 아니하리니 이는 사람의 마음이 계획하는 바가 어려서부터 악함이라 내가 전에 행한 것 같이 모든 생물을 다시 멸하지 아니하리니 땅

이 있을 동안에는 심음과 거둠과 추위와 더위와 여름과 겨울과 낮과 밤이 쉬지 아니하리라"(창 8:21-22). 이것은 노아 때의 홍수가 전세계적 차원이었을 때에만 이치에 맞는 말씀이 됩니다.

3. 창세기의 나중 장들에 보면, 성경은 노아와 그의 세 아들의 후손들인 지구의 모든 사람을 추적한다(창 9:18-10:32). 국지적인 홍수의 옹호자들이 지적하는 것처럼, 이 절들에 언급된 사람들이 근동지역을 넘어서지 못한 그 한계 내의 사람들이란 것은 사실입니다. 그런 점에서 이 족보의 기록은 국지적입니다. 그러나 또한 이 절들이 다른 백성들을 포함하는 추가적인 설명을 배제하는 것도 아닙니다! 이 절들은 이것이 이 사람들이 노아의 후손 전체라고 말하고 있지 않고, 세상의 모든 사람이 그에게서 나왔다고 말합니다! "방주에서 나온 노아의 아들들은 셈과 함과 야벳이며 함은 가나안의 아버지라 노아의 이 세 아들로부터 사람들이 온 땅에 퍼지니라"(창 9:18-19), "이들은 그 백성들의 족보에 따르면 노아 자손의 족속들이요 홍수 후에 이들에게서 그 땅의 백성들이 나뉘었더라" (창 10:32).

4. 다른 성경의 홍수 관련 구절들은 그 보편성을 전제로 하거나 적어도 이런 해석을 반대하지 않는다. 이에 관련된 구절들이 있습니다. 욥기 22:15-16, 시편 104:5-9, 이사야 54:9, 히브리서 11:7, 베드로전서 3:20, 베드로후서 2:5, 3:5-6절입니다. 시편 104:5-9절 같은 몇몇 구절들은 매우 명시적입니다.

"땅에 기초를 놓으사 영원히 흔들리지 아니하게 하셨나이다 옷으로 덮음 같이 주께서 땅을 깊은 바다로 덮으시매 물이 산들 위로 솟아올랐으나 주께서 꾸짖으시니 물은 도망하며 주의 우렛소리로 말미암아 빨리 가며 주께서 그들을 위하여 정하여 주신 곳으로 흘러갔고 산은 오르고 골짜기는 내려갔나이다 주께서 물의 경계를 정하여 넘치지 못하게 하시며 다시 돌아와 땅을 덮지 못하게 하셨나이다"(시 104:5-9)

가장 의미 있는 본문은 베드로후서 3:5-6절입니다. 왜냐하면, 이 구절에서 베드로는 물질 변화는 균일한 자연적 작용에 의한다는 국지적 홍수 이론을 암시하는 균일설에 대한 반대 주장을 하고 있기 때문입니다. 베드로는 그리스도가 장래에 다시 오신다는 약속을 사람들이 더 이상 진지하게 받아들이지 않을 앞날을 내다보며 그들의 의심에 대해 그들이 내 놓을 이유를 반격하고 있습니다. 그들은 이렇게 말할 것입니다. "주께서 강림하신다는 약속이 어디 있느냐 조상들이 잔 후로부터 만물이 처음 창조될 때와 같이 그냥 있다"(벧후 3:4). 그들은 하나님이 역사에 끼어들어 눈에 보이는 자연의 활동을 뒤엎지 않으신다고 주장할 것입니다. 우리가 지금 보는 것은 과거에도 그랬었고, 미래에도 그럴 것이라고 합니다. 우리에게는 두려워해야 할 어떤 이상한 것도 없다고 합니다. 베드로는 균일설의 관점을 가지고는 설명될 수 없는 두 가지 사건이 있다고 대답합니다. 그 첫째는 "하늘이 옛적부터 있는 것과 땅이 물에서 나와 물로 성립된 것도 하나님의 말씀으로 된 것"(벧후 3:5)이라는 창조 사건 자체이고, 둘째는 "그 때에 세상은 물이 넘침으로 멸망하였다"(벧후 3:6)라는 홍수 사건입니다. 베드로는 계속합니다. "이제 하늘과 땅은 그 동일한 말씀으로 불사르기 위하여 보호하신 바 되어 경건하지 아니한 사람들의 심판과 멸망의 날까지 보존하여 두신 것이니라"(벧후 3:7).

이 구절에서 세상의 창조 이후에 모든 것이 지금 있는 그대로 동일하게 지속될 것이라고 생각하는 자들의 이론을 반박하기 위해 베드로가 외치는 한 사건은 홍수입니다. 만일 베드로가 분명히 그 당시에도 때때로 일어났었고, 그 이후에도 여러 차례 일어났을 국지적 홍수를 생각하는 것이었다면 이것은 의미가 없게 됩니다. 존 휘트콤이 결론을 잘 내립니다. "그것은 베드로가 하나님이 '모든 것'을, 언젠가는 지구를 불로 소멸하시고 그 물질들을 극렬한 불에 녹게 하실 마지막 날의 심판과 꼭 같은 저항할 수가 없는 우주적인 대 파멸에 넘기심으로써 과거에 일찍이 그분의 진노와 전능성을 보여주셨다는 사실을 고의적으로 무시하기로 결심한 자들에게 최종적이고 논쟁의 여지가 없는 대답으로서 외친 홍수였다."(벧후 3:10).[5]

예수님과 방주

이와 똑같은 예수 그리스도의 다가오는 장래 심판이 마태복음 24장에서 주님의 노아와의 관련성을 통해 이렇게 묘사되고 있습니다(눅 17:26-27 참조). "노아의 때와 같이 인자의 임함도 그러하리라 홍수 전에 노아가 방주에 들어가던 날까지 사람들이 먹고 마시고 장가 들고 시집 가고 있으면서 홍수가 나서 그들을 다 멸하기까지 깨닫지 못하였으니 인자의 임함도 이와 같으리라 그 때에 두 사람이 밭에 있으매 한 사람은 데려가고 한 사람은 버려 둠을 당할 것이요 두 여자가 맷돌질을 하고 있으매 한 사람은 데려가고 한 사람은 버려둠을 당할 것이니라"(마 24:37-41).

홍수의 보편성은 그것이 성경의 가르침이기 때문에 중요합니다. 그러나 그 문맥 내에서 그것이 진노의 날에 어느 누구도 그분의 공의를 피할 수 없다는 것을 보여주시는 하나님이 일으키신 한 큰 역사적인 사건이기 때문에 특히 중요합니다. 보편적 홍수는 마지막 보편적 심판의 증명이기 때문에 중요한 것입니다.

그 심판이 한 차례 왔었습니다. 그리고 그것은 다시 올 것입니다. 그러나 우리는 그리스도가 심판을 말씀하시면서조차 그분에게 속하는 자들은 그날에 심판에서 면제될 것임을 또한 말씀하십니다(마 24:40-41). 방주 안에 있던 노아와 그의 아내, 그의 세 아들들과 며느리들처럼 구원하는 믿음으로 그리스도와 연합한 자들은 그 마지막 심판의 물 위에 떠올라 안전하게 될 것입니다.

노아의 날에서처럼 세상을 쓸어버리는 심판은 구원의 길을 거절한 자들에게는 영원한 파멸을 가져다 줄 것이지만, 그리스도 안에 있는 자들에게는 영원한 기쁨과 안전을 가져다 줄 것입니다. 방주는 심판의 환경에 둘러싸여 있었지만, 방주 안에 있는 노아는 안전했습니다. 만일 당신이 예수 그리스도 안에 있다면 당신도 그럴 것입니다. 만일 당신이 예수 그리스도 안에 있지 않다면, 바로 지금이 당신의 죄 된 삶의 길을 벗어나 그분에게 나아올 정확한 시간입니다.

● 각주 ●

1. Ramm, *Christian View*, 229-49. 또한 William S. LaSor, "Was the Flood Universal?" *Eternity*, December 1960, 11-13을 보라. 2. Ramm, *Christian View*, 249.

3. Morris, *The Genesis Record*, 199. 4. John C.. Whitcomb, *The World That Perished* (Grand Rapids: Baker, 1973), 46. 5. Ibid., 58.

49

홍수 전설들의 증언

창세기 7 : 17-24

홍수가 땅에 사십 일 동안 계속된지라 물이 많아져 방주가 땅에서 떠올랐고 물이 더 많아져 땅에 넘치매 방주가 물 위에 떠 다녔으며 물이 땅에 더욱 넘치매 천하의 높은 산이 다 잠겼더니 물이 불어서 십오 규빗이나 오르니 산들이 잠긴지라 땅 위에 움직이는 생물이 다 죽었으니 곧 새와 가축과 들짐승과 땅에 기는 모든 것과 모든 사람이라 육지에 있어 그 코에 생명의 기운의 숨이 있는 것은 다 죽었더라 지면의 모든 생물을 쓸어버리시니 곧 사람과 가축과 기는 것과 공중의 새까지라 이들은 땅에서 쓸어버림을 당하였으되 오직 노아와 그와 함께 방주에 있던 자들만 남았더라 물이 백오십 일을 땅에 넘쳤더라

19세기 중반(약 1845년)에 영국의 동양학자들은 고대 아시리아(앗수르)의 수도였던 니느웨 성을 발굴하기 시작해서, 2만여 개의 점토 서판 및 설형문자로 된 비문(碑文)이 기록된 서판 조각을 포함한 그 성의 보물들을 영국으로 가져왔습니다. 이 서판들을 분류하는 작업은 어려웠지만, 그 일은 조지 스미스

(George Smith)라는 22세의 대영박물관 고대 문화부의 한 조수에게 맡겨졌습니다. 스미스는 이런 일을 하는 데 천재였습니다. 그는 서판들을 분류했고, 거기서 설형문자에 대한 전문지식을 얻고, 번역을 하기 시작했습니다.

스미스가 번역을 하던 중, 1872년에 그는 우연히 한 작은 서판을 발견했는데, 거기에는 이런 글이 기록되어 있었습니다. "니씨르(Nisir) 산은 그 배를 멈추게 했다. 내가 비둘기를 내 보내니 그것은 날아갔다. 그 비둘기는 갔다가 돌아왔다. 쉴 자리를 찾지 못해 돌아왔다." 스미스는 이 말들이 성경의 홍수 이야기의 부분과 닮았다는 것을 확인하고는 즉각 그 이야기의 다른 조각들을 찾기 시작했습니다. 얼마 안 되어 그는 이 이야기의 다른 부분들과 다른 사본들을 발견했습니다. 그는 이것들을 함께 연결해 보고(간격이 여전히 있었지만), 이를 그 해 12월에 성경 고고학회 회의에 보고를 했습니다. 그 본문은 창세기와 매우 흡사했습니다. 두 이야기 모두 세계적인 홍수가 사람들의 악함으로 인해 초래됩니다. 두 이야기 모두 짐승을 선정하고, 사람들이 큰 배에 탐으로써 구원됩니다. 다만, 바벨론 이야기는 방주의 수치를 정육면체로 제시하고 있습니다. 바벨론 이야기에서는 홍수는 7일간 지속됩니다, 성경에서는 배에 탑승하는 기간이 7일이라고 했습니다. 두 이야기에서 모두 까마귀와 비둘기를 방주 밖으로 보내는데, 바벨론 이야기에는 제비가 추가되고 있습니다. 홍수 후에 감사의 제사를 드리고 하나님(성경) 또는 신들(바벨론 서사시적 이야기)은 그것을 좋게 받으십니다. 두 이야기 모두 땅이 다시는 이와 같은 식으로 파멸되지 않을 것임을 보증하는 언약으로 끝이 납니다.

스미스의 발견이 학자들 사이에 큰 소동을 일으킨 것은 예상된 일이었습니다. 이전에는 고대 역사학자 베로수스(Berosus)에 의해 보존되어 온 홍수에 대한 바벨론 전설이 유대인들의 바벨론 포로 기간에 창세기에서 가져온 것이라고 추측했었습니다. 그러나 이 이야기들이 기록된 연대는 포로 전이었습니다. 그래서 그들은 성경 이야기를 독립적으로 실증하기로 준비했습니다(창세기 이야기가 바벨론 이야기에서 빌려온 것이라고 생각할 수도 있습니다. 그러나 그 둘의 자세한 부분과 전망의 차이는 그 둘 어느 것도 서로 의존적이 아니라는 것을 보여주고 있기 때문에 빌려왔다는 말은 성립이 안 됩니다).

소동은 또한 영국 사람들 사이에서도 일어났습니다. 「런던 데일리」(The London Daily

Telegraph)는 스미스에게 비용을 댈 테니 아시리아에 가서 추가적인 홍수 서판을 찾아보도록 요청을 했습니다. 스미스는 그렇게 했고, 놀랄만한 성공을 거두었습니다. 그는 대영박물관에서 그가 작업했던 그 서판의 추가적인 조각들뿐만 아니라 다른 것들도 발견했습니다. 그는 니느웨를 세 번이나 방문했고, 세 번째 탐사 때 거기서 죽었습니다.

세상의 전설들

바벨론 홍수 이야기는 현재 그 한 부분이 길가메시 서사시(Epic of Gilgamesh)로 알려져 있는데, 고대 홍수의 사실성에 대한 독립적인 증언이기는 하지만, 그 중요성은 단순히 그 사실에만 있지 않습니다. 그것은 또한 문자 그대로 수백의 사람들이 지구 전역에 퍼뜨린 역사적 전설로 발견되는 많은 유사한 이야기의 하나라는 것입니다. 일반적으로 이 사실은 전혀 평가되고 있지 않습니다. 수백 가지의 홍수 이야기들이 전세계에 걸쳐 다양한 문화에 많이 있습니다. 따라서 사람들이 이 이야기들을 보유하고 있는 것은 아마도 홍수에서 살아남은 자들로부터 전해 내려온 것을 보유하고 있을 것이기 때문에, 이 이야기들은 홍수의 역사성뿐만 아니라 그 보편적인 범위의 증거가 되고 있습니다.

몇 가지 예를 들어보겠습니다. 파푸아 뉴기니의 **사모-쿠보**(Samo-Kubo) 부족에서 사역을 하는 위클리프성경번역선교회 소속 언어학자 댄 쇼우(Dan Show)는 그 격리된 부족 사람들의 홍수 이야기를 보고했습니다. 오래 전 어느 새벽에 몇몇 사람들이 뉴기니 지역에 많이 있는 도마뱀들을 괴롭히고 있었습니다. 마침내 도마뱀들은 더 이상 견딜 수가 없었습니다. 그들은 도마뱀 인간(Lizard Man)에게 하소연을 했고, 그래서 그가 비를 내려 홍수 물이 차올라 두 형제 외에는 모두 익사했습니다. 이 두 형제는 두 사람이 탈 수 있을 정도로 큰 뗏목을 타고 항해해서 도망을 쳤습니다. 사모-쿠보 부족에서 사람이 가질 수 있는 가장 의미 있는 인간관계는 형제와의 관계인데, 이것은 두 형제가 구원되었다는 이야기에서 유래된 것입니다. 분명히 두 형제에 의한 지구의 인간 재 증식이 생물학적으로 불가능한 것이라는 문제는 사모-쿠보 부족에서는 문제시되지 않았습니다. [1]

이렇듯 지금까지 바깥 세계와 거의 접촉이 없는 알려지지 않은 부족이 전설적인 과거 이야기의 일부로 성경 이야기와 여러 면으로 유사한 홍수로 인한 파멸 이야기를 가지고 있는 것입니다. 물론 다른 점들도 있습니다. 그러나 이야기의 요체는 같습니다.

많은 미국인들이 파멸을 부른 홍수와 선택된 인간들의 구원 이야기가 미국 인디언 사이에 많이 있다는 것을 알고는 놀랍니다. 서해안의 **아타파스칸**(Athapascan) 부족은 나기이체(Nagaitche)라는 사람이 지구(Earth)라고 부르는 신화적 인물의 머리 위에 올라탐으로써 홍수에서 구원되는 이야기를 가지고 있습니다. 아리조나의 **파파고**(Papago) 인디언들은 몬테주마(Montezuma)라는 이름의 사람과 친구 같은 **고요테**(coyote)의 구원에 대해 이야기합니다. 그들은 몬테주마가 준비해서 산꼭대기에 숨겨 두었던 배를 타고 살아남았습니다. 홍수 후에 고요테를 내보내서 땅이 얼마나 보이는지 알아보게 했습니다. **아라파호**(Arapaho) 인디언들은 높은 산에 앉아서 홍수를 피한 첫 번째 아라파호의 구원에 대한 이야기를 합니다. 미국의 북동지역에 살았던 알곤킨(Algonquins)족은 어떻게 큰 악한 뱀이 인간들에게 홍수를 가져왔는지, 그리고 어떻게 요정들 중 한 요정의 딸이 몇몇 사람들을 배에 태워 구원했는지 이야기합니다.

나머지 아메리카의 경우에도 같습니다. 브라질(Brazilian) 부족은 대홍수에 대한 얼마간의 지식을 가지고 있습니다. 페루(Peru) 인디언들은 오래 전에 세상에 어떤 잉카족이 있었는데, 대홍수로 모두가 익사를 하고 여섯 명만이 구원되어 현재 인류의 조상이 되었다고 전합니다. 그들은 큰 뗏목에 의해 구원되었다고 합니다. 쿠바(Cuba)의 원주민들은 "대홍수가 올 줄 알고 있던 한 노인이 큰 배를 짓고 그의 가족과 많은 짐승들과 함께 그 안에 들어갔다는 것과, 지속되는 홍수에 지쳐 까마귀 한 마리를 내 보냈는데, 처음에는 죽은 시체들을 먹느라고 밖에 머물며 돌아오지 않다가 나중에 푸른 가지를 물고 돌아왔다."고 믿고 있습니다.

멕시코의 홍수 전설에서는 다른 부족들이 테즈피(Tezpi)라고 부르기도 하는 콕스콕스(Coxcox)가 자신과 그의 가족, 그리고 얼마간의 짐승들을 배에 태우거나 뗏목에 실어 구원했습니다. 홍수가 잦아들기 시작할 때 그는 독수리 한 마리를 내 보냈는데 돌아오지 않았고, 그래서 다시 벌새(hummingbird)를 내 보냈는데 그 새는 푸른 잎이 달린 가지를 물고 돌아왔습니다.

알라스카(Alaska)의 원주민들은 그들의 조상들의 선조가 꿈에 홍수가 지구를 파멸시킬 것이라는 경고를 받았다고 믿고 있습니다. 그는 뗏목을 지어 그 위에 그와 그의 가족 그리고 짐승들을 태워 구원했습니다. 그때 짐승들은 말을 할 수 있었는데, 여러 달을 뗏목에서 보내는 것을 불평했습니다. 그래서 물이 가라앉은 후에 그들 모두가 배에서 내렸는데 짐승들은 벌로 말하는 능력을 잃게 되었습니다.

남아프리카의 호텐토트(Hottentot)인들은 그들 종족의 선조를 노(Noh)라고 부릅니다. 그린랜드(Greenland)의 원주민들은 홍수전에 지구 위에 10대(代)에 걸친 사람들이 살았었는데 단지 한 사람만 살아남았다는 전설을 가지고 있습니다. 하와이(Hawaii) 사람들은 옛날에 지구 위에 악이 성행했는데 오직 한 사람만 의로웠다고 말합니다. 그의 이름은 누우(Nu-U)였습니다. 그는 그 위에 집이 있는 큰 카누를 만들어 홍수가 닥쳤을 때 식물들과 짐승들을 싣고 그것을 타고 피했습니다. 홍수가 그쳤을 때 그는 달을 처음 보았는데 그는 그것이 위대한 신(神)인 케인(Cane)인 줄로 생각했습니다. 그는 그것을 숭배했고 이것이 케인을 불쾌하게 했습니다. 그래서 케인은 그를 책망하려고 무지개 위로 내려왔습니다. 그가 하늘로 돌아간 후에도 무지개는 케인의 용서의 증표로 남아있게 되었습니다.

웨일즈(Wales)인들은 리온(Llion)호수가 터져 땅에 범람했다는 전설을 가지고 있습니다. 드와이팬(Dwyfan)과 드와이패치(Dwyfach), 그리고 모든 짐승 종류의 한 쌍씩만을 제외하고는 모두 익사했고, 그들만이 보존되었습니다. 살아있는 모든 것은 이 보존자들에게서 나온 것입니다.

리투아니아(Lithuanians)인들은 최고의 신 프람지마스(Pramzimas)가 어떻게 모든 사람을 대홍수로 멸절시키기로 결정했는지를 이야기합니다. 20일 후, 잔존자들만이 높은 산에 남아 있었습니다. 만일 프람지마스가 먹고 있던 너트의 껍질을 실수로 떨어뜨리지 않았다면 그들도 역시 익사될 뻔했습니다. 사람들은 그것을 배로 사용해서 구원되었습니다.

인도와 중국의 전설은 더욱 의미 있고 자세하게 같은 이야기를 합니다. 인도에서 힌두인들은 마누(Manu)를 인류의 조상으로 여깁니다. 그는 물고기를 통해 임박한 홍수에 대한 경고를 받았습니다. 그 물고기는 그에게 배를 건조하고 그 안에 모든 종류의 씨앗을 일곱 명의 현자들(Rishis) 또는 신성한 자들과 함께 실으라고 말했습니다. 홍수가 닥쳤습니다. 사람들은 익사했습니다. 그러나 마누의 배는 그 물고기에 의해 안전하게 이끌려 결국 히말라야 산맥의 최정상에 착륙하게 되었습니다. 이 이야기에서 여덟 명이 구원되었고, 마누는 "그의 세대에서 의인"으로 불리어 집니다. 더욱 주목할 만한 것은 힌두인들은 나중에 마누가 술에 취해 두 아들이 보살필 때까지 벌거벗고 누워 있었다는 이야기를 보유하고 있는데 이 이야기는 창세기 9:20-27절에서 보는 이야기의 가까운 개작입니다.

중국 사람들의 전설에서는 포히(Foh-hi)가 그의 아내, 그의 세 아들, 그리고 그의 세 딸과 대홍수를 피해 이들로부터 지구에 인구가 퍼졌다고 합니다.

기원전 250년경에 살았던 마네토(Manetho)는 이집트의 고대 신화에 나오는 홍수 이야기를 소개합니다. 여기서 토트(Toth)라는 이름의 한 남자가 구원이 됩니다. 마네토의 시대에는 홍수 전설이 죽은 사람들을 위한 기념 축제와 연결되었었는데 그 축제에서 사제는 오시리스(Osiris) 신의 형상을 신성한 배에 싣고 바다로 보냈습니다. 이 축제를 아달(Athyr)월 17일에 지켰는데 이 날은 창세기 7:11절에 나오는 홍수가 시작된 날과 일치합니다.

그리스 사람들에게도 홍수의 전설이 있습니다. 로마의 시인 오비드(Ovid)는 그의 작품 「대변화」(Metamorphoses)에서 장황하게 이야기합니다.[2]

홍수 전설 목록

이러한 전세계적으로 퍼져 있는 홍수 전설을 모으는데 많은 노력을 기울인 두 사람이 있는데 그들은 라헤이와 모리스입니다. 이들은 「아라랏의 방주」에서 전 목록을 다 발표했습니다. 그들의 목록은 지구의 분포 지역별로 분류되었는데 전재할 가치가 있는 것입니다.

중동 및 아프리카 지역	호텐토드(Hottentot)족	페르시아(테스트리아)
아프리카(중앙)	주말라(Jumala)족	페르시아(이마)
바벨론(Babylon)	콩고(Congo) 저지대	페르시아(잘라쿠파)
바페디Bapedi족(남아프리카)	마사이(Masai)족	수단(Sudan)
칼디어(Chaldea)족	오치Otshi족(카빈다Kabinda)	시리아(Syria)
이집트(왕)	페르시아(아리만)	**태평양 도서지역**
이집트(성직자)	페르시아(분데헤시)	알람블랙족(뉴기니)

세람알푸어족
아미(Ami)
안다만(Andaman)섬족
호주(Australia)
부니아(Bunya)
네델란드 영 뉴기니
(몸블라노 강)
동인도 섬
엥가노(Engano)
팔월Falwol족(뉴기니)
피지(Fiji)
피지(로호라Rohora)
플로레스(Flores)섬
포르모사(Formosa)족
하와이 마누아카(Mauna-Ka)
하와이 누우(Nu-U)
카비디족(뉴기니)
쿠르나이족(호주)
리워드(Leeward) 섬족
마오리(Maori)족(뉴질랜드)
멜라네시아(Melanesia)
마이크로네시아(Microesia)
나이(Nai)족
뉴 브리타인(New Britain)
오테이테(Otheite) 섬
오트-다놈(Ot-Danom)족
플로네시아(Polynesia)
퀸스랜드(Queensland)
로티(Rotti)족
사모아(Samoa)
사모-쿠보부족(뉴기니)
해양 다이약족(보르네오)
해양 다이약족(트라우트)
해양 다이약족(사라왁)
수마트라(Sumatra)

타이티(Tahiti)
토라디아(Toradia)족
발만Valman족(뉴기니)

극동 지역

아날(Anal)족(아쌈Assam)
바나라Bahnara(중국)
벵갈 콜(Bengal Kolh)족
베누어-자쿤(말레이시아)
바가야타-푸라나
중국(포히Fo-hi)
중국(조아Joa)
중국(라오-체Rao-tse)
씽파우Cingpaw족(버마 고지)
인도(라마Rama)
카마르Kamar족(중앙 인도)
캄치데일Kamchdale족(인도)
카렌Karen족(버마)
롤로Lolo족(남 중국)
마하바라타(Mahabharata)
마치야-푸란타족
메낭크반족(수마트라)
사타파타 브라만족
싱포Singpho족(버마)
타트타리 몽골족

유럽 및 아시아 지역

켈트(Celt)족
드루이드(Druid)족
핀란드(Finland)
아이슬란드(Iceland)
라플란드(Lapland)
리투아니아(Lithuania)
노르웨이(Norway)
루마니아(Rumania)
러시아(Russsia)
시베리아(Siberia)

웨일즈(Wales)

헬라 문화권 및 작가들

치보토Ciboto족(아파미아)
아폴로도루(Apollodoru)족
아리스토텔레스
아테네인(Athenian)
코Co족(메롭Merop족)
그레데(Crete)
디오도루(Diodoru)족
헬레누쿠(Hellenucu)족
루시안(Lucian)
메가로(Megaro)족
오지게Ogyge족(베오티아)
오비드(Ovid)
페리루(Perirrhoo)족
핀다르(Pindar)
플라톤
플루타크(Plutarch)
로데(Rhode)족
사모트레이스(Samothrace)
시트니드 심프족
스테파누(Stephanus)족
데살로니가(Thessalonica)

북아메리카 지역

아카그체멘족
알루시안 섬 인디언족
알곤킨족(마나보조)
아팔라치안 인디언
아라페호(Arapaho)족
북극 에스키모
아타파스칸족
블랙푸트 인디언족
카도큐(Caddoque)족
중앙 에스키모인
체로키(Cherokee)족

치페와(Chippewa)족
크리(Cree)족
델라웨어 알골킨족
도그립(Dogrib)족
엘루트(Eleut)족
에스키모족(알라스카)
에스키모족 (노르톤 사운드)
에스티모족(Esquimaux)족
플랫헤드(Flathead)족
그린란드(Greenland)
대호수 인디언족
하이다(Haida)족
하레스킨(Hareskin)족
휴론(Huron) 인디언족
이누이트(Innuit) 에스키모인
이러쿼이(Iroquoi)족
카트라멧(Kathlamet)족
크니스티네우(Knistineau)족
콜로시(Kolosh)
콜로시(Kolosh)족
레익타호 인디언족
레니라파네 인디언족
루이세노(Luiseno)족
만단(Mandan)족
만타그나이스 알곤킨족
메노미니(Menominee)족
몬타그나이(Montagnai)족
나체츠 인디언족
뉴 캘리포니아 인디언족
네즈 페르세(Nez Perce)족
오지브웨이(Ojibway)

파쿨리(Pacullie)족
파파고(Papago)족
피마(Pima)족
포타와토미 인디언족
리오 에레바토 인디언족
살테욱스 알곤킨족
사크리(Sacree)족
스미스 강 인디언족
스포카나(Spokana)족
틀링쿠트족(옐Yehl)
톰프산 인디언족
티네 인디언족
트왕(Twang)족
버지니아 인디언족
아키마(Yakima)족

중앙아메리카 지역

아차그나(Achagna)족
안틸레(Antille)족
아즈텍(Aztec)족
아즈텍족(콕스콕스틀리)
카나리(Canari)족
촐루란(Cholulan)족
촐룰라(Cholula)족
코라Cora족(고지대)
코라Cora족(저지대)
쿠바인 인디언족
후이찰(Huichal)족
마야(Mayas)족
멕시코(콕스콕스Coxcox)
멕시코(멕시틀리Mexitli)
미초아칸(Michoacan)족

무라토(Murto)족
니카라과 인디언족
리오-크레바토 인디언족
성 도밍고 인디언
틀라스칼란(Tlascalan)족
톨텍(Toltec)족

남아메리카 지역

아베데리(Abedery)족
아카워이(Ackawoi)족
아라우카니안(Araucanian)족
아라왁(Arawak)족
브라질인 산악 인디언족
브라질인 해안 인디언족
카잉간(Caingan)족
카라야(Caraya)족
치리구아노(Chiriguano)족
콜롬비아인 인디언족
잉카(Inca)족
카타우시(Kataushy)족
마쿠시(Macusi)족
메이퓨오(Maypure)족
오리노코 인디언족
파마리(Pamary)족
페루(보마라Bomara)
페루(구앙카Guanca족)
페루인 인디언족
페루(망고 카펙)
리오데 자네이로 인디언족
타마낙(Tamanac)족
테라-퍼마 인디언족
티에라 델 푸에고 인디언족

이러한 홍수 전설은 이미 명백해진 것처럼 가지각색입니다. 그러나 일치하는 점들 역시 많이 있습니다. 그것들 중 88%에서 특혜를 받은 가족이 나옵니다. 70%에서 생존이 배로 인한 것입니다. 95%에서 대이변의 유일한 원인이 홍수입니다. 66%에서 재난이 인간의 악함 때문입니다. 67%에서 짐승들 역시 구원됩니다. 57%에서 생존자들이 결국에는 산에 도착합니다. 적은 퍼센트에서 새들이 밖으로 보냄을 받고, 무지개가 언급되며, 여덟 명이 특별하게 구원을 받습니다.

특히, 만일 그 홍수 이야기가 사실이고, 노아의 후손들이 홍수 후에 그들이 겪었던 홍수의 기억을 가지고 세상에 퍼뜨렸다고 우리가 추정한다면, 이러한 변형들은 예상이 가능해집니다. 중동에 있는 이야기들은 매우 흡사합니다. 그러나 그 이야기가 시작된 지역에서 멀어지면 멀어질수록 우발적 환경, 지역적 특색, 그리고 문화적 요소들이 그 이야기에 더 많이 슬며시 끼어듭니다. 라헤이(Lahaye)와 모리스(Morris)는 이렇게 결론을 맺습니다. "보편적 홍수의 전설은 오직 공통된 자료에서 나왔을 수밖에 없다. 그 자료는 지역적 특색과 문화에 맞춰 재미있게 과장되기도 했지만, 역사적이고 도덕적인 두 가지 개념을 전달하기 위해 적절한 지식을 충분히 갖추고 있다." [3]

1800년대에 이런 이야기들에 대한 면밀한 연구자였던 휴 밀러(Hugh Miller)는 이렇게 기술했습니다. "세계 역사의 초창기에 대홍수로 거의 전 인류가 파멸된 것이 소수의 생존자들의 마음에 크게 각인된 것으로 보이고, 그 결과 그들의 후손들에게 공포에 짓눌린 것 같은 강한 인상으로 전해 주었던 것으로 보인다. 그래서 그들의 먼 후대인 오늘날의 자손들조차 아직 그것을 잊지 않고 있는 것이다. 그 이야기는 거의 모든 신화에 나타나고 있고, 가장 멀리 있는 나라들과 가장 미개한 족속들 가운데도 살아있다." [4]

고의적인 무지

그런데 이상하게도 성경 지식이 널리 퍼지고, 홍수 전설이 사실상 지구상의 모든 문화와 민족에 존속되고 있음에도 불구하고, 현대인들은 하나님의 심판의 홍수를 잊어버린 것 같아 보입니다. 그래서 베드로가 예측했던 자들의 견해처럼 이렇게 주장합니다. "이르되 주께서 강림하신다는 약속이 어디 있느냐 조상들이 잔 후로부터 만물이 처음 창조될 때와 같이 그냥 있다"(벧후 3:4). 왜 이렇습니까? 단 한 가지의 설명이 있을 뿐입니다. 그것은 역사 속에 하나님의 심판이 개입한다는 것에 대한 증거가 부족해서가 아닙니다. 증거는 넘쳐납니다. 그것은 오히려 베드로가 말하는 것처럼 우리 시대의 사람들이 책임, 죄, 심판, 그리고 불경건한 자들의 파멸과 같은 훼방하는 개념에 의해 성가심 받지 않고 그들 자신의 죄의 삶을 지속하려고 이것들을 "일부러 잊고"(벧후 3:5) 있는 것입니다.

하나님의 진노의 날보다는 그분의 은혜의 날인 지금 훼방 받는 것이 더 낫습니다. 이와 같은 훼방은 회개와 예수 그리스도를 믿음과 구원으로 인도할 것입니다. 정말이지 하나님은 이런 일이 일어날 수 있도록 인내하고 계십니다. 베드로가 이렇게 말한 바와 같습니다. "주께서는 너희를 대하여 오래 참으사 아무도 멸망하지 아니하고 다 회개하기에 이르기를 원하시느니라"(벧후 3:9). 그렇게 하시겠습니까? 당신은 인간의 죄에 대해 장래에 있을 예수 그리스도의 심판의 날에 닥쳐올 불에 의한 세상의 파멸을 당신에게 경고하기 위해 과거에 하나님이 세상을 물로 파멸하신 사실을 인정하시겠습니까? 오늘이 당신의 기회의 날입니다. 죄에서 돌아설 모든 사람은 예수 그리스도에게 와서 구원받을 수 있습니다. 그분은 이렇게 말씀하셨습니다. "내게 오는 자는 내가 결코 내쫓지 아니하리라"(요 6:37).

● 각주 ●

1. 그 이야기는 라헤이(LaHaye)와 모리스(Morris)의 *The Ark on Ararat*, 231에 보고되어 있다.

2. 이 이야기는 몇몇 작가들에 의해 다양한 분량으로 이야기되고 있다. 나는 주로 르윙클(Rehwinkel)의 *The Flood in the Light of the Bible, Geology and Archeology*, 127-52의 이야기를 참고했다. 다른 주요 저작들은 James G. Frazer의 *Forklore in the Old Testament* (Lodon: Macmillan nd Co., 1919), 그리고 Hugh Miller의 *The Testimony of the Rocks,: Geology in the Bearings on the Two Theologies, Natual and Revealed* (Edinburgh: Thomas Contable and Co., 1857)이다.

3. LaHaye and Morris, *The Ark on Ararat*, 329. 전세계적 홍수 전설 목록과 그 중요성의 논의는 pp. 233-39에 있다.

4. Ibid., 268.

50

홍수에 대한 지질학적 증거

창세기 7 : 17-24

홍수가 땅에 사십 일 동안 계속된지라 물이 많아져 방주가 땅에서 떠올랐고 물이 더 많아져 땅에 넘치매 방주가 물 위에 떠 다녔으며 물이 땅에 더욱 넘치매 천하의 높은 산이 다 잠겼더니 물이 불어서 십오 규빗이나 오르니 산들이 잠긴지라 땅 위에 움직이는 생물이 다 죽었으니 곧 새와 가축과 들짐승과 땅에 기는 모든 것과 모든 사람이라 육지에 있어 그 코에 생명의 기운의 숨이 있는 것은 다 죽었더라 지면의 모든 생물을 쓸어버리시니 곧 사람과 가축과 기는 것과 공중의 새까지라 이들은 땅에서 쓸어버림을 당하였으되 오직 노아와 그와 함께 방주에 있던 자들만 남았더라 물이 백오십 일을 땅에 넘쳤더라

지난 두 장의 추세를 주의 깊게 보고, 이번 장의 제목을 정신 차려 본 사람은 누구나 "홍수에 대한 지질학적 증거" 라는 의제가 주요 명제, 즉 성경이 말씀하는 것과 똑같은 홍수가 있었다는 것과, 그 홍수는 전세계적 차원이었다는 명제의 결말을 지을 것을 기대할 것입니다. 첫 번째 연구는 성경 자체의 가르침을

고려하였습니다. 그것에 의하면, "물이 더 많아져 땅에 넘치매 방주가 물 위에 떠 다녔으며 물이 땅에 더욱 넘치매 천하의 높은 산이 다 잠겼더니 물이 불어서 십오 규빗이나 오르니 산들이 잠긴지라"(창 7:18-20)고 했습니다. 이 가르침은 두 번째 연구에서 검토한 자료에 의해 지지되었습니다.

다시 말하면, 전세계적인 홍수에 대한 성경의 가르침은 전 지구상에 퍼져있는 수백의 민족과 문화 가운데서 발견되는 홍수 전설에 의해 확증되는 것으로 보입니다. 궁극적인 증거는 지질학적인 것입니다.

불행히도 상황은 그것처럼 좋지가 않습니다. 그래서 우리는 전세계적 홍수에 대한 현존하는 지질학적 증거가 힘을 제대로 쓰지 못하고 있음을 인정해야만 합니다. 어떤 사람들은 그것이 존재조차 하지 않았다고 말할 것입니다.

물론 지질학이 홍수를 증명한다는 주장이 제기되어 왔습니다. 1928-1929년에 걸친 우르에 대한 고고학적 출정에서 영국의 저명한 고고학자인 레너드 울리(Sir Leonard Woolley) 경은 수메르(Sumer) 도시 아래서 2.5m의 혼합물이 없는 점토층을 발견했고, 그 밑에서 전혀 다른 도시와 문화의 유물들을 발견했습니다. 그는 이것이 논쟁의 여지가 없는 창세기 홍수의 증거임을 주장했습니다. 그로부터 바로 몇 달 후에 스테판 랭던(Stephen Langdon)이라는 다른 고고학자가 유사한 점토 퇴적물을 북쪽으로 수백 km 떨어진 키시(Kish)에서 발견했다고 발표했을 때, 많은 사람들이 이것이 정말로 성경 이야기의 확증이고, 최소한 지역적인 분포를 이루고 있는 것이라는 결론을 지었습니다.

그러나 불행히도 나중에 두 도시의 홍수 퇴적은 동시적으로 된 것이 아니라는 것과, 우르의 홍수가 전 도시를 잠기게 한 것조차 아니라는 것이 발표되었습니다. 그 당시 펜실베이니아대학의 아시리아학 조교수였던 프란시스 스틸(Francis R. Steele)은 울리의 결론을 비난하며 이렇게 주장했습니다. "그 '증거' 추정물은 성경에 있는 홍수 기록과 아무런 관련도 없다."[1]

메소포타미아 강 계곡은 고대 역사에서 홍수에 여러 번 물에 잠겼었으나, 그 모두가 명백한 지역적 홍수였습니다. 그 홍수가 노아의 이름과 결부된 것이라고 특별히 주장하는 사람은 아무도 없습니다.

홍수 지질학

노아 홍수를 증명하기 위한 지질학적 증거를 인증하려는 모든 노력 중에서 가장 야심적인 것은 미시간 주 앤아버 시에 있는 창조연구회(Creation Reseach Society)와 캘리포니아 주 산디아고 시에 있는 창조연구소(Institute for Creation Reseach)에 의한 것으로, 이 단체들은 이 지구의 현존하는 지질학적 특징의 많은 부분, 어쩌면 거의 대부분이 홍수 기간 중 만들어졌다는 것을 검증하기 위한 시도를 상대적으로 최근에 행했습니다. 이 이론은 앞부분에서 대체로 자세하게 논의한 바 있습니다.[2]

이 견해로 가장 잘 알려진 대표적 인물들인 휘트콤과 모리스에 의하면, 현재 지구에 존재하는 거의 대부분의 화석들과 화석들이 발견되는 퇴적암의 다양한 층들은 지구에 물이 범람했던 홍수 기간 중에 만들어졌습니다. 전통적인 지질학에 의하면, 퇴적암의 각 층은 오랜 기간에 걸쳐 물이 지역을 덮고, 나중에 물러가고, 그런 다음 한 번 더 밀려와 새로운 단층을 만든 증거라고 설명됩니다. 어떤 곳에는 이러한 단층이 수백 개나 존재합니다. 따라서 전통적이고 널리 수용되고 있는 지질학에 따르면, 이 지역에서 물이 들어왔다, 나갔다 하는 것을 수백 만 년 동안 한 것이 됩니다. 그러나 휘트콤과 모리스는 그렇지 않다고 말합니다. 만일 홍수가 성경이 말하는 것처럼 광범위하고 파괴적인 것이었다면, 지구 토양과 식물들, 그리고 동물들의 대부분은 그 이전에 이미 틀림없이 쓸려 내려갔을 것이고, 그래서 바다에서 암설(巖屑)층을 계속 형성했을 것입니다. 그들의 이론에 의하면, 가장 단순한 바다 생물체가 제일 먼저 묻혔을 것임이 틀림없고, 그 다음에 다른 형태의 바다 생물체가, 그리고 최후에는 육지 식물과 동물들이 묻혔을 것입니다. 이러한 유체역학적 도태 과정은 암석 형태의 단계적 변화를 설명해 주는데, 생물학자나 여타 학자들은 이것을 종의 진화의 증거물로 이용합니다.

창조과학자들은 그들의 견해가 오늘날에는 화석 퇴적물들을 거의 형성하지 않는다는 사실과, 현재 존재하고 있는 것은 예외적인 것이라는 사실에 의해 힘을 얻게 되었다고 생각합니다. 그들은 현존하는 화석들이 천천히 자연적으로 진행되어 형성된 것이 아니고, 어떤 과거의 상당한 규모와 범위의 격변이 원인이 되어 형성된 것이 분명하다고 생각합니다.

만일 창조과학자들의 견해가 옳다면, 사실상 모든 지질 현상은 암반층, 화석, 석탄층, 석유 매장, 그 외의 다른 것들로 홍수의 증거가 되는 것이고, 그 이상 다른 증거를 찾을 필요가 없습니다. 문제는 확정적이 됩니다. 그러나 불행히도 모든 사람이 그 증거가 이런 식으로 설명될 수 있다는 것을 확신하고 있는 것은 아닙니다. 그렇지 않은 한 사람이 있는데, 그 사람은 현재 그랜 래피즈(Grand Rapids)에 있는 칼빈대학에서 가르치고 있는 크리스천 지질학자 데이비스 영(Davis A. Young)입니다. 그는 성경의 적절한 해석을 위해 전세계적 홍수가 필요한 것인지 확신하고 있지는 못하지만, 아무튼 전세계적 홍수 편에 기울어 있습니다. 그가 휘트콤과 모리스의 이론에 찬성하지 못하는 것은 성경 가르침 때문이 아니라, 그들의 지질학 때문입니다. 그는 네 가지 주요 반론을 제기합니다.

1. 용암의 응고 과정에서 나오는 열의 흐름. 영의 첫 번째 반론은 복잡한 것이어서 이 문제를 심각하게 연구하고 있는 사람이 그 전체를 읽어봐야만 합니다. 간단히 말하면, 그 반론은 이렇습니다. 전세계에 걸쳐 마그마라고 부르는 용해된 용암이 스스로를 위로 밀어 올려 화석을 내포하고 있는 여러 암석층 사이로 들어오고, 그리고는 더 많은 화석을 내포한 암석으로 덮어버린 장소들이 있습니다. 그것은 분명히 그 전부터 그 자리에 있던 최초 암석을 교란시켰습니다.

그러나 그것이 두 번째 암석은 교란시키지 않았고, 따라서 분명히 그 다음으로 층을 이루었을 것입니다. 영이 길게 논하고 있는 그 한 예가 뉴욕 맞은편의 뉴저지 북부에 있는 관입암상(貫入岩床)입니다. 홍수 지질학에 의하면, 최초의 화석을 내포한 암석은 홍수 초기 단계에서 층이 형성되었을 것이고, 그 후에 용암이 그 화석암층을 교란시키고는 굳어졌고, 결국에는 더 많은 화석을 내포한 물질로 뒤덮였을 것으로 이 모든 것이 홍수 기간 중에 일어났다는 것입니다. 그러나 난점은 용암이 이 특별한 연속적 사건이 필요로 하는 속도로 빨리 식지 않는다는 것입니다. 미국 허드슨 강 서안의 암벽 물질은 305m 두께로서 그것이 식는데 수백 년이 걸렸을 것이고, 따라서 화석을 내포한 암석의 상층을 교란시키지 않았을 것입니다. 그리고 허드슨 강 서안의 암벽층은 관입된 마그마 형성에 관련해서 보면 상대적으로 얇습니다. 캐나다 서부의 무스콕스(Muskox) 관입암상은 식는데 7천년이 걸린 것으로 추정됩니다. 왜냐하면, 몬타나 주의 스틸워터(Stillwater) 관입암상이 5만년이 걸렸고, 남아프리카의 부시벨드(Bushveld) 복합체는 20만년이 걸렸기 때문입니다.

2. 방사성 분석 연대 측정. 방사성 물질의 자연 붕괴에 의한 암석의 연대를 여러 가지 수단으로 측정해 보면, 허드슨 강 서해안의 관입암상과 같은 특정 종류의 관입 용암의 경우 수억 년이 됩니다. 그것이 화석을 내포한 암석을 교란시키기 때문에 화석암은 그 이전, 다시 말해 수백 만 년 전에 층을 이루어야만 합니다. 그런데 이것은 홍수 지질학 이론으로 보면 너무 이른 시기입니다.

3. 변성작용. 암석에 있어 일정한 화학적 변화는 그것이 발생하기 전에 고온과 상당한 압력을 필요로 합니다. 이 온도와 압력을 재는 유일한 방법으로 알려진 것은 그 암석이 다른 암석의 수 km 밑에 묻히는 것입니다. 휘트콤과 모리스에 의하면 이러한 암석들은 퇴적된 것이고 얼마간의 화석을 내포하고 있기 때문에 그것들은 홍수 기간 중에 시작된 것임에 틀림없다는 것입니다. 그것들이 다른 화석을 내포한 변성되지 않은 암석으로 덮여있기 때문에 그것들은 암석 수 km 밑에 묻혀 있다가 홍수 기간 중에 표면으로 올라온 것이 틀림없으나 어떻게 이런 현상이 일어날 수 있는지 설명할 방법은 알려진 것이 없습니다.

4. 플레이트 지각변동. 화석을 내포한 특정 종류의 암석은 대륙이 서로 합쳐질 때의 시기로 올라갑니다. 홍수 지질학자들에 의하면 대륙들이 최초의 위치에서 현재의 위치로 굉장히 빠른 속도로, 그리고 상대적으로 근년에 이동했을 것이라고 합니다. 그런 일이 어떻게 일어났는지 아무도 설명할 수 없으며, 실상 그랬을 것 같지가 않습니다.[3]

증거의 유형

그렇다면 이것이 홍수 작용으로 인한 지질학적으로 가능한 증거가 없다는 것을 의미합니까? 아닙니다. 이것은 단지 우리가 그것을 어떻게 다룰 것인가에 대해 주의를 기울여야 한다는 것과, 우리가 그 마지막 대답은 의심할 것 없이 아직 나오지 않았다는 사실을 알고 있어야만 한다는 것을 의미합니다. 이 모든 요소를 하나의 대 이론으로 묶는 시도 없이도 우리는 다음 사항들이 아마도 어떤 형태로든 홍수에 기인한 것이며, 그렇지 않다면 적어도 설명이 어렵다는 것을 말씀드릴 수가 있습니다.

1. 지질학자들이 "화석 뼈가 많은 열하(갈라진 틈)에 있는 암석조각의 표적물(漂積物, rubble drift in ossiferous fissures)"이라고 부르는 동물 뼈의 큰 지하 저장소가 세계 여러 곳에 흩어져 있습니다. 화석 뼈가 많은 열하는 지진이나 기타 지구 표면의 심한 붕괴 같은 것으로 일어나는 지구의 갈라진 틈입니다. 암석조각의 표적물은 명백히 붕괴 기간 중 갈라진 틈으로 물에 휩쓸려 자리 잡게 된 열하에 있는 퇴적물 종류입니다. 이러한 열하는 영국, 프랑스, 스페인 남부, 독일, 러시아 및 기타 나라들에서 발견되어 왔습니다. 흥미로운 것은 이들 발견된 곳 중 많은 열하가 코끼리, 무소, 하마, 순록, 말, 돼지, 황소 같은 동물의 뼈로 채워져 있는 것입니다. 골격은 본래 모습대로 있지를 않습니다. 그것들은 조각이 나 있습니다. 그러나 그 뼈들은 흩어져 있지 않습니다. 그것들은 거의 믿지 못할 정도로 대량으로 함께 버려져 있는 것입니다. 이러한 퇴적물에 있어 결정적으로 흥미 있는 특징은 그것들이 일반적으로 상당한 고지대에 격리된 구릉지에서 발견된다는 것입니다.

이에 대한 전형적인 예는 프랑스 부르고뉴(Burgundy) 지역 자르(Saar) 계곡에 있는 격리된 구릉지입니다. 그 구릉지는 주변을 둘러싼 평원에서 314m 높이로 솟아 있고, 그 정상 근처에 동물 뼈들이 꽉 들어차 있는 열하가 있습니다. 이 열하에는 보통 함께 발견되지 않는 동물들의 뼈들이 섞여 있습니다. 코르푸(Corfu) 근처 세리고(Cerigo) 섬에는 뼈들의 산이라고 부르는 산이 있습니다. 그 산 밑면의 둘레가 1,600m인데 밑에서 정상까지 문자 그대로 해골들로 덮여 있습니다. 지브롤터의 암석(The Rock of Gibraltar)은 뼈로 차 있는 91m 깊이의 열하를 가지고 있습니다. 시실리(Sicily)의 팔레르모(Palermo) 근처에 있는 동굴에서는 20톤이 넘는 뼈들이 별견되었습니다. 네브래스카 주의 북서쪽 끝에는 구릉이 있는데 거기서 1876년에 뼈 층이 발견되었습니다. 이 구릉 한곳에만 약 9,000마리의 동물들의 뼈가 묻힌 것으로 추정됩니다. 이 비슷한 예들이 러시아의 오데사(Odessa) 근처 대 초원지대에서, 미국 메인 주 브런즈윅(Brunswick)과 독일의 슈투트가르트(Stuttgart)에서, 몰타(Malta)에서, 기타 다른 지역들에서 발견되었습니다.

창세기 6-9장의 홍수가 전세계적인 것이 아니라면, 서로 적대적인 수많은 동물들의 수많은 뼈들의 퇴적이 정말 같지 않은 환경에서 발견된 것을 어떻게 설명할 수 있겠습니까? 한 주석가가 이렇게 기술하고 있습니다. "물로 인한 대홍수가 이 기이한 현상에 대한 유일한 합리적인 설명이다. 그렇지 않다면, 모든 것을 삼켜버리는 홍수 물 외의 그 무엇이 이 동물들을 함께 구릉 정상으로 옮겨와 그렇게 많이 파멸시킬 수 있다는 말인가?[4]

2. 내륙에 많은 양의 물의 집합체가 존재하고, 화석 호수라고 부르는 그러한 집합체의 유물들은 대홍수로써만이 가장 잘 설명됩니다. 오늘날 이 물의 많은 부분이 우리가 예상할 수 있듯이 홍수 후 수천 년 동안 증발되고 물이 빠져 사라졌습니다. 그러나 한때는 광대한 내륙 바다가 문자적으로 각 대륙에 있었습니다. 현재 중국의 대(大) 고비사막으로 알려진 지역은 한때 오늘날 지중해에 견줄만한 규모의 내륙 호수였습니다. 중국 사람들은 그것을 대(大) 한해(漢海) 또는 내륙바다라고 부릅니다. 시베리아에 있는 바이칼 호수는 현재 존재하는 바다인데 과거에는 오늘날의 크기보다 훨씬 넓었습니다. 그것은 해상 457m 높이에 있습니다. 인도, 몽골, 투르키스탄, 아프리카, 및 중앙아시아 지역들은 한 때 침수 지역이었습니다. 북아메리카의 많은 지역은 한때 바다 또는 내륙 호수로 덮여 있었습니다. 지질학자들은 이 호수들을 다음과 같이 열거합니다. 오대호(Great Lakes) 지역을 현재의 수면보다 8m가량 높였던 알곤킨 호수(Lake Algonquin), 뉴욕 주의 많은 부분을 덮었던 이러쿼이 호수(Lake Iroquois), 미네소타 주, 노스다코타 주, 그리고 캐나다의 새스캐처원 (Saskatchewan) 주, 매니토바(Manitoba) 주 및 온타리오(Ontario) 주의 부분들을 덮었던 애거시즈 호수(Lake Agassiz), 그리고 유타 주의 솔트레이크 계곡을 채웠던 미시간 호수 규모만큼 했던 보네빌 호수(Lake Bonneville)입니다.

지질학자들은 이러한 내륙 또는 화석 호수들의 기원을 다르게 보고 있는데 그들에게 있어 기원이 다른 것은 당연합니다. 땅이 아래로 꺼졌다가 305m 또는 그 이상의 높이로까지 다시 솟아올라 왔을 수 있습니다. 그러나 성경에 기록된 것과 같은 규모의 대홍수가 이 호수들에 대한 만족한 설명이 될 수 있음을 인정해야만 합니다. 왜냐하면, 대홍수가 그만한 땅에 물을 채우기에 충분한 물을 공급할 수 있기 때문입니다.

3. 석탄층과 석유 매장지대는 대홍수에 의해 생겨났을 수 있습니다. 우리에게 알려진 막대한 양의 석탄과 석유의 생성은 놀라운 일로서 흔히 수십억 년이 아니라면 수백만 년 이상 자연의 힘의 작용에 기인한 것으로 봅니다. 그러나 이들 대부분 또는 전부까지도 홍수 작용에 의해 다량의 식물과 동물체가 묻혀 거의 단번에 생성된 것으로 생각할 수 있습니다.

4. 마지막으로 이런 기이한 사실은 수천 수만 마리가 있는 **시베리아의 매머드 시체**의 놀라운 보존입니다. 매머드는 코끼리과에 속하는 동물로서 그것을 재생한 그림으로 보면 코끼리처럼 생겼습니다. 그러나 몸체는 더 커서 어깨까지의 키가 3.7내지 4m가 되고, 길고 굵고 검은 털이 있는 두꺼운 외피로 덮여 있었습니다. 그것의 엄니는 길이가 2.7내지 3.5m나 되었고, 엄니 기부의 둘레는 76cm나 되었습니다. 오늘날 평균 코끼리의 두 엄니가 18kg 나가는데 비해 매머드의 엄니 하나의 무게는 대략 82내지 91kg이나 되었습니다. 매머드는 북아메리카의 대부분 지역과 유럽의 거의 전역에서 서식했습니다. 특별히 아시아 북부에 많았습니다.

아시아 북부, 특히 시베리아에 매머드 유해의 수와 분포를 과장하는 것은 거의 불가능합니다. 이 러시아 지역은 북극해를 따라 3,200km 이상 뻗쳐있습니다. 이 지역은 미국의 중서부와 아주 비슷하게 평원이고, 북위 지역의 지속적인 추위로 인해 완전히 얼어 있으며, 한여름에는 지표에서 불과 몇 m의 땅이 겨우 몇 주 동안만 녹을 뿐입니다. 이 광활하고 무서운 불모지에서 이 동물들이 발견된 것입니다. 전 지역이 화석 뼈로 가득 차 있습니다. 라초브(Lachov)라는 섬은 거의 전체가 뼈로 구성되어 있다고 합니다. 다른 지역들에서는 뼈만이 아니라 동물 전체인 뼈, 가죽, 엄니, 털, 기타 모든 것이 고스란히 보존되어 있어 그 동물들이 오늘날에도 살아있는 것처럼 보입니다. 특히 놀라운 수의 매머드 시체와 뼈대가 그들이 살았을 때와 똑같은 선 자세로 발견되었습니다. 분명히 그들은 갑자기 얼었고, 그래서 지금까지 거의 원형이 보존된 것입니다.

거기에 있는 매머드는 그 수가 계산이 불가능합니다. 그러나 사람들은 적어도 AD 900년부터 이 동물들의 엄니 상아를 수집하는 사업을 해 왔고, 그리고 어느 한때 20년간 최소한 2만 마리의 엄니를 단지 한 시베리아 매장지에서 발굴한 기록이 있습니다. 전문가들은 5백만 마리나 되는 이 동물들이 모두 단번에 멸망되었을 것이라고 추산합니다. 어린 매머드나 늙은 매머드나 똑같이 그들을 압도해서 땅에 묻어버리고, 오늘까지 그들을 보존할 수 있었던 지질적인 또는 대기(大氣)적인 이유로 알려진 가장 가능한 설명은 전세계적 홍수와 이에 뒤따른 격렬한 기후 변화로 인해 그 이전에 온화했던 이 북부지역이 이제 극한의 지역이 되었고, 그래서 이 엄청난 동물들이 땅속에서 얼어버렸다는 것입니다.[5]

해수면이 상승하는 바다

마지막 사항이 있습니다. 대체로 과거 수천 년 전에 존재했던 세계 해양의 수위를 그래프로 나타내는 것이 가능합니다. 이 그래프는 흔치 않은 간단한 변화는 모든 것을 덮어버린 홍수조차도 나타내지 않습니다. 그러나 그것은 수천 년에 걸쳐 매 세기마다 평균 높이를 제공합니다. 2만 년 전에는 해수면의 높이는 우리가 지금 알고 있는 것보다 73내지 91m 낮았습니다. 그 시점부터 점차 높아져서 대략 현재의 수준이 되었습니다. 과거 4천 년 또는 5천 년 동안에는 거의 변화가 없었습니다. 그러나 흥미 있는 것이 있습니다. 약 6천 년 전에는 현재 해수면보다 3 내지 3.7m 높았는데, 이것은 우리가 아는 한, 지금까지 가장 높은 해수면의 기록입니다.[6]

해수면 3m의 상승이 모든 살아있는 것의 파멸을 일으킬 수는 없었을 것인데 성경은 노아 때의 홍수가 그것을 했다고 말씀합니다. 그러나 그 상승은 홍수의 여파일 수 있으며, 짧은 기간 동안에 일어난 일이었으므로 지구 위에 여하한 자동표시기의 표시가 있었다고 하더라도 최고점의 기록은 거의 남겨놓지 않았을 것입니다.

현재의 지질학이 홍수를 증명하지는 않지만, 또한 반증을 하는 것도 아닙니다. 그리고 지질학은 실제로 전세계적 차원의 홍수로만이 가장 잘 설명될 수 있는 항목을 꽤 많이 드러내고 있습니다. 그리스도인이 창세기 이야기의 순전한 의미를 거부할 이유는 없습니다. 뿐만 아니라 그 외의 누구도 거부할 이유가 없습니다. 오히려 그것을 순전한 진리로 받아들이고, 거기서부터 한 발 더 나아가 그 안에 구체화되어 있는 인류의 죄에 대한 하나님의 궁극적인 심판이라는 심각한 경고를 깊이 생각해야 할 충분한 이유가 있습니다.

● 각주 ●

1. Francis R. Steele, "Science and the Bible," *Eternity*, March 1952, 44. 울리의 견해를 받아들이기도 하고 거부하기도 한 포괄적인 목록에 대해서는 Whitcomb and Morris의 *The General Flood*, 109-11, 특히 p. 111의 각주 2를 보라.

2. 본서 8장 "창조에 대한 견해들: 6일 창조론" (창 1:1-2)을 보라.

3. Davis a. Young, *Creation and the Flood*, 171-213. 네 가지 논점의 각각은, 여기서는 가장 단순하게 고쳐 진술한 것이기 때문에, 영이 직접 진술한 것을 읽어 보아야 한다.

4. Rehwinkel, *The Flood*, 186. 이 뼈의 퇴적물들에 대한 전체적인 논의는 pp. 179-87을 보라.

5. Ibid., 238-54.

6. *Rock Strata and the Bible Record*, ed. Raul A. Zimmerman (St. Louis: Concordia, 1970), 197-200을 인용한 Rhodes W. Fairbridge, "The Changing Level of the Sea," in *Scientific American*, May 1960에서의 통계.

51

기억하시는 하나님

창세기 8 : 1-19

하나님이 노아와 그와 함께 방주에 있는 모든 들짐승과 가축을 기억하사 하나님이 바람을 땅 위에 불게 하시매 물이 줄어들었고 깊음의 샘과 하늘의 창문이 닫히고 하늘에서 비가 그치매 물이 땅에서 물러가고 점점 물러가서 백오십 일 후에 줄어들고 일곱째 달 곧 그 달 열이렛날에 방주가 아라랏 산에 머물렀으며 물이 점점 줄어들어 열째 달 곧 그 달 초하룻날에 산들의 봉우리가 보였더라 사십 일을 지나서 노아가 그 방주에 낸 창문을 열고 까마귀를 내놓으매 까마귀가 물이 땅에서 마르기까지 날아 왕래하였더라 그가 또 비둘기를 내놓아 지면에서 물이 줄어들었는지를 알고자 하매 온 지면에 물이 있으므로 비둘기가 발 붙일 곳을 찾지 못하고 방주로 돌아와 그에게로 오는지라 그가 손을 내밀어 방주 안 자기에게로 받아들이고 또 칠 일을 기다려 다시 비둘기를 방주에서 내놓으매 저녁때에 비둘기가 그에게로 돌아왔는데 그 입에 감람나무 새 잎사귀가 있는지라 이에 노아가 땅에 물이 줄어든 줄을 알았으며 또 칠 일을 기다려 비둘기를 내놓으매 다시는 그에게로 돌아오지 아니하였더라 육백일 년 첫째 달 곧 그 달 초하룻날에 땅 위에서 물이 걷힌지라 노아가 방주 뚜껑을 제치고 본즉 지면에서 물이 걷혔더니 둘째 달 스무이렛날에 땅이 말랐더라 하나님이 노아에게 말씀하여 이르시되 너는 네 아내와 네 아들들과 네 며느리들과 함께 방주에서 나오고 너와 함께 한 모든 혈육 있는 생물 곧 새와 가축과 땅에 기는 모든 것을 다 이끌어내라 이것들이 땅에서 생육하고 땅에서 번성하리라 하시매 노아가 그 아들들과 그의 아내와 그 며느리들과 함께 나왔고 땅 위의 동물 곧 모든 짐승과 모든 기는 것과 모든 새도 그 종류대로 방주에서 나왔더라

2차 세계 대전이 끝날 때 나는 일곱 살이었고, 아버지는 루이지애나 주 박스데일(Barksdale) 공군 기지에 배치되어 가족들도 함께 그곳에 있었습니다. 우리는 전쟁이 끝나고 있음을 알았습니다. 많은 현역들을 귀가시켰는데 우리도 귀가조치를 기다리고 있었습니다. 심지어 귀가 서류가 오면 빨리 떠나려고 짐까지 싸기 시작했습니다. 나는 아버지가 귀가 명령이 내려지면 빨리 떠나야 한다는 말을 들었는데 그것은 귀가 명령이 취소되면 다른 명령이 내려질 위험이 있다고 설명했던 것을 기억합니다.

귀가 명령이 내려왔을 때 학교는 개학 중이었습니다. 그래서 아버지는 그날 오후 내가 집에 돌아오자마자 떠난다고 말했습니다. 나는 매우 흥분되어 있었습니다. 학교가 끝나면 스쿨버스를 타고, 부대로 돌아가고, 그리고는 우리가 살던 장소를 떠나는 시간을 거의 기다릴 수 없을 지경이었습니다. 버스가 멈추자 나는 뛰어서 집 문 앞에 이르렀습니다. 그런데 문이 잠겨 있었습니다. 놀란 마음을 가라앉히고 뒷문으로 갔습니다. 거기도 잠겨 있었습니다. 나는 내가 아는 잠글 수 없는 창문을 찾아 못으로 문을 열어 창턱으로 기어올라 부엌에 인접해 있는 방으로 들어갔습니다. 방은 물론 집 전체가 텅 비어 있었습니다. 부랴부랴 짐을 싸고 "명령이 취소되지 않도록 빨리 떠날" 필요가 있었던 상황에서 나는 남겨져 기가 죽어 이 방 저 방을 천천히 둘러보던 일을 결코 잊지를 못합니다. 실제로 부모님은 단지 볼 일이 있어 잠시 그곳을 비웠던 것입니다. 내가 빈 집을 어슬렁거리고 있을 때 부모님은 돌아와 밖의 차 안에서 아직 내가 안 온 줄 생각하고 스쿨버스를 기다리고 있었습니다. 그러나 부모님이 본 것은 빈 집의 부엌 옆방 창문으로 나오는 슬픔에 잠긴 어린 소년이었습니다.

망망대해 위에 홀로

그 경험을 회고하면 나는 격렬한 홍수에 뒤이어 끝이 없는 바다 세계를 거의 1년 동안이나 표류한 후에 가졌을 노아의 감정을 어느 정도 이해할 수 있습니다. 그는 믿음의 사람으로서 "의인이요 당대에 완전한 자"(창 6:9)였습니다. 그러나 그는 인간이었습니다. 그리고 바다는 매우 고독한 장소입니다. 큰 배 안에서 하루 밤이 아닌 매일 밤, 매달, 그리고 1년 동안을 아무 것도 보지 못하고 표류하는 것을 상상해 보십시오. 그 기간 동안 믿음 여부와 관계없이 거대한 조류 위를 별 볼 일없는 폐물조각 같이 떠다니면서 노아는 하나님이 그와 그의 가족과 짐승들을 잊으신 것은 아닌지 불안했을 것이 틀림없습니다.

여기에는 또한 영적으로 고려해야 할 사항도 있는데 노아는 영적인 사람으로서 틀림없이 그들을 생각했을 것입니다. 19세기의 창세기 강해자였던 로버트 캔들리시(Robert S. Candlish)는 노아의 있음직한 사고(思考)의 맥락을 이렇게 기술합니다. "저 아래 깊이를 잴 수 없는 깊은 곳에 죽어 장사된 세계가 있다. 노아는 좁은 감옥에 갇혀 그의 운명에 내 맡긴 사람처럼 보인다. 그는 어찌할 도리가 없다. 그리고 죄로 인한 이러한 우주적 재난, 즉 이 무서운 죄인들의 청산 속에서 그는 왜 자비를 얻어야 하는가? 모든 사람이 죽었는데, 죽지 않고 살아남은 그는 대체 누구인가? 그는 결국 의롭게 고생하다가 멸망당할 존재가 아니었던가? 그는 다른 사람들처럼 죄인이 아닌가? 그는 자신이 '죄인의 괴수' 라고 느끼고 있지 않는가?" [1] 노아의 이러한 영성이 그로 하여금 그러한 감정을 풀어놓게 했을 것입니다. 그리고 이처럼 생각하면서 그는 내가 육신의 아버지에게서 버림 받았다고 할 때 느낄 수 있는 어떤 감정보다도 훨씬 더 예민하게 자신이 그의 하늘 아버지에게서 버림받았다고 느꼈을 것입니다.

이 글을 읽는 당신도 그런 상태에 있습니까? 버림받았다고 느낍니까? 하나님이 당신을 잊으신 것같이 보입니까? 만일 그렇다면 창세기 8장은 특별히 당신을 위한 장이 될 것입니다. 왜냐하면, 그 주제가 하나님은 잊지 않으셨다는 것이기 때문입니다. 하나님은 기억하십니다. 8장은 "하나님이 노아와 그와 함께 방주에 있는 모든 들짐승과 가축을 기억하사" 라고 시작합니다.

하나님은 기억하신다

우리는 이 장을 노아의 관점에서 보아야합니다. 그렇게 볼 때 이 구절은 매우 가치가 있습니다. 물론 우리가 이것을 하나님의 관점에서 보면, 많은 주석가들이 말한 것처럼 우리도 이것이 하나님이 단순히 인간이신 것처럼 말씀하시는 비유법상의 의인(擬人)화라고 주장할 것입니다. 그러나 우리는 하나님이 실제로 노아를 결코 잊지 않으셨다고 주장해야 합니다. 왜냐하면, 하나님은 어떤 것도 결코 잊지 않으시기 때문입니다. 이것은 사실일 것입니다. 오직 난제가 되는 것은 그것이 모두 추상적이고, 그리고 그것이 하나님이 노아를 기억하시는 것과 그렇게 기억하신다는 것을 하나님이 실체적인 방법으로 보여 주시는 것 사이에 중요한 연관성이 결여되어 있는 것입니다. 우리가 이것을 노아의 관점에서 보면 이것은 놀랄만한 것입니다. 노아는 자신이 하나님에게서 버림 받았다고 생각했고, 홍수 기간 중에 하나님의 어떤 직접적인 개입이나 어떤 말씀이 있었는가에 관련해서 볼 때 그는 버림받은 상태였지만, 그 기간은 이제 극복이 되었습니다. 하나님이 다시 역사하신 것입니다! 하나님이 다시 말씀하신 것입니다! 그리고 노아의 의기소침은 폭풍의 구름이 걷히고 태양이 다시 빛나기 시작한 것처럼 사라져버렸을 것입니다.

이 이야기의 요점은 만일 당신이 하나님에게서 버림받았다고 생각한다면 소망을 전하고 있다는 것입니다. 소망이란, 하나님이 모든 것을 알고 계시고 따라서 당신도 알고 계신다는 추상적인 증명에 있지 않습니다. 그것은 사실이지만 그렇다고 항상 도움이 되는 것은 아닙니다. 소망은 하나님이 당신의 삶에서 어쩌면 오랫동안 역사하지 않으셨다고 해도 그럼에도 그분은 다시 역사하실 것임을 아는 데에 있습니다. 그러는 동안에 당신이 할 일은 하나님이 당신에게 보여주셨던 것, 즉 그것이 얼마나 오래 전의 것일지라도 계속해서 충실하게 순종하는 일입니다.

하나님은 노아를 세 가지로 기억하셨습니다. 첫째, 하나님은 세상에 대한 그분의 심판의 여파를 몰고 왔던 물을 제거하신 것입니다. 그 이야기는 이렇습니다. "하나님이 노아와 그와 함께 방주에 있는 모든 들짐승과 가축을 기억하사 하나님이 바람을 땅 위에 불게 하시매 물이 줄어들었고… 물이 땅에서 물러가고 점점 물러가서 백오십 일 후에 줄어들고 일곱째 달 곧 그 달 열이렛날에 방주가 아라랏 산에 머물렀으며"(창 8:1, 3-4).

나는 이것이 모세가 마음속에 가지고 있던 것인지는 잘 모릅니다. 그러나 나는 그가 이 말들을 기록하면서 창세기 1장의 창조 이야기를 기억하고, 하나님의 이 나중 역사를 새로운 창조로 묘사한 것이 아닌가 생각합니다. 창세기 처음에 이렇게 기록이 되어 있습니다.

"하나님의 영(히브리 단어 루아흐, ruach)은 수면 위에 운행하시니라"(창 1:2). 이 단어가 창세기 8:1절에 사용되어 있는데("영" 대신 '바람'이라고 번역되어 있지만) 이것은 장면의 명백한 유사성에 더하여 필연적으로 우리 마음을 태초로 돌아가게 해 줍니다. 홍수의 결과로 땅은 창세기 1장에 묘사된 것과 아주 흡사한 상태로 돌아갔습니다. 땅은 비를 몰고 왔던 폭풍 구름으로 인해 어두웠습니다. 땅은 물로 덮였습니다. 지금 방주 안에 둘러싸여 있는 작은 적하장 안의 것들을 제외하고는 생명체도 없었습니다. 그런데 그때 하나님의 바람인 하나님의 영이 물의 표면을 불기 시작하셨습니다. 물은 육지로부터 분리되었습니다. 구름은 흩어지기 시작했습니다. 해가 나타났습니다. 드디어 풀과 초목과 나무들이 소생하기 시작했고, 방주에 탔던 동물들과 사람들이 그들 앞에 전개된 놀라운 신세계에 발을 디뎠습니다.

이미 말했듯이 나는 이것이 모세가 마음속에 가지고 있던 것인지는 잘 모릅니다. 만일 그런 것이라면, 그것은 하나님이 기억하신다고 할 때, 종종 새로운 폭발력을 가진 능력으로 하신다는 것을 모세가 그렇게 표현하는 것입니다. 어두움 속에 있는 동안 당신은 죽은 것같이 느낄 수도 있습니다. 그러나 갑자기 하나님의 생명이 다시 나타나고, 당신 또한 갑자기 앞으로 나아가기 시작합니다. 우리는 고통스러울 때에는 하박국 선지자처럼 하나님을 의지해야 합니다. 하박국은 이렇게 말합니다.

"비록 무화과나무가 무성하지 못하며 포도나무에 열매가 없으며 감람나무에 소출이 없으며 밭에 먹을 것이 없으며 우리에 양이 없으며 외양간에 소가 없을지라도 나는 여호와로 말미암아 즐거워하며 나의 구원의 하나님으로 말미암아 기뻐하리로다"(합 3:17-18)

또한 우리는 아모스처럼 앞에 있는 회복의 날을 바라봅니다.

"여호와의 말씀이니라 보라 날이 이를지라 그 때에 파종하는 자가 곡식 추수하는 자의 뒤를 이으며 포도를 밟는 자가 씨 뿌리는 자의 뒤를 이으며 산들은 단 포도주를 흘리며 작은 산들은 녹으리라 내가 내 백성 이스라엘이 사로잡힌 것을 돌이키리니 그들이 황폐한 성읍을 건축하여 거주하

며 포도원들을 가꾸고 그 포도주를 마시며 과원들을 만들고 그 열매를 먹으리라"(암 9:13-14)

둘째, 비둘기의 내보냄과 돌아옴을 통해 그에게 표징을 주신 것입니다. 노아는 땅이 짐승들과 사람들이 방주에서 내려와도 괜찮을 만큼 충분히 말랐는지를 알고 싶어 환경을 검사하려고 까마귀를 내 보냈습니다. 그런데 까마귀는 계속 날아다녔습니다. 다음으로 노아는 비둘기를 내 보냈습니다. 처음 번엔 비둘기가 그냥 돌아왔습니다. 그러나 두 번째는 새로 난 감람나무 잎사귀를 물고 돌아왔습니다. 이것을 보고 노아는 물이 빠졌다는 것과, 땅이 스스로 새로워지고 있다는 것과, 심판이 지나갔다는 것을 알았습니다. 감람나무 잎사귀를 물고 온 비둘기의 표징은 너무 감동적이어서 오늘날까지도 그것은 평화의 상징으로 사용되고 있습니다.

이와 유사하게 하나님은 또한 오늘날의 사람들에게도 표징을 주십니다. 이것은 종종 개인적인 영역이라 그것에 대해 거의 이야기들을 안 합니다. 그러나 남편이나 아내나, 아들이나 딸이나, 직업이나, 건강을 잃은 사람들이나 대홍수를 지나고 있고 그래서 때로 버림받았다는 시험이 드는 사람들과 상담하는 여러 기회에서 내가 매번마다 발견하는 것은 그들이 나에게 어떤 작지만 의미 있는 것을 말해주고 있는데 그것은 하나님이 그들이 견디고 있는 일은 단순한 우연이 아니라, 하나님의 지혜롭고 사랑하는 계획의 일부라는 것을 확신시켜 주셨다는 사실입니다.

한 가정이 스스로 이런 일들을 글로 썼기 때문에 나는 유명한 소아과 의사 에버렛 쿱(C. Everett Koop)과 그의 아내 엘리자베스의 아들 데이비드의 죽음에 대한 이야기를 나눌 수 있습니다. 등산 사고로 인한 데이비드의 죽음에 대한 그들의 이야기인 「때로는 산들도 움직인다」(Sometimes Mountains Move)라는 제목의 책에서 그들은 하나님이 그들을 안심시켜주신 연속적인 사건들을 이야기합니다. 그 아들은 대학원 공부를 위해 서부 끝으로 가기로 결정을 하고 필라델피아의 집을 떠났습니다. 그리고 그들은 그 아들을 보는 기회가 줄어들고 있는 것에 점점 익숙해져 가고 있었습니다. 그의 가족은 각각 최근에 데이비드와 특별하고 색다른 시간들을 보냈습니다. 의사인 쿱은 「리더스 다이제스트」(Reader's Digeat)에 게재한 글로 인해 죽어가고 있는 자녀들의 부모들로부터 수백 통의 편지를 받았습니다. 그 편지에 대해 답장을 쓰는 것은 앞으로 일어날 일에 대한 중요한 준비였습니다. 그들의 아들이 죽은 다음 주일 아침 교회 예배의 교독문은 시편 18편이었는데 거기에는 이런 말씀이 있었습니다. "하나님의 도는 완전하고"(30절), "나의 발을 암사슴 발 같게 하시며 나를 나의 높은 곳에 세우시며"(33절), "내 걸음을 넓게 하셨고 나를 실족하지 않게 하셨나이다"(36절). 데이비드의 죽음의 결과로 몇 명이 크리스천이 되었고, 데이비드의 형제 노르만(Norman)은 하나님의 사역에 헌신했습니다.[2]

이것이 내가 의미하는 표징입니다. 하나님은 우리를 고통에서 항상 건져주시는 것은 아닙니다. 왜냐하면, 그분은 그러한 일들을 통해 우리 자신과 다른 사람들을 위해 이루시려는 목적을 가지고 계시기 때문입니다. 그러나 그분은 잊지 않고 계신다는 것과 우리의 고통을 기억하고 계신다는 것, 그리고 그분을 사랑하는 자들에게 모든 것이 합력하여 선(善)이 되도록 계속 역사하고 계신다는 것을 재확인 시켜주시는 방식으로 역사를 하십니다.

셋째, 하나님이 노아를 기억하신 방법은 **말씀**에 의한 것이었습니다. 하나님은 그에게 재차 말씀하셨습니다. "너는 네 아내와 네 아들들과 네 며느리들과 함께 방주에서 나오고 너와 함께 한 모든 혈육 있는 생물 곧 새와 가축과 땅에 기는 모든 것을 다 이끌어내라 이것들이 땅에서 생육하고 땅에서 번성하리라"(창 8:16-17).

나는 이 말씀을 읽을 때 하나님이 노아에게 1년 여에 걸쳐 직접적으로 말씀하시지 않았다고 이해합니다. 그것은 하나님이 그 이전에 노아에게 말씀하신 것이 "너와 네 온 집은 방주로 들어가라"는 7장 1절의 말씀이었기 때문입니다. 노아는 방주 안에 1년 10일간 있었습니다. 그동안은 분명히 하나님으로부터 아무 말씀도 못 들었을 것입니다. 이것이 그의 고독감을 크게 가중시켰을 것이 틀림없습니다. "왜 하나님은 내게 말씀하시지 않는가?" 그는 틀림없이 그런 의문을 가졌을 것입니다. 그러나 드디어 하나님은 말씀하셨고, 노아는 그가 기억되고 있었음을 알았습니다.

당신도 하나님이 침묵하고 계시는 것처럼 보이는 시간을 지날 때가 있을지 모릅니다. 기도를 하지만 하늘은 쇠로 만든 것같이 보입니다. 하나님이 당신의 기도를 들으셨는지 의심이 갑니다. 그러한 상황에서 당신은 노아가 한 것처럼 해야 합니다. 그것은 하던 일을 계속하면서 하나님이 다시 말씀하실 것을 기다리는 것입니다. 노아의 경우에 하나님이 드디어 말씀하셨을 때, 하나님이 그에게 하라고 말씀하신 것을 정확히 함으로써 순종한 것 (창8:18-19)을 주목하십시오. 노아는 그 전에도 순종했었기 때문에 그때에도 순종했습니다. 만일 당신이 어두웠던 시간 동안 순종해 왔다면 당신은 역시 하나님께 최선으로 순종할 것입니다.

노아가 기억했다

참으로 놀라운 이 이야기의 마지막 사항이 있습니다. 우리는 하나님이 기억하신다는 진리에 초점을 두어왔으나 그 사실에 실제로 놀랄 일은 없습니다. 기억하시는 것은 하나님의 본성입니다. 그분은 신실하십니다. 확실히 성경에서 하나님이 무엇인가를 기억하신다고 말씀한 것은 여기가 처음입니다. "하나님이 노아와 그와 함께 방주에 있는 모든 들짐승과 가축을 기억하사"(창 8:1). 그러나 이것이 마지막은 아닙니다. 몇 장 더 나아가면 "하나님이 아브라함을 생각하사"(창 19:29) 라는 말씀이 있습니다, 좀 더 나아가면 하나님이 야곱의 아내인 "하나님이 라헬을 생각하신지라"(창 30:22) 라는 말씀이 있습니다. 시편 9편은 우리에게 하나님이 "피 흘림을 심문하시는 이가 그들을 기억하심이여 가난한 자의 부르짖음을 잊지 아니하시도다"(시 9:12) 라고 했습니다. 여러 번이나 하나님은 그분의 언약이나 그분의 약속을 기억하신다고 말씀하셨습니다. 시편 기자는 하나님을 "우리를 비천한 가운데에서도 기억해 주신 이"(시 136:23) 라고 기록하고 있습니다.

하나님이 기억하시는 것이 놀랄 일이 아니라면, 그렇다면 놀랄 일이 무엇입니까? 그것은 노아가 기억했다는 것입니다. 그는 하나님을 기억했습니다. 그는 방주에서 나와 제단을 쌓고 모든 정결한 동물과 정결한 새들 중에서 제물을 취하여 번제로 드림으로써 그가 하나님을 기억하고 있다는 것을 보여줌으로써 죄인으로서 정해진 법에 따라 하나님께 다시 나아왔습니다.

이것이 놀라운 까닭은 하나님이나 하나님의 선하심을 기억하지 않는 것이 우리의 본성이기 때문입니다. 우리는 어떤 힘든 상황에서 구원되고 나서도 쉽게 잊어버립니다. 그 고전적인 한 예가 주님이 사마리아와 갈릴리 사이로 지나 예루살렘으로 가시던 길에서 만난

나병환자의 치료입니다. 그들은 열 명이었습니다. 예수님이 길을 가고 계셨을 때 그들은 멀리 서서 소리쳤습니다. "예수 선생님이여 우리를 불쌍히 여기소서." 예수님은 그들을 불쌍히 여기셨습니다. 그들을 치료하신 것입니다. 그런 다음 그들에게 가서 율법에 따라 제사장들에게 보이라고 말씀하셨습니다. 제사장들은 그들이 깨끗해져서 사회로 돌아올 수 있다는 것을 증명해 줄 것입니다. 시간이 조금 지난 후에 그 중의 한 명이 돌아와 예수님께 감사했습니다. 그는 사마리아인이었습니다. 예수님이 그에게 물으셨습니다. "열 사람이 다 깨끗함을 받지 아니하였느냐 그 아홉은 어디 있느냐 이 이방인 외에는 하나님께 영광을 돌리러 돌아온 자가 없느냐"(눅 17:17-18).

노아는 이와 달랐습니다. 우리가 족히 이해할 수 있듯이 방주에서 뛰쳐나와 드디어 다시 자유롭게 되었다는 행복감에 들뜨는 대신에 그는 제단을 쌓고 제물을 바치며 가족을 모아 대홍수로부터 그들을 구원해 주신 하나님께 감사를 드렸습니다.

나도 당신에게 이런 식으로 하나님을 기억하게 하기 위해 도전하고자 합니다. 성경은 말씀합니다. "너는 청년의 때에 너의 창조주를 기억하라"(전 12:1). 우리는 청년의 때에 하나님께 순종하고 하나님을 예배하는 것은 훗날로 미룰 수 있다고 생각하면서 하나님을 잊어버리는 경향이 있습니다. 그것은 대단히 어리석은 일입니다. 성경은 분명히 말씀합니다. "지금 하나님을 기억하라!'

성경은 또한 말씀합니다. "먼 곳에서 여호와를 생각하며"(렘 51:50). 예레미야는 예루살렘이 정복당하고 그분의 백성들이 바벨론에 강제 이송된 것을 생각하며 이 글을 쓰고 있습니다. 그의 요점은 그들이 거기서 고향을 잃어버리고 이방 문화에 둘러싸여 다른 사람들의 죄에 유혹을 받는 동안 하나님을 잊어버리기가 쉽다는 것이었습니다. 그들은 결코 그래서는 안 되었습니다! 우리도 그래서는 결코 안 됩니다. 많은 그리스도인들이 먼 곳에 있습니다. 그들의 학문이나 직업이 그들을 고향으로부터 격리시켜왔습니다. 그들은 새로운 장소에 있습니다. 그들에게 새로운 친구들이 생겼습니다. 죄에 대한 유혹이 있습니다. 마귀는 항상 그들에게 아무도, 특히 고향에 있는 어느 누구도 알지 못할 것이라고 일러주고 있습니다. 그러나 그것은 우리가 절대로 하지 말아야 할 일입니다. 우리는 고향에 있을 때는 물론이고, 먼 곳에 있어서도 주님을 반드시 기억해야만 합니다.

우리는 큰 물고기 뱃속에서 "내 영혼이 내 속에서 피곤할 때에 내가 여호와를 생각하였더니 내 기도가 주께 이르렀사오며 주의 성전에 미쳤나이다"(욘 2:7) 라고 선언한 요나를 생각해 볼 수 있습니다. 우리 모두에게 있어 생명은 점점 쇠퇴해 가고 있습니다. 많은 사람들에게 있어 생명은 거의 다 했습니다. 지금은 끝까지 하나님을 기억하고, 꼭 붙잡고, 예배할 때입니다. 청년이나 노년이나, 병들었거나 건강하거나, 집에 있거나 집을 떠나 있거나 하나님을 기억하십시오. 그러면 당신을 기억하시는 하나님은 현세와 내세 모두에서 당신의 기쁨과 위로가 되실 것입니다.

● 각주 ●

1. Robert S. Candlish, *Studies in Genesis*, (Grand Rapids: Kregel, 1979), 135-36. 원판은 1868.

2. C. Everett Coop and Elizabeth Coop, *Sometimes Mountains Move* (Wheaton: Tyndale House, 1979).

52

결코 다시는! 결코 다시는!

창세기 8 : 20-22

노아가 여호와께 제단을 쌓고 모든 정결한 짐승과 모든 정결한 새 중에서 제물을 취하여 번제로 제단에 드렸더니 여호와께서 그 향기를 받으시고 그 중심에 이르시되 내가 다시는 사람으로 말미암아 땅을 저주하지 아니하리니 이는 사람의 마음이 계획하는 바가 어려서부터 악함이라 내가 전에 행한 것 같이 모든 생물을 다시 멸하지 아니하리니 땅이 있을 동안에는 심음과 거둠과 추위와 더위와 여름과 겨울과 낮과 밤이 쉬지 아니하리라

창세기 8장에서 가장 놀라운 일은 하나님이 노아를 기억하셨다는 것이 아니라 노아가 하나님을 기억했다는 것입니다. 우리는 본성적으로 기억하지를 않습니다. 특히 영적인 것은 더욱 그렇습니다. 그러나 노아는 기억을 한 것입니다. 그가 방주에서 나오자마자 성경은 이렇게 말씀합니다. "노아가 여호와께 제단을 쌓고 모든 정결한 짐승과 모든 정결한 새 중에서 제물을 취하여 번제로 제단에 드렸더니"(창 8:20).

이 제사는 노아와 그의 가족이 구원 받은 것에 대한 감사의 제사였으며, 또한 노아가 고백한대로 그와 그의 가족의 범죄에 대한 속죄에 필요한 번제였습니다. 삶이 새롭게 시작되는 것이라면, 최소한 노아가 그에 관해 무엇인가를 해야 했다면 하나님께 적절하고 감사한 자세를 가지고 나아가기 시작해야 했습니다.

노아가 방주에서 나온 행동이 그가 이 새로운 삶을 불안 없이 맞이했다는 것을 의미하는 것은 아닙니다. 방주 안에서 그는 하나님이 그를 버리신 것이 아닌지 의심했을 것입니다. 그리고 이제 흥분감 위로 하나님의 심판에 대한 공포가 다시 엄습했을 것이고, 이러한 대 파멸이 다시 일어나지 않을까 불안했을 것입니다. 그는 죄인이었기 때문입니다. 그의 자녀들도 마찬가지였습니다. 홍수 이전의 세상을 불의로 이끌었던 것과 똑같은 악의 성향이 그들 모두에게 있었습니다. 사람들이 죄를 크게 범하고 그래서 하나님의 심판을 불러일으킨 사건이 불가피하게 발생한 세상을 보십시오. 스스로 새롭게 시작되고 있는 세상이지만 그러나 그 무서운 심판의 흔적이 곳곳에 나타나고 있는 세상을 보십시오. 민둥산들, 뿌리 뽑힌 나무들, 천천히 빠져나가는 물에서 드러나는 엄청난 시체들. 물이 한 번 더 솟아올라 땅을 다시 덮어버릴 것을 무엇으로 예방할 수 있겠습니까? 그와 그의 가족이 죄로 인해 결국 공정하게 멸망 받을 것을 무엇으로 예방할 수 있겠습니까?

이러한 배경에서 하나님의 언약이 노아에게 주어졌습니다. 하나님은 노아를 아셨고, 하나님이 노아와 모든 인간의 마음속에 들어 있는 죄를 알고 계심에도 불구하고 땅의 모든 생물이 다시는 파멸되지 않을 것임을 그에게 확신시켜주셨습니다. 하나님은 이렇게 말씀하셨습니다. "내가(결코) 다시는 사람으로 말미암아 땅을 저주하지 아니하리니 이는 사람의 마음이 계획하는 바가 어려서부터 악함이라 내가 전에 행한 것 같이 모든 생물을 다시 멸하지 아니하리니"(창 8:21).

하나님의 언약

창세기 8장과 9장의 구절들은 6장의 구절에 더하여 전 성경에서 하나님의 언약을 가장 완전하게 논(論)한 구절들의 하나로 꼽힙니다. 이것이 유일한 언약은 아닙니다.[1] 언약이란 말은 쓰지 않았지만 아담과의 언약이 이전에 있었습니다. 그리고 연속해서 아브라함, 모세, 다윗, 및 예수 그리스도와의 언약들이 있습니다. 그러나 노아와의 언약은, 그것이 성경에서 그 주제를 처음으로 명백하게 논한 것이란 이유에서 중요한 언약이고, 주의해서 고려해 볼 가치가 있는 언약인 것입니다. 그것은 창세기 6:18절에서 소개되었습니다. 8장과 9장에서 그것은 세 가지 부분으로 논의되고 있습니다. 첫째, 다시는 홍수로 땅을 파멸시키지 않으신다는 하나님의 약속(창 8:20-22) 둘째, 그 언약의 기본적인 특징으로서의 사형제도의 제정(창 9:1-7) 셋째, 무지개를 표징으로 주시면서 하신 언약의 구체적인 반복(창 9:8-17)입니다.

이전의 논의에서 우리는 이 언약과 대부분의 다른 언약들에 세 가지 특징이 있음을 언급한 바 있습니다. 언약들은 일방적인데 이것은 사람이 아닌 하나님에 의해 성립된다는 의미입니다. 언약들은 하나님이 영원하신 것처럼 영구적입니다. 언약들은 하나님의 은혜로 된 것입니다. 사람 안에는 언약의 조건에 순종한다고 할지라도 그러한 언약을 받을 만한 아무런 공덕도 없습니다. 이러한 특징이 창세기 8:20-22절에서 가시적으로 나타납니다.

첫째, 모든 말씀은 하나님이 그분의 의향에 따라 하신 것입니다. 우리는 노아가 이 기간 동안 말했거나 또는 생각했을 수 있는 것에 관해 숙고해 보았습니다. 그러나 창세기에 관한 한, 그가 어떤 말이든 했다는 기록이 없습니다. 모든 것이 하나님이 말씀하신 것입니다. 이런 말씀이 있습니다. "여호와께서 그 향기를 받으시고 그 중심에 이르시되 내가 다시는 사람으로 말미암아 땅을 저주하지 아니하리니 이는 사람의 마음이 계획하는 바가 어려서부터 악함이라 내가 전에 행한 것 같이 모든 생물을 다시 멸하지 아니하리니" (창 8:21), "하나님이 노아와 그 아들들에게 복을 주시며 그들에게 이르시되…" (창 9:1), "하나님이 노아와 그와 함께 한 아들들에게 말씀하여 이르시되 내가 내 언약을 너희와 너희 후손과 너희와 함께 한 모든 생물 곧 너희와 함께 한 새와 가축과 땅의 모든 생물에게 세우리니 방주에서 나온 모든 것 곧 땅의 모든 짐승에게니라" (창 9:8-10), "내가 너희와 언약을 세우리니" (창 9:11), "하나님이 이르시되 내가 나와 너희와 및 너희와 함께 하는 모든 생물 사이에 대대로 영원히 세우는 언약의 증거는 이것이니라" (창 9:12), "내가 나와 너희와 및 육체를 가진 모든 생물 사이의 내 언약을 기억하리니" (창 9:15), "하나님이 노아에게 또 이르시되 내가 나와 땅에 있는 모든 생물 사이에 세운 언약의 증거가 이것이라 하셨더라" (창 9:17).

이 이야기의 특징은 하나님에 대한 높은 개념을 반영해주고 있고, 또한 창세기를 다른 고대 문헌으로부터 바로 구별되게 합니다. 실제로 그것은 이 책이 이 책 자체가 주장하는 대로 사람들에 대한 하나님의 초자연적인 계시이며, 하나님에 대한 그리고 하나님을 향한 열망에서 나온 인간 사상의 기록이 아니라는 강력한 증거입니다. 우리와 언약을 세우시는 하나님의 생각은 우리는 그것을 그저 감사함으로 받아야 하는 것인데, 우리의 타고난 사고방식으로는 낯선 것입니다. 사실상 이것은 다른 고대 종교들에서는 전혀 찾아볼 수가 없는 것입니다. 이방 세계의 종교에서는 하나님 또는 신들 중의 하나에 대한 사람의 관계는 거래로써 성립됩니다. 사람은 하나님을 위해 무엇인가를 하고, 그 결과로 하나님이 그에게 신세를 져서 그 사람을 위해 무엇인가를 하기로 되어 있는 것입니다. 그것은 산 제물을 드리는 것일 수도 있습니다. 전쟁 시에는 원정의 성공을 보장 받기 위해 많은 산 제물을 드렸습니다. 그것은 어떤 다른 형태의 헌신으로 나타날 수도 있습니다. 어떻든지 간에 사람과 하나님이 동등한 조건으로 만나 서로 이익이 되는 일을 하는 데 합의합니다. 그러나 창세기 처음 장들은 전혀 다른 개념을 제시합니다. 거기서는 사람이 거래를 하지 않습니다. 왜냐하면, 사람은 거래할 아무 것도 가지고 있지 않기 때문입니다. 하나님이 자신의 의향에 따라 언약을 세우시는 것입니다.

둘째, 언약은 영원합니다. 내가 의미하는 것은 그것이 하나님이 존속하시는 동안 지속된다는 뜻에서의 영원한 영원이 아닙니다. 그 언약이 적용하는 조건 자체가 지속적인 것이 아니기 때문입니다. 그것은 조건이 지속되는 동안은 언약이 변경되지 않는다는 의미에서 영원한 것입니다. 이것이 8장 끝부분의 절들에 있어 가장 중요한 점입니다. "여호와께서 그 향기를 받으시고 그 중심에 이르시되 내가 다시는 사람으로 말미암아 땅을 저주하지 아니하리니 이는 사람의 마음이 계획하는 바가 어려서부터 악함이라 내가 전에 행한 것 같이 모든 생물을 다시 멸하지 아니하리니 땅이 있을 동안에는 심음과 거둠과 추위와 더위와 여름과 겨울과 낮과 밤이 쉬지 아니하리라"(창 8:21-22).

이 구절이 그 요점을 이 이상으로 강조해서 표현할 수가 없습니다. 이 구절에 "결코"(never) 라는 단어가 영어성경에 세 번이나 나옵니다. "내가 (결코) 다시는… 땅을 저주하지 아니하리니… 내가… 모든 생물을 (결코) 다시 멸하지 아니하리니… 낮과 밤이 (결코) 쉬지 아니하리라" 날과 계절에 관련된 어구의 반복은 유사한 의미를 지니고 있습니다.

하나님이 "결코" 라는 말을 쓰신 것은 좋은 것입니다. 그러나 인간들이 그 말을 쓰면 종종 우스워집니다. 당신은 어떤 어리석은 짓을 하고서 "이제, 나는 교훈을 얻었다. 나는 결코 다시는 그런 짓을 하지 않겠다.” 라고 말한 적은 없습니까? 그렇게 말해 놓고 당신은 그 짓을 또 했습니다. 당신은 누군가가 죄를 범하는 것을 보고 “나는 결코 그런 짓을 안 할 것이다.” 라고 말한 적은 없습니까? 그러나 당신도 그 짓을 저질렀습니다. 이것이 인간의 현 주소입니다. 우리는 우리가 보증할 수 있는 이상의 약속을 합니다. 베드로처럼 우리도 예수님에게 이렇게 말합니다. “내가 주와 함께 죽을지언정 주를 부인하지 않겠나이다”(막 14:31). 그러나 우리는 그분을 부인합니다. 오직 하나님만이 “결코” 라는 말을 하실 수가 있고, 실패 없이 그 말에 충실하실 수가 있으십니다.

어떤 것을 결코 안 하시겠다는, 또는 어떤 일이 결코 일어나지 않게 하시겠다는 하나님의 약속들은 그분의 말씀 중 가장 귀한 말씀에 속합니다. 사사기 2:1절에서 하나님은 이스라엘 백성에게 “내가 너희와 함께 한 언약을 영원히” (결코) 어기지 아니하신다고 말씀하신 것으로 기록되어 있습니다. 시편 15편은 의로운 삶의 길에 들어가는 여러 사항들을 열거하고 이렇게 결론을 내립니다. “이런 일을 행하는 자는 영원히 (결코) 흔들리지 아니하리이다”(시 15:5). 시편 55편은 이렇게 말씀합니다. “네 짐을 여호와께 맡기라 그가 너를 붙드시고 의인의 요동함을 영원히 (결코) 허락하지 아니하시리로다”(시 55:22). 잠언 10장은 이렇게 선언합니다. “의인은 영영히 (결코) 이동되지 아니하여도 악인은 땅에 거하지 못하게 되느니라”(잠 10:30). 예수님은 여러 경우에서 “결코” 라는 말씀을 성경에서 다른 어떤 인물보다도 많이 사용하셨습니다. 그분은 이렇게 말씀하셨습니다. “내가 주는 물을 마시는 자는 영원히 (결코) 목마르지 아니하리니”(요 4:14), “내게 오는 자는 결코 주리지 아니할 터이요 나를 믿는 자는 (결코) 영원히 목마르지 아니하리라”(요 6:35), “사람이 내 말을 지키면 영원히 (결코) 죽음을 보지 아니하리라”(요 8:51), “내 양은 내 음성을 들으며 나는 그들을 알며 그들은 나를 따르느니라 내가 그들에게 영생을 주노니 영원히 (결코) 멸망하지 아니할 것이요 또 그들을 내 손에서 빼앗을 자가 없느니라”(요 10:27-28), “무릇 살아서 나를 믿는 자는 영원히 (결코) 죽지 아니하리니”(요 11:26). 히브리서에서는 하나님이 이렇게 말씀하신 것으로 인용되었습니다. “내가 결코 너희를 버리지 아니하고 너희를 (결코) 떠나지 아니하리라”(히 13:5, 신 31:6 참조). 이러한 약속들은 예수 그리스도를 처음 믿는 단계에서부터 영생의 보장과 죽음에 대한 승리의 단계까지 믿는 자의 영적 삶의 전 영역을 포함합니다. 창세기 8:20-22절의 경우에 있어 약속들은 지구가 존속하는 동안 날들과 계절들의 규칙적인 진행을 포함합니다.

셋째, 언약의 특징은 은혜입니다. 이 또한 이 구절에서 명확하게 나타납니다. 하나님은 노아 및 그의 후손들과 언약을 세우십니다. "사람의 마음이 계획하는 바가 어려서부터 악함이라(악할지라도)"(창 8:21). 하나님의 약속인 이 부분은 그가 죄인이라는 것과 그 죄가 무서운 형태로 다시 분출될 것으로 알고 있던 노아에게 특별히 위로가 되었을 것이 틀림 없습니다. 그의 죄에도 불구하고 하나님은 그를 구원하시고 다시는 인류를 파멸하지 않으 실 것입니다.

원죄

마르틴 루터의 긴 창세기(전 8권) 강해에서 "사람의 마음이 계획하는 바가 어려서부터 악함이라"고 한 이 구절이 길게 다루어졌는데 그 까닭은 그가 이 구절을 원죄에 대한 매우 중요한 구절로 바르게 인식하고 있었기 때문이었습니다. 루터의 시대에는 우리 시대와 같 이 사람들이 원죄에 대한 가르침을 싫어하여 그것을 교묘하게 설명하려고 애를 썼습니다. 그들은 사람의 마음이 악한 것이 아니라 단지 죄로 기울어지는 것이라고 말했습니다. 그 들은 이 원죄라는 용어를 사용하지 않으려고 했습니다. 대신에 그들이 마음속에 가지고 있던 것은 19세기 인간 발전 철학에서 유명해진 "빈 서판"(Blank Slate) 개념이었습니다. 이 견해에 의하면, 아기는 도덕적으로 중립의 상태에서 태어나는데 나중에 건강치 못한 환경 때문에 이 "무죄한 아기"가 그리로 기울어져서 죄를 범하게 되는 것이라고 합니다. 그것 은 죄를 다른 사람의 잘못으로 돌리는 것이기 때문에 위로가 되는 철학입니다. 그러나 그 것은 이 성경구절이 가르치는 것이 아닙니다. 이 구절은 마음이 악하다는 것과 이것은 개 인이 아주 어렸을 때부터 사실이란 것을 가르칩니다. 루터는 이렇게 서술하고 있습니다.

인간 마음의 지각과 생각이 어렸을 때부터 악으로 기울어졌다고 말하는 사람은 의미 없는 말을 하고 있는 것이 아니다. 그 까닭은 특별히 모세가 창세기 6장(5절)에서 사람이 마음으로 생각하는 모든 계획이 항상 악할 뿐이라고 선언했기 때문이다. 다시 말해, 사람의 마음이 악을 좇으려고 애를 쓰고, 그 마음의 성향, 충동 및 노력이 악의 영향 하에 있다는 것이다. 예를 들어 성인은 욕망에 불이 붙여지면 기회, 장소, 인물, 시간이 여의치 않을지라도 그는 음탕한 감정의 병에 사로잡히게 되고, 다른 어떤 일에도 생각을 집중할 수 없게 된다…

모세는 "어렸을 때부터"란 말을 더하고 있는데 그 이유는 이 악이, 말하자면 어린 나이 때에는 숨어있고 부동적이기 때문이다. 우리 유년기는 이성과 의지가 잠복해 있는 것 같은 상태로 보내며, 우리는 동물적 욕구만을 지니게 되는데 그 시기는 꿈과 같이 지나간다. 다섯 살만 되면 나태함, 놀이, 개구쟁이 짓과 즐거움을 찾지만, 훈계를 피하고, 순종을 거절하고 모든 덕행을 싫어하는데, 특히 진리와 공평이라는 덕행을 싫어한다. 그때쯤 이성은 깊은 잠에서 깨어나 어떤 즐거움을 알기 시작하지만, 아직 참된 즐거움은 아니다. 그리고 최악은 아니지만, 악한 것들을 지니게 된다.

그러나 이성이 성숙해 지면 어떻든 다른 악덕이 형성된 후에 강한 욕망과 끔찍한 육신의 정욕, 환락, 도박, 말다툼, 싸움, 살인, 절도, 기타 등등이 더해진다. 부모가 회초리를 필요로 하는 것과 마찬가지로, 이때는 집행관이 악의 본성을 통제하기 위해 교도소와 감금을 필요로 하게 된다.

더 나이가 들면 갖게 되는 악덕들을 누가 모르는가? 탐욕, 야망, 교만, 배반, 시기 등이 몰려 빽빽하게 들어찬다. 특히 이러한 악덕들은 이 세대가 그것들을 감싸고 아름답게 꾸미는데 영악하기 때문에 더더욱 해롭다. 이런 상황에 집행관의 칼은 적절하지가 않다. 그러한 크고 수많은 범죄를 벌하기 위해서는 지옥불이 필요하다. 그러므로 위의 6장(5절)은 옳게 진술된 것이다. "사람의 마음이, 또는 그의 마음으로 생각하는 것이 매일같이, 또는 항상 악할 뿐"이고 그리고 이 구절에서 "그것은 어렸을 때부터의 악"이라고 진술한 것은 옳은 진술인 것이다.[2]

이 탁월한 마르틴 루터의 강해에 대한 나의 유일한 시비점은 그가 어렸을 때의 죄를 충분히 설득력 있게 서술하지 않았다는 것입니다. 그의 강해에서 죄는 5살 이전에는 거의 수동적인 것으로 보입니다. 그러나 결코 그렇지 않습니다. 그때 조차도 죄는 능동적입니다. 도널드 반하우스는 그의 자녀 중의 어린 딸 하나가 말을 할 줄 알기도 전에 어떻게 그의 죄성을 드러냈는지를 이야기 했습니다. 그의 가족이 그때 프랑스에 살고 있었고, 프랑스인 유모가 있었는데 그녀가 딸에게 프랑스 노래에 맞춘 동작을 가르쳤습니다. 그 노래는 꼭 두각시에 관한 것이었습니다. 가사를 노래로 부르면서 딸의 두 손은 춤추기를 흉내 내어 둥글게 원을 만들고, 그런 다음 춤추는 사람들이 춤 동작의 끝에 어떻게 무대 뒤쪽으로 가는가를 보여주기 위해 두 손을 등 뒤에 두었습니다. 노래는 이러했습니다.

이렇게, 한다, 한다, 한다
작은 꼭두각시 인형들이.
이렇게, 한다, 한다, 한다
세 번 살짝 돌고
그리고는 간다.

부모는 사랑하는 딸이 엄지손가락을 빠는 것을 못하도록 했고, 엄지손가락을 빨 때마다 부모는 빠는 것을 멈추게 하려고 딸의 손을 가볍게 쳤습니다. 어느 날, 반하우스가 딸 방으로 들어갔는데 딸이 방금 전까지 엄지를 빨고 있었던 것이 틀림없었습니다. 딸의 입과 엄지손가락 사이에 침이 길게 줄을 만들고 있었습니다. 딸은 아빠를 보자마자 즉시 작은 손으로 꼭두각시 인형의 동작을 하며 이렇게 말하는 것 같았습니다. "아빠, 아빠가 잘못 보았어요. 내가 마치 엄지를 빨고 있었던 것처럼 보일지 모르지만, 사실 나는 아빠를 무척 기쁘게 해 주려고 꼭두각시 노래를 하고 있었어요." 다윗이 "내가 죄악 중에서 출생하였음이여 어머니가 죄 중에서 나를 잉태하였나이다"(시 51:5) 라고 고백한 것은 매우 옳았습니다.

두려움에서 은혜로

이 구절은 죄 많은 인간들이 하나님의 은혜를 입기 위해 무엇을 해야만 하는가에 대한 본보기가 되고 있습니다. 어떤 점에서 우리는 아무 것도 할 것이 없습니다. 하나님이 모든 것을 해 놓으셨습니다. 하지만 적어도 우리는 하나님 자신이 약속하신 사항에 따라 하나님께 나아올 수 있으며, 그래서 우리가 나아오면 그분은 우리를 받아주시고 구원의 언약 안에서 우리에게 늘 신실하게 남아계실 것이라는 확신을 할 수 있습니다.

죄인들로서 우리는 노아가 방주에서 나아왔던 것처럼 하나님께 나아옵니다. 우리는 지금까지 그분의 일반 은혜의 수혜자들이었습니다. 만일 하나님이 우리에게 은혜를 베풀지 않으셨다면, 우리는 이미 오래 전에 멸망했을 것입니다. 아직도 우리는 죄인들입니다. 우리도 다른 사람들처럼 하나님의 심판을 받아 마땅합니다. 우리 자신을 그대로 놔두면 우리 안에 있는 죄는 우리를 의심할 것 없이 지옥으로 이끌어갈 것입니다. 우리는 완전히 멸망할 것입니다. 우리는 어떻게 해야 할지를 모릅니다. 그러나 하나님이 우리 앞에 한 가지 방법을 정해 놓으셨습니다. 희생의 방법입니다. 그분은 에덴 시절인 인류의 초창기부터 죄인들이 그들의 범죄로 인해 죽어 마땅하지만, 그럼에도 죄인의 자리를 대신 취할 대속이 가능하다는 것을 보여주셨습니다. 무죄한 자가 죽을 수 있습니다. 하나님 자신이 짐승을 죽여서 그 짐승의 가죽으로 아담과 하와를 옷 입히심으로 이것을 보여주셨습니다. 이것이 노아가 방주로부터 하나님께 나아온 방법이었습니다. 이것이 오늘 우리가 하나님께 나아오는 방법이 되어야 합니다. 우리가 실제로 제물을 드리지는 않지만, 우리는 우리 대신 바쳐진 예수 그리스도의 온전하신 제물을 믿음으로 의지하고 하나님께 나아올 수 있습니다. 그분은 "창세 이후로 죽임을 당한 어린 양"(계 13:8)이십니다. 그분은 "세상 죄를 지고 가는 하나님의 어린 양"(요 1:29)이십니다.

우리가 예수님이 완전하게 이루신 역사를 믿는 믿음을 통해 하나님께 나아오면 우리는 하나님이 기뻐하시는 것을 발견하게 됩니다. 또한 지금 우리가 그분의 것이고 그리고 우리는 결코 멸망하지 않을 것이라는 그분의 약속을 듣게 됩니다. 이것은 현생(現生)에서만이 아니고, 내세에서만이 아닙니다. 우리와 그분과의 관계는 "결코 끝나지 않을 것" 입니다.

● 각주 ●

1. 본서 46장 "언약의 하나님"(창 7:18)을 보라.

2. Luther, *Luther's works*, vol. 2, 122, 126-27.

53

인간 통치권의 시험

창세기 9 : 1-7

하나님이 노아와 그 아들들에게 복을 주시며 그들에게 이르시되 생육하고 번성하여 땅에 충만하라 땅의 모든 짐승과 공중의 모든 새와 땅에 기는 모든 것과 바다의 모든 물고기가 너희를 두려워하며 너희를 무서워하리니 이것들은 너희의 손에 붙였음이니라 모든 산 동물은 너희의 먹을 것이 될지라 채소 같이 내가 이것을 다 너희에게 주노라 그러나 고기를 그 생명 되는 피째 먹지 말 것이니라 내가 반드시 너희의 피 곧 너희의 생명의 피를 찾으리니 짐승이면 그 짐승에게서, 사람이나 사람의 형제면 그에게서 그의 생명을 찾으리라 다른 사람의 피를 흘리면 그 사람의 피도 흘릴 것이니 이는 하나님이 자기 형상대로 사람을 지으셨음이니라 너희는 생육하고 번성하며 땅에 가득하여 그 중에서 번성하라 하셨더라

하나님과 노아와의 언약의 둘째 부분은 창세기 9:1-7절에 나옵니다. 이 구절은 무엇보다도 인간 통치권을 다루고 있고, 이 구절을 조심스럽게 살피지 않아도 이 세상 사람들의 삶을 위해 새롭게 설정된 조건이 그 안에 소개되어 있다는 것을 알게 됩니다. 전에 가인이 아벨을 죽였을 때, 하나님은 가인을 죽이지 않

으셨습니다. 그분은 그에게 저주를 선고하시고 땅에서 유리하는 자가 될 것이라고 판결을 내리셨습니다. 그러나 가인이 무릇 자기를 만나는 자마다 그를 죽일 것이라고 하소연하자 하나님은 "그렇지 아니하다 가인을 죽이는 자는 벌을 칠 배나 받으리라"(창 4:15)고 말씀하시며, 그에게 보호를 위한 표를 주셨습니다. 4장 끝에 보면 소년을 죽인 라멕이 하나님의 심판을 받았다거나 세상 법정에 섰다는 아무런 시사도 없습니다. 그러나 지금 하나님은 사형제도를 도입하시고, 사형을 행사할 인간 정부를 간접적으로 세우십니다.

하나님은 왜 이렇게 하셨습니까? 그것은 의심의 여지없이 얼마 후에 율법을 주실 때같이 사람의 격정을 억제하기 위함이었습니다. 마르틴 루터는 이렇게 말했습니다. "하나님은 정부를 세우시고, 폭력과 다른 죄들이 무제한으로 발생하지 않도록 그 기관에 무질서를 감독하기 위한 칼을 주신다.[1] 그러나 이것을 인정하면서 나는 그 이상의 것이 또한 있지 않을까 생각합니다. 설명해 보겠습니다.

죄의 나쁜 결과 중의 하나는 그 죄인이 자신을 너그럽게 봐주려는 끝이 없는 욕구입니다. 그는 자신의 죄가 얼마나 큰가에 대한 것이나 또는 모든 사람이 그에게 죄가 있다는 것을 알고 있다는 것에 괘념치 않습니다. 이런 현상은 지금도 사실이고, 이 인류 초창기 시대에도 역시 사실이었을 것이 틀림없습니다. 아담이 죄를 범했을 때 그는 하와에게 책임을 전가했고, 간접적으로 하나님 자신에게 책임을 돌렸습니다. "하나님이 주셔서 나와 함께 있게 하신 여자 그가 그 나무 열매를 내게 주므로 내가 먹었나이다"(창 3:12). 하와는 뱀에게 책임을 돌렸습니다. "뱀이 나를 꾀므로 내가 먹었나이다"(창 3:13). 가인의 아벨 살해, 그리고 그 시대에 증가된 폭력이 결국 홍수를 야기한 것을 보고 누군가는 반드시 그렇게 많은 범죄가 존재했던 이유는, 성경이 명확하게 말씀하고 있지는 않지만 하나님이 사람들에게 범죄자를 벌할 권리를 주지 않으셨기 때문이라는 이유를 댔을 것이라고 나는 생각합니다. "가인이 아벨을 죽였을 때 무슨 일이 일어났는지 보라"고 이 사람은 말했을 것입니다. "가인은 그가 받아야 할 마땅한 벌을 받았는가? 전혀 아니다! 하나님은 사실상 그를 보호하셨다. 어쨌든 만일 가인을 본보기로 만드는 것이 우리에게 허용되었었다면, 만일 우리가 그를 사형에 처하는 것이 허용되었었다면, 우리는 그가 저지른 것과 같은 행동을 미연에 방지할 수 있었을 것이다. 사람들은 살인하는 것을 두려워했을 것이고, 우리는 이러한 불행을 당하지 않았을 것이다. 세상의 폭력은 하나님의 잘못이다." 나는 누군가가 틀림 없이 이렇게 주장했을 것이라고 확신하는데, 이 주장에 비추어 생각해 보면 창세기 9장의 사형제도의 제정은 사실상 이 주장을 시험하는 "인간 통치권에 의한 사람의 시험"이라고 할 수 있습니다.

사람의 악이 위협이나 형벌의 부족에 기인하는 것입니까? 사형이, 다른 낮은 형벌들이 범죄를 끝낼 수 있습니까? 하나님은 그것을 시험하십니다. 그분은 권력을 부여하십니다. 우리가 아는 것처럼 반대자의 주장은 잘못된 것임이 증명되고, 문제는 적절한 형벌의 결 핍에 있는 것이 아닌, 교정 불가능한 사람의 마음의 악에 있는 것으로 나타나고 있습니다.

권세들에게 복종

인간 정부의 많은 실패에도 불구하고, 그 실패는 인간 자신의 실패인데 우리는 그 정부 가 직접적으로 하나님에 의하여 확립된 것이란 진리를 깨달아야 합니다. 정부의 권한은 하나님에게서 오는 것이며, 따라서 때로 그 권한 자체가 더 큰 권한인 하나님의 권한을 거 역하는 경우가 아닌 한, 정부의 권한에 바울이 말한 것처럼 반드시 순종해야 합니다. "각 사람은 위에 있는 권세들에게 복종하라 권세는 하나님으로부터 나지 않음이 없나니 모든 권세는 다 하나님께서 정하신 바라 그러므로 권세를 거스르는 자는 하나님의 명을 거스름 이니 거스르는 자들은 심판을 자취하리라 다스리는 자들은 선한 일에 대하여 두려움이 되 지 않고 악한 일에 대하여 되나니 네가 권세를 두려워하지 아니하려느냐 선을 행하라 그 리하면 그에게 칭찬을 받으리라 그는 하나님의 사역자가 되어 네게 선을 베푸는 자니라 그러나 네가 악을 행하거든 두려워하라 그가 공연히 칼을 가지지 아니하였으니 곧 하나님 의 사역자가 되어 악을 행하는 자에게 진노하심을 따라 보응하는 자니라 그러므로 복종하 지 아니할 수 없으니 진노 때문에 할 것이 아니라 양심을 따라 할 것이라"(롬 13:1-5).

인간 정부와 관련해서 사람들이 범하기 쉬운 두 가지 오류가 있습니다. 그 하나는 정부 를 무시한다는 것입니다. 정부의 권위를 인정하기를 거부하는 것입니다. 공무 지도자를 경멸하는 표현을 하고, 온전히 유효한 법을 깔봅니다. 바울이 로마서에서 근본적으로 다루고자 하는 것이 이것입니다. 다른 오류는 정부가 우리의 문제를 해결해 줄 것으로 믿으면서 정부를 적정 수준 이상으로 존중하는 것입니다. 이것은 특별히 현재 미국 민주주의의 특성적 오류입니다. 정부에 대한 건전한 견해는 다음의 명제를 포함합니다.

1. 정부의 기본적인 요소는 권력이다. 이것은 우리가 주의해서 생각해 보기를 좋아하는 것이 아닙니다. 왜냐하면 "권력"은 우리 문화에서 선한 것으로 생각하지를 않기 때문입니다. 예를 들어 우리는 어떤 일을 하려고 아이들을 강제하는 것을 나쁘다고 생각합니다. 우리는 그들에게 "선택권"을 주고, "그들이 가장 흥미 있어 하는 것"을 선(善)으로 제시하고, 처벌보다는 "보상"을 제공합니다. 다시 말해 무엇이건 하는 일에 강제 받는 것을 거의 본능적으로 반발합니다. 우리가 정부를 생각할 때, 특별히 우리가 지지하는 정부를 생각할 때, 우리는 정부가 권력에 의해서 존재하고 권력을 통해서 운영하는 기관으로 생각하기를 싫어합니다. 우리는 정부가 도덕적인 지침을 주고, 국민에게 최선을 호소하며, 성장과 자기성취의 환경을 조성해 주는 기관으로 생각하기를 좋아합니다. 정부가 이런 일들 중 몇 가지를 하는 것은 사실입니다. 그럼에도 불구하고 정부의 근본적인 운영 요소는 권력이라는 사실을 반드시 깨달아야 합니다.

예를 하나 들겠습니다. 우리는 이 나라에서 소득세에 대해 소위 자발적인 과세액 자기 평가를 합니다. 매 4월마다 양식에 따라 세액을 산출 할 때 당신은 조세 안내책자 겉 페이지에서 매년 수백만의 미국인들이 그들 자신의 세액을 자발적으로 평가하고 수십억 불의 세금을 자발적으로 부과해서 정부가 계속 운영되도록 한다는 점에서 우리는 세계에서 유일한 나라라는 글을 읽을 수 있습니다. 그러나 소득세 부과는 실제로 자발적인 것이 아닙니다. 만일 믿지 못하겠으면 세금 부과를 한번 거절해 보십시오. 아니면 그 세액의 일부라도 지불 거절을 해 보십시오. 이를테면 핵무기에 사용되거나, 소수 인종을 위한 도시지원 혹은 가산점을 주는 프로그램에 사용될 부분에 대한 지불을 반대한다고 가정해 보십시오. 무슨 일이 일어납니까? 정부가 "그래요, 우리 조세제도는 자발적입니다. 만일 이 사람이 지불을 원하지 않는다면 우리로서는 아무 도리가 없지요." 라고 하겠습니까? 정부가 그럴 리가 없다는 것을 당신은 아주 잘 압니다. 당신은 청구서와 벌과금을 받을 것입니다. 그런데도 계속 지불을 거절하면 끝내는 경찰관이 당신 집을 찾아오고 당신은 체포될 것이며 당신의 재산은 체납 세액 납부를 위해 압류 당할 것입니다. 문제는 전혀 자발적이 아니란 것입니다. 그것은 강제적인 것이고, 그것을 증명하는 것은 정부가 그 목적을 달성하기 위해 최종적으로 권력을 사용한다는 것입니다.

다른 예를 하나 더 들어보겠습니다. 당신이 산더미같이 높아지는 정부의 관료적 형식주의 행정 아래서 수렁에 빠져가고 있는 사업가라고 가정해 봅시다. 당신은 작성해야 할 수 많은 서식이 있는데, 금년에는 그것들을 작성하지 않기로 결정합니다. 무슨 일이 일어납니까? 당신은 어떤 일이 일어날지 압니다. 정부는 당신의 사업을 폐쇄할 것이고, 당신은 법률 위반죄로 체포될 것입니다.

2. 정부는 도덕성을 제고시킬 수 없다. 나는 당신이 이 말에서의 주요 단어가 "제고"란 것을 이해하고 있다고 생각합니다. 이 말은 정부가 도덕성에 관심이 없다는 것이 아닙니다. 사실상, 도덕성은 법에 있어 유일한 가치 기준입니다. 만일 정부가 도적질에 대한 법률을 통과시키고 그것을 무력으로 강행한다면, 그런 행동에 대한 유일한 가치 기준은 도적질이 잘못이라는 것입니다. 만일 그것이 잘못이 아니라면, 정부의 행동은 독재가 됩니다. 부당하고 용납할 수 없는 자유의 제한인 독재입니다. 만일 그것이 잘못이라면 정부는 적절하게 행동하는 것입니다. 그것은 모든 법에 있어 똑같습니다. 어떤 법에 있어서도 유일한 가치 기준은 본래 존재해 있는 도덕성입니다. 우리는 이것을 창세기 9:6절의 사형제도에서 봅니다. 여기서 정부는, 죽임을 당한 자가 "하나님의 형상"을 가진 자였고, 따라서 그 살인 행위는 하나님께 대한 범죄라는 기준에서 살인자의 생명을 빼앗을 권리를 갖습니다.

그러나 법과 도덕성간의 연결성을 인정한다고 해서 그것이 정부가 시민들의 도덕성을 제고시킨다는 것은 아닙니다. 왜냐하면, 그렇게 할 수 없기 때문입니다. 정부는 형벌은 규정할 수 있습니다. 정부는 형벌을 집행할 수는 있으나 그러한 형벌과 시행이 나타내는 도덕성을 제고할 수는 없습니다. 만일 이것이 의심스러우면 주류 양조 판매 금지 시대를 돌이켜 생각해 보십시오. 정부는 주류 판매를 법적으로 금지시켰습니다. 그러나 알코올음료 판매는 성업을 이루었습니다. 이와 비슷하게 낙태를 합법화한 1973년 1월 22일자 대법원 법령 이전에는 미국에서 낙태는 불법이었습니다. 그러나 사람들은 그래도 낙태를 했습니다! 그들의 불법성은 우리가 바라는 인간 생명에 대한 존중심을 지켜주지 않았습니다.

누군가는 낙태를 합법화한 법령이 낙태 남용의 수문을 열어놓았다고 주장할 것입니다. 옳은 주장입니다. 오늘날은 전보다 훨씬 많은 유아들이 태어나기 전에 살해를 당합니다. 지금 이 나라에서만도 매년 150만 명이나 됩니다. 그러나 법이란 것은 단지 이미 드러나 있는 욕구를 억제한 것이지, 그 법이 반대 욕구를 창조한 것은 아니라는 것입니다. 실제로 창조해 내지 않았습니다.

기껏해야 정부는 시민들에게 이미 현존해 있는 혹은 결여되어 있는 도덕성을 법으로 표현하고, 부여된 권력을 가지고 시행할 것입니다. 그러나 도덕성 자체는 다른 근원에서 나와야만 합니다. 그것이 무엇입니까? 그것이 만일 효과가 있는 단순한 실용주의적 도덕성이 아니거나, 또는 우리 대부분이 원하는 것이고, 다른 사람들은 그렇게 생각하지 않는 합의된 도덕성이 아니라면, 그것은 하나님을 알고 하나님을 기쁘시게 하기를 간절히 원하는 시민들을 통해 온 국민적 삶에 영향을 주고 있는 계시된 종교의 도덕성이어야 합니다. 다시 말하면, 나의 종전 예로 돌아가 한 사회에서 주류의 소비와 남용을 억제할 유일한 것은 시민의 대다수가 그것이 나쁜 것이라고 하는 신념입니다. 다시 말하면, 낙태를 줄이거나 없앨 유일한 것은 궁극적으로 헌법 개정이나 또는 그것을 무효화시킬 다른 법으로 표현될 수 있지만 유아의 낙태는 살인이라는 것과, 살인은 태어나지 않은 태아에게 있어서도 용납될 수 없다는 많은 사람들의 깊은 신념입니다. 이것은 다른 분야에 있어서의 당신의 신념과, 그리고 그것들에 대한 당신의 솔직한 표현이 결국 앞으로 나올 법률보다 더 중요하다는 것을 의미합니다. 만일 도덕성이 법률을 지지해 주지 않는다면, 그 법률 자체가 비도덕적으로 악용될 수가 있습니다. 법은 어떤 사람을 부채 지불 의무에서 벗어나게 하고, 금고형을 모면하게 하고, 무죄한 자를 속이고, 가난한 자를 학대하고, 비슷한 잔학 행위를 하는 일에 악용될 수 있습니다.

3. 건강한 정부는 건강한 시민을 필요로 한다. 만일 정부가 도덕성을 만들어낼 수 없다면 종교적인 원천에서 도덕성을 마련해야 합니다. 만일 사람들 간에 이러한 요소가 없다면 정부 자체는 부패하고 독재적이 됩니다.

이것 역시 그리스도인들과 관련해서 결론을 내릴 수 있습니다. 우리처럼 기울어져가는 문화적 도덕적 환경에서 가장 필요한 것은, 더 많은 법률이나 혹은 심지어 믿지 않는 자들에 대한 더 큰 영적 자극이 아니라 오히려 하나님의 사람들의 죄의 고백과 하나님의 영의 깊은 감동입니다. 이것이 국민적 회복과 관련된 가장 중요한 성경 구절들 중 하나가 보여주는 요지입니다. 그것은 솔로몬의 성전 헌당이 기록된 역대하 7장에 나옵니다. 그날 밤, 축제가 끝나고 하나님이 왕에게 나타나셔서 이 말씀을 하셨습니다. "내 이름으로 일컫는 내 백성이 그들의 악한 길에서 떠나 스스로 낮추고 기도하여 내 얼굴을 찾으면 내가 하늘에서 듣고 그들의 죄를 사하고 그들의 땅을 고칠지라"(대하 7:14).

고침을 위한 치료가 지도자를 바꾸는 것이나 더 나은 지도자(비록 거듭난 자라고 할지라도)를 뽑는 것에서 오는 것이 아님을 유의하십시오. 그것은 하나님의 백성의 회개와 회복에서 옵니다. 이것이 소생할 수 있는 유일한 길이기 때문입니다. 우리가 살펴보았듯이 정부가 그렇게 할 수 없습니다. "거듭난" 대통령조차도 그렇게 할 수 없습니다. 정부는 단지 시행만 할 수 있을 뿐입니다. 따라서 필요한 것은 옳고 그른 것에 대한 설득력 있는 새로운 의견입니다. 자크 엘륄(Jacques Ellul)은 이 통찰을 그의 책인 「정치적 착각」(The Political Illusion)[2]에서 정부를 비신화화(非神話化)하는 데에 활용합니다. 그는 우리의 가장 기본적인 문제들을 해결하는 데 있어 서구 사회가 정부를 믿는 것은 어리석음의 극치임을 보여줍니다. 그는 우리 삶에 쉬지 않고 확장되는 침해에 저항하라고 개인들에게 요구합니다. 도덕적으로 쇠퇴해 가는 때에는, 정부는 질서를 유지할 필요가 있기 때문에 불가피하게 확장해야 하고, 그렇지 않으면 그 정부는 무너질 것입니다.

그러나 도덕성이 높을 때에는, 이때는 큰 믿음과 영적 각성의 때를 말하는 것인데 정부는 단지 최소한의 기능만 하면 됩니다. 그것이 더 좋습니다! 가장 좋은 상황은 가능한 한 법률이 적은 것입니다.

가이사 외에는 왕이 없다?

나의 네 번째 명제는 분리해서 다루어야 할 가치가 있습니다. 그것은 우리가 특별히 들을 필요가 있는 것이기 때문입니다. 그것은 정부는 하나님이 세워주신 것이기 때문에 하나님에 대한 책임이 있다는 것입니다. 이것은 정부가 깊은 영성과 도덕성의 시대에 존재했건, 아니건 간에 사실입니다. 본문으로 돌아가 보면, 노아와의 언약에서 정부를 세우신 분은 노아도, 교회도 아닌 하나님이신 것을 알 수 있습니다. 로마서 13장에서 현존하는 권세를 세우신 분은 하나님이심을 알 수 있습니다(1절). 이것은 한편으로 정부는 우리에 대한 일정한 신적으로 부여받은 권한을 가지고 있다는 것을 의미합니다. 그러나 다른 한편으로 정부 자체는 하나님의 권한 하에 있고, 따라서 그분의 법이나 신적으로 부여받은 기능을 정당하게 또는 안전하게 무시할 수 없다는 것을 의미합니다.

예수님에 대한 재판에서 그 재판이 실제로는 로마 정부의 재판이었는데 대제사장들은 빌라도에게 "가이사 외에는 우리에게 왕이 없나이다"(요 19:15) 라고 말했습니다. 그들이 그렇게 말했다는 것은 믿기 어려운 것입니다. 그들은 가이사와 그가 팔레스타인에 임명한 자들을 미워했기 때문입니다. 그러나 그들은 그렇게 말했고 그런 까닭으로 그들은 하나님을 배반하여 하나님과 더욱 멀리 떨어지게 되었고, 정말 큰 위험 속에 빠지게 되었습니다. 가이사에게만 호소하고 그리스도를 배척함으로써 그들은 하나님을 믿지 않는 통치자들에 대한 궁극적인 저지의 여지를 없애고 있었습니다. 만일 하나님이 그 상황에 계신다면, 비록 최악의 전제군주 하에서도 최소한 그분이 호소를 받으시고, 실제로 불의를 바로잡으실 수가 있는 것입니다. 그러나 만일 하나님이 안 계시면, 만일 그분의 권위가 인정되지 않으면, 그러면 권력자의 변덕이나 사악한 잔인성 밖에는 아무 것도 남는 것이 없습니다.

좀 더 구체적으로 말할 수 있습니다. 하나님이 없는 상황에서 가이사에 대한 통제력은 없게 됩니다. 그런데 가이사에 대한 통제는 필요합니다! 미국에서 우리는 이것을 종교와 관계없이 확인합니다. 우리는 견제와 균형의 제도를 만들어 그에 따라 정부의 한 부처가 다른 부처를 제한하기 때문입니다. 의회는 모든 시민을 다스릴 법률을 만들지만, 사법부가 그것들을 위헌이라고 선언할 수 있습니다. 대통령은 대법원 판사들을 임명하지만, 의회는 대통령을 탄핵할 권위를 가집니다. 대통령은 정책들을 주도할 수 있지만, 의회가 예산을 승인해야만 합니다. 우리는 종교와 무관한 수준에서 견제와 균형의 필요를 인정합니다. 왜냐하면, 우리는 권력을 가진 사람들을 믿을 수가 없다는 것을 경험에 의해서 알기 때문입니다. 그러나 만일 이것이 단순히 인간 수준에서 사실이라면 우주적 수준에서는 얼마나 더 사실이겠습니까? 하나님은 궁극적 존재이십니다. 만일 우리가 하나님을 버린다면,

우리는 우리 통치자들에 의해 좌우되게 됩니다.[3]

그리스도인들은 정부에 이 궁극적 책임을 일깨워주어야 합니다. 미국에서 우리는 정부가 그 권력을 피통치자들의 동의로 획득한다고 이야기합니다. 그러나 거기에는 그것 이상의 것이 있습니다. 정부는 그 권위를 하나님으로부터 얻고, 하나님께 책임을 집니다. 우리의 역할은 정부에게 그 사실을 일깨워주고, 그에 따라 운영해 가도록 정당하게 요구하는 것입니다.

우리가 그렇게 할 수 있습니까? 우리가 현재 누리고 있는 자신과 물질을 위하는 삶으로는 안 됩니다. 우리는 먼저 우리가 예수 그리스도에게 소유되고, 어떤 희생을 치루더라도 그분을 따른다고 결정함으로써만 그 일을 해 낼 수가 있습니다. 다른 저술에서 나는 세 가지 필요를 이야기했습니다.

첫째, 우리는 하나님이 정부를 포함한 인간사에 있어 절대 주권적이시라는 것을 우리 마음에 새겨두어야 합니다. 둘째, 우리는 성경과 그 가르침을 알아야 합니다. 그 이유는 사람이 옳은 일을 하기를 원해도 옳은 일이 무엇인지 모를 수가 있고, 문제가 언제나 흑백이 아니고 회색일 때가 있기 때문입니다. 우리가 성경이 가르치는 것을 알 때만이 그러한 상황에 적절히 대응할 수 있는 것입니다. 셋째, 우리는 필요하다면 모든 것을, 심지어 목숨까지도 기꺼이 포기해야 합니다. 희생을 거절하는 사람들에 의해서는 아무 것도 성취할 수가 없습니다. 우리의 방종한 세대는 그것을 배울 절대적인 필요가 있습니다. 그러나 그것을 아무 것도 희생하지 않는 정부로부터 배울 수 없습니다. 도덕적 영향력 면에서 정부는 빈약합니다. 세상은 오직 그리스도인들로부터만 희생을 배울 수 있습니다. 그리스도인들은 그것을 그들의 주님으로부터 배운 것입니다.

● 각주 ●

1. Luther, *Luther's Works*, vol 2, 241.   2. Jacques Ellul, *The Political Illusion*, trans. Konrad Kellen (New York: Vintage Books, 1967).   3. 나는 이 문제를 James Montgomery Boice, *God and History* (Downers Grove, Ill.: InterVarsity Press, 1981)에서 길게 논하고 있다.

54

언약의 표적

창세기 9 : 8-17

하나님이 노아와 그와 함께 한 아들들에게 말씀하여 이르시되 내가 내 언약을 너희와 너희 후손과 너희와 함께 한 모든 생물 곧 너희와 함께 한 새와 가축과 땅의 모든 생물에게 세우리니 방주에서 나온 모든 것 곧 땅의 모든 짐승에게니라 내가 너희와 언약을 세우리니 다시는 모든 생물을 홍수로 멸하지 아니할 것이라 땅을 멸할 홍수가 다시 있지 아니하리라 하나님이 이르시되 내가 나와 너희와 및 너희와 함께 하는 모든 생물 사이에 대대로 영원히 세우는 언약의 증거는 이것이니라 내가 내 무지개를 구름 속에 두었나니 이것이 나와 세상 사이의 언약의 증거니라 내가 구름으로 땅을 덮을 때에 무지개가 구름 속에 나타나면 내가 나와 너희와 및 육체를 가진 모든 생물 사이의 내 언약을 기억하리니 다시는 물이 모든 육체를 멸하는 홍수가 되지 아니할지라 무지개가 구름 사이에 있으리니 내가 보고 나 하나님과 모든 육체를 가진 땅의 모든 생물 사이의 영원한 언약을 기억하리라 하나님이 노아에게 또 이르시되 내가 나와 땅에 있는 모든 생물 사이에 세운 언약의 증거가 이것이라 하셨더라

설교자는 하나님에 대해서 옛적부터 항상 계신 분이라든가 기타 여러 가지 다른 이름들로 말할 수가 있습니다. 이런 표현은 매우 적절하다고 봅니다. 그러나 표적(表迹)을 만드시는 분이라는 것에 대해 나는 예수님께서 목

수이셨다는 것과 하나님이 만드시는 표적에 관해 생각하기 전까지는 표적이라는 말은 거의 사용하지 않았습니다.

성경에는 두 종류의 다른 표적들이 있습니다. 그 한 종류는 성경이 "표적과 기사"라고 말하는 기적으로 나타나는 표적입니다. 이러한 표적들이 집중적으로 발생한 경우가 있습니다. 모세는 바로에게 그러한 연속적인 표적들을 보여주었습니다. 출애굽기의 기적인 재앙들은 하나님이 참 하나님이심을 증명하는 것이었습니다. 신약성경에서 우리는 예수님의 지상 사역 기간 중에 있었던 같은 경우를 볼 수 있습니다. 예수님이 행하신 기적들은 예수님이 니고데모가 고백했던 것처럼 "하나님께로부터 오신 선생"(요 3:2)이심을 보여주기 위한 것이었습니다. 성경에 있는 다른 종류의 표적은 기적으로 나타나는 것이 아니며, 적어도 그럴 필요가 없는 것입니다. 그것은 영적 진리의 상징으로 나타납니다. 물론, 이 두 가지가 때로는 중복되기도 합니다. 예수 그리스도께서 갈릴리에서 오병이어의 기적 같은 확실한 기적을 행하시고 나서 자신이 생명의 떡이라고 말씀하셨을 때, 그분은 기적을 행하심과 동시에 인간 생명의 필요를 만족시키시는 분이라는 진리의 상징을 나타내신 것입니다. 창세기 9:8-17절은 상징으로 나타난 표적인 두 번째 종류의 표적을 소개합니다.

상처받은 자의 치유

홍수가 끝나고 나서 하나님은 노아에게 무지개를 주셨는데, 이 표적의 기본적 특징은 그것이 아름답다는 것입니다. 이것은 노아가 홍수로 인해 깊은 정신적 충격을 받은 경험 후에 그를 보살피시는 하나님이 베푸신 은혜의 표입니다.

우리는 삶에 닥친 일로 상처를 받고 있는 사람들에 대한 이야기를 합니다. 노아와 그의 식구들은 홍수로 인해 상처를 입었을 것이 틀림없습니다. 그들의 개인적인 물질적 손실도 참을 수 없었지만, 그들이 알고 있던 문명사회는 흔적도 없이 일소되고 말았습니다. 홍수는 대량의 그리고 굉장한 규모의 대 파괴였습니다. 그들이 과거에 상처 받았던 일도 없었는데 어떻게 그와 같은 경험을 이겨냈는지 알기 어렵습니다. 하나님이 언약을 주시면서 눈에 띄게 반복하시는 이유는 이러한 상처 때문일 듯싶습니다. 창세기 앞장들에서는 사건들이 다소 빨리 지나갑니다. 인간적으로 말해서 만일 우리가 창세기 앞장들에 대해 불평을 이야기한다면, 하나님이 좀 더 자세히 말씀하시려고 시간을 들이지 않으셨다는 것입니다. 우리는 각종 질문들을 많이 가지고 있습니다. 대조적으로 홍수 이야기는 반복적으로 듣습니다. 이 한 사건이 몇 장에 걸쳐 기록되어 있습니다. 그리고 하나님이 언약을 주시는 데 말씀을 되풀이 하십니다. 6장에서 하나님이 말씀하십니다. "내가 언약을 세우리니." 8장에서 우리는 언약을 자세히 알게 됩니다. 그런 다음 9장 첫머리에서 하나님은 그 언약을 더 확대하시며 이렇게 말씀하십니다. "땅을 멸할 홍수가 다시 있지 아니하리라." 우리가 지금 보고 있는 절들에서는 하나님이 언약을 세우시고, 무지개의 표적을 주십니다.

왜 이렇게 반복하셨습니까? 하나님을 위해서가 아닙니다. 하나님을 위해서는 반복의 필요가 없습니다. 그것을 들을 필요가 있는 노아를 위해서입니다. 그는 자신감을 되찾아야 할 필요가 있었습니다. 그의 영혼은 상처를 입었습니다. 그래서 하나님은 재차 반복해서 말씀하셨습니다. "내가 결코 다시는 세상을 홍수로 멸망시키지 않으리라. 너는 죄의 추함과 그 결과인 나의 무서운 심판을 보았다. 내가 다시는 홍수를 보내지 않을 것임을 네게 재확인시켜주고자 한다. 그러기 위해서 내가 공중에 내 약속의 보증으로 아름다운 무지개를 만들어 놓는다." 노아가 그 무지개를 바라보면서 이렇게 말했을 것입니다. "예, 그것이 내게 힘을 줍니다. 이 아름다운 표적을 주고 계신 하나님은 우리를 다시는 그러한 심판으로 시련을 받게 하지 않으실 것이기 때문입니다."

나는 당신이 그 그림의 어디쯤에 있는지 모릅니다. 그러나 나는 과거의 상처를 안고 사는 사람들이 많다는 것을 압니다. 윌리엄 스타이런(William Styron)의 「소피의 선택」(Sophie's Choice)이라는 제목의 책이 있습니다. 이 책은 독일의 죽음의 수용소에서 살아남은 젊은 유대인 여자에 대한 이야기를 합니다. 그녀는 수용소를 들어가면서 선택을 해야 할 상황에 부딪쳤습니다. 이 선택은 책의 앞부분에서 이야기되고 있지 않습니다. 거의 끝에 가서 나옵니다. 그러나 거기에 이르게 되면 당신은 그것이 앞부분의 고통을 유일하게 설명하는 것임을 알게 됩니다. 소피가 죽음의 수용소에 들어갈 때 그녀에게는 두 아이가 있었습니다. 간수 중의 한 명이 즉흥적 기분으로 그녀에게 한 아이만 데리고 들어갈 수 있고, 다른 한 아이는 용광로로 보내 죽어야만 한다고 말했습니다. 이것이 그 엄마를 회복할 수 없도록 망가뜨려놓았고, 끝에 가서는 과거를 극복할 수가 없어 자살을 했습니다. 이와 같은 상처를 가진 사람들이 있습니다. 손해와 비극을 당했던 사람들입니다.

당신에게 말합니다. 하나님은 아름다움의 하나님이십니다. 하나님은 아름다움의 표적을 보이시고 말씀하십니다. "삶이 비극으로 차 있다는 것을 나는 안다. 죄는 추하다. 그러나 나는 아름다움의 하나님이다. 나는 이러한 일들을 극복할 수 있는 하나님이다. 그래서 나는 네가 그것들에서 떠나 내게로 오도록 너를 부르고 있다." 요한계시록에는 하나님이 무지개로 둘러싸인 보좌에 앉아계심을 묘사한 것을 봅니다. 그것을 바라보며 하나님의 아름다운 표적이 당신의 영혼에 힘이 되게 하십시오.

고독한 자들을 위한 표적

창세기 본문에서 더 나아가면 아브라함을 만나게 됩니다. 아브라함은 개척자였는데 그를 괴롭힌 문제는 고독이었습니다. 그는 그의 일가친척과 종족과 문화를 떠나 아라비아 사막의 한쪽 끝인 갈대아 우르에서 기름진 삼각주를 따라 팔레스타인으로 들어갔습니다. 하나님이 이를 지시하셨고, 그는 순종해서 믿고 갔습니다. 그런데 그가 기대했던 모든 것은 아직 나타나지 않고 있었습니다. 우리가 이 초창기에 아브라함에 대해서 갖는 그림은 그의 소유가 아닌 땅에서 오로지 직계 가족만이 동행하는 고독한 사람이라는 것입니다.

하나님은 아브라함을 위해 무엇을 하십니까? 하나님은 어느 맑고 깨끗한 사막의 밤에 그를 그의 장막 밖으로 불러내서서 위를 쳐다보도록 지시하십니다. 그래서 아브라함이 광활한 밤하늘을 쳐다보자 하나님은 무수한 별들을 가리키시면서 그에게 그의 자손이 이와 같을 것이라고 약속하십니다. 아브라함은 고독하다고 느낄지 모르지만, 그는 그의 후손들, 단순히 그의 육신적 후손들만이 아닌, 그의 영적 자녀들이 하늘의 별들처럼 많아질 것임을 알아야만 합니다.

당신은 고독합니까? 우리 문화 속에서 많은 사람들이 고독합니다. 가정들이 깨어졌습니다. 친척들이 죽었습니다. 어떤 사람들은 우리가 사는 비인간적 도시에서 홀로 살아갑니다. 고독을 느끼는 많은 사람들에게 하나님은 이렇게 말씀하십니다. "나는 네가 사물들을 내가 보는 것처럼 보기를 원한다. 나는 네가 수많은 나의 자녀들을 보기를 원하는데, 그들 중에 네 자리가 있다. 너는 그 사람들 중의 하나다." 요한계시록에는 하나님의 보좌에 둘러 모여 예배하는 사람들이 하나님을 묘사하는 장면이 있습니다. 거기서 무엇을 말씀합니까? 하나님의 사람들이 수천, 수만이라고 말씀합니다. 당신은 지금 고독하다고 느낄지 모릅니다. 그러나 어느 날 당신은 고귀한 교제를 충만하게 경험할 것입니다.

도망자들을 위한 다리

아브라함에게는 야곱이라는 이름을 가진 손자가 있었습니다. 우리는 야곱에 대한 흥미 있는 이야기들을 알고 있는데, 이들 중 하나에는 하나님이 그를 위해 주신 표적 이야기가 있습니다. 야곱은 호감이 가는 성격의 사람이 아니었습니다. 그는 소위 우리가 말하는 "마마보이"였습니다. 그뿐만 아니라, 그는 그가 원하는 것을 갖기 위해 속이는 것도 마다하지 않았습니다. 이와 같은 삶의 비극은 불가피하게 그의 친구들과 가족에게서 따돌림을 받게 된다는 것입니다. 야곱이 그랬습니다. 그는 그의 형 에서를 속여 결국 에서는 그를 죽여버리겠다고 했습니다. 야곱은 그 위험에서 도망해야 했습니다. 어린 야곱이 친구도 없이 아버지, 어머니, 형, 그리고 다른 친척들을 뒤에 남겨놓고 세상으로 도망을 하는 이야기입니다. 첫날 밤 그는 산에서 돌을 베개 삼아 잠을 자고 있었습니다. 그는 소외감을 느끼고 있습니다. 아브라함이 고독했었다고 한다면, 야곱은 고독했을 뿐만 아니라 고립되어 있었습니다. 이 상황에 하나님이 개입하십니다. 하나님은 야곱에게 표적을 주십니다. 그 표적은 하늘에서 땅으로 이어진 큰 사다리로 천사들이 그 사다리를 오르내리고 있었습니다. 그 사다리는 다리입니다. 그것이 표적의 핵심입니다. 하나님은 야곱에게 이렇게 말씀하십니다. "네 자신이 가족과 친구들로부터 따돌림을 받았지만, 그래도 나는 너를 따돌리지 않는다. 내가 이 다리를 세운다. 네가 그 다리에서 나와 교제할 수 있다는 것을 알기 바란다. 나는 네게로 오고, 너는 내게 올 수 있다. 네가 어디로 가든지 내가 너와 함께 한다."

쫓겨난 자 야곱이 대답합니다. "과연 주님이 여기 계십니다. 다른 사람들은 다 떠나버렸고, 나를 따돌려 놓았지만 그러나 주님께서는 이 장소에 계신데 나는 그것을 모르고 있었습니다." 야곱은 그 장소를 "하나님의 집"인 벧엘(창 28:10-22)이라고 부르고, 그의 도망 기간 동안 이 표적의 기억을 간직하고 다녔습니다.

오늘날 많은 사람들이 소외되어 있습니다. 그들은 스스로의 행동으로 인해 소외당하고 있습니다. 그들은 그 사실을 정면으로 응시하기를 싫어합니다. 그러나 만일 정면으로 응시한다면, 그들이 세워 놓았던 장애물을 헐어버릴 수가 있습니다. 한편 하나님은 말씀하십니다. "출발 장소가 바로 여기라는 것을 알기 바란다. 네가 다른 사람들로부터 소외당하고 있지만, 나는 너를 소외시키지 않을 것이다. 나는 사다리를 세우는 하나님이다." 하나님이 세우신 사다리들 중에 가장 훌륭한 사다리는 예수 그리스도께서 당신의 구주가 되시기 위해 오실 때 타고 내려오신 사다리입니다. 하나님은 당신에게 그 사다리를 가리키며 말씀하십니다. "만일 죄가 네 삶을 소외시켰다면, 이 사다리를 의지하고 내게로 오기를 바란다."

패배자들을 위한 용기

나는 하나님이 모세를 위해 만드신 또 다른 표적을 생각해 봅니다. 그의 생애의 한 시점에 그는 애굽에서 부득이 도망을 해야만 했습니다. 전에 아브라함이나 야곱이 경험했던 것들의 어느 부분은 모세도 경험을 했습니다. 그러나 모세의 경우는 고독이나 소외에 더해서 분명히 패배감까지도 가지고 있었을 것입니다. 그는 그의 생애의 일찍부터 그가 하나님의 백성을 구출해야 한다는 것을 알고 있었습니다. 그는 바로의 궁전에서 교육을 받았고, 스데반에 의하면 "애굽 사람의 모든 지혜를"(행 7:22) 배웠습니다. 그러나 애굽 사람으로 양육 받고 있다는 것이 그의 마음을 사로잡지 못했습니다. 그는 여전히 그가 노예로 취급받고 있는 추방자 집단의 일원이라고 인정을 하고 자신을 그들과 동일시했습니다(히 11:25). 그는 그들을 애굽에서 인도해 내기로 결심했습니다.

드디어 그날이 왔습니다. 그는 애굽 사람 하나가 히브리 노예 하나를 때리는 것을 보았습니다. 그래서 그는 그 애굽인에게 달려들어 그를 죽였습니다. 그는 생각했습니다. "이제 혁명이 시작될 것이다. 내가 그 첫 발을 디뎠다. 하나님이 나를 선택하셨다. 그들은 다시

규합될 것이다." 그러나 이것은 하나님의 방법이 아니었습니다. 혁명 대신에 모세가 애굽인을 죽였다는 소문이 퍼져 모세는 도망을 해야만 했습니다. 그는 안전한 장소로 여겨지는 사막 먼 쪽으로 피해 거기서 40년을 살았습니다. 그가 애굽인을 죽였을 때가 그의 나이 40세였습니다. 그는 사막에서 40년을 살았습니다. 이제 나이 80세가 되었고, 영구히 패배자로 전락했습니다.

어떤 사람들은 30세 또는 40세 또는 은퇴하는 65세에 패배감을 맛봅니다. 그러나 모세는 80세였습니다. 하나님은 무엇을 하고 계십니까? 모세는 모든 재능과 기회를 가지고 있었고 훈련되어 있었는데 그는 이런 것들을 80년 동안 낭비해 온 것입니다. 그의 생애는 이제 끝이 났고, 모세의 이야기는 패배의 이야기로 마감하게 되었습니다.

그러나 하나님은 모세에게 표적을 주셨습니다. 그것은 불붙은 떨기나무였습니다. 모세가 묘사했듯이 그것은 불에 타지 않는 희한한 관목이었습니다! 불이 붙었지만 타지 않는 것입니다. 그것은 영원하시고 불멸하시는 하나님의 임재의 상징이었기 때문이었습니다. 이렇게 해서 패배감을 느끼고, 생은 거의 끝나가고, 기회는 사라졌다고 느꼈던 모세는 그가 섬긴 하나님의 본성과 대면하게 되었습니다. 그의 생은 끝나가고 있었지만, 하나님은 끝나심이 없었습니다. 하나님은 하시고자 하는 일을 하시는 분입니다. 이것은 모세의 삶에서 또는 그 밖의 누구의 삶에서도 같습니다. 하나님은 모세를 부르시고 말씀하셨습니다. "모세야, 지금이 내가 너를 애굽으로 보내고자 하는 시간이다. 가서 전할 메시지는 바로에게 '내 백성을 보내라' 고 말해라."

패배했다고 생각합니까? 당신에게 기회가 있었는데 그것을 헛되이 낭비한 적이 있습니까? 다시는 그 기회를 잡지 못할 것이라고 생각합니까? 하나님은 영원하신 하나님이십니다. 하나님은 당신이 있는 곳에서 당신에게 패배로부터의 승리를 가져다주실 수 있으십니다. 그분은 영적으로 지속되는 일을 당신의 이생을 위해서뿐만 아니라(왜냐하면 당신은 죽게 될 것이고, 당신이 하는 일들은 고작 몇 년 더 지탱할 뿐이기 때문에) 당신의 영원을 위해 하실 수 있으십니다. 그것은 영적인 것들에 대한 대단한 일입니다. 물질적인 것은 모두 사라질 것입니다. 주님께서 친히 이렇게 말씀하셨습니다. "천지는 없어질 것이다"(마 24:35). 그러나 영적인 것은 영원히 지속합니다. 예수 그리스도를 위해 지금 당신이 취한 입장, 당신이 한 말, 당신이 이룬 도덕적 승리 등 세상의 눈에는 이것이 미미해 보일지라도 그 일은 영원히 지속해서 남아있게 됩니다. 천사들조차도 그것을 살펴보고 말합니다. "죄인의 삶에서 그 일을 하실 수 있는 하나님의 은혜와 능력을 보라." 그것은 우리의 특전입니다. 하나님이 우리로 하여금 계속 나아가도록 격려하시기 위해 표적을 만들어 주십니다.

지친 자들을 위한 휴식

출애굽기 31장에서 하나님은 다른 표적을 주시는데 그것은 안식일입니다. 하나님은 이스라엘에게 말씀하십니다. "너는 이스라엘 자손에게 말하여 이르기를 너희는 나의 안식일을 지키라 이는 나와 너희 사이에 너희 대대의 표징이니"(출 31:13). 안식일의 핵심은 무엇입니까? 무지개의 핵심은 아름다움입니다. 별들의 핵심은 그 숫자입니다. 사다리의 핵심은 떨어져 있는 간격을 잇는 것입니다. 불붙은 떨기나무의 핵심은 하나님의 임재입니다. 안식일의 핵심은 지친 사람들을 위한 휴식의 시간이라는 것입니다. 모세는 백성을 애굽으로부터 인도해 냈습니다. 그리고 그들은 사막에서 여러 해를 방황했습니다. 드디어 그들은 그들의 땅으로 돌아왔습니다. 그리고 하나님은 그들이 그분 안에서 찾을 휴식의 상징으로 안식일을 주셨습니다.

이것은 주의 일로 지친 사람들에게 적용됩니다. 바울은 당대의 사람들에게 말했습니다. "우리가 선을 행하되 낙심하지 말지니"(갈 6:9). 바울은 우리가 지치지 않았는지의 여부를 말하려는 것이 아니었습니다. 이것은 내가 좋아하는 성경 구절의 하나입니다. 그 구절은 계속해서 다음과 같이 말씀하고 있기 때문입니다. "우리가 선을 행하되 낙심하지 말지니 포기하지 아니하면 때가 이르매 거두리라"(갈 6:9). 당신은 지쳐 있습니까? 그렇다면 하나님은 그분의 휴식의 상징을 들고 당신 앞에 계십니다. "하나님의 백성에게 남아 있는"(히 4:9) 안식이 있습니다. 당신이 현재 모든 시련과 수고와 문제들 속에서 하고 있는 일들을 미래에도 지속적으로 해야 한다는 것을 내다본다면, 심한 좌절을 느낄 수밖에 없을 것입니다. 나날이, 해마다, 당신이 나이 들어가면서 힘이 쇠약해 가고 시간도 다해가는 것을 알면서 당신이 어떻게 지속적으로 일할 수가 있겠습니까? 어떻게 그렇게 할 수 있겠습니까? 만일 당신이 당신의 힘든 일에서 휴식할 때가 있다는 것을 안다면 그렇게 할 수 있습니다.

나는 최근 어느 정도 긴 거리가 되는 장거리 달리기를 시작했는데 달리는 코스를 구획으로 나누어 표를 해 놓으면 크게 도움이 된다는 것을 알았습니다. 5, 6 또는 8km 달리고 나면 지쳐서 멈출 준비를 합니다. 그러나 그때 작은 표지에 도달하고, 그 표지가 "6km" 또는 "7km" 라고 알려줍니다. 나는 말합니다. "자, 이제 1km 밖에 안 남았어. 그 정도는 버틸 수 있어!" 그리고 버팁니다. 영적으로도 같습니다. 일은 지치게 합니다. 일을 하면 지칩니다. 특히 영적 사역이 그렇습니다. 그것은 다른 일보다 더 지치게 합니다. 나는 영적 사역보다 더 어려운 어떤 일도 알지를 못합니다. 그것은 더 길고 오랜 시간 동안 더 많은 노력과 더 많은 인내를 요구합니다. 최근 펴낸 책의 제목처럼 그것은 「한 방향으로 오랜 순종」(A Long Obedience in the Same Direction)입니다. 그러나 마지막엔 그리고 어떤 때는 일하는 중에도 휴식이 있다는 것을 알고 우리는 계속하는 것입니다.

소외 된 자들을 위한 구원

어느 날 저녁, 베들레헴 마을 주변 들판에서 일단의 목자들이 그들의 양떼를 돌보고 있었습니다. 당시 목자들을 좋게 보는 사람은 별로 없었습니다. 그들은 법정에서 증인이 되는 것조차 허용되지 않았습니다. 사람들은 그런 사람들은 거짓말을 할 것이라고 지레짐작했기 때문입니다. 그들은 소외 된 사람들이 되었습니다. 그런데 거기서 그들이 특별한 밤을 맞이하게 되었습니다. 갑자기 한 천사가 공중에 나타나 메시아가 베들레헴에서 탄생하셨다고 알려주었습니다. 그 천사가 목자들에게 말했습니다. "너희가 가서 강보에 싸여 구유에 뉘어 있는 아기를 보리니 이것이 너희에게 표적이니라 하더니"(눅 2:12).

이것의 핵심은 하나님의 영광스러운 겸손입니다. 그분이 내려오셨습니다. 단순히 올림포스 산의 정상까지 내려오신 것이 아니라, 그보다 더 내려오셨습니다. 단순히 로마 황제의 황궁까지 오신 것이 아니라, 그보다 더 내려오셨습니다. 단순히 헤롯의 법정이나 산헤드린의 의사당까지 오신 것이 아니라, 그보다 더 내려오셨습니다. 그분은 아래로, 아래로,

아래로 구유에까지 내려오셔서 그들의 머리를 둘 곳조차 없는 가난한 가정에서 태어나셨습니다. 그분은 베들레헴의 마구간으로 내려오셨습니다.

만일 당신이 소외 되었다고 느낀다면 당신을 안으로 데리고 들어가시고자 하나님이 거기 계신 것을 아십시오. 그분은 "자, 여기 내 집이 있다. 들어오너라. 내가 어디쯤 방 하나를 열어줄 것이다." 라고 말씀하지 않으십니다. 그분은 당신에게 오십니다. 그분은 당신처럼 되십니다. 사실상 장벽이 없도록 하기 위해 당신보다도 더 낮아지십니다. 그분이 요구하시는 것은 오직 그분이 그렇게 하신 것을 당신이 인정하는 것입니다.

나는 아주 적은 사람들만이 그분의 표적을 받아들이는 것을 주님이 마음 아파하실 것이라고 생각합니다. 어느 때 사람들은 예수님께 와서 말했습니다. "그렇다면 당신은 우리가 보고 믿을 수 있도록 주실 표적은 무엇입니까?" 정말로 인상적인 질문임에 틀림없습니다. 왜냐하면 복음서 기자들이 그들의 복음서에 이 말을 여러 차례 되풀이 하고 있기 때문입니다(마 12:38, 16:1, 막 8:11, 눅 11:16, 요 2:18, 6:30). 사람들이 그것을 요구할 때마다 주님은 그분이 이미 주신 모든 표적에 대해 생각하셨을 것이 틀림없습니다. 이미 주신 것만으로도 사람들을 믿음으로 인도하기에 충분합니다. 그러나 믿지 않는 사람들에 대해 그분이 자주 말씀하신 것은 이것입니다. "악하고 음란한 세대가 표적을 구하나 선지자 요나의 표적 밖에는 보일 표적이 없느니라 요나가 밤낮 사흘 동안 큰 물고기 뱃속에 있었던 것 같이 인자도 밤낮 사흘 동안 땅 속에 있으리라" (마 12:39-40).

이것이 모든 여타 표적들 위에 있는 표적입니다. 예수님은 가장 분명한 표적을 보여 주셨습니다. "성경대로 그리스도께서 우리 죄를 위하여 죽으시고 장사 지낸 바 되셨다가 성경대로 사흘 만에 다시 살아나사" (고전 15:3-4). 당신과 나로 하여금 우리가 죄 용서와 영생을 얻을 수 있다는 것을 알도록 하셨습니다. 이 모든 표적이 당신에게 의미를 부여할 수 있습니다. 그러나 비록 다른 표적들은 몰라도 적어도 이 **표적**만은 당신의 마음을 움직이도록 허용하십시오. 예수 그리스도께서 당신 대신 십자가에서 돌아가셨습니다. 그리고 그분은 사흘만에 부활하셨습니다. 그분은 반드시 다시 오십니다. 그분이 구원을 위해 당신을 그분에게로 이끄시는 것을 허락하십시오.

55

노아의 타락

창세기 9 : 18-29

방주에서 나온 노아의 아들들은 셈과 함과 야벳이며 함은 가나안의 아버지라 노아의 이 세 아들로부터 사람들이 온 땅에 퍼지니라 노아가 농사를 시작하여 포도나무를 심었더니 포도주를 마시고 취하여 그 장막 안에서 벌거벗은지라 가나안의 아버지 함이 그의 아버지의 하체를 보고 밖으로 나가서 그의 두 형제에게 알리매 셈과 야벳이 옷을 가져다가 자기들의 어깨에 메고 뒷걸음쳐 들어가서 그들의 아버지의 하체를 덮었으며 그들이 얼굴을 돌이키고 그들의 아버지의 하체를 보지 아니하였더라 노아가 술이 깨어 그의 작은 아들이 자기에게 행한 일을 알고 이에 이르되 가나안은 저주를 받아 그의 형제의 종들의 종이 되기를 원하노라 하고 또 이르되 셈의 하나님 여호와를 찬송하리로다 가나안은 셈의 종이 되고 하나님이 야벳을 창대하게 하사 셈의 장막에 거하게 하시고 가나안은 그의 종이 되게 하시기를 원하노라 하였더라 홍수 후에 노아가 삼백오십 년을 살았고 그의 나이가 구백오십 세가 되어 죽었더라

앨더스 헉슬리(Aldous Huxley)의 미래 소설인 「멋진 신세계」(Brave New World) 라는 제목은 셰익스피어의 글에서 따온 것인데 그 책에서 한 야만인이 고등 문명사회에서 온 사람들을 두고 외칩니다. "오, 이러한 사람들이

있는 세상은 얼마나 멋진 새 세상인가!' 우리는 이런 말들을 불경건한 사람들이 하나님의 무섭고 총체적인 심판에 의해 제거된 세상으로 나온 노아와 그의 가족에게 이야기해 주고 싶어집니다. 이 사람들이 있는 세상은 얼마나 멋진 새 세상인가! 그러나 슬프게도 이 새 세상의 시민들도 역시 전에 있었던 사람들처럼 죄인들이었습니다.

인류에게 하나님의 진노를 불러 왔던 세상에 있었던 악은 방주 안의 노아와 그의 가족 마음 안에도 역시 있었습니다. 그것이 이제 작동을 시작했습니다. 그보다 앞서 있었던 아담처럼, 노아 역시 죄 속으로 타락하고 그의 죄도 똑같이 그의 후손들에게 영향을 줍니다. 그렇게 무서운 하나님의 진노가 나타난 것을 보고 살아 왔고, 이제 홍수로 지구를 결코 다시는 파멸시키지 않으시겠다는 하나님의 언약의 약속과 함께 다시 시작하면서 이 시점부터 인류는 의의 길을 고수하며 살 것이라고 우리는 생각할지 모릅니다. 그러나 그렇지가 않습니다.

성경은 노아가 "포도나무를 심었고" 그리고 "포도주를 마시고 취하여 그 장막 안에서 벌거벗은지라"(창 9:20-21)고 말씀합니다. 이것이 노아의 아들인 함으로 하여금 더 큰 죄를 범하게 하고, 함의 후손인 가나안으로 하여금 저주를 받게 합니다. 우리는 예레미야와 함께 이렇게 외쳐야 하지 않을까요? "만물보다 거짓되고 심히 부패한 것은 마음이라 누가 능히 이를 알리요"(렘 17:9).

모든 사람이 이르지 못하다

창세기 9장 끝의 절들은 세 부분으로 되어 있습니다. 노아의 타락, 함의 죄, 그리고 그 전반적 사건이 원인이 된 예언입니다. 노아의 타락이 시작점입니다. 왜냐하면 이 사건이 다른 사건들의 근거가 되고 있고, 죄의 결과에 대한 실질적인 많은 교훈의 원천이 되고 있기 때문입니다.

노아의 타락이 우리에게 가르쳐주는 첫 번째 교훈은 누구나 죄를 지을 수 있다는 것입니다. 어느 누구도 유혹 위나 아래에 있지 않습니다. 우리는 홍수 이야기가 시작되면서 노아와 그의 가족이 처음으로 소개될 때, 노아에 대한 이런 말씀을 기억합니다. "노아는 의인이요 당대에 완전한 자라 그는 하나님과 동행하였으며"(창 6:9). 신약성경에서는 노아를 "의를 전파하는 자"(벧후 2:5) 라고 불렀습니다. 이것은 성경의 인물들 중 거의 유례가 없는 인물 평가입니다. 우리는 하나님이 우리를 그렇게 평가하시기를 기대하지는 않습니다. 그러나 우리는 우리가 어떻게 살아야 할지에 대해 노아를 기꺼이 목표로 삼고자 할 것입니다. 우리도 의롭고 완전하고 그리고 하나님과 동행하기를 원합니다. 그런데 우리의 출중한 본보기인 노아가 죄에 빠집니다. 그가 죄를 범할 수 있다면, 누구도 죄를 범할 수 있고 우리 자신도 거기에 포함됩니다.

이 이야기는 성경에 대한 신적 영감의 또 하나의 작은 증명입니다. 아더 핑크(Arthur W. Pink)가 이렇게 말한 것과 같습니다. "실수하는 것이 인간이다. 그러나 우리가 칭찬하는 사람들의 결점을 숨기는 것 또한 인간이다. 성경이 인간의 작품이라면, 그것이 영감을 받지 않은 역사가가 쓴 것이라면, 지도적인 인물들의 약점은 무시되거나, 혹 기록되었다 하더라도 정상참작의 시도가 이루어졌을 것이다. 어떤 지지자가 노아의 역사를 연대기에 올렸다면, 그의 보기 흉한 타락은 누락시켰을 것이다. 그것이 기록되고, 그의 죄에 대해 변명의 노력이 없다는 사실은 성경의 인물들이 진실과 본성의 색깔로 표현되었고, 그러한 인물들이 인간의 펜으로 그려진 것이 아니라, 모세나 다른 역사가들이 신적 영감에 의해 기록했음이 틀림없다는 증거다." [1]

노아가 타락했다는 이야기를 단순한 인간 저자가 아닌 하나님이 하신 것이므로 그것은 당연히 사실입니다. 그러므로 누구든지 타락할 수 있는 것입니다. 노아가 죄를 범했다면, 우리도 분명히 그것으로부터 면제되는 것이 아닙니다. 그러나 이 판단은 보강시킬 필요가 있습니다. 그 이야기의 요점은 단순하게 **누군가**(anyone) 타락할 수 있다는 것이 아니고, **누구나**(everyone) 타락한다는 것이기 때문입니다. 만일 이 이야기가 창세기에서 독립해서 별도로 존재했다면, 이 이야기에서 전자의 주장은 할 수 있어도, 후자의 주장을 할 수는 없을 것입니다. 누군가 타락할 수 있다고 말할 수는 있어도, 모두가 타락한다고 말할 수는 없을 것입니다. 그러나 그 이야기는 독립해서 있는 것이 아닙니다. 이런 내용이 성경의 한 책에 나오는데 그 문맥 속에서 모든 사람의 성품의 타락이 추적되고 있으며, 그 책의 전반적인 메시지가 이런 것으로 보입니다.

"기록된 바 의인은 없나니 하나도 없으며 깨닫는 자도 없고 하나님을 찾는 자도 없고 다 치우쳐 함께 무익하게 되고 선을 행하는 자는 없나니 하나도 없도다"(롬 3:10-12)

창세기는 하나님의 축복 아래 에덴에서 사람(아담)으로부터 시작됩니다. 그러나 죄가 들어오고 그 책은 속박의 장소 애굽에서 관속에 있는 사람인 요셉으로 끝이 납니다. 첫 아이 가인은 오실 구원자인 "그가 왔다"를 기대하고 지은 이름입니다. 그러나 가인은 살인자가 됩니다. 노아도 마찬가지로 타락합니다. 모두가 죄를 범하고 "하나님의 영광에 이르지 못했습니다"(롬 3:23).

또한 이런 교훈도 있습니다. 홍수가 났을 때 노아는 600세였습니다. 따라서 그는 오랫동안 하나님 앞에서 의롭게 살았었습니다. 그가 젊었을 때를 포함한 그의 전 생애가 "의인이요 당대에 완전한 자" 였습니다. 그러나 이제, 그의 말년에 그는 과거의 기록을 망쳐놓았습니다. 이것이 유례가 없는 사건입니까? 전혀 그렇지 않습니다. 이것은 단지 성경 속의 많은 사람들이 젊어서는 하나님을 위해 살다가 늙어서는 하나님의 뜻을 떠난다는 사실의 좋은 한 본보기일 뿐입니다. 모세는 그의 생애 종반에 바위를 치고 하나님의 영광을 자신이 취함으로써 죄를 범했습니다. 그 결과로 그는 약속의 땅에 들어가는 허락을 받지 못했습니다. 다윗은 그의 나이 50대였을 때 밧세바와 간음죄를 범했습니다. 솔로몬은 늙었을 때 하나님의 뜻을 저버렸습니다. 많은 사람들이 이와 같았습니다. 과거의 성공이 미래의 승리를 위한 힘을 보증해 주지 않습니다. 그래서 우리는 "청년의 때에 너의 창조주를 기억하라"(전 12:1)고 부르짖지만, "중년의 때와 노년의 때에도 또한 그분을 기억하라"고 부르짖어야 합니다. 어느 누구도 유혹을 벗어나 있거나 하나님의 계속적인 은혜가 필요치 않은 사람은 결코 없습니다.

마지막 교훈은 확실한 죄의 경향을 띠는 우리의 여건에서 오직 하나님의 능력과 은혜만이 도울 수 있다는 것입니다. 우리는 베드로가 부인하기 전에 베드로에게 하신 예수님의 말씀을 생각합니다. 베드로는 예수님과 3년이나 함께 지냈습니다. 그래서 그는 사탄의 계략을 자신의 힘으로 이겨낼 수 있다는 생각에 조금의 의심도 없었습니다. 당신은 노아가 했던 어떤 일을 설마 베드로가 할 것이라고 알아채지는 못했을 것입니다! 무엇보다 그는 주님을 결코 배반하지 않을 것입니다! 그러나 베드로는 그분을 배반했습니다. 그는 그리스도의 이름을 부끄럽게 했고, 그리스도께서 그를 위해 무엇인가 하시지 않는 한, 그는 영적 낙오자로서 버림받은 자가 될 것입니다. 주님은 이에 대해 베드로에게 말씀하셨습니다. "시몬아, 시몬아, 보라 사탄이 너희를 밀 까부르듯 하려고 요구하였으나 그러나 내가 너를 위하여 네 믿음이 떨어지지 않기를 기도하였노니 너는 돌이킨 후에 네 형제를 굳게 하라"(눅 22:31-32).

존 거스너(John H. Gerstner)는 얼마간의 그리스도인들이 매우 즐겨 부르는 "주여, 우리는 할 수 있습니다." 라는 찬송가를 맨 처음 부른 자는 베드로였다고 지적했습니다. 그러나 그가 부인한 후에 그는 "주여, 우리는 할 수 없습니다."로 고쳐서 불러야 함을 배웠습니다. 베드로는 그리스도께로 가까이 나아가 그분의 능력 안에 거하는 것이 필요하다는 것을 배웠습니다. 그리고 그는 그의 형제나 자매들도 역시 그렇게 하도록 격려하는 것을 배웠습니다. 거스너는 이렇게 기술하고 있습니다. "우리의 최상의 건강 상태에서 조차도 우리는 사탄에 대항할 수 없다. 그러나 고결한 삶보다는 죄를 훨씬 더 많이 범하는 우리의 쇠약해진 상태에서도 그리스도가 우리에게 승리를 주셨기 때문에 우리는 사탄을 정복할 수가 있다."[2]

가나안의 저주

우리의 고민은 이 이야기의 둘째 부분에서 시작됩니다. 첫 번째 부분은 애석한 이야기이지만 이해하기 어렵지는 않습니다. 우리는 노아의 입장에서 우리 자신을 쉽게 볼 수 있고, 따라서 그가 분명히 얻었을 교훈을 우리도 얻으려고 시도할 수 있습니다. 그런데 두 번째 이야기 부분에서는 그렇지가 않습니다. 우리는 아주 솔직하게 기록된 말씀을 접하게 됩니다. "가나안의 아버지 함이 그의 아버지의 하체를 보고 밖으로 나가서 그의 두 형제에게 알리매 셈과 야벳이 옷을 가져다가 자기들의 어깨에 메고 뒷걸음쳐 들어가서 그들의 아버지의 하체를 덮었으며 그들이 얼굴을 돌이키고 그들의 아버지의 하체를 보지 아니하였더라"(창 9:22-23). 함의 죄의 결과로 그의 아들 가나안이 저주를 받습니다. 그러나 우리는 이 말씀을 읽을 때 당혹하게 됩니다. 함이 그의 아버지의 하체를 본 것이 왜 그리 나쁜 것입니까? 왜 이것이 노아로 하여금 저주를 하게 했습니까? 그리고 저주를 했다고 해도 왜 함 자신에게가 아닌, 함의 아들인 가나안에게 내려졌습니까? 이것이야말로 무죄한 자가 범죄자를 대신해 벌 받는 경우가 아닙니까? 이 모든 것이 뜻하는 것이 무엇입니까?

이 부분의 이야기로 당혹해 하는 사람들은 우리뿐만이 아닙니다. 많은 사람들이 그래 왔고, 그 결과로 함이 노아에게 무슨 짓을 했는지, 또는 무슨 짓을 했을 것인지에 대한 다양한 설명들이 많이 생겨났습니다. 자유주의 학자들이 좋아하는 한 가지 대답은 함은 아무 일도 안 했다는 것입니다. 본문은 두 가지 별개의 이야기를 성경 편집자가 하나로 연결해 놓은 것이고, 가나안이 진짜로 그의 아버지의 아버지를 욕보인 자라는 것입니다.[3] 이것은 본문을 있는 그대로 받아들이는 사람들에게 있어 수긍하기 어려운 것입니다.

댈러스신학교에서 발행하는 신학저널 「Bibliotheca Sacra」의 한 호에서 알렌 로스(Allen P. Ross)는 이 학설들의 몇 가지를 검토하고 결론 내리기를 창세기의 어떤 것이든 실제로 말씀하고 있는 것 이상으로 첨가해서 읽을 필요가 없다고 했는데 나 역시 정확한 결론이라고 믿습니다. 그의 주장의 한 부분을 이곳에 인용할 가치가 있다고 봅니다.

함의 이 욕보임에 관해 많은 학설들이 주장되어 왔다. 몇몇 저술가들은 "함이 그의 아버지의 하체를 보고" 라는 표현이 추잡한 욕보임의 행동을 완곡하게 표현한 것이라고 생각해 왔다. 카수토(Cassuto)는 토라 이전(pre-Torah) 이야기가 더 추했을 수 있지만, 그러나 그것을 최소한도로 완화시킨 것으로 추측한다. 헬라 및 셈족 설화들은 지구에 거주하는 인구의 증가를 막기 위해 출산을 예방하는 수단으로 어떻게 거세가 행해졌는가에 대해 왕왕 이야기한다. 탈무드는 랍비들이 이런 견해를 참작했다고 기록하고 있다. "랍과 사무엘이(의견이 다르다) 하나는 그가 그를 거세했다고 주장하고, 다른 하나는 그가 그를 성적으로 학대했다고 주장한다." 그러한 범죄를 뒷받침해 줄 것 같은 유일한 본문의 근거는 창세기 9:24절일 것인데, 그 절은 노아가 "그의 작은 아들이 그에게 행한 일을 알았다." 고 말하고 있다. 그러나 함의 "행위" 에 대한 구제책은 노아의 하체를 덮어주는 것이다. 보지 않고 그에게 옷을 던져 덮는 것이 어떻게 그런 행위를 원점으로 되돌리고 축복을 받을 자격이 있게 할 것인가? 바셋(Bassett)은 "벌거벗다" 라는 말의 관용구 용법에 기초한 견해를 밝힌다. 그는 함이 노아의 아내와 성적 관계를 가졌고, 가나안은 그런 성행위의 열매였던 고로 저주를 받은 것이라고 말한다. 그는 "다른 사람의 하체를 보는 것"이 곧 성행위와 같다는 것과, 훗날 관용어의 의미를 깨닫지 못한 편집자가 9:23절에 말을 추가한 것임을 증명하려고 시도한다.

그러나 이 해석을 지지하는 증거는 극미하다. 라 아 에르바(rāʾàh ʾerwàh)는 성경에서 부끄러운 노출에 사용되고 있는데, 거의 여자에게 사용되거나 또는 노출되고 변호가 안 되는 부끄러운 형벌 속에 있는 성읍의 비유로 사용되고 있다. 이것은 성적 욕보임을 나타내는 "그는 하체를 드러냈다"는 갈라 에르바(gālàh ʾerwàh)라는 관용구 용법과 다르다. 레위기 18장과 20장에 걸쳐 가나안 족속의 악한 성행위를 묘사하는 데 사용되고 있는 어구의 구성이 바로 이것이다. 레위기 20:17절에서 라 아(rāʾàh)가 유일하게 사용되고 있는데, 이것조차 사건을 설명하는 갈라(gālàh)와 평행구조로 쓰이고 있다. 이 한 번의 사용이 성행위를 의미하는 관용어구라고 뒷받침될 수가 없다.

창세기 9장에 의하면 노아는 스스로 벌거벗었다(어간이 재귀적임). 만일 여하한 성적 욕보임의 사건이 발생했다면, 관용어구가 이렇게 말하는 것을 기대할 것이다. "함은 그의 아버지의 하체를 벗겼다." 특히… 만일 함이 그의 어머니와 근친상간을 했다면, 아마도 그는 두 형제에게 말하지 않았을 것이고, 토라도 가나안 족속에 대한 그러한 불길한 시작을 그저 지나치지 않았을 것이다(창 19:30-38 참조).

따라서 함이 실제로 벌거벗은 아버지를 본 것 외에 다른 행동을 했다는 분명한 증거는 없다.[4]

그러나 이것은 함이 단순히 그의 아버지가 누워있는 장막으로 우연히 비틀거리다 들어가 그의 하체를 보았다는 것을 의미하는 것은 아닙니다. 그런 것이었다면 비난받지 않았을 것입니다. 아마도 그 죄는 그가 보고나서 반응한 태도에 있었을 것입니다. 그는 그의 두 형제가 했던 것처럼 그의 아버지를 덮어줄 수가 있었습니다. 그러나 그렇게 하는 대신 그는 나가서 형제들에게 말했습니다. 그는 분명히 형제들에게 그의 아버지가 취해서 벗은 상태를 놀리며 말했을 것입니다. 그것은 그의 아버지의 명예를 공격하는 것입니다.

특히, 그것은 아버지의 신앙을 거부한 것입니다. 로버트 캔들리시(Robert Candlish)가 이 점을 잘 짚고 있습니다. "그(함)는 단순히 아버지로서의 그를 불명예롭게 한 것일 뿐만 아니라 그는 의를 전파하는 자로서의 아버지를 싫어한 것이다. 그러므로 아버지, 즉 가장의 타락한 모습을 보았을 때 그는 만족했고, 억누를 수 없는 기쁨에 젖었다. 아! 그는 경건한 사람이 그의 이웃들보다도 더 낫지 않다는 것을 발견했다. 그는 내막을 들여다본 것이다. 그는 주목할 만한 발견을 한 것이다. 그리고 이제 그는 참을 수가 없다. 그는 달려 나가 아주 열렬히 그리고 참지 못하며 소식을 전한다. 그러니 그를 환영하라! 그리고 만일 그가 가진 것보다 고결성이 지나친 더 많은 동정심을 가진 형제들 중 누구라도 우연히 만날 수 있다면, 그들이 이 선택받은 자를 책망하고, 그렇게 해서 이후 줄곧 그가 그들과 그들의 믿음에 대한 승리감을 갖도록 그의 입장을 좋게 만드는 것이 얼마나 위안이 되고 만족이 될 것인가."[5]

어떤 구체적인 죄를 범하는 것보다 더 나쁜 유일한 것은 다른 사람들에게서 죄를 발견하고 즐기는 마귀적인 기쁨입니다. 이 짓을 함이 한 것입니다! 그러나 그의 형제들은 아버지를 위한 아픈 마음으로 그 모욕을 제거하기 위해 그들이 할 수 있는 일을 했습니다.

저주와 축복

어떤 신학 이론에 따르면, 노아는 그의 장막 안에서 술에 취해 벌거벗음으로 인해 구원을 잃어버렸을 것이라고 합니다. 그러나 노아는 하나님의 영원한 언약들 중 하나에 날인이 되어 있었습니다. 그래서 그가 비록 육신적으로 벌거벗었지만, 그럼에도 그는 그리스도의 의로 덮여 있었습니다. 그는 여전히 하나님의 자녀였고, 하나님은 그를 다시 사용하시고자 했습니다. 그는 예언을 해야 합니다. "요나가 도망하고 어리석은 짓을 한 후에도 위대한 사역이 주어진 것과 똑같이, 노아도 하나님의 대변자로서의 새로운 기회가 주어진다. 그가 죄를 범했던 처지가 하나님이 그를 통해 말씀하시는 예언의 뼈대가 된다. 술 취했던 사람이 이제는 성령으로 충만하다(엡 5:18). 그는 이제 예언의 옷으로 덮여 있고 하나님의 뜻과 말씀을 전한다."[6]

노아의 예언은 노아의 세 아들의 후손들에 대한 개략적인 방법에 초점을 둔 역사의 밑그림의 윤곽을 담고 있습니다. 그것은 세 부분으로 되어 있습니다. 1) 함의 아들 가나안에 대한 저주, 2) 셈, 3) 야벳에 대한 축복입니다.

가나안에 대한 저주는 가장 이해하기가 어렵습니다. 왜냐하면 앞서 질문했던 것처럼 왜 실제로 잘못을 저지른 그의 아버지가 아닌, 그가 저주를 받아야 했는지 알기가 어렵습니다. 그러나 우리는 다음 사항을 주목합니다. 첫째, 우리가 좋아하든 싫어하든 조상의 죄가 3, 4대까지 이른다는 것은 하나의 성경적 원리입니다(출 20:5). 둘째, 벌은 가나안에게 가해졌지만, 함에게 적합했습니다. 왜냐하면 그는 그가 심은 대로 정확히 거두었기 때문입니다. 그는 아들로서 죄를 범했고, 그의 아들 안에서 벌을 받았습니다. 셋째, 가나안에게 벌을 준 것은 하나님의 심판의 경우에서 흔히 보는 하나님의 자비의 기능일 수가 있습니다. 하나님은 함과 그의 후손 모두를 저주하실 수 있으셨지만, 그러나 그렇게 하시는 대신 벌을 네 번째 아들에 국한시키셨습니다. 가나안은 함의 네 아들 중 하나일 뿐입니다. 추론이 어떠하든 간에 그럼에도 심판은 선고됩니다. "가나안은 저주를 받아 그의 형제의 종들의 종이 되기를 원하노라"(창 9:25).

우리는 다음 장에서 이러한 유의 저주가 고대 근동지역 사람들에게도 내려졌던 것을 보게 될 것인데, 그들 중 대부분은 후에 여호수아가 이끄는 유대인들에 의해 정복당한 사람들이었습니다. 그러나 이것을 유의해 보십시오. 그들은 흑인종이 아니었습니다. 이전 세대가 편견을 가지고 아프리카의 흑인들을 노예화 하는 것을 합리화하기 위해 이 본문을 사용했습니다. 그러나 그것은 어떠한 성경적 근거도 없는 것이고, 오히려 해석자의 죄의 증거만 될 뿐입니다. 노예 무역이 최고조에 이르렀던 19세기 중엽까지는 누구도 함이 흑인종의 조상이라거나 그들에게 저주가 내렸다고 생각하지 않았습니다.

노아의 예언의 두 번째 부분은 셈에 대한 축복 또는 노아가 실제로 한 것은 셈의 하나님을 찬양한 것입니다. "셈의 하나님 여호와를 찬송하리로다 가나안은 셈의 종이 되고"(창 9:26). 이것은 구약성경에서 메시아 예언을 펼치는 새로운 단계라는 점에서 위대한 축복입니다. 첫 번째 메시아 예언은 창세기 3:15절인데 거기서는 뱀의 머리를 상하게 할 구원자가 약속되었습니다. 창세기의 이야기가 전개되면서 메시아는 불경건한 가인의 계보가 아닌 경건한 셋의 계보에서 나올 것임이 명확해 집니다. 이제 홍수 후에 나온 예언에서 진행되는 계보는 셈족 사람들로 좁혀집니다. 그들은 셈의 후손들로서 그들의 이야기는 창세기 남은 부분에서 자세히 전개됩니다. 머지않아 그 약속은 다윗의 집과 그의 후손으로 더욱 좁혀집니다. 즉, 요셉(다윗의 아들 솔로몬의 계보에 속한)과 마리아(다윗의 아들 나단의 계보에 속한)입니다. 창세기의 축복의 예언은 예수 그리스도에서 실현됩니다.

마지막으로, 야벳과 그의 가족에 대한 예언이 있습니다. 야벳에 대해 두 가지를 이야기 합니다. 첫째, 하나님이 그를 창대하게 하실 것입니다. 야벳이란 이름은 "넓게 한다."는 뜻으로 여기서 말놀이가 이루어지고 있습니다. 둘째, 그는 셈의 장막 안에 살 것입니다(창 9:27). 이 나중 약속은 영적으로 받아들여야 합니다. 그 의미는 야벳의 후손들이 셈의 영토를 취할 것이라는 뜻이 아니라 그들이 셈족 사람들과의 친밀한 관계를 통해 그의 영적 축복에 참여할 것이라는 뜻입니다. 야벳의 후손들은 이 세상에서 큰 나라들을 이루었습니다. 미국이 이 계보에 속합니다. 그러나 우리의 축복은 우리의 영토 확장이나 부(富)에서 오는 것이 아니라 이스라엘의 하나님을 아는 것과 그분의 조상 다윗의 보좌 위에 이미 앉아 영원히 다스리실 예수 그리스도를 믿는 믿음에서 오는 것입니다.

● 각주 ●

1. Pink, *Gleanings in Genesis*, 121.

2. Gerstner, *"Language of the Battlefield"*, 162.

3. Gene Rice, "The Curse That Never Was (Genesis 9:18-27)," *Journal of Righteous Thought* 29 (1972): 5-6; and Thomas O Figart, *A Biblical Perspective on the Race Problem* (Grand Rapids: Baker, 1973), 55-58.

4. Allen P. Ross, "The Curse of Canaan," *Bibliotheca Sacra* (July-September 1980): 220, 230.

5. Candlish, *Studies in Genesis*, 158-59.

6. Barnhouse, *Genesis*, 65-66.

56

민족들의 최초 족보

창세기 10 : 1-5

노아의 아들 셈과 함과 야벳의 족보는 이러하니라 홍수 후에 그들이 아들들을 낳았으니 야벳의 아들은 고멜과 마곡과 마대와 야완과 두발과 메섹과 디라스요 고멜의 아들은 아스그나스와 리밧과 도갈마요 야완의 아들은 엘리사와 달시스와 깃딤과 도다님이라 이들로부터 여러 나라 백성으로 나뉘어서 각기 언어와 종족과 나라대로 바닷가의 땅에 머물렀더라

창세기 10장은 단순한 이름들의 열거로서 성경 독자들이 종종 지나치기는 하지만, 실제로는 놀랄만한 역사적인 문서입니다. 한 세대 전에 고등비평 학자들이 그 가치를 깎아 내리는 것은 흔한 일이었습니다. 프란시스 브라운(Francis Brown)과 브릭스(C. A. Briggs)와 함께 「구약의 히브리어 및 영어 사전」(Hebrew and English Lexicon of the Old Testament)의 기고자로 잘 알려진 드라이버(S. R. Driver)는 이렇게 말했습니다. "민족들의 족보는 인류의 인종들을 과학적으로 분류해서 구성된 것도 아니고, 인종들의 기원에 대한 역사적으로 맞는 이야기도 아니다."[1] 그럼에도 오늘날 가장 적대적인 비평가들조차도 이 족보의 대단한 중요성과 정확성을 인정하는 쪽으로 기울어져 있습니다. 윌리엄 올브라이트(William F. Albright)는 훗날 보수적이 되었지만, 그의 경력 초반인 보수적인 때와는 거리가 멀던 시절에 이렇게 기술했습니다. "창세

기 10장은… 고대 문학에서, 그리스 문학에서조차 미미한 유사성 하나 없는 절대적으로 독보적인 존재인데 거기서 우리는 계보적 틀 안의 민족들의 분포에 대한 가장 가까운 접근을 발견하게 된다… 민족들의 족보는 놀랄 만큼 정확한 문서이다." [2]

피상적인 검토만으로도 그 장이 홍수 후에 노아의 세 아들로부터 국민과 민족 확장의 일반적 개요를 보여주려고 시도하고 있는 것이 명백합니다. 이 점에서 창세기 10장은 소위 선사시대(先史時代)인 역사적 문헌이나 기념물이 없는 시대의 역사와 창세기 다음 부분에서 다룰 아브라함과 그의 후손들의 역사시대(歷史時代) 사이의 다리가 됩니다.

창세기 11장은 계보입니다. 그것은 셋의 후손들을 데라를 지나 아브라함까지 보여주고 있는데(창세기 5장에서도 그런 것처럼) 그들의 중요 아들들이 태어날 때의 아버지들의 나이와 그들 생애의 전체 나이를 기록하고 있습니다. 그러나 창세기 10장은 그와 다릅니다. 그 장에 이름들, 즉 노아의 아들들과 그들의 아들들이 열거되지만 이 이름들이 때로는 단순히 일족의 조상 이름이 아니라, 거기에 연관된 국민과 민족 이름들이 됩니다. 한 예가 4절의 "깃딤과 로다님" 입니다(어떤 성경은 로다님, 또는 도다님으로 기록하고 있는데 본서는 로다님으로 읽고 있음. 개역개정성경은 도다님으로 기록함 - 역주). 이들은 각각 깃드와 로단이라 부르는 야완의 두 아들로부터 내려온 사람들의 집단으로 추측됩니다. 그러나 그들은 개별적으로 기록되지 않았습니다. 그들은 족속의 이름으로 다른 두 이름과 함께 기록되어 있는데, 그 두 이름은 대조적으로 족속의 이름이 아니라 개별 이름입니다. 그들은 엘리사와 달시스입니다. 다시 말해 본문이 명시적으로 말하고 있지는 않지만, 민족의 전체 족속이 기록되지 않은 경우가 있는 것입니다. 그 족보는 야벳의 일곱 아들들을 열거하고 있습니다(2절). 그러나 잇따른 절들에서는 그 아들들 중 오직 두 명의 후손들만 열거되고 있습니다. 즉, 고멜의 세 아들들과 야완의 네 아들들, 혹은 족속들입니다. 본 장 전체를 통해 같은 선택성이 분명하게 드러나고 있습니다.

그럼에도 이것이 민족들의 족보가 부정확하다고 말하는 사람들이 더러 있습니다. 그러나 실제로는 그 반대입니다. 후손들의 전 인원이 빠져 있다는 사실은 실제로 저자의 진실성을 가리키는 것입니다. 왜냐하면, 그는 실제로 알지 못하는 것은 포함시키지 않았기 때문입니다. 따라서 우리는 틀림없이 설명되지 않은 세상 사람들의 주요 집단의 가계를 찾게 되겠지만, 그럼에도 불구하고 우리는 여기에 열거된 계보는 정확하다는 것을 발견합니다.

인도 - 유럽어족

창세기 10장은 노아의 세 아들들로 기본적인 분할이 이루어지고 있으며, 그 첫 번째가 (가장 간단하게 다루어졌는데) 야벳입니다. 이 문서의 저자는 야벳에 대해 아주 적게 이야기하고 있는데 이는 아마도 그로부터 내려온 후손들을 조금 알기 때문인 것 같습니다. 그렇지만 그가 이야기하는 것은 매우 중요한 것이고, 야벳이 인도 - 유럽어족이라고 불림을 받는 사람들의 조상인 우리의 조상이란 이유만으로도 대단히 흥미 있는 것입니다.

바로 여기서 잠시 멈춰 인도 - 유럽어족이라는 명칭의 중요성에 대해 생각해 봅시다. "인도 - "는 인도 또는 중동 지역에서 대체적으로 동쪽을 향해 이동할 때 발견되는 나라들과 연관이 됩니다. 유럽어족은 유럽대륙의 사람들과 연관됩니다. 우리는 일반적으로 세계에서 이 두 지역이 공통적인 역사 혹은 심지어 공통적인 기원을 가지고 있다고 생각하지 않습니다. 우리는 "동양은 동양이고 서양은 서양이다." 라고 말합니다. 우리에게서 또는 우리 사고방식에서 동양 민족의 어떤 것, 예를 들어 이란인의 의식구조 같은 것보다 더 막연하게 또는 더 멀게 느껴지는 것은 없어 보입니다. 그런데 왜 우리는 인도 - 유럽어족이라는 것에 대해 이야기하고 있습니까? 그 답은 19세기까지는 서양 사상에서 실제로 의심을 품어본 바가 없었던 것인데 동양의 언어와 서양의 언어가 언어 조상을 공유하며 서로 연관되어 있다는 것입니다. 그런 이유로 예를 들어 진지한 언어학도들은 모든 언어 군(群) 중 최초의 언어에 가장 가까운 것으로 알려진 산스크리트어를 연구하려고 종종 인도에 갑니다.

「웹스터 사전」(Webster's New Collegiate Dictionary)은 인도 - 유럽 언어들에 대해 이렇게 말하고 있습니다. 그 언어들은 "인도 - 이란어 및 여타의 아시아 언어들과 함께 유럽의 주요 언어들을 포함하는 지구상의 가장 중요한 어족이다. 19세기에 인도 - 유럽어 또는 아리아어라고 부르는 언어들에 대한 비교 연구와 역사적 연구가 석기시대 후반에 아마도 동유럽에서, 어쩌면 혼합된 인종의 알려지지 않은 사람들이나 족속의 집단에 의해 사용된 언어였던 공통의 조상 언어로부터 그들의 계보를 확립했다. 이 기록되지 않은 언어와 얼마간 그 언어를 말하는 사람들의 문명과 종교는 과학 철학적 방법에 의해 대부분 가설적으로 재구성되었다. 원시적인 인도 - 유럽어족의 선사시대 파생어들은 인도, 페르시아, 그리스, 로마, 그리고 유럽의 서쪽 경계 지역으로 동반해 들어가 거기서 그것들은 역사의 시작점에서 발견된다. 모체 언어는 매우 변형되었지만, 그러나 역사적으로 인도 - 유럽어족의 일반적 성향은 프랑스어나 영어에서처럼 분석적인 유형을 지녔다."

이렇듯이 보다 광범위한 설명에 수반되는 족보에서 이 어족의 계보는 두 가지 유형으로 나누어집니다. 즉, 동양 또는 **사팀**(satem) 유형(인도, 아프가니스탄, 이란, 아르메니아, 발칸 제국, 불가리아, 유고슬라비아, 러시아, 체코슬로바키아, 폴란드, 독일의 일부, 동 프러시아, 리투아니아, 및 라트비아의 언어들이 포함됨)과 서양 또는 **센트럼**(centrum) 유형(그리스, 이탈리아, 프랑스, 스페인, 포르투갈, 스위스, 루마니아, 콘월, 웨일즈, 브리타니, 아일랜드, 스코틀랜드, 스칸디나비아, 독일의 일부, 네덜란드, 벨기에, 및 영국의 언어들을 포함)입니다.

앞서 말한 바와 같이 공통적인 언어의 기원에 따라 확립된 동양과 서양의 관계는 19세기에 기술적인 언어 연구 작업이 이루어지기 전까지는 대체적으로 알려지지도 않았고, 의심을 받지도 않았습니다. 하지만 이것은 창세기에서 야벳의 후손과 관련하여 우리가 알고 있는 것입니다. 더욱이 우리는 그것을 야벳 자신과 관련해서 알게 됩니다. 왜냐하면 그의 이름이 인도 - 유럽어족의 양쪽에 보존되었기 때문입니다. 그리스인들은 자신들의 유래를 야베토스(야벳의 변형)로 추적해 올라갑니다. 아리스토파네스의 「구름」(The Clouds)에 언급되어 있습니다. 동양 사람들은 그를 홍수 이야기에서 만나는데 거기서 그는 야페티(Iyapeti)로 알려져 있고, 노아는 그에게 히말라야 산맥 북쪽 땅을 주었습니다.

야벳의 자손들

1. 야벳의 첫째 아들은 고멜인데 그 어원이 멀리 우회하고 있긴 하지만, 그 이름 속에서 독일(Germany)이라는 이름을 확인합니다. 그에게는 세 아들이 있다고 했습니다. 아스그나스와 리밧과 도갈마입니다.

헤로도토스(Herodotus), 스트라보(Strabo)와 플루타르크(Plutarch) 같은 고대 역사가들로부터 판단한다면 고멜의 가족은 흑해 북부에 정착했고, 그 원시 지역에 키메리아(크리미아)로 알려진 그들의 이름을 부여했습니다. 나중에 그들은 서쪽으로 확장하여 유럽까지 들어갔습니다. 그들은 골족(Gauls)으로 프랑스에, 갈라시아족(Galacia)으로 스페인에, 셀트족(Celts)으로 브리톤(Briton)에 정착했습니다. 이 모든 이름들은 본래의 세 개의 자음 G-M-R로부터 변형을 이루며 서로 연관이 되어 있습니다(언어학자들은 그 연결성을 볼 것입니다). 더 발전된 이름으로 고머랜드(Gomerland)가 있는데 이는 컴버랜드(Cumber-land), 움브리아(Umbria), 아일랜드(Ireland)가 되며, 또한 웨일스(Welsh) 사람들인 킴리(Cymri)족의 고대 조상들이 됩니다. 한 주석가는 이렇게 기술합니다. "이처럼 고멜의 자녀들과 그의 자녀들의 자녀들은 멀리 유럽까지 갔고 거기서 시간적으로, 공간적으로 떨어져 있는 상태에도 불구하고 그들의 고대 선조의 이름은 그들 사이에 보존되었다"[3]

고멜의 아들들의 이름은 흥미롭습니다. 많은 족속들이 아스그나스 후손들이라고 동일시 해 왔지만, 거의 모든 주석가들은 그들이 소위 비옥한 초승달 지대(Fertile Crescent) 위에 있는 팔레스타인 북부에 정착한 사람들이라는 데 동의하고 있습니다. 아스그나스라는 이름은 아스카니우스 호수(Lake Ascanius)와 그 지역의 사람들에 보존되어 있고, 아스카에니(Askaeni)라는 이름이 호머(Homer)의 시에도 언급되어 있습니다. 이 사람들의 일부가 트로이 전쟁의 트로이인들이 된 듯합니다. 왜냐하면 트로이 왕족의 한 왕자를 아세니우스(Ascenius)라고 불렀기 때문입니다. 이 사람들의 얼마가 후에 독일로 이동했으며, 그 결과로 유대인들은 오늘날까지 아스그나스를 독일인들과 동일시합니다. 어떤 사람들은 독일계 유대인(Ashkenazi Jews)이라고 불림을 받고 있습니다.

리밧은 요세푸스가 그를 파팔라고니아족(Paphalagonians)의 조상이라고 확인하고 있긴 하지만, 그에 대해 할 만한 말은 거의 없습니다. 유럽이란 이름이 어쩌면 이 이름에서 시작된 것인지도 모릅니다.

도갈마는 고대 아르메니아 사람들의 조상입니다. 그들은 구약성경 에스겔서에 두 번이나 언급되고 있습니다(겔 27:14, 38:6). 이 말에서 터키와 투르키스탄이란 이름이 나왔습니다. 문자의 도치(倒置)에 의해서 아르메니아 사람들은 타르곰의 집(House of Targom)이라고 불림을 받게 되었습니다. 한편, 독일(Germany)이라는 이름은 도갈마에서 나왔을 가능성이 있으나 만일 그렇다면 아마도 그것은 앞서 제시한 고메르에서 나온 것이 아닌 것입니다.

2. 야벳의 세 아들(마곡, 두발, 메섹)은 함께 취급되어야 합니다. 왜냐하면 이 사람들에게서 북쪽에 있는 러시아인들이 나왔기 때문입니다. 요세푸스가 곡 사람들(마곡은 "곡의 땅 또는 영역"을 의미할 수 있음)이 후에 러시아 종족의 다수가 된 스키타이족이었다고 말하고는 있지만, 마곡이란 말을 추적하기는 어렵습니다. 반대로 **메섹**과 **두발**을 추적하는 것은 전혀 어렵지 않습니다. 이 이름들은 종종 함께 등장하는데 이는 분명히 이 이름을 보유한 족속들 간의 가까운 관계를 보여주는 것입니다. 에스겔이 이렇게 말합니다. "인자야 너는 마곡 땅에 있는 로스와 메섹과 두발 왕 곧 곡에게로 얼굴을 향하고 그에게 예언하여 이르기를 주 여호와께서 이같이 말씀하시기를 로스와 메섹과 두발 왕 곡아 내가 너를 대적하여"(겔 38:2-3).

메섹과 두발 부족들의 초기 역사는 헤로도토스에 의해서 발견되는데 그는 그가 살았던 당시 이 사람들이 터키 북부에 있는 본도(Pontus) 지방에 살았다고 합니다.[4] 요세푸스도 그들을 같은 지역에 있었다고 하는데 그의 당시에는 메섹과 두발의 고대 이름들이 메센(Meschen)과 데오벨리안(Theobelian)이 되었다고 말합니다.[5] 후에 이 부족들은 흑해 북쪽과 동쪽으로 확장해서 지금의 러시아로 진출했습니다.

절반은 동양, 절반은 서양으로 되어 있는 현재 상태의 러시아의 양쪽 지역의 가장 중요한 중심지의 이름들, 즉 모스코와 토볼스크(Tobolsk)라는 이름이 보존 되어 있는 것을 간과하기가 어렵습니다. 모스코는 러시아의 모스크바 강변에 있습니다. 토볼스크는 토볼에 접하여 있습니다. 토볼 계곡에 고대 부족 언어의 변형이 분명한 이름을 가진 다른 도시가 다섯 내지 열 개나 있습니다. 여기서 터기 북부와 러시아의 일부를 점령했던 고대 사람들에게 많은 작은 지역들은 물론, 두 주요 도시와 러시아에 있는 두 개의 큰 강에 같은 이름들이 주어졌습니다. 구약성경 에스겔서의 "왕"(chief prince)으로 번역된 단어가 **로시**(roʾsh) 또는 **루스**(rus)라고 하는 것은 같은 상황의 부분으로 거기에서 러시아(Russia)라는 이름이 나옵니다.[6]

3. 지금까지 고찰한 종족은 인도 - 유럽 계보의 절반인 유럽 사람들이었습니다. 그 다음 이름은 그 후손들에 대해 거의 언급되고 있지 않지만, 우리에게 다른 절반을 제공합니다. 그 이름은 메데(메데와 바사에서와 같은)의 조상 **마대**(Madai)입니다. 메데인들은 지금 페르시아에 정착을 했고, 아마도 부분적으로 이 사람들의 조상들이 된 듯합니다. 후에 인도로 들어간 아리안 족은 야벳 계보의 이 가지에서 나왔습니다.

4. 야벳의 일곱 아들 중에서 누구보다도 넷째인 **야완**(Javan)에 대해 더 많이 언급되고 있습니다. 이것은 놀랄 일이 아닙니다. 야완이 여러 그리스 족속들의 조상이고, 이 사람들이 지리적으로 지중해 연안을 따라 분포되어 있었던 고로 중동의 유대인들에게 다른 사람들보다 더 잘 알려졌기 때문입니다. 민족들의 족보는 야완의 아들들이 "엘리사와 달시스와 깃딤과 도다님"이었는데 "이들로부터 여러 나라 백성으로 나뉘어서 각기 언어와 종족과 나라대로 바닷가의 땅에 머물렀더라"(창 10:4-5) 라는 말씀을 추가하고 있습니다.

우리는 그리스인들이 여러 계보에 속하고 있는 것으로 생각합니다. 순수 그리스인, 이오니아인, 아가야인, 그리고 도리아인들의 계보입니다. 그러나 동양의 고대 사람들에게 그들은 단 한 가지 이름으로 알려졌습니다. 곧, 야완(Yavan) 혹은 이오니안(Ionian)입니다. 이 용어는 야완(Javan)에서 온 것입니다. 가장 포괄적인 용어는(그리스 사람이라는 예외적인 단어와 함께) 헬라 사람인데, 거기서 우리는 헬레니스트(Hellenist)와 헬레스폰트(Hellespont)라는 단어들을 갖게 되었습니다. 그것은 **엘리사**에서 유래된 것입니다. 엘리사에서 또한 우리에게 호머와 함께 알려지고 인기가 있는 이름인 에일레시안(Eilesians)이 나옵니다. 달시스(Tarshish)는 요나가 하나님에게서 도망하려고 했던 도시입니다(욘 1:3). 그 위치는 불확실하지만, 그러나 일반적으로 스페인의 타르테수스(Tartessos)와 동일한 것으로 간주합니다. 깃딤(Kittim)은 구브로입니다. 로다님(Rodanim, 개역개정성경은 도다님으로 기록함 - 역주)은 로데(Rhodes)입니다. 론 강 (Rhone River)은 아마도 로다님에서 나온 이름일 것입니다. 그들 중 얼마는 아마도 그 강어귀에 정착했을 것입니다.

5. 야벳의 아들들 중 마지막은 **디라스**(Tiras)인데, 요세푸스에 의하면 그는 트라시안(Thracians) 그리고 아마도 에트루스칸(Etruscans)의 조상이 되었습니다. 그들은 이탈리아에서 왔습니다. 조만간 이 사람들은 다른 사람들과 함께 로마 제국의 일부가 되었습니다.

네 가지 큰 진리

창세기에 주어진 이름들의 정확성에 더해서 이 인도 - 유럽어족의 확장에 관해 흥미 있는 일은 그것이 전 장에서 이루어진 야벳에 관한 예언의 정확한 성취라는 것입니다. 거기서 노아가 이렇게 언급합니다. "하나님이 야벳을 창대하게 하사 셈의 장막에 거하게 하시고 가나안은 그의 종이 되게 하시기를 원하노라 하였더라"(창 9:27).

이것이 그대로 일어난 것입니다. 하나님은 야벳의 영역을 전 유럽과 아시아의 일부까지 넓히셨습니다. 특히, 오늘날 인류학자들과 여타 사람들이 믿는 것처럼 그 종족들의 확장이 러시아 북부에서 베링 해협을 건너 알래스카로 들어가고, 거기서 북아메리카와 남아메리카 대륙으로 진행해 내려왔다면, 이 계보의 종족들은 결국 이 세상 영토의 대부분을 소유한 것이 됩니다.

그러나 얼마나 큰 비용이 들었는지 모릅니다! 그들의 뿌리를 기억하고 셈의 후손인 메시아에게 피난처 삼기를 기뻐했던 그 인도 - 유럽어족과는 달리, 이 종족 집단은 그 영혼을 잃고 온 세상을 얻었습니다. 이 집단은 그의 영혼을 창조하셨던 분 안에서가 아니면 찾을 수가 없을 것입니다.

야벳의 아들들은 4가지 큰 진리를 얻어야 했습니다. 그것은 그들의 뿌리를 증언하시는 한 분 하나님이 계신다는 것, 지구상의 모든 종족들은 동일 종족이라는 것, 진리는 하나라는 것, 그리고 오직 하나의 구원만이 있다는 것입니다. 그러나 우리는 이것을 기억하지 못했습니다. 참되신 하나님을 버리고 바울이 로마서 1:23절에서 말한 것처럼 "썩어질 사람과 새와 짐승과 기어다니는 동물" 모양의 다른 우상들을 만들었습니다. 한 분 하나님에 대한 지식을 잃어버리면서, 우리는 또한 지구상의 모든 사람은 하나의 종족이라는 인식도 잃어버렸습니다. 그래서 우리는 우리 자신을 높이고 우리가 열등하다고 여기는 것들을 부단히 개발하려고 노력해 왔습니다. 진리가 하나라는 것에 대한 믿음을 버리고 다수의 형태 속에서 진리를 찾고 있습니다. 무엇보다 비극적인 것은 구원자로서의 하나님의 약속을 바라보는 시력을 잃어버린 것인데 이것은 우리 최초 조상이 에덴에서 타락했을 때 하셨던 하나님의 말씀으로 되돌아가는 것입니다.

존 칼빈(John Calvin)은 그의 주석에서 사람들이 "어떤 방법으로 또는 무슨 목적을 위해 그들이 보존 되었었는지"에 대한 "홍수의 기억"을 먼 과거로 밀어 넣고 거의 기억 안 하면서 "하나님의 은혜와 구원을 자발적으로 잊어버리고 있는 자들"이라고 애도합니다.[7] 이들 중 많은 사람들이 오늘날 우리와 함께 있습니다. 만일 당신이 그 중 하나라면, 이 민족들의 족보를 기억하십시오. 참되신 하나님에 대한 배신에서 돌아서서 오직 그분을 발견할 수 있는 예수님 안에서 그분에게로 오십시오.

● 각주 ●

1. S. R. Driver, *The Book of Genesis*, 3rd ed. (London: Methuen and Company, 1904), 114.

2. William F. Albright, "Recent Discoveries in Bible Lands," an appended article in Robert Young, *Analytical Concordance to the Bible* (Grand Rapids:: Eerdmans, reprint, n.d.), 30.

3. Arthur C. Cusrance, *Noah's Three Sons: Human History in Three Dimensions* (Grand Rapids: Zondervan, 1975), 85.

4. Herodotus, *Histories*, III, 94; Vii, 78.

5. Flavius Josephus, *Jewish Antiquities*, I, 124-25.

6. 나는 이 세 이름들을 James Montgomery Boice, *The Last and Future World* (Grand Rapids: Zondervan, 1974), 105-6에서 논했다.

7. Calvin, *Genesis*, 313.

57

무인 국가들

창세기 10 : 6-20

함의 아들은 구스와 미스라임과 붓과 가나안이요 구스의 아들은 스바와 하윌라와 삽다와 라아마와 삽드가요 라아마의 아들은 스바와 드단이며 구스가 또 니므롯을 낳았으니 그는 세상에 첫 용사라 그가 여호와 앞에서 용감한 사냥꾼이 되었으므로 속담에 이르기를 아무는 여호와 앞에 니므롯 같이 용감한 사냥꾼이로다 하더라 그의 나라는 시날 땅의 바벨과 에렉과 악갓과 갈레에서 시작되었으며 그가 그 땅에서 앗수르로 나아가 니느웨와 르호보딜과 갈라와 및 니느웨와 갈라 사이의 레센을 건설하였으니 이는 큰 성읍이라 미스라임은 루딤과 아나밈과 르하빔과 납두힘과 바드루심과 가슬루힘과 갑도림을 낳았더라 가슬루힘에게서 블레셋이 나왔더라 가나안은 장자 시돈과 헷을 낳고 또 여부스 족속과 아모리 족속과 기르가스 족속과 히위 족속과 알가 족속과 신 족속과 아르왓 족속과 스말 족속과 하맛 족속을 낳았더니 이 후로 가나안 자손의 족속이 흩어져 나아갔더라 가나안의 경계는 시돈에서부터 그랄을 지나 가사까지와 소돔과 고모라와 아드마와 스보임을 지나 라사까지였더라 이들은 함의 자손이라 각기 족속과 언어와 지방과 나라대로였더라

오늘날은 라틴어를 배우는 학도들이 많지 않지만, 한 세대 전에는 거의 모두가 배웠습니다. 그래서 지금까지도 라틴어 어구를 인식하고 번역할 수 있는 사람들이 있습니다. 미국의 국새에 나타나 있는 어구인 '많은 것 중

의 하나"(E pluribus unum)에 대해서는 어떻게 생각하십니까? 또는 루터와 그의 성만찬 이해에 큰 의미를 부여했던 고린도전서 11:24절의 "이것은 내 몸이다"(Hoc est corpus meus)와 "포도주 속에 진리가 있다"(In vino veritas), "기타 등등"(Et cetera) 어떻게 생각하십니까? 오늘날도 우리에게서 떠나지 않고 있는 이러한 모든 어구들 중에 줄리어스 시저(Julius Caear)가 골 지역 군사 출정에서 그를 장군으로뿐만 아니라 작가로서의 명성을 갖게 한 고전적 이야기의 첫 마디인 "골의 전 지역은 세 부분으로 나누어졌다"(Gallia est omnis divisa in partes tres)처럼 우리에게 예전의 라틴어 수업을 그토록 회상시키는 구절은 아마도 없을 것입니다.

하나만 바꾸면 이 문장은 창세기 10장에 기술된 세상 사람들의 분할에 대해 선포가 될 수 있을 것입니다. 골을 "세상"(terra) 또는 "족속"(gentes)으로 대체해 보십시오. 이 장에 의하면, 사람이 살고 있는 세상이 세 부분으로 나누어지는데 노아의 세 아들들의 후손들에 따라서 그렇게 나누어집니다. 우리는 이 세 계보의 하나로서 인도 - 유럽어족을 만들어 낸 야벳의 계보를 살펴보았습니다. 그 세 계보 중 두 번째인 함의 후손들이 우리가 현재 다루는 주제입니다.

남부와 동부

인도 - 유럽어족의 분포는 서쪽으로는 페르시아와 인도의 일정 부분까지, 동쪽과 북쪽으로는 유럽과 그 경계를 넘어서까지 퍼졌습니다. 셈의 후손들은 앞으로 보게 되겠지만 중동지역에 머물러 있으려고 했습니다. 이런 상황이 단순한 배제의 과정에 의해 남쪽(아프리카)과 극동(모든 동양 국가들) 지역을 함과 그의 후손들이 정착하도록 남겨 놓은 것입니다. 이 족속들을 추적하는 것이 다른 계보를 추적하는 것보다 훨씬 어렵긴 하지만, 이것이 실제 상황입니다.

창세기 10장에 의하면 함에게 네 아들들, 곧 구스, 미스라임, 붓, 그리고 가나안이 있었습니다. 셋째인 붓은 더 이상 언급되지 않습니다. 다른 아들들인 구스, 미스라임, 그리고 가나안은 그들의 후손을 열거하기 위해 언급되고 있습니다. 구스에게는 다섯 아들들(스바, 하윌라, 삽다, 라아마, 삽드가)이 있고, 거기에다 라아마의 아들들(스바와 드단)인 두 손자가 있습니다. 미스라임에게는 일곱 명의 이름이 따라옵니다. 그런데 그 이름들은 개인 이름이 아니고 족속 이름입니다. 그들은 루딤, 아나밈, 르하빔, 납두힘, 바드루심, 가슬루힘 및 갑도림입니다. 가나안에 대해서는 이렇게 말합니다. "가나안은 장자 시돈과 헷을 낳고 또 여부스 족속과 아모리 족속과 기르가스 족속과 히위 족속과 알가 족속과 신 족속과 아르왓 족속과 스말 족속과 하맛 족속을 낳았더니"(창 10:15-18). 이 명단에는 진짜 개인 이름이 있고(시돈), 족속들의 이름이 추가 되어 있는데 이는 물론 조상이 언급되지는 않았지만, 가나안의 특정 후손들을 지칭하는 듯합니다.

이미 말한 바와 같이 이 족속들을 추적하는 것은 어렵습니다. 하지만 그래도 무엇인가를 주목해 볼 수는 있습니다. 아라비아에도 구스가 있고, 또 본문 8-12절에 보면 구스가 유브라데 유역에 있는 바벨론에 첫 번째 세계 제국을 세운 니므롯과 연결되어 있기는 하지만, 구스는 아프리카의 에티오피아를 말하는 성경의 이름입니다. 분명히 함의 계보는 둘로 나누어져 하나는 남쪽으로 이주하여 아프리카로 들어가고, 다른 하나는 동쪽으로 간 것입니다. 스바, 하윌라, 삽다, 라아마 및 삽드가는 아라비아 유적에서 확인되었습니다.

성경에서 **미스라임**은 애굽을 관습적으로 부르는 히브리식 명칭입니다. 그러므로 그에게 기인한 후손(루딤 등)을 어떤 위치에 둘지 또는 어떻게 인정해야 할지 모르지만, 우리는 위에서 본 사실들을 통해 그들이 아프리카로 들어가 그 큰 대륙에 정착했다는 것은 추측할 수 있습니다. 붓은 애굽 서쪽에 있는 북아프리카 지역의 리비아입니다. 요세푸스가 그 용어를 이렇게 사용하고 있습니다.

가나안은 이스라엘에게 주어진 땅에 정착한 여러 부족들의 조상으로 후에 여호수아 지휘 하에 이스라엘에게 정복을 당했습니다. 그들은 구약성경에 여러 번 언급되었습니다. 오직 예외가 되고 있는 것은 얼마간 북쪽에 있는 시돈이란 도시를 설립했을 것으로 생각되는 시돈과(일부가 성지에 정착하기도 했지만) 실제로 오늘날의 터키 땅에서 번영했던 광대한 제국의 설립자들인 헷 족속입니다. 헷 족속은 아브라함의 시대에도 가나안에 있었고(창 15:19-21, 23:10), 그로부터 천 년 후인 솔로몬의 시대에도 여전히 큰 힘을 가지고 있었습니다(대하 1:17).

지금까지 본 세계 각 지역에 걸친 민족들의 분포는 꽤 광범위합니다. 그러나 한 가지가 분명히 빠져 있습니다. 그것은 동양인들입니다. 그들은 어디에 들어가야 맞겠습니까? 창세기 10장의 목록이 전부를 갖추어야 할 필요는 없는 것이기 때문에 우리는 알 수 없다고 할 수 있습니다. 그러나 두 가지 가능성이 있는데 그 두 가지 모두 옳을 수 있습니다. 첫째, 헷 제국이 8백년 이상 지속되었지만 그럼에도 불구하고 그 제국은 갑자기 망하고 생존자들이 동쪽으로 도망하여 중국으로 들어갔다는 흔적들이 있습니다. 이것은 불합리한 것이 아닙니다. 왜냐하면 유럽과 중국 간의 고대 무역 통로가 터키의 동쪽 지역에 있는 대 무역 도시 사마르칸트(Samarkand, 현재 남부 러시아)를 지나고 있기 때문입니다. 이 길은 여러 세기 후에 마르코 폴로가 새로운 통상 시대를 열었을 때 이용했던 길입니다. 고대 쐐기모양의 유적들에서 헷 족속을 "키테"(Khittae) 라고 불렀다는 것도 하나의 증거를 더해주는 것인데 여기서 동양의 이름 카타이(Cathay), 즉 고대 중국이 나온 것이라고 볼 수 있습니다. 다른 한편으로 고고학자들은 헷족과 몽골족 간의 많은 유사성을 주목하는데 발가락 쪽이 위로 구부러진 신발, 머리를 땋아 늘인 관습, 철의 제련과 주조에 대한 개척자적 솜씨, 그리고 말을 집에서 기른 것 등이 유사합니다.

다른 가능성은 가나안의 후손들인 신 족속에 관련됩니다. 이 사람들은 창세기에서 별 주목을 받지 못합니다. 그러나 그 일족의 족장인 "신"(Sin)은 아마도 매우 중요한 인물이었던 같습니다. 그의 이름은 근동의 중요한 신의 이름이 되었고, 산헤립(신[神]이 형제들을 번영케 하기를 의미함)과 시나이(Sinai) 같은 이름에 나타납니다. 우리는 이 사람들이 성지 외에 어디에 정착했는지 모릅니다. 그러나 신이란 이름은 동양에서 광범위하게 발견됩니다. 예를 들어 중국 사람의 이름인 시앙(Siang)과 시안푸(Sianfu)에서 발견됩니다. 티나이(Thinai)는 서부 중국의 무역 도시였습니다. 진(Tsin)은 왕조가 되었는데 그 단어 자체는 "순계"(純系)를 의미하게 되었습니다. 만주 황제는 이 단어를 직함으로 사용했습니다. 진은 말레이 사람들에 의해 지나(Tchina)의 형태로 사용되었고, 포르투갈 사람들에 의해 유럽으로 다시 들어와 차이나라는 이름이 되었다고 여겨집니다. 오늘날조차도 우리는 동양의 "신"(Sin)을 중국학(Sinology, 중국에 대한 연구) 또는 중미(中美, Sino-American) 관계를 말하는 데에 쓰고 있습니다.[1]

첫 번째 세계 제국

모세가 함의 후손들을 다루고 있는 것에 흥미 있는 특징이 하나 있는데 이 장을 읽는 사람은 누구나 그것을 즉각적으로 알아볼 수 있습니다. 그것은 본문 8-12절의 삽입구입니다. 그것은 민족들의 족보 중간에 나오고 있고, 어떤 의미에서는 그 족보를 가로 막고 있습니다. 이 절들은 족속과 민족의 일반적 흐름에서 벗어나 구스의 특정 후손인 니므롯을 다루고 있는데 그는 첫 번째 세계 제국의 설립자로 이야기되고 있습니다. 성경에 "나라" 라는 말이 등장하는 것이 여기가 처음입니다. 주목할 것은 이 단어가 하나님의 나라에 사용되는 것이 아니라(나중에 사용되는 것처럼), 니므롯의 첫 번째 싸우는 나라에 사용되는 것입니다. 이 문제는 분명히 모세에게 대단히 중요했습니다. 왜냐하면 이와 관련된 삽입구가 11장의 바벨탑 이야기의 첫 아홉 절에 나오고 있기 때문입니다.

니므롯에 대해 그토록 중요한 것은 무엇입니까? 물론 도시들을 세우고 나라를 세운 사실이 중요합니다. 그러나 그 외에도 말할 수 있는 것이 무척 많습니다. 니므롯은 "용사"가 된 첫 번째 사람이었습니다. 본문은 그를 설명하는 데에 "용사" 또는 "용감" 이란 말을 세 번이나 쓰면서 우리의 주의를 집중시키고 있습니다. 본문 8-9절에서 "구스가 또 니므롯을 낳았으니 그는 세상에 첫 용사라 그가 여호와 앞에서 용감한 사냥꾼이 되었으므로 속담에 이르기를 아무는 여호와 앞에 니므롯 같이 용감한 사냥꾼이로다 하더라." 이 말은 또 역대상 1:10절에서 "영걸" 이란 말로 나옵니다. 왜 이렇게 강조되고 있습니까? 이것이 좋은 것입니까, 나쁜 것입니까? 조금만 생각해 보아도 그것은 나쁜 것임을 알 수 있습니다. 니므롯 하의 바벨론 제국은 하나님과 사람에게 모욕적이었습니다. 하나님 없이 일을 추구했다는 점에서 하나님을 모욕했고(창 11:1-9), 다른 민족을 가혹하게 다스리려고 했다는 점에서 사람에게 모욕적이었습니다. 마르틴 루터(Martin Luther)가 "사냥꾼"(hunter) 이라는 말이 이에 비추어 해석해야 한다고 제시한 것은 적절한 표현이었습니다. 이것은 니므롯의 야생 동물을 사냥하는 능력에 대한 이야기가 아닙니다. 그는 짐승 사냥꾼이 아니었습니다. 그는 사람들을 사냥하는 사냥꾼, 즉 무인이었습니다. 그의 싸우고, 죽이고, 무자비하게 지배하는 능력을 통해서 그는 유브라데 유역 도시 국가들을 그의 왕국으로 통합했습니다.

반하우스는 이 구절을 이렇게 표현합니다. "구스는 니므롯을 낳았는데 그는 그 땅에서 강력한 폭군이 되기 시작했다. 그는 오만한 독재자였고, 하나님의 면전에서 무례했다. 그래서 강력한 폭군 니므롯처럼 주님의 면전에서 오만방자하다는 말이 생겼다. 그의 제국의 본거지는 시날 땅의 바벨이었다가 에렉으로, 그 다음에 악갓 그리고 갈레가 되었다. 이 본거지에서 그는 앗수르 왕국을 침공했고, 니느웨와, 르호보딜과, 갈라와, 및 니느웨와 갈라 사이에 레센을 건설했다. 이것들이 모두 합쳐 하나의 큰 도시를 이루었다." [2]

여기에 탁월한 도시가 있습니다. 그러나 그것은(하나님의 도시로서) 예루살렘처럼 탁월한 것이 아니라, 하나님께 대한 반항으로 탁월합니다. 그것은 사람의 도시이고, 세속적 도시입니다. 그것은 사람의, 사람에 의한, 사람의 영광을 위한 것입니다.

나중에 느부갓네살의 바벨론은 이러한 요소들을 모두 갖춘 가장 명확한 실례(實例)가 됩니다. 이 예는 세속적 도시를 실현시킨 느부갓네살과 다니엘과 그의 친구들을 통해 역사하신 하나님에 대한 것입니다. 다니엘서의 열쇠는 책을 시작하는 첫 몇 절에 있는데 느부갓네살이 예루살렘을 에워싸고 정복하고는("주께서 유다 왕 여호야김… 을 그의 손에 넘기신" 것이기는 하지만), 하나님의 전 그릇 얼마를 취해 바벨론으로 가져가 "자기 신들의 신전에 가져다가 그 신들의 보물 창고에"(단 1:2) 두었습니다. 이것은 그들의 신이 여호와보다 더 강하다는 것을 말하는 느부갓네살의 표현 방식이었습니다. 그리고 그의 말은 맞는 것같이 보였습니다! 하나님은 그분 자신의 백성의 죄를 벌하시기 위해 느부갓네살로 하여금 승리하도록 분명히 허락하셨습니다.

어느 날 저녁, 느부갓네살이 꿈에 큰 신상을 보았습니다. 그 신상은 금, 은, 동, 그리고 철로 되어 있었습니다. 머리는 금이었습니다. 이것은 느브갓네살의 왕국을 의미하는 것이었고, 바벨론이 정말로 장대하다는 것을 인정하시는 하나님의 표현 방식이었습니다. 그러나 하나님이 계속 설명하시는 것처럼 바벨론은 신상의 팔과 가슴이 은으로 표현된 다른 왕국에 상속될 것이고, 또 그 왕국은 신상의 중앙 부분이 동으로 표현된 다른 왕국에 상속될 것이고, 그런 다음 그 왕국은 또 철의 다리로 표현되는 왕국에 상속될 것입니다. 이 시대 끝에 가서야 그리스도 안에 있는 하나님의 영원한 나라가 임해서 다른 모든 나라들을 타도하고, 자라서 세계에 가득할 것입니다. 이 환상에서 하나님은 느부갓네살에게 그가 중요하다고 생각하는 것처럼 중요하지 않다는 것과 역사를 다스리시는 분은 하나님 자신임을 말씀해 주신 것입니다.

다니엘 3장에서 느부갓네살은 두라 평지에 금 신상을 세웁니다. 표면적으로 이것은 단지 제국 단결의 상징으로 그 신상에 절을 하도록 주장하는 헛된 군주의 어리석은 짓처럼 보입니다. 그러나 그 이야기를 2장에서 본 신상의 환상과 함께 읽으면 나중 이야기는 실제로 느부갓네살이 하나님의 천명에 반항하고 있음을 보여주고 있음을 깨닫게 됩니다. 하나님은 "네 나라는 다른 나라들, 즉 은, 동, 철의 나라들에 상속될 것이다." 라고 말씀하셨습니다. 느부갓네살은 이렇게 대답합니다. "아닙니다. 내 나라는 지속될 것입니다. 내 나라는 언제나 영광스러울 것입니다. 내가 머리가 금일뿐만 아니라, 어깨도, 넓적다리도, 종아리도 금으로 된 신상을 만들 것입니다. 전체가 금으로 될 것입니다. 그것은 나와 내 후손들을 영원히 대표해 줄 것이기 때문입니다." 신상과의 이러한 개인적인 깊은 관계는 다니엘과 세 사람의 유대인이 그것에 절하는 것을 거절했을 때, 왕의 폭력적 반응을 설명해 줍니다.

그것은 또한 오늘날 기독교적 주장에 대한 세속적 견해의 폭력적 반응을 설명해 줍니다. 그것은 단지 기독교의 하나님 대(對) 다른 신들의 문제가 아닙니다. 사람들은 아마도 제 각각 자기의 신이 참 신이라고 생각할 것입니다. 그것은 하나님에 대한 사람의 반역입니다. 하나님은 우리가 그분께 책임을 져야할 대상이십니다. 그러나 타락한 사람들은 누구에게도 책임지기를 원하지 않습니다. 그들은 그들이 자신들을 다스리기 원합니다. 그들은 하나님의 소유인 우주에서조차 그분을 배제시키기를 원합니다.

세속적인 도시는 또한 사람에 의한, 사람을 위한 것이라는 사실이 느부갓네살 이야기의 남은 부분에 나옵니다. 이전 사건 이후 일 년 정도 지난 어느 날, 느부갓네살이 바벨론에 있는 그의 궁전 옥상을 서성이면서 도시를 내다보고 있었습니다. 그는 그 도시의 장엄함에 감동되었습니다. 그는 그것이 자기 때문이라고 생각하면서 하나님께 돌려야 할 영광을 자신에게 돌렸습니다. 그는 이렇게 말했습니다. "이 큰 바벨론은 내가 능력과 권세로 건설하여 나의 도성으로 삼고 이것으로 내 위엄의 영광을 나타낸 것이 아니냐"(단 4:30). 이 말은 세상의 도시는 사람에 의해서 그리고 사람의 영광을 위해서 건설되었다는 것을 공언하는 것이었습니다.

한 편으로 이 말은 옳습니다. 느부갓네살이 이 도시를 건설했습니다. 그리고 그의 정복들은 그 도시에 위대한 건축의 위업을 이루어 놓았습니다. 다른 한편, 그는 그것을 마치 니므롯이 자기 영광을 위해 첫 번째 바벨론을 건설했듯이 자기 영광을 위해 건설했다는 것은 의심할 바 없습니다. 그 둘이 잊었던 것은 인간사를 다스리시는 분은 궁극적으로 하나님이시라는 것과, 세속 지배자의 업적은 하나님의 인간에 대한 일반 은총를 통해서만 가능하다는 것이었습니다.

그래서 하나님은 그 세속적 도시를 파멸시키실 것을 약속하십니다. 느부갓네살은 그의 정치적 업적으로 인해 그 자신을 그 주변의 사람들보다 우월하다고 판단했습니다. 너무 우월해서 하나님이 필요 없었습니다. 이제 하나님은 느부갓네살이 얼마나 실수를 하고 있는지를 보여주시기 위해 말씀하십니다. "이 말이 아직도 나 왕의 입에 있을 때에 하늘에서 소리가 내려 이르되 느부갓네살 왕아 네게 말하노니 나라의 왕위가 네게서 떠났느니라 네가 사람에게서 쫓겨나서 들짐승과 함께 살면서 소처럼 풀을 먹을 것이요 이와 같이 일곱 때를 지내서 지극히 높으신 이가 사람의 나라를 다스리시며 자기의 뜻대로 그것을 누구에게든지 주시는 줄을 알기까지 이르리라 하더라"(단 4:31-32).

그 심판은 즉시 효력을 발생했습니다. 느부갓네살의 정신이 그에게서 나가고, 그는 그 도시에서 쫓겨났습니다. "바로 그 때에 이 일이 나 느부갓네살에게 응하므로 내가 사람에게 쫓겨나서 소처럼 풀을 먹으며 몸이 하늘 이슬에 젖고 머리털이 독수리 털과 같이 자랐고 손톱은 새 발톱과 같이 되었더라"(단 4:33). 결국 바벨론은 무너졌고, 다시는 일어서지 못했습니다.

저주의 대면

함 계보의 이 특수한 지파에서 노아를 조롱한 함의 죄에 대한 하나님의 가나안 심판의 반전현상(아마도 계획적인)을 보는 것은 흥미롭습니다. 하나님은 노아를 통해 가나안에 대해 이렇게 저주를 선포하셨습니다. "가나안은 저주를 받아 그의 형제의 종들의 종이 되기를 원하노라"(창 9:25). 그러나 지금까지 우리가 아는 한, 이 초기에 하나님이 이 예언을 가나안과 그의 후손들, 그의 형제들, 또는 그들의 후손들 누구도 셈이나 야벳에게 종속되도록 실현시키지 않으셨습니다. 이 예언의 효력은 후에 이스라엘의 약속의 땅 침공을 통해 발생했습니다. 그러나 초기에는 발생하지 않았습니다. 오히려 다른 족속을 노예로 삼은 것은 가나안의 형제 구스와 그의 후손들입니다.

이것은 계획적인 것일지도 모릅니다. 왜냐하면 니므롯이 이같이 생각했던 것을 상상할 수 있기 때문입니다. 그는 이렇게 말했을지 모릅니다. "나는 다른 족속들에 대해서는 모른다. 그러나 나는 가나안에 대한 하나님의 저주 건은 우리 가문에 대한 지워버릴 필요가 있는 중대한 불명예로서 여긴다. 하나님이 내 삼촌 가나안이 노예가 될 것이라고 말씀하셨는가? 나는 그 심판에 대항할 것이다. 나는 결코 노예가 되지 않을 것이다! 오히려 그 반대가 될 것이다. 나는 대단히 강할 것이고, 그래서 다른 사람들이 나의 노예가 될 것이다. '노예' 대신에, 나는 사람들로 하여금 '세상에서 가장 강한 용사 니므롯이 여기 있다.' 라고 말하도록 하겠다."

이것이 하나님의 저주를 받고 나서 인간의 영이 취하는 보통의 반응입니다. 보통 이렇게 반응합니다. "나는 그것을 무시하겠다. 내 자신의 문제는 내가 해결하겠다." 그래서 예술을 창조하고, 군대를 만들고, 도시들을 건설하고, 하나님의 선고를 무시하고 그 자신의 이름을 떨치려고 전진합니다.

그러나 하나님의 선고는 이런 방법으로 뒤집어지지 않습니다. 하나님의 저주를 무시하는 것은 성공하지 못합니다. 하나님의 저주를 피할 수 있는 유일한 길이 있습니다. 그 길은 하나님이 그 저주를 취하셔서 자기 자신에 내리시는 것입니다. 그분이 왜 그렇게 하셔야만 하는지에 대한 이유는 없습니다. 그러나 그분은 그렇게 하십니다. 그분은 인간 예수 그리스도로 오셔서 "종의 형체를 가지사 사람들과 같이 되셨고" 그렇게 해서 "사람의 모양으로 나타나사 자기를 낮추시고 죽기까지 복종하셨으니 곧 십자가에 죽으신"(빌 2:7-8) 것입니다. 이렇듯 "그리스도께서 우리를 위하여 저주를 받은 바 되사 율법의 저주에서 우리를 속량"(갈 3:13) 하셨습니다. 그래서 어떤 일이 일어났습니까? 이렇게 자신을 복종시키심으로써 그분은 "이름 위에 뛰어난"(빌 2:9) 이름을 받으시고, 하늘과 땅의 통치자로 선포되십니다. 그것은 우리의 본보기입니다. 즉, 죄에 대해 하나님의 저주가 내려지는 곳에서 그리스도에게 나아오는 것, 그분의 의로 옷 입는 것, 그리고 인간 계보 안에 있는 다른 사람들을 겸손히 섬기는 것을 배우는 것이 정말로 위대하고 참된 유일한 길입니다.

● 각주 ●

1. 이러한 이름들과 그들의 가능한 파생어들에 대한 더 자세한 연구를 위해서는 Custance의 *Noah's Three Sons*, 101-12와 Morris의 *The Genesis Record*, 249-57을 보라.

2. Barnhouse, *The Invisible War*, 192.

58

노아의 둘째 아들

창세기 10 : 21-32

셈은 에벨 온 자손의 조상이요 야벳의 형이라 그에게도 자녀가 출생하였으니 셈의 아들은 엘람과 앗수르와 아르박삿과 룻과 아람이요 아람의 아들은 우스와 훌과 게델과 마스며 아르박삿은 셀라를 낳고 셀라는 에벨을 낳았으며 에벨은 두 아들을 낳고 하나의 이름을 벨렉이라 하였으니 그 때에 세상이 나뉘었음이요 벨렉의 아우의 이름은 욕단이며 욕단은 알모닷과 셀렙과 하살마웻과 예라와 하도람과 우살과 디글라와 오발과 아비마엘과 스바와 오빌과 하윌라와 요밥을 낳았으니 이들은 다 욕단의 아들이며 그들이 거주하는 곳은 메사에서부터 스발로 가는 길의 동쪽 산이었더라 이들은 셈의 자손이니 그 족속과 언어와 지방과 나라대로였더라 이들은 그 백성들의 족보에 따르면 노아 자손의 족속들이요 홍수 후에 이들에게서 그 땅의 백성들이 나뉘었더라

지금까지 우리는 셈이 노아의 첫째 아들이라고 생각했을 것입니다. 그 까닭은 아들들이 언급될 때마다 그 순서는 항상 셈, 함, 그리고 야벳이었기 때문입니다. 그러나 이제 우리는 야벳이 실제로 첫째 아들이고(어떤 번역가들은 21절을 "야벳의 형, 셈" 이라고 번역, 개역개정성경도 같은 번역임 - 역주), 따라서 순서는 야벳, 셈, 함이 되어야 함을 알게 됩니다. 셈은 그의 후손들이 아직까지 열거되지는 않았지만 노아의 둘째 아들입니다.

모세가 왜 세 아들들의 후손들 이야기를 이런 순서로 했는지 아는 것은 어렵지 않습니다. 야벳에게서는 인도 - 유럽어족이 나왔습니다. 함은 아프리카, 메소포타미아, 그리고 동양에 정착한 사람들의 선조였습니다. 그러나 셈은 셈족을 생산했는데 거기서 이스라엘이 나왔습니다. 창세기의 나머지 부분이 이 나중 민족과, 하나님이 그들을 인도하시고 축복하시는 것에 관련되기 때문에 모세가 그의 이야기에서 이 부분을 강조하기 위해 단순히 이 부분을 유보하고 있었던 것이 명백합니다. 제일 중요한 것에 집중하기 위해 덜 중요한 문제들을 먼저 처리하는 것이 모세의 표현 방식입니다. 21절에서 "셈은 에벨 온 자손의 조상"이라고 했습니다. 에벨은 족보가 보여주듯이 실제로 셈의 증손자였습니다. 그러나 이 계보의 중요성을 보여주기 위해 여기에 언급되고 있습니다. 에벨이란 이름에서 히브리라는 이름이 나왔습니다. 따라서 모세는 이 계보에서 유대인이 나왔음을 말해주고 있습니다.

우리는 이것을 다른 면으로도 볼 수 있습니다. 야벳의 계보는 2대까지 추적되고, 함은 3대까지 추적되고 있습니다. 그러나 셈의 계보는 바로 같은 족보에서 5대까지 추적되고 있습니다. 그런 다음, 바벨탑 이야기의 삽입구 후에 그 계보는 아르박삿을 지나(대대로 내려가다가) 아브라함까지 추적합니다. 아브라함에 관해서는 창세기의 그 다음 부분에서 특별히 다룹니다.

셈의 자손들

이 계보의 명백한 중요성에도 불구하고 야벳이나 함의 계보에서 말한 것보다 말할 것이 적습니다. 셈의 다섯 아들들에서 이야기는 시작됩니다.

첫째 아들은 엘람입니다. 그는 구약과 고대 유적을 통해 널리 알려져 있는 엘람족의 조상입니다. 아브라함 시절에 엘람 왕 그돌라오멜이 가나안을 쳐들어와(창 14:1-16 참조) 아브라함은 롯을 구하기 위해 그와 그의 연합군에 대한 공격을 감행했습니다. 이 사람들은 원래 메소포타미아 동쪽에 살았고, 수사(또는 수산)가 그들의 수도였으며, 결국에는 메데와 합병을 해서 페르시아 제국을 만들었습니다. 한때 학자들이 메소포타미아 남동쪽인 엘람 지역에 정착한 사람들은 셈족이 아니었다고 믿었기 때문에 이점에서 성경이 오류를 범했다고 선언한 것은 흥미롭습니다. 뒤이어 발굴된 출토품들이 성경이 옳았다는 것을 보여 주었습니다. 분명히 셈의 후손들은 그 지역에 정착했으나 나중에 니므롯의 팽창 정책의 결과로 바벨론 사람들에 의해 쫓겨났습니다. [1]

앗수르에 관해 개인적으로 알려진 것은 아무 것도 없지만, 그는 분명히 아시리아 사람들의 창시자였습니다. 다른 한편, 앗수르는 이 장 11절에 이미 언급되어 있습니다. 니므롯은 그의 팽창 정책의 일환으로 앗수르를 침공하고 거기에 니느웨, 르호보딜, 갈라, 그리고 레센을 건설했다고 했습니다. 그 결과로 앗수르 사람들은 근본적으로 셈족과 함족이 공유하는 문화와 언어와 종교가 결합한 혼합 민족이 되었습니다.

아르박삿에 대해서는 그 계보가 결국 아브라함으로 이어진다는 것 외에는 알려진 것이 없습니다. 이 때문에 그의 이름이 그의 후손들이 거명되는 24절에서(아르박삿은 셀라를 낳고 셀라는 에벨을 낳았으며) 반복되고, 11장의 전체적인 족보에서 반복됩니다(아르박삿은 삼십오 세에 셀라를 낳았고 셀라를 낳은 후에 사백삼 년을 지내며 자녀를 낳았으며 12-13절). 룻은 아마도 최소한 소아시아에서 한 시대를 살았던 루디아 사람들의 조상이었을 것입니다. 그들이 요세푸스에 의해 언급되고 있습니다.

아람은 수리아 사람들인 아람족의 조상입니다. 이 사람들의 언어는 이스라엘의 후기 역사에 중요한 역할을 하게 됩니다. 헨리 모리스(Henry Morris)는 이렇게 기술하고 있습니다. "이 사람들 또한 큰 민족이 되어 마침내 그들의 언어인 아람어가 앗수르와 바벨론을 포함한 고대 세계의 주도적인 민족들의 국제 통용어(lingua franca)로 받아들여진 것을 볼 수 있는 정도가 되었다. 구약성경의 몇 부분(다니엘서와 에스라서의 일부분들)은 원래 아람어로 기록된 것이 분명하고, 그 언어는 그리스도 당시 유대인들 사이에 일반적인 상용어였다." [2]

셈의 다섯 아들들 중에서 세 명, 즉 엘람, 앗수르, 룻은 다시 언급되지 않습니다. 모세는 아람에 대해 언급하는데 그가 네 아들(우스, 훌, 게델, 마스)을 두었다고 말합니다. 그리고 아르박삿을 언급하는데 그에 대해서는 우리가 이미 말한 바가 있습니다. 아람의 아들들에 대해서는 우스가 결국 아라비아의 지역 이름이 되었다는 것 외에는 아는 것이 없습니다. 그곳은 욥기 1:1절에 의하면 욥의 본고장이었습니다(렘 25:20 참조).

땅이 분할되다

아르박삿을 통한 셈의 자손들(셀라, 에벨, 벨렉)은 11장에 가서 다시 언급됩니다. 그런데 벨렉은 그를 묘사한 항목 때문에 특별히 주목받을 만합니다. "그 때에 세상이 나뉘었음이요"(창 10:25) 라고 말씀하고 있습니다. 이 문장이 무엇을 지칭하던 그것은 최소한 벨렉이란 이름과 분명히 관련이 있다는 것입니다. 왜냐하면 벨렉의 의미가 "분할" 이기 때문입니다. 만일 그가 그 사건을 기억하기 위해 붙여진 이름이라면 그것은 그야말로 그에 대해 특별히 여기에 언급할 정도로 중요한 사건이었을 것입니다. 그런데 설명은 없습니다. 그래서 이것이 무엇을 말하는 것인지 결정하는 것은 어렵습니다. 이에 대한 세 가지 주요한 학설이 있습니다.

1. 그것은 세상 사람들 간에 어떻게 땅이 나누어질 것인가에 대해 에벨에게 주신 신적 계시와 관련되는 것이란 학설입니다. 로버트 캔들리시(Robert Candlish)가 이 견해를 견지하고 있습니다. "말하자면 마치 꿀벌 떼가 벌집에 꿀을 막 저장하려고 몰려들어 날고 있는 상황처럼 사람들이 니므롯의 인도를 받으며 그로부터 새로운 모험 정신으로 고취되어, 그들의 이전 거주 지역의 경계를 무너뜨리고 있는 바로 그때, 에벨은 하나님으로부터 그들 사이에 땅을 나누라는, 즉 몇몇 부족과 종족들에게 그들의 지정된 근거지를 알려주고 지도에서처럼 그들의 도로와 행선지들을 만들도록 알려주라는 사명을 받는다. 그는 이 책임을 완수하고 그토록 놀랄만한 과업을 기념하여 그 일이 일어날 때쯤 태어난 그의 아들에게 '분할' 이라는 의미의 벨렉이라는 이름을 붙여준다. 이렇듯 땅은 하나님의 명령과 신성한 행위에 의해 배분되었는데, 이에 관련해서는 성경 다른 부분에 한 번 이상 언급되고 있다. 모세가 그의 기념 노래에서 특별히 '옛날' 에 호소하면서 '지극히 높으신 이' 를 각별히 '이스라엘 자손의 수효' 를 염두에 두시고 '민족들에게 기업을 주시고, 인종을 나누시고, 백성들의 경계를 정하신' (신 32:8) 분으로 묘사할 때 하고 있는 말이 바로 이 과업이다. 그리고 바울도 아덴에서 전도할 때 하나님을 단순히 '인류의 모든 족속을 한 혈통으로 만드사 온 땅에 살게' 하신 분일뿐만 아니라, 또한 '그들의 연대를 정하시며 거주의 경계를 한정하신' (행 17:26) 분으로 증거한다." [3]

여호수아 10:13절이 긍정적으로 인용한 야셀의 고대 유대인 책은 같은 종류의 설명을 하고 있는데 사실적으로 기록하고 있습니다. "울타리와 도랑, 벽과 성채를 제일 먼저 발명한 사람, 그리고 제비를 뽑아 형제들 간에 땅을 나눈 사람은 벨렉이었다."[4]

2. 그것은 지구가 현재의 대륙 덩어리로 격렬하게 쪼개진 지각 격변의 지질학적 사건과 관련되는 것이란 학설입니다. 이 설명은 과학자들이 대륙 표적물설을 진전시키기 오래 전 지난 세기에 제시된 것입니다. 그 당시는 파격적인 생각이었습니다. 오늘날은 별로 그렇지 않습니다. 이 학설이 그럴듯하려면, 어떤 갑작스런 사건이 대륙 표류 과정을 시작시켰고, 그래서 대륙들이 인류 역사 초기에 아주 빨리 떨어져 나갔고, 현재는 거의 눈에 띄지 않게 속도가 늦어졌다는 것을 보여주어야 했습니다.

3. 그것은 바벨에서 언어의 혼잡의 결과로 땅의 민족들이 흩어진 것과 관련되는 학설입니다. 이것은 앞서 소개한 설명보다 흥취를 덜 자극합니다. 그러나 그것은 창세기 11장의 관점에서, 그리고 창세기 10장에서 사람들의 나누어짐에 대한 몇 차례 언급의 관점에서 볼 때 가장 명백합니다. 예를 들어 5절에서 야완의 후손들인 그리스 사람들에 대해 이렇게 말합니다. "이들로부터 여러 나라 백성으로 나뉘어서 각기 언어와 종족과 나라대로 바닷가의 땅에 머물렀더라." 32절은 이렇게 말합니다. "이들은 그 백성들의 족보에 따르면 노아 자손의 족속들이요 홍수 후에 이들에게서 그 땅의 백성들이 나뉘었더라." 또 11장에서는 언어의 혼잡에 뒤이어 사람들이 흩어지는 것에 대한 언급들이 있습니다(4, 8-9). 이 세 곳 모두 쓰인 단어가 각각 다르다는 것은 사실입니다. 10:5절과 10:32절에 사용된 단어는 파라드(분리하다)이고, 10:25절의 단어는 팔라그(나누다)이며, 11:4, 8, 9절의 단어는 나파스(흩뜨리다)입니다. 이것이 논점을 좀 약화시킵니다. 그래도 그 단어들은 거의 동의어들이고, 어떤 경우든 한 분할을 다른 분할로 설명하는 것은 합리적입니다. 10:5절과 10:32절과 11:4, 8절과 9절의 분할들이 언어의 다름에 기초한 민족적이고 지리적이기 때문에 이것 역시 10:25절의 분할의 의미로 보는 것이 지혜로운 것입니다.

그밖에 모리스(Morris)의 상세한 설명이 있습니다. 니므롯의 아버지가 그가 단지 구스(그의 실제 아들들이 언급되었음)의 후손이란 것 외에 누구인지에 대한 말이 없지만, 니므롯은 노아를 1세대로 할 때 적어도 5세대임에 틀림이 없습니다. 만일 그렇다면(그리고 그가 그 계보에서 더 내려가지 않았다면), 니므롯은 셈의 계보를 통한 노아의 5대손인 에벨과 동시대의 인물이었습니다. 그러므로 우리는 바벨의 발전과 바벨탑의 건설은 에벨의 평생에 지속되었고, 그가 그의 아들의 이름을 하나님이 바벨론에서 하신 일을 증거하려고 "분할"로 지은 것으로 생각할 수 있습니다.[5]

욕단의 자손들

민족들의 족보에서 노아의 마지막 후손들은 벨렉의 형제인 욕단의 자손들입니다. 이들 중 열 세 사람이 언급되었으며, 그들 각자는 아라비아 특히 남부에 정착한 것으로 나타나고 있습니다. "알모닷은 알 무다드(Al Mudad)로 추정되고, 예멘에 있는 셀렙은 에스 술라프(Es Sulaf)를 말하며, 톨레미의 살라페니(Salapeni of Ptolemy)일 것이다. 하살마웻은 오늘날 하드라마우트(Hadramaut)이고, 후자에 인접한 예라는 필시 요새의 이름에서 발견되는 예라크(Jerakh)일 것이고, 하도람은 플리니(Pliny)와 톨레미(Ptolemy)가 언급한 남부 아라비아의 아드라미태(Adramitae)를 말하고, 우살은 아마도 예멘의 옛 수도 이름이고, 디글라는 다칼라(Dakalah)로 알려진 예멘에서 다소 중요한 곳이다. 오발은 그 이름이 아빌(Abil)이라는 이름으로 남부 아라비아의 여러 장소에 보존되어 있는 것 같다. 아비마엘은 전혀 확인할 수가 없다. 스바는 사비언(Sabeans)일 가능성이 있고, 오빌은 톨레미가 사파라(Sapphara)라고 말하고(지리학 6, 7), 오늘날의 자파르(Zaphar)일 가능성이 있는 사비언의 수도 아파르(Aphar)를 말할 것이다. 하윌라는 퀄란(Khawlan)으로 알려진 아라비아 펠릭스(Arabia Felix)에 있는 지역이며, 요밥은 남부 아라비아 부족들 사이에서 톨레미가 언급한 요발인들(Jobarites)로 확인되는데 톨레미가 본래의 글자 요바리타니(Ιδ baritani)를 요바비타이(Ιδ babitai)로 잘못 읽었다는 설이 있다."[6]

창세기 10장 끝부분의 구절들은 이미 언급한 것을 요약하고 있습니다. 우리는 셈에게서 스물여섯 민족이 나왔고, 함에게서 서른 민족(각주에만 언급된 필리스틴족은 포함되지 않음)이 나왔으며, 야벳에게서 열 네 민족이 나와 모두 칠십 민족이 나온 것으로 알고 있습니다.

"우리의 비참한 상태"

이것이 우리를 하나님의 말씀 전체 중에 가장 흥미 있고 중요한 장의 하나가 확실한 10장의 끝으로 인도합니다. 그것은 우리에게 몇 가지 중요한 것을 가르쳐줍니다. 첫째, 10장 끝에 나오는 사항인 인류의 단일성과 둘째, 10장이 보여주는 성경의 신뢰성(언어학, 인류학 및 고고학으로 충분히 지원됨)입니다. 이 사항들은 전에도 언급한 바 있습니다. 재론할 필요가 없습니다.

이 장의 연구를 마치면서 마르틴 루터가 그의 연구를 끝내면서 보여준 그의 견해를 소개하고자 합니다. 그는 오늘 우리가 가지고 있는 것과 같은 창세기 10장의 사람들에 대한 역사적 세목을 충분히 가지고 있지 않았습니다. 그럼에도 그는 그 중 많은 것들을 아주 잘 찾아냈습니다. 그러나 그는 이 구절이 하나님 말씀에 있다는 중요성에 대해, 그리고 이와 별도로 우리가 어떻게 그것에 대해 무지한지 심지어 우리의 기원에 대해서조차도 무지한지에 대해 깊이 생각을 했습니다. 그는 이렇게 기술했습니다.

이 이름들을 읽을 때마다 나는 인류의 비참한 상태를 생각한다. 우리는 이성이라는 가장 훌륭한 재능을 가지고 있음에도 불구하고 불행하게도 우리 기원과 우리 조상들의 계보에 대해서뿐만 아니라 우리의 창조주 하나님 자신에 대해서도 무지하다. 모든 민족의 역사적인 이야기들을 연구해 보라. 만일 그것이 모세 혼자만을 위하는 것이 아니라면, 인간의 기원에 대해 당신이 알아야 하는 것은 무엇인가?…
이 비참한 상태에 대하여, 즉 우리의 두려운 무지에 대하여 우리 앞에 있는 구절이 생각나게 해 준다. 그 구절은 온 세상이 모르는 일들에 대해 가르쳐 준다. 홍수 이전의 첫 번째 세상을 언급하지 않고, 두 번째 세상에서 우리가 해야 할 최고의 이야기가 무엇이란 말인가? 그리스 사람들은 그들의 활동 이야기를 보존하길 원했다. 로마인들도 그와 같았다. 그러나 이러한 것은 모세가 이 구절에서 행위가 아닌, 이름의 목록을 작성했다는 것과 관련된 더 이전의 시대와 비교할 때 얼마나 무의미한 것인가! 그러므로 우리는 이 창세기 10장을 우리 인간, 즉 피조물이 죄로 훼손되어 하나님의 말씀이 멀리서 우리에게 비춰주는 신적인 불빛의 광채를 계시해 주지 않는 한, 우리 자신의 기원에 대한 지식이나, 창조주이신 하나님 자신에 대한 지식조차 얻을 수 없다는 것을 깨닫는 거울로 생각해야 한다. 그렇다면 사람의 지혜, 부, 권세, 그리고 완전히 없어질 다른 것들을 자랑하는 것보다 더 무익한 것이 무엇이겠는가? 그러므로 우리는 성경을 고귀하게 여기고 가장 귀한 보물로 생각할 이유가 있는 것이다. 이 장이 비록 쓸모없는 말들로 가득 찬 것으로 생각되고 있긴 하지만, 그 안에 첫 번째 세상부터 중간까지 그리고 모든 것들의 마지막까지를 끌어내는 실마리가 들어 있다. 그리스도에 대한 약속은 아담에게서 셋에, 셋에서 노아로, 노아에서 셈으로, 그리고 셈에서 에벨로 넘겨졌는데, 그에게서 히브리 민족이 온 세상의 모든 다른 민족에 우선하여 작정된 예수 그리스도에 대한 약속의 상속자로서 그 이름을 받았다. 이 지식을 성경이 우리에게 계시한다. 성경이 없는 사람은 오류, 불확실, 그리고 끝없는 불경건 속에 살게 된다. 왜냐하면 그들이 누구인지, 그들이 어디서 왔는지에 대한 지식이 없기 때문이다.[7]

하나님의 말씀에 감사합니다. 우리는 우리가 누구이고 어디서 왔는지 뿐만 아니라, 우리가 얼마나 크게 타락을 했고, 누구만이 우리를 죄에서 들어 올려 낙원으로 인도하실 수 있는 분인지를 알도록 해 주는 바로 그 놀라운 지식을 가지고 있는 것입니다.

● 각주 ●

1. S. R. Driver, *The Book of Genesis*, 3rd ed. (London: Metheun and Company, 1904), 128; *Annual of the American Schools of Oriental Research*, 9 (1929): 22ff.; 및 V. G. Childe, *New Light on the Most Ancient East* (London: Kegan Paul, 1935), 133-46을 보라.

2. Morris, The Genesis Record, 259.   3. Candlish, Studies in Genesis, 172-73. R. Jamieson은 *Commentary Critical, Experimental and Practical on the Old and New Testament*, vol 1, Genesis-Deuteronomy (Glasgow: Collins, 1871), 118에서 유사한 제언을 한다.

4. Custance, *Noah's Three Sons*, 116 참조   5. 이것은 Morris의 견해이다. *The Genesis Record*, 260-61.   6. Cusrance, *Noah's Three Sons*, 117.

7. Luther, *Luther's Works*, vol. 2, 207-209.

59

바벨탑

창세기 11 : 1-9

온 땅의 언어가 하나요 말이 하나였더라 이에 그들이 동방으로 옮기다가 시날 평지를 만나 거기 거류하며 서로 말하되 자, 벽돌을 만들어 견고히 굽자 하고 이에 벽돌로 돌을 대신하며 역청으로 진흙을 대신하고 또 말하되 자, 성읍과 탑을 건설하여 그 탑 꼭대기를 하늘에 닿게 하여 우리 이름을 내고 온 지면에 흩어짐을 면하자 하였더니 여호와께서 사람들이 건설하는 그 성읍과 탑을 보려고 내려오셨더라 여호와께서 이르시되 이 무리가 한 족속이요 언어도 하나이므로 이같이 시작하였으니 이 후로는 그 하고자 하는 일을 막을 수 없으리로다 자, 우리가 내려가서 거기서 그들의 언어를 혼잡하게 하여 그들이 서로 알아듣지 못하게 하자 하시고 여호와께서 거기서 그들을 온 지면에 흩으셨으므로 그들이 그 도시를 건설하기를 그쳤더라 그러므로 그 이름을 바벨이라 하니 이는 여호와께서 거기서 온 땅의 언어를 혼잡하게 하셨음이니라 여호와께서 거기서 그들을 온 지면에 흩으셨더라

창세기 10장과 11장은 6장에서 9장에 걸쳐 기록한 노아와 홍수 이야기를 그 책의 나머지에 걸쳐 기록한 아브라함과 그의 후손들과 결부시키기 위해 꾸며진 민족과 족속의 족보로 구성되어 있습니다. 그 족보는 노아의 세 아들인 셈, 함, 야벳에게서 시작하여 결국 데라까지 이르는데, 그에게서 아브라함이 태어

납니다. 그중 두 군데에 니므롯이 통치하는 첫 번째 세계 제국의 설립을 다루는 삽입구가 있습니다. 첫 번째 삽입구는 10:8-12절이고, 두 번째는 11:1-9절입니다.

이 둘은 서로 같은 방향으로 갑니다. 첫 번째 것은 니므롯의 확장을 이야기합니다. 두 번째 것은 니므롯을 언급하지 않고 대신 바벨(바벨론, 성경에서 도시와 제국을 구분 없이 씀 - 역주)의 도시 건설을 위한 시도를 말하고 있는데, 그 핵심 부분이 큰 탑이 됩니다. 표면적으로 볼 때 이 둘은 매우 다른 두 가지 사건 이야기 같습니다. 그러나 그렇지 않습니다. 두 번째 것은 실제로 바벨론 건설을 이야기하지만, 그러나 우리는 첫 번째 것에서 바벨론이 니므롯의 도시 - 건설 제국(city - building empire)의 첫 번째 도시였음을 알고 있습니다. 특히, 우리가 그것들을 연구하면서 바벨론의 건설과 11장의 바벨탑 건설이 앞서 말한 이야기의 마무리라는 것을 알 수 있습니다. 첫 번째 것은 니므롯에 대해 그가 어떤 사람인지, 그가 무엇을 했는지, 그의 목표가 무엇이었는지에 대하여 강조하고 있습니다. 두 번째 것은 같은 주제를 다루고 있지만, 그와 함께 일을 했던 사람들의 시각에서 다루고 있습니다. 두 이야기 각각에 하나님이 없는 문명을 세우고자 하는 욕망이 들어 있습니다.

첫 번째 "오라"

바벨론 건설 이야기는 온 땅의 언어가 하나이고(이는 사람들이 모두 노아의 동일한 후손이란 점에서 예상되는 사항임), 세상 사람들의 일부가 동쪽으로 이동해서 그 얼마는 시날 평지 또는 바벨론에 정착했다는 말로 시작합니다. 이때까지는 아주 좋았습니다. 하나님이 노아의 후손들에게 "생육하고 번성하여 땅에 충만하라"(창 9:1)고 말씀하셨는데, 이는 애초에 낙원에서 아담과 하와에게 주셨던 명령 말씀의 반복이었습니다(창 1:28). 시날 땅에 정착한 것은 그 명령 말씀의 부분적 성취로 간주될 수 있습니다.

그러나 계속 읽어가면서 우리는 이 정착의 목적이 하나님의 말씀을 성취하기 위한 것이 아니고, 그 말씀에 대적하기 위함인 것을 알게 됩니다. 처음부터 바벨론의 목적은 땅에서 더 이상 흩어지는 것을 막고, 대신에 연합되고 통합된 민족 달성에 집중하는 도시를 만드는 것이었습니다.

성경은 그 욕망을 이 대단한 사업을 위해 함께 일하자며 "오라"는 초대로 말하고 있습니다. 이것은 그 이야기의 첫 번째 중요한 "오라"(개역개정성경에는 "자"로 번역되고 있음 - 역주)입니다. "서로 말하되 자(오라), 벽돌을 만들어 견고히 굽자 하고 이에 벽돌로 돌을 대신하며 역청으로 진흙을 대신하고 또 말하되 자(오라), 성읍과 탑을 건설하여 그 탑 꼭대기를 하늘에 닿게 하여 우리 이름을 내고 온 지면에 흩어짐을 면하자 하였더니"(창 11:3-4).

이 초대에 세 가지 사항이 들어 있습니다. 첫째, 도시에 대한 비전, 둘째, 이름 또는 명성에 대한 욕망, 셋째, 새로운 종교에 대한 계획입니다. 도시에 대한 계획은 길게 검토해 볼 필요가 없습니다. 니므롯 연구에서 이미 논한 바 있기 때문입니다.[1] 중요한 점은 그것이 예루살렘과 같은 하나님의 도시가 아니었다는 것입니다. 그것은 세속 도시인 인간의 도시였습니다. 인간의 영광을 위해 인간이 세운 것이었습니다. 이러한 욕망 중의 마지막 욕망은 인간의 영광을 위해 건축을 하자는 "이름"이라는 단어에 함축되어 있습니다. "자(오라)… 우리 이름을 내고 온 지면에 흩어짐을 면하자." 이것은 명성을 위한 욕망이었지만, 그것은 하나님으로부터 독립하고자 하는 욕망이었습니다. 이 명성을 하나님이 아닌 인간이 얻고자 했습니다. 그것은 오로지 그분의 것이 되어야 했습니다.

우리는 성경에서 사람들에게 이름을 주시는 것이 하나님의 한 특성임을 잊을 수 없습니다. 하나님이 그들과 무엇을 하실 것인지 또는 그들을 어떤 인물들로 만드실 것인지를 상징해서 그들에게 이름을 주십니다. 하나님은 아담이라는 이름(창 5:2), 아브라함이라는 이름(창 17:5), 이스라엘이라는 이름(창 32:8), 심지어 예수라는 이름(마 1:21)을 주셨습니다. 이 각각의 경우에 이름들은 하나님이 무엇을 이루셨는지 또는 아직 무엇을 이루실 것인지를 지적해 줍니다. 그러나 바벨론 민족은 그 어떤 것도 원하지 않았습니다. 그들은 그들 자신의 명성을 확립하고 하나님을 완전히 지워버리기를 원했습니다.

별에 닿기

지금까지 바벨론 연구에서 한 가지 빠져있는 요소는 종교입니다. 그러나 내 판단으로 그것은 유명한 바벨탑에 있다고 봅니다. 내가 "내 판단으로"라고 말하지만, 대부분의 주석가들이 그들이 비록 이 탑을 다르게 해석할지라도 이 진리를 깨닫고 있다고 하는 것을 부언하는 바입니다. 마르틴 루터는 "하늘에 닿게 하여" 라는 말을 높이에만 해당되는 것으로만 보아서는 안 되고 오히려 "이것이 예배의 장소"를 의미하는 것으로 보아야 한다고 말합니다.[2] 로버트 캔들리시는 "탑을 '하늘에 닿도록' 세우는 것은 의심할 바 없이 종교적 의미를 가진 것이다." 라고 말합니다.[3] 모리스는 대제국을 건설하려는 욕망에 빠진 니므롯은 하나님이 그들에게 땅에 널리 흩어지라고 하신 명령에 대한 지식을 극복할 충분히 강한 종교적인 동기부여를 백성이 필요로 한다는 것을 깨달았다고 기술합니다. 그는 그 탑이 그 필요를 만족시켜 주고, "하늘과 그 천사들에게 바친" 것으로 생각합니다.[4] 그 탑이 무엇을 의미한다고 생각하는지 내 의견을 말해보겠습니다.

첫째, 그것은 종교적인 목적을 가진 것으로 간주되어야 합니다. 왜냐하면 성경은 모든 거짓 종교의 기원을 바벨론으로 추적하고 있고, 또 이것이 초기 바벨론 설명에서 이 의미로 볼 수 있는 유일한 요소이기 때문입니다. 우리는 바벨론과 그 문화의 성격에서 그리고 하나님에게서 돌아섰다고 말하는 모든 문화에서 이와 같은 것을 추측해 봅니다. 로마서는 사람들이 하나님에 대한 지식을 거절할 때, 그들은 거짓 신들을 "썩어질 사람과 새와 짐승과 기어다니는 동물 모양"(롬 1:23)으로 만들어 불가피하게 그것들에게로 향합니다. 바벨론 백성들은 참 하나님에 대한 지식을 거절했습니다. 그러므로 우리는 미덥지 않은 문화적 성취의 부분으로서 거짓 종교를 만들어 내는 것을 예측해야 합니다. 다른 한편, 성경은 "바벨론의 비밀"에 대해, 즉 "땅의 음녀들과 가증한 것들의 어미"(계 17:5) 라고 말하는 세상 도시로 상징화된 현실에 대해 말씀합니다. 이것은 성경 전체를 통해 음녀들과 가증한 것들에 대한 이해가 그러하듯 거짓 종교를 지칭하는 것입니다.

역사적으로 그렇다는 증거가 있습니다. 모리스가 이렇게 기술합니다. "로마, 그리스, 인도, 애굽 및 기타 나라들의 여러 남신들과 여신들은 바벨론 최초의 신들과 본질적인 동일성이 잘 확립되어 있다. 사실 니므롯 자신은 나중에 분명히 바벨론의 우두머리 신(머로다크, Merodach) 혹은 마르둑(Marduk)으로 신격화되었다."[5]

둘째, 탑에 대한 설명이 있습니다. 대부분의 번역은 하늘에 "닿는" 탑이라고 합니다. 그러나 이 사람들이 이것을 문자 그대로 할 수 있다고 생각할 정도로 그렇게 어리석은 사람들이었다고 생각하기는 어렵습니다. 혹은 그들이 비록 그랬다 해도 시날 평지, 즉 표준 해면과 거의 같은 평지에 그들의 탑을 세우는 어리석은 자들이었다고 생각하기 어렵습니다. 근처의 산꼭대기에도 탑을 똑같이 잘 세울 수 있었고, 그렇게 하면 수천 m 높이에서 시작할 수 있었기 때문에 그들이 아무리 어리석어도 평지에서 시작하지는 않았을 것입니다. 실상 이것이 함축하는 것은 아마도 전혀 다른 문제일 것 같습니다. 히브리어 원문에 "닿다" 라는 말은 나오지 않습니다. 본문은 탑의 꼭대기에 대해서 하늘 "안"(in), "위"(on), "함께"(with), "옆"(by) 이라고 말하고 있습니다(네 가지 모두 한 히브리어 전치사의 가능한 번역임). 이것은 그 꼭대기가 예배의 장소로 하늘에(to) 바쳐졌거나(모리스의 견해), 그 탑 위에 하늘의(of) 표시인 12궁을 가지고 있었다는 의미가 될 수 있습니다.

나는 이 마지막 가능성이 실제 의미일 것으로 생각합니다. 그 이유는 12궁의 연구에 집중했던 점성술이 바벨론에 그 기원을 두고 있기 때문입니다. 점성술에 대한 어떤 책이든지 펴 보십시오. 그러면 당신은 하늘을 여러 개로 구분하고, 그 각각에 거기서 발견되는 별들을 기초로 한 의미를 부여함으로써 12궁을 처음 개발한 사람들이 갈대아인들(바벨론 거주자들의 다른 이름)이었음을 발견할 것입니다. 사람의 운명은 그가 어느 구획 또는 어느 "궁(宮)" 아래서 태어났는가에 따라 결정되는 것이라고 말합니다. 점성술은 바벨론으로부터 고대 애굽 제국으로 전해졌고, 거기서 토착 애니미즘과 나일강의 다신 숭배와 섞였습니다. 피라미드는 별과의 특정한 수학적 관계를 가지고 건축되었습니다. 스핑크스는 점성학적 중요성을 갖습니다. 그것은 처녀궁을 상징하는 여자의 머리를 하고 있고, 몸은 사자궁을 상징하는 사자 모양입니다. 처녀궁은 12궁의 첫 궁이고 사자궁은 마지막 궁입니다. 따라서 스핑크스는(첨언하면 그리스어로 "결합"을 의미함) 12궁이 만나는 지점으로서 애굽의 제사장들은 12궁과 관련된 땅의 시작점이 애굽의 나일강 둑에 있다고 믿었습니다.

유대인들이 애굽을 떠나 가나안으로 갈 당시에 점성술은 거기 있는 사람들에게 영향을 주었습니다. 따라서 성경에 상당한 점성술에 대한 엄중한 경고가 이때부터 시작됩니다(레 19:31, 신 18). 후에 점성술은 로마의 종교생활에 들어왔습니다.

점성술에 대한 이러한 성경의 규탄에 대한 흥미 있는 일은 점성술이 사탄과 그의 천사들이 실제로 궁 또는 행성들의 모양으로 예배를 받는다는 의미에서 귀신숭배 또는 사탄숭배와 동일시되고 있다는 것입니다. 그렇기 때문에 성경은 이런 관습을 단호하게 규탄하는 것입니다. 그렇다면 우리는 하나님 없이 문명을 건설하려는 최초의 시도에는 사탄이 전혀 참여하지 않았다고 생각해야 합니까? 그는 이 최초의 비 성경적 종교를 만드는데 참여하지 않았을까요? 그렇지 않다고 생각합니다. 만일 그가 참여했다면, 탑의 종교는 실제로 인간의 예배를 자기와 하나님을 배반해서 이미 귀신들이 된 천사들에게 돌리려는 마귀적 시도였던 것입니다. 의심의 여지없이 모리스가 이렇게 말한 것과 같습니다. "이 사업은 최초에 참된 영성의 모양으로 사람들에게 제시되었다. 그 탑의 높은 위엄은 참되신 하늘 하나님의 힘과 위엄을 상징했다. 그 꼭대기에 있는 위대한 성전은 사람들이 하나님께 희생제물을 드려 예배할 수 있는 중심지요, 제단으로 준비되었다. 12궁의 궁들은 대홍수 이전의 족장들이 전해준 대로 창조와 구속의 위대한 이야기를 의미하는 것으로서 성전의 화려한 천정과 벽에 화려하게 그려졌다. 그러나 하나님은 이 예배에 계시지 않았다. 사탄이 있었다. 이처럼 종교의 형식은 점점 변조되고, 그리고 마귀와 그의 천사들을 예배하는 것이 더욱 현저해졌다. 그러한 시작이 오래되지 않아 인간 '종교' 인 점성술과 우상 숭배적 다신교 체계를 거쳐 보급되고, 신비주의적 심령술과 귀신숭배에 의해 능력을 얻는 진화론적 범신론의 전체적인 복합체로 나타나게 되었다."[6]

사탄은 대단한 부패자입니다. 그래서 이 종교 체계는 하늘 하나님의 구속 계획안에 있는 초기의 참된 계시까지도 타락시킬 수 있습니다. 별들의 구조가 경건한 일들을 생각나게 하려는 것으로서 애초에 하나님(또는 경건한 족장들)에 의해 이름이 붙여졌고, 어쩌면 사탄의 머리를 상하게 할 위대하신 구원자가 오시는 것을 예측하는 수준으로까지 진지하게 그리고 유력한 증언과 함께 제시되어 온 것입니다.[7]

두 번째 "오라"

예수 그리스도께서 사탄의 머리를 상하게 하실 시간은 아직 멀리 남아 있습니다. 그러나 그동안에 하나님은 사탄숭배의 첫 번째 시도를 상하게 하시려고 했습니다. 그분은 그것을 홍수나 불이나 또는 그 누구도 막을 수 없는 그분의 다른 어떤 맹렬한 진노의 나타남으로 하시려는 것이 아니었습니다. 그분은 그것을 전혀 뜻밖의 방법으로 하시려는 것이었습니다. 파괴 대신에 하나님은 건축자들의 마음과 성대에 기적을 행하셨습니다. 그분은 그들의 언어를 혼란시키셨습니다. 따라서 이제 함께 말하고 함께 일하는 것 대신에 그들의 말이 혼란을 야기했고, 그래서 이 사람들이 불가피하게(하나님이 그렇게 정하셨기 때문에) 땅에 흩어지게 되었습니다.

이 이야기 부분에 몇 가지 흥미 있는 특징이 있습니다. 그 첫째는 "오라"(개역개정성경에는 "자"로 번역되고 있음 - 역주) 라는 말의 두 번째 용도입니다. 이전에 건축자들은 이 단어를 그들의 회의를 소집하면서 사용했었습니다. 본문 3-4절에서 "자(Come), 벽돌을 만들어… 자(Come), 성읍과 탑을 건설하자" 그러나 이제 하나님이 하늘 회의를 소집하시고 그들의 언어를 혼잡하게 하시려고 이동하시면서 7절에서 이 단어를 사용하십니다. "자(Come), 우리가 내려가서 거기서 그들의 언어를 혼잡하게 하여 그들이 서로 알아듣지 못하게 하자 하시고." 하나님이 언제나 마지막에 말씀하시는 것은 하나님이 취하시는 한 방식입니다. 요나서에서처럼 우리는 하나님께 "그러나"(욘 1:3)를 말할 수 있지만, 하나님은 항상 마지막 "그러나"(욘 1:4 KJV)를 말씀하십니다. 우리는 우리의 회의를 소집할 수 있습니다. 그러나 하나님은 그분의 회의를 소집하실 것입니다. 그리고 하나님의 회의의 결정이 우세할 것입니다. 이것은 그들 자신의 길을 선택하는 자들은 언제나 실패로 끝날 것이라는 공식을 따릅니다. 그렇게 열심히 추구하던 경품은 건드리자마자 터져버리는 거품이 됩니다. 욕망의 열매는 입속의 재와 같이 됩니다. 우리는 이로 인해 상처받을 수 있습니다. 그러나 우리가 우리 자신의 세상이 아닌, 하나님의 세상에 살기 때문에, 그리고 하나님은 그분 자신보다 높이 여김을 받는 어떤 것도 견디어내지 못하도록 작정하셨기 때문에 이런 일은 항상 같은 결과를 가져올 것입니다.

이 이야기에서 둘째로 흥미 있는 특징은, 하나님이 바벨론 사람들이 건축하고 있었던 탑을 보려고 내려오신 것입니다. 이것은 하나님을 의인(擬人)화 한 것입니다. 다시 말해, 하나님이 사람인 것처럼 묘사되고 있는 것입니다. 그러나 우리는 하나님이 실제로 우주의 보좌를 떠나셔서 그 건축자들이 무엇을 하고 있는지 판단하시려고 땅으로 내려오신 것으로 생각하지 않아야 합니다. 그러나 이것은 일부 사람들이 그렇게 부르는 것 같은 "어색한 의인화"가 아닙니다. 그것은 아주 효과적으로 사용되고 있습니다. 여기에 큰 탑을 세우려고 의도하는 사람들이 있었습니다. 그 꼭대기는 하늘에 닿을 것입니다. 그것은 너무 훌륭해서 그것과 그 종교와 그것이 의미했던 하나님에 대한 무시가 시날 백성의 명성을 만들어 줄 것입니다. 탑이 비길 데 없는 웅대함으로 높이 섰습니다. 그러나 하나님이 그것을 보시기를 원하실 때 그분은 내려오십니다. 이 하잘 것 없는 방종을 보시려고 몸을 낮게 구부리십니다.

하나님은 항상 그렇게 하십니다. 당신이 땅 위에 서서 애굽의 웅대한 피라미드를 쳐다볼 때 그것은 어마어마해 보입니다. 그러나 비행기를 타고 그 위를 날면 비록 낮은 고도로 난다고 해도 그것은 땅에 돋은 작은 돌기처럼 보입니다. 뉴욕에 있는 세계무역센터의 쌍둥이 탑은 크게 보입니다. 그러나 공중에서 보면 소형 도미노처럼 보입니다. 파리의 에펠탑도 단순한 돌기물에 지나지 않습니다. 이렇듯 우리의 지적 또는 영적 성취도 마찬가지입니다. 가장 위대한 것도 우주의 광대함에 비교하면 우주의 창조주를 언급하지 않더라도 아무 것도 아닙니다. 참으로 의미 있는 유일한 업적은 하나님의 것입니다. 그것은 때로 우리 안에서 우리를 통해 이루십니다. 왜냐하면 이것들만이 하나님의 성품에 참여하고 하나님이 영원하신 것처럼 영원히 지속하기 때문입니다.

"오라"는 초청

우리는 본문의 이야기에서 "오라"라는 단어를 두 가지 다른 뜻으로 사용하는 것을 보았습니다. 첫 번째는 하나님에 대적하여 사람이 사람에게 한 말이었습니다. 두 번째는 사람에 대적하여 하나님이 하나님(삼위일체에 대한 또 다른 초기의 암시임)에게 말씀하신 것입니다. 또한 성경에는 하나님이 사람의 유익을 위해 초청하시는 "오라"(come)의 세 번째 용도가 있다는 것을 알고 주목해 보는 것이 옳다고 여깁니다. 하나님은 말씀하십니다. "오라 우리가 서로 변론하자 너희의 죄가 주홍 같을지라도 눈과 같이 희어질 것이요 진홍 같이 붉을지라도 양털 같이 희게 되리라"(사 1:18). 예수님이 말씀하십니다. "수고하고 무거운 짐 진 자들아 다 내게로 오라 내가 너희를 쉬게 하리라"(마 11:28). "성령과 신부가 말씀하시기를 오라 하시는도다 듣는 자도 오라 할 것이요 목마른 자도 올 것이요 또 원하는 자는 값없이 생명수를 받으라 하시더라"(계 22:17).

하나님의 초청을 듣는 자가 하나님께로 올 때 어떤 결과가 생깁니까? 그 결과는 예수님이 말씀하신 것과 같습니다. 우리의 무거운 짐이 벗겨집니다. 우리의 영적 목마름이 해소됩니다. 특히 저주의 효력이 소멸되고 인간 마음의 진정한 소원이 주어집니다. 그 소원은 사람이 하나님을 배반해서 주어지는 것이 아니라 참으로 좋은 모든 선물의 원천이신 은혜롭고 용서하시는 하나님 자신이 주시는 것입니다. 본문의 저주는 언어의 혼잡이었습니다. 그러나 하나님은 저주로부터 복을 가져다주십니다. 그분은 언어의 장벽에도 불구하고 깨달음을 주시고, 민족들이 함께 아마도 한 목소리로 그리고 서로를 완전히 이해하면서 예배할 것이라는 약속까지도 주십니다(오순절은 약속 성취의 증표입니다).

바벨론 사람들은 도시를 원했습니다. 그들의 도시는 설 수가 없었습니다. 그러나 하나님은 그분의 백성에게 영원히 지속하는 토대 위에 세운 도시를 예비해 주십니다. 니므롯의 백성들은 이름을 원했습니다. 그러나 하나님 편에 서서 승리한 사람들에게는 하나님이 약속하십니다. "이기는 자는 내 하나님 성전에 기둥이 되게 하리니 그가 결코 다시 나가지 아니하리라 내가 하나님의 이름과 하나님의 성 곧 하늘에서 내 하나님께로부터 내려오는 새 예루살렘의 이름과 나의 새 이름을 그이 위에 기록하리라 귀 있는 자는 성령이 교회들에게 하시는 말씀을 들을지어다"(계 3:12-13).

● 각주 ●

1. 57장 "무인 국가들"(창 10:6-20)을 보라.

2. Luther, *Luther's Work*, vol. 2, 213.

3. Candlish, *Studies in Genesis*, 174.

4. Morris, *The Genesis Record*, 270.   5. Ibid., 264.   6. Ibid., 270-72.

7. 예를 들어 Duane Edward Spencer의 *The Gospel in the Stars: An Analysis of the Doctrine of Biblical Astrology* (San Antonio: Word of Grace, 1972)를 보라.

60

하나의 끝과 하나의 시작

창세기 11 : 10-32

셈의 족보는 이러하니라 셈은 백 세 곧 홍수 후 이 년에 아르박삿을 낳았고 아르박삿을 낳은 후에 오백 년을 지내며 자녀를 낳았으며 아르박삿은 삼십오 세에 셀라를 낳았고 셀라를 낳은 후에 사백삼 년을 지내며 자녀를 낳았으며 셀라는 삼십 세에 에벨을 낳았고 에벨을 낳은 후에 사백삼 년을 지내며 자녀를 낳았으며 에벨은 삼십사 세에 벨렉을 낳았고 벨렉을 낳은 후에 사백삼십 년을 지내며 자녀를 낳았으며 벨렉은 삼십 세에 르우를 낳았고 르우를 낳은 후에 이백구 년을 지내며 자녀를 낳았으며 르우는 삼십이 세에 스룩을 낳았고 스룩을 낳은 후에 이백칠 년을 지내며 자녀를 낳았으며 스룩은 삼십 세에 나홀을 낳았고 나홀을 낳은 후에 이백 년을 지내며 자녀를 낳았으며 나홀은 이십구 세에 데라를 낳았고 데라를 낳은 후에 백십구 년을 지내며 자녀를 낳았으며 데라는 칠십 세에 아브람과 나홀과 하란을 낳았더라 데라의 족보는 이러하니라 데라는 아브람과 나홀과 하란을 낳고 하란은 롯을 낳았으며 하란은 그 아비 데라보다 먼저 고향 갈대아인의 우르에서 죽었더라 아브람과 나홀이 장가 들었으니 아브람의 아내의 이름은 사래며 나홀의 아내의 이름은 밀가니 하란의 딸이요 하란은 밀가의 아버지이며 또 이스가의 아버지더라 사래는 임신하지 못하므로 자식이 없었더라 데라가 그 아들 아브람과 하란의 아들인 그의 손자 롯과 그의 며느리 아브람의 아내 사래를 데리고 갈대아인의 우르를 떠나 가나안 땅으로 가고자 하더니 하란에 이르러 거기 거류하였으며 데라는 나이가 이백오 세가 되어 하란에서 죽었더라

성경에 기록된 역사에는 "침묵의 시대" 라고 부르는 기간이 있는데 그 기간에는 하나님으로부터 어떤 특별한 계시도 없었고, 하나님의 특별한 행위도 기록되지 않았습니다. 그 한 예가 구약의 마지막 선지자의 죽음과 세례 요한의 출생을 알리려고 천사가 스가랴에게 나타난 때 사이의 400년이란 중단 기간입니다. 더 일찍이 있었던 예는 세상 사람들이 거대한 바벨탑을 세우려고 시도했다가 흩어진 것과, 하나님이 아브람을 부르신 시간 사이의 간격입니다.

이 간격의 기간은 창세기 11장 후반과 관계됩니다. 11장 전반은 바벨탑 사건을 자세히 다루었는데 거기서 니므롯과 그의 추종자들이 하나님 없이 탑이 초점이 되는 문명을 만들어 가려는 시도를 했습니다. 그러나 이것은 아브람이 부름을 받을 때까지의 마지막 사건입니다. 그 장의 후반은 23절이나 되지만 역사적인 정보는 전혀 주지 않습니다. 대신에 그 문단은 단순히 아브람이 나오는, 그리고 결국에는 예수 그리스도까지 이르는 계보를 소개합니다. 그 문단은 노아의 세 아들 중 하나인 셈으로부터 시작해서 10대를 내려가며 기록하고 있습니다. 그들은 셈, 아르박삿, 셀라, 에벨, 벨렉, 르우, 스룩, 나홀, 데라, 그리고 아브람입니다.

이 기간은 영적으로 빠르게 쇠퇴한 시대였습니다. 바벨에서 시작된 참되신 하나님에 대한 지식으로부터 떠나는 현상이 아브람의 때까지 지속되어 사실상 아브람의 직계 조상들까지도 포함한 온 인류가 우상숭배자들이 되었습니다. 그럼에도 불구하고 그 기간에 하나님은 충성된 사람들인 남은 자(remnant)들을 계속 보존하셨는데 참된 세계 역사가 그들을 통해 전달되었고, 그들을 통해 하나님에 대한 참된 예배가 계속 이어져 왔습니다.

바로 이러한 사실이 마르틴 루터(Martin Luther)에게 큰 격려가 되었습니다. 그는 의심할 것 없이 그 자신이 비슷한 암흑기에 살고 있다고 생각했습니다. 그는 이렇게 기술했습니다. "우리는 사탄에게 말씀에 대한 빛을 세상에서 몽땅 제거하도록, 그리고 교회를 억압하도록 허용되었다고 생각하지 말아야 한다. 거룩한 조상 세대들이 우리 앞에 제시되어 있는데 이는 하나님의 자비로 남은 자들이 보존되고, 교회가 완전히 파괴되지 않았음을 우리에게 보여주시기 위한 것이었다. [1]

셈의 족보

"족보" 또는 "세대"를 의미하는 히브리 단어 **톨레도트**(toledoth)를 사용해서 중요한 이야기 부분을 기록한 것은 우리가 이미 이야기했던 바와 같이 창세기의 기법입니다. 그 용어는 모두 11번 사용되고 있는데 항상 그 다음 이어지는 이야기의 표제로 사용됩니다. 그 용어는 제일 처음 창세기 2:4절의 "이것이 천지가 창조될 때에 하늘과 땅의 내력이니"라는 문장에서 사용됩니다. 그 문장 다음에 따라오는 것은 아담과 하와의 창조, 그들의 죄 속으로의 타락, 그리고 그들로부터 나온 두 인류의 출현을 포함한 지구 역사의 초기시대의 내력입니다. 그 후에 "아담의 계보를 적은 책"(창 5:1), "노아의 족보"(창 6:9), "노아의 아들 셈과 함과 야벳의 족보"(창 10:1)가 나옵니다. 이 장에서 연구되고 있는 문단에서 이 단어는 두 번 더 나오는데 한 번은 "셈의 족보"(10절)에서 또 한 번은 "데라의 족보"(27절)에서 나옵니다. 그 이후 14장에 걸쳐 그 단어가 다시 나오지 않기 때문에(25장에 가서야 12절의 "하갈이 아브라함에게 낳은 아들 이스마엘의 족보"와 19절의 "아브라함의 아들 이삭의 족보"가 나옴) "데라의 족보"는 창세기 책의 새롭고 긴 부분을 소개하고 있는 것이 분명합니다. 그러므로 우리는 11장 후반에서 옛 세상에 대한 명백한 끝인 아담에서 나홀까지와 아브람 안에서 새로운 영적 세상의 시작을 보게 되는 것입니다.

그러나 이 족보들은 문제점들을 가지고 있어서 그중 최소한 몇 가지를 다루어볼 필요가 있습니다. 첫째, 누가복음 3장의 예수님의 족보는 부분적으로 창세기 11장과 동일한 자료를 공유하는데 누가복음 3:36절에는 창세기 11장에 없는 추가적인 이름이 있다는 것은 잘 알려진 사실입니다. 누가는 아박삿과 셀라 사이에 가이난의 이름을 삽입하고 있습니다(눅 3:36과 창 11:12 참조). 통상적으로 추가적인 이름은 사본 기록자의 실수라고 설명할 수 있습니다. 즉, 사본 기록자의 눈이 우연히 아래로 내려가 그가 복사하고 있는 원고의 누가복음 3:37절에 나오는 가이난(에노스의 아들 가인)을 보고는 그가 실수로 앞 절에다가 그 이름을 더했다고 생각할 수 있습니다. 이러한 실수가 고대 사본에서 발생합니다. 그러나 여기에서의 경우, 그 설명은 아마도 효과가 없을 것입니다. 왜냐하면 그 추가적인 이름이 구약의 70인경(헬라어 번역본)에 있는 창세기 11:12절에도 나타나 있고, 따라서 누가복음보다 앞서 기록되었기 때문입니다. 70인경이 BC 100년경에 기록되었기 때문에 누가가 거기서 추가적인 이름을 얻었을 것이라고 생각하는 것이 합리적입니다.

누가가 그 이름을 이런 식으로 얻어 온 것은 잘못이 아닙니다. 창세기의 히브리어본이나 70인경과 누가복음의 헬라어본이나 틀린 것이라고 결론지을 필요가 없기 때문입니다. 그것은 단순히 초기 족보에서 고의적으로 누락시킨 족보의 경우일 수 있습니다. 이런 누락은 다른 곳에서도 답습되고 있었던 것을 우리는 알고 있습니다.[2] 만일 그렇다면 우리는 창세기 11장의 연수(年數)가 반드시 이 기간을 모두 포함해서 망라하는 기간으로 여기지 않도록 주의해야 합니다. 다시 말해, 그 기간은 첫째 아들 출생에서 가리키는 조상들의 나이를 단순히 가산한 것보다 더 길 수 있습니다. "족장 A는 족장 B의 아버지가 되었다." 라는 공식은 단지 "족장 A는 족장 B가 낳은 사람의 아버지가 되었다."를 의미할 수도 있습니다.

다른 하나의 중요한 문제의 해결도 이 방향과 맥락을 같이 합니다. 그것은 아브람과 관계됩니다. 창세기 11:32절에 의하면 아브람의 아버지 데라는 205년을 살고 하란에서 죽었습니다. 창세기 12:4절에 의하면 아브람은 75세 때 하란을 떠났습니다. 스데반이 이 사건을 자세히 이야기하는 사도행전 7:4절에 의하면 아브람은 그의 아버지 데라가 죽은 후에 하란을 떠났습니다. 이러한 사실들을 종합해 보면 데라의 나이 130세 때 아브람이 태어났을 것입니다. 왜냐하면 205에서 75를 빼면 130이 나오기 때문입니다. 그러나 창세기 11:26절은 이렇게 말합니다. "데라는 칠십 세에 아브람과 나홀과 하란을 낳았더라" 어느 것이 맞습니까? 아브람은 데라의 나이 70세 때 태어났습니까? 130세 때 태어났습니까?

가장 좋은 대답은 아브람은 데라가 130세 때 태어났다는 것이고, 창세기 11:26절을 데라가 아브람을 가졌을 때가 70세였다고 가르치려고 했다는 것은 잘못된 해석이라는 대답입니다. 아브람이 먼저 열거된 이유는 그의 계보를 추적한다는 점에서 그가 가장 중요하기 때문입니다. 그러나 먼저 열거되었다고 아브람이 가장 나이가 많았다는 것을 의미할 필요는 없습니다. 그는 아마도 나중에 태어났을지 모릅니다. 노아의 세 아들인 셈, 함, 야벳을 열거한 것도 이와 유사합니다. 실제로 태어난 순서는 야벳, 셈, 함이었습니다.

이 사실은 가이난의 경우에서처럼 창세기 11장에 그들의 첫 아들들이 태어났을 때의 조상들 나이를 엄격하게 합산하는 이상의 여지를 두어야 함을 의미합니다. 아브람 출생의 경우에 추가되는 연수는 60년이 될 것입니다. 그 이전의 경우에서는 근거할 숫자가 없지만, 연수가 개입되었습니다. 우리가 모르는 다른 생략이 있을 수 있습니다. 엄격한 연대기적 해석에 따르면 시간의 간격이나 날짜들은 아래 도표에 나타난 것과 같을 것입니다. 많은 족장들이 아브람의 생애 기간 중에도 살았을 것입니다. 아브람은 그의 나이 175세인 2123 년에 죽었을 것이고(창 25:7), 그들 중 세 명(셈, 셀라, 에벨)은 아브람보다 더 오래 살았을 것입니다. 만일 아브람이 데라가 130세 때 태어났다면(2183년에 죽음), 에벨이 그보다도 더 오래 살았을 것입니다. 물론 이 세대들이 겹치는 것 자체가 전반적인 시간 간격이 엄격한 연대기적 해석이 가리키는 것보다 더 길다는 것을 지적해 주는 것일 수 있습니다.[3]

창세기 11장의 연표

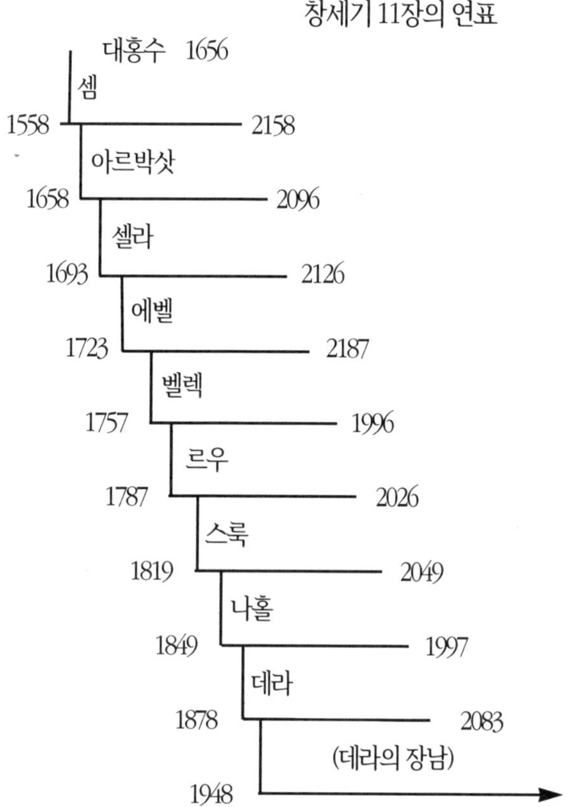

세상 역사의 끝

서론에서 언급했던 침묵의 시대 문제로 돌아가고자 합니다. 지금까지 창세기 이야기는 전반적으로 가계(家系)에 관심을 가져 왔습니다. 홍수 후에 민족과 종족이 세상에 퍼지면서 그들을 도표로 만들었습니다. 그러나 이 개관은 바벨론을 건설하려는 시도의 이야기로 끝이 납니다. 이 시점에서부터 이야기는 특정 인물들인 아브람과 그의 후손들과 특정 민족인 이스라엘을 다룹니다. 이 사실은 불길합니다. 마치 하나님이 그분이 관련되는 한에서 세상 역사에 대하여 마지막을 쓰고 계시는 것 같습니다.

이것은 구약성경이 말하는 방식입니다. 마치 바울이 로마서에서 인류에 대하여 대체적으로 "하나님께서… 내버려두사"(롬 1:24, 26, 28)라고 말하는 것같이 말입니다. 그들은 하나님을 용납하지 않습니다. 그래서 하나님도 그들을 용납하지 않으십니다. 그들은 하나님을 포기했습니다. 그래서 하나님도 그들을 포기하셨습니다. 이것이 신약성경에서 바울이 의미하는 것이며, 이것은 또한 창세기 저자가 그 시점에서 민족 역사의 단념을 암시하는 의미이기도 합니다. 그들은 바벨에서 흩어졌습니다. 그리고 그것이 그 끝입니다. 이후로 그들은 하나님의 백성과 상호작용하는 역사에 있어 오직 부차적일 뿐입니다. 민족들이 다시 모이고, 다시 순종하게 되는 것을 우리가 보기 시작하는 것은 그리 오래 걸리지 않습니다. 실제로는 예수 그리스도의 오심 이후까지 미루어지지 않습니다.

하나님이 민족들을 내버려두신다는 것(혹은 KJV가 번역하는 것처럼 "단념"하신다는 것)을 두고 마치 그들이 마음대로 떠다니며 하나님 없이도 완전히 잘하는 것처럼 그분이 그들을 아무 제약이 없는 곳에 내버려두시는 것으로 생각하면 안 됩니다. 반대로 하나님은 그들을 그분 자신의 영적 세계의 법칙에 버려두시는 것이고, 이것은 그분 안에 기초를 두지 않고, 계시된 신조의 진리를 떠나서는 그들의 길은 항상 **내리막길**임을 의미하는 것입니다.

로마서에서 바울은 이 내리막길을 도덕적 가치로 구분하고 있습니다. 하나님은 그들을 "정욕의 더러움"(1:24)에 내버려 두셨습니다. 그분은 그들을 "부끄러운 욕심"(1:26)에 내버려 두셨습니다. 그분은 그들을 "상실한 마음"(1:28)으로 내버려 두셨는데 그들은 그 마음으로 죄를 범했을 뿐만 아니라, 그들이 죄를 범한 것처럼 죄를 범하는 자들을 옳다 했고, 이렇듯 죄는 죄가 아니고, 잘못된 것이 옳다(1:32)는 입장을 견지했습니다. 이런 현상은 바벨론 시대 이후 민족들의 내리막길에 있어서도 역시 사실이었습니다. 그러나 추가적으로 이러한 민족들의 원래의 참된 종교는 미신, 우상숭배, 다신교, 그리고 궁극적으로 오늘날 가장 원시적인 부족들 사이에 알려진 타락한 정령신앙에 자리를 내어주게 되었습니다.

물론, 이것은 우리가 그렇게 여기도록 배운 것은 아닙니다. 우리는 그 반대 것을 배웠습니다. 인류의 원시적 단계들은 정령숭배로 특징되었고, 이것이 다신교로 발전했고, 그 다음에 일신교를 낳았다고 배웠습니다. 그러나 실제로 그렇게 발전한 것이 아닙니다. 창세기는 그 반대를 가르치는데 소위 원시 부족들로부터 수집한 증거는 점증적으로 창세기 이야기가 정확하다는 것을 설명하는 사례가 되고 있습니다.

나는 여기에서 로버트 브로우(Robert Brow)가 발행한 「종교: 기원과 개념」(Religion: Origins and Ideas)이란 제목의 책에 주의를 환기시키고자 합니다. 브로우는 비교종교학자인데 그는 종교 발전에 있어 진화론적 이론이 사실에 부합하지 않는다는 사실을 두고 못마땅해 했습니다. 그는 일신교가 종교 형태 중 가장 "원시적"일 수 있다고 제창하는 인류학자들의 연구를 설명합니다. "그들의 연구는 부족들이 유사 이래 변하지 않고 지속해 왔기 때문에 정령숭배적이 아님을 시사한다. 오히려 그 증거는 하나님에 대한 참된 지식으로부터의 타락을 보여준다." 그의 재구성에는 이 초기의 참되신 하나님의 지식이 먼저 자리했습니다. 이 자리에는 예배자가 하나님께 죄를 범했고, 그래서 그의 범죄에 대해 속죄하는 것이 필요하다는 것을 인정하는 표로서 짐승의 희생이 수반되었습니다. 시간이 지나 원래의 참 하나님보다 더 높거나 위대하다고 생각해서가 아니라, 그들이 더 낮고 그래서 덜 두렵기 때문에 예배를 받게 된 남신들과 여신들을 모신 신전을 마련하면서 다신교가 들어왔습니다. 이 시점에 제사의 기능을 담당하기 위해 제사장들이 출현했고, 종교들은 더욱 타락했습니다. 브로우에 의하면 소위 "원시적"인 부족민은 개화되고 세련된 사람들보다 실제로 종교의 진리에 더 가까웠다고 합니다.[4]

만일 창세기의 처음 장들이 우리에게 무엇인가를 가르쳐준 것이 있다면, 그것은 확실히 민족과 족속은 하나님을 버리고는 위로 이동할 수 없다는 것입니다. 그들은 아래로 이

동합니다. 그리고 그들의 아래로의 이동 행로는 하나님이 은혜로 그들을 구원하시고, 위로 이동을 다시 시작하도록 개입하실 때까지 지속됩니다. 하나님은 아브람과 함께 이러한 위로 향한 길로 이동을 시작하셨습니다.

역사의 흐름

이 책의 시작 부분에서 우리 기원의 중요성을 논할 때, 나는 사람들이 어떻게 역사 속의 고정된 도덕법 안에서 그들을 감금하는 것으로 보이는 세계관에 부딪쳐 상처를 받는지 보여주었습니다. 그들은 이것을 속박으로 간주하고, 그러한 법에서 자유를 쟁취하려고 시도합니다. 그들이 이것을 실행하려고 시도하는 주요 수단은 하나님을 부정하는 것입니다. 자율권을 위한 현대인들의 추구는 죄 속에 있는 아담의 추구 또는 바벨탑 건축자들의 추구와 본질적으로 같습니다. 불행히도 이 수많은 반역자들은 그들이 하나님으로부터 자유를 쟁취하는 것에 성공해 왔다고 생각하는 것과 똑같이 그들의 자율권을 개인적인 가치와 의미를 희생하고 얻은 것을 발견하게 됩니다. 만일 하나님이 안 계신다면 속박이 없을 것이라는 것은 옳습니다. 그러나 거기에는 의미 또한 없게 됩니다. 사람의 기원에 대한 의미도 없고, 그의 현재적인 존재에 대한 의미도 없으며, 그의 마지막에 대한 의미도 없습니다. 인생은 결국 똑같은 크고, 굉장한 우연인 것입니다.

그러나 이 반역자들은 틀렸습니다. 그런데 이 지점이 현대 세속적 인생의 "부당한 농담"이 기독교의 "복음"으로 돌아서는 곳입니다. 이 복음은 하나님과 함께 시작됩니다. 복음은 하나님이 계신다고 이야기합니다. 그것은 그분이 우연이 아니고, 만물의 기원이시며, 그래서 이런 이유만으로 만물은 의미를 갖는 것이라고 말합니다.

기독교의 복음은 하나님의 창조의 부분인 **사람**에게도 미칩니다. 그것은 우리도 우연의 존재가 아니고 오히려 하나님에 의해 그분의 형상으로 만들어졌으며 우리가 그분에게 가치가 있음을 말해 줍니다. 우리는 하나님의 동반자들이요, 우주를 다스림에 있어 그분과 함께하는 동역자들로 창조되었습니다. 그런데 우리는 그 고귀한 부르심에서 타락했습니다. 우리는 아담 안에서 그리고 뒤이은 우리의 개인적 선택에 의해 죄를 범했습니다. 죄는 우리를 하나님으로부터 소외시켰고, 우리가 다스리도록 정해진 것의 노예가 되게 했습니다. 그러나 우리는 비록 타락한 상태에 있지만, 하나님 보시기에 아직도 가치가 있는 존재들입니다. 오늘날 사람들은 이 복음을 들을 필요가 있습니다. 그들은 그들이 누구인지, 그들이 어디서 왔는지, 그들이 어디로 가는지 모릅니다. 그리고 이런 것들을 모르고는 그들은 그들의 존재의 의미를 알 수 없게 됩니다.

복음은 또한 우리의 불행을 진단하는 역할도 합니다. 불행은 죄에 기인할 수 있습니다. 표면적으로 이것은 나쁜 소식 같아 보입니다. 왜냐하면 죄는 나쁘기 때문입니다. 그러나 진단은 좋은 것입니다. 우리는 올바른 진단을 통해서만 우리 문제들에 맞설 수가 있고(하나님의 은혜로) 실제로 그 문제들을 해결할 수가 있기 때문입니다. 프란시스 쉐퍼(Francis Schaeffer)는 이렇게 기술하고 있습니다. "어떤 사람이건 사람들의 궁지와 불화에 대해 잘못된 원인 탓을 하면, 그는 아무리 선한 뜻을 가지고 있더라도 결코 올바른 답에 도달할 수 없을 것이다. 아담의 타락 이후 사람의 현재 상태는 정상적인 것이 아니며, 따라서 우리가 알고 있는 그의 문제와 궁지의 원인에 대한 적절한 해결책이 있어야 한다. 단순한 물질적 해결은 적절한 것이 아니다. 사람의 궁지는 물질적인 것이 아니기 때문이다. 그렇다고 추상적인 것도 아니다. 사람의 문제는 우리가 창세기 1-11장에서 알고 있듯이 원래 추상적인 것이 아니기 때문이다. 사람의 문제는 도덕적인 문제다. 왜냐하면 그가 하나님을 거역하고 있는 것은 그의 선택에 따른 것이기 때문이다. 그래서 어떠한 적절한 해결도 이 도덕적 필요를 채워야만 하는 것이다."[5]

성경의 복음은 또한 그 해결을 이야기합니다. 그것이 창세기에 충분히 나타나 있지는 않습니다. 왜냐하면 우리는 아직도 이 책의 시작 부분에 있기 때문입니다. 그러나 암시는 되어 있습니다. 그것은 여자에게서 태어나고, 그리고 어느 날 사탄의 머리를 상하게 할(그러는 과정에서 그의 발꿈치가 상하겠지만) 구원자에 관계됩니다. 오늘날 우리는 그분이 예수 그리스도시라는 것을 압니다.

마지막으로 창세기에 있는 하나님의 사람에 대한 메시지의 복음은 하나님이 역사 속에서 능동적이시기 때문에 인간의 단순한 존재뿐만 아니라 역사가 의미 있다는 것입니다. 우리는 시작과 끝을 가지고 있습니다. 그러나 역사도 역시 시작과 끝을 가지고 있습니다.

그것은 하나님이 예정하신 길과 법칙에 따라 어딘가로 가고 있습니다. 이런 이유로 내가 하는 것(단지 내가 누구인가가 아니라)이 의미를 가집니다. 내가 죄를 범하면, 만일 내가 나 자신을 신으로 삼고 하나님에게서 돌아서면, 그래서 내가 내 이웃들을 하나님의 형상을 아직도 반영하고 있는 사람으로서가 아니라 물건으로 취급하며 학대한다면 나는 내 자신을 파괴시키고 다른 사람들에도 역시 해를 주게 됩니다. 나는 그것에 대해 심판을 받게 될 것입니다. 다른 한편으로 만일 내가 하나님과 그분의 의를 추구하고, 만일 내가 하나님이 밝혀주시는 대로 하나님과 다른 이웃을 신실하게 섬기기를 시도한다면, 나는 선을 높이고 그분의 "복의 통로"가 됩니다.

이 창세기 연구를 다룬 다음 권에서 우리는 어떻게 한 사람인 아브람이 그것을 정확히 행했고, 어떻게 하나님께서는 그를 통해 역사의 진로를 문자 그대로 바꾸셨는지를 분명히 보게 될 것입니다.

● 각주 ●

1. Luther, *Luther's Works*, vol. 2, 228.

2. 본서 제 40장 "살아있는 가장 나이 많은 사람"(창 5:25-27)을 보라.

3. 이 연대 문제에 대한 더 자세한 논의는 Whitcomb and Morris, *The Genesis Flood*, appendix II, 474-89; Warfield, "On the Antiquity and Unity of the Human Race," 238-61; Schaeffer, *Genesis in Space and Time*, 154-56; 기타 여러 가지 주석을 보라.

4. Robert Brow, Religion: *Origins and Ideas* (Chicago: InterVarsity Press, 1966).

5. Schaeffer, *Genesis in Space and Time*, 160.

주제 색인

Subject Index

가

KJV(King James Version,

흠정역: AV)　41, 172

NEB

(New English Bible)　41, 185

NIV

(New International Version)41,172

RSV

(Revised Standard Version)　41

TLB(The Living Bible)　41

성구 색인

Scripture Index

창 10:5　633

창 10:6-20　619

창 10:15-18　621

창 10:21-32　629

창 10:25　632

창 10:32　535, 633

창 11:1-9　637

창 11:3-4　639

창 11:10-32　647

창 12:1　426

창 15:6　26

창 14:18-19　240

창 17:1-2　360

창 17:4-5　360

창 18:27-28　181

창 19:29　566

창 21:20　95

창 22:17-18　25

창 30:22　566

창 37:20　95

창 49:10　26

출

출 6:3　386

출 20:11　97

출 25:10-22　380

출 31:13　596

출 33:17　426

출 34:7　450

민

민 7:89　381

민 35:16　395

신

신 7:7-8　490

수

수 7:6　181

삼상

삼상 2:8　181

삼상 16:7　480

왕상

왕상 8:56　514

왕상 16:2　181

왕상 19:2　428

왕상 19:4　429

왕상 19:10,14　429

왕상 19:18　429

왕하

왕하 13:7　181

대하

대하 8:11　210

욥

욥 1:6　470

욥 1:21　224

욥 7:1-2　347

욥 7:21　183

욥 34:14-15　187

욥 38:7　239

욥 42:5-6　181

시

시 1:3　349

시 5:9　482

시 8:5　156

시 8:6　158

시 9:12　566

시 14:3　482

시 15:5　573

시 18:30　565

시 18:33　565

시 18:36　565

시 19:1-4　61

시 22:15　184

시 22:17　532

시 51:5　576

마

마 6:12 484

마 6:26,30 136

마 8:23-27 290

마 9:12 484

마 11:12 399

마 11:28 484, 527, 645

마 12:39-40 598

마 12:43-45 390

마 15:17-20 481

마 19:4-5 169

마 19:4-6 34

마 21:38 315

마 22:11-14 372

마 22:30 473

마 24:37-39 439, 496

마 24:37-41 537

마 25:1-13 526

마 28:19-20 47

막

막 10:18 483

막 14:31 573

눅

눅 2:12 597

눅 2:38 412

눅 3:36-38 448

눅 11:13 483

눅 15:13 292

눅 15:16 292

눅 15:17-19 292

눅 16:21 397

눅 16:24 397

눅 17:17-18 567

눅 17:26-27 496

눅 18:4-5 250

눅 22:31-32 603

눅 23:40-41 398

눅 23:42 398

눅 23:43 398

요

요 1:1-2 130

요 1:13 336

요 1:29 369, 371, 577

요 3:3 186

요 3:5-6 186

요 3:6 483

요 3:19 484

요 4:14 573

요 4:24 155

요 5:40 483

요 5:42 483

요 5:43 483

요 5:47 483

요 6:35 573

요 6:37 548

요 6:44 271

요 7:7 483

요 7:19 483

요 8:21 483

요 8:23 483

요 8:44 483

요 8:47 483

요 8:51 573

요 10:10 375

요 10:18 316

요 10:26 483

요 10:27-28 573

요 11:26 573

요 12:24 459

요 13:14-15 221

요 14:1 163

요 14:15 491

요 14:27 163

요 15:23-25 483

요 17:5 335

요 17:22 335

요 19:15 586

행

행 2:42,46-47 166

행 17:28 378

창조와 타락 (창세기 1)

저자 : 제임스 몽고메리 보이스

발행처 : 솔라피데출판사

전화 : (031)992-8692 / 팩스 : (031)955-4433

공급처 : 미스바출판유통

전화 : (031)992-8691 / 팩스 : (031)955-4433

값 25,000원